埃斯顿全系列工业机器人
覆盖3~700kg负载76款工业机器人

埃斯顿聚焦自动化核心部件及运动控制、机器人及智能制造系统、数字化产品及服务三大主营业务;凭借机器人全产业链及自主核心技术优势,坚持"ALL Made By ESTUN"的核心战略,为电子、焊接、汽车工业、包装物流、建材家具、金属加工、工程机械等细分行业提供智能化完整解决方案,推动各行业快速发展。

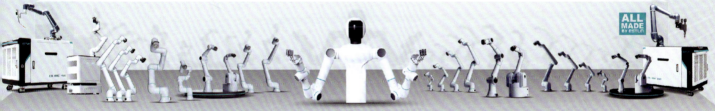

光伏行业
SOLAY

锂电行业
LITHIUM BATTERY

汽车行业
AUTOMOBILE

重工行业
HEAVY

焊接行业
ARC WELDING

金属行业
METAL

联系电话:400-025-3336

官方网站:www.estun.com

扫描了解详细产品

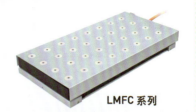

股票代码：000837

秦川机床工具集团股份公司
QINCHUAN MACHINE TOOL&TOOL GROUP CORP.

战略引领 创新驱动 高端智造 精益求精

秦川机床工具集团股份公司依托公司50余年的精密齿轮磨床和齿轮传动系统研发制造经验积淀，于2014年成功研发工业机器人用RV减速器。

2023年秦川集团以机器人减速器相关的经营资产，成立全资子公司**"陕西秦川高精传动科技有限公司"**，目前已批量生产BX-E、BX-C、BX-F、一体机、BX-N五大系列30多种型号，130多种规格，可满足国内外用户5~800kg不同负载机器人及自动化行业应用的选配，广泛应用于工业机器人、变位机、机械手、冲压、焊接、包装、码垛、3C等终端场景。

电话：0917-3671053　　销售电话：0917-3158495
邮箱：qcgjcd@qinchuan.com　　地址：陕西省宝鸡市渭滨区巨福路34号

秦川减速器特点：传动精度高、背隙回差小

C系列

一体机系列

陕西秦川高精传动科技有限公司

动效率高、使用寿命长，可满足定制化需求

E系列

F系列

N系列

联合·创新·服务

CRIA

China
Robot
Industry
Alliance

PROFILE
简介 》》

　　中国机械工业联合会机器人分会成立于2021年6月，分会的前身是成立于2013年4月21日的中国机器人产业联盟。分会依托中国机械工业联合会成熟的工作体系，是我国机器人产业全国性产、学、研、用行业协同工作平台，目前已有会员单位520余家。

　　分会以国家产业政策为指导，以市场为导向，以企业为主体，搭建政、产、学、研、用平台，提升机器人企业研究开发、生产制造、集成应用和维修服务水平，提升机器人在各个领域的应用水平，完善我国机器人产业链，不断增强中国机器人产业的竞争力，促进我国机器人产业的健康快速发展。

中国机械工业联合会机器人分会
The Robotics Branch of China Machinery Industry Federation

◉ 网址：http://cria.mei.net.cn/
✉ 邮箱：cria@cmif.org.cn
◉ 地址：北京市东城区东四西大街46
☏ 电话：010-85677807

中国机械工业年鉴系列

中国机器人工业年鉴

2023

中国机器人产业联盟
中国机械工业年鉴编辑委员会 编

机械工业出版社
CHINA MACHINE PRESS

本书主要内容包括综述篇、大事记、产业篇、地区篇、园区篇、标准检测认证篇、产教融合篇、企业篇、应用篇、人物篇、政策篇、国际篇、统计资料和附录，集中反映了 2022 年我国机器人行业发展状况，记载了机器人行业企业的发展情况，为读者提供了准确的统计数据。

本书主要读者对象为政府决策机构、机器人相关企业决策者和从事市场分析、企业规划的中高层管理人员，以及国内外投资机构、贸易公司、银行、证券、咨询服务部门和科研单位的机器人项目管理人员等。

图书在版编目（CIP）数据

中国机器人工业年鉴 .2023 / 中国机器人产业联盟，中国机械工业年鉴编辑委员会编. —北京：机械工业出版社，2024.2
（中国机械工业年鉴系列）
ISBN 978-7-111-74893-9

Ⅰ．①中… Ⅱ．①中… ②中… Ⅲ．①工业机器人 –年鉴 – 中国 –2023　Ⅳ．① F426.67-54

中国国家版本馆 CIP 数据核字（2024）第 032336 号

机械工业出版社（北京市百万庄大街 22 号　邮政编码 100037）
策划编辑：李　菁　　　　　责任编辑：李　菁
责任校对：张慧敏　张　征　　责任印制：李　昂
河北宝昌佳彩印刷有限公司印制
2024 年 4 月第 1 版第 1 次印刷
210mm×285mm・22 印张・17 插页・858 千字
标准书号：ISBN 978-7-111-74893-9
定价：480.00 元

电话服务　　　　　　　　　　网络服务
客服电话：010-88361066　　　机　工　官　网：www.cmpbook.com
　　　　　010-88379833　　　机　工　官　博：weibo.com/cmp1952
　　　　　010-68326294　　　金　书　网：www.golden-book.com
封底无防伪标均为盗版　　机工教育服务网：www.cmpedu.com

中国机械工业年鉴系列

中国机械工业年鉴

作为『工业发展报告』

记录企业成长的每一阶段

中国机械工业年鉴

编辑委员会

中国机械工业年鉴系列

作为『工业发展报告』

记录企业成长的每一阶段

中国机器人工业年鉴
执行编辑委员会

主　　任	王天然	中国科学院沈阳自动化研究所研究员、中国工程院院士
副　主　任	朱森第	中国机械工业联合会专家委员会名誉主任、国家制造强国建设战略咨询委员会委员
	汪　宏	工业和信息化部装备工业一司副司长
	宋晓刚	中国机械工业联合会秘书长、中国机械工业联合会机器人分会（中国机器人产业联盟）执行理事长兼秘书长
委　　员	叶　猛	工业和信息化部装备工业一司综合处处长
	赵奉杰	工业和信息化部装备工业一司智能制造处处长
	于海斌	中国科学院沈阳分院院长、中国工程院院士
	王田苗	北京航空航天大学机器人研究所名誉所长、中关村智友天使人工智能与机器人研究院院长、国家特聘教授长江学者、IEEE 机器人与自动化学会北京地区主席
	赵　杰	哈尔滨工业大学教授、博士生导师，哈尔滨工业大学机器人研究所所长、机器人技术与系统国家重点实验室副主任
	孙立宁	苏州大学相城机器人与智能装备研究院院长、俄罗斯工程院外籍院士
	杨伟杰	中国机械工业联合会机器人工作部主任、中国机械工业联合会机器人分会（中国机器人产业联盟）副秘书长
	陈　丹	机械工业信息中心产业研究处处长、中国机械工业联合会机器人分会（中国机器人产业联盟）副秘书长
	雷　蕾	中国机械工业联合会机器人工作部代副主任、中国机械工业联合会机器人分会（中国机器人产业联盟）副秘书长
	李晓佳	中国机械工业联合会统计信息工作部代副主任、中国机械工业联合会机器人分会（中国机器人产业联盟）副秘书长
	高立红	中国机械工业联合会国际部主任，中国机械工业联合会机器人分会（中国机器人产业联盟）国际合作工作组组长
	李宪政	中国焊接协会焊接设备分会秘书长
	魏洪兴	遨博（北京）智能科技有限公司董事长
	游　玮	埃夫特智能装备股份有限公司董事长兼总经理
	杨海滨	重庆华数机器人有限公司总经理
	徐　方	沈阳新松机器人自动化股份有限公司副总裁

郑军奇　上海机器人产业技术研究院有限公司总裁
吴海华　中国农业机械化科学研究院集团有限公司科技发展部部长、研究员
李　剑　北京邮电大学自动化学院特聘研究员
刘　耀　秦川机床工具集团股份公司副总裁
左　晶　苏州绿的谐波传动科技股份有限公司总经理
陶　永　北京航空航天大学科学技术研究院副处长、研究员、博士生导师
周　恢　北京智能机器人产业技术创新联盟副秘书长
赵连玉　天津市机器人产业协会秘书长
卢　昊　江苏省机器人专业委员会秘书长
宋　伟　浙江省机器人产业发展协会秘书长
魏绍炎　湖北省机器人产业创新战略联盟秘书长
任玉桐　广东省机器人协会执行会长
刘　学　青岛市机器人产业协会秘书长
梁万前　广州工业机器人制造和应用产业联盟常务副秘书长
瞿卫新　苏州市机器人产业协会秘书长，苏州大学相城机器人与智能装备研究院副院长
岳双荣　济南市机器人与高端装备产业链党委书记
毕亚雷　深圳市机器人协会常务副理事长兼秘书长
高　辉　佛山市机器人产业创新协会秘书长
李金村　全国机器人标准化技术委员会（TC591）秘书长
杨书评　北京机械工业自动化研究所有限公司研究员
王爱国　上海电器科学研究所（集团）有限公司当值总裁
李志海　中国科学院沈阳自动化研究所主任
闵新和　国家机器人检测与评定中心（广州）主任
赵　赢　重庆凯瑞机器人技术有限公司副总经理，国家机器人检测与评定中心（重庆）主任
巩　潇　中国软件评测中心（工业和信息化部软件与集成电路促进中心）机器人与智能装备研究测评事业部执行总经理
卫　能　国家机器人检测与评定中心（芜湖）工程师，总经理助理
李鹏飞　中国机械工业联合会机器人分会（中国机器人产业联盟）教育培训部副主任，上海添唯教育科技有限公司总经理

中国机器人工业年鉴
特约顾问单位特约顾问

特约顾问单位	特约顾问
埃夫特智能装备股份有限公司	游 玮
遨博（北京）智能科技股份有限公司	魏洪兴
广州瑞松智能科技股份有限公司	孙志强
南京埃斯顿自动化股份有限公司	吴 侃
上银科技股份有限公司	卓文恒
陕西秦川高精传动科技有限公司	贺民安
广州数控设备有限公司	何敏佳
欧德神思软件系统（北京）有限公司	马立新
上海机器人产业技术研究院有限公司	吴业华
成都卡诺普机器人技术股份有限公司	李良军
武汉华中数控股份有限公司	杨海滨
浙江环动机器人关节科技股份有限公司	张 靖
深圳市鑫精诚传感技术有限公司	吴美贞

中国机器人工业年鉴
特约顾问单位特约编辑

特约顾问单位	特约编辑
埃夫特智能装备股份有限公司	唐 欣
遨博（北京）智能科技股份有限公司	洪 帅
广州瑞松智能科技股份有限公司	张东升
南京埃斯顿自动化股份有限公司	王 琼
上银科技股份有限公司	陈秋莲
陕西秦川高精传动科技有限公司	张龙刚
欧德神思软件系统（北京）有限公司	李晓微
上海机器人产业技术研究院有限公司	刘凤义
成都卡诺普机器人技术股份有限公司	夏永华
佛山华数机器人有限公司	陈超群
浙江环动机器人关节科技股份有限公司	胡俊章
深圳市鑫精诚传感技术有限公司	吴 浩

前　言

　　《中国机器人工业年鉴》是机器人行业权威的资料性工具书，每年出版一次，对上一年度机器人行业整体发展状况进行综合性、连续性、史实性的总结和描述。《中国机器人工业年鉴》2023年版是行业创刊以来正式出版的第三本年鉴，如期与广大读者见面了！

　　2022年是党和国家历史上极为重要的一年。党的二十大胜利召开，描绘了全面建设社会主义现代化国家的宏伟蓝图。面对风高浪急的国际环境和艰巨繁重的国内改革发展稳定任务，以习近平同志为核心的党中央团结带领全国各族人民迎难而上，全面落实"疫情要防住、经济要稳住、发展要安全"的要求，加大宏观调控力度，实现了经济平稳运行、发展质量稳步提升、社会大局保持稳定，我国经济发展取得来之极为不易的新成就。2022年全国国内生产总值突破120万亿元，比2021年增长3%，对世界经济增长贡献率接近20%，是世界经济增长的重要引擎和稳定力量。

　　2022年同样也是我国机器人行业发展过程中又一个重要年份。我国机器人行业顶着重重压力，稳中有进，展现出强大的发展韧性。国家统计局统计数据显示，2022年中国机器人行业营业收入超过1 700亿元，继续保持两位数增长，工业机器人产量达44.3万台，服务机器人产量达645.8万台。另据中国机器人产业联盟（CRIA）统计，2022年中国工业机器人消费量约29.7万台，占全球比重超过50%，连续十年稳居全球第一大市场。与此同时，核心技术不断取得突破，关键零部件配套能力持续增强，整机产品性能质量加速迭代。我国已经成长为支撑全球机器人产业发展的一支重要力量，在全球机器人技术创新、高端制造、集成应用中发挥着越来越重要的作用。

　　立足新时代，奋进新征程。习近平总书记强调，新时代新征程，以中国式现代化全面推进强国建设、民族复兴伟业，实现新型工业化是关键任务。要完整、准确、全面贯彻新发展理念，统筹发展和安全，深刻把握新时代新征程推进新型工业化的基本规律，积极主动适应和引领新一轮科技革命和产业变革，把高质量发展的要求贯穿新型工业化全过程。机器人产业作为推进新型工业化建设的重要支撑，必须坚定不移走好高质量发展之路，加快实现由"量变"到"质变"的跃升，为中国式现代化贡献更大力量！

　　《中国机器人工业年鉴》一直致力于真实地记载机器人行业的发展变化，既有深入的理论分析，又有生动的案例展现，既有翔实的数据汇集，又有简洁的大事记，客观展现了年度机器人产业发展概况。作为记录行业发展足迹的史料，《中国机器人工业年鉴》将继续发挥其独有作用，与广大企业、用户和关心支持行业发展的读者一起推动我国机器人行业不断发展前行。

中国工程院院士　王天然

广告索引

优秀企业展示

索引

「鉴」证行业发展
挖掘企业亮点

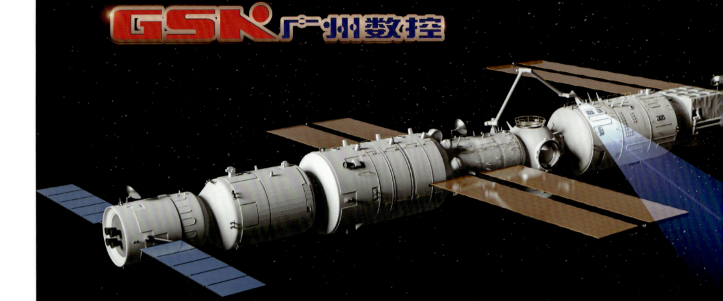

CODESYS

机器人及智能装备控制系统编程开发软件

CODESYS 软件平台技术优势：

1. 支持使用统一标准语言对不同硬件厂商的设备进行编程;

2. 符合 IEC 61131-3 国际标准;

3. 支持多种 CPU 及操作系统;

4. 支持多种主流现场总线：如 EtherCAT、EtherNet/IP、CANopen、Modbus、PROFINET、PROFIBUS 等;

5. 支持多核 CPU 方案;

6. 支持 PLCopen Part1、Part2、Part4，提供 CNC 数控系统模块、多轴机器人复杂控制模块，支持 CNC 数控系统、多轴机器人的开发（机器人控制算法功能模块，如 SCARA、DELTA、四轴机器人、六自由度多功能机器人等）;

7. 提供 3D 仿真的机器人数字孪生技术;

8. 支持对控制系统和产线设备实现云管理，提供 IT 和 OT 融合方案。

CODESYS（欧德神思）软件集团　　联系电话：010-85888936 / 0531-88822695　　官网网站：www.codesys.cn

支持国产芯片和国产操作系统

支持多种CPU，如 X86 / ARM / PowerPC；支持多种操作系统以及无操作系统，如 Windows、Linux、VxWorks、QNX 等；2019 年开始，已完成与多家国产 CPU 和操作系统的适配和测试，如天津飞腾 CPU、翼辉 SylixOS。

具备复杂运动控制功能、机器人控制技术及数字孪生技术

· CODESYS 软件集成丰富的运动学算法库，比如用于路径预处理和调整的辅助功能块（如平面刀具补偿、圆弧平滑和带有三阶和五阶样条曲线样条平滑等）、用于根据速度曲线计算路径点的插补器（包含用于控制前进和后退运动的双向插补器）和用于轴组的运动学转换功能块

· 软件支持G代码，用户可在G代码中编写子程序和表达式

· 具有配套程序功能块的可视化模板

· 在编程环境中有相关功能块的示例和模板，使用IEC 61131-3开发CNC、机器人和运动控制工程

· 符合 DIN 66025（G-Code）的 3D CNC 编辑器

· 现场总线配置界面中包含轴、伺服驱动器、步进驱动器和编码器的组态

· 适用于不同运动系统的轴组配置器（可针对个性化运动学需求进行定制）

支持直接配置的机器人模型：

· 5 轴 gantry 机器人
· 2/3 轴 gantry 机器人
· 2/3 轴 H gantry 机器人
· 2/3 轴 T gantry 机器人
· Bipod 机器人
· 带有线性或旋转轴的 Tripod 机器人
· Polar 运动学模型
· 2/3 臂带有辅助轴的 SCARA 机器人
· 4 轴码垛机器人
· 6 自由度关节机器人
· ……

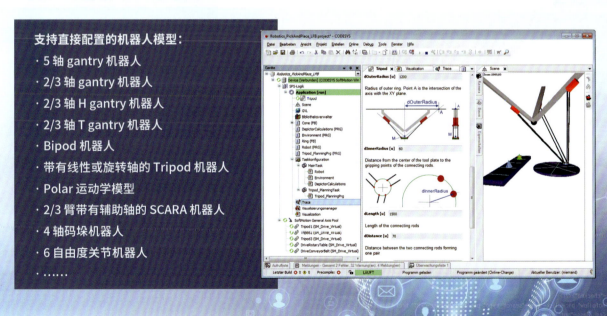

销售邮箱：sales@codesys.cn   线上商城：store.codesys.cn   微信公众号

上海电器科学研究所（集团）有限公司

上海电器科学研究所（集团）有限公司

上海电器科学研究所（集团）有限公司（简称"上电科"），创建于1953年，是一家集科技创新服务、产品检测、系统集成解决方案提供和高新技术产品生产为一体的高科技企业集团。业务领域涵盖智能电网用户端与能源互联网、智慧节能、智慧城市与智能交通、智能制造与工业互联网、船用电气、检测评估等。以前沿技术与服务引领电工行业数字化转型发展，赋能社会和经济高效运行，为推动传统产业转型升级和战略性新兴产业的健康有序发展做出了积极贡献。上电科围绕机器人产业进行战略布局，从标准、检测、认证、共性技术研究、培训等方面，助力机器人产业高质量发展，服务国家战略。

国家机器人检测与评定中心（总部）

2015年，国家机器人检测与评定中心（简称"国评中心"）成立，包括1个总部(由上电科作为总部单位承建)、3个分中心（分别由中国科学院沈阳自动化研究所、广州机械科学研究院有限公司、重庆德新机器人检测中心有限公司承建）以及2个公共服务平台（分别由中国软件评测中心、芜湖赛宝机器人产业技术研究院有限公司承建）。国评中心功能设置为集机器人整机/部件标准制修订、检测、认证、共性技术研究、培训、合作交流、信息服务为一体的社会第三方服务机构。国评中心体系的建立，充分发挥各方优势形成功能互补，完成机器人产业全国范围内区域布局。

上海机器人研发与转化功能型平台

作为上海科创中心建设"四梁八柱"之一的研发与转化功能型平台，由上海电器科学研究所（集团）有限公司、上海大学等联合出资组建。该平台通过共性技术研发、成果转化、人才集聚及行业资源融合，汇聚机器人产业及人才资源，培育科技型企业，打造产业创新生态圈，成为国内领先、国际知名的机器人技术研发、服务和成果转化高地。

国家机器人标准化平台

作为国家机器人标准化总体组联合秘书处，主导开展《国家机器人标准体系建设指南》《中国机器人标准化白皮书》等顶层文件的制定，组织编制产业急需的国家、行业/团体标准。作为IEC/CISPR副主席单位，牵头开展机器人电磁兼容国际标准化顶层设计，先后草拟并推动国际组织发布了CISPR/1412/INF、CISPR/1421/INF、CISPR/1438/INF三份国际文件，协调CISPR各分会开展机器人电磁兼容标准的补充。

机器人战略布局

检测认证

CR认证英文全称"China Robot Certification"，是在国家相关部门的指导下进行策划、创意、设计并最终确定的一种认证，主要针对机器人产品的新认证。

2022年，中国机器人（CR）认证升级版发布，CR认证升级版涵盖功能安全、信息安全、可靠性、智能水平四大专业技术方向，通过五个层次（L1~L5）的认证等级，充分评价技术实现难度，提供质量"阶跃式"发展标杆。同时，认证标志增加了技术专业等级标识符，并采用数字标识，象征着机器人认证的技术内涵。

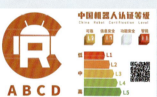

标准化服务

该服务基于机器人创新产品标准的空缺，按高质量产品的发展战略，与该领域的头部企业和相关企业一起制定一套符合高质量、高技术水平指标的标准，并通过标准试验验证、技术攻关将该产品提升为符合该标准的高端产品。

阶段	责任方	业务流程点	输出物
立项阶段	企业研究院 企业 研究院	合同协议 资料 标准立项	
项目头施阶段	研究院企业 研究院	标准验证 标准文本起草 标准学室制材料 原理阐释、技术攻关 送审稿	
成果发布	研究院	标准发布	

成果转化

针对机器人、人工智能及智能制造等相关领域，与海外高校、企业建立产业化对接的桥梁，利用长三角机器人产业平台创新联盟自有资源，进行成果转化和企业孵化。目前已孵化30余家机器人企业，涵盖巡检、建筑、物流配送、消毒、检测、教育烹饪、焊接、康复等领域。

转化模式

转化通道

教育培训

作为国家产教融合平台，致力于战略性新兴产业科技创新人才培养，建立健全人才培养体系，开展针对青少年教育、职业教育、企业和社会化人才培训，通过专业建设、教学资源、实训装备、各类大赛、师资和企业培训、考核认证、人才能力标准开发、科技创新、国际合作、现代产业学院建设等方式，与合作院校、合作伙伴共同合作培养高技能人才。

课程体系建设
- 基础课程
- 应用型课程
- 产业课程
- 企业课程

学院基地建设
- 中国机器人CR产业学院
- 中国机器人产教融合示范基地
- 高技能人才培养基地
- 智能工厂实训基地

上海机器人产业技术研究院　　　www.sri-robot.com　　021-62222910

扫码关注公众号

扫码关注视频号

卡诺普焊接/搬运机器人

CROBOTP WELDING AND HANDLING INDUSTRIAL ROBOT

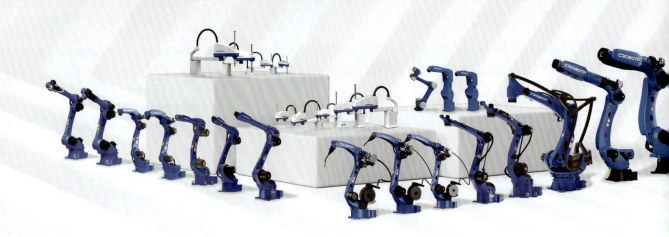

　　成都卡诺普机器人技术股份有限公司（以下简称"卡诺普"）成立于2012年，位于成都市龙潭工业机器人产业功能区，是专业从事智能工业机器人核心零部件及整机研发、制造、销售和服务的高新技术企业、国家专精特新"小巨人"企业、"科创中国"新锐企业、2022年度成都市新经济示范企业、四川省瞪羚企业、四川省科技成果转移转化示范企业、四川省"诚信企业"，连续两年（2021、2022）入选四川企业技术创新发展能力100强企业。

　　卡诺普坚持自主研发、产业协同的发展理念，以市场为导向，以技术为核心，以品质为根本，深入国产工业机器人整机赛道，通过自主建设四川省企业技术中心创新平台，加快技术攻关和创新步伐，已获得200余项有效知识产权，其中发明专利41项。参与制定5项工业机器人国家标准，2项科研成果通过科技成果评价，技术达到国际先进、国内领先水平。技术成果"基于3D视觉技术的智能焊接机器人"被四川省企业发展促进中心授予2021年度四川省"专精特新"中小企业技术创新优秀成果。

　　卡诺普通过制定科学的人才发展战略，实行制度化的企业管理，通过了ISO9001质量管理体系、知识产权管理体系、ISO14001环境管理体系、ISO45001职业健康安全管理体系、安全生产标准化三级企业、企业资信AAA等认证。公司现有员工370余人，专职研发技术人员160余人，部分技术骨干荣获"四川企业技术创新突出贡献人物""成都市五一劳动奖章""成都市智能制造生态圈领军人才""成华英才""东骄英才""成华工匠"等称号。2022年卡诺普入选首批国家技能根基工程培训基地，为制造业高质量发展培养高素质技能人才。

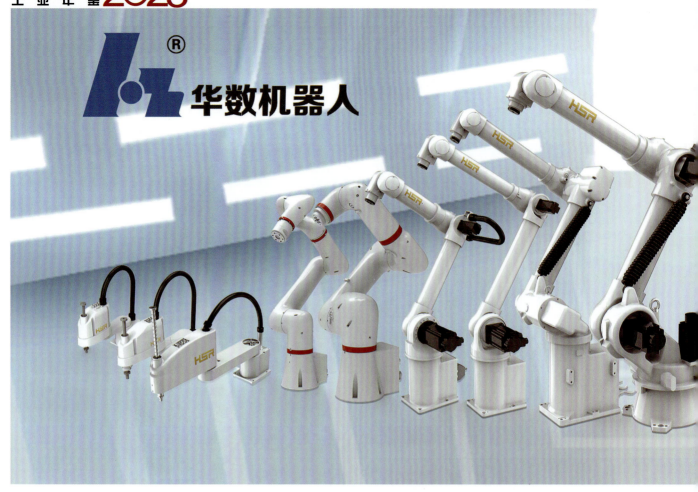

华数机器人是武汉华中数控股份有限公司（股票代码：300161）旗下品牌，是集工业机器人、智能工厂研发、制造和服务于一体的国家高新技术企业。先后攻克机器人核心技术 300 余项，拥有创新机械结构和控制算法方面的发明专利，掌握机器人 4 大核心关键零部件和 6 大系列 50 多种机器人整机产品，自主研发的机器人控制系统实现了规模化批量应用，核心自主创新占比超 90%；助力完成 10 余个国家和地区智能制造示范工厂、100 余个智能制造示范车间建设，成功入选《智能制造系统解决方案推荐供应商》和《工业机器人行业规范条件》企业，获批工信部门专精特新"小巨人"企业，是国产工业机器人领军企业之一。

地址：佛山市南海区狮山镇桃园东路 19 号　　电话：400-9655-321
网址：https://www.hsrobotics.cn/

优秀企业展示

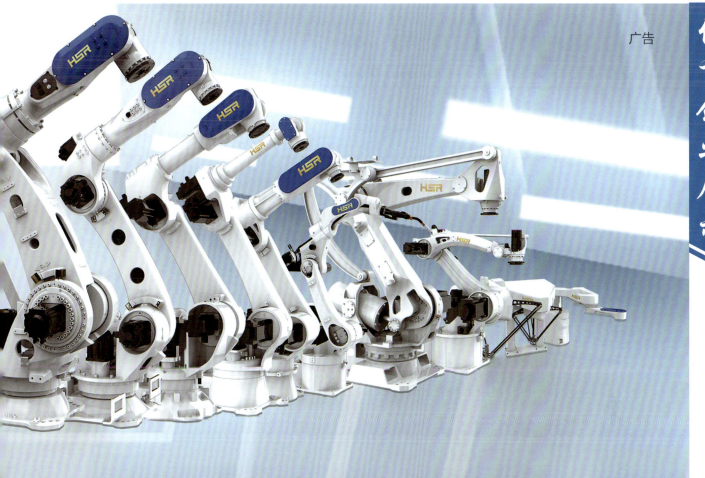

值得信赖的机器人减速机供应商
TRUSTED SUPPLIER OF ROBOT REDUCER

公司介绍

浙江环动机器人关节科技股份有限公司（以下简称：环动科技）是浙江双环传动机械股份有限公司（股票代号：002472）于 2020 年 5 月成立的控股子公司，其前身为浙江双环传动机械研究院。环动科技专门从事机器人关节高精密减速机、高精密液压零部件的研制及产业化，齿轮及其传动系统制造、测试分析和故障诊断强度寿命等领域研究及提供技术服务。

环动科技拥有2万 m^2 的机器人高精密减速机恒温加工车间、数条专业化高精度智能制造产线和装配检测线，高精密加工及检测设备 200 余台。拥有专业的材料性能分析热处理实验室、强度寿命实验室，以及功能完善的机器人精密减速机整机综合性能和寿命监测实验室。

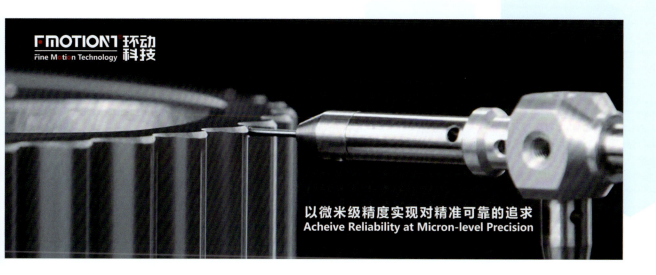

1. 尺寸覆盖：
  直径：$\phi 9.5 \sim \phi 300$mm / 高度：$10 \sim 100$mm / 各种尺寸可以非标定制；

2. 量程覆盖：
  力F：5N~ 30kN / 力矩M：$0.1 \sim 600$N·m / 各种力和力矩组合可以非标定制；

3. 材料覆盖：
  铝合金、不锈钢、钛合金；

4. 输出信号：
  通过模块后可输出：以太网，RS232，RS485，EtherCAT，$0 \sim 10$V，$4 \sim 20$mA等；

5. 其中直径大于60mm的可内置模块

XJCSENSOR
鑫精诚传感器
深圳市鑫精诚传感技术有限公司
Shenzhen XJCSENSOR Technology Co.,Ltd.

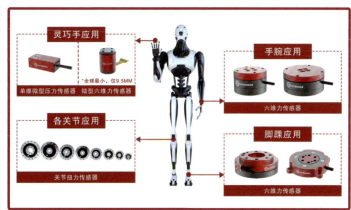

综合索引

「鉴」证行业发展

挖掘企业亮点

编辑说明

中国机械工业年鉴系列

《中国机械工业年鉴》
《中国电器工业年鉴》
《中国工程机械工业年鉴》
《中国机床工具工业年鉴》
《中国通用机械工业年鉴》
《中国机械通用零部件工业年鉴》
《中国模具工业年鉴》
《中国液压气动密封工业年鉴》
《中国重型机械工业年鉴》
《中国农业机械工业年鉴》
《中国石油石化设备工业年鉴》
《中国塑料机械工业年鉴》
《中国齿轮工业年鉴》
《中国磨料磨具工业年鉴》
《中国机电产品市场年鉴》
《中国热处理行业年鉴》
《中国电池工业年鉴》
《中国工业车辆年鉴》
《中国机器人工业年鉴》
《中国机械工业集团有限公司年鉴》

一、《中国机械工业年鉴》是由中国机械工业联合会主管、机械工业信息研究院主办、机械工业出版社出版的大型资料性、工具性年刊，创刊于 1984 年。

二、根据行业需要，中国机械工业年鉴编辑委员会于 1998 年开始出版分行业年鉴，逐步形成了"中国机械工业年鉴系列"。该系列现已出版了《中国电器工业年鉴》《中国工程机械工业年鉴》《中国机床工具工业年鉴》《中国通用机械工业年鉴》《中国机械通用零部件工业年鉴》《中国模具工业年鉴》《中国液压气动密封工业年鉴》《中国重型机械工业年鉴》《中国农业机械工业年鉴》《中国石油石化设备工业年鉴》《中国塑料机械工业年鉴》《中国齿轮工业年鉴》《中国磨料磨具工业年鉴》《中国机电产品市场年鉴》《中国热处理行业年鉴》《中国电池工业年鉴》《中国工业车辆年鉴》《中国机器人工业年鉴》和《中国机械工业集团有限公司年鉴》。

三、《中国机器人工业年鉴》主要记述了我国机器人行业发展概况；全面、详细地分析了我国机器人行业的市场情况；收录了与机器人行业发展相关的政策举措；系统地提供了我国机器人行业统计数据。2023 年版设置综述篇、大事记、产业篇、地区篇、园区篇、标准检测认证篇、产教融合篇、企业篇、应用篇、人物篇、政策篇、国际篇、统计资料和附录。

四、统计资料中的数据来源于中华人民共和国国家统计局和中华人民共和国海关总署，数据截至 2022 年 12 月 31 日。因统计口径不同，有些数据难免出现不一致的情况。

五、在年鉴编撰过程中得到了行业联盟、行业协会、相关企业和专家的大力支持和帮助，在此深表感谢。

六、未经中国机械工业年鉴编辑部的书面许可，本书内容不允许以任何形式转载。

七、由于作者水平有限，难免出现错误及疏漏，敬请读者批评指正。

中国机械工业年鉴编辑部
2024 年 1 月

目　　录

标准检测认证篇

产教融合篇

企　业　篇

应　用　篇

人 物 篇

政 策 篇

国 际 篇

统 计 资 料

附 录

中国
机器人
工业
年鉴
2023

综述篇

综合论述中国机器人行业 2022 年发展情况

中国
机器人
工业
年鉴
2023

综
述
篇

2022 年中国机器人行业发展概况

2022 年是我国全面建设社会主义现代化国家、向第二个百年奋斗目标进军的重要一年，也是实施"十四五"规划的关键之年。面对国际环境和国内改革发展稳定任务，我国科学统筹新冠疫情防控和经济社会发展，国民经济顶住压力持续恢复，经济韧性持续显现。机器人作为现代经济社会发展的重要支撑装备，2022 年行业总体保持平稳增长，整机产品性能质量稳步提升，关键零部件配套能力持续增强，应用边界不断拓展，骨干企业发展势头强劲，产业集聚效益日益凸显。

一、发展动态及特点

1. 行业运行总体保持平稳态势

受新冠疫情多点散发等因素影响，2022 年上半年，我

国机器人行业生产受到一定冲击，下半年伴随复工复产、畅通物流等政策措施的有效推动，行业生产情况有所改善。总体来看，全年机器人行业保持平稳发展，规模以上企业主营业务收入超过 1 700 亿元，继续保持两位数增长。

从产品产量来看，工业机器人和服务机器人出现分化。国家统计局数据显示，2022 年全国规模以上企业工业机器人产量为 44.3 万台，同比增长 21.0%，增速虽然较 2021 年下降 46.9 个百分点，但年产量仍创历史新高，月均产量处于 3.7 万台的高位。相对而言，服务机器人生产受新冠疫情影响较为严重，全年服务机器人产量为 645.8 万台，同比下降 30.3%。2022 年全国工业机器人生产情况如图 1 所示。2022 年全国服务机器人生产情况如图 2 所示。

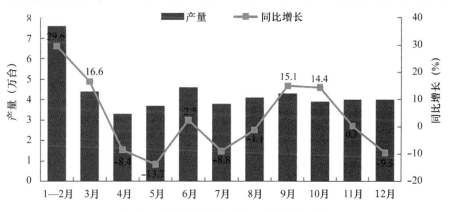

图 1　2022 年全国工业机器人生产情况

注：数据来源于国家统计局。

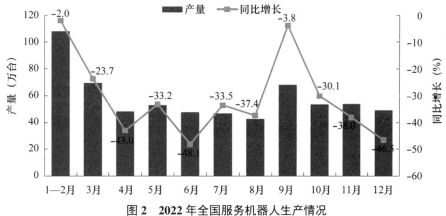

图 2　2022 年全国服务机器人生产情况

注：数据来源于国家统计局。

2. 机器人性能质量稳步提升

近年来，国内企业越来越重视技术创新，不断提升正向设计创新能力，在国家政策的引导和支持下，企业纷纷

加大研发投入，开展联合攻关，持续提高产品性能质量及技术水平，机器人产业正在由量变向质变跨越。

在工业机器人方面，产品竞争力显著增强，部分产品已

具备参与国际竞争的能力。例如：南京埃斯顿自动化股份有限公司（简称"埃斯顿"）、沈阳新松机器人自动化股份有限公司（简称"新松"）等企业相继推出负载能力为 500kg 的多关节机器人，产品获得市场认可；深圳市汇川技术股份有限公司（简称"汇川技术"）自主研制的 8kg 负载能力 SCARA 机器人节拍最快可达 0.26s，达到国际先进水平；北京博清科技有限公司（简称"博清科技"）在爬行焊接机器人、激光传感器、熔池相机等方面累计获得 700 余件专利和软件著作权，其爬行焊接机器人的多层多道自动步道、实时跟踪、自动寻缝、坡口 3D 建模等技术处于国际领先水平。与此同时，机器人产品系列也在不断丰富完善。例如：SCARA 机器人，以往国内多为小负载产品，最大负载不超过 20kg，伴随市场需求的不断提升以及机器人企业创新能力的持续增强，汇川技术、埃斯顿等企业陆续推出负载能力为 50kg 的 SCARA 机器人，以满足更多场景应用需求。在协作机器人方面，国内企业在原有基础之上不断创新，推出更为先进、安全的产品。例如：上海非夕机器人科技有限公司（简称"非夕机器人"）自 2019 年推出第一代自适应机器人产品 Rizon 拂晓后，不断丰富产品系列，经过三次技术迭代，已到 Rizon10 系列，实现更高负载、更强大的力控表现以及满足更复杂应用场景的效果；深圳市越疆科技股份有限公司（简称"越疆科技"）2022 年推出新一代协作机器人，产品搭载自主研发的人工皮肤，能够实时感知周围 15cm 的工作区域，实现碰前停止或自主绕障，避免碰撞伤害。

在服务及特种机器人方面，新产品不断涌现并加速落地。在家居领域，北京石头世纪科技股份有限公司坚持创新，2022 年发布自清洁扫拖机器人 G10S 系列，为高端阵营再添新军，该系列产品同时搭载 3D 结构光主动测距传感器与 RGB 摄像头，实现测距与识别双重功能，避障能力全面提升；科沃斯机器人股份有限公司除不断推出新款扫地机器人外，还推出智能割草机器人 GOAT G1，以机器人视觉为突破口，为消费者带来更便捷高效、美观安全的智能化割草体验，开启智能割草机器人 2.0 时代。在医疗领域，华科精准（北京）医疗科技有限公司的神经外科手术机器人、苏州微创畅行机器人有限公司的"鸿鹄"骨科手术机器人、上海微创医疗机器人（集团）股份有限公司的"图迈"腔镜手术机器人、苏州康多机器人有限公司的腹腔内窥镜手术机器人、深圳市精锋医疗科技有限公司的多孔腔镜手术机器人等，于 2022 年获得国家药品监督管理局的上市批准。在科学考察（简称"科考"）领域，由中国科学院沈阳自动化研究所（简称"沈自所"）联合北京先驱高技术开发有限责任公司等单位研制的矿址近底自主光学精细调查测量系统"洞察"号自主水下机器人完成 5 100m 海底测试，可长距离执行深海资源光学调查任务；由哈尔滨工业大学和中科院长春光学精密机械与物理研究所联合研制的小机械臂随问天实验舱升空，其操作精度更高，可以在不需要航天员出舱的情况下，独立完成舱外载荷的安装、更换等照料操作，有效节省航天员在轨工作负荷；沈自所针对青藏科考任务，对其自主研制的空地机器人开展了系列试验测试及应用，

机器人成功获取了冰川表层、地下结构数据，为高海拔科考和青藏高原研究提供了新思路、新装备和新手段。

3. 关键零部件配套能力不断增强

在相关部门支持和行业共同努力下，我国在机器人所需高精密减速器、高性能伺服电动机及驱动器、控制器、传感器等关键零部件研制方面取得积极进展，产品配套能力得到提升。例如：高性能减速器方面，南通振康焊接机电有限公司 RV 减速器产品谱系不断完善，覆盖从 1E 到 700C 各类型产品，基本可以满足大、中、小各类负载能力机器人需求，还推出超高精度、高防护等定制化产品；谐波减速器在应用中加速迭代，苏州绿的谐波传动科技有限公司 2022 年推出新一代 e 系列谐波减速器，在保持原有各项优异的性能参数基础上，显著减小谐波减速器运转时的振动，使运转声音更柔和，密封性更好，产品竞争力进一步提升。高性能伺服驱动系统方面，汇川技术伺服电动机瞬间过载能力、功率密度、转矩波动等技术指标持续提升，产品国内市场占有率位居国产品牌首位；埃斯顿伺服电动机最高转速、防护等级等性能指标进一步提升，可以满足更高节拍及耐环境要求。智能控制器方面，固高科技股份有限公司（简称"固高科技"）在 2022 世界机器人博览会上展示了 GNC 系列嵌入式多轴网络运动控制器，客户可以根据自身需求，选择不同类型的轴控模块快速搭建运动控制系统；还展示了拿云（Marvie）六轴驱控一体机，该产品集机器人控制系统开发平台、运动控制器和六轴伺服驱动器于一体，体积小、功率密度高、集成度高，极大简化了客户的电气设计，提高了设备性能和可靠性。智能一体化关节方面，遨博（北京）智能科技有限公司（简称"遨博"）突破了机器人机构设计、伺服驱动、谐波传动动态补偿、柔顺控制等关键技术，实现了无框力矩电动机、高精度磁编码器、谐波减速器、力传感器等核心部件的国产化，打破了国外厂商对一体化关节核心部件的垄断，成功研制出自主可控的国产一体化关节；节卡机器人股份有限公司（简称"节卡"）为解决多自由度机械臂的轻量化设计问题，自主研发新的一体化关节技术，使得协作机器人结构更紧凑、集成度更高。新型传感器方面，梅卡曼德（北京）机器人科技有限公司（简称"梅卡曼德"）的 3D 视觉系统技术稳定性达到全球领先水平，已在 30 余个品牌、700 多款机器人产品实现适配应用；南宁宇立仪器有限公司（简称"宇立"）专注力传感技术研究，共设计生产出 9 大系列、300 多个型号的多轴力传感器，实现了从一轴至六轴全覆盖，宇立六维力传感器已在 ABB、安川、库卡等全球知名品牌实现配套应用。智能末端执行器方面，北京软体机器人科技股份有限公司研制出 NBM 灵巧气囊模块，可用于汽车灯罩、仪表板、空调面板、键盘鼠标面壳等异性工件的夹取搬运；苏州柔触机器人科技有限公司针对纺织行业特点，研制出近似于人手的柔性夹爪，可实现布料的分层抓取和精确自动堆叠，产品已在耐克服装产线实现应用。

4. 机器人逐步渗透到经济社会的各个方面

当前，我国已开启了全面建设社会主义现代化国家新征程，向着第二个百年奋斗目标进军。新型工业化的推进，

以及美好生活的构建，对机器人形成巨大需求，机器人应用正在向经济社会的各个方面渗透拓展。

在工业制造领域，工业机器人已成为工厂维持日常运转的关键设备之一。中国机器人产业联盟（CRIA）统计数据显示，2022 年我国工业机器人新增装机量 29.7 万台，在全球总装机量中的占比为 50%，连续 10 年稳居全球第一大市场，制造业机器人密度达到每万名工人 392 台。工业机器人在汽车、电子、冶金、轻工、医药等领域广泛应用的同时，正在向更多领域快速拓展。例如：近两年，锂离子电池、光伏等新兴产业快速发展，自动化、智能化制造趋势特征明显，为机器人应用创造了多个新场景，国内机器人企业深耕行业需求特点，陆续推出新产品及新工艺，快速布局市场。埃斯顿通过研究新能源行业的工艺，开发了锂离子电池和光伏行业专用机器人产品及相关解决方案，已在国内多家头部企业产线实现应用；埃夫特智能装备股份有限公司基于光伏行业产线特点推出的机器人产品已实现应用，在电池工艺段花篮搬运应用场景市场占有率超过 80%。石油化工行业经过数十年的快速发展，在技术、产能、国际影响力等方面取得诸多成就的同时，也面临着更加严峻的资源、市场、环保、竞争等挑战，这促使行业对智能自动化技术的需求显著提升，爬壁焊接机器人、智能铁钻工等特种机器人的应用，不仅能够提高作业效率，降低成本，还可以改善工人劳动条件。博清科技的爬壁焊接机器人在陕西神木聚氯乙烯管道焊接项目、广东湛江中小型储罐焊接项目、湖北黄石铜冶金储罐焊接项目等多个石油化工行业项目中应用。2022 年北京捷杰西石油设备有限公司（简称"捷杰西"）助力中海油自动化模块钻机项目取得成功，在该项目中捷杰西智能钻井机器人扮演着重要角色，它是自动化海洋模块钻机中心的核心自动化装备，在钻台区替代人工作业，减轻劳动强度，提高作业效率并有效保障作业安全。据中国机器人产业联盟（CRIA）统计，截至 2022 年，我国工业机器人应用领域已覆盖国民经济 65 个行业大类、206 个行业中类。

在民生服务领域，配送机器人、清洁机器人、导览机器人、教育机器人、医疗机器人等各种不同类型的服务机器人正在深入人们的生活当中，在餐厅、酒店、银行、商场、博物馆、图书馆、学校、医院等诸多场景中，人们逐渐习惯机器人提供服务。例如：餐饮场景中，海底捞、必胜客、外婆家、东来顺等大型连锁餐饮品牌中，送餐机器人的身影越来越常见，助力餐厅提高效率，节省人力成本。文旅方面，当前旅游已经从大众化、观光化时代进入休闲化、个性化时代，追求幸福成为旅游重要的价值目标，巡游导览、问询接待、沉浸体验、场景互动等服务机器人越来越受大众的欢迎和喜爱。医疗方面，随着社会进步和人们健康意识的觉醒，人们对提升医疗服务水平、改善患者就医体验的要求愈加强烈，分诊、配药、诊断、手术等医疗机器人成为医生的得力助手，北京协和医院、北京积水潭医院、武汉同济医院、浙江省人民医院、广东省中医院等医院已采用手术机器人辅助完成多例手术，包括开颅手术、同种异体肾移植手术、肾脏部分切除手术、前列腺癌

根治手术等，手术机器人突破了人手、眼、脑的极限，能够辅助医生精准、高效、安全地完成高难度手术，同时手术机器人与 5G 技术的融合发展，使超远程手术变成现实，有效解决边远地区医学资源匮乏的问题。此外，伴随智能矿山、智能建造、智慧农业等深入推进，各类型矿业机器人、建筑机器人、农业机器人也正在各自所属领域"大显身手"。

在载人航天、中国天眼、探月探火、深海深地、青藏铁路等重大工程中，特种机器人发挥着越来越重要的作用。例如：2022 年 11 月份，神州十四号航天员乘组完成第三次出舱任务，在本次任务中，大小机械臂首次联袂支持出舱，两臂协同级联形成组合臂，自由度达到 14 个，工作更加灵活自由，可达范围大幅增加，已配合航天员完成各种高难度作业；为提高中国天眼 FAST 的运行及维护效率，科学技术部启动中国天眼 FAST"智能机器人"重点定向专项，开展系列运行维护作业机器人及支撑系统的研制攻关，项目完成后将为保障 FAST 有效观测时间提供重要的技术支撑；青藏铁路引进智能牵引变电巡测机器人，在海拔 3300m 的西格线哈尔盖 110kV 无人值守变电所"工作"，能代替巡检员对牵引变电所内设备进行日常巡视，还能在突发情况下开展应急巡视工作，智能机器人的"上岗"推动青藏铁路无人值守变电所巡检方式迈入了远程智能操控新时代。

5. 骨干企业发展势头强劲

在国家政策支持引导及市场需求带动下，机器人行业骨干企业加速成长，市场竞争力不断增强。例如：汇川技术 2022 年 SCARA 机器人国内市场销量达到 1.3 万台，仅次于爱普生，位居第二位；极智嘉科技股份有限公司在全球 AMR 市场占有率连续 3 年位居世界第一，引领全球智慧物流变革；深圳市大疆创新科技有限公司在全球无人机市场占有率超过 80%，稳居市场绝对领先地位。2022 年工业和信息化部公布第四批专精特新"小巨人"企业，其中机器人相关企业 112 家；在第七批制造业单项冠军中，包含 5 家机器人企业。

同时，在资本市场的助推下，一批优质企业迅速发展壮大。据企查查公开数据统计，2022 年国内机器人领域共发生投融资事件 530 起，同比增长 82.1%，其中超过 1.5 亿元的项目有 98 起。例如：节卡获得约 10 亿元 D 轮融资；非夕机器人获得约 1 亿美元 B+ 轮融资；北京珞石科技有限公司获得新希望集团 4 亿元的战略投资；智昌科技集团股份有限公司完成 3.5 亿元 Pre-IPO 轮融资；合肥井松智能科技股份有限公司于 2022 年 6 月 6 日在上海证券交易所科创板成功上市，完成 4.65 亿元 IPO 上市融资；科捷智能科技股份有限公司于 2022 年 9 月 15 日在上海证券交易所科创板成功上市，完成 8.91 亿元 IPO 上市融资。

6. 国内企业加速拓展海外市场

伴随机器人技术水平的不断提升，以及国际工业自动化需求的持续增加，越来越多的中国企业加速走出国门，积极布局海外市场。其中，日本、韩国是出海"抢单"备受关注的目的地。相对于国内而言，日本与韩国并非高度专注品牌，而是更加看重产品实用性，市场对中国自主品牌机器人接受度相对较高，目前，越疆科技、节卡、博清科技、

灵动科技（北京）有限公司（简称"灵动科技"）、梅卡曼德等多家机器人企业均已在日韩市场布局。另外，随着3C电子、玩具、服装、制鞋等制造产能由我国向越南、印度尼西亚等东南亚市场外迁，机器人企业也随着产能建设转移进入新兴市场，搭建海外营销渠道，快速拓展海外市场。

2022年，全球新冠疫情反复，通胀压力持续，主要发达经济体加快收紧货币政策，地缘政治冲突影响持续外溢，对机器人行业外贸产生一定负面影响，但在国内企业的积极布局下，我国工业机器人出口贸易额依然保持增长态势。海关总署统计数据显示，2022年我国工业机器人出口额为6.1亿美元，同比增长3.0%，增速虽然比2021年回落48.0个百分点，但出口额却仍创历史新高。

7. 优质产业集群加速崛起

2021年颁布的《"十四五"机器人产业发展规划》提出，"十四五"期间，要在全国建成3~5个有国际影响力的产业集群。在规划引导下，各地积极响应号召，结合自身产业基础及特色，找准产业布局，积极建设机器人产业集群。据中国机器人产业联盟（CRIA）统计，截至2022年年底，全国已建和在建的机器人产业园区共计93个，部分园区已形成良好的产业集聚效应。例如：张江机器人谷是上海首批特色产业园区之一，园区以高端医疗机器人为核心，以特色工业机器人、智能服务机器人为重点，以机器人关键零部件、机器人关键控制软件为突破，形成了"一核、两重点、两突破"的产业发展格局。园区已聚集ABB、微创医疗器械（上海）有限公司、上海傅利叶智能科技有限公司、上海高仙自动化科技发展有限公司等一批机器人优质企业，引入ABB机器人赋能中心、上海机器人产业技术研究院创新中心、仿生机器人实验室、国创工业软件研究院等一批功能创新平台，并设立了机器人谷质量基础设施服务站，不断提升园区专业化服务能力，推动特色产业向高端化、集群化、品牌化方向发展。松山湖国际机器人产业基地成立于2014年，专注机器人及相关行业的创业孵化，借助粤港澳大湾区强大的制造业产业链基础，现已形成了从研发、设计、制造到检测的完整机器人产业链。目前基地已聚集了400余家机器人与智能装备相关企业，包括东莞市李群自动化技术有限公司、固高科技、广东众为兴机器人有限公司、汇川技术、云鲸智能科技（东莞）有限公司、亿嘉和科技股份有限公司等业内颇具名气的企业。同时，基地还成立了广东智能机器人研究院和松山湖国际机器人研究院两大科研机构，助力机器人技术创新与进步。芜湖机器人产业园依托"国家机器人产业集聚发展试点"和"安徽省省级机器人产业集聚发展基地"双叠加政策优势，快速成长。截至2022年年底，园区已集聚机器人产业上下游企业约220家，形成了覆盖关键零部件、整机、系统集成、检测平台、研发机构、人才培训等环节的完整机器人产业链体系，且在园区建设发展过程中，产业链上下游企业间形成了协同发展态势。沈阳市机器人及智能制造集群入选国家先进制造业集群，是机器人领域目前唯一上榜集群，不仅有国内机器人龙头企业新松，还有被誉为"中国机器人事业摇篮"的沈自所，还建成了29个产业发展平台，覆盖科技创新、检验检测、人才培训、行业组织等多个领域，为机器人产业发展提供支撑。

二、发展影响因素分析

1. 多项政策举措支持机器人产业发展

在2021年国家15个部门联合颁布的《"十四五"机器人产业发展规划》，明确"十四五"期间机器人产业发展方向、思路及重点工作之后，2022年，相关部门陆续出台多项政策举措，大力支持机器人产业发展。2022年4月，科学技术部发布《"智能机器人"重点专项2022年度项目申报指南》，持续通过重点专项加速推进我国智能机器人技术与产业的快速发展；同月，国家自然科学基金委员会发布"共融机器人基础理论与关键技术研究重大研究计划2022年度项目指南"，以"集成项目"的形式予以资助，具体资助方向包括足式机器人、助老机器人、机器人新概念新原理。与此同时，国家发展和改革委员会、工业和信息化部等部委依托先进制造业专项、产业基础再造和制造业高质量发展专项等，发布实施一批重大项目，支持机器人产业技术攻关和创新应用，提升我国机器人产业发展水平。

各地方政府也结合当地产业特点出台相关政策，引导、支持本地机器人产业快速发展。例如：2022年4月，山东省颁布《关于加快机器人产业发展的指导意见》（征求意见稿），提出到2025年全省机器人产业规模达到500亿元的发展目标；8月，印发《山东省智能制造提质升级行动计划（2022—2025年）》，提出要增加工业机器人等智能制造装备供给，深化智能化技术改造，加快智能制造装备应用推广。2022年6月和7月，上海市先后出台《上海市促进智能终端产业高质量发展行动方案》和《上海市数字经济发展"十四五"规划》，提出加强核心技术攻关和前沿技术研究，提升机器人高端产品供给能力，推动机器人在更多领域应用。

2. 老龄化加剧对机器人提出迫切需求

自1961年以来，中国人口保持了半个多世纪的增长。受育龄妇女持续减少、生育观念变化等多方面因素影响，2022年年末我国人口总量出现了下降，较2021年年末减少85万人，降至14.1亿人，人口自然增长率为-0.6%，这是近61年来的人口第一次负增长。

在人口数量下降的同时，人口老龄化程度在进一步加深。国家统计局数据显示，2022年末，全国16～59岁劳动年龄人口为8.8亿人，占全国总人口的62.0%，比2011年年末降低7.8个百分点；60岁及以上人口为2.8亿人，占比为19.8%，比2011年年末提高6.1个百分点，其中65岁及以上人口占比提升5.8个百分点。国家卫生健康委员会党组发表《谱写新时代人口工作新篇章》一文指出，新时代我国人口发展面临着深刻而复杂的形势变化，人口负增长下"少子老龄化"将成为常态，生育水平将持续走低，老龄化程度将不断加深，预计2035年前后进入人口重度老龄化阶段（60岁以上人口占比超过30%）。

在人口负增长、老龄化进程加快的背景下，大量使用机器人将成为企业用来填补劳动力短缺、维持正常运营与发展的必然选择。此外，人口老龄化趋势的加快也将催生社会对老年人生活辅助、护理陪伴、功能代偿、无障碍出行、安全监控、医疗康复等方面的旺盛需求，面向老龄化的助老助残机器人、面向精准医学的医疗康复机器人等将存在巨大市场需求和发展空间。

3. 产业加速"智改数转"，释放巨大市场需求

党的十八大以来，我国工业体系更加健全，拥有 41 个工业大类、207 个工业中类、666 个工业小类，是全世界唯一拥有联合国产业分类中全部工业门类的国家。同时，工业规模进一步壮大，2022 年全部工业增加值突破 40 万亿元大关，制造业规模连续 13 年居世界首位，我国已经成为全球公认的工业大国。但总体上看，我国工业仍处于全球价值链中低端，自主可控能力还不强，工业大而不强的格局尚未根本改观，正处在由制造大国、网络大国向制造强国、网络强国转变的关键时期。党的二十大报告明确提出，要建设现代化产业体系，坚持把发展经济的着力点放在实体经济上，推进新型工业化，加快建设制造强国，强调要加快发展数字经济，促进数字经济和实体经济深度融合。这不仅是抓住新一轮科技革命和产业变革机遇、抢占未来产业竞争制高点的战略选择，也是建设现代化产业体系、推动高质量发展的核心任务。这就需要充分发挥我国实体经济特别是制造业比较优势，高质量推进智能化改造、数字化转型。各行业"智改数转"的加速推进，将对以机器人为代表的智能装备产生巨大需求。

4. "新三样"再获利好，下游市场需求强劲

在当今全球提倡低碳环保的环境之下，新能源汽车、光伏、锂离子电池"新三样"产业受到越来越高的关注与重视。2022 年 1 月，国家发展和改革委员会印发《关于进一步提升电动汽车充电基础设施服务保障能力的实施意见》，提出要积极推进试点示范，探索新能源汽车参与电力现货市场的实施路径，研究完善新能源汽车消费和储放绿色电力的交易和调度机制；2 月，国家发展和改革委员会印发《"十四五"新型储能发展实施方案》，提出要重点开展钠离子电池、新型锂离子电池等关键核心技术、装备和集成优化设计研究；5 月，国家发展和改革委员会和国家能源局联合出台《关于促进新时代新能源高质量发展的实施方案》，明确提出到 2030 年，风电、太阳能发电总装机容量达到 12 亿 kW 以上的目标；6 月，国家发展和改革委员会、国家能源局等九个部门联合印发《"十四五"可再生能源发展规划》，提出重点部署城镇屋顶光伏行动、"光伏+"综合利用行动等九大行动；6 月和 11 月，财政部分别下发《财政部关于下达 2022 年可再生能源电价附加补助地方资金预算的通知》《关于提前下达 2023 年可再生能源电价附加补助地方资金预算的通知》，从国家层面给予资金补助，支持可再生能源发展，光伏两次分别获得 12.5 亿元和 25.8 亿元的补贴资金；7 月，国家发展和改革委员会和国家能源局联合出台《关于加快推动新型储能发展的指导意见》，提出推动锂离子电池等相对成熟新型储能技术成本继续下降和商业化规模应用；11 月，工业和信息化部、住房和城乡建设部、交通运输部、农业农村部、国家能源局联合印发《关于开展第三批智能光伏试点示范活动的通知》，支持培育一批智能光伏示范企业并建设一批智能光伏示范项目。

多项利好政策的密集出台，助力"新三样"产业迎来发展高峰。据中国汽车工业协会统计，2022 年，我国新能源汽车产销量分别达到 705.8 万辆和 688.7 万辆，同比分别增长 96.9% 和 93.4%，连续 8 年位居全球第一。工业和信息化部电子信息司发布的《2022 年全国锂离子电池行业运行情况》报告内容显示，2022 年全国锂离子电池产量达 750GW·h，同比增长超过 130%，行业总产值突破 1.2 万亿元，约是 2021 年行业总产值 6 000 亿元的两倍。国家能源局统计数据显示，2022 年我国光伏新增装机量为 87.41GW，同比增长 60.3%。"新三样"产能的加速释放，带来对工业机器人等自动化设备需求的增加。

5. 国际形势复杂多变，产业发展面临风险挑战

近年来，国际贸易摩擦不断升级，以美国为代表的西方国家针对我国先进制造业的打压不断升级，机器人作为高技术产业涵盖其中。2017 年美国发起"301 调查"，对信息和通信技术、航空航天、机器人等行业 1 300 项商品加征关税；2018 年美国接连通过《出口管制改革法案》《外国投资风险评估现代化法案》，出台针对新兴技术和相关产品的出口管制框架，涉及微型无人机和微型机器人系统、集群技术、自动装配机器人、分子机器人、机器人编译器、智能微尘等六个机器人子领域；2021 年美国通过《无尽前沿法案》，将"机器人技术、自动化和先进制造业"纳入十大关键领域，反复强调中国在科技领域对美国的挑战，并在制造业和知识产权等方面直接针对中国设置排他性条款；2022 年美国国家科学技术委员会发布了新一版关键和新兴技术清单，对 2020 版关键和新兴技术领域列表进行更新调整，其中将"自动化系统"调整为"自主系统与机器人"，在其子领域清单中，涉及海陆空天各领域。再加上俄罗斯与乌克兰战争的持续发酵，国际局势更加严峻复杂，使机器人产业发展面临更多不确定性风险挑战。

三、发展趋势分析与预测

1. 产业规模将继续保持增长

一方面，随着新冠疫情的好转及防控政策的调整，国内经济逐步恢复向好。在国内整体发展环境好转的情况下，2023 年机器人产销或将继续延续增长态势。另一方面，在全国人口减少、老龄化程度进一步深化的背景下，适龄劳动力缺口日益扩大。此外，随着教育水平的不断提升与"Z 世代"逐步成为就业主力，部分新一代人群对传统行业存在"苦累脏"的认知，就业的"偏向性"更加明显，导致制造业、矿业、建筑业、农业等传统行业持续面临招工难、用工荒等难题。这些难题迫切需要机器人及自动化装备来破解。在发展环境持续向好及市场需求迫切等因素影响下，预计 2023 年我国机器人产业规模将继续增长。

2. 国产化替代进程加速

近几年，受到新冠疫情及复杂国际政治环境等多重因素的影响，外资品牌机器人产品的供货周期有所延长，供应价格出现上涨。例如：有企业反应，在新冠疫情较为严重的 2020—2022 年期间，减速器进口货期从 3 个月延长到 6~8

个月，大多数芯片进口货期从 1～3 个月延长到 6～18 个月，且产品进口价格普遍出现上涨；还有企业反映，备品备件更是供应不足，除此之外，物流成本也出现大幅增加。这些因素都在倒逼国内机器人企业加速供应链的国产化进程。除零部件外，近些年国产机器人整机产品性能质量稳步提升，与外资品牌水平差距日益缩小，替代能力正在不断增强。

3. 新兴产业成为机器人需求增长的新引擎

"双碳"目标的提出，可以说为工业自动化的应用划定了一条"坡长雪厚"的新赛道，能源的变革将会是未来 30 年的主命题和主基调，其中必然会伴随着智能科技的发展与应用。新能源汽车、光伏、锂离子电池"新三样"作为实现"双碳"目标的重要途径，或将保持长期的快速发展。国务院发展研究中心市场经济研究所专家在出席"中国电动汽车百人会论坛"的演讲中预测，2025 年我国新能源汽车销量将达到 1 700 万辆，2030 年达到 3 200 万辆左右。高工产研锂电研究所（GGII）预测，未来 3～5 年，我国锂离子电池出货量将继续维持 50% 以上的高速增长。中国光伏行业协会预测，"十四五"期间，国内年均光伏新增装机规模保守预计为 7 000 万 kW，乐观预计将达到 9 000 万 kW。在这样的大环境下，传统产线的改造或新产能的建设，将为机器人产业创造巨大的市场需求，未来或将影响国内整个机器人应用市场格局。

4. 人形机器人加速发展

人形机器人是具有与人相似的外观和运动方式的智能机器人，是业界重点关注的一个细分领域。相较于一般机器人而言，人形机器人具有更加复杂的结构、传感、驱动和控制系统，有的还具有类人的感知、决策、行为和交互能力，它代表着行业的前沿技术，是机械设计、运动控制、人工智能等领域高精尖技术的综合体现。早在 20 世纪 60 年代，人形机器人的研究就已经起步，日本、美国、英国等世界发达国家投入大量资金进行开发研究，并已取得突破性进展，但并未实现产业化，主要是示范应用演示，如美国敏捷机器人公司研发的 Digit、波士顿动力公司的 Atlas、日本本田研发的 ASIMO 等。我国人形机器人起步相对较晚但发展迅速，已完成初步探索，形成系列科技成果，如北京理工大学研发出"汇童"系列人形机器人，优必选推出 Walker 系列机器人。

近两年，伴随人工智能技术的不断突破，以及与机器人技术的深度融合，人形机器人赛道热度快速升温，全球范围内的多家企业开始加码人形机器人，例如：2022 年 5 月，戴森在机器人与自动化国际会议（ICRA）宣布将在 10 年内推出可以做家务的人形机器人；8 月，小米秋季新品发布会上发布仿人机器人 CyberOne "铁大"，它能够实现人的身份识别、手势识别、表情识别、情绪识别等；9 月，特斯拉于 2022 AI Day 发布人形机器人 Optimus "擎天柱"原型机，并表示 3～5 年内，实现"擎天柱"的规模化量产，计划产量达到数百万台，将被部署到全球各地的特斯拉工厂。家电、消费电子、汽车等领域巨头的入局，有助于激活市场活力，推动人形机器人快速发展和落地。

〔撰稿人：机械工业信息中心贾彦彦〕

2022 年中国工业机器人市场概况

一、中国工业机器人市场情况

据中国机器人产业联盟与国际机器人联合会联合统计，2022 年，我国市场全年工业机器人销售 29.7 万台，再创历史新高，销量同比增长 5.8%，但增速较前期明显放缓。2020—2022 年，虽受新冠疫情影响，我国工业机器人消费市场逆势增长，表现出良好的韧性。2013—2022 年我国工业机器人市场销售总体情况如图 1 所示。

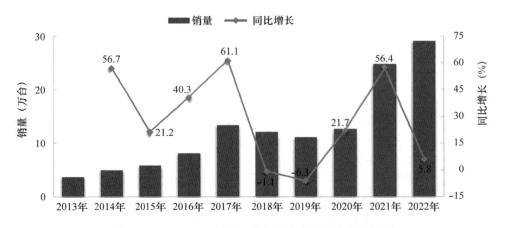

图 1 2013—2022 年我国工业机器人市场销售总体情况

注：数据来源于中国机器人产业联盟、国际机器人联合会。

1. 按机械结构分类

按机械结构分类，多关节机器人是我国工业机器人市场中销量最多的机型，占比保持高位。2020年以来，多关节机器人销量持续增长，2022年我国市场多关节机器人销售接近20万台，同比增长10.7%，在我国工业机器人市场总销量中的占比保持高位并提升至67.1%，较2021年继续提高3.0个百分点；平面多关节机器人（SCARA）销量位居第二，销售7.3万台，同比增长2.3%，在我国工业

机器人市场总销量中的占比较2021年下降0.9个百分点至24.6%；主要机型中，仅坐标机器人销量有所下降，较上年下降19.5%，这是继2020年以来连续2年恢复性增长后的首次下降，销售量接近1.4万台，回到2019年水平，距离2.1万台的高位还有较大差距，在我国工业机器人市场总销量中的占比为4.7%；并联机器人2022年销量有所增长，全年销售0.3万台，同比增长9.4%。2021—2022年我国工业机器人市场销售情况（按机械结构分类）如图2所示。

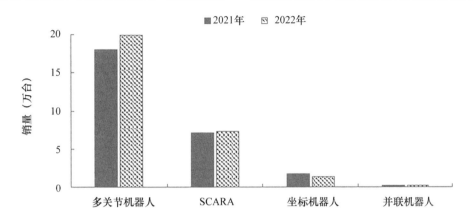

图2 2021—2022年我国工业机器人市场销售情况（按机械结构分类）
注：数据来源于中国机器人产业联盟、国际机器人联合会。

2. 按工艺用途分类

我国工业机器人市场整体上行，但各工艺用途之间情况有所分化。增长主要由搬运和上下料、涂层与胶封领域带动。搬运和上下料依然是首要工艺用途，2022年销售15.4万台，同比增长18.9%，在我国工业机器人市场总销量中的占比提升至52.0%；焊接和钎焊机器人销售5.1万台，同比下降7.6%，在我国工业机器人市场总销量中的占比为17.1%，较上年下降2.5个百分点；装配及拆卸机器人销售

近4.5万台，同比增长1.6%，在我国工业机器人市场总销量中的占比为15.1%；用于涂层与胶封的机器人销量首次破万台，达到1.8万台，同比大幅增长182.7%，在我国工业机器人市场总销量中的占比提升至6.2%；用于洁净室的机器人销量同比下降33.4%；用于加工的机器人销量同比下降24.0%。2021—2022年我国工业机器人市场销售情况（按工艺用途分类）如图3所示。

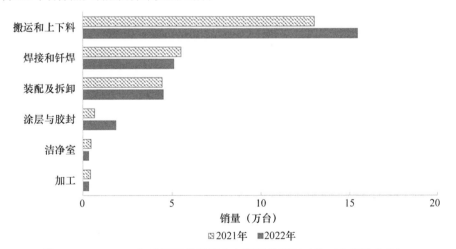

图3 2021—2022年我国工业机器人市场销售情况（按工艺用途分类）
注：数据来源于中国机器人产业联盟、国际机器人联合会。

3. 按应用行业分类

从应用行业看，2016年以来，电气电子设备及器材制造一直是我国工业机器人的主要应用行业，2022年全年

销售超过10.2万台，同比增长6.6%，在我国工业机器人市场总销量中的占比为36.5%，2021年提高了2.3个百分点；汽车制造业多年来一直是我国工业机器人销量增长的

主要驱动力，虽然近年来用于汽车制造业的工业机器人在工业机器人总量中的占比不及电气电子设备及器材制造，但仍然是十分重要的应用行业，2022 年，用于汽车制造业的工业机器人销售 7.7 万台，在 2021 年销量几乎增长一倍的基础上又增长了 28.3%，在我国工业机器人市场总销量中的占比恢复至 26.0%，较 2021 年提高 4.6 个百分点；金属及机械制造业新购置机器人超过 3.1 万台，同比下降 16.0%，在我国工业机器人市场总销量中的占比为 11.1%，较 2021 年下降 2.1 个百分点；塑料及化学制品业购买工业机器人数量接近 0.8 万台，同比下降 2.6%，在我国工业机器人市场总销量中的占比为 2.7%，较 2021 年下降 0.1 个百分点；此外，食品制造业作为我国机器人市场的第五大应用行业，全年购买机器人数量接近 0.5 万台，同比增长 8.2%，在我国市场总销量中的占比提高至 1.7%；其他各制造业门类总体表现出下行态势，但应用于木材加工及家具制造业的工业机器人同比增长 238.1%，达到 0.3 万台，自 2017 年以来，年均增长 59.4%；农业、林业、渔业、的机器人销量大幅增长，但基数较小对整体带动不大。2021—2022 年我国工业机器人市场销售情况（按应用行业分类）如图 4 所示。

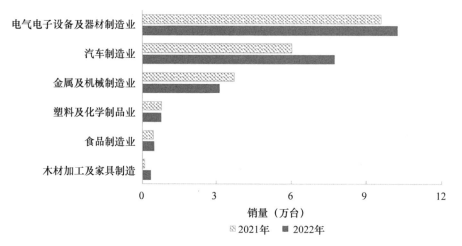

图 4　2021—2022 年我国工业机器人市场销售情况（按应用行业分类）

注：数据来源于中国机器人产业联盟、国际机器人联合会。

二、自主品牌工业机器人市场情况

据中国机器人产业联盟统计，2022 年我国自主品牌工业机器人共销售 11.2 万台，同比增长 19.0%，增速较 2021 年回落 48.4 个百分点。其中，三轴及三轴以上的工业机器人销售近 10.6 万台，同比增长 18.6%，在自主品牌工业机器人总销量中的占比为 94.1%；工厂用物流机器人销售接近 6 700 台，同比增长 26.1%，在总销量中的占比为 5.9%。2013—2022 年我国自主品牌工业机器人市场销售情况如图 5 所示。

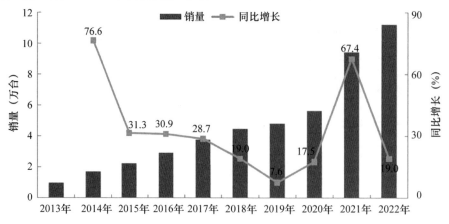

图 5　2013—2022 年我国自主品牌工业机器人市场销售情况

注：数据来源于中国机器人产业联盟。

1. 按机械结构分类

我国自主品牌多关节机器人销售持续增长，2022 年销售 6.4 万台，在总销量中的占比为 57.0%，较 2021 年提高 4 个百分点，继续保持自主品牌工业机器人中销量第一的机型；SCARA 销量近 2.9 万台，位居第二，在自主品牌市场中的占比为 25.7%，较 2021 年同期回落 0.6 个百分点；坐标型机器人销售近 1 万台，位居第三，在自主品牌工业机器人中的占比为 8.8%，较 2021 年同期下降 3.8 个百分点；工厂用物流机器人销售近 6 700 台，销量位居第四，占比为 5.9%，较 2021 年提高 0.3 个百分点；并联机器人销售 1 700 余台，占比为 1.5%，较 2021 年提高 0.3 个百分点；圆柱坐标型机器人销售 350 台，在自主品牌机型市场上占比为 0.3%，较 2021 年下降 0.3 个百分点。

从增速看，自主品牌工业机器人中并联机器人、多关节机器人和工厂物流机器人增幅均在 25% 以上；SCARA 实现 16.4% 的增长，增速较 2021 年大幅回落；直角坐标型机器人和圆柱坐标型机器人销量出现不同程度的下降。2021—2022 年我国自主品牌工业机器人销售情况（按机械结构分类）如图 6 所示。

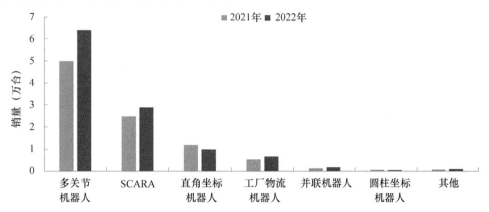

图 6　2021—2022 年我国自主品牌工业机器人销售情况（按机械结构分类）

注：数据来源于中国机器人产业联盟。

2. 按工艺用途分类

从工艺用途看，2022 年，我国超过 70% 的自主品牌工业机器人应用在搬运和上下料领域，总量为 7.9 万台，较 2021 年增长 35.6%，增速回落 41 个百分点；焊接和钎焊是自主品牌工业机器人的第二大工艺用途，2022 年的销售总量超过 1.3 万台，较 2021 年下降 19.5%；用于装配及拆卸领域的自主品牌工业机器人首次超过 1 万台，同比增长 33.6%，在自主品牌工业机器人总销量中的占比为 9.2%，较 2021 年提高 1 个百分点；用于涂层与封胶的自主品牌

工业机器人共销售接近 2 900 台，同比下降 2.5%，在自主品牌工业机器人总销量中的占比为 2.5%；用于洁净室的机器人销量近 2 000 台，同比增长 73%，在总销量中的占比为 1.8%；用于加工（激光切割、机械切割、去飞边、抛光等）的机器人年销量近年来持续明显波动，2022 年销量仅为 500 余台，同比下降 71.5%。

2021—2022 年我国自主品牌工业机器人销售情况（按工艺用途分类）如图 7 所示。

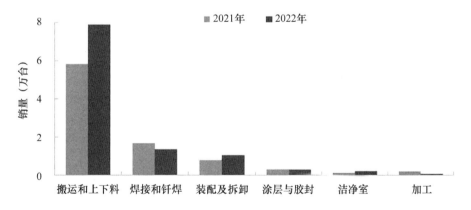

图 7　2021—2022 年我国自主品牌工业机器人销售情况（按工艺用途分类）

注：数据来源于中国机器人产业联盟。

3. 按应用行业分类

2013 年以来，我国自主品牌工业机器人已应用于国民经济 71 个行业大类中的 226 个行业中类，分别较 2021 年增加了 3 个行业大类、14 个行业中类，在越来越广泛的行业中实现应用，对推动工业机器人市场发展具有积极意义。2022 年，我国自主品牌工业机器人涉及的应用行业新增了零售、水果种植和服饰制造等行业。

从销量看，2022 年我国电气电子设备及器材制造业购置工业机器人的数量最多，在自主品牌工业机器人总销量中的占比达 38.3%；金属及机械制造业、汽车制造业、塑料及化学制品业、食品制造业和木材加工及家具制造业在我国自主品牌工业机器人总销量中的占比分别为 21.5%、14.3%、4.6%、3.0% 和 2.9%；其他行业机器人使用量在总销量中的占比合计为 15.5%。2022 年我国自主品牌工业机器人销售情况（按应用行业分类）如图 8 所示。

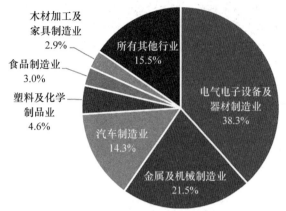

图 8　2022 年我国自主品牌工业机器人销售情况
（按应用行业分类）
注：数据来源于中国机器人产业联盟。

具体看，电气电子设备及器材制造业机器人采购量为 4.3 万台，同比增长 39.5%；金属及机械制造业自主品牌工业机器人采购量为 2.4 万台，同比下降 4.3%；汽车制造业采购量为 1.6 万台，同比增长 21%；橡胶和塑料制品业共

采购 5 100 余台，同比下降 17.3%；食品制造业自主品牌工业机器人采购量为 3 300 余台，同比增长 37.2%；木材加工及家具制造行业采购近 3 300 台，同比增长 2.5 倍，为历年来最高销量。

4. 按产品流向分类

从产品流向的地域来看，2022 年，有 47.4% 和 29.3% 的自主品牌工业机器人分别销往华东和华南地区，华北地区的占比为 5.9%，而华中、西南、西北和东北地区的占比合计为 11.7%，另有部分销量未实现统计。

从增速看，各地区自主品牌工业机器人销量均保持增长。其中，西北地区销量增幅高达 178.8%，华南地区在较高的基数上实现 49.6% 的增长，华中和东北地区销量也实现 40% 以上的增长，华东地区销量增长 16%。

从工艺用途来看，各地区均以用于搬运与上下料的机器人为主。其中，华南、西北、华东、华中和华北地区用于搬运与上下料的机器人的占比超过 60%；东北地区用于搬运与上下料的机器人的占比也都在 50% 以上；西南地区用于搬运与上下料的机器人的占比虽未过半，但也达到 45.8%。2022 年我国自主品牌工业机器人销量增长情况（按产品流向分类）如图 9 所示。

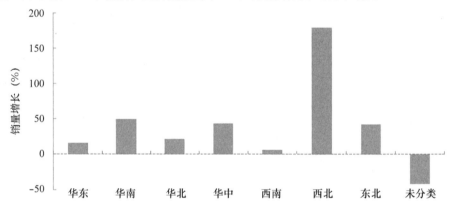

图 9　2022 年我国自主品牌工业机器人销量增长情况（按产品流向分类）
注：数据来源于中国机器人产业联盟。

三、自主品牌机器人市场份额继续提高

从市场份额看，2022 年我国工业机器人市场总销量中，外资品牌机器人占有率为 62.2%，较 2021 年有所下降；自主品牌机器人市场占有率为 37.8%，较 2021 年继续提高 4.2 个百分点。

从机械结构上看，在各主要机型中，2022 年自主品牌机器人的市场占有率均较 2021 年有所提高，其中，自主品牌并联机器人的占有率提高至 68.6%，较 2021 年提高了 17.3 个百分点；SCARA 和多关节机器人分别提高了 4.8 和 4.3 个百分点，自主品牌多关节机器人市场占有率达到 32.1%，为近年来最高水平；坐标机器人一直是自主品牌机器人的优势机型，2021 年坐标机器人市场占有率有所下降，2022 年回升了 2.0 个百分点，达到 70.7%。2022 年我国工业机器人市场内外资占比情况（按机械结构分类）如图 10 所示。

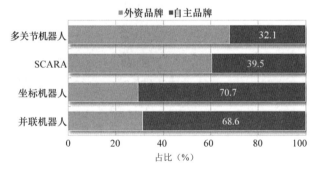

图 10　2022 年我国工业机器人市场内外资占比情况
（按机械结构分类）
注：数据来源于中国机器人产业联盟、国际机器人联合会。

从工艺用途看，外资品牌在涂层与胶封、加工、装配及拆卸等领域仍占据绝对优势。自主品牌机器人在洁净室、装配及拆卸和搬运与上下料领域的占比有所提高，在焊接和钎焊、涂层与胶封、加工领域的占比均有不同程度的下降。

在洁净室领域，自主品牌市场占有率为63.4%，较2021年大幅提高了39.0个百分点；在搬运和上下料领域中，自主品牌市场占有率比2021年提高6.3个百分点，为51.1%；在装配及拆卸领域，自主品牌市场占有率为

23.1%，提高了5.5个百分点；在焊接和钎焊领域，自主品牌市场占有率为26.4%，下降了3.9个百分点；在加工领域，自主品牌市场占有率为17.7%，比2021年下降29.4个百分点；在涂层与胶封领域，自主品牌市场占有率为15.5%，下降29.4个百分点。2022年我国工业机器人市场内外资占比情况（按工艺用途分类）如图11所示。

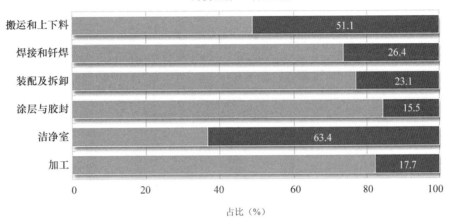

图 11 2022 年我国工业机器人市场内外资占比情况（按工艺用途分类）

注：数据来源于中国机器人产业联盟、国际机器人联合会。

从应用行业看，2022年我国自主品牌工业机器人在造纸及纸制品业、食品制造业、采矿业和电气电子设备及器材制造业等行业的占比有所提高，在非金属矿物制品业、塑料及化学制品业和汽车制造业的占比有所下降。其中，在电气电子设备及器材制造业中的占比较2021年继续提高9.9个百分点，升至42.0%；在汽车制造业中的占比较2021年下降1.3个百分点，为20.8%；在金属及机械制造

业中的占比较2021年提高9.5个百分点，升至77.6%；在食品制造业中的占比提高14.3个百分点，为67.7%；在塑料及化学制品业中的占比下降11.9个百分点，为66.7%；在木材加工及家具制造业中的占比提高3.6个百分点，为96.7%。2022年我国工业机器人市场内外资占比情况（按应用行业分类）如图12所示。

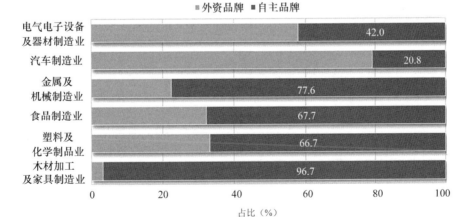

图 12 2022 年我国工业机器人市场内外资占比情况（按应用行业分类）

注：数据来源于中国机器人产业联盟、国际机器人联合会。

〔撰稿人：中国机械工业联合会 符玲、李晓佳〕

2022 年中国工业机器人进出口贸易情况

一、行业总体运行情况

1. 总量

据海关总署统计数据，2022 年我国工业机器人进出口贸易累计实现金额为 26.13 亿美元，同比下降 6.58%，增速由上年的正增长转为负增长，低于同期全国外贸进出口总额增速 10.98 个百分点。其中，进口额为 20.00 亿美元，同比下降 9.17%，增速低于上年 50.06 个百分点，低于同期全国外贸进口总额增速 10.27 个百分点；出口额为 6.13 亿美元，同比增长 3.03%，增速低于上年 47.99 个百分点，低于同期全国外贸出口总额增速 3.97 个百分点。全年累计出现贸易逆差 13.87 亿美元，较上年同期减少 2.2 亿美元。2015—2022 年我国工业机器人进出口情况如图 1 所示。

图 1　2015—2022 年我国工业机器人进出口情况

注：数据来源于海关总署。

2. 产品类型

海关总署统计的机器人产品共涉及 8 个税号商品，分别为喷涂机器人、工业机器人（原搬运机器人，根据 2022 年海关总署最新税则号标准，2021 年及以前的"搬运机器人"修改为"工业机器人"）、多功能工业机器人、集成电路工厂专用机器人、电阻焊接机器人、电弧焊接机器人、激光焊接机器人和其他未列名工业机器人。

2022 年，工业机器人（原搬运机器人）、电阻焊接机器人、电弧焊接机器人、激光焊接机器人和其他未列名工业机器人表现为贸易顺差，多功能工业机器人、集成电路工厂专用机器人、喷涂机器人表现为贸易逆差。2022 年我国工业机器人产品进出口贸易情况见表 1。

表 1　2022 年我国工业机器人产品进出口贸易情况

序号	产品名称	进口额 （亿美元）	出口额 （亿美元）	贸易额差 （亿美元）
1	多功能工业机器人	13.38	3.16	-10.22
2	集成电路工厂专用机器人	4.42	0.11	-4.31
3	工业机器人（原搬运机器人）	0.68	1.17	0.49
4	喷涂机器人	0.93	0.24	-0.69
5	电弧焊接机器人	0.09	0.31	0.22
6	激光焊接机器人	0.11	0.15	0.04
7	电阻焊接机器人	0.02	0.08	0.06
8	其他未列名工业机器人	0.37	0.91	0.54

注：数据来源于海关总署。

2022 年，多功能工业机器人进出口额均居于首位。其中，进口额和出口额分别实现 13.38 亿美元和 3.16 亿美元，在工业机器人总体进口额和出口额中的占比分别为 66.9% 和 51.55%，较上年分别提高 0.59 和 5.81 个百分点。实现贸易逆差 10.22 亿美元，较上年收窄 1.66 亿美元。从增速情况看，2022 年，多功能工业机器人进口额同比下降 8.36%，降幅小于工业机器人进口平均增速；出口额同比增长 16.18%，高于工业机器人出口平均增速。

集成电路工厂专用机器人进出口总额排名第二。其中，进口额持续增长，依然是工业机器人进口中的第二大商品，但数值上仍远不及多功能工业机器人。2022 年集成电路工厂专用机器人分别实现进口额和出口额 4.42 亿美元和 0.11 亿美元，在工业机器人总体进口额和出口额中占比分别为 22.10% 和 1.79%，较上年分别提高 4.02 和 0.36 个百分点。全年贸易逆差 4.31 亿元，较上年扩大 0.41 亿美元。从增速情况看，2022 年集成电路工厂专用机器人进口额同比增长 11.06%；出口额同比增长 22.22%，均高于工业机器人同期平均水平。

工业机器人（原搬运机器人）进出口总额排名第三，其中，进口额、出口额均大幅下降。全年实现进口额 0.68 亿美元，在进口总额中的占比为 3.40%，较上年降低 2.57 个百分点；实现出口额 1.17 亿美元，在出口总额中的占比为 19.09%，较上年降低 11.31 个百分点。全年贸易顺差 0.49 亿美元，较上年下降 0.01 亿美元。从增速情况看，2022 年工业机器人（原搬运机器人）进口额同比下降 48.09%，出口额同比下降 35.36%，均低于工业机器人同期平均水平。

喷涂机器人进口额、出口额增速较上年同期由正转负，均低于工业机器人同期平均水平。2022 年实现进口额 0.93 亿美元，同比下降 25.60%；实现出口额 0.24 亿美元，同比下降 20.00%。全年贸易逆差 0.69 亿美元，较上年收窄 0.25 亿美元。

电弧焊接机器人、激光焊接机器人、电阻焊接机器人进口额和出口额均同比增长。其中，电弧焊接机器人进口额和出口额同比分别增长 28.57% 和 34.78%；激光焊接机器人进口额和出口额同比分别增长 1.2 倍和 1.5 倍；电阻

焊接机器人进口额和出口额分别约增长 1 倍和 60%。此三类机器人由于其体量较少，对整体影响不大，但均表现为贸易顺差，合计贸易顺差 0.32 亿美元，较上年扩大 0.11 亿美元。

2022 年我国工业机器人进口额占比情况如图 2 所示。2022 年我国工业机器人出口额占比情况如图 3 所示。2021—2022 年我国工业机器人进口额完成情况如图 4 所示。2021—2022 年我国工业机器人出口额完成情况如图 5 所示。

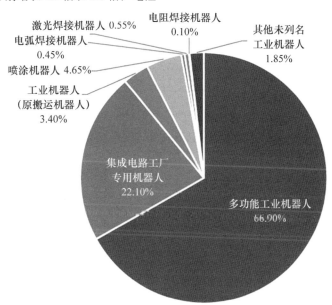

图 2　2022 年我国工业机器人进口额占比情况

注：数据来源于海关总署。

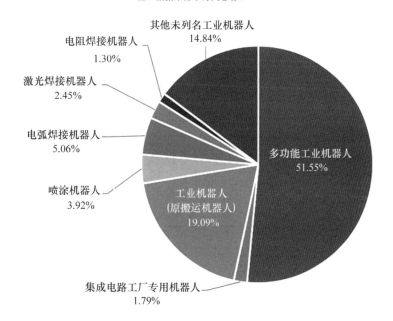

图 3　2022 年我国工业机器人出口额占比情况

注：数据来源于海关总署。

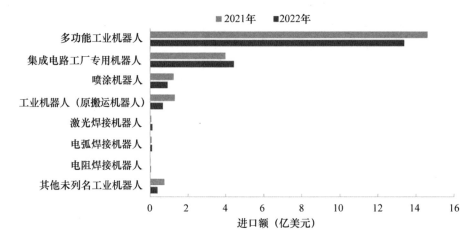

图 4   2021—2022 年我国工业机器人进口额完成情况
注：数据来源于海关总署。

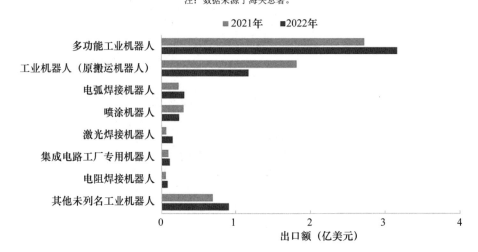

图 5   2021—2022 年我国工业机器人出口额完成情况
注：数据来源于海关总署。

二、主要贸易国家（地区）

1. 进口主要贸易伙伴

2022 年，我国市场进口工业机器人的国家和地区相对集中，主要源于 36 个国家或地区，较上年同期减少 1 个国家，进口额涨幅明显，仍维持在高位。从进口国别（地区）看，日本排在第一，进口额为 11.98 亿美元，同比下降 10.79%；新加坡跃居第二位，进口额为 1.70 亿美元，同比增长 84.17%；德国排名第三，进口额为 1.53 亿美元，同比下降 20.06%。此外，来源于中国台湾及韩国、法国、美国、瑞典、丹麦的进口额也在 3 000 万美元以上，其中，来源于美国、瑞典的进口额同比增长，来源于其他国家（或地区）的进口额均有下降。2022 年我国工业机器人进口来源情况见表 2。

表 2   2022 年我国工业机器人进口来源情况

产品类别	第一位		第二位		第三位	
	国家或地区	进口额（万美元）	国家或地区	进口额（万美元）	国家或地区	进口额（万美元）
多功能工业机器人	日本	104 764	法国	7 870	德国	7 252
集成电路工厂专用机器人	新加坡	16 287	日本	10 488	韩国	6 238
工业机器人（原搬运机器人）	日本	1 718	韩国	1 449	德国	1 430
喷涂机器人	德国	4 962	美国	2 888	日本	1 214
电弧焊接机器人	韩国	336	日本	237	捷克	230

（续）

产品类别	第一位		第二位		第三位	
	国家或地区	进口额（万美元）	国家或地区	进口额（万美元）	国家或地区	进口额（万美元）
激光焊接机器人	日本	541	德国	520	中国	24
电阻焊接机器人	意大利	156	德国	52	日本	10
未列名工业机器人	德国	1 000	日本	842	加拿大	394

注：数据来源于海关总署。

2. 出口主要贸易伙伴

2022 年我国工业机器人出口市场仍较为分散，出口到 126 个国家或地区，较上年同期增加 11 个国家。从出口目的地来看，越南位居第一，出口额为 5 721.13 万美元，同比增长 2.56%；韩国位居第二，出口额为 5 661.64 万美元，同比增长 16.9%；美国紧随其后排名第三，出口额为 4 155.71 万美元，同比下降 12.70%。此外，对中国台湾及日本、德国、泰国、墨西哥、俄罗斯、马来西亚、印度也都超过 2 000 万美元，其中，对墨西哥、俄罗斯、马来西亚出口额同比增长，其他国家或地区均呈不同程度下降。2022 年我国工业机器人出口目的地情况见表 3。

表 3　2022 年我国工业机器人出口目的地情况

产品类别	第一位		第二位		第三位	
	国家或地区	出口额（万美元）	国家或地区	出口额（万美元）	国家或地区	出口额（万美元）
多功能工业机器人	韩国	4 228	越南	2 154	德国	2 153
集成电路工厂专用机器人	韩国	333	中国台湾	285	马来西亚	90
工业机器人（原搬运机器人）	越南	2 199	中国台湾	1 149	美国	984
喷涂机器人	美国	426	印度	262	韩国	238
电弧焊接机器人	墨西哥	496	塞尔维亚	389	美国	346
激光焊接机器人	塞尔维亚	336	泰国	301	墨西哥	272
电阻焊接机器人	泰国	214	意大利	84	法国	54
未列名工业机器人	俄罗斯	1 458	越南	888	日本	586

注：数据来源于海关总署。

三、主要地区分布及贸易方式情况

从进口规模来看，2022 年我国工业机器人进口规模最大的省份是上海市，进口额达 11.88 亿美元，同比下降 3.11%，占全国工业机器人进口总额的 59.42%，较上年提高 3.74 个百分点。其余四大进口省和直辖市分别为：江苏省进口额 2.82 亿美元，同比增长 9.71%；北京市进口额 1.07 亿美元，同比下降 21.37%；浙江省进口额 1.02 亿美元，同比下降 6.74%；安徽省进口额 0.63 亿美元，同比增长 1.6 倍。上述五个省和直辖市工业机器人进口额合计在全国工业机器人进口总额中的占比为 87.10%。从贸易方式来看，一般贸易进口体量最大，进口额达 18.06 亿美元，同比下降 10.44%；海关特殊监管区域物流货物次之，进口额达 1.30 亿美元，同比增长 87.37%；海关特殊监管区域进口设备排名第三，进口额为 0.25 亿美元，同比增长 13.92%。

从出口规模来看，2022 年中国工业机器人出口规模最大的省份是广东省，出口额达 1.64 亿美元，同比增长 4.54%，占全国工业机器人出口总额的 26.81%，较上年提高 0.42 个百分点。其余四大出口省和直辖市分别为：上海市出口额 1.49 亿美元，同比下降 9.03%；江苏省出口额 1.00 亿美元，同比增长 7.91%；山东省出口额 0.43 亿美元，同比增长 102.96%；浙江省出口额 0.25 亿美元，同比下降 33.48%。上述五个省和直辖市工业机器人出口额合计在全国工业机器人出口总额中的占比为 78.61%。从贸易方式来看，一般贸易出口体量最大，出口额达 4.10 亿美元，同比下降 0.67%；进料加工贸易次之，出口额为 1.39 亿美元，同比下降 3.98%；海关特殊监管区域物流货物排名第三，出口额为 0.30 亿美元，同比增长 91.41%。

〔撰稿人：中国机械工业联合会赵明〕

2022 年机器人行业主要用户行业运行情况分析

一、主要用户行业运行概况及特点

2022 年，我国经济增长整体呈现先降后升的走势，计算机/通信和其他电子设备制造业、电气机械和器材制造业、汽车制造业等机器人主要用户行业保持了平稳快速增长。

2022 年，计算机/通信和其他电子设备制造行业在新型基础设施建设力度加大、制造业数字化转型、电子信息制造领域核心技术研发攻关提速等措施的带动下，生产增速保持较快增长，全年工业增加值同比增长 7.6%，高于同期全国工业、高技术制造业增加值增速 4.0 和 0.2 个百分点。主要产品产量增减不一，手机产量为 15.6 亿台，同比下降 6.1%；微型计算机设备产量为 4.3 亿台，同比下降 7%；集成电路产量为 3 242 亿块，同比下降 9.8%；程控交换机产量为 883.8 万线，同比增长 26.3%。外贸出口降多增少，计算机及零部件出口金额为 2 360 亿美元，同比下降 7.5%；手机出口金额为 1 427 亿美元，同比下降 2.5%；集成电路出口金额为 1 539 亿美元，同比增长 0.3%。经济效益方面，全年行业实现营业收入 15.45 万亿元，同比增长 5.5%；实现利润总额 7 389.5 亿元，同比下降 13.1%。与全国工业相比，算机/通信和其他电子设备制造业营业收入增速低 0.4 个百分点，利润总额降幅深 7.1 个百分点。

2022 年，汽车行业经济运行经历起伏。1—2 月份开局良好；3—4 月份受吉林、上海等地新冠疫情影响，我国汽车产业链供应链受到严重冲击，汽车产销出现断崖式下降；5 月中下旬，中央和地方陆续出台一系列稳增长、促消费政策，极大激发市场活力；6—9 月汽车市场持续走高，呈现恢复增长，实现近三年同期最好水平；进入四季度，受新冠疫情再度影响，终端消费市场增长乏力，消费者购车需求释放受阻，汽车产销增速回落。全年产销量分别完成 2 702.1 万辆和 2 686.4 万辆，比上年分别增长 3.4% 和 2.1%，与上年增速相比，产量增速持平，销量增速回落 1.7 个百分点，产销总量连续 14 年位居全球第一。全年规模以上汽车制造业工业增加值比上年增长 6.3%，高于同期制造业增加值增速 3.3 个百分点；完成营业收入 9.29 万亿元，同比增长 6.8%，高于同期制造业增速 2.3 个百分点；实现利润总额 5 319.6 亿元，同比增长 0.6%。汽车类零售总额累计完成 45 772 亿元，比上年增长 0.7%，在社会消费品零售总额中的占比为 10.4%。特别是新能源汽车市场，得益于供给改善、油价高企、政府补贴以及车企保价促销等因素，市场持续高速增长，全年产销累计分别为 705.8 万辆和 688.7 万辆，同比分别增长 96.9% 和 93.4%，连续第 8 年位居全球第一，市场占有率达到 25.6%。

2022 年，能源与原材料行业总体延续上年增长走势，增速有所放缓，价格呈现高位震荡。石油和主要化学品市场受外部因素影响，价格先扬后抑，波动较大，全年累计看，价格水平总体上涨。在价格上升与消费量增长的双重带动下，全年采矿业、煤炭开采和洗选业、化学原料和化学制品制造业营业收入分别增长 16.9%、19.5%、10.4%。但在效益方面，不同原材料间存在明显差异，采矿业、煤炭开采和洗选业利润总额分别增长 48.6%、44.3%；化学原料和化学制品制造业、橡胶和塑料制品业分别下降 8.7% 和 5.6%。

2022 年，中游制造行业受成本上升与市场不振的双重挤压，经济效益指标增长乏力，金属制品业、通用设备制造业营业收入下降 1.3%、2.2%，专用设备制造业、仪器仪表制造业营业收入增长 1.8% 和 4.2%；电气机械和器材制造业在清洁能源发电与储能产品的带动下实现快速增长，营业收入增长 20.7%。实现利润的分化更为突出，金属制品业下降 10.5%，通用设备、专用设备、仪器仪表小幅增长 0.4%、3.4% 和 4.3%，电气机械和器材制造业大幅增长 31.2%。

2022 年，消费品行业运行基本稳定，农副食品加工业、食品制造业、汽车制造业营业收入分别增长 6.5%、4%、6.8%；家具制造业受房地产行业影响，营业收入下降 8.1%。利润方面在原材料成本持续高位的压力下，增长乏力，增速总体处于低位，农副食品加工业、食品制造业、家具制造业、汽车制造业利润总额同比分别增长 0.2%、7.6%、7.9% 和 0.6%。

2022 年主要用户行业经济运行情况见表 1。

表 1　2022 年主要用户行业经济运行情况

行业名称	营业收入		利润总额	
	金额（亿元）	同比增长（%）	金额（亿元）	同比增长（%）
采矿业	68 233.8	16.9	15 573.6	48.6
煤炭开采和洗选业	40 222.2	19.5	10 202.0	44.3

（续）

行业名称	营业收入		利润总额	
	金额 （亿元）	同比增长 （%）	金额 （亿元）	同比增长 （%）
农副食品加工业	58 503.0	6.5	1 901.1	0.2
食品制造业	22 541.9	4.0	1 797.9	7.6
酒、饮料和精制茶制造业	16 947.0	4.9	3 116.3	17.6
家具制造业	7 624.1	-8.1	471.2	7.9
化学原料和化学制品制造业	91 483.7	10.4	7 302.6	-8.7
橡胶和塑料制品业	29 727.0	-1.7	1 644.0	-5.6
金属制品业	48 397.7	-1.3	2 065.7	-10.5
通用设备制造业	47 895.8	-2.2	3 250.3	0.4
专用设备制造业	38 076.9	1.8	3 056.4	3.4
汽车制造业	92 899.9	6.8	5 319.6	0.6
电气机械和器材制造业	103 650.1	20.7	5 915.6	31.2
计算机、通信和其他电子设备制造业	154 486.9	5.5	7 389.5	-13.1
仪器仪表制造业	9 835.4	4.2	1 017.6	4.3

数据来源：国家统计局。

一、全国及主要用户行业投资完成情况

2022年，政策性开发性金融工具和地方专项债发行使用加快，推动重大项目开工建设和设备更新改造形成更多实物工作量，全国固定资产投资平稳增长，全年完成固定资产投资（不含农户）572 138亿元，比上年增长5.1%，增速比上年提高0.2个百分点。

三大领域的投资中，基础设施投资明显提速，完成投资同比增长9.4%，比上年大幅提高9.0个百分点，年末连续8个月增速加快；制造业投资较快增长，全年同比增长9.1%，增速比同期全部固定资产投资高4.0个百分点；房地产开发投资明显下降，全年下降10%。

从投资构成分看，与机器人行业密切相关的设备工器具购置投资虽然由负转正，同比增长3.5%，但仍低于全部投资增速1.5个百分点；建筑安装工程类投资同比增长5.2%，增速较上年放缓。

2022年机器人主要用户行业固定资产投资完成情况见表2。

表2　2022年机器人主要用户行业固定资产投资完成情况

行业	固定资产投资同比增速 （%）	行业	固定资产投资同比增速 （%）
采矿业	4.5	金属制品业	11.8
煤炭开采和洗选业	24.4	通用设备制造业	14.8
农副食品加工业	15.5	专用设备制造业	12.1
食品制造业	13.7	汽车制造业	12.6
酒、饮料和精制茶制造业	27.2	电气机械和器材制造业	42.6
家具制造业	13.2	计算机、通信和其他电子设备制造业	18.8
化学原料和化学制品制造业	18.8	仪器仪表制造业	37.8
橡胶和塑料制品业	8.7		

数据来源：国家统计局。

2022年，机器人主要用户行业固定资产投资均实现较快增长。其中，计算机、通信和其他电子设备制造行业投资连续三年实现增长，同比增长18.8%，较上年有所放缓；汽车行业在新能源汽车的带动下，固定资产投资由负转正，同比增长12.6%，但需要说明：该两位数增速是在此前两年持续下降的低基数基础上实现的，三年平均汽车投资增速仍为下降1.7%，消费增长乏力之下投资的回升幅度有限；能源与原材料行业投资延续了上年的增长趋势，采矿业、

煤炭开采和洗选业、化学原料和化学制品制造业固定资产投资同比分别增长 4.5%、24.4% 和 18.8%；中游制造业投资实现较快增长，特别是仪器仪表与电气机械行业在市场需求的带动下投资意愿强烈，固定资产投资增速分别达到 37.8% 和 42.6%。

〔撰稿人：中国机械工业联合会李晓佳〕

2022 年全球机器人行业发展概况

2022 年，随着逆全球化形势的不断加剧，能源供应问题持续发生，相关资源价格随之飙升。然而，在需求的强力拉动和相关技术持续突破的加持下，全球机器人市场在 2022 年仍然保持增长态势，新产品层出不穷，应用领域持续延伸，前沿技术也在不断取得实质性进展。

一、发展情况

1. 全球机器人市场整体向好

国际机器人联合会（IFR）初步统计数据显示，2022 年全球工业机器人装机量创下新纪录，约为 55.3 万台，同比增长 5.0%，相较于强劲回升的 2021 年，增速有所放缓，回落约 30 个百分点。2013—2022 年全球工业机器人装机量情况如图 1 所示。

从全球范围来看，澳大利亚和亚洲地区工业机器人装机量合计到全球工业机器人总装机量中的占比约为 73%，达到 40.5 万台，同比增长 5.2%；欧洲地区工业机器人装机量在 2022 年达到 8.4 万台，同比增长 2.4%，在全球总装机量中的占比约为 15%；美洲地区工业机器人装机量为 5.6 万台，同比增长 7.7%，在全球总装机量中的占比约为 10%。2022 年主要地区工业机器人装机量占比情况如图 2 所示。

图 1 2013—2022 年全球工业机器人装机量情况

注：数据来源于国际机器人联合会（IFR）。

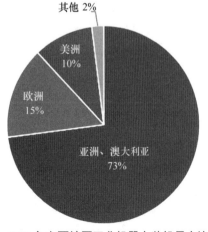

图 2 2022 年主要地区工业机器人装机量占比情况

注：数据来源于国际机器人联合会（IFR）。

亚洲地区工业机器人市场发展主要受中国、日本和韩国三个国家驱动。2022 年，我国工业机器人装机量超过 29 万台，同比增长约为 5%，在全球工业机器人总装机量中的占比约为 52%，其中超过一半的新增工业机器人应用于电子和汽车行业；日本工业机器人装机量约为 5 万台，虽低于我国的 20%，但仍是全球第二大工业机器人市场，同比增长约为 9%，其中 62% 的工业机器人应用于电子和汽车行业；韩国工业机器人装机量同比增长约为 1%，达到 3.2 万台，增幅相对较小，电子和汽车行业也是韩国最主要的工业机器人应用行业，装机量超过韩国工业机器人总装机量的一半。

欧洲地区工业机器人装机量排名前三位的国家分别为德国、意大利和法国，其工业机器人装机量合计在欧洲地区工业机器人总装机量中的占比约为 53%。一直以来，德国是欧洲最大的机器人市场，2022 年德国工业机器人装机量为 2.6 万台，同比下降约为 1%，在欧洲工业机器人总装机量中的占比为 31%，汽车行业是德国工业机器人最主要的应用行业，2022 年德国汽车行业应用工业机器人 6 676 台，同比下降 27.2%，在德国工业机器人总装机量中的占比为 26%；意大利是欧洲地区工业机器人装机量仅次于德国的第二大市场，2022 年意大利工业机器人装机量为 1.1 万台，同比增长约为 8%，在欧洲工业机器人总装机量中的占比达 13%；法国是欧洲第三大工业机器人市场，但 2022 年其装机量不足德国的 1/3，仅为 7 380 台，同比增长约为 13%。

2022 年，美洲地区机器人市场表现强劲，根据统计，工业机器人装机量达到 5.6 万台，同比增长 8%，这一数字超过了 2018 年 5.5 万台的峰值。美国是该地区最大的工业机器人消费国，2022 年美国工业机器人装机量约为 4 万台，同比增长约为 10%，在美洲地区工业机器人总装机量中的占比达 71%，其中，汽车行业应用 1.4 万台工业机器人，在美国工业机器人装机量中的占比达 37%；墨西哥和加拿大也是美洲地区主要的工业机器人消费国，2022 年装机量分别为 6 000 台和 3 223 台，同比分别增长 13% 和 24%。

从应用行业来看，电子和汽车行业仍然是工业机器人最主要的两大应用行业，2022 年，全球电子和汽车行业分别应用工业机器人 15.7 万台和 13.6 万台，合计约占全球工业机器人总装机量的 53%；金属加工和机械制造业位列第三，应用工业机器人 6.6 万台，同比下降约为 3%；排在第四和第五的行业分别为塑料和化学制品业、食品制造业，分别应用工业机器人 2.4 万台和 1.5 万台。

2022 年全球工业机器人装机量（按应用行业划分）如图 3 所示。

2022 年，全球服务机器人同样展现出良好的发展态势，据国际机器人联合会（IFR）统计，全球专业服务机器销量为 15.8 万台，同比增长 48%；消费服务机器人销量约为 500 万台，同比下降 12%。从专业服务机器人的应用领域来看，运输和物流是最主要的应用领域，2022 年，8.6 万台专业服务机器人销往运输和物流领域，同比增长 44%；餐饮和迎宾是第二大应用领域，消费 2.5 万台专业服务机器人，同比增长 125%；医疗、专业清洁和农业位列第三、四、五位，但销量均不足 1 万台，分别为 0.9 万台、0.7 万台和 0.8 万台。

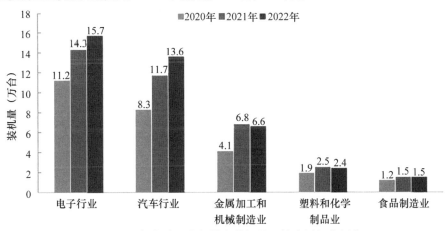

图 3　2022 年全球工业机器人装机量（按应用行业划分）

注：数据来源于国际机器人联合会（IFR）。

2. 机器人新产品不断涌现

2022 年，不论是在工业、服务还是特种领域，各种机器人新产品不断亮相，为人们的生产生活带来了更大的便利。在工业领域，安川电机公司发布全新协作机器人 MOTOMAN-HC30PL，其最大负载为 30kg，臂展达到 1 600mm，可用于码垛等场景，并配备直接教学功能，可以用手抓住机械臂并手动操纵以指导所需的动作；库卡机器人有限公司推出 12kg 级 SCARA 机器人，提供标准和洁净室两种机型，可在电子、动力蓄电池、光伏行业生产线上快速部署，稳定运行；ABB 集团推出了全新自主移动机器人 Flexley Tug 和 Flexley Mover，涵盖的应用包括牵引、2 000kg 以下的小车运输以及 1 500kg 以下的货架、货箱和托盘的提升和运输。在服务领域，美国农业智能机器人公司 Carbon Robotics 推出新型激光除草机器人 LaserWeeder，

该机器人拥有 20 万根 /h 的除杂草能力，比 2021 年其首次推出时效率提高了一倍；韩国 Hanyan Robotics 公司的家用自主扫雪机器人 Snowbot S1 首次面向市场发售，运行时间为 1.5h，单次可处理高达 12in（1in-25.4mm）厚度的积雪，售价为 3 599 美元。在特种领域，日本 SECOM 公司推出安防机器人 cocobo，结合人工智能和 5G 等先进技术，可以在巡逻路线上自主行驶，实时分析车载摄像头拍摄的图像，检测残骸、跌倒、遗弃物体；瑞士 Flyability 公司发布世界上首款用于室内三维测绘的防碰撞激光雷达无人机 Elios 3，搭载有全新的飞行控制系统 FlyAware™，通过使用 SLAM 技术，使得无人机可以在飞行时同步创建 3D 模型。

3. 机器人产品应用更广泛

人们对智慧生产和智慧生活的需求日益多样化，这使得机器人的应用场景变得越来越丰富。以工业机器人为例，

随着智能制造的推行，工业机器人正在从过去主要从事搬运上下料等简单操作向装配、打磨、抛光等高精度、高灵敏、精密加工的场景扩展，尤其是融入柔顺、力控特性后的协作机器人正越来越多地用到精密加工生产线上。例如，舍弗勒集团在美国的两家生产高精度发动机部件和工业产品的工厂，通过使用 Universal Robots 的 UR5e 协作机器人进行自动化装配，大幅提高了劳动力利用率和生产力水平，生产力提高了 7%，每年可节省约 15 万美元的成本。与此同时，众多服务机器人应用的新兴场景也涌现出来。例如，以色列 Arugga AI Farming 公司的番茄授粉机器人已成功进入芬兰市场，将在芬兰番茄生产商 Agrifutura Oy 的温室中投入使用。这款机器人将进行人工授粉工作，从而提高冬季番茄产量，为农业生产带来更高效的解决方案；英国伦敦希思罗机场引入了美国波士顿动力公司的机器狗 Dave，用于对一条正在翻新的货运隧道进行高精度的三维激光扫描，通过实时获取现场数据，结合三维模型和增强现实技术，Dave 能够高效地跟踪隧道翻新工程的进度，评估工程质量，并确保其符合相关新规。

4. 前沿领域不断取得新突破

2022 年，全球机器人技术在纳米机器人、软体机器人、微型机器人等前沿领域取得多项新进展。例如，在纳米机器人领域，由法国研究人员基于"DNA 折纸术"原理构建出的纳米级 DNA"机器人"，能够向细胞表面对机械刺激敏感的受体施加高精度外力，其作用力精确度可达到 1N 的万亿分之一，可用于探索细胞对微观尺度机械刺激的感受机制；在软体机器人领域，英国巴斯大学使用"活性物质"进行了突破性的建模，活性物质将带来能自下而上运转的新一代机器人，可能标志着机器人设计的一个转折点；在微型机器人领域，日本北海道大学理学院科学家取得重大突破，成功开发出世界上首个采用集群策略工作的微型机器人，并首次证明其完成货物递送的运输效率是单个机器人的 5 倍，为微型机器人在各个领域的应用奠定了基础；浙江大学团队开发出一群具有"智慧大脑"的微型空中机器人，其"大脑"只有拇指大小，但能够对飞行过程中遇到的海量信息进行独立计算，即使在未知复杂环境中，仅依靠机载视觉、机载计算资源，也能主动编队成群、避障飞行；美国西北大学工程师使用了一种形状记忆合金材料构建出有史以来最小的遥控步行机器人，该款机器人可弯曲、扭曲、爬行、行走、转身甚至跳跃。

二、重大活动

1.2022 年机器人与自动化国际会议（ICRA）

2022 年 5 月 2—27 日，2022 年机器人与自动化国际会议（IEEE International Conference on Robotics and Automation，简称 ICRA）在美国宾夕法尼亚州顺利举行。大会共收到 3 344 份投稿，其中 1 428 篇被接收，接收率约为 43%。在这 1 428 篇论文中，大会还根据导航、自动化等细分赛道特点，评选出 13 篇杰出论文作为相关领域年度最佳研究成果进行表彰。2022 年"最佳会议论文奖"的获奖论文题为"Translating Images into Maps"。

2. 第 18 届机器人与自动化创新创业奖（IERA）

2022 年 6 月 30 日，第 18 届机器人与自动化创新创业奖（IERA）公布了 2022 年获奖名单，获奖者为美国视频分析公司——Drishti。Drishti 在生产线的每个工位部署了流式传输视频，并通过视频流分析技术将视频流转换为数据——这项技术被称为"行为识别"。Drishti 利用视频分析、数据和深入洞察，可帮助制造商看到装配线上潜在的优化空间，提高生产率和质量，同时提升工作的规范性。

3.2022 年智能机器人与系统国际学术会议（IROS）

2022 年 10 月 23—27 日，2022 年智能机器人与系统国际学术会议（International Conference on Intelligent Robots and Systems，简称 IROS）在日本京都成功举行，聚集了世界各国智能机器人领域的学者专家、企业等共同探讨智能机器人和系统的科学和技术前沿，提供了一个国际化论坛，展出了人工智能和机器人技术领域的最新研究成果。另外，本次会议共收到了来自全球 57 个国家和地区的 3 579 篇论文投稿，最终接收了 1 716 篇，接收率约为 48%。

4.2022 年 IEEE 国际机器人学与仿生学会议（ROBIO）

2022 年 12 月 5—9 日，2022 年 IEEE 国际机器人与仿生学会议（IEEE International Conference on Robotics and Biomimetics，简称 ROBIO 2022）以线上 + 线下的形式于在西双版纳傣族自治州举行。会议主题涵盖与机器人、仿生等相关的所有领域的研究、开发和应用，分为 6 场大会报告、6 场主题报告及 85 场分会报告。会议的举办为机器人和仿生学跨学科领域的研究人员提供了一个传播最新研究成果、探讨研究合作的国际交流平台。

三、发展趋势

1. 机器人市场热度不减

近年来，受多重因素影响，产业链供应链不稳定性、不确定性急剧增加，并逐步成为新常态。在此情形下，一些国家采取了系列措施来支持制造业的发展，以提高其供应链在面对全球事件时的弹性。例如，美国先后通过《2022 年芯片和科学法案》和《2022 年通胀削减法案》，分别在半导体、清洁能源产业落实了 2 800 亿美元、4 000 亿美元的补贴。发达国家面临的高昂用工成本倒逼企业改变以往的生产经营模式，加大机器人引进力度，以提升工业生产率、提高灵活性和实现可持续发展。例如：北美地区 2022 年制造业用机器人装机量同比增长 12%，已经达到 4.2 万台。制造业回流的加速无疑对机器人的需求产生了强烈的刺激作用，2023 年这一趋势将继续保持，机器人市场有望再创新高。

2. 机器人产品更简单易用

近年来，机器人产品的易用性得到了显著提高，特别是在编程、人机交互和快速部署等方面，出现了许多创新和优化措施。随着技术的不断进步和社会对机器人应用的需求增加，机器人编程的专业壁垒会越来越低，软件界面变得更加简单易用。例如，FANUC 正式加入德国软件开发商 Wandelbots 的机器人制造商名单，成为继 Universal

Robots 和 Yaskawa 之后第三家集成 Wandelbots Teaching 软件的公司。该软件采用无代码的方法来编程机器人，用户可以使用 TracePen 智能示教笔绘制相应的"轨迹"来示教机器人。为提高用户的体验，机器人产品也越来越注重人机交互方面的提升，触摸屏和手势识别技术极大提高了操作的便捷性，语音识别技术的发展使用户不再需要学习复杂的操作界面。例如，iRobot Genius 家庭智能平台发布 4.0 版，开启全新 OTA 升级，为其 Roomba 扫地机器人和 Braava jet 拖地机器人增加了 6 项新功能，包括语音呼叫功能，IOS 系统用户可通过语音呼叫 Siri 轻松启动清洁任务。快速部署也是另一项重点提升的方面，让用户能专注于产品的核心功能，而不是复杂的部署过程。例如，日本 MUJIN 新推出即插即用模块化机器人解决方案 QuickBot，开箱即用，无须系统级集成即可运行，极大程度简化了仓库自动化流程。

3. 机器人生态更融合

随着科技的不断发展，机器人技术在各个领域的应用越来越广泛，从而推动了机器人生态的融合。一方面，新技术与机器人加速融合。新兴技术如人工智能、大数据、云计算等与机器人技术的结合，使得机器人能够更好地理解和适应人类的需求，提高其智能水平和应用能力。例如，德国著名烘焙设备厂商 WIESHEU 使用 FANUC CRX 协作机器人配置 iRVision 3D 智能视觉，可轻松实现散放面包的分拣，并支持机器人在传送带上完成食物的定位、抓取和整列分包，提高了烘焙过程的自动化程度。另一方面，工业机器人、服务机器人、特种机器人等不同机器人加快融合。新技术和创新正在推动不同类型的机器人拥有更多的交叉功能和应用。这种融合不仅提高了机器人的灵活性和多功能性，也加速了机器人技术的发展和应用领域的扩展。

〔撰稿人：机械工业信息中心彭馨桐〕

中国
机器人
工业
年鉴
2023

大事记

记载 2022 年机器人行业的重大事件

综述篇

大事记

产业篇

地区篇

园区篇

标准检测认证篇

产教融合篇

企业篇

应用篇

人物篇

政策篇

国际篇

统计资料

附录

2022 年中国机器人行业大事记

中国
机器人
工业
年鉴
2023

大事记

2022 年中国机器人行业大事记

1 月

15 日 中国科学院沈阳自动化研究所微纳米自动化课题组科研团队成功研发出一种磁控连续体微型机器人，实现了手术导管机器人在人体狭窄腔道内开展患病组织精准治疗的突破。磁控连续体微型机器人的研发工作为面向临床应用奠定了基础，将有望显著提升微创手术的智能化程度。

17 日 由同济大学齐鹏团队应用世界领先的人体三维模型识别算法及自适应机器人技术，结合机电一体化无针注射器设计，联合多家技术企业和中国心血管医生创新俱乐部（CCI）共同开发的一款全自动无针头疫苗注射机器人正式发布，这也是国内首次发布此项完整技术验证方案。

18 日 由上海交通大学设计研发的六足滑雪机器人在沈阳完成了初级道、中级道以及与人共同滑雪实验，并通过了稳定控制、智能感知、规划决策等多方面的测试，该项目获得科学技术部国家重点研发计划"科技冬奥"重点专项支持。

19 日 杭州海康威视数字技术股份有限公司发布多则公告，宣布分别投资 15.34 亿元和 12.86 亿元建设海康机器人智能制造（桐庐）基地和海康威视全球仓储物流中心，以构建和完善全球领先的智能制造体系，提升海康机器人自有产品的定制生产交付能力和市场竞争力，促进海康机器人业务发展。

27 日 2021 中国机器人产业发展大会在京召开。大会深度解读《"十四五"机器人产业发展规划》，举行《中国机器人工业年鉴 2021》的首发仪式，机器人行业专家围绕产业发展现状及市场运行趋势做主旨报告。工业和信息化部装备工业一司，中国机器人产业联盟、国际机器人联合会及相关高校、科研院所、企业等 1 000 余名代表通过线上或线下方式参会。

27 日 上海微创医疗机器人（集团）股份有限公司自主研发的"图迈"（Toumai）腔镜手术机器人获得国家药品监督管理局的上市批准，成为首款由中国企业研发并获批上市的四臂腔镜手术机器人。

2 月

2 日 由中国科学院沈阳自动化研究所等研制的水陆两栖机器人和水下变结构机器人实现奥运史上首次机器人水下火炬接力，彰显了奥运与科技的结合。

10 日 中国科学院遗传与发育生物学研究所研究员王秀杰团队与英国曼彻斯特大学教授王昌凌团队、清华大学教授刘永进团队联合攻关，创造性地将六轴机器人改造成为生物 3D 打印机，并使打印组织器官可长期存活。相关研究结果发表于《生物活性材料》。

14 日 遨博（北京）智能科技有限公司与倪光南院士、俞梦孙院士、何月蓉院士三位院士合作共建的"人民健康系统工程机器人实验室"揭牌仪式暨人民健康系统工程机器人论坛在北京门头沟成功举办。会上，遨博与成都市秀域健康科技有限公司共同签署了万台理疗机器人采购协议，将在未来三年内完成交付，这也是目前协作机器人行业史上最大的单笔订单。

4—20 日 冬奥会期间，引导机器人、物流机器人、机器人餐厅等各类服务机器人及机器人应用场景在奥运村和竞赛场馆得到充分应用。

28 日 科学技术部高技术研究发展中心（基础研究管理中心）发布 2021 年度中国科学 10 大进展。其中，火星探测任务天问一号探测器成功着陆火星；中国空间站天和核心舱成功发射，神舟十二号、十三号载人飞船成功发射并与天和核心舱成功完成对接；嫦娥五号月球样品揭示月球演化奥秘；自供电软机器人成功挑战马里亚纳海沟等 10 项重大科学进展入选。

28 日 由沈阳新松机器人自动化股份有限公司研发的国内首创堆焊机器人智能焊接系统顺利交付，并成功应用于中国葛洲坝集团机电建设有限公司。该机器人的成功应用对中国葛洲坝集团机电建设有限公司率先在国内水电行业中开展机器人焊接技术应用，实施制造基地标准化、智能化升级改造具有重要意义，为实施科技领先和成本领先战略、提升市场竞争力发挥了积极作用。

3 月

2 日 精锋单孔手术机器人 SP1000 在中国人民解放军总医院第一医学中心成功完成了一例单孔手术机器人辅助腹腔镜下卵巢囊肿剥除术，这是国产单孔手术机器人完成的中国首例妇科临床试验。

8 日 上汽通用五菱汽车股份有限公司发布了"两个百万、五个百亿"——中国五菱新能源战略。其中，"百亿机器人产业"将聚焦智能机器人、智能物流、智能产线设计等项目，开展智能制造工厂改造与智能化升级，提升新能源汽车智能化、网联化水平及新材料在新能源汽车上的应用。

25日 广东安达智能装备股份有限公司首次公开发行股票并在上海证券交易所科创板正式挂牌上市（股票简称：安达智能，股票代码：688125）。安达智能是国内领先的流体控制设备智造商，是东莞市首家在科创板上市的智能装备企业，也是A股首家专业从事流体控制设备研发和生产的上市企业。

31日 南开大学赵新教授科研团队联合天津市农业科学院畜牧兽医研究所针对人工克隆技术存在的相关问题，对自动化操作克隆技术进行研究，由一头普通的"代孕"母猪怀孕110天，诞下了7头克隆纯种小长白猪，这也是世界首次实现机器人自动化操作完成克隆全流程获得的克隆动物。

4月

2日 国网天津市电力公司电力科学研究院牵头完成《配电系统带电作业机器人导则》（*Guide for Live-Working Robots for Electric Distribution Systems*）IEEE国际标准草案编制任务，并在工作组第二次全体会上作专题汇报，标志着该国际标准开发工作取得重要阶段性进展。

16日 国内首台增材制造轴流式水轮机真机转轮在哈电集团哈尔滨能创数字科技有限公司制造完成并成功交付，标志着哈电集团在基于机器人的增材制造技术的研发与产业化应用方面取得重要突破，在智能制造领域迈出坚实一步。

21日 上海微创医疗机器人（集团）股份有限公司的全资子公司苏州微创畅行机器人有限公司自主研发的鸿鹄骨科手术机器人获得国家药品监督管理局（NMPA）的上市批准，成为当前第一且唯一一款搭载中国企业自主研发、自有知识产权机械臂，并获准上市的骨科手术机器人。

25日 美国《机器人商业评论》（RBR）发布了2022年机器人创新奖（RBR50）的获奖者（全球最具影响力50家机器人公司）名单，有3家中国公司跻身其中，分别为深圳市海柔创新科技有限公司、灵动科技（北京）有限公司和浙江立镖机器人有限公司。

29日 国内首个工业级5G智能机器人联合实验室落成仪式成功举行，该实验室由珞石（北京）科技有限公司与北京中科晶上科技股份有限公司共同建立，双方以工业级5G芯片研究为合作基础，全力突破机器人控制领域的核心芯片和关键技术壁垒，研发打造基于工业级5G芯片的智能机器人，解决当前中国机器人及芯片领域双重"卡脖子"技术难题，合力赋能机器人产业高质量发展。

29日 云从科技集团股份有限公司首次公开发行股票，并在上海证券交易所科创板正式挂牌上市（股票简称：云从科技，股票代码：688327）。云从科技孵化自中国科学院，通过开放的人机协同操作系统实现技术平台化，为智慧金融、智慧城市、智慧治理、智慧商业、AIGC等领域提供信息化、数字化和智能化的人工智能服务与行业解决方案。

5月

4日 浙江大学控制科学与工程学院高飞、许超团队研发的微型且完全自主控制的空中机器人，能够在高度混乱的野外环境中，根据机载传感器提供的有限信息实现集群飞行。该研究成果发表在《科学·机器人》（*Science Robotics*）。该成果为未来微型空中机器人集群以及相关算法应用在户外救灾、野外生物研究、协作运输等领域奠定了基础。

7日 中铁大桥科学研究院有限公司自主研发的第六代桥梁拉索智能检测机器人首次在跨长江桥梁上应用。该机器人的质量仅为上一代机器人的一半，速度较上一代机器人提升了40%，同时覆盖了索体表层和内部的损伤探测。

7日 安徽大学电气工程与自动化学院陈文杰教授团队基于"机构具身性智能理论"提出了"并联自适应抓手"设计技术，并成功研发出针对异状零件抓取作业的多个系列单驱自适应多指夹持器抓手。该研发成果已取得多项国家发明专利，部分产品已应用于飞利浦公司等国际知名企业的智能化生产环节。

9日 天津大学机械工程学院机械系刘海涛教授项目团队经过20多年的研发，首创了一种由2自由度平面机构、集成铰链和6自由度支链构成的混联加工机器人新机构，在航天航空、轨道交通、船舶制造等领域具有广阔的应用前景。

23日 国务院办公厅印发《"十四五"国民健康规划》，提出推进智能服务机器人发展，实施康复辅助器具、智慧老龄化技术推广应用工程。

25日 清华大学机械系现代机构学与机器人化装备实验室研发了一种可在亚厘米级管道中高效运动的管道探测机器人，填补了当前细微管道检修探测设备的短缺，有望在航空发动机管路检修等领域发挥作用。相关研究成果发表在了《科学·机器人》（*Science Robotics*）上。

6月

6日 由我国自主设计、建造和调试的首套深水水下多功能管汇系统，在海洋石油工程股份有限公司天津临港特种装备制造场地正式交付，标志着我国海洋油气水下生产装备自主研发、设计、制造和测试技术取得重要突破。

19 日 江苏省产业技术研究院孵化企业微亚医疗科技（苏州）有限公司自主研发的"微亚冠通"微创血管介入手术机器人成功完成国内首例异地远程经皮冠状动脉造影及治疗动物实验。这标志着"微亚冠通"血管介入手术机器人已完全具备跨院远程手术能力，相关技术达到国际领先水平。

22 日 应急管理部发布《"十四五"应急救援力量建设规划》（应急〔2022〕61 号），指出要开展高智能救援机器人、水下抢险机器人等技术与装备研究开发，建设完善地震和地质灾害救援队伍。

22 日 哈尔滨工程大学水下机器人技术国家级重点实验室自主研发的足桨式多模态水陆两栖机器人，凭借足桨可变形关节和多模态驱动，可在沙滩和水下智能切换奔跑模式和游动模式，解决了机器人在浅滩环境中敏捷游动和快速奔跑的业界难题。研究成果发表在了国际顶级期刊《IEEE 机器人学汇刊》上。

26 日 由中建八局工程研究院 BIM 技术研究所、电子科技大学荷福研究院、上海荷福人工智能科技集团、中建八局土木公司联合研发团队共同研制的国内首款大型隧道防爆多功能机器人，正式亮相西南某超大型隧道工程试点示范项目创建验收评价暨现场观摩会，通过现场测试演练，实地完成隧道内环境探测、掌子面扫描等各项世界性隧道作业难题，取得圆满成功。

7 月

7 日 中国首个"双频 5G+ 工业互联网"智能炼厂建设项目在中海油惠州石化有限公司建成并投入使用。5G 防爆智能巡检机器人、5G 作业 AI 监控、5G+AR 远程协作等多个炼化工业互联网应用成功部署上线。

12 日 国网天津市电力公司自主研发的全国首个变压器智能内检"机器鱼"，具备图像自主识别、空间自主定位、三维路径规划、下潜深度悬停等功能，可代替人工完成变压器巡检。

19 日 国网天津市电力公司成功研发的电缆接头自动打磨剥切机器人，大幅提升了电缆新设和切改工程效率和质量，标志着国内电缆行业安装核心工艺从依赖人工经验的"1.0"时代，走向精密自动化加工"2.0"时代，为城市大范围电缆线路的应用提供了关键技术支持。

20 日 由中国科学院沈阳自动化研究所研制的我国首台交付工程应用的自主遥控无人潜水器"问海 1 号"6 000m 级自主遥控水下机器人完成海上试验及科考应用，通过验收并交付用户。

20 日 节卡机器人公司宣布完成 D 轮融资交割，成为协作机器人领域融资轮次最多且融资规模最大的企业。

8 月

8 日 深圳市腾讯计算机系统有限公司正式发布 Max 二代机器人。Max 是由腾讯 Robotics X 实验室自研的多模态四足机器人，相比一代机器人，Max 在视觉感知、轨迹规划、运动控制等方面实现技术创新，标志着腾讯在机器人灵敏运动研究上取得了新的突破。

18 日 为贯彻落实《"十四五"机器人产业发展规划》，加快机器人应用推广，工业和信息化部、农业农村部、国家卫生健康委员会及国家矿山安全监察局等部门公布了《农业、建筑、医疗、矿山领域机器人典型应用场景名单》。本次公布的典型应用场景共 77 个，其中农业领域 21 个、建筑领域 11 个、医疗领域 25 个、矿山领域 20 个。

18—19 日 由中国造船工程学会主办和哈尔滨工程大学承办的首届世界大学生水下机器人大赛在哈尔滨工程大学青岛创新发展基地开幕。来自清华大学、上海交通大学、哈尔滨工业大学、俄罗斯机器人发展中心、荷兰代尔夫特理工大学等 11 个国家、39 所院校和机构的 127 支队伍在水下竞技。

19 日 哈尔滨工业大学（威海）机器人研究所软体机器人实验室成功研制的微波驱动机器人，无须携带任何电类器件，可以灵活地工作在其他驱动方式尚不能胜任的某些特殊场合（比如封闭、非透明结构体内部）。该机器人首创性地直接利用微波驱动，为机器人驱控提供了一种全新的方式。相关研究成果发表在国际期刊《尖端科学》上。

18—21 日 由北京市人民政府、工业和信息化部、中国科学技术协会共同主办的 2022 世界机器人大会在京召开。大会以"共创共享 共商共赢"为主题，聚焦产业链供应链协同发展，围绕"机器人+"应用行动，为全球机器人产业搭建了一个产品展示、技术创新、生态培育的高端合作交流平台。

24 日 在中国（广州）国际物流装备与技术展览会上，劢微机器人科技（深圳）有限公司（简称"劢微机器人"）推出适用于冷库的无人叉车解决方案，并发布第一款冷库应用新品——冷库版前移式无人叉车 MW-R16H，可满足零下 30℃低温环境搬运需求。针对冷库特性，劢微机器人对车身及组件进行特殊冷库保护措施，首创国内电池与传感器智能恒温技术，实现车体核心元器件的温度控制，适应冷库环境 -30 ～ 45℃，可在低温和常温环境中自如切换。

25—26 日 第四届中国研究生机器人创新设计大赛在杭州成功举办。天津大学 MRS 实验室的骨科医疗机器人团队研发设计的"下肢骨折复位与康复一体化机器人"可实现对骨折患者的个性化精准复位与量化康复。

26—28 日 由北京市科学技术协会、北京市科学技术研究院主办，北京电子学会、清华大学集成电路学院、北京科学技术研究院信息与人工智能技术研究所等承办的 2022 国际自主智能机器人大赛在北京科学中心举办。大赛聚焦"看谁能驯化出更聪明的机器人"，吸引了人工智能、计算机、自动化等领域的来自美国、德国、俄罗斯等国家的参赛选手，以及清华大学、北京航空航天大学、南方科技大学等国内外知名高校的近 500 支队伍参赛。

30 日 中国航天科工二院二部群智感知创新中心突破多项核心技术，对"航天慧脑"四足机器人智能感知系统进行了全面升级进阶。升级后的四足机器人反应更灵敏、定位更准确，可以实现上下楼梯，轻松绕过障碍物，场景适应能力得到较大提升。

9 月

1—3 日 由中国机械工业联合会机器人分会（中国机器人产业联盟）、苏州市吴中区人民政府共同主办的 2022 中国机器人产业发展大会暨苏州市机器人与智能制造产业创新集群推进大会在苏州成功举办。本次大会以"迈向高质量发展新阶段"为主题，凝聚行业智慧，形成发展共识。来自相关政府部门的领导、行业专家、学者、企业家等 400 余人参加了大会。

18 日 "百图生科"基于生物计算引擎 de novo 设计的全新蛋白质药物"ImmuBot"（免疫机器人）首次对外发布，意图实现对免疫系统的精准重编程，治疗上百种免疫相关疾病。

20 日 科学技术部正式批复支持达闼机器人股份有限公司（简称"达闼"）建设"云端机器人国家新一代人工智能开放创新平台"，这标志着达闼成为国内第一家围绕人工智能和云端机器人建设新一代人工智能开放创新平台的"国家队"企业。

24 日 南开大学刘遵峰教授、陈永胜教授和中国药科大学周湘副教授团队共同设计出一种基于多孔薄膜的自振荡"太阳能人工肌肉驱动器"，并探索了作为发动机的应用，开发出"太阳能人工肌肉发动机"，为人类高效利用太阳能开辟一条新路径。该研究成果发表于国际知名学术期刊《自然·通讯》。

26 日 优艾智合机器人科技有限公司联合移动机器人（AGV/AMR）产业联盟、中国财产再保险公司、中国人民财产保险股份有限公司及鼎和财产保险股份有限公司成立移动机器人保险生态伙伴圈，旨在将移动机器人保险这一条新开辟的"快速航道"开放共享给整个移动机器人行业，共同拓展应用边界，加速行业落地，推动工业智能化建设。

10 月

7 日 中国科学技术大学化学与材料科学学院罗毅、江俊教授团队与自动化系尚伟伟等合作，通过开发和集成移动机器人、化学工作站、智能操作系统、科学数据库，研制出数据智能驱动的全流程机器化学家，该工作确立了我国在智能化学创新领域的全球领跑地位。相关研究成果发表在了《国家科学评论》上。

11 日 由天津海关实验室联合同方威视公司共同研发的全国首例在海关系统使用的"H986 集成嗅探机器人"在天津口岸亮相，该设备的研发实现了基于 H986 的集装箱自动气味嗅探技术方面的国产化替代。

13 日 随着自动化岸桥将投产运营以来的第 100 万个集装箱从智能水平运输机器人上稳稳吊起，放置到"中远海运天秤座"轮这座 20 万 t 级集装箱船舶上，天津港全球首个"智慧零碳"码头仅用时 33 个月，便创下全球自动化集装箱码头从开工建设到完成 100 万标准箱作业的最短用时纪录。

27—30 日 第六届全国水下机器人大赛在大连成功举办，吸引了来自国内外的 100 余位人工智能及水下机器人领域专家学者及产业界代表参加，来自浙江大学、大连理工大学、东北大学、大连海事大学等高校的 20 支队伍参加了线下比赛。

11 月

1 日 全国首个实现构架自动探伤的智能机器人在无锡地铁西漳车辆段正式投用。该探伤机器人目前可以完成无锡地铁 1 号线 4 种类型 77 个焊缝、无锡 2 号线 2 种类型 10 个焊缝全范围内的探伤需求，相比较原磁粉探伤，无须再对构架进行脱补漆、退磁等处理，能够提升 40% 的探伤工作效率。

7 日 工业和信息化部公布 2022 年中国优秀工业设计奖获奖名单。中车长春轨道客车股份有限公司的京张智能动车组、中国船舶科学研究中心的"奋斗者"号全海深载人潜水器、徐工集团工程机械股份有限公司的超大型矿用智能平地机等设备获产品设计金奖。

8—13 日 第十四届中国国际航空航天博览会在珠海举行。为解决城市空间、楼宇、地下、管道机动防控，广州海格通信集团股份有限公司创新系统设计理念，携完全自主设计的国内首创的城市立体空间机车一体防务系统"天乘 001 机车一体化系统"亮相航展。

10 日 由中国船舶工业行业协会主办、中国船舶报社联合主办的"2022 船舶产业发展论坛"在第十五届中国大连国际海事展览会期间召开。本次论坛聚焦"机器人在造修船中的应用"，旨在深入贯彻落实新发展理念，促进船舶工业高质量发展，践行新时代船舶工业科技创新、绿色融合发展理念。

15日 美的集团股份有限公司（简称"美的集团"）完成对德企库卡机器人公司（简称"库卡"）100%股权收购，此次美的集团收购并私有化库卡将有助于后者专注经营，推动库卡在我国的本土化运营，提升美的集团在机器人与自动化相关业务领域的内部资源协同和共享。

25日 2022中国机器人大赛暨RoboCup机器人世界杯中国赛在晋江开幕。大赛共计21个大项、49个赛项，共吸引来自清华大学、国防科技大学、同济大学、浙江大学、上海交通大学、北京理工大学等220所学校的843支队伍参加，报名人数超过4 500人。

30日 昆船智能技术股份有限公司在深圳证券交易所创业板正式挂牌上市（股票简称：昆船智能，股票代码：301311）。昆船智能是国内较早从事AGV研发生产的企业之一，拥有完整自主知识产权AGV核心技术，瞄准"智能制造 智慧物流"的产业方向，先后成功实施了上千个智能物流和智能产线项目，拥有国内外上千家客户，获得客户和同行的高度认可。

12月

2日 ABB机器人超级工厂正式在上海市浦东新区落成投产。这是ABB在全球规模最大的机器人研发、生产和应用基地。

15日 国内齿轮制造领域领先企业浙江丰立智能科技股份有限公司在深圳证券交易所创业板正式挂牌上市（股票简称：丰立智能，股票代码：301368）。丰立智能主要面向新能源汽车、机器人关节、家居智能驱动、医疗器械、减速器、工程机械、农林机械、物流设备、智能装备等领域，为客户提供具有核心竞争力和定制化的产品，现已进入全球一流企业供应链体系，为小模数齿轮行业头部企业。

20日 由香港生产力促进局（生产力局）、深圳市发展和改革委员会、广东人工智能与机器人学会、香港人工智能与机器人学会与澳门大湾区人工智能学会主办的粤港澳大湾区国际人工智能与机器人高峰会于香港会展中心开幕，大会以"人工智能及机器人技术、应用及展望"为主题，围绕政府政策、学术研究、应用落地等多个层面，共同探讨人工智能与机器人领域发展，促进粤港澳三地人工智能与机器人技术合作，推动粤港澳大湾区建设成为国际科技创新中心。

23日 知识城（广州）投资集团有限公司与达闼机器人股份有限公司签订战略合作协议，双方将积极推动达闼海睿机器人操作系统（HARIX OS）之产业元宇宙部分，助力该区乃至粤港澳大湾区战略性新兴产业发展。

中国
机器人
工业
年鉴
2023

产业篇

从生产发展情况、市场及销售、科技成果及新产品
等方面，阐述机器人产业典型产品领域发展情况

综述篇

大事记

产业篇

地区篇

园区篇

标准检测认证篇

产教融合篇

企业篇

应用篇

人物篇

政策篇

国际篇

统计资料

附录

中国
机器人
工业
年鉴
2023

产业篇

2022 年焊接机器人发展情况

一、概念及范畴

焊接机器人是工业机器人的一个大类，主要应用于金属焊接制造领域，是代替手工焊和半自动焊焊工进行实际焊接作业的工业机器人。

按照采用焊接方法的不同，焊接机器人主要分为弧焊机器人、电阻点焊机器人、钎焊机器人、激光焊机器人和其他焊接机器人。

按照机械结构划分，焊接机器人主要包括多关节焊接机器人、坐标焊接机器人和其他类别的焊接机器人。

按照应用行业划分，焊接机器人主要应用于国民经济中以汽车制造、3C（计算机、通信和其他电子设备）制造、通用设备制造、专用设备制造、金属制品、金属家具制造、电气机械和器材制造、其他运输设备制造（铁路、船舶、航空航天等）、仪器仪表制造等 10 多个行业大类、70 多个行业中类。

二、全球市场情况

2021 年，全球工业机器人需求增长强劲，全年共销售 51.7 万台，同比增长 31%。

2021 年，全球焊接机器人共销售 9.6 万台，同比增长 38%，在全球工业机器人总销量中的占比达到 18.6%，比上一年提高 0.9 个百分点，改变了连续 2 年占比下降的趋势。焊接机器人销售量排在搬运和上下料机器人之后，位居全球第二位，但销量增幅位居第一。其中，弧焊机器人销售量为 4.9 万台，同比增长 41%；点焊机器人销售量为 3.4 万台，同比增长 26%；激光焊机器人占比不大，销量约为 2 000 余台，同比增长 83%；钎焊机器人销量约为 5 400 余台，同比增长 81%；其他焊接机器人销量合计约为 5 100 余台，同比增长 51%。2020—2021 年全球各类焊接机器人销售情况如图 1 所示。

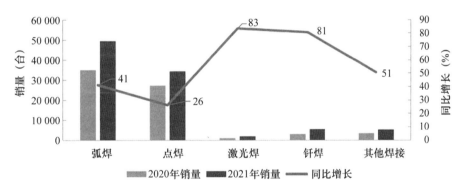

图 1　2020—2021 年全球各类焊接机器人销售情况

注：数据来源于国际机器人联合会（IFR）。

2021 年，供应链中断等因素阻碍了焊接机器人的生产，但受全球市场复苏、制造业"工业 4.0"转型升级以及新冠疫情对自动化需求增加等有利因素影响，焊接机器人在各主要应用行业中的销量仍保持了增长。汽车制造是焊接机器人应用传统行业，2021 年，汽车销售回暖，新能源汽车需求强劲，带动产业链上下游对机器人自动化生产制造依赖性的增强，用于汽车行业的工业机器人销量同比增长 42%，焊接机器人的需求也大幅增长；金属加工和机械制造业也是焊接机器人的重要应用行业，2021 年全球金属加工和机械制造业的工业机器人销售量同比增长 45%；3C 制造行业是钎焊机器人的主要应用领域，近年来，由于产能不足以及物流运输不畅，半导体和芯片制造商不断加大对自动化领域的投资，叠加新能源汽车、光伏和储能等领域对电子相关产品的强劲需求，行业产能扩张，钎焊机器人需求明显增加。

三、我国市场情况

2022 年，我国市场焊接机器人销量约为 5 万台，同比下降 8%。其中，弧焊机器人销量 2.3 万台，同比下降 24%，是销量最大的细分品类；点焊机器人销量 2.1 万台，同比增长 26%；激光焊机器人销量为 826 台，同比下降 53%；钎焊机器人销量 3 400 余台，同比下降 22%；其他焊接机器人销量近 3 000 台，同比增长 27%。2021—2022 年我国市场各类焊接机器人销售情况如图 2 所示。

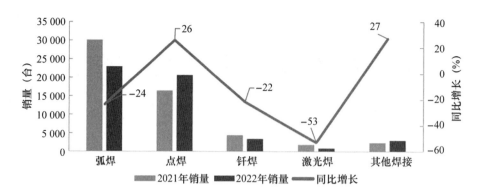

图2 2021—2022年我国市场各类焊接机器人销售情况

注：数据来源于中国机器人产业联盟（CRIA）、国际机器人联合会（IFR）。

四、进出口情况

从海关统计数据看，明确为焊接机器人的有3个税号商品，即：电阻焊接机器人、电弧焊接机器人和激光焊接机器人，分别对应通常所说的点焊机器人、弧焊机器人和激光焊机器人。

1.进口情况

2022年，我国焊接机器人进口额为2205万美元，同比增长74%。其中，弧焊机器人进口额同比增长18%，点焊机器人进口额同比增长322%，激光焊机器人进口额同比增长135%，2021—2022年我国焊接机器人进口情况如图3所示。

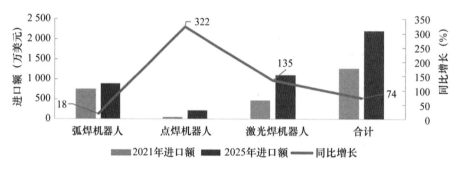

图3 2021—2022年我国焊接机器人进口情况

注：数据来源于海关总署。

2.出口情况

2022年，我国焊接机器人出口额为5280万美元，同比增长56%。其中，弧焊机器人出口额同比增长34%，点焊机器人出口额同比增长52%，激光焊机器人出口额同比增长140%，2021—2022年我国焊接机器人出口情况如图4所示。

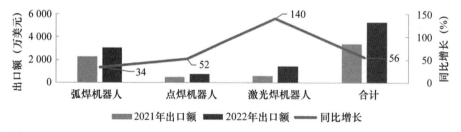

图4 2021—2022年我国焊接机器人出口情况

注：数据来源于海关总署。

需要说明的是，2022年3个税号的商品（弧焊机器人、点焊机器人和激光焊机器人）分别进口了115台、12台和28台，进口额仅为2205万美元。而在"多功能工业机器人"进口税号目录下，3个税号的商品进口数量为10.46万台，进口额达13.4亿美元，同比下降8%。"工业机器人"进口税号目录下，3个税号的商品进口数量为7928万台，进口额为6778美元，同比下降48%。

五、新技术新产品进展

1.油气输送管道机器人自动焊接系统

成都焊研威达科技股份有限公司最新推出了油气输送管道机器人自动焊接系统（如图5所示），适用于直径≤1219mm且壁厚≤25mm钢质油气输送管道的野外环境全位置 MIG 自动焊接。该系统具有双机器人同步焊接的优点，在管道上快速对中装夹定位，具备激光引导和视觉监控，能根据焊接位置的变化和焊接工艺需要实时动态调用

机器人运动规划和焊接参数，满足全位置焊接工艺实时控制要求，信息化系统可进行焊接工艺参数、焊接数据采集、熔池监控、过程实时监控和无线数据传输。

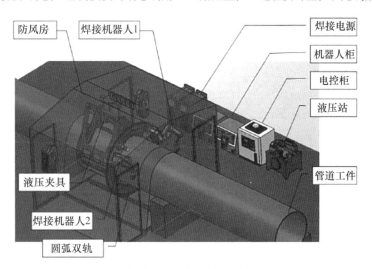

图5　油气输送管道机器人自动焊接系统

2. 九轴管道全位置智能焊接机器人

南京理工大学联合中石化第十建设有限公司成功研发九轴管道全位置智能焊接机器人（如图6所示）。两个机器人通过串联耦合，可实现十轴机器人超长臂展、多自由度精准控制，三维视觉远近双扫描，提取焊缝三维点云数据，识别构建焊缝轮廓，规划软件生成机器人位置、路径轨迹、焊枪姿态等功能，从而实现基于3D视觉逆向重构技术的机器人多层多道智能规划、"一键式"智能焊接，满足大型管道全位置焊接的需要，管道预制中传统制造模式的转型升级，实现管道预制厂内大型管道高效自适应焊接。

图6　九轴管道全位置智能焊接机器人

3. 装配式住宅钢结构构件智能化制造车间

唐山开元自动焊接装备有限公司成功交付的装配式住宅钢结构构件智能化制造车间（如图7所示）是一个应用数据驱动的智能化车间。该车间由钢柱、短梁、长短梁三条产线构成。针对装配式住宅钢结构构件多品种小批量、非标化生产的特点，该车间采用将构件 TEKLA 三维模型

自动解析成结构化数据的方式，由 KIDDS 系统根据结构化数据自动生成包含切割程序、焊接程序、装配点焊程序、物流程序、附件板配料程序等全套生产程序，使生产线全线自动运行，可大幅度降低钢结构制造公司的加工成本，其非标件加工模式从以人为主过渡到以自动化设备为主，降低了钢结构制造紧缺的铆工、焊工使用量。

图7　装配式住宅钢结构构件智能化制造车间

4. 专用车机器人焊接生产线

山东奥太电气有限公司针对专用车行业自主开发的专用车机器人焊接生产线（如图8所示）解决了专用车"小批量、多品种、编程复杂"的行业难题，实现了高效生产。该生产线通过机器人参数化快速编程技术，实现焊接路径的智能规划和焊接工艺的自动匹配，取代传统的示教编程和离线编程技术，在工件更换后，根据焊接工艺数据库自动生成轨迹程序，自动切换焊接工艺，缩短设备停机时间。机器人系统可通过检测和特定的算法，解决下料和组对不精确的生产问题，省去涂防飞溅液和打磨飞溅颗粒的工序。系统操作简单，通过使用该生产线，一个普通工人可替代多个专业焊工，大幅降低人工成本。

图 8　专用车机器人焊接生产线

图 10　锅炉膜式水冷壁机器人堆焊系统

5. GSK RH06B1 七轴焊接机器人

广州数控设备有限公司成功研制 GSK RH06B1 七轴焊接机器人（如图 9 所示），其最大负载为 6kg，最大运动半径为 1 605mm，最高焊接速度可达 65mm/s。该机器人采用冗余自由度中空手腕本体结构设计和笛卡尔空间路径规划与柔性加减速算法相结合的轨迹规划方法，通过七轴焊接机器人运动学逆解求解，达到六轴机器人无法实现的功能，确保最佳位姿，实现高品质焊接。该机器人可代替"六轴焊接机器人 + 变位机"形式的机器人焊接工作站，成本更低，设备交付周期更短、更简单。

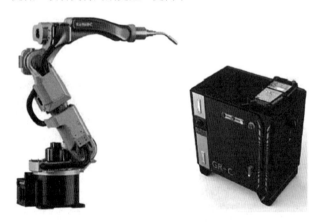

图 9　GSK RH06B1 七轴焊接机器人

6. 锅炉膜式水冷壁机器人堆焊系统

锅炉膜式水冷壁机器人堆焊系统（如图 10 所示）采用英尼格玛 GIIW 技术，自动识别工件表面特征和位置信息、规划修正焊接路径并匹配合适的焊接工艺参数，转换为机器人执行代码，完成膜式壁自动化生产工序。焊接过程标准化、无人化，多台机器人协同作业，提高并稳定成形质量，同时极大地改善了员工的工作环境；生产过程全数字化控制，一人可同时监控多套设备生产状态。该系统可节省约 50% 的材料成本、约 80% 的人力成本，可使整体生产率提升 30% 左右，为增强企业和产品的核心竞争力及可持续发展提供了坚实支撑。

7. 新型多关节型焊接机器人 SF6-C1400X

上海柴孚机器人有限公司推出一款新型多关节型焊接机器人 SF6-C1400X（如图 11 所示），额定负载为 6kg，最大活动半径为 1 440mm，最大运动速度为 700°/s，重复定位精度为 ±0.05mm。其第六轴传动机构包括伺服电动机、同步带轮和消隙齿轮。由空心轮轴和薄齿轮组合形成消隙齿轮，通过弹性原件的拉力消除齿侧间隙，实现平稳传动，减少反转过程中由齿侧间隙形成的定位误差。与市场上现有 6kg 六轴焊接机器人产品相比，该产品体积更小，重量更轻，节拍更高。机器人的示教器可直接设置并控制焊接机器人、周边装置和焊接电源的各项参数，方便、快捷、直观。

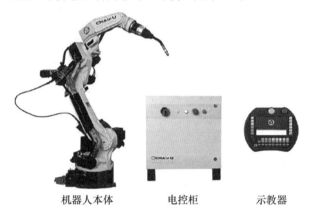

机器人本体　　　电控柜　　　示教器

图 11　新型多关节型焊接机器人 SF6-C1400X

8. 机器人激光玻璃穿透性微焊接技术

湖南中南智能激光科技有限公司成功开发机器人激光玻璃穿透性微焊接技术，以机器人高柔性、高速的特点，结合激光焊接技术热输入量小、焊接速度快的优势，无须添加焊材便能达到较高焊接强度。该技术主要用于钙钛矿电池玻璃基板封装的焊接，使用 120W 固体激光器，焊接"6mm-12mm-6mm"中空玻璃，其改性区域为 30um。可替代传统胶合工艺，提高真空玻璃封装的气密性、耐久性，极大提高封装成品率与生产率，采用激光焊接工艺焊接时融合区域未呈现水滴状，无顶部圆形空腔和底部线形结构微小空腔等焊接裂纹源缺陷，焊接强度测试时材料在母材区域发生破裂，焊点无脱落。机器人激光玻璃穿透性微焊接技术展示如图12所示。

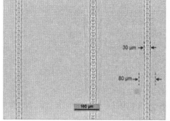

激光飞行焊接系统　　　　焊缝微观显示　　　　激光焊接后的钢化玻璃

图12　机器人激光玻璃穿透性微焊接技术展示

9."云网边端"智能焊接技术

深圳市智流形机器人技术有限公司针对钢结构、船舶、桥梁和铁塔等中厚板焊接领域多品种小批量、原料一致性差、组对精度低、焊接过程变形等行业痛点，成功研制"云网边端"智能焊接技术。该技术以自主品牌的机器人控制系统、边缘端数字化解决方案和云平台技术，让用户通过参数化编程和模型导入的方式，自动匹配焊接工艺，生成焊接程序，包括焊接顺序、焊接起始位置、焊接结束位置、焊缝轨迹线、焊接工艺参数、焊枪位姿等参数的设置，支持3D相机寻位、激光寻位、多层多道焊接等功能，实现一键操作免示教智能焊接，降低使用门槛，为企业降本增效。"云网边端"智能焊接技术使用场景及操作界面如图13所示。

图13　"云网边端"智能焊接技术使用场景及操作界面

六、趋势分析与预测

（1）我国是全球制造业大国，也是焊接制造大国。焊接是制造业的主要加工手段和工艺方法，无论是现有从事焊接作业的焊工人数，还是每年实际完成的焊接加工量，都处于全球首位。而且我国是全球制造业门类最全的市场，焊接加工涉及10多个行业大类、70多个行业中类。从上文的案例中也能看到，我国市场焊接机器人的主要应用行业正在从传统的汽车制造业向3C电子行业、装备制造业（工程机械、煤矿机械、农业机械等）、金属结构制造业等其他细分行业市场拓展，预计未来很长一段时间将继续占据全球焊接机器人年度需求的近半数。

（2）焊接作业现场条件差，存在强弧光、噪声、焊接烟尘、电磁辐射、激光辐射等环境污染和安全风险，有些还是在高温、寒冷、潮湿的环境下工作，劳动强度大，愿意从事焊接工作的年轻人越来越少。与此同时焊工的工资性费用快速增长，而焊接机器人技术的快速发展和机器人应用成本的大幅下降，促使中国正在走向焊接机器人应用普及化的快速发展阶段。

（3）低碳、绿色、优质、高效焊接技术与机器人技术的融合，将是机器人焊接技术发展的重要方向，如机器人激光焊、机器人搅拌摩擦焊、机器人激光电弧复合焊、机器人双丝/多丝焊、机器人螺柱焊、机器人电子束焊、机器人窄间隙焊等。

（4）焊接机器人及相关技术的发展重点包括：

①快速高效的示教编程、离线编程、自主编程等机器人编程技术；②适用于复杂场景、复杂构件、复杂焊缝的机器人焊接传感技术；③各种优质、高效焊接新方法与机器人集成技术；④各类焊接方法的机器人焊接工艺大数据技术；⑤机器人焊接质量的高效在线检测技术；⑥适用于不同焊接工艺方法和应用场景的各类专用焊接机器人；⑦人机协同焊接机器人（协作式焊接机器人）技术；⑧多机器人协同控制技术；⑨机器人焊接数字化、信息化、智能化技术；⑩机器人焊接的人工智能AI技术。

（5）自主品牌焊接机器人技术不断进步，产品性能持续提高，中薄板弧焊机器人和普通的激光焊机器人应用增长较快，但自主品牌点焊机器人、中厚板弧焊机器人、高精度高速激光焊机器人、七轴弧焊机器人等技术和产品需要加大研发力度，逐步进入焊接机器人中高端市场。

（6）特定焊接场景对协同式焊接机器人和自主移动式焊接机器人有迫切需求，其技术与应用近几年在国内外发展较快，是焊接机器人未来重要的增长点。

（7）焊接机器人应用与服务人才的短缺，一定程度也制约着焊接机器人的发展进程及机器焊接的应用领域、焊接质量和焊接效率。政府和行业组织应加快焊接机器人应用与服务人才职业标准、培训、考核、认证体系的建立和完善。

（8）对于焊接机器人的正确应用，在汽车、工程机械、高铁、航空等焊接机器人应用逐渐普及的典型行业，近几年已有明显好转，但在一些细分市场的初期应用阶段和焊接机器人新用户中，对焊接机器人及其应用的认识误区依然严重，包括新进入机器人焊接领域的企业和从业人员。

（9）2021 年，我国焊接机器人销量同比增长 51%。2022 年，由于国内新冠疫情变化导致物流及供应链不畅，焊接机器人市场需求减少，焊接机器人销量在高基数的基础上出现了近 8% 的下降。结合国内外经济的发展、国际政治环境的影响以及 2021 年市场高增长需求的消化，2023 年，我国市场焊接机器人销量进一步减少的可能性较大。

〔撰稿人：中国焊接协会焊接设备分会专家委员会 李宪政〕

2022 年协作机器人发展情况

一、概念及范畴

协作机器人（Collaborative Robot）是一种被设计成可以安全地与人类进行直接交互、接触的机器人。协作机器人拓展了机器人功能内涵中"人"的属性，具备一定的自主行为感知和协作能力，可在非结构的环境下与人配合完成复杂的动作和任务。与传统工业机器人相比，协作机器人具有安全性好、易于部署、操作简单、运动灵活、综合成本低等优点。

随着智能制造水平的提升和互联网商业模式的广泛采用，生产模式正快速从少品种、大批量向多品种、中小批量甚至变种变量转变，制造企业普遍面临着产品品种多样化、产品需求量变化快和劳动力成本增加等挑战。而能和工人并肩协同工作的协作机器人提供了更柔性、更高效的解决方案，因此，企业对协作机器人的需求日益增长。

目前，协作机器人已经在汽车零部件、机械加工、3C 电子等行业广泛应用，能够实现装配、搬运、贴标、上下料、喷涂与涂胶、质量与测量、包装码垛和打磨抛光等工作。同时，协作机器人在无人零售、无人餐饮、仓储物流、检测试验、医疗按摩等服务业领域中的应用增长迅速，例如理疗按摩机器人，凭借场景可复制的优势，在我国市场实现上千台的出货量。不同于工业场景对协作机器人多品种、小批量的应用要求，服务业市场的应用场景相对容易复制，且用量较大，因此未来其市场规模将会远超工业领域。

二、市场概况

2022 年，全球协作机器人市场规模达到 9.54 亿美元，同比增长 17.2%；全球协作机器人出货量同比增长 21.9%，达到 37 780 台。其中，汽车行业贡献了近 20% 的增长，主要归功于新能源汽车的快速发展；食品饮料和电子行业，教育、医疗保健和物流等非制造业，也是主要增长点。2022 年，协作机器人销售额在工业机器人总销售额中的占比为 7.5%，与 2021 年 6.2% 相比增长了 1.3 个百分点。2022 年我国市场在协作机器人出货量中的份额首次超过 50%，预计到 2027 年将上升到 59.8%。

2022 年，我国协作机器人市场规模为 26.79 亿元，同比增长 31.4%。到 2023 年，我国协作机器人市场规模将继续保持现有的增长速率，达到 29.08 亿元。我国协作机器人目前主要应用于 3C 电子和汽车领域，2022 年 3C 电子领域协作机器人需求量的占比约为 30.1%，汽车及零部件领域的占比约为 27.2%，医疗保健领域的占比约为 14.7%。

尽管 2022 年我国协作机器人市场增速放缓，产业链相关国产厂商仍进行了大额融资，例如上海节卡机器人科技有限公司（简称"节卡"）、艾利特机器人有限公司（简称"艾利特"）、斯坦德机器人（深圳）有限公司、珞石（北京）科技有限公司（简称"珞石"）、法奥意威（苏州）机器人系统有限公司、湖南视比特机器人有限公司、北京思灵机器人科技有限责任公司、深圳市大族机器人有限公司（简称"大族"）、浙江来福谐波传动股份有公司、北京极智嘉科技有限公司、上海非夕机器人科技有限公司、武汉库柏特科技有限公司等，这些厂商的融资总额超过 100 亿元，其中单个厂商最高融资额达到 13 亿元，超过 20% 的项目的融资轮次在 A 轮之前，大量项目处在早期。

三、技术成果

自 2008 年问世以来，协作机器人的技术和产品不断成熟与完善，厂商不断积极挖掘全新应用场景，以扩大市场规模。在日益激烈的竞争中，机器人厂商在负载、自重、重复定位精度、速度、操作系统等方面不断更新，推动了产业整体的技术进步。

1.优化本体性能

协作机器人产品负载能力通常在 3～16kg，针对不同工业场景中的不同需求点，协作机器人产品拓宽产品线，现阶段一些内外资厂商已经陆续推出 20 ～ 25kg 的大负载产品，扩充了工业领域应用场景范围（中负载搬运、码垛、机床上下料、装配及搬运等），提升了协作机器人在工业领域的竞争力，例如遨博（北京）智能科技有限公司（简称"遨博"）的 i20 机器人和大族的 S 系列产品。

2022 年 6 月 22 日，丹麦协作机器人制造商 Universal Robots（简称"UR"）机器人宣布推出全新 20kg 协作机器人 UR20。UR20 本体重量仅为 64kg，占地面积小，基座直径仅为 245mm，关节结构简单，与 UR 的 e 系列相比，UR20 的零件数量减少了 50%，关节速度提高了 65%（取决于关节尺寸），关节扭矩提高了 25%，并保持了 ±0.05mm 的重复精度，除了可用于码垛等对负载要求高的场景，也可以用于焊接等高精度应用。

2. 扩展应用空间

2022 年 1 月 12 日，遨博发布了新品"海纳"系列移动式协作机器人，无须将不同厂家的 AGV 和机械臂进行集成，省去前期复杂的调试过程，一套系统实现 AGV 和机械臂的协同工作，AGV 显示器和机械臂示教器均用一个示教器替代，降低了设备的复杂性，提升了易用性，是行业内首个将协作机器人、移动底盘、末端设备集成到一个控制系统的产品。移动式协作机器人部署更方便，使用更灵活，实现了途径自主规划；也可以用于巡检、档案管理等场景。

此外，ABB、大族、珞石、节卡、艾利特等厂商均推出了新系列新产品，主要在更柔性和更高效的方面进行技术完善与更新。

四、趋势分析

国内协作机器人有着将近十年的发展历程，在品类、技术、应用场景上均取得从无到有的巨大发展。从品类上来看，协作机器人产品类型多样，以六轴协作机器人最为常见；从负载来看，各厂商在中小负载的基础上，推出更大和更小负载的协作机器人；从技术来看，在智能化技术的加持下，从"人机协作"迈向"人机共融"；从场景来看，应用场景丰富，并从工业制造拓展到商业服务等领域，移动协作机器人产品的问世有望解锁更多复杂应用场景。除此之外，本土机器人厂商成长迅速，纷纷竞逐国际市场，并开启了从"造产品"到"建生态"的转变，积极打造协作机器人生态园。

传统机器人行业已进入快速转型期。2022 年，受新冠疫情的影响，整体经济形势相对低迷，然而新冠疫情的反复发生催生了多领域对无人化、自动化、智能化生产力及劳动力的旺盛需求，使得机器人行业仍然表现出较为强势的增长力。未来能否继续保持这种强劲势头，还须多维度探讨。

1. 市场趋势

随着制造业智能化及柔性化生产的不断演进，协作机器人技术迭代升级及下游行业应用的不断拓展，人机协作将越来越受到市场的追捧，也会不断吸引各类新玩家入局该领域。未来，协作机器人领域厂商数量级继续增长，有传统工业机器人厂商延伸赛道，也有新入局的协作机器人初创企业。随着体量的成长，产品将逐步进行从"定制化"到"标准化"的过渡，并逐渐渗透到各个细分行业的各个角落。针对不同行业的不同需求点，协作机器人产品或将出现分化，产生新形态协作机器人。同时可能会诞生出大量专注并深耕在各个细分领域的、行业基因强大的新势力本体产品厂商、配套设备商及集成商。

然而值得注意的是，后疫情时代的经济态势是否会影响下游终端客户的战略规划，从而影响机器人销量甚至市场格局，仍须观察。同时也需要协作机器人产品在保证安全性、灵活性和易用性的前提下，表现出更高的数值表现能力与更精准的痛点解决能力。

2. 技术趋势

（1）智能感知：协作机器人将更加智能化，配备更先进的传感器和算法，能够更好地感知环境和自身状态，实现更精准的控制和操作。

（2）自主认知：协作机器人将逐渐具备类似于人类的认知能力，能够通过机器学习和自然语言处理等技术，实现自我学习和认知，进一步提高智能化水平。

（3）人机交互：协作机器人将更加注重人机交互，能够与人类进行更加自然、流畅的交互，提高生产率和安全性。

（4）碰撞检测：协作机器人将具备更完善的碰撞检测功能，能够实时检测自身和其他物体的碰撞情况，并采取相应的安全措施，保证安全性和生产率。

（5）末端工具升级：末端工具将不断升级，能够实现更加灵活、高效的操作和生产，满足不断增长的生产需求。

〔撰稿人：遨博（北京）智能科技股份有限公司魏洪兴〕

2022 年喷涂机器人发展情况

一、概述

1. 定义

喷涂机器人又名喷漆机器人（spray painting robot），

是可进行自动喷漆或喷涂其他涂料的工业机器人。根据国际机器人联合会（IFR）和中国机器人产业联盟对工业机器人应用类型的分类定义，机器人喷涂应用主要是"喷漆、上釉"和"涂胶、密封"。

2. 系统构成

喷涂机器人喷涂系统的核心由本体、机器人控制柜及示教器组成。机器人本体通常采用多关节机械臂，其具有灵活的运动能力和精准的定位控制。除此之外，喷涂机器人还须配备专业的喷涂设备，包括喷涂喷枪（喷杯）、喷涂泵、颜料供给系统和吹扫系统等。其中，喷枪（喷杯）是将漆、釉、胶等原料均匀喷射到工件表面的设备；喷涂泵负责将颜料从储液罐输送到喷枪；颜料供给系统则控制颜料的供给量和压力；吹扫系统又包含吹扫控制器、吹扫单元、吹扫传感器及管路，主要起到防爆安全功能。近年来，机器视觉技术逐渐成熟并在工业机器人领域得到广泛使用，喷涂机器人系统搭配机器视觉使机器人喷涂作业进一步智能化、精细化，对机器人喷涂的普及起到了良好的推动作用。

3. 喷涂机器人系统的优势

喷涂机器人系统具备的优势如下：

（1）高柔性，多品种产品混线生产：①工作范围大，升级可能性大，从3C电子精密零件到远洋巨轮，都可以看到喷涂机器人的身影；②喷涂机器人姿态灵活，可以如喷涂工人灵巧的双手一般完成复杂产品内表面及外表面的喷涂；③以最常用的汽车整车制造环节为例，可实现多品种车型的混线生产，如轿车、旅行车、皮卡车等车身混线生产。

（2）提高喷涂质量和材料使用率：①定位精准、喷涂轨迹精确，有效提高涂膜的均匀性等外观喷涂质量；②在大批量生产中能够精确保证喷涂工艺一致性，获得更高质量的批量产品；③在喷涂机器人控制系统中集成喷涂工艺的数据模型可以精确控制原料消耗，降低过量喷涂和清洗溶剂的用量，提高材料利用率，降低有害挥发性有机物排放量。

（3）易操作和维护：①可离线编程，大大缩短现场调试时间；②模块化设计，可实现快速安装和更换元器件，极大地缩短维修时间；③零部件标准化程度高，可维护性好，便于维护保养。

（4）设备利用率高：往复式自动喷涂机利用率一般

为40%～60%，喷涂机器人的利用率可达90%～95%。

二、市场应用概况

1. 市场及行业

如同其他应用的工业机器人一样，喷涂机器人系统在正式投入使用前需要对工艺需求、生产节拍、使用环境和配套设施进行科学、系统化的设计。截至目前，汽车工业是最早开始引入喷涂机器人同时也是机器人喷涂应用的第一大行业，从20世纪90年代开始，机器人喷涂进入以涂装为主的各个汽车整车及零部件生产环节，并迅速扩展到铁路运输设备、新能源、3C电子、木工家具、卫浴陶瓷等多个行业。根据国际机器人联合会（IFR）和中国机器人产业联盟统计，2022年中国市场喷涂机器人销量达18 425台，同比增长182.7%，无论销量还是增速均创历史新高。其中，约83%的喷涂机器人应用在各行业产品喷涂和上釉工艺中。2022年我国市场喷涂机器人应用分布如图1所示。2015—2022年我国市场喷涂机器人销售情况如图2所示。

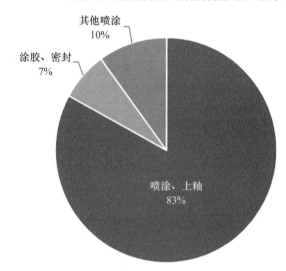

图1　2022年我国市场喷涂机器人应用分布

注：数据来源于国际机器人联合会（IFR）、中国机器人产业联盟。

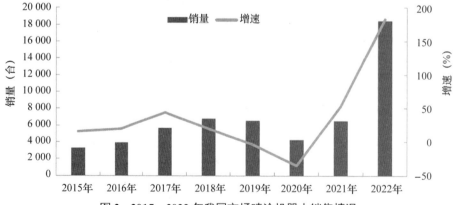

图2　2015—2022年我国市场喷涂机器人销售情况

注：数据来源于国际机器人联合会（IFR）、中国机器人产业联盟。

2. 新场景给予喷涂机器人发展新机遇

随着以人工智能为代表的新技术的不断发展，机器人喷涂技术在许多新场景中得到了孕育和发展。

（1）新能源行业：可再生能源的发展已经受到全球各国越来越多的重视，包括锂离子电池、光伏和风能在内的新能源行业，对高效喷涂技术的需求日益增长。机器人喷涂可以应用于锂离子电池电芯、风力发电涡轮机叶片等的涂装，提高涂装质量和效率。

（2）医疗行业：医疗设备和器械通常需要具备良好的表面涂装，以确保卫生和耐久性。机器人喷涂可以用于医疗设备、器械和医用器皿的涂装，提高涂装质量和一致性，避免人工作业并满足卫生要求。

（3）建筑和装饰行业：建筑和装饰领域常需要对墙面、天花板、门窗等进行喷涂和涂装。机器人喷涂可以高效且均匀地完成这些工作，提高施工效率和涂装质量。

这些新场景、新领域的发展与技术的进步密切相关，机器人喷涂作为一种高效、精确和可持续的涂装技术，能够满足这些领域多样化的涂装需求。随着这些行业的不断发展，机器人喷涂的应用范围也将继续扩大。

3.喷涂机器人主要应用行业

（1）汽车制造行业：汽车行业凭借其产量大、节拍快、利润率高等特点，成为喷涂机器人应用最广泛的行业。

1）车身涂装：喷涂机器人用于汽车车身的涂装，包括底漆、面漆和清漆等。机器人能够通过程序控制来实现整车或零部件的喷涂。在车身涂装环节，机器人需要精确地喷涂每个车身面板，确保喷涂的均匀、一致，同时满足质量和外观要求。

2）内饰件涂装：喷涂机器人用于汽车内饰件的涂装，如仪表盘、中控面板、门饰板等。机器人能够高效地喷涂复杂形状的内饰件，确保喷涂质量和颜色一致性。

3）钣金修复涂装：喷涂机器人还用于钣金修复涂装环节，如修复车身刮擦、凹痕。机器人可以根据目标区域的尺寸和形状，精确地喷涂补漆来修复外观，使修复部分与周围区域保持一致。

（2）铁路运输装备行业：喷涂机器人被广泛应用于多个环节，以提供高效、均匀和耐久的涂装。

1）列车外观涂装：在车身、车厢和车门等部件的喷涂作业中喷涂机器人通常搭配第七轴（地轨）实现更大作业范围。机器人能够快速而均匀地喷涂大面积的车身表面，确保涂层的一致性。

2）内部涂装：喷涂机器人还用于轨道交通列车内部的涂装，如座椅、壁板、天花板等。机器人能够高效地喷涂复杂形状和曲面的内部构件，提高涂装质量和效率。

3）车轮和轴承涂装：喷涂机器人在轨道交通行业中还可用于对轮轴和轴承等部件进行喷涂，以提供防腐和保护涂层，延长其使用寿命并减少摩擦损耗。

（3）3C电子行业：3C行业涉及计算机（Computer）、通信（Communication）和消费电子（Consumer Electronic）三大产品领域。自第四代苹果手机（iPhone 4）发布以来，全球3C电子行业迎来飞速发展的黄金十年，庞大的市场总量及日益激烈的市场竞争环境使其生产线布局紧凑、生产节奏快，这就要求喷涂机器人尺寸小、动作灵活。喷涂机器人可以实现高效、精确的外壳喷涂，保证产品的外观质量和一致性。

在外壳涂装方面，3C电子产品用料丰富多样，尤其是品类庞杂的周边配件更是充满时尚和个性化设计。喷涂机器人配合机器视觉技术能进一步降低用户使用门槛，充分适应个性化、多件小批量生产方式。

（4）卫浴行业：卫浴产品主要包括陶瓷卫浴产品和"亚克力"卫浴产品。陶瓷卫浴产品由陶瓷瓷土烧结而成，外表面制备陶瓷釉面；"亚克力"卫浴产品是指玻璃纤维增强塑料卫浴产品，其表层材料是甲基丙甲酯，反面覆上玻璃纤维增强专用树脂涂层。

1）陶瓷卫浴产品：表面釉料的喷涂已广泛采用机器人喷涂，并且从传统的开环喷釉流量控制方式逐步升级为闭环喷釉方式，具有施釉流量检测精度高，流速稳定、成本相对更低等优势。

2）"亚克力"卫浴产品：表面玻璃纤维增强树脂材料的喷涂。

4.竞争格局

中国工业机器人行业整体起步较晚，虽然从20世纪90年代开始我国制造业进入飞跃式发展，但是工业机器人上下游产业链基础薄弱的情况并未明显改变。统计数据显示，2019—2022年，我国自主品牌喷涂机器人销量在喷涂机器人总销量中的占比回落41.6个百分点。2015—2022年我国市场喷涂机器人年销量内外资占比情况（按品牌类型划分）如图3所示。

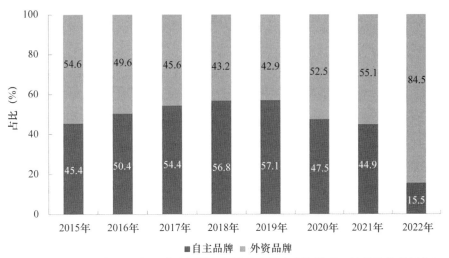

图3　2015—2022年我国市场喷涂机器人年销量内外资占比情况（按品牌类型划分）

注：数据来源于国际机器人联合会、中国机器人产业联盟。

从2015—2022年喷涂机器人细分应用数据看，喷漆、上釉等喷涂机器人主要细分应用环节基本被外资品牌产品垄断，而其主要应用行业正是以汽车制造行业为代表的具有高技术含量的高端应用领域。以汽车整车和汽车零部件行业为例（小型车保险杠、尾翼、扰流板、中控内饰件、进气格栅），基本没有国产机器人的应用机会。汽车行业对机器人节拍、稳定性要求高，因此，中空腕型是主力机型，而进口品牌均是中空手腕2 000mm 臂展左右的防爆喷涂机器人。我国自主品牌通过多年努力略有成长，但总体的市场份额始终徘徊在30%左右。外资企业凭借着机器人本体、上游元器件、控制技术以及产业链合作的优势在前期积累下大量生产经验和数据，使得喷涂机器人的设计与制造逐渐进入到产业化发展阶段。在涂胶、

密封应用环节自主品牌曾一度领先，但目前又陷入被动的状态。由此可见，在过去五年中以半导体、新能源为代表的中国新一代高端制造业产业结构更替浪潮推动下，自主品牌喷涂机器人并未及时跟进市场变化，错失了初期的产业红利。剩余的应用环节基本被内资品牌产品垄断。从以上三个分布情况可以看出，主流用户和市场端对喷涂机器人的认可主要偏向外资品牌，自主品牌喷涂机器人在综合实力不足的情况下尚未具备和国外同行在开放市场上同台竞技的能力，因此主要精力聚焦于细分行业的用户培育和应用开发。2015—2022 年我国市场喷涂机器人年销量内外资占比情况（按细分应用划分）如图4所示。

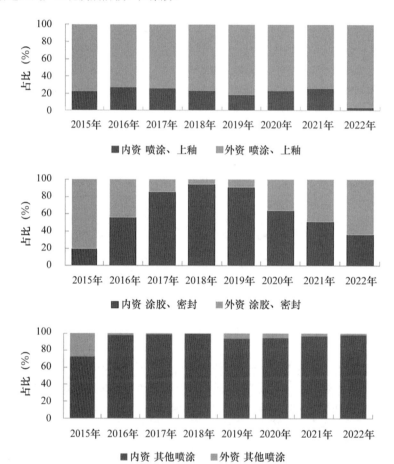

图4　2015—2022 年我国市场喷涂机器人年销量内外资占比情况（按细分应用划分）
注：数据来源于国际机器人联合会（IFR）、中国机器人产业联盟。

从内外资品牌综合竞争能力看，以ABB、杜尔、发那科、安川为代表的外资品牌不仅机器人本体产品系列齐全而且还具有一站式方案的解决能力，往往能为用户直接提供从产品选型、方案设计，到仿真演算、项目实施的全流程服务，并且还有完善的技术培训和指导作业能力。喷涂机器人自主品牌能力参差不齐，而且多数以代理外资品牌或系统集成为主。埃夫特智能装备股份有限公司（简称"埃夫特"）通过收购全球领先的智能喷涂机器人及喷涂自动

化成套解决方案提供商之一的意大利CMA公司，吸收转化其在喷涂机器人领域的优势技术，在充分验证和实践后，逐步在喷涂机器人核心控制、传动等多项关键点上导入自主研制开发的技术与国产化核心零部件，成为国内为数不多生产防爆型喷涂机器人的专业厂商。

三、市场前景与展望

（1）下游产业结构更替为喷涂机器人应用面扩大提供了挑战和机遇。新老产业更替打破了原先固有的技术格

局和壁垒，使新兴企业有机会和传统巨头站在同一起跑线上。新产业链的构建虽然会挑战喷涂机器人应用的固有市场，但同时也会打破原有的技术体系，带来新机遇。

（2）在人工智能技术加持下，喷涂机器人使用门槛进一步降低，将有力推动机器人喷涂在各行业的应用普及。目前，客户在使用喷涂机器人的过程中面临的主要难点是人才结构不合理，懂工艺的人员不懂编程，会编程的人员不了解工艺，行业普遍缺少专业的复合型技术人才，培养成本高。因此，如何提高智能化、降低使用门槛、激发增量市场是个挑战。未来,喷涂机器人技术与云计算、3D视觉、数字孪生等先进技术融合，将使机器人喷涂更智能化、简易化。

（3）喷涂机器人国产化替代趋势显著。在国家产业政策和市场双轮驱动下，自主品牌机器人发展迅猛，研发、质量、性能、可维护性等多项指标取得显著提升。这为国内喷涂机器人系统打下了良好的硬件基础。在此基础上国内企业更应该注重行业标准化建设及上下游产业链协同合作，抓住机遇带动配套喷涂设备企业共同发展，为自主品牌喷涂机器人崛起夯实基础。

〔撰稿人：埃夫特智能装备股份有限公司唐欣、朱俊〕

2022年加工机器人发展情况

一、概念及范畴

加工机器人是指参与产品加工工艺应用的机器人，多以六关节工业机器人为主，除工业机器人本体外，还包括加工工具（手持或外置）、辅助工装、刀库（包括耗材库）等。

加工工艺在制造业中占据着主导地位，常见加工工艺包括切割、铣削、磨削、去飞边、抛光等。目前常用机床加工和机器人加工两种方式，机床加工拥有高精度、高刚性的特点，机器人加工相对机床加工具备高柔性、高加工范围、低成本等优点，但也存在精度低、刚度低等问题，因此磨抛工艺成为加工机器人最广泛的应用场景。

二、我国市场情况

据中国机器人产业联盟统计，2022年我国加工机器人销量为3 093台，同比下降24%。其中，自主品牌销量547台，同比大幅下降71.5%；外资品牌销量2 546台，同比增长18.2%；自主品牌占国内市场的占比由上年的47.1%下降到17.7%。

从应用结构来看，加工机器人应用领域更为集中，其中用于机械切割、磨削、去飞边、铣削、抛光的机器人销量为2 386台，在加工机器人总销量中的占比提升到77.1%；用于激光切割的加工机器人销量为300台，占比为9.7%，略有下降；用于水刀切割的加工机器人销量大幅增长，且均为外资品牌机器人，占比达到8.1%。2022年我国市场加工机器人分布情况（按应用结构划分）如图1所示。

三、主要应用情况

目前，加工机器人在3C行业、物流仓储、医疗器材、

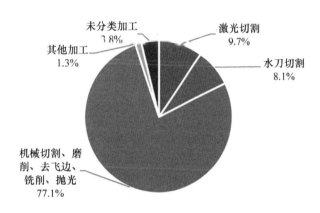

图1 2022年我国市场加工机器人分布情况
（按应用结构划分）

注：数据来源于中国机器人产业联盟。

汽车零部件、家电、重工机械行业等领域都有应用，主要应用于自动磨抛。机器人磨抛应用按目的可分为磨削和抛光。磨削主要针对表面余量的去除，有飞边去除、铸件氧化层去除、焊缝去除等；抛光主要目的是提升工件表面质量，要求有降低表面粗糙度和提高光亮度、提高平面度等。

1.医疗器械的机加飞边去除

医疗器械为了达到精密尺寸要求，通常会经过机加处理，但随之会在一些棱边、薄壁处形成机加反飞边，影响工件质量。一般情况下，医疗器械产品重量较轻，飞边总体尺寸较小，对机器人负载要求不高，10kg负载即能满足要求。但是医疗器械产品尺寸要求较高，因此对机器人的精度提出了相当高的要求，同时在打磨过程中也需保持一定的刚性，避免振动造成基体损伤。

医疗器械打磨加工目前还主要以人工方式为主，近年

来自动化需求逐渐增大，市场前景大有可为。医疗器械飞边去除如图 2 所示。

图 2　医疗器械飞边去除

2. 汽配行业的铸件氧化层去除

汽车摩托车配件一般由压铸形成，在脱模过程中会形成较大的飞边以及较厚的氧化层，为了后续的阳极氧化工艺，需要将氧化层（一般厚度为 0.5mm）去除，同时需要保持配件的尺寸形状。相较于飞边去除，铸件氧化层去除量显著增大，同时由于汽配产品重量与尺寸的增大，对磨削力以及机器人的负载要求有所提高。一般局部配件的磨抛机器人负载要求为 30～50kg，较大部件如车身、轮毂等的磨抛加工机器人要求负载 100kg 以上。值得一提的是，对于浇冒口的去除，磨抛力要求可能达到 200N 以上。

由于我国汽车领域在全球已处于领跑地位并呈现增长态势，汽配领域加工机器人的市场规模也呈现稳步增长态势，未来会占据加工机器人相当大一部分市场。汽配零件氧化层去除如图 3 所示。

图 3　汽配零件氧化层去除

3. 焊缝去除

随着机器人焊接技术在汽车、大型结构件的大面积应用，焊缝质量实现了标准化与一致化，也为加工机器人焊缝自动磨抛奠定了良好基础，近年来需求量显著增长。焊缝磨抛的对象材料主要为铝合金和钢材，焊缝去除高度一般为 0.2～0.5mm，所需磨抛力较大，对于较大部件如汽车车身，主要以机器人手持工具式进行，一般来说，50kg 负载加工机器人即能够满足使用要求。但对于长焊缝、大型焊缝来说，其对打磨工具（主要为主轴）的功率要求很高，这就造成工具重量很大，对机器人负载要

求进一步提升，可能需要达到 100kg 以上。焊缝去除如图 4 所示。

图 4　焊缝去除

4. 表面抛光

表面抛光的主要目的在于提高工件的表面质量，最典型的应用场景为便携式计算机、手机等消费电子产品的磨抛，其主要对象包括手机外壳、便携式计算机外壳等。作为外观件，磨抛对于表面质量提高极为重要，任何"瑕疵"会在氧化与喷砂工序中放大。但这类外壳件一般重量都很小，对磨抛力的需求也很小，采用 20kg 以下负载加工机器人即能满足其要求。

由于目前国内 3C 行业产业逐渐向东南亚国家转移，如鸿海精密工业股份有限公司等，加工机器人在此行业的增长趋势已放缓，几年后此领域的加工机器人应用会逐渐减小。便携式计算机外壳抛光如图 5 所示。

图 5　便携式计算机外壳抛光

除 3C 行业外，机器人自动抛光在厨具、五金等领域也有较为广泛的应用。相较于消费电子产品外壳，这类工件的重量显著增大，同时材料多为不锈钢，材料硬度也显著增大，相应的所需磨削力更大，所需加工机器人负载一般在 30kg 左右。厨具表面抛光如图 6 所示。

图6　厨具表面抛光

5.航空、风电叶片磨抛

航空、风电领域的磨抛主要集中在飞机机身腻子磨抛、涡轮叶片表面磨抛、风电叶片磨抛等，主要采用机器人手持工具方式进行。在飞机机身磨抛上，由于机身等部件形体非常大，单台加工机器人难以实现全型面覆盖，一般需加装第七轴、第八轴等辅助加工。在叶片磨抛上，受制于加工机器人自身精度影响，难以应用于0.04mm或更高加工精度要求叶片，但在常规低精度加工要求叶片上已具备一定的应用基础，如0.12mm加工精度型叶片。

叶片磨抛时同时要求一序完成余量精准去除（精铣所形成的加工痕），去除量一般在0.1mm左右，二序完成表面抛光，粗糙度要求达高，对机器人的精度要求非常严苛。叶片磨抛如图7所示。

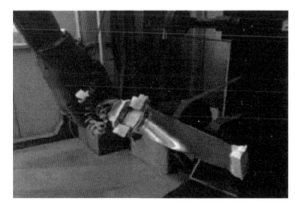

图7　叶片磨抛

四、突破性成果

2022年，我国加工机器人在整机产品、加工工艺及核心部件等方面均有一定发展突破。

1.2022年3月，天津大学推出其首创的一种混联加工机器人新机构，打破了国外的专利壁垒，可搭建各类适用于铣削、制孔、焊接、抛磨、装配等作业的单机和多机制造系统，在航天航空、轨道交通、船舶制造等领域具有广阔的应用前景。天津大学突破了混联加工机器人动态设计和提高机器人静动态精度的一系列核心关键技术，研制出三种规格混联加工机器人新产品，经第三方权威机构检测，

该加工机器人性能指标与国外同类产品技术水平相当，实现了从"追赶"到"并跑"的技术跨越。天津大学混联加工机器人如图8所示。

图8　天津大学混联加工机器人

2.华数机器人有限公司（简称"华数机器人"）针对餐厨具锅类产品研发的自动化打磨产线系统，产线涵盖直径130～360mm，高度40～240mm，重量小于3kg的多种锅类工件，解决了传统人工打磨质量不稳定、粉尘大、噪声大等问题。该系统结合三维几何模型进行离线轨迹规划，融合打磨工艺参数，显著降低现场调试难度。同时，针对产品多种类、高周转以及工艺相似的特点，华数机器人研发出一款手眼力协调控制的生产线智能打磨控制软件，具备产品快速定位、产品线快速更替等功能，实现了打磨产线的快速换产。华数机器人智能打磨产线如图9所示。

图9　华数机器人智能打磨产线

3.中国科学院沈阳自动化研究所工艺装备与智能机器人研究室基于Preston接触理论提出了非线性材料去除深度数学模型，结合科研团队提出的机器人力/位混合控制策略，实现航空叶片的非均匀材料去除精准控制策略。基于研发的机器人自动化磨抛加工系统，开展航空叶片开展磨抛加工实验，实验结果表明所提出的材料去除控制策略可实现航空叶片的高精度机器人自动化磨抛加工。该研究促进了砂带磨抛加工材料去除控制理论水平的完善，并对机器人自动化磨抛加工技术的工程应用具有重要指导意义。

五、趋势分析与预测

加工工艺与机器人性能一直是工业机器人在加工领域应用的核心点，同时也是一大难点，在后续发展趋势主要表现为以下方面：

1.细分领域专用加工机器人需求明显

针对不同行业加工需求，需要更具行业特性的专用加工机器人，如复杂曲面零件加工，要求加工机器人具有更

加优异的灵活性、高速性能；大型航空结构件磨抛则要求加工机器人拥有更大臂展，同时在机器人行程和刚性上需求更为突出，同时需要与七轴地轨系统配合。

2.加工机器人全套综合解决方案需求突出

加工机器人系统是一套全面解决方案，同时包括整机部件、力控系统、视觉系统、编程工艺软件、工艺包等，未来需要逐步建立完善的加工工艺数据库，针对不同加工工艺快速完成方案设计与优化。

〔撰稿人：重庆华数机器人有限公司杨海滨、陈卓〕

2022年洁净机器人发展情况

一、概念与范畴

1.定义

洁净机器人是一种在洁净室内应用的工业机器人，可以在洁净或者真空环境下工作，高洁净机器人一般应用于洁净度等级为 ISO 7 及以上的洁净室。洁净机器人主要应用于集成电路及泛半导体制造中，实现晶圆、晶圆盒、玻璃基板、卡匣等生产物料的自动化传输，具有高洁净度、高精度、高可靠性的特点。

2.洁净机器人分类

按机械结构分类，洁净机器人可分为多关节型、直角坐标型、SCARA 型和柱坐标型。其中，多关节型洁净机器人是机械手至少有三个旋转关节的洁净机器人；直角坐标型洁净机器人是机械臂有三个移动关节且满足直角坐标关系的洁净机器人；SCARA 型洁净机器人是一种有两个平行旋转关节且在平面上可以柔性活动的机器人；柱坐标型洁净机器人是一种有移动关节和旋转关节且满足柱坐标关系的机器人。

洁净机器人分类（按机械结构分类）如图1所示。

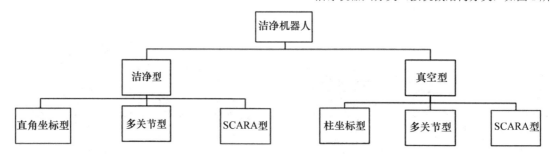

图1 洁净机器人分类（按机械结构分类）

按使用环境分类，洁净机器人可分为大气机械手和真空机械手，其中大气机械手主要用于集成电路加工过程中常压环境下晶圆、前开式晶圆传送盒（FOUP盒）等的传送；真空机械手主要用于真空环境下不同工位或工艺腔室之间的晶圆、晶圆托盘等的传送。

3.洁净等级

洁净室等级标准（ISO 洁净等级标准）见表1。

表1 洁净室等级标准（ISO 洁净等级标准）

空气洁净度等级	大于或等于表中粒径的最大浓度限值（个 /m³）					
	0.1μm	0.2μm	0.3μm	0.5μm	1μm	5μm
ISO 1	10	2				
ISO 2	100	24	10	4		
ISO 3（一级）	1 000	237	102	35	8	
ISO 4（十级）	10 000	2 370	1 020	352	83	
ISO 5（百级）	100 000	23 700	10 200	3 520	832	29
ISO 6（千级）	1 000 000	237 000	102 000	35 200	8 320	293

（续）

空气洁净度等级	大于或等于表中粒径的最大浓度限值（个／m³）					
	0.1μm	0.2μm	0.3μm	0.5μm	1μm	5μm
ISO 7（万级）				352 000	83 200	2 930
ISO 8（十万级）				3 520 000	832 000	29 300
ISO 9（百万级）				35 200 000	8 320 000	293 000

4. 应用场景

洁净机器人的应用领域主要包括集成电路（IC）、平板显示（FPD）、发光二极管（LED）、光伏、电子、制药和医疗等行业。随着洁净机器人性能的不断提高，下游行业对生产环境的要求也日益苛刻，很多现代工业品生产要求在洁净环境进行，洁净机器人已成为洁净环境下生产的重要设备。

二、市场情况

1. 全球市场情况

2013—2017 年，全球洁净机器人销量增长较快，2017年以后每年洁净机器人销售数量在 3.4 万台左右，2019 年由于新冠疫情的影响，洁净机器人销售数量略有下降，但2022 年又恢复到了新冠疫情前的水平。

全球洁净机器人两大应用行业为 IC 和 FPD 行业，IC行业应用洁净机器人的数量为 FPD 行业两倍左右。随着FPD 行业和 IC 行业投资情况的变化，IC 行业应用洁净机器人的数量扩大到了 FPD 行业的 4～5 倍。

全球洁净机器人主要消费国为中国、日本和韩国。日本作为全球最大的洁净机器人消费国，其洁净机器人销量在全球中的占比达 39%；中国是仅次于日本的全球第二大洁净机器人消费国，其洁净机器人销量在全球中的占比达26%；韩国排名第三，其洁净机器人销量在全球中的占比达 16%。

2013—2022 年全球洁净机器人销量如图 2 所示。

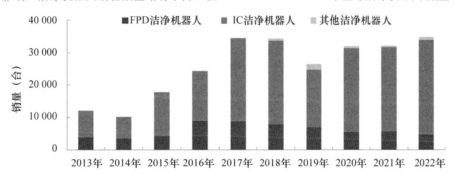

图 2　2013—2022 年全球洁净机器人销量

注：数据来源于国际机器人联合会（IFR）。

2. 中国市场情况

我国作为全球最大的电子消费市场，智能电子产品、汽车电子、人工智能、5G 通信等终端需求量逐年增加，带动半导体设备需求量同比增加，企业对洁净机器人的需求也随之增加。

我国洁净机器人的市场情况同全球洁净机器人市场情况类似，在 2018 年以后，每年销量在 4 000 台左右，并以进口的洁净机器人为主。2018 年，我国洁净机器人销量同比增长约 60%，而后受到新冠疫情的影响，销量波动较大，随后开始缓慢恢复。到 2021 年，我国洁净机器人销量同比增长达 25% 以上。2022 年，我国市场洁净机器人销量为 3 117 台，同比下降 33.4%。

2018—2022 年我国洁净机器人市场情况如图 3 所示。

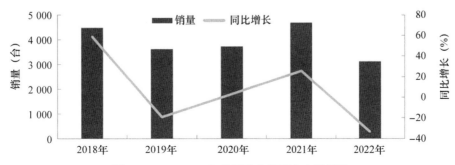

图 3　2018—2022 年我国洁净机器人市场情况

注：数据来源于中国机器人产业联盟。

与全球洁净机器人应用情况相同，我国洁净机器人两大应用行业也为 IC 和 FPD 行业，其中，2021 年之前，FPD 行业应用洁净机器人的数量一直比 IC 行业多。近几年，我国 FPD 行业应用洁净机器人的数量在减少，而 IC 行业应用洁净机器人的数量基本保持逐年增加，从 2021 年开始 IC 行业应用洁净机器人的数量已经超过了 FPD 行业。2017—2022 年我国洁净机器人销量如图 4 所示。

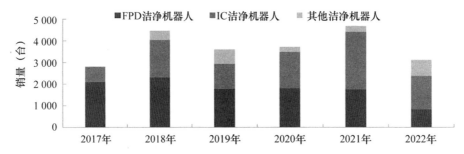

图 4   2017—2022 年我国洁净机器人销量

注：数据来源中国机器人产业联盟。

2020 年以后，我国自主品牌的洁净机器人取得了长足的进步，实现了快速增长，2022 年销量达到 1 976 台，同进口洁净机器人的差距逐渐缩小。2018—2022 年我国自主品牌洁净机器人市场情况如图 5 所示。

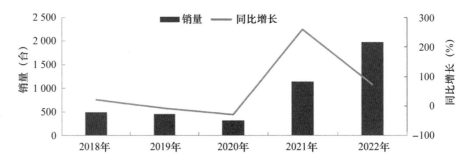

图 5   2018—2022 年我国自主品牌洁净机器人市场情况

注：数据来源于中国机器人产业联盟。

三、新技术新产品进展

1. 新型晶圆传输真空机械手

沈阳新松半导体设备有限公司（简称"新松半导体公司"）研发的新型晶圆传输真空机械手（又称"双臂双手直驱真空机械手"，如图 6 所示）具有直驱电动机结构和高真空特性，系统运行平稳性较好，可靠性较高，对晶圆的传输效率较高。全新的离散、模拟和特殊模块（I/O 模块）具有可配置的输出输入端口，用户可以根据需求配置成互锁、传感器检测等功能，可实现快速的晶圆自动对中的功能。新型晶圆传输真空机械手带有安全区配置功能和灵敏的碰撞保护功能，可减少用户误操作导致的各种损失；通过机器人示教器的使用，调试人员的编程工作更加便利；支持热插拔功能，满足调试人员对多台真空机器人的操作；同时，根据客户的特殊需求，新型晶圆传输真空机械手可以定制机械手的尺寸并增加耐高温、耐腐蚀的特性。目前，晶圆传输真空机械手已广泛应用于集成电路的刻蚀、薄膜沉积等工艺应用。

2. 晶圆盒搬运机器人

新松半导体公司的晶圆盒搬运机器人（如图 7 所示）主要应用在 IC 行业，产品具有 SCARA 构型机械手、结构

图 6   新型晶圆传输真空机械手

紧凑、高速平稳、极限位置保护等特点，搬运负载可达到 12kg，适合运用在准确搬运 FOUP 型晶圆盒的场合。该机器人可应用于 FOUP 型晶圆盒的转运、暂存以及 IC 设备前端的晶圆盒自动立体库中，也可应用在半导体制造过程中的晶圆盒自动立体库中，并在半导体芯片制造厂工艺生产

线得到批量应用。

图7　晶圆盒搬运机器人

3. 大型玻璃基板洁净搬运机器人

合肥欣奕华智能机器有限公司的大型玻璃基板洁净搬运机器人（如图8所示）主要应用于FPD行业，产品具有高洁净度密封、标准化接口、轻量化、模块化设计、多枚基板处理的特点，最大可搬运基板尺寸为2.94m×3.37m，最高可搬运速度为2.5m/s，适用于曝光、涂胶、蚀刻等多个显示面板生产工艺，并在10.5世代显示面板生产线批量应用。

图8　大型玻璃基板洁净搬运机器人

4. 掩膜板搬运复合机器人

新松机器人自动化股份有限公司研制的掩膜板搬运复合机器人（如图9所示），以洁净移动机器人为基础，加装洁净机械手以完成掩膜板搬运。掩膜板搬运复合机器人采用激光导航和二次定位技术，具有轻量化设计、高洁净度密封设计和标准化接口的特点，对掩膜版进行高速、平稳的搬运作业，精度可达到±1mm。面向平板显示行业，适用于显示面板曝光生产工艺，已小批量应用于G8.5/G11尺寸掩膜版的搬运。

图9　掩膜板搬运复合机器人

四、发展趋势分析与预测

随着5G商用时代的到来，物联网、车联网、智能设备、人工智能、自动驾驶等技术与产品将进入新的发展阶段，我国已连续多年成为全球最大的集成电路市场。作为数字化和人工智能基础的半导体行业将迎来更大的发展，也进一步体现了集成电路产业对于未来社会的重要支撑作用，集成电路产业的发展将为国内产业下一轮发展、新旧动能转换、传统产业升级改造提供强大的动力。

洁净机器人作为半导体设备的动脉，是半导体设备自动化的核心部件。它已广泛应用于集成电路、先进封装、化合物半导体、新型显示等半导体制造全产业链中，实现半导体加工材料在各工艺环节的可靠高效传输，是半导体行业各工艺设备不可缺少的重要组成部分，其性能直接决定了半导体产品的生产率、产品良率。

由于洁净机器人技术门槛高、投入大、试错成本高，该类产品长期被国外发达国家的少数企业垄断。近年来，国内厂家逐步涉足这一领域，从大气机械手到真空机械手，应用领域从FPD、LED到集成电路。国内厂家初步建立了产业化配套支撑条件，已经实现了产品的批量应用。洁净机器人产品上下游关联性强，涉及材料、传动、传感、驱动和控制等关键零部件，产业链的配套能力逐渐增强，但自主品牌洁净机器人与进口产品的差距在缩小，自主品牌洁净机器人迎来重要的发展机遇。

洁净机器人新技术和产品发展趋势如下：

（1）洁净机器人的作业范围越来越大、效率越来越高，真空机械手要适应长方形腔体的传输要求。

（2）洁净机器人控制系统趋向与小型化和一体化，客户一般会要求在更小的空间达到更高的传输效率。

（3）动态补偿技术要求越来越高，对检测速度、运动规划提出更高的标准，以缩短传输时间，提高生产率。

目前，经过十多年的产业发展，洁净机器人在我国的发展已进入到黄金期，随着半导体设备的高速发展，国内厂商针对自主品牌洁净机器人的应用需求将明显提升，必将推进技术的迭代升级和产品产业链完善，保证国内半导体产业的健康发展，未来几年自主品牌的洁净机器人将有较快的增长。

〔撰稿人：沈阳新松机器人自动化股份有限公司徐方〕

2022 年移动机器人发展情况

一、概念及范畴

1. 概念

移动机器人是集环境感知、动态决策与规划、行为控制与执行等多功能于一体的综合系统，汇集了传感器、信息处理、电子工程、计算机工程、自动化控制工程以及人工智能等多学科的研究成果，代表机电一体化的最高成就，是目前科学技术发展最活跃的领域之一。移动机器人的研究始于 20 世纪 60 年代，斯坦福研究院（SRI）Nils Nilssen 和 Charles Rosen 等研发出取名为 Shakey 的自主移动机器人。

2. 分类

随着技术的发展，移动机器人的应用场景大为拓展，不仅在工业、农业、医疗、服务等行业中得到广泛应用，而且在城市安全、国防、航空航天等领域发挥了重要作用。因此，移动机器人已经得到世界各国的普遍关注。按移动方式划分，可分为轮式移动机器人、履带式移动机器人及足式移动机器人、步进式移动机器人、蠕动式移动机器人、蛇行式移动机器人和混合式移动机器人，以适应不同的工作环境和场合；按工作环境可分为室内移动机器人和室外移动机器人；按用途可分为工业移动机器人和服务移动机器人，工业移动机器人包括自动导引车（AGV）、自主移动机器人（AMR）等，服务移动机器人包括扫地机器人、配送机器人、消毒杀菌机器人、巡检机器人等。

二、产业概述

2022 年，受电子商务渗透率提高、劳动力短缺以及生产持续向柔性制造转型等驱动因素影响，全球移动机器人（AGV/AMR）市场实现了强劲增长。根据 CMR 产业联盟数据、新战略移动机器人产业研究所统计，从市场规模来看，2022 年，全球 AGV/AMR 行业仍旧保持了相对高速的增长，整体销售规模约为 47.5 亿美元，同比增长 35.7%，

销售数量为 15.3 万台，同比增长 27.5%。市场对于 AGV/AMR 的需求远未饱和，随着经济的逐步复苏以及更多新兴市场的开拓，预计到 2030 年，全球移动机器人市场规模有望达到 200 亿美元。

从全球市场分布来看，2022 年，亚太地区市场份额超过全球的一半，是 AGV/AMR 最大应用市场，第二大市场是美洲市场，欧洲为第三大市场。中国、欧美地区的 AGV/AMR 企业是市场的主要"玩家"，市场竞争日趋激烈。

从产品技术方面来看，自然导航类产品应用规模增长快速，2022 年已经超过二维码类产品，落地数量最多；AGV/AMR 技术变革趋于稳定，2022 年更多围绕产品与场景需求特征去做适配以及已有产品的迭代，颠覆性技术及产品较少。

从细分市场看，2022 年，汽车汽配、新能源以及供应链/三方物流/新零售等是 AGV/AMR 应用的主要市场，2022 年均实现增长。随着移动机器人相关产业链的成熟以及终端对于投资回报率（ROI）敏感度提升的倒逼，移动机器人领域的竞争将日趋白热化，尤其在细分领域，过去的"各自为战"已经演变为当前的"短兵相接"。下游市场虽然空间广阔，但细分领域冷热不均，半导体、新能源市场热度持续上升，入局者持续增加，汽车、家电等传统行业的需求释放缓慢，仓储场景与产线场景的打通将是大势所趋，对于各厂商的综合能力会是较大考验。

移动机器人产业联盟（简称"CMR 产业联盟"）统计数据显示，2022 年，我国市场销售工业应用移动机器人 9.3 万台，较 2021 年增长 29.2%；市场销售额达到 185 亿元，同比增长 46.8%，显示出移动机器人行业仍然处在快速发展过程中。2015—2022 年我国移动机器人市场规模如图 1 所示。2015—2022 年我国移动机器人销量情况如图 2 所示。

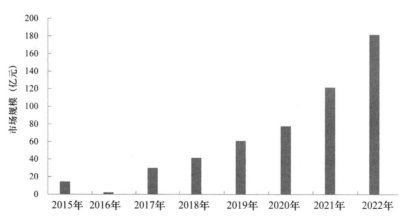

图 1　2015—2022 年我国移动机器人市场规模

注：数据来源于 CMR 产业联盟。

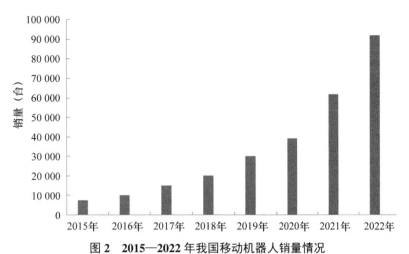

图2 2015—2022 年我国移动机器人销量情况

注：数据来源于 CMR 产业联盟。

具体来看，受国内新冠疫情形势及防控政策变化的影响，2022 年我国市场 AGV/AMR 销量增速呈现出"前低后高"的特征。特别是在新能源领域的销售表现尤为亮眼。

1. 动力电池行业

目前，在锂离子电池前段生产工序中，对 AGV/AMR 的需求主要以高精度举升型为主。这些移动机器人主要采用激光自然导航技术，为生产线自动运输和对接卷料。

在中段工序制芯过程中，AGV/AMR 被用来和卷绕叠片机对接。这种应用要求机器人具有非常高的柔性，在运输生产中过程中需要跨越多个楼层，运行中必须具有很高的精度和稳定性，而且在整个过程中不能引入任何污染。目前，在这一工序段中悬臂轴 AGV/AMR 应用居多。在动力电池生产的后段工序，从封装到各类测试，AGV/AMR 也有广泛应用，主要完成工序间的接驳。其中涉及高低温测试的环节，对移动机器人的温度适应性会有很高要求。为此，AGV/AMR 厂家往往需要专门开发高温型的专用机器人。

在电池 PACK 线生产中，AGV/AMR 被用来实现将电池包从组装到测试再到包装等各工序间的物料转运。当电池生成完成之后，又会使用 AGV/AMR 将生产好的电池包运输至成品库进行产品入库。动力电池重量大，会对机器人负载有一定要求。当前，锂离子电池生产的后端工序中，无人叉车及背负式 AGV/AMR 应用较多。可以看出，在新能源电池制造行业中，移动机器人已经成为贯穿各段工序的一种必备设备而快速渗透推广，成为这一蓬勃发展新兴行业中的重要一员。

2. 光伏产业

据国家能源局统计数据，我国作为全球光伏市场增长的主力，2022 年光伏新增装机 87.41GW，同比增长 60%。

近年来，在国家绿色发展理念的指导下，中央和地方各级政府相继出台了一系列支持绿色能源发展的激励政策。光伏作为我国较为成熟的新能源产业，其投资规模处于持续"加速"的状态。特别是在近几年，光伏产业年均投入达数千亿元，龙头企业单个项目动辄百亿元，这种扩产风潮也给相关设备厂商带来了巨大机遇。

目前，大部分光伏企业已经逐步实现由"制造"向"智造"的转型。产业的智能化升级离不开智能设备，在光伏车间最为核心的硅片、电池片与电池组件车间里，机器人应用正在逐渐增多。在光伏行业生产线上，从上游到下游需要用到多种不同类型的移动机器人。例如，晶体硅原料进场，一般会用到叉车 AGV/AMR 对冶金级别的硅矿等原材料进行运输；若原料为太阳能级多晶硅材料，则采用潜伏顶升式 AGV/AMR 进行输送。在电池片生产流程中，主要应用的 AGV/AMR 车型有分体式与一体式两种：分体式 AGV/ARM 直接顶升货架，再与自动化设备或者主机台工艺设备进行对接，而一体式 AGV/AMR 则是上方会有传输带（如辊道等）配件，可直接作为生产线传输带的一部分。在光伏组件生产中，国内工厂也开始运用 AGV/AMR 小车作试点运输。

随着我国"碳达峰"与"碳中和"战略的落地，光伏行业将会持续高速发展，而该行业自动化水平的不断提高，也将使国内移动机器人企业得到新的增长机会。

三、融资现状

根据 CMR 产业联盟数据，新战略移动机器人产业研究所统计，2022 年我国工业应用移动机器人行业共发生 22 起融资事件，融资总额超过 30 亿元。2022 年我国工业应用移动机器人行业融资情况见表 1。

表1 2022 年我国工业应用移动机器人行业融资情况

企业名称	所在地区	融资规模	融资轮次	主要投资方	技术方向	日期
斯坦德机器人（深圳）有限公司	深圳	数亿元	Pre-C	博华资本领投，蔚来资本跟投，奇绩创坛、源码资本加投	AMR	1 月
上海仙工智能科技有限公司	上海	数亿元	B 轮	赛富投资基金、IDG 资本、浩澜资本	控制器、AMR	2 月

（续）

企业名称	所在地区	融资规模	融资轮次	主要投资方	技术方向	日期
劢微机器人科技（深圳）有限公司	深圳	超1亿元	A2轮	创世伙伴资本CCV领投	叉车AGV	2月
杭州蓝芯科技有限公司	杭州	近亿元	B+轮	尚城投资领投，蓝驰创投等跟投	视觉移动机器人	3月
上海木蚁机器人科技有限公司	上海	近亿元	B+轮	辰韬资本、蓝驰创投等	叉车AGV	3月
天津朗誉机器人有限公司	天津	数千万元	首轮	动平衡资本	重载AGV	4月
北京捷象灵越科技有限公司	北京	近1亿元	天使轮及Pre-A轮	红杉中国种子基金、联想之星、创新工场、线性资本等	U形无人叉车、平台系列型搬运机器人	4月
未来机器人（深圳）有限公司	深圳	5亿元	C+轮股权融资	美团、五源资本领投	视觉无人叉车	5月
广州蓝海机器人系统有限公司	广州	数千万元	A轮、A+轮	高瓴创投领投	AMR	6月
深圳市海柔创新科技有限公司	深圳	超1亿美元	D+轮	今日资本领投	仓储机器	6月
苏州佳顺智能机器人股份有限公司	苏州	近1亿元			AGV	7月
苏州牧星智能科技有限公司	苏州	数千万元	A2轮	赛天资本领投，老股东拓金资本跟投	AGV	7月
苏州海豚之星智能科技有限公司	苏州	数千万元		梧桐树资本	无人叉车	7月
法睿兰达科技（武汉）有限公司	武汉	近5000万元	A轮	博将资本	移动机器人及解决方案	7月
炬星科技（深圳）有限公司	深圳	数千万元	B+轮	丰年资本	AMR	7月
摩玛智能（北京）科技有限公司	北京	数千万元	天使轮		复合移动机器人	7月
北京极智嘉科技股份有限公司	北京	1亿美元	E1轮	英特尔资本、祥峰成长基金、清悦资本	移动机器人	8月
广东塔斯克机器人有限公司	广州	数亿元	三轮	亦联创投、真格基金、零一创投	托盘机器人	9月
天津朗誉机器人有限公司	天津	数千万元	A+轮	动平衡资本	重载AGV	10月
安徽宇锋智能科技有限公司	合肥	数亿元	B+轮	艾想投资	叉车AGV、物流集成	11月
浙江凯乐士科技集团股份有限公司	嘉兴	数亿元	E轮	基石资本旗下基金领投	物流集成、AMR等	12月
劢微机器人科技（深圳）有限公司	深圳	近2亿元	B轮	华业天成、金丰博润等	叉车AGV	12月

2022年，尽管整个资本市场趋于冷静，但从2022年移动机器人行业的融资情况来看，资本方仍然看好行业的前景。从资金投入来看，几家头部企业的融资金额占据了2022年行业整体融资额的一半以上。尤其是北京极智嘉科技股份有限公司和深圳市海柔创新科技有限公司，均拿到了亿美元级的融资，堪称2022年"行业融资之最"。此外，未来机器人（深圳）有限公司、劢微机器人科技（深圳）有限公司、上海仙工智能科技有限公司、斯坦德机器人（深圳）有限公司等企业也在2022年累计拿到了数亿元融资。从融资轮次来看，除了几家头部企业进程较快，已经进入D轮及以上，其他大部分企业停留在B轮。当前，行业部分企业的经营模式正在渐趋成熟，但从整体来看，还处于相对前期的阶段，未来还有很长一段路要走。2015年至今，资本的涌入大力推动了AGV/AMR行业的发展，虽然在这一过程中也不可避免地催生了一些行业乱象，但事物均有其两面性，应该理性看待。未来，相信资本仍将大力驱动

行业发展。

四、发展趋势

据 CMR 产业联盟数据，2022 年，移动机器人市场销售额已达 185 亿元，同比增长 46.8%。以这样的发展速度，移动机器人产业在未来十年内极有可能迈向千亿规模。要实现这样的发展目标，可以说机会与挑战并存，其中最主要的挑战还是来自技术突破层面。

1. 环境建模与导航技术需要大的突破

目前，在环境相对稳定的情况下，移动机器人已可以采用即时定位与地图构建（SLAM）技术来实现自然导航。但在一些特征稀缺的情况下，有时仍然需要靠布置少量人工标识物或添加辅助导航的方式，才能实现有效的导航运行。未来的移动机器人将会更加依赖自然导航，而自然导航技术必须更好地解决在特征稀缺环境和高动态环境下的适应性问题，并且只有兼顾室内和室外环境，才能满足更多应用场景的需求。

同时，应看到目前的激光导航和视觉导航具有一定局限性，并不能保证在所有情况下都能适用。而通过更加丰富的传感器数据融合，将能很好地解决这个问题。根据具体应用场景的需要，可以选择性地采用包括 2D/3D 激光、二维码、磁带色带、全球定位系统（GPS）、3D 视觉、地面纹理等导航方式在内的技术组合，最大限度地扩大移动机器人的应用场景。

得益于 3D 视觉导航技术近期的快速发展以及视觉采集设备成本不断降低，技术人员可以通过多目摄像头组合获取三维空间内更大范围的特征数据，并实现全生命周期 SLAM。目前，视觉 SLAM 技术迅速发展，已成为激光 SLAM 的一个有力补充。未来，视觉 SLAM 甚至可能超越激光 SLAM，成为自然导航的首选技术。

2. 移动机器人末端定位与作业能力的突破

目前的移动机器人，在对货物的操作应用方面相对比较简单，通常仅是做顶升、夹取、插取、滚道输送等基本操作，当货物位置存在偏差，或者货物自身不规则时，机器人的适应能力就大幅下降。随着视觉传感器及 3D 相机性能的持续提升，目前已可以对移动机器人末端的货物或者托盘等进行精准检测。特别是基于深度学习的机器视觉开始走入移动机器人应用中，为机器人执行复杂的末端定位处理提供了条件。可以预见，随着末端作业能力的迅速提升，移动机器人将可以进入一些全新的应用领域，来完成原来只能由人工执行的任务。

3. 理解环境与自主规划，具有群体优化调度能力

目前，在一些封闭的限定性环境下（如仓储机器人应用中），移动机器人系统的调度效率已经非常高。但是，在那些有人工和其他车辆（如人工叉车）出入的场景，以及一些需要灵活变化的复杂环境中，如何使整个系统运行仍保持高效率，这是一个很大的挑战。未来，移动机器人需要与人共事，具有自主规划路径的能力，需要在能够自动避障绕行的情况下仍然实现系统的优化调度。这要求调度管理系统能够平衡单体、群体两种智能能力，而机器人本身也需要具备灵活的调整能力。

〔撰稿人：上海机器人产业技术研究院刘碧珊、郑军奇〕

2022 年建筑机器人发展情况

一、概述

建筑机器人从发明至今，已有 100 多年的历史，先后经历了机械传动和液压传动两个阶段，现阶段，机器人化的工程机械被称为第三代建筑机器人。建筑机器人能被遥控、自动或半自动控制，可以在自然环境中进行多种作业，其中以自然作业为最大特征。对建筑机器人的研发起源于日本，1982 年，日本清水公司的一台名为 SSR-1 的耐火材料喷涂机器人被成功用于施工现场，被认为是世界上首台用于建筑施工的建筑机器人。随后出现了美国军方的 John Deeve 690C 掘进机被用来修复爆炸毁坏的跑道；麻省理工学院的 trackbot 和 studbot 被用于墙体内部建设等。除了日本和美国在进行建筑机器人研究之外，法国、德国、英国、以色列、荷兰、芬兰、丹麦、新加坡、中国等国家也相继进行建筑机器人研究。

早期，欧美发达国家（或地区）对于建筑机器人的研究从未中断，但遗憾的是这些设备一直未能投入应用。直到近几年，才陆续有一些系统走出实验室，被应用于实际之中。如今的建筑机器人种类不断增多，应用的领域有混凝土预制大板生产线、钢筋骨架成型、模板组合与拆卸、大型容器组装、焊接及喷漆、混凝土布料、空调风管检查及清理、外墙饰面检查、地面压光与清扫等。其种类有测绘机器人、砌墙机器人、预制板机器人、施工机器人、钢梁焊接机器人、混凝土喷射机器人、施工防护机器人、地面铺设机器人、装修机器人、清洗机器人、隧道挖掘机器人、拆除机器人、巡检机器人等。

有几种不同类型的建筑机器人即将大规模进入建筑市场。首先是 3D 打印机器人，它可以根据需要建造大楼。在一个移动机械臂的控制下，3D 打印机通过一组预先编

程的指令打印出一个结构安全完整的建筑。这项技术也开始用于建造桥梁，比如荷兰建造的有史以来第一座 3D 打印桥梁，已经于 2021 年 7 月投入使用。3D 打印和工业机器人的结合是建筑行业中最有前途的一项自动化技术。第二种是用于砌砖、砌石的建筑机器人，甚至有的机器人可以一次性铺设整条道路，这些类型的机器人极大地提高了施工作业的速度和质量。拆除机器人是第三种即将进入主流应用市场的建筑机器人。虽然它们比拆除工人的速度慢，但在拆除建筑物混凝土和结构性构件的最后阶段时，使用机器人完成作业会更加安全，成本也低得多。还有其他类型的施工机器人，如远程遥控或自主驾驶车辆，但上文介绍的三种类型的机器人是最适合在当前施工现场工作的，也可能是对建筑业影响最大的。作为一个自动化程度极低的行业，建筑机器人将对建筑行业产生重大影响。随着建筑公司为了实现节能高效而越来越多转向自动化，必将推动建筑机器人的需求稳步增长。

二、市场现状

当前，建筑工业化正不断发展，从工厂到工地，提高建造智能化水平，正越来越受到行业关注。如今，随着中国工程建设标准化协会建筑机器人专业委员会的成立，或将推动智能建造进一步落地。近几年，由于我国对科技创新的重视，一大批机器人制造和人工智能领域的企业异军突起。我国建筑业产值规模不断扩大，为建筑机器人行业提供了充足的发展空间。预计到 2023 年，我国建筑机器人行业应用规模将达到 224 亿元。

值得注意的是，虽然目前我国的建筑机器人专利技术增长迅速，但大部分仍在研发期，并未进入商用领域或实现规模化量产，下游应用渗透率不及 1%。但未来几年，我国建筑机器人行业将会继续保持高速增长，为建筑行业带来更多发展机遇和创新，发挥重要作用。

目前，建筑机器人在海外出现批量推广趋势，国内应

用还处于早期阶段，参与其中的既有建筑施工单位、机械设备生产商及地产公司，也有建材企业的科技公司，同时还涌现出一批机器人、自动化背景的创业团队。从切入点来看，建筑机器人公司在设计、施工、运维、拆除等建筑生命周期的各个节点都有尝试，但绝大多数还是聚焦在施工环节。由于施工环境复杂、工艺流程多样化等因素，目前，现场施工机器人很难实现端到端的解决方案，更多以人机协作的方式实现闭环作业。而装配式工厂生产机器人及配套施工机器人由于环境相对标准、数字化效果明显，也有广阔的运用市场。现阶段，建筑机器人在施工危险度较高、工艺复杂度较低、机器人投资回报率（ROI）较高的场景会较先落地，并实现规模化应用。就单位出货量而言，最大的市场是建筑工地上使用的机器人助手，其次是基础设施机器人、结构机器人和精加工机器人。由于建筑产品的非标准化、建筑场景的动态性强、建筑机器人技术复杂等因素的影响，目前从事建筑机器人研发和生产业务的企业不多，规模化产品较少，行业集中度低，市场格局暂未形成。

国家统计局数据显示，2014 年我国建筑工人数量达到 6 109 万人的最大值，之后以平均每年超过 100 万人的数量在减少，到 2021 年年底下降到 5 164 万人，7 年减少了近 1 000 万人。这个趋势是不可逆的，而且还会加速。同时，建筑工人的老龄化越来越严重。未来 10 年，随着 90 后、00 后成为劳动力市场主力，60 后、70 后逐步退出。可以预见到，我国建筑工人数量将出现断崖式的下跌。在严峻的劳动力短缺形势下，建筑行业有非常强烈的自动化设备、机器人替代人的内生需求。同时，在房建、基建步入存量市场的大背景下，建筑运维阶段的数字化显得愈发重要，再加上节能减排、绿色低碳建筑等深入推进，将为建筑机器人发展带来重大机遇。2011—2021 年我国建筑工人数量情况如图 1 所示。

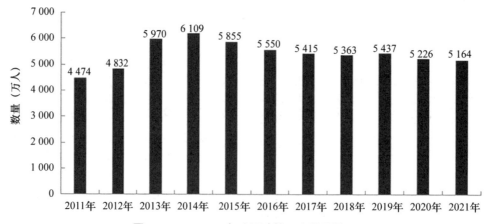

图 1　2011—2021 年我国建筑工人数量情况

在建筑机器人产业链方面，上游产业链包括机器人通用组件和建筑专用设备；中游产业链是建筑机器人公司，这些公司依靠环境感知算法、导航定位算法、执行规划算法、机械控制算法以及建筑行业的工艺流程知识，研发生产建筑机器人；下游产业链是地产公司、建筑公司、预制工厂以及施工队等。建筑行业机械设备比较成熟的商业

模式是租赁为主、销售为辅，但由于建筑机器人还处于早期阶段，技术成熟度、场景稳定性都在提升中，建筑机器人公司使用自家机器人设备外包施工也非常普遍。早在 20 世纪 80 年代，欧美和日韩等国家就开始尝试机器人在建筑行业的应用，进入 21 世纪以来，其更是将建筑智能制造、工业化发展提升到国家战略的高度，并出台一系列发展政策。欧美高校也走在建筑机器人研究、应用的前沿。例如麻省理工学院机器人实验室推出过一系列建筑机器人，包括"材料创新 +3D 打印"建造机器人、外骨骼辅助机器人 SRA 及 SRL 等。建筑机器人应用场景及其特点见表 1。

表 1　建筑机器人应用场景及其特点

建筑阶段		应用场景	功能特点
设计阶段		勘察测量	智慧测绘机器人、设计机器人或软件系统，可为建筑工程师提供设计前期勘察方案、自动建立 3D 图样、全方位和精准的建筑模型，有效提高建筑设计效率和品质
施工阶段	工厂预制阶段	钢材、木材等预制	根据 BIM+ 机械臂 / 龙门架 + 捆扎 / 焊接 / 切割执行器组合，协同预制工厂、施工设计和现场进度，进行钢材、木材等建材预制
	现场施工阶段	基坑建设	通过 BIM+ 自动化放线、挖掘、开槽机等设备，实现精准度高、一致性好的基坑作业
		墙体建造、喷涂	通过 BIM+ 压模版/机械臂/无人机/爬壁机 + 喷头/打磨头/传感器等组合实现墙面砌砖、抹灰、喷涂、打磨等作业
		墙砖铺设、磨平	利用 BIM+ 移动底盘 + 抓取单元 + 抹水泥执行器等组合，自主规划路径，铺设地砖、墙砖，通过震荡模组 + 移动机器人实现地坪整理
		3D 打印建造	利用 3D 打印技术和建筑材料创新，通过机械臂 + 打印喷头的模式，根据 CAD 设计一次建造成型，可实现传统建造工艺难以实现的建筑设计，且节省建材
		辅助搬运、举升设备	利用 AGV/AMR/无人叉车 + 自动升降机/搬运设备等组合，根据施工进度安排智能化实现物料搬运，通过小型自动脚手架、外骨骼机器人协助人工提举重物、安装辅助
		施工进度监测	通过移动机器人/四足机器人/无人机/穿戴设备 +3D 激光设备、摄像头组合，实现对施工现场安全检测、施工进度管控、以及施工质量检测
运维阶段		检修维护	利用移动机器人 + 传感器对建筑进行安全巡检、维护
拆除阶段		拆除回收	通过遥控机械设备自动规划拆除方案、执行安全拆除任务，避免操作人员现场作业；利用流水线 + 视觉传感器 + 机械臂组合对建筑废弃物进行筛检回收

在我国进行建筑机器人探索的主要有三部分：一是以中国建设科技有限公司、上海建工集团股份有限公司、西安中交土木科技有限公司为代表的大型建筑集团的科技部门或科技子公司，其大多强调"工业化、数字化、一体化"的平台化思维，从建造全局出发研发建筑机器人和信息化生态，自研机器人主要聚焦在与装配式相关的钢结构、钢筋、PC 预制自动化设备，在现场施工端更多与三方科技公司联合研发机器人产品或提供落地应用场景；二是以三一重工股份有限公司、中联重科股份有限公司、徐州工程机械集团有限公司为代表的建筑机械设备厂商，其核心能力是机械设备研发制造，在智能感知、自主控制方面还有短板，重点研发原有机械设备的智能化升级，选择跟三方科技公司合作落地施工场景案例；三是以北京东方雨虹防水技术股份有限公司、安徽海螺水泥股份有限公司为代表的建筑材料厂商，其核心诉求是绑定下游场景使用建材，因此通过研发智能化施工设备赋能施工团队或"合伙人"更好、更多地使用该公司的

建材。

三、困难挑战和机会

1. 困难挑战

虽然建筑机器人的早期投资在持续升温，但是建筑机器人公司的商业落地还存在较大挑战。在仓储机器人行业跑通的项目制模式、在服务机器人行业基本跑通的 RaaS 模式似乎还比较遥远，更多的创业公司还处于产品研发、场景适配和多点 POC 过程中，商业模式以施工外包服务为主，头部创业公司合同收入也在千万元级别。究其原因，挑战来源于以下几个方面：

（1）技术稳定性挑战。建筑机器人面临作业场景多样复杂及移动变化的挑战，在环境感知、定位导航、路径规划、运动控制等方面都存在技术难点，特别是在复杂的工艺场景知识库方面需要更高的适配性研发投入。建筑机器人施工场景及技术如图 2 所示。

（2）场景切入点挑战。以大量创业公司切入的室内喷涂为例，传统人工在地面使用喷涂设备作业的成本在 70

元 /m²，而且人站在地面的移动灵活性非常高，其施工效率高于机器人作业的效率，机器人的 ROI 明显偏低。同时，由于存在技术成熟度低的问题，机器人很难独立完成端到端的施工。比如，在房建外墙的真石漆喷涂场景，底漆喷涂之后需要贴一层美纹纸分割，再喷仿石层面漆，并在适当时间立即撕去美纹纸，但机器人没法完成贴纸、也没法判断撕去美纹纸的合适时间，这些复杂工序都需要人工协作，整体效率偏低。

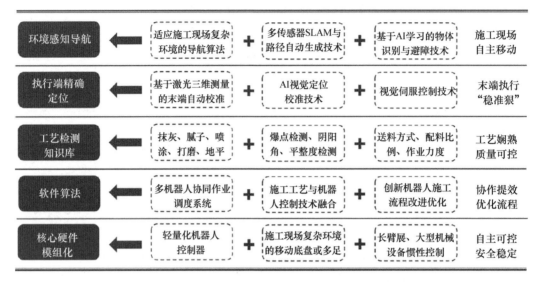

图 2　建筑机器人施工场景及技术

（3）商业模式挑战。传统施工设备是开箱即用的标品，其计价简单，租赁是比较成熟的商业模式。但是，机器人施工目前难以开箱即用、独立完成作业，很难按照设备租赁或销售的模式推广。

（4）施工使用难度。目前，除了少数产品如 3D 实测实量工具能通过简单培训就让普通工人使用外，绝大部分产品需要专业技术团队现场设置作业。

2.机会

虽然存在短期挑战，但是在劳动力缺口和成本上升、减排节能的迫切约束下，建筑机器人行业的发展趋势具有不可逆性，属于行业或者创业公司的机会也会不断涌现：

（1）从场景选择来看，部分场景创业公司可能会率先实现规模化落地。如工厂预制场景（钢筋、钢结构、复合材料等）可以依靠建筑信息模型（BIM）等数字化载体打通供应链、工厂和施工端数据，做到大批量高效生产、节省材料成本、提升工程一致性；高空作业等场景由于危险性高、且人在高处（举升平台）作业的灵活性远低于机器人，机器人作业 ROI 显著提升；对于市政、桥隧作业喷涂场景，其外观要求、精细度要求远低于房建且工艺流程复杂度较低，机器人更容易实现端到端的施工交付。

（2）从商业模式角度看，"机器人施工队"可能成为未来的建筑工程队主力。未来的建筑队可能就是包工头带着一队机器人，但施工队需要完整解决方案，而不是单一的机器人，这就需要出现新型自动化建筑公司。

（3）从团队构成来看，拥有机器人研发能力、建筑设计、施工经验以及数字化平台搭建能力的复合背景团队有可能率先实现突围。建筑机器人是建筑行业数字化、智能化的重要一环，避免了施工过程中人工作业的不一致性、数据离散性，解决了建造过程中的非标问题。

从长期趋势来看，建筑机器人要大规模应用需要从建筑行业的第一性出发，结合材料、工艺和流程创新，考虑地产商、建筑公司、设备租赁商、施工队以及监管方的多方关系和利益，不只是执行环节的机器替人。因此，对于创业团队来说，既需要找准早期最可能规模化应用的场景、研发出适应场景的机器人产品，还需要对建筑设计和全流程工艺有深入理解，最终形成实现端到端智能建造解决方案。

四、发展趋势

在国内政策、需求、市场、技术、产业链等一系列因素的推动下，"十四五"期间，我国建筑机器人行业预计将呈现出市场不断扩大、应用领域持续扩张、生产基地逐渐转移等发展趋势。建筑业是仅次于采矿的第二大危险行业，施工过程中事故多、劳动力短缺、劳动生产率低，这些成为建筑业发展的掣肘。在此情况下，实现机器人技术在建筑现场的应用有着极大的市场。2022 年，住房和城乡建设部发布《"十四五"建筑业发展规划》，规划中指出，加强新型传感、智能控制和优化、多机协同、人机协作等建筑机器人核心技术研究，研究编制关键技术标准，形成一批建筑机器人标志性产品，重点推进与装配式建筑相配套的建筑机器人应用，辅助和替代"危、繁、脏、重"施工作业。未来建筑机器人发展趋势主要集中在以下几个

方面:

(1) 建筑机器人市场化加速落地。建筑机器人产品具备市场化落地应用的能力,未来建筑机器人研发制造企业会扩大产品生产规模,积极寻找下游地产商合作,在实践中实现产品和技术的快速迭代。

(2) 专用建筑机器人研发的具象化。由于建筑建造工程中施工场景多样且具有高独特性,各细分领域对机器人的要求重合度低,需抓住细分领域的工艺特点,建筑机器人研发趋于细分领域定制化。例如在反重力场景下做人工替代的抹灰机器人,需着重控制机器人在作业时对墙面施加的压力的均匀性、平稳性。

(3) 传统建筑机械的智能化改造。我国建筑业发展已久,对现有传统生产机械进行数字化、智能化改造是建筑机器人快速发展的重要途径。比如对塔吊机进行远程遥操作系统及智能化改造,可以有效降低建筑业高空坠落事故发生的概率。

〔撰稿人:上海机器人产业技术研究院刘碧珊、郑军奇〕

2022 年农业机器人发展情况

一、概念及范畴

农业机器人是在非结构化环境工况下,以生物活性对象为目标,具备环境与对象信息感知能力,能够实时自主分析决策和精确执行,并服务于复杂农业生产管理的精准、无人、个体、全时作业的新一代智能农业装备。农业机器人结构主要包括自主智能移动平台、末端执行器及作业运动部件、目标识别与定位感知系统、智能控制系统四部分,即农业机器人"眼""脑""手""足"。在工程实际应用中,农业机器人与现代农业、人工智能、大数据、云计算、物联网相结合,构成了农业机器人应用场景。农业机器人种类繁多,按用途分,包括耕整地、栽植、播种、巡检、消毒、植保、除草、收获、分拣、转运等作业机器人;按作业场景和对象分,包括大田作业、设施种植、设施养殖、水产养殖、畜牧养殖、农产品加工等机器人;按结构形式分,可分为行走系列农业机器人、飞行系列农业机器人、单臂/多臂机器手系列农业机器人及其他农业机器人。

二、行业现状

1 市场现状

(1) 我国农业机器人产业发展稳定。受益于国家大力推进农业机械化、智能化发展以及机器人产业的技术进步,我国农业机器人技术不断突破、品类持续丰富、应用场景不断成熟、产业链逐步发展,产业由小向大发展态势正在形成。根据智研瞻产业研究院统计,2022 年我国农业机器人行业营业收入为 9.84 亿元,同比增长 13.63%;2022 年全球农业机器人行业市场规模为 122.29 亿元,我国农业机器人行业市场规模为 12.08 亿元,在全球农业机器人行业市场规模中的占比约为 9.87%。2018—2022 年我国农业机器人行业营业收入情况如图 1 所示。2018—2022 年我国农业机器人行业市场规模如图 2 所示。2018—2022 年我国农业机器人行业市场规模的全球占比情况如图 3 所示。

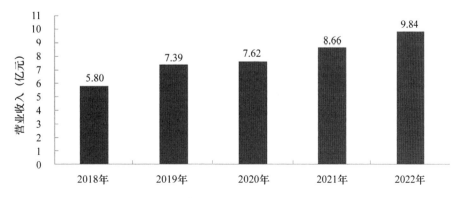

图 1　2018—2022 年我国农业机器人行业营业收入情况

注:数据来源于智研瞻产业研究院。

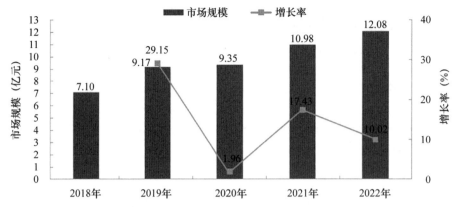

图2 2018—2022年我国农业机器人行业市场规模

注：数据来源于智研瞻产业研究院。

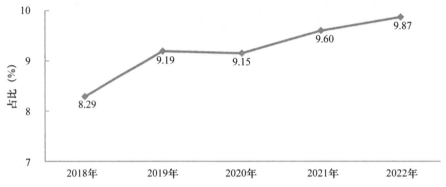

图3 2018—2022年我国农业机器人行业市场规模的全球占比情况

注：数据来源于智研瞻产业研究院。

（2）市场需求持续增长。大田农情监测、栽种植保无人作业、果蔬选择性采摘、畜禽养殖巡检等"减人""代人"高质高效作业需求迫切，给农业机器人发展带来旺盛的产业需求。根据智研瞻产业研究院统计，2022年我国农业机器人需求量为2.50万台，同比增长10.62%；2022年我国农业机器人产能为3.51万台，同比增长17.78%；2022年我国农业机器人产量为2.59万台，同比增长17.73%。2018—2022年我国农业机器人需求量如图4所示。2018—2022年我国农业机器人产量如图5所示。2018—

2022年我国农业机器人产量如图6所示。

（3）产业价值持续提升。农业机器人正在从一般性、单一功能的智能农业装备，向高度智能、多功能集成作业方向发展，产品价值链逐步提升。2019年之前，受市场竞争与产品大力推广应用的影响，我国农业机器人产品平均价格呈下降趋势，2019年后，由于各项成本提高，我国农业机器人产品平均价格稳步上升，2022年我国农业机器人产品平均价格达到4.38万元/台。2018—2022年我国农业机器人产品平均价格如图7所示。

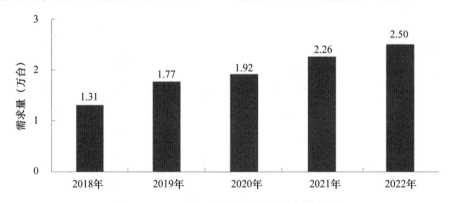

图4 2018—2022年我国农业机器人需求量

注：数据来源于智研瞻产业研究院。

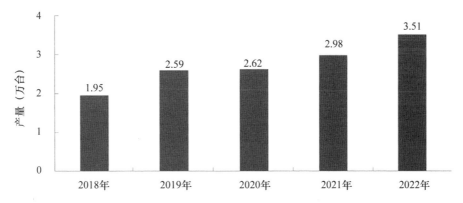

图 5 2018—2022 年我国农业机器人产量

注：数据来源于智研瞻产业研究院。

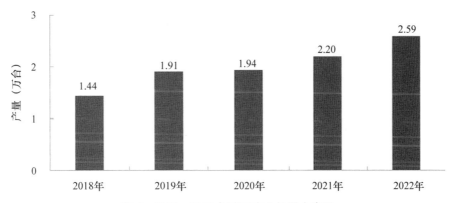

图 6 2018—2022 年我国农业机器人产量

注：数据来源于智研瞻产业研究院。

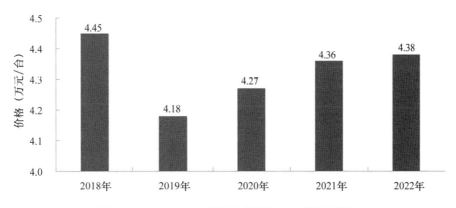

图 7 2018—2022 年我国农业机器人产品平均价格

注：数据来源于智研瞻产业研究院。

2. 政策现状

国家出台了一系列的政策规划，大力推进农业机械化、智能化发展，着力提升农机装备研发应用水平，推进"机器人 +"农业发展，为我国农业机器人发展带来巨大的政策机遇。

工业和信息化部等部门联合发布的《"十四五"机器人产业发展规划》提出，要面向行业发展，针对特殊环境作业等领域需求，集聚优势资源，研制和推广果园除草、精准植保、果蔬剪枝、采摘收获、分选，以及用于畜禽养殖的喂料、巡检、清淤泥、清网衣附着物、消毒处理等农业机器人，拓展机器人产品系列，提升性能、质量和安全性，推动产品高端化智能化发展。

2022 年 1 月，农业农村部发布《"十四五"全国农业机械化发展规划》提出，到 2025 年，全国农机总动力稳定在 11 亿 kW 左右，农机具配置结构趋于合理，农机作业条件显著改善，覆盖农业产前产中产后的农机社会化服务体系基本建立，农机装备节能减排取得明显效果，农机对农业绿色发展支撑明显增强，机械化与信息化、智能化进一步融合，农业机械化防灾减灾能力显著增强，农机数据安全和农机安全生产进一步强化。

2022年1月，农业农村部印发《"十四五"全国农业农村科技发展规划》提出，到2025年，农作物耕种收综合机械化率达到75%，畜牧养殖机械化率达到50%，水产养殖机械化率达到50%。立足农业机械化"全程全面、高质高效"目标要求，以感知、决策（控制）和执行三大功能为核心，开展主要农作物、特经作物、畜禽水产养殖装备及关键部件研发创制，支撑引领现代农业生产少人化和智能化。

2022年2月，国务院印发《"十四五"推进农业农村现代化规划》提出，加强农机装备薄弱环节研发。加强大中型、智能化、复合型农业机械研发应用，打造农机装备一流企业和知名品牌。推进粮食作物和战略性经济作物育、耕、种、管、收、运、贮等薄弱环节先进农机装备研制。加快研制造适合丘陵山区农业生产的高效专用农机。攻关突破制约整机综合性能提升的关键核心技术、关键材料和重要零部件。加强绿色智能畜牧水产养殖装备研发。

2022年2月，中共中央、国务院发布《关于做好2022年全面推进乡村振兴重点工作的意见》提出，提升农机装备研发应用水平。全面梳理短板弱项，加强农机装备工程化协同攻关，加快大马力机械、丘陵山区和设施园艺小型机械、高端智能机械研制造并纳入国家重点研发计划予以长期稳定支持。实施农机购置与应用补贴政策，优化补贴兑付方式。完善农机性能评价机制，推进补贴机具有进有出、优机优补，重点支持粮食烘干、履带式作业、玉米大豆带状复合种植、油菜籽收获等农机，推广大型复合智能农机。推动新生产农机排放标准升级。开展农机研发制造推广应用一体化试点。

3.技术产业现状

随着现代农业、人工智能、新一代信息技术、大数据、传感控制以及工业机器人技术的快速发展，农业机器人技术及产业快速发展，其研发、制造、应用已经成为衡量一个国家农业装备科技创新和高端制造水平的重要标志。国际上，经过多年的研发，应用于嫁接、采摘、分拣、除草、移栽、挤奶等工种的机器人技术不同程度地进入示范应用和产业化阶段，极大程度地提高了农业产出效益。在国内，农业机器人整体处于关键技术研究、样机研制与试验演示阶段，相关技术发展迅猛，紧跟欧美发达国家发展步伐。采摘、喷药、养殖巡检机器人有若干试验样机试验演示，果品分拣机器人已有几十套的产业化应用，具有自动驾驶功能的无人化移动平台、无人化拖拉机、无人化收获机已形成了产品样机，挤奶机器人、除草机器人开展了部分装置的技术研发，但尚未形成农业机器人成熟产业市场。

农业机器人是集成度比较高的产业，基于工业机器人的发展基础，国内农业机器人产业链逐步齐全，自主可控程度也在不断提升。上游是关键零部件生产厂商，主要在减速器、控制系统、伺服系统、视觉系统、导航系统等相关方面有所突破；中游是机器人本体，即动力平台、行走系统和协作机械臂、执行机构等，是机器人的机械传统和支撑基础，具备相对较好的发展条件；下游是农业机器人技术系统及产品集成商，根据不同的种植、养殖、加工等应用场景和用途进行有针对性的系统集成，具有发展采收机器人、巡检机器人、植保机器人、除草机器人、畜牧巡检机器人、水产养殖机器人、农用无人驾驶平台等农业机器人产品的研发、制造和推广基础。

未来，我国农业机器人在农业生产系统中将得到广泛应用，逐步形成一个以生物工程为导向，融合机械作业、智能控制、结构环境等先进科技的新型农业生产模式，精准传感技术将提升农业机器人生产率和精度，大数据支撑可有效提高农业机器人分析决策能力，零部件模块化标准化设计使得农业机器人研发、生产、维护更加高效，云计算技术可实现农业机器人远程监控、管理和升级，物联网发展为农业机器人数据交互、信息共享、协同作业、智能管控提供技术支持。

三、技术成果

目前，农业机器人种类不断丰富，包括大田作业机器人、设施作业机器人、林业作业机器人、畜牧养殖机器人、水产养殖机器人等。2022年发布的农业机器人主要技术成果如下。

（一）设施作业机器人

1.果蔬采摘机器人

苏州博田自动化技术有限公司（简称"苏州博田"）生产的串番茄采摘机器人（如图8所示），融合深度学习和先进传感器技术，采用自主设计温室智能底盘，可实现环境智能感知与自主避障，多地形作业与定位导航，具备激光导航和自动上下轨道功能，且具备多机器人协同作业能力，可与运输机器人协同作业。基于先进相机传感器与深度神经网络的立体视觉系统，可实现对果蔬大小、颜色、形状、成熟度和采摘位置的信息获取及处理。此外，机器人具备云控平台对接能力，实时上传采摘机器人工作状态、作业时间、采摘重量及机器电量、当前位置等信息，并可在云端实现机器人任务下发。机器人整体采摘成功率可达90%以上，单串采收用时约为8s，可解决设施温室条件下的串番茄采摘难题。

图8　串番茄采摘机器人

北京中科原动力科技有限公司推出的番茄单粒采收机器人（如图9所示），可实现全昼夜无人采摘作业。该机器人具备双目立体视觉系统，可精准判别果实的成熟度并进行准确定位，对果实成熟的识别准确率可达98%以上。其自主研发的吸取式樱桃番茄采摘机器人，通过吸取采摘方式避免了夹取对于果实的伤害，自适应地调整变径结构，实现吸取压力的快速、精准控制，目标识别率达到97%以上。基于彩色图像，通过将樱桃番茄进行白熟期、完熟期等熟期分类，可实现良好的分级采摘。樱桃番茄采摘机器人平均单颗果实采摘用时3.8s，作业效率可达到人工的60%。

图9　番茄单粒采收机器人

2. 巡检机器人

苏州博田生产的智能巡检机器人（如图10所示），部署有视觉传感器、环境传感器等先进传感器，可实现温室蔬果产量估计、温室环境信息感知等功能。通过彩色信息与深度信息融合感知，实现对果蔬大小、颜色、形状、成熟度判别；自动计数，实时统计成熟、半成熟果蔬产量，并上传至云控平台。通过环境传感器实时获取并上传温室温湿度、二氧化碳浓度、光照度等信息。温室环境下，机器人整体导航精度为±10cm、二氧化碳检测精度为±（50ppm＋3%×读数）（25℃）、温度检测精度为±0.5℃、湿度检测精度为±3%RH（25℃）、果实计数精度为85%、成熟度判别精度为90%，可适用的蔬果包括大番茄、樱桃番茄、草莓及各类型瓜类。

图10　智能巡检机器人

山东硅兔智能装备有限公司开发的农业巡检机器人（如图11所示），可用于温室大棚、养殖场等场所的日常巡检。传感器安装平台可自主升降，有效扩大了立体信息感知范围，可有效感知全垂直高度作物信息。选配多种环境参数采集、可见光或红外热成像云台，融合多种感知算法，实现作物信息精准感知。可由遥控器进行遥控操作或由机器人进行自主导航（导航方式为磁导航、激光雷达、双目视觉）。

图11　农业巡检机器人

3. 喷药机器人

国家农业智能装备工程技术研究中心开发的喷药机器人（如图12所示），可以实现温室内自主打药作业，通过二维码导航方式和路滚轮切换相结合的技术，实现整个温室机器人的集中管控和集中调度。同时具有加温降温、增湿除湿及空气过滤功能，兼具二氧化碳补施及臭氧消毒功能，从源头控制空气质量，实现了最优能耗的温室环境控制效果。

图12　喷药机器人

（二）田间作业机器人

1. 割草机器人

羲牛智能科技（北京）有限公司研发的智能割草机

人（如图 13 所示），采用多项自主专利技术，具备无人驾驶、深度学习、自主作业功能，工作效率是人工割草的 350 倍以上，大幅降低作业劳动成本；内置高精度北斗导航系统和高清摄像头，可实现自主定位，远程启动，路径规划，昼夜作业；可自动适应作业地面坡度，智能避让障碍物，保障机器安全运行；燃油发电配合液压作业系统，实现长久续航作业。采用精密控制机构、复杂的传感器网络和人工智能处理系统，可昼夜作业，成本消耗大幅降低。

图 13　智能割草机器人

2. 植保机器人

江苏岚江智能科技有限公司推出的 3WGZ-450 果园多功能植保机器人采用打药、除草、运输三位一体的设计，模块式组装，一机多能。特点包括：油电混动，可持续作业 6h；采用 450L 大容量药箱，一箱药可喷洒面积达 8～10 亩（1 亩 ≈ 666.67m²）；履带式底盘，越野性能强，可原地转向，最大爬坡 30°；高性能喷头雾化更均匀，12 组双口径喷头，喷头口径可切换，角度可调节，180° 扇形覆盖；可规划作业路径，实现自主无人作业，导航作业精度可达 ±5cm。无人化割草效率可达 50 亩/天，相当于传统人工效率的 10 倍以上。植保机器人如图 14 所示。

图 14　植保机器人

3. 采摘机器人

深圳朝闻道智能信息科技有限公司推出的 RS-AGR 智能农业机器人由移动平台、机械臂、末端执行器、视觉系统和控制系统组成，可完成自主导航、智能避障、果蔬自动识别、动态误差标定、工作量控制、作物生理特性保护、

空地协同、无人机路径规划、定点对接等功能。通过自主研发的导航技术，可以实现在各种场景中的精确导航和定位。基于深度学习和大规模图像训练，可以准确识别图片中水果和蔬菜的类别、位置、置信度等综合信息。力反馈控制与视觉识别相结合，实现对物体的精确抓取。采摘机器人如图 15 所示。

图 15　采摘机器人

国家农业信息化工程技术研究中心研制的多臂苹果采摘机器人（如图 16 所示），具有 4 个直角坐标型机械臂及 4 套果实信息获取装置，整合了"采果、纳果、储果"三大功能，实现全程自动化采收。基于多任务深度学习的立体视觉技术和启发式任务规划算法，提供高达 92% 的果实识别率，昼夜连续作业能力，以及自动收获和人机协同多模式切换。采摘效率达 400～550 个 /h，大幅提升了果园作业效率。

图 16　多臂苹果采摘机器人

（三）林业作业机器人

1. 割草机器人

深圳库犸动力科技有限公司生产的纯电动自主导航割草机器人 KUMAR，采用先进的虚拟边界自主导航系统，基于 GPS-RTK 厘米级高精度卫星定位系统技术，融合超声波和激光雷达传感系统，能够实现稳定可靠的自主定位、虚拟边界圈定、规划型作业、自主导航、自主避障等升级功能，割草效率高达 4 000m²/h。KUMAR 支持集草与一键

卸草功能，同时支持割草和集草同步进行模式，只需要在定点位置清理草屑，极大节省了草屑清理工序及作业成本。KUMAR采用四轮驱动轮毂电动机结构，爬坡能力明显高于两轮驱动，能达到更复杂的野外场景适应性。林间割草机器人如图17所示。

图17　林间割草机器人

2. 全地形消防灭火机器人

北京凌天智能装备集团股份有限公司研发的全地形消防灭火机器人（如图18所示），采用四驱履带式底盘，履带行走机构与底盘车架之间为活动连接，并装有减震和涨紧装置，行走机构分别由4组液压马达驱动，可全地形行驶，机动灵活，可原地转向，爬坡、越野能力强，能应用各种复杂路段。机器人具备防爆、阻燃、抗静电、火源寻迹、一键召回、自主巡检、自组网通信等15项性能，可代替消防员进入高温、易燃、有毒有害、易坍塌等危险环境实施火源精准扑救、环境快速侦察等。机器人有直流、雾化两种喷水方式，还可倒入泡沫液，可提高70%以上的工作效率，同时水炮射程可达110m，水炮流量速度为150L/s，可在远程操控，适合于森林灭火、高空灭火等大型、较复杂的灭火领域。

图18　全地形消防灭火机器人

3. 无人机巡检机器人

南京千里眼航空科技有限公司研发的无人机巡检机器人（如图19所示），搭载激光雷达系统，在运作过程中会通过激光扫描仪主动向探测目标发射高频率激光脉

冲，激光脉冲在照射到地物表面后会发生折射，进而被无人机载激光雷达系统接收，可以直接获取无人机距离地物表面的距离、坡度以及地物表面的粗糙度、反射率等数据信息，相关数据信息在经过数据处理软件分析处理后形成点云信息，即高密度三维空间坐标信息，进而获取三维坐标信息中所表达的地物表面积、体积等信息。无人机载激光雷达系统根据获取到的点云数据识别出林中的单木，采用不同的单木分割算法，对林中的激光反射点进行有效点云数据分割，进而获取到林中单木的树高、树冠一系列数据信息。

图19　无人机巡检机器人

（四）畜牧养殖机器人

1. 牧业生猪疫苗注射机器人

苏州艾利特机器人有限公司联合哈尔滨工业大学研发了一种利用"猪喝水5～9s"时间进行疫苗注射的机器人（如图20所示），配有六维力传感器作为疫苗注射机器人中的关键执行部件和传感信息反馈单元，实现阻抗控制下的机器人柔顺控制。机器人通过电子耳标进行猪的个体识别，并结合快速移动的机器人与云端数据库通信判断是否有猪需要打疫苗，通过AI（人工智能）视觉进行猪侧身与猪臀位判断，利用耳标与视觉信息进行"无针头"疫苗快速输注。机器人完成单头猪疫苗注射时间为4s，跨栏注射时间为6～9s，可实现整个猪场逐只全程个体识别与数据追溯。

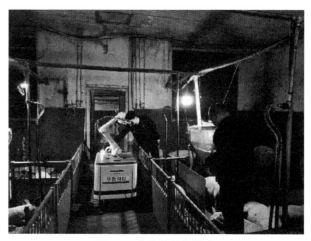

图20　疫苗注射机器人

2.猪圈巡检机器人

合肥拉塞特机器人科技有限公司开发的轨道视觉机器人主要用于对猪圈的自动巡检、行为识别、远程问诊、环境监测、点数、测温、查情、背膘、咳嗽监测、呼吸心跳监测等功能。机器人可对猪的养殖场所进行周期性巡检，同时可人工实时接管，远程监控；当感应异常环境时，会自动报警；可智能分析猪群各类叫声，无接触式获取健康状况，若发现猪的行为异常，自动报警，无接触、远程高效诊治，精准测量背膘厚度，检测特定猪栏疫情状况；三维扫描计算猪的重量。机器人行走方式为轨道绕行，其转弯半径＞0.6m，默认巡检速度为0.23m/s，带防撞检测功能，可实现自主监测猪圈的生物状况。猪圈巡检机器人如图21所示。

图21　猪圈巡检机器人

（五）水产养殖机器人

江苏卡尔曼航天应用技术有限公司研发的智能北斗导航无人养殖机器人（如图22所示），主要由浮体、撒料装置、撒药装置、动力推进装置、遥控装置等组成，依靠北斗导航系统，采用双体明轮驱动船体，称重传感器控制投撒量，可实现自主路径导航和自动均匀投饵（药）。在5G通信信号覆盖的环境下，利用物联网技术将监测数据远距离并实时传输到数据管理中心或水质监管部门。机器人每小时投喂面积达50～100亩，投喂均匀覆盖率达95%（人工投喂覆盖率约为20%），解决了人工投喂覆盖率低的难题。

图22　智能北斗导航无人养殖机器人

四、趋势分析与预测

随着农业强国、科技强国的建设，农业机器人技术的进步以及农业机器人产业链、应用生态的成熟与发展，我国农业机器人产业将呈现持续发展的态势。

（1）产业规模将持续扩大。应用农业机器人来降低劳动成本、提升生产率、提高经济效益是现代农业发展的必然趋势。预计我国农业机器人市场规模年平均增长率超过20%，到2025年将超过23亿元，到2030年超过50亿元；随着农业机器人企业对行业的投资规模不断扩大，我国农业机器人产量整体将呈现增长趋势，产量年平均增产率将达到25%，到2025年达到5万台，到2030年超过10万台；同时由于技术进一步集成以及生产效益的进一步体现，我国农业机器人平均价格也将呈现上升趋势，预计到2025年农业机器人平均单台价格将超过5万元，到2030年达到5.5万元。

（2）向高度智能及集群作业发展。农业机器人技术创新将进一步呈现人工智能、大数据、新一代信息、新材料、物联网等多学科交叉融合态势，农业无人作业环境信息感知与场景构建、农机自动驾驶与自主作业行为决策控制、农业作业复杂工况自主作业路径规划与导航信息感知、自主学习与跨场景作业性能提升等农业机器人关键技术持续突破和自主可控，以及传感器、控制器、操控系统、智能部件等关键零部件将进一步专业化、体系化，向自主感知、自主行走、自主作业和群控作业等方向发展，农业机器人将更加智能、高效、高质，推动新一代农业装备科技产业变革。

（3）"机器人＋"农业更加广泛。农业机器人是实现智慧农业的核心技术和装备支撑，其应用可以促进农业生产方式的变革。随着耕整地、育种育苗、播种、灌溉、植保、采摘收获、分选、巡检、挤奶等作业机器人以及畜禽水产养殖的喂料、清污、消毒、疫病防治、环境控制、畜产品采集等机器人产品研发技术的不断成熟，与农田、农艺、品种相适应的机器人化生产技术体系、模式的持续完善，以信息在线感知、精细生产管控、无人自主作业、高效运维管理为核心的"机器人＋"农业生产将持续得到推广，机器人与农业种植、养殖、林业、渔业生产的深度融合也将持续得到推进。此外大田、丘陵山区、设施园艺、畜牧水产、贮运加工等更多应用场景将实现全环节机器人化，农业生产率与质量将得到大幅提升。

〔撰稿人：中国农业机械化科学研究院集团有限公司吴海华，中国农业大学张春龙、袁挺〕

2022 年手术机器人发展情况

一、概念及范畴

手术机器人是指专门用于医院、诊所等医疗机构的机器人系统，用以提供医疗服务、辅助医疗操作，或在医学研究和治疗中发挥作用。手术机器人通常归类为服务机器人（根据国际标准 ISO 8373:2021），或者被分类为特种机器人的一个子领域（依据国家标准 GB/T 39405—2020《机器人分类》）。一般而言，手术机器人系统包括医生操作台、机器人手术臂系统和三维成像系统三部分。外科医生可通过三维成像系统观察病变情况，同时使用操控杆控制手术台上的机械臂执行精细手术操作。这项技术的应用解决了传统开放手术中的问题，如定位不准确、手术时间过长和三维高清图像视野不足，同时提供更卓越的手术效果、减少术后创伤、减少出血量和促进更快的康复。

手术机器人的发展历史可以追溯到 20 世纪 80 年代。最早的手术机器人系统是 1985 年在美国斯坦福大学研发的，名为"Arthrobot"，用于进行骨科手术。然而，Arthrobot 需要由两名医生同时操作，而且比传统的手术方法更为复杂和耗时。到了 20 世纪 90 年代，手术机器人的发展进入到一个新的阶段，当时的设备已经可以由一名医生独立操作，而且手术过程更为精确和安全。例如，1992 年的"ROBODOC"和 1994 年的"ZEUS"手术机器人。国内外手术机器人主要发展历程如图 1 所示。

发展至今，手术机器人的研究和应用已经非常广泛。在临床上，用机器人开展手术基本已经覆盖了全部外科领域，在普通外科、心脏外科、泌尿外科、妇科、耳鼻喉科、整形外科、神经外科和骨科等都有很好的应用案例。按照手术部位，手术机器人可分为腹腔镜手术机器人、骨科手术机器人、神经外科手术机器人、泛血管手术机器人和经皮穿刺手术机器人等；按照产品功能则可分为操作类手术机器人和定位类手术机器人。手术机器人分类如图 2 所示。

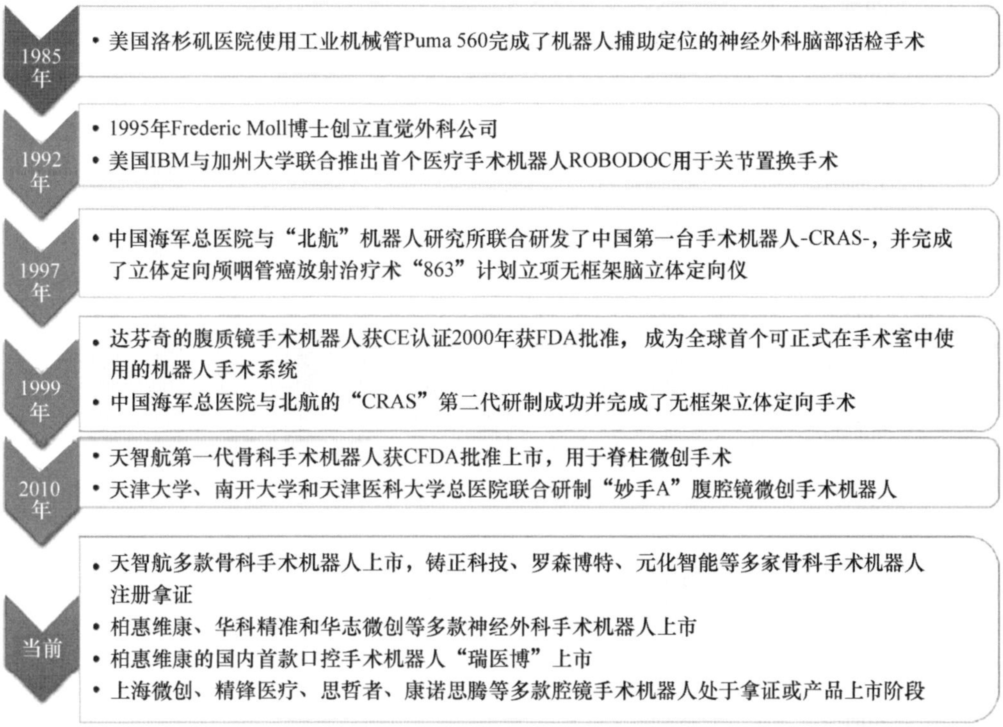

1985年 • 美国洛杉矶医院使用工业机械管Puma 560完成了机器人捕助定位的神经外科脑部活检手术

1992年 • 1995年Frederic Moll博士创立直觉外科公司
• 美国IBM与加州大学联合推出首个医疗手术机器人ROBODOC用于关节置换手术

1997年 • 中国海军总医院与"北航"机器人研究所联合研发了中国第一台手术机器人-CRAS-，并完成了立体定向颅咽管癌放射治疗术"863"计划立项无框架脑立体定向仪

1999年 • 达芬奇的腹质镜手术机器人获CE认证2000年获FDA批准，成为全球首个可正式在手术室中使用的机器人手术系统
• 中国海军总医院与北航的"CRAS"第二代研制成功并完成了无框架立体定向手术

2010年 • 天智航第一代骨科手术机器人获CFDA批准上市，用于脊柱微创手术
• 天津大学、南开大学和天津医科大学总医院联合研制"妙手A"腹腔镜微创手术机器人

当前 • 天智航多款骨科手术机器人上市，铸正科技、罗森博特、元化智能等多家骨科手术机器人注册拿证
• 柏惠维康、华科精准和华志微创等多款神经外科手术机器人上市
• 柏惠维康的国内首款口控手术机器人"瑞医博"上市
• 上海微创、精锋医疗、思哲者、康诺思腾等多款腔镜手术机器人处于拿证或产品上市阶段

图 1　国内外手术机器人主要发展历程

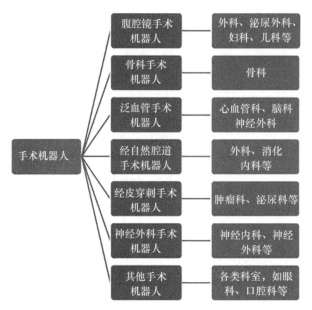

图 2 手术机器人分类

二、市场现状

根据 ReportLinker 公司发布的《2023 年手术机器人全球市场报告》，2022 年，全球手术机器人市场规模为 56.8 亿美元。预计到 2027 年，手术机器人市场将达到 127.3 亿美元，复合年均增长率为 17.5%。2022 年，北美是手术机器人市场最大的地区。预计亚太地区将在预测期内增长最快。

我国手术机器人市场发展较晚，仍处于早期发展阶段，目前以进口手术机器人为主。根据弗若斯特沙利文的数据显示，2015—2018 年，我国手术机器人市场规模呈现稳步增长。自 2019 年起，我国手术机器人市场规模呈现快速增长态势。2020 年，我国手术机器人市场规模约为 4.3 亿美元，2021 年增长到 7.6 亿美元。我国有着患者众多、机器人使用频率高的特点，随着手术机器人的普及以及各类国产手术机器人的出现，我国手术机器人市场规模将持续增长，预计到 2026 年将达到 38.4 亿美元，远高于全球手术机器人市场规模增速。我国手术机器人市场规模及预测如图 3 所示。

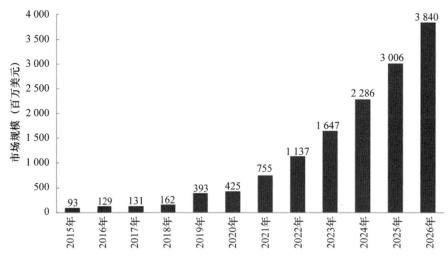

图 3 我国手术机器人市场规模及预测

注：数据来源于资产信息网、千际投行、国海证券。

当前，我国手术机器人市场应用还面临一系列的挑战。例如，手术机器人的价格高昂，导致部分医院和患者难以承担；手术机器人的使用和维护需要专业的技术人员和设备，目前国内尚缺乏相关的标准和规范；手术机器人的安全性和有效性还需要更多的临床证据和数据支持，以提高医生和患者的信任度和接受度。

从产品角度来看，手术机器人的研发周期较长，产业发展速度相对较慢，同时也受到上游核心零部件供应和技术水平的限制。这导致我国无法实现大规模生产和产品价格的下降，从而降低了市场应用的普及程度。目前，手术机器人主要被用于全国范围内的大型三级甲等医院。

从全球市场来看，美国直觉外科公司的达芬奇手术机器人在腹腔镜手术机器人领域占据主导地位。我国手术机器人企业滞后国际先进水平10年左右，当前正处于企业与高校、医院联合开发到企业主导产业化的过渡阶段，行业已经形成明显的产学研医结合的特征，头部企业的手术机器人产品多由高校科研成果转化而来，如北京天智航医疗科技股份有限公司（简称"天智航"）、北京柏惠维康科技股份有限公司（简称"柏惠维康"）、哈尔滨思哲睿智能医疗设备股份有限公司（简称"思哲睿"）等，但受技术缺陷、管理应用和使用成本三大因素制约，国产手术机器人产业化水平仍然较低。其中腹腔镜机器人在中国手术机器人市场中的占比最大，在整体市场中的占比达74.9%。其次为骨科机器人（10.0%）及经皮穿刺机器人（4.9%）。我国手术机器人细分市场占比情况如图4所示。

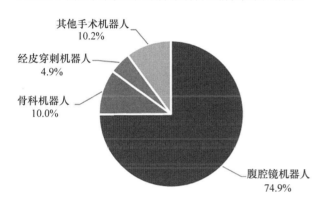

图4 我国手术机器人细分市场占比情况

注：数据来源于资产信息网、千际投行。

从实际应用来看，国外进口的手术机器人价格昂贵，耗材和维护费用高昂，因此只有极少数大型三甲医院能够承担这些成本，导致进口产品的使用普及率依然很低。此外，相对于传统外科手术，机器人辅助下的外科手术费用增加了2万~3万元，再加上医疗保险体系尚未完善，患者的支付水平也成为制约手术机器人应用的因素。总体而言，我国手术机器人要从大型三甲公立医院向基层医疗机构推广还须克服重重困难。

三、国内竞争格局

我国操作类手术机器人市场起步相对较晚，尚未出现具备规模化生产能力的企业，大多数公司仍处于研发、动物实验和临床实验阶段，仅山东威高手术机器人有限公司（简称"山东威高"）、北京术锐技术有限公司、上海微创医疗机器人（集团）股份有限公司（简称"上海微创"）、苏州康多机器人有限公司等少数企业拥有腔镜手术机器人的注册证书。然而，在定位类手术机器人领域，代表性的公司如天智航、华志微创医疗科技（北京）有限公司（简称"华志微创"）、柏惠维康、华科精准（北京）医疗科技有限公司（简称"华科精准"）等企业已经实现了产业化，或者即将实现产业化。截至目前，国内已有多款定位类手术机器人产品上市，例如天智航的两款骨科手术机器人、柏惠维康的神经外科手术机器人和国内首款口腔手术机器人"瑞医博"、华科精准和华志微创的神经外科手术机器人等。国内手术机器人代表企业及主要产品见表1。

表1 国内手术机器人代表企业及主要产品

企业名称	主要产品
北京天智航医疗科技股份有限公司	天玑骨科手术机器人
康诺思腾机器人（深圳）有限公司	多孔腔镜手术机器人
北京柏惠维康科技股份有限公司	神经外科导航定位机器人
苏州康多机器人有限公司	微创腹腔外科手术机器人系统
上海微创医疗机器人（集团）股份有限公司	腔镜手术机器人、骨科手术机器人等
华科精准（北京）医疗科技有限公司	神经外科手术机器人
深圳市鑫君特智能医疗器械有限公司	脊柱外科手术导航定位系统
苏州铸正机器人有限公司	"佐航"系列骨科微创手术机器人
元化智能科技（深圳）有限公司	锟铻全骨科手术机器人、妙微视无线胶囊内窥镜系统、神采机器人
哈尔滨思哲睿智能医疗设备股份有限公司	腔镜手术机器人、脊柱内镜手术机器人
雅客智慧（北京）科技有限公司	口腔种植机器人系统
威高集团有限公司	"妙手S"微创手术机器人、"玛特I"骨科手术机器人
广州巧捷力医疗机器人有限公司	内镜手术机器人
北京术锐技术有限公司	单孔腔镜手术机器人
真健康（北京）医疗科技有限公司	经皮软组织穿刺机器人
北京罗森博特科技有限公司	骨科手术机器人
微亚医疗科技（苏州）有限公司	血管介入手术机器人

（续）

企业名称	主要产品
北京精诊医疗科技有限公司	TrueView 三维全定量影像融合术中导航系统
佗道医疗科技有限公司	佗手骨科手术机器人、腔镜手术机器人、经皮穿刺手术机器人
赛诺微医疗科技（北京）有限公司	外科手术辅助机器人
深圳市精锋医疗科技股份有限公司	多孔腔镜手术机器人系统、单孔腔镜手术机器人系统、自然腔道手术机器人系统及传统微创手术器械

从产业链布局来看，在操作类机器人领域，上海微创、山东威高、思哲睿、深圳市精锋医疗科技股份有限公司、康诺思腾机器人（深圳）有限公司等多家国产多孔腔镜手术机器人已进入临床阶段，这些公司基本掌握了多孔腔镜手术机器人所需的结构设计、系统控制、运动算法和导航算法等核心技术，为我国相关操作类手术机器人的产业发展奠定了良好的技术和产业基础。

在定位类机器人领域，天智航通过横向扩展向不同医疗器械领域扩展，如投资法国 SPW 公司、美国 GYS 公司和美国 Mobius 公司，已涉足高值耗材和影像设备领域，有望通过产业链贯通来降低产品成本。华志微创的 CAS-R 系列，作为立体定向类机器人，已实现国产化，而其所覆盖的手术已进入北京医保报销范围。国内定位类手术机器人产品研发和发展情况如图5所示。

图5　国内定位类手术机器人产品研发和发展情况
注：来源于资产信息网、千际投行、中关村产业研究院

四、趋势分析与预测

1. 技术演进

随着人工智能（AI）和机器学习（ML）的进步，可以预见手术机器人在精度、灵活性和智能化方面将有所提升。预计未来的手术机器人将具备完成更复杂、更精细手术的能力，并且能够自我适应手术环境的变化。

2. 应用领域拓宽

随着科技进步和临床经验的积累，手术机器人的应用领域将进一步拓宽，涵盖心脏外科、神经外科、胸外科、儿科手术等多个领域。此外，手术机器人也可能被用于更复杂的微创手术和介入治疗。

3. 市场扩容

预计全球手术机器人市场将维持快速增长的态势。随着人口老龄化和手术需求的增加，以及对医疗服务质量和效果的期望提升，手术机器人的市场需求将继续增长。

4. 区域差异发展

预计亚太地区将是手术机器人市场增长最快的区域，这主要归因于该地区的人口规模、经济增长速度以及医疗服务需求的增长。然而，各个地区的发展速度和程度可能会因当地的经济状况、医疗资源分布以及政策环境等因素的影响而存在差异。

5. 法规与政策环境

全球各地的政府和卫生监管机构将持续关注手术机器人的安全性、有效性以及经济性，以及其对医疗服务质量和结果的影响。预计未来将出台更多的法规和政策，以规范手术机器人的研发、生产、销售和使用，保护患者权益，推动行业的健康发展。

6. 商业模式与服务模式创新

随着手术机器人的普及和应用，相关的商业模式和服务模式将不断创新和发展。例如，可能会出现更多的手术机器人租赁和共享服务，以降低医疗机构的初始投资成本；可能会有更多的远程手术服务，让顶级医生可以为地理位置偏远的患者进行手术；可能会有更多的手术机器人培训和认证服务，提高医生的技能和能力。

7. 患者参与度提升

随着信息技术的发展和医疗服务模式的变化，预计患者在手术决策和过程中的参与度将进一步提高。例如，手术机器人可以提供更清晰和直观的手术过程显示，帮助患者更好地理解手术过程和结果；患者也可以通过远程控制和反馈系统，更积极地参与到手术过程中。

未来，手术机器人行业的发展将以多元化、智能化、个性化和患者中心化为主导。然而，行业发展也面临着成本、技术、安全性、法规、道德以及社会接受度等多方面的挑战，需要各方共同努力，共谋解决方案。

〔撰稿人：北京航空航天大学陶永、韩栋明〕

2022 年矿山机器人发展情况

一、定义及分类

1.定义

矿山机器人是智慧矿山的一部分，在特种机器人领域又被称为矿业机器人。矿山机器人是指在矿业生产领域，用于地质勘查、矿井（场）建设、采掘、运输、洗选等生产环节，以及用于安全检测等作业的机器人（来源于GB/T 36239—2018《特种机器人 术语》）。在多数场合，矿山机器人是通过自身动力及自主控制能力来实现特定矿藏开采作业相关任务的一种机电装备，主要用于协助或取代矿藏开采中人员劳动强度大、危险性高的工作，是实现矿藏开采智能化、无人化的重要工具。鉴于目前的矿山机器人多为煤矿用机器人，本文以煤矿用机器人为重要研究分析对象。

2.分类

2019 年，国家矿山安全监察局发布《煤矿机器人重点研发目录》，作为国际上提出的首个煤矿机器人技术体系，该目录对煤矿机器人的分类及功能做了明确定义，将煤矿机器人分为掘进、采煤、运输、安控、救援五大类，结合目前机器人和人工智能技术领域的先进技术发展水平，规划了 38 种煤矿机器人。煤矿机器人分类见表1。

表 1 煤矿机器人分类

分类	产品名称
掘进类	掘进工作面机器人群、掘进机器人、全断面立井盾构机器人、临时支护机器人、钻锚机器人、喷浆机器人、探水钻孔机器人、防突钻孔机器人、防冲钻孔机器人
采煤类	采煤工作面机器人群、采煤机器人、超前支护机器人、充填支护机器人、露天矿穿孔爆破机器人
运输类	搬运机器人、破碎机器人、车场推车机器人、巷道清理机器人、煤仓清理机器人、水仓清理机器人、选矸机器人、巷道冲尘机器人、井下无人驾驶运输车、露天矿电铲智能远程控制自动化装载系统、露天矿卡车无人驾驶系统
安控类	工作面巡检机器人、管道巡检机器人、通风监测机器人、危险气体巡检机器人、自动排水机器人、密闭砌筑机器人、管道安装机器人、皮带机巡检机器人、井筒安全智能巡检机器人、巷道巡检机器人
救援类	井下抢险作业机器人、矿井救援机器人、灾后搜救水陆两栖机器人

二、市场现状

《中国机器人产业发展报告（2022—2023）》内容显示，2021 年，全球煤矿机器人销售额约为 3.84 亿美元，较 2020 年增加 0.68 亿美元，在机器人总销售额中的占比达 1.32%，占比呈上升趋势。我国煤矿机器人销售额约为 9.04 亿元，较 2020 年增加 2.93 亿元。未来，伴随煤炭开采智能化转型升级的推进，煤矿机器人的需求量将会显著提升。预计到 2027 年，我国煤矿巡检机器人需求量将达 902 台，对应煤矿巡检机器人市场规模将达 7.59 亿元；煤矿掘进机器人需求量将达 692 台，对应销售额将达 27.60 亿元。2017—2021 年煤矿机器人销售情况如图 1 所示。

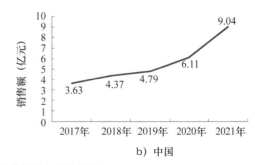

图 1 2017—2021 年煤矿机器人销售情况

注：数据来源于《中国机器人产业发展报告（2022—2023）》。

国家能源局统计数据显示，目前矿山智能化建设投资总规模接近 2 000 亿元，已完成投资超过 1 000 亿元，现场应用的煤矿机器人达到 31 种、1 000 台（套），约 300 辆无人驾驶车辆在 30 余处露天煤矿开展试验；228 处非煤矿山在破碎、运输、给水排水、在线监测监控与研判等环节实现智能化。

截至 2022 年年底，列入《煤矿机器人重点研发目录》的 5 大类 38 种机器人中已有 31 种得到现场应用。但总体来看，并不能覆盖单一场景下的所有煤矿，实用化程度还不高。受限于共性技术进展缓慢和应用工艺要求，还有 5 种已立项研发（包含掘进类的临时支护机器人、采煤类的露天矿穿孔爆破机器人、运输类的巷道清理机器人和巷道冲尘机器人、安控类密闭砌筑机器人），有 2 种尚属空白（包含采煤类的充填支护机器人、救援类的井下抢险作业机器人）。

三、相关政策法规

2022 年 8 月，科学技术部发布《科技部关于支持建设新一代人工智能示范应用场景的通知》（简称《通知》），首批支持建设包括智慧矿山在内的 10 个示范应用场景。《通知》指出，针对我国矿山高质量安全发展需求，聚焦井工矿和露天矿，运用人工智能、5G 通信、基础软件等新一代自主可控信息技术，建成井工矿"数字网联、无人操作、智能巡视、远程干预"的常态化运行示范采掘工作面，开展露天矿矿车无人驾驶、铲运装协同自主作业示范应用，通过智能化技术减人换人，全面提升我国矿山行业本质安全水平。

继 2020 年国家重点研发计划"智能机器人"重点专项资助 3 个煤矿机器人项目之后，2022 年，该专项第一批资助项目中又包含了"大型煤矿井下巷道辅助作业机器人关键技术与应用示范"等与煤矿机器人相关项目。

为了贯彻落实《"十四五"机器人产业发展规划》，加快机器人应用推广，工业和信息化部办公厅、农业农村部办公厅、卫生健康委办公厅、矿山安全监察局综合司联合发布《关于农业、建筑、医疗、矿山领域机器人典型应用场景名单的通知》。其中，矿山领域涉及矿山作业、矿山安控、矿山运输/分拣/清理、矿山应急救援和其他 5 大方向的机器人及系统，共计 20 个典型应用场景和 39 个应用示范项目。矿山领域机器人典型场景应用名单见表 2。

表 2　矿山领域机器人典型场景应用名单

应用方向	应用场景	机器人企业	联合单位
矿山作业机器人及系统	煤矿掘进作业	西安煤矿机械有限公司	陕西小保当矿业有限公司
		沈阳天安科技股份有限公司	陕西小保当矿业有限公司
		三一重型装备有限公司	贵州众一金彩黔矿业有限公司岩脚煤矿
		山东天河科技股份有限公司	国家能源集团宁夏煤业有限责任公司枣泉煤矿
		西安重装韩城煤矿机械有限公司	陕西陕煤韩城矿业有限公司桑树坪二号煤矿
		中国铁建重工集团股份有限公司	陕西陕煤曹家滩矿业有限公司
	井下喷浆作业	中国铁建重工集团股份有限公司	紫金矿业股份有限公司、神东煤炭集团有限责任公司
		中煤科工集团沈阳研究院有限公司	陕煤集团神木柠条塔矿业有限公司
		山西焦煤霍州煤电集团有限责任公司	山西焦煤集团有限责任公司
		山西汾西华益实业有限公司	山西焦煤集团有限责任公司
	井下探放水作业	精英数智科技股份有限公司	山西介休鑫峪沟左则沟煤业有限公司
	煤矿防冲卸压作业	山东天河科技股份有限公司	临沂矿业集团菏泽煤电有限公司郭屯煤矿
矿山安控机器人及系统	变电所巡检	科大智能电气技术有限公司	太原理工天成电子信息技术有限公司、山西西山煤电股份有限公司
		中信重工开诚智能装备有限公司	黑龙江龙煤矿业集团鸡西矿业公司、江苏徐矿能源股份公司张双楼煤矿
		中煤科工集团沈阳研究院有限公司	陕煤集团神木张家峁矿业有限公司
	矿用皮带巡检	中信重工开诚智能装备有限公司	江苏徐矿能源股份有限公司张双楼煤矿、陕西陕煤曹家滩矿业有限公司
	巷道巡检	徐州科瑞矿业科技有限公司	徐州矿务（集团）新疆天山矿业有限责任公司
		中煤科工集团沈阳研究院有限公司	神东煤炭集团有限责任公司
	水泵房巡检	中信重工开诚智能装备有限公司	黑龙江龙煤矿业集团鸡西矿业有限责任公司
	厂区巡检	中煤科工集团沈阳研究院有限公司	神东煤炭集团有限责任公司
	压风机房巡检	中煤科工集团沈阳研究院有限公司	山西天地王坡煤业有限公司

（续）

应用方向	应用场景	机器人企业	联合单位
矿山运输、分拣、清理机器人及系统	露天矿无人驾驶	上海伯镭智能科技有限公司	酒泉钢铁（集团）有限责任公司西沟矿
		丹东东方测控技术股份有限公司	辽宁首钢硼铁有限责任公司
		青岛慧拓智能机器有限公司	安徽马钢矿业资源集团南山矿业有限公司
		航天重型工程装备有限公司	神华准格尔能源有限责任公司黑岱沟露天煤矿
	井下无人驾驶	金诚信矿业管理股份有限公司	金诚信矿业管理股份有限公司普朗铜矿
		丹东东方测控技术股份有限公司	西部矿业股份有限公司锡铁山分公司
		山东工大中能科技有限公司	招金矿业股份有限公司大尹格庄金矿
	智能选矸	徐州中矿恒扬科技有限公司	江苏徐矿能源股份有限公司张双楼煤矿
		赣州好朋友科技有限公司	崇义章源钨业股份有限公司
		沈阳科迪科技服务有限公司	临沂矿业集团山东里能鲁西矿业有限公司
	井下水仓清理	山东鲁班机械科技有限公司	山东唐口煤业有限公司
		山东鲁科自动化技术有限公司	陕西彬长大佛寺矿业有限公司
矿山应急救援机器人及系统	井下消防侦查灭火	中信重工开诚智能装备有限公司	开滦（集团）有限责任公司
	矿区应急运输	帝蛮神（上海）科技有限公司	长沙矿山研究院有限责任公司
其他机器人及系统	井下提升系统钢丝绳更换	特码斯派克工业技术（安徽）有限公司	淮北矿业股份有限公司、国家能源集团宁夏煤业有限责任公司石槽村煤矿
	露天矿卡车电池更换	深圳精智机器有限公司	中铁十九局集团有限公司
	外骨骼辅助安装作业	上海傲鲨智能科技有限公司	神东煤炭集团有限责任公司
	煤矿机器人集群协同调度	天地科技股份有限公司	陕煤集团神木柠条塔矿业有限公司

2022年，国家能源局印发《智能化示范煤矿验收管理办法（试行）》，提出规范做好智能化示范建设煤矿验收管理工作。在示范煤矿评分指标中，采煤、主煤流运输、辅助运输等系统如配备机器人进行巡检、运输、装卸等作业，可酌情增加1～5分，即鼓励煤矿企业引入机器人等智能装备，推进煤矿机器人的产业化应用。

2022年，"矿山机器人产业协同推进方阵"（简称"方阵"）的建设取得了阶段性成果，组织架构基本形成。"方阵"是在工业和信息化部、矿山安全监察局及中国机械工业联合会领导下，由中国机械工业联合会机器人分会成立秘书处，联合国内的矿山机器人相关企业、科研院所、高等院校、典型用户等单位联合组建，旨在协同各方资源，推动方阵成员联合开发矿山机器人应用产品和解决方案，开展专项技术攻关、应用验证、规模化推广。"方阵"为各创新中心提供配套的产业服务、专项政策帮扶、测试验证和技术指导等工作。

继2021年形成的两项行业标准《煤矿井下机器人安全标志管理方案》和《煤矿井下机器人基本安全要求（试行）》外，在煤矿井下钻孔机器人、搬运机器人、水仓清淤机器人、带式输送机巡检机器人等具体作业类机器人方面，也正在制定和完善相关技术标准规范，同时国家矿山安监局还在组织编制《矿山安控类机器人数据共享规范》。

四、典型应用案例

矿山机器人已经应用到智慧矿山建设中，一些产品已经在场景中经过试验验证并进行示范应用。

1.陕煤集团神木柠条塔矿业有限公司：智能化煤矿机器人集群研发与示范

目前，在采煤、掘进、主运输、通风系统等智能化子系统的基础上，在关键工艺、高风险、非连续作业岗位应用机器人方面，初步形成了采煤机器人群、掘进机器人群、主运输系统巡检机器人群、仓储和辅助输送机器人群、辅助作业机器人群、固定场所巡检机器人群、消防救援机器人群和地面服务机器人群8大机器人集群（如图2所示），提出了"群间任务调度，群内任务编排，突发任务触发"的机器人群分级管控策略，初步建成机器人集群管控体系。

2.神东煤炭集团有限责任公司：全面推广应用三类智能综采模式

2022年累计建设2.8m以下工作面17个，平均自动化率达到76.4%，以榆家梁43 207面和石圪台煤矿22 104面为代表的薄煤层工作面实现了无人化作业。建设2.8m以上、5.5m以下采高工作面27个，平均自动化率达到74.7%。建设5.5m以上采高工作面9个，平均自动化率达到62.9%。以补连塔煤矿22 201的7m采高为代表的厚煤层综采工作面，应用矿鸿系统，依托5G网络，做到互联互通，实现采煤机液压支架、刮板运输机等自主协同控制，形成"自动运行、跟机干预"的采煤新常态。神东煤炭集团有限责任公司机器人应用情况如图3所示。

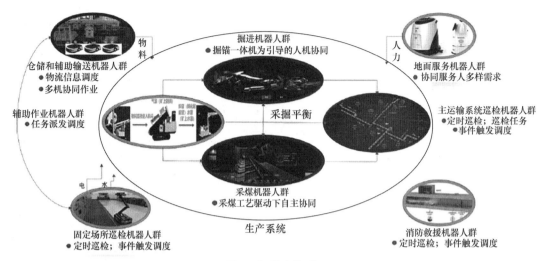

图 2 机器人集群

图 3 神东煤炭集团有限责任公司机器人应用情况

五、趋势分析与预测

2022 年,我国原煤增产 4.3 亿 t,同比增长 10.5%。长远看,煤炭在我国能源保供中将持续发挥着兜底保障作用。煤矿井下仍有近 200 多名万矿工,每天在高危、高温、高湿、高粉尘环境下高强度作业,煤矿井下从业人员新发尘肺病占煤矿新发职业病的比例超过 70%。煤矿智能化和无人化是煤炭安全增产保供和保障井下从业人员安全的关键举措。

煤矿智能化发展势头良好,全国一盘棋正在形成,但距离全矿井、全矿区机器人化、无人化还有很大的距离。煤矿的爆炸性气体环境、非结构性地形、封闭受限空间、全球定位系统(GPS)拒止场景等均给煤矿机器人研发带来严峻挑战,煤矿机器人需要满足更严格的防爆、电气安全、通信控制、电磁兼容、井下充电管理等多种安全要求,同时还须具备较高的可靠性和环境适应性。另外,当前煤矿机器人领域标准还存在大量缺口,难以满足智能矿山新技术、新业态、新模式蓬勃兴起的需要。未来须突破核心关键技术、建立行业标准和检验检测认证体系、加快工程实践应用。

〔撰稿人:重庆凯瑞机器人技术有限公司〔国家机器人质量检验检测中心(重庆)〕韩文香、李本旺、冉坤〕

2022 年安防机器人发展情况

一、定义及分类

1.定义

安防机器人是一种半自主、自主或者在人类完全控制下协助人类完成安全防护工作的机器人。安防机器人作为机器人行业的一个细分领域,立足于实际生产生活需要,用来解决安全隐患、巡逻监控及灾情预警等,从而减少安全事故的发生，减少生命财产损失。

2. 分类

用安防机器人来解决实际生活中的问题，既节省人工劳动力，也是时代发展需要。目前，我国安防机器人在处理安全防范事故，如巡检安保、监控、反恐应急、工业生产及智能家居等方面发挥越来越重要的作用。根据安防行业中机器人的功能和应用场景，安防机器人主要可以分为以下6类：

（1）监控类机器人：目前，监控类机器人已经渗透进入普通家庭，能在家中四处移动，具有灵活、智能、友好的特点，还可以集成更多功能，为普通家庭提供更加全面的安全监控服务；同时监控类机器人在工业、楼宇、园区、机房、车库、电力环境监控、化工远程操控等场所也有广泛的应用。

（2）智能巡检机器人：智能巡检机器人主要携带红外热像仪和可见光摄像机等检测装置，可以将画面和数据传输至远端监控系统。在巡检机器人中增加运行中的事故隐患和故障先兆，可进行自动判定和报警。由于智能巡检机器人在环境应对等方面具有人力所不具备的特殊优势，越来越多的智能巡检机器人被应用到安防巡检、电力巡检、轨道巡检等特殊场所，让特殊场所巡检工作更轻松安全。

（3）反恐类机器人：一般在商场等人员密集的公共场所使用，也有极少量家庭使用。频繁爆发的恐怖案件对事前安防、事后防暴处置都提出了很高的要求，反恐机器人可应用于侦查突击、防爆拆解等任务，在协助打击恐怖主义方面能发挥较大作用。

（4）侦查类机器人：侦察机器人主要用于对敌目标探测、识别等，通过安装控制装置可以在山地、陡坡等多种地形实时传送图像和语音信息，拥有智能敏捷的"身手"。

（5）排爆类机器人：通常分为大型排爆机器人和小型排爆机器人，是作业型机器人，通过遥控装置，可以自动行走，并带有机械臂进行各种排爆作业。它可替代人接近可疑物，进行爆炸物识别、转移和销毁等作业，而且能够通过有线和无线操作进行控制，有跨越一定障碍的能力。

（6）武装打击机器人：武装打击类机器人一般具备监控、侦查、子弹打击等功能，主要应用于反恐行动中。

二、行业现状

近年来，社会上出现了层出不穷的安全事件，使安全防范、安保服务成为世界性难题，社会高速发展需要更加智能与安全的防控体系。随着安防机器人在家庭、企业、社会和比赛等场景中出现得越发频繁，人们意识到"机器人＋安防"的时代已经悄然来临。在机器人技术的不断攻坚下，未来安防机器人将成为智能安防的"排头兵"。同时，人工智能、物联网、云计算、大数据等新技术的进步极大地推动了机器人的发展及其在各个行业的应用。作为机器人的重要分支之一，安防机器人产品定位清晰，技术成熟度高，已经开始频繁出现在大型活动场所或机场、广场、园区、小区等场景，成为安防安保领域的一支新力量。

安防机器人处在机器人产业和安防行业两个风口上。具有巨大需求缺口的安防行业，似乎正成为机器人应用的新方向。安防机器人在一定程度上可替代视频监控和安保人员，成为无人安防领域的一种选择。

1. 市场现状

从全球范围来看，日本、美国等机器人强国早在20世纪80年代就开始探索移动机器人在变电站的巡检应用，这也是安防机器人的雏形。我国的安防机器人研究起步比国外晚，但发展迅速。目前，我国安防机器人已被广泛应用于巡检安保、反恐应急、工业生产及智能家居领域。

从专利申请看，目前，日本企业已经申请了大量的国际专利，国际安防机器人市场很可能被日本占据甚至垄断。不过，国外企业很少在我国申请专利，可以看出，日本近期没有大规模进入我国安防机器人市场的计划，我国企业还有一段时间可以发展技术、占领市场。

2. 技术现状

安防机器人的十大技术热点包括：导航定位、计算机视觉、目标跟踪、移动与运动控制、检查/巡检、算法、目标检测与识别、传感器、网络和人机交互。

（1）导航定位：当前，全球有不少为人熟知的导航定位系统，如全球定位系统（GPS）、北斗卫星导航系统、格洛纳斯、伽利略卫星导航系统等。而机器人常用的定位方法有视觉导航定位、光反射导航定位、GPS全球定位、超声波导航定位。

（2）计算机视觉：计算机视觉是一门研究如何使机器"看"的科学，就是指用摄影机和计算机代替人眼对目标进行识别、跟踪和测量等，并进一步做图形处理，使其成为更适合人眼观察或传送给仪器检测的图像。

（3）目标跟踪：目标跟踪技术是机器人视觉领域的一个重要研究分支，其融合了图像处理、模式识别、人工智能及自动控制等多学科最新研究成果，主要利用视频分析方法对视频输入图像序列进行连续分析，来实现运动目标的自动检测、定位和跟踪，为高层视频对目标的行为理解和决策提供底层对象和分析依据。

（4）传感器：传感器在机器人的控制中起着十分重要的作用，使机器人具备类似人类的感知功能和反应能力。

3. 企业现状

目前国外安防机器人的代表企业有日本的综合警备保障公司（ALSOK），新加坡的Otsaw Digital公司，韩国的Toolspace公司、SK Telecom公司、现代汽车集团，美国的Knightscope公司、SMP Robotics公司、Cobalt Robotics公司，瑞士的ANYbotics公司，德国的SIG集团等。

国内布局安防机器人的企业多达数十家，具备一定影响力的企业主要有杭州海康威视数字技术股份有限公司、深圳市大疆创新科技有限公司、亿嘉和科技股份有限公司、浙江国自机器人技术股份有限公司、深圳市朗驰欣创科技股份有限公司、杭州申昊科技股份有限公司、中信重工开诚智能装备有限公司、北京眸视科技有限公司等。

三、发展趋势

1. 安防机器人智能化程度越来越高

作为人工智能、大数据、物联网、机器视觉等高新技术进步成果的重要载体，安防机器人的智能化水平正变得越来越高。如 Knightscope 公司的 K1 集成了能检测隐藏物体的毫米波技术；波士顿动力公司的 Spot 机器人利用四足设计实现了强大的越障能力；SMP Robotics 公司的 S5.2 系列机器人利用强大的本体计算能力能够完成诸如自主巡逻、智能视频分析、多机器人协同工作等自动化任务；Otsaw Digital 的 O-R3 通过将安防机器人和侦查无人机有机地整合在一起实现了空地协同功能；日本 ALSOK 公司的 Reborg-X 在纳入情感可视化系统后能够检测人员是否具有"攻击性"。

智能安防机器人是"人工智能（AI）+ 机器人 + 安防"的落地产品，AI 是大脑，负责数据的处理和反馈；机器人是躯体，负责与场的交互与协作；安防是目标，是"AI+机器人"的行为导向。科学的结合是"1+1 > 2"的结果，智能安防机器人有望解决当下困扰安防行业的痛点。大数据时代下的 AI 很好地将现实环境数据化，再将数据由繁入简，直观反馈，可以让安防人员有效地识别复杂环境中的危险因子，锁定安防目标，提高安全保障。

2. 预留可定制化的扩展空间，以满足特定用户需求

从某种程度上来说，安防机器人所面对的是一个高度碎片化的市场，任何一个场景、任何一个用户可能有不同的需求，企业现有的机器人产品可能无法完全满足客户的需求，因此越来越多的企业预留了定制化的功能，通过提供开放平台提升硬件可扩展性，为产品预留了可扩展空间。例如，波士顿动力公司为自己的机器人打造 API（应用程序编程接口），开放自身能力，让机器人可以与其他设备结合在一起，让用户可以在机器人身上应用其他硬件设备或软件。目前，波士顿动力公司的 Spot 机器人已打造了高级 API 和软件开发工具包（SDK），采用与无人机应用开发相似的开发模式，使用者可以为 Spot 构建应用程序。目前，已经有用户在 Spot 上开发了建筑远程数据收集、灯光操纵、石油天然气传感器监控等应用。可定制化及二次开发接口将是未来安防机器人的标配。

3. 通过推出系列化产品，使机器人适用更多应用场景

安防应用场景存在碎片化特征，在多场景下，仅某一款机器人产品不可能适用所有的场景。针对这一问题，国外的行业翘楚已有产品对策。美国 Knightscope 公司推出的 K 系列机器人采用固定式、移动式、室内、室外等不同设计导向，满足了多场景、多地形的应用需求；SMP Robotics 公司推出的 S5.2 系列自主巡逻安保机器人在具备

共性技术能力的基础上，通过差异化的模块和配件调整，实现了系列中不同款机器人的功能定位，解决了机器人在多场景情况下的应用问题。针对不同的安防应用场景，有针对性地推出系列化产品，这样既能充分利用机器人的共性技术能力，发挥机器人通用管控平台的优势，还能通过差异化的设计理念和功能满足不同安防场景的用户需求，从而实现产品的多样化，更加契合现实的安防应用场景，提高安防机器人的综合竞争力。

4. 采用租赁模式降低用户成本，推动机器人商业化应用快速发展

目前，安防机器人产品的市场报价均在几十万元上下，如波士顿动力的 Spot 机器人市场售价约为 74 500 美元（约合 50 万元），这使得企业购买并使用的成本较高。如何降低成本并推动商业模式的发展，实现融合共生、合作共赢是整个行业都在深思并探索的问题。针对这一问题，Knightscope 公司提出使用机器人租赁的商业模式来代替直接出售模式，公司会根据客户的需求量身定制每个租赁合同；波士顿动力公司、日本 Alsok 公司则采用出售和租赁并行的商业模式。同时，部分公司看好机器人租赁业务的行业前景，推出了"自身购买、对外出租"的商业服务模式，如新加坡安世科（Ademco）集团从 SMP Robotics 公司购买机器人之后，通过推出机器人租赁服务来进入安保服务行业市场。

5. 安防机器人的市场需求将进一步提升

近几年来，随着技术的发展，人工智能开始进入到工业大生产阶段并实现大规模的产业应用落地，智能安防的时代亦悄然到来。在国家部署"强化国家战略科技力量"和"增强产业链供应链自主可控能力"发展中，安防行业的发展将迎来诸多利好。在互联网时代信息安全问题日益受到关注下，传统安防体系已不能满足人们对于智能安防的强大需求，未来安防机器人的市场需求将进一步提升。尤其是对于非结构化的场景需求来说，随着机器人的智能化水平不断提高，安防机器人正为业界提供一种新的解决问题的思路。随着安防机器人成本逐年下降，与人力成本上升曲线出现交叉点时，机器人规模化替代人工的现象也将发生。目前仅仅是巡逻远远不能满足安防行业的需求，在接下来的几年，我国安防机器人也将从功能单一的巡逻类机器人增加到监控类、侦查类、排爆类和武装打击类多种类型，发展速度和探索进度将不断加快。

〔撰稿人：上海机器人产业技术研究院郑军奇、刘碧珊、吴秀秀〕

2022年水下机器人发展情况

一、概述

近年来，水下机器人（又称"无人潜水器"）在海洋科学研究、深海资源勘查、海洋工程及战略高技术等领域得到了广泛应用。水下机器人通常可分为：自主水下机器人（Autonomous Underwater Vehicle，AUV）、有缆遥控水下机器人（Remotely Operated Vehicle，ROV）和自主/遥控水下机器人（Autonomous & Remotely operated Vehicle，ARV）。此外，水下滑翔机（Autonomous Underwater Glider，AUG）作为一种靠浮力驱动的新技术平台，适用于长时间、大范围海洋环境观测，技术逐渐成熟。与无人潜水器相对应，载人潜水器装备在探索和认识海洋方面发挥了重大作用，经过多年发展，我国已形成4 500m"深海勇士"号、7 000m"蛟龙"号和11 000m"奋斗者"号系列载人潜水器，近年来在深海科考和打捞作用中发挥了不可替代作用。

2021年是我国"十四五"开局之年，"十三五"科技计划支撑潜水器装备验收海试和应用成果硕果频传；相比之下，2022年我国深远海装备发展进入平稳过渡期，部分"十三五"和前期深海装备成果进入应用期，"十四五"支持的研发装备大多处于设计研发阶段；2022年有部分民用装备完成了关键节点试验与考核。

二、典型技术成果

1.无人潜水器

（1）我国实现奥运史上首次机器人水下火炬接力。2022年2月，在北京冬奥公园举行的2022年冬奥火炬传递活动中，水陆两栖机器人（如图1所示）与水下变结构机器人（如图2所示）实现了奥运史上首次机器人水下火炬接力，完成了机器人水下高精度对接。在火炬传递中，水陆两栖机器人携燃烧火炬，沿冰壶赛道旋转滑入冰洞口，一台水下变结构机器人向其靠拢，两台机器人携火炬在水下精准对接点火。该任务突破了冰水跨介质高适应性运动控制、复杂流场扰动的水下动态对准、水下机械臂厘米级精准作业、跨介质可靠燃烧组织等关键技术，展现了我国在机器人领域的科技进步。

（2）"问海1号"6 000m级自主遥控无人潜水器（ARV）完成海上试验及科考应用。2022年1月，6 000m级ARV"问海1号"（如图3所示）开展历时25天湖上试验，共下潜30次，完成20余项测试内容，均满足或超过指标要求。2022年7月，"问海1号"完成海上试验及

科考应用，顺利通过验收并正式交付用户。

图1　水陆两栖机器人

图2　水下变结构机器人

"问海1号"是面向海洋综合科考需求，定制开发的6 000m级深海探测作业一体化高技术海洋装备，具备大范围自主巡航探测和定点精细遥控取样作业功能，拥有自主、遥控和混合"三合一"的多工作模式，是我国首台交付工程应用的ARV。在海试与应用中，"问海1号"共执行17个潜次任务，根据不同任务需求，在三种工作模式间灵活切换，获取了近海底高精度探测数据、表层沉积物柱状样及海底生物样品，实现了对地球重力场、磁场等信息的精细化测量，充分验证了"问海1号"的测深侧扫和浅剖声学探测能力、光学探测能力及机械手定点取样能力，为更多的科学家提供海洋环境调查、生物多样性调查、海底

特定目标物探查、深海极端环境原位探测和深海矿产资源调查等科学考察机会。

图 3　"问海 1 号" ARV 海试吊放图

（3）"洞察"号自主水下机器人完成海上试验。2022 年 12 月，矿址近底自主光学精细调查测量系统"洞察"号（如图 4 所示）自主水下机器人在西太平洋先驱多金属结核矿区完成了海试。本次海试中，"洞察"号开展了时长为 8 天的 6 个潜次的试验任务，先后完成了 3 000m、5 000m 潜深测试和近海底矿床光学调查作业试验。试验中，"洞察"号最大工作水深超过 5 100m，获得了多金属结核矿区近底高清照片，充分验证了"洞察"号的系统功能。"洞察"号自主水下机器人最大工作深度为 6 000m，重量约为 600kg，采用复合材料与高强度钛合金融合的一体化轻质耐压结构设计技术，具有体积小、重量轻、续航力强等特点，采用深海自适应浮力均衡技术，实现了不同工作深度高效航行与近底稳定运动能力，可长距离执行矿址近底光学精细调查测量任务，大幅提高深海资源评估调查效率，具有广阔的应用前景。

图 4　"洞察"号自主水下机器人

（4）我国首台自主研制的深海铺缆机器人成功海试。2022 年 6 月，我国首台自主研制的深海铺缆机器人（如图 5 所示）成功海试。深海铺缆机器人额定功率为 200 马力（1 马力 =735.5W），由机器人主体、控制系统、吊放系统、缆车系统四大部分组成，具备水底行走、悬浮机动、精准导航定位等技术，抗水流能力强，可在 1 500m 深的海洋中进行海底光缆、电缆、管道等铺设作业。深海铺缆机器人采用"先敷后埋"技术，一边在海底行进，一边用高压水流将泥沙冲开，随着水流的喷射，一道深度 1.5m、宽度 0.4m 的深沟不断向前延伸，再通过压缆装置把线缆压在沟内，回填装置将线缆沟进行回填。

在深海铺缆机器人研制过程中，整套设备全部实现国产化，标志着我国深海机器人研发制造产业正加速崛起，对国内深海铺缆作业来说具有里程碑的意义。

图 5　深海铺缆机器人

（5）海洋结构物水下无损检测机器人填补领域空白。国内首套海洋结构物水下无损检测机器人（如图 6 所示），于 2022 年 7 月通过了国家科技部组织的验收，实现了国内水下无损检测的工程化示范应用。研究团队设计了一套非接触式吸附系统，通过流速计感知检测机器人的流场情况，进而实时调整吸附力大小，找到检测过程中吸附牢靠与灵活运动之间的平衡点；给机器人增加了辅助定位系统，降低了检测人员的操作复杂度，能够更专注于检测数据的判断，提高作业效率。该水下检测机器人可用于水下 500m，完成各类海洋结构物的水下无损检测，可自主跟踪焊缝，填补了该领域的国产空白。

图 6　海洋结构物水下无损检测机器人

2. 载人潜水器

（1）"深海勇士"号载人潜水器完成 500 次下潜作业。2022 年 10 月，"探索二号"科考船搭载着"深海勇士"号载人潜水器（如图 7 所示）返回三亚，在长达 11 天的航次过程中，"深海勇士"号完成了第 500 次下潜。

本次海试首次实现了兆瓦时（MW·h）级别的固态锂离子电池在深海装备上的集成，并在千米级深海进行试验应用，验证了能源及其管理系统的安全性和有效性，实施了海底深海深渊基站—原位实验室—"深海勇士"号的水下联合作业，完成了大深度原位科学实验站在海底的布设试验。

据统计，"深海勇士"号全部 500 潜次的平均水中时间为 8h17min，其中最长时间达 12h53min，平均下潜深度为 1 957m，最大下潜深度达 4 546m，标志着"深海勇士"号的作业与运维能力已达世界一流。

图 7　"深海勇士"号载人潜水器

（2）"奋斗者"号载人潜水器（如图 8 所示）完成首次中国—新西兰联合深渊深潜科考航次第一航段任务。2022 年 11 月，"奋斗者"号全海深载人潜水器顺利完成首次中国 - 新西兰联合深渊深潜科考航次第一航段任务，"奋斗者"号下潜作业 16 次，有 14 次作业超过 6 000m 水深，2 次作业超 10 000m，航段任务圆满完成，"奋斗者"号相关能力得到进一步提升。

本航次是国际上首次在克马德克海沟区域开展大范围、系统性的载人深潜调查，采集了丰富的深渊宏生物、岩石和沉积物样品，为深入理解深渊的生命演化与适应机制、深渊沉积环境演变以及板块俯冲与物质交换通量提供了重要支撑。

图 8　"奋斗者"号载人潜水器

在未来的科考应用中，"奋斗者"号将继续发挥深度和技术优势，将我国深渊深潜科考扩展到全球多个典型海沟，展开多国联合的、系统的深渊地质、生命和环境科学多学科综合深潜考察，大幅提高我国载人深潜装备深渊科学应用水平，促进我国深渊科学研究和深渊科学普及的发展，形成以"奋斗者"号全海深载人潜水器为核心的、面向全球开放的深渊探测平台，有效支撑国家深海科技发展战略。

三、趋势分析与预测

经过国家"十一五""十二五""十三五"以及"863"计划、重点研发计划项目的支持，我国已初步形成 4 500m、6 000m 和 11 000m 深海装备体系，并于 2020 年实现了无人潜水器和载人潜水器的万米深潜探测和作业，海洋的深度对水下机器人已不再是全新的挑战；"十四五"开局，科学技术部启动了国家重点研发计划"深海和极地关键技术与装备"重点专项，结合深海与极地探测作业部署了相关研发项目，未来几年将陆续产出相关水下机器人成果。

从 2022 年水下机器人典型技术成果来看，载人潜水器一如既往地高频次深潜探测作业，后续将继续产出重大应用成果；在前期国家科技项目的支持基础上，已有的无人潜水器也将产出应用成果，并随着相关技术的逐渐成熟，未来将诞生更多面向应用的无人潜水器。

〔撰稿人：中国科学院沈阳自动化研究所孟令涵、郑鑫辉、乔昱淇、张奇峰〕

2022 年助老助残机器人发展情况

助老助残机器人作为服务机器人的子类，是以社会需求为导向的现代机器人技术。随着我国人口老龄化的加剧，助老助残机器人已经成为推进健康中国战略和积极应对人口老龄化国家战略的重要手段和必要措施，是提升人民生命健康水平的重要保障技术，是实现科技成果惠及民生的战略举措，是践行"机器人代替人，服务人"的直接体现和重点发展领域。

一、总体情况

在我国，助老助残机器人经历了"十五""十一五"的萌芽，"十二五"的探索，"十三五"的积累，目前处于快速发展阶段，很多技术较以往有了较大的提升，但整体技术离实际应用还存在一定差距，尚不能完全应用于实际场景。在产业方面，我国的助老助残机器人初步形成了珠江三角洲、长江三角洲、京津冀地区等为代表的产业聚集区，拥有了低端产品的完整产业链，但在中高端产品、企业整体规模、产品种类、产值等方面与其他行业差距较大，市场经济占比小。

2022 年，由于新冠疫情的延续，我国的助老助残机器人在学术交流、临床实验、新产品研发、市场推广等方面受到了较大的影响，但在社会各界的共同努力下，助老助残机器人仍然在基础理论、关键技术、产品研发等方面取得了可喜的成果。

二、理论研究

如何实现"肢体运动康复"与"神经功能康复"的融合是新一代神经康复机器人的核心挑战。为此，南开大学韩建达教授团队的于宁波等人构建了脑深部电刺激（Deep Brain Stimulation，DBS）神经调控下肢体和脑神经功能响应的量化分析方法。在肢体功能响应方面，采用 Leap Motion 体感控制器，针对临床测评任务，设计数据分析方法，建立了小巧、便于部署和拆装的量化测评系统，已经应用于 20 余例 DBS 术中测评、指导术中电极靶向植入，并推广应用到帕金森门诊量化评估。在脑功能响应方面，构建

了一种基于功能近红外的意识状态量化分析技术。采用皮尔逊相关系数量化不同脑区间的功能连通强度，构建脑功能网络，进而提出基于图论的指标，表征脑网络的全局信息交流效率，从而实现对患者意识状态的量化评估，已应用于 12 例慢性意识障碍病人的 DBS 促醒治疗量化评估。在脑肢一体方面，探索了 DBS 脑深部电刺激的治疗参数优化与闭环神经调控方法，采集了帕金森患者在不同 DBS 刺激参数下进行步态任务时的功能近红外信号，开展了脑功能连通性和运动行为功能分析实验。结果表明，在疗效好的 DBS 参数下病人脑功能网络的全局信息交流效率提升，步态功能显著改善，所提指标和临床评估结果具有一致性。

同时，南开大学团队提出了一种基于 sEMG 多个体共性特征的运动意图估计方法 CorrCA-RFG。通过构建相关成分分析共性特征提取算法，利用最大相关性原则，将不同个体的特征投影至相同特征空间内，获取多个体间的共性特征，使用随机森林回归训练估计模型，从而实现运动意图的估计。实验结果显示，所提 CorrCA-RFG 方法取得了最小的均方根误差和最大的相关系数，在不同个体间的估计性能显著优于其他方法。该方法有助于克服 sEMG 信号的个体性差异，提升意图识别技术的鲁棒性及实际应用效果。基于 sEMG 多个体共性特征的运动意图估计方法及实验如图 1 所示。

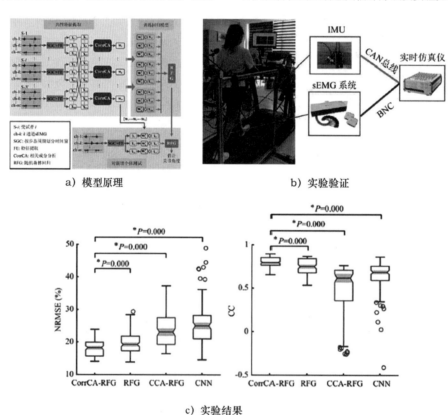

a) 模型原理   b) 实验验证

c) 实验结果

图 1 基于 sEMG 多个体共性特征的运动意图估计方法及实验

此外，针对康复机器人人机交互控制的鲁棒性难题，于宁波教授等人设计了一种互补控制方案，并成功应用到

机器人的实际控制中。实验结果表明，在扰动下传统控制器无法保证人机运动交互的稳定性，而该互补控制可以同

时取得高精度阻抗控制和稳定人机交互，并且鲁棒控制器能够显著降低干扰/不确定性带来的误差。

华中科技大学黄剑教授团队开发出了一种由视觉驱动的上肢辅助机器人系统。该系统分为三个核心部分：信号处理、意图识别和机器人控制。在信号处理部分，以眼动仪输入的原始凝视信号为基础，通过噪声和异常值去除，确保数据质量。在意图识别部分，以眼动信号和场景图像为输入，通过分析用户的眼动行为，识别用户的抓握意图（包括抓握目标和动作），并将这些信息传递给辅助机器人控制系统。在机器人控制系统环节，利用深度信息和用户凝视点，准确估计出用户的3D凝视点，并结合内置的惯性测量单元（IMU）和场景图像，精确地估计出用户的头部姿态，最终实现目标定位。

中国科学院沈阳自动化研究所赵新刚研究员团队，以实现柔性外骨骼不同使用环境下的适应性交互控制为目标，提出了一种可完全独立于时间的机器人助力控制架构，从根本上克服了当前时域控制系统的性能缺陷。该技术利用高斯模型在线拟合人体站立相的肢体摆角与压力数据，同时生成与穿戴者运动状态连续对应的机器人行为模式，解决外骨骼在急停、急变速等人体非平稳运动下的适应性瓶颈问题。实验表明，该技术缩短了穿戴者对外骨骼机器人的适应时间，降低了人体能量消耗，实现了穿戴者对机器人行为的自主、连续、随意控制。相关成果被机器人学领域的国际顶级期刊 *IEEE Transactions on Robotics* 录用发表，

获得了领域专家高度评价："该技术可将外骨骼机器人从结构化环境的限制中解放出来""该文章值得被快速发表"。成果同时获得中央电视台和《中国日报》等国家级媒体报道。

三、技术突破

针对孤独症诊疗面临的评估主观性强、康复目标与诊断依据关联性低等问题，哈尔滨工业大学（深圳）刘洪海教授团队建立了基于多源视觉传感器的孤独症辅助早期筛查系统，构建了个性化孤独症干预方案生成及推荐模型，研制了CAVE孤独症早期能力评估和干预训练的沉浸式训练系统，实现了从多源数据采集，到多模态人体行为分析，再到筛查范式自动评估等功能的集成，为孤独症儿童基本能力评估和干预训练提供了个性化的解决方案。同时，面向脑卒中之类运动功能障碍人群在早期离床期或康复初期面临的卧位康复训练需求，刘洪海教授团队开发了满足患者卧位姿态的关节及肌力康复外骨骼干预训练系统（如图2所示）。该系统能够覆盖髋、膝、踝关节的刚性动力外骨骼构型，在髋关节及踝关节下端设计轮式支撑结构，将外骨骼及使用者的下肢肢体重量转移到床上，利用轮式结构的驱动动力完成膝关节屈伸及髋关节外展内收范式；基于单侧模块化设计满足单侧使用或双侧同时使用；优化多源传感系统在外骨骼上的布置和集成，实现运动意图感知；通过变刚度跟随控制器实现柔性交互控制，并实时反馈数据换算人体肢体惯性参数信息及肢体发力状态，以便适应患者康复过程中变化特性。

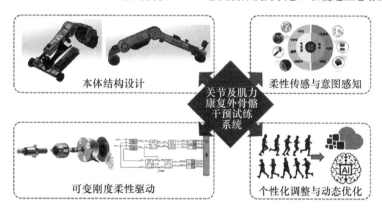

图2　脑卒中患者卧位关节及肌力康复外骨骼干预训练系统示意图

中国科学院深圳先进技术研究院吴新宇研究员团队的曹武警等提出了基于外骨骼智能化精准锻炼的髋关节外展肌肉方案，研制了针对抗阻横向行走锻炼的髋关节外骨骼（如图3所示）。该外骨骼主要采用多自由度欠驱动空间杆件机构，在确保人机系统髋关节外展内收联动稳定的同

时，适当放开其他方向的自由度，使外骨骼具有较好的自适应性。当人体髋关节瞬时转轴与驱动轴不同轴时，杆件系统的滑动副和转动副会自适应性地调整以适应不同的轴偏差，实现等效同轴传动。

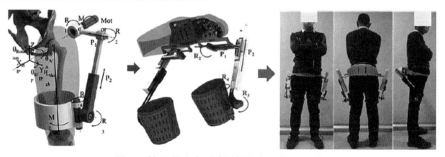

图3　抗阻横向行走锻炼的髋关节外骨骼

四、产品研发

面向卒中偏瘫患者手部运动康复、老年群体手部助力需求，中国科学院自动化研究所侯增广、程龙研究员研发了"手护未来"手部外骨骼及评估系统（如图 4 所示）。该手部外骨骼具有五个自由度，可以实现包括各手指单指屈曲伸展运动，以及集团屈曲伸展运动在内的多种运动模式。在控制方面，该手部外骨骼采用了基于降阶扩张状态观测器的自抗扰控制算法，能够消除使用者自身无意识颤抖以及外部干扰造成的运动不稳定性。在外骨骼机构设计

和控制算法研究的基础上，团队开发了一套康复训练和评估系统。系统内置了被动康复训练、镜像康复训练等多种康复训练模式，支持患者根据自身训练需求制定相应的康复训练计划。配套软件中还配备了手部关节活动度评估功能，以及多款镜像康复游戏，患者可在游戏过程中进行康复训练，提升了康复训练的趣味性和用户的主动参与度。目前，该手部外骨骼和配套软件已经在中国人民解放军总医院康复医学科进行了临床实验，获得了患者和医生的一致好评。

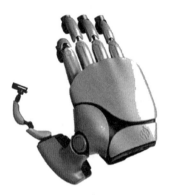

a）"手护未来"手部外骨骼

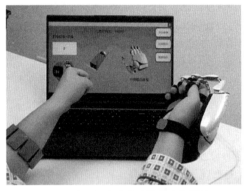

b）基于表面肌电信号的镜像康复训练

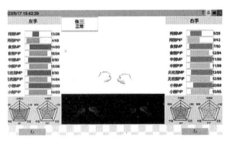

c）手部关节活动度评估

d）卒中偏瘫患者实验

图 4　"手护未来"手部外骨骼及评估系统

生机电一体化机器人是指能够自我调节的人机系统，融合了机器人与神经系统等领域成果，在助老助残等方面具有重要的应用前景。在国家重点研发计划"科技冬奥"重点专项支持下，中国科学院沈阳自动化研究所赵新刚研究员团队，围绕设计轻便性、感知准确性、操控稳定性、人机共融性等目标，研制了上肢外骨骼式智能假肢系统（如图 5 所示），并在北京冬残奥会开展应用示范。火炬手彭园园经历 6 个月技术适配后，可以灵活运用该机器人系统，重获正常人的抓、握、按等肢体功能，实现了人机系统适配，具有了独立自主生活的能力。2022 年 3 月 4 日，在北京冬奥组委驻地举行的冬残奥会火炬传递活动中，该机器人系统成功协助火炬手传递火炬，彰显了奥运与科技的融合理念。相关成果得到央视多当节目的报道，《中国日报》《科技日报》等媒体转载。该成果产生了良好的社会效应，体现了"技术温暖人心"的人文精神，促进了助老助残机器人的成果转化和产业应用。

图 5　上肢外骨骼式智能假肢系统

由浙江大学刘涛教授与福祉科创有限公司研发的浙大—福祉上肢康复训练系统（如图 6 所示）通过机器人牵引患者的方式，对用户上肢进行三维空间运动的康复训练，包括上肢肩关节前屈/后伸，肩关节内收/外展，肩关节内旋/外旋以及肘关节屈/伸等。该系统内嵌人体上肢运动学模型，能够根据康复的需求和用户肢体参数，自动生成参

考康复训练的运动轨迹。机器人末端安装有自研的新型电容式六维力传感器，与传统六维力传感器相比，其在同量程下，能够在保持精度的同时，体积更小，重量更轻。同时，该系统采用自研的基于上肢刀状面检测的上肢姿态测量与校准方法，可以对用户在康复训练过程中上肢姿态和关节角度进行监测，辅助医护人员进行评估。

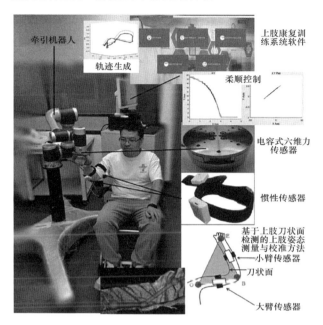

图6 浙大—福祉上肢康复训练系统

浙江工业大学鲍官军教授团队围绕手部运动功能的安全、高效、低成本康复训练需求，设计开发了气动软体手部运动功能康复机器人（如图7所示）。该产品具有完全

的自主知识产权和生产工艺、制造技术方法。所研制的气动软体手部运动功能康复器采用硅胶、亲肤性织物制成，使用压缩空气作为动力，对人手具有天然的亲和性、适应性和安全性；可根据医师经验设定康复训练程序，实时检测反馈手指运动状态和模式，提高康复训练效果；记录存储用户训练过程数据，采用人工智能算法进行康复训练策略的持续优化。目前，已在多家单位进行使用验证。

图7 气动软体手部运动功能康复机器人

中国科学院深圳先进技术研究院吴新宇团队研发了国内首台自平衡下肢外骨骼 AutoLEE。在结构层面，首次提出了刚柔并济串并混联仿生优化创成技术，解决了下肢外骨骼人机相容性问题；在控制层面，将患者的物理参数和交互力视为扰动，设计了基于鲁棒控制理论的人—机耦合系统协同运动拟人粘弹性柔顺控制技术，解决了由于患者物理参数和交互力扰动导致人—外骨骼混合系统自平衡动态行走易失稳的难题。在实验室环境下，AutoLEE 在国内首次实现了自平衡载人动态行走（2女、6男，体重48～87kg）和非结构化地形载人行走。AutoLEE 仿生机构及其载人实验如图8所示。

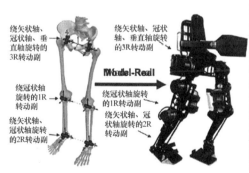

a）AutoLEE及其仿生机构

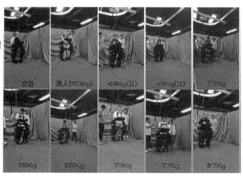

b）AutoLEE平地载人自平衡行走

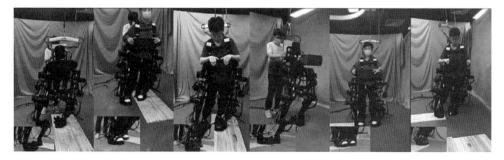

c）AutoLEE非结构地形载人自平衡行走

图8 AutoLEE 仿生机构及其载人实验

中国科学院自动化研究所侯增广、王卫群研究员团队研制了国际首款可以在完整康复周期为下肢障碍患者提供训练的机器人。全周期下肢康复机器人（如图9所示）融合了康复早期的坐卧式踏车、中期的电动直立床以及后期的步态训练设备功能，可满足全周期下肢康复的训练需求，显著提高了设备效率。基于该机器人，实现了截瘫患者的脑控多模式自主行走，设计了基于生理特征、康复阶段、训练表现的个性化康复策略，实现了"人在环中"的康复任务在线优化。目前，该机器人已完成63例患者的临床试验和应用，患者和治疗师均给出了积极评价，由医院出具的临床试应用证明显示："所有患者均顺利完成了训练任务，对机器人的使用表现出极大兴趣和热情，部分患者通过训练找回了上下楼梯的记忆，接受脑控自主行走训练的患者能够通过想象自主完成水平行走、上下楼梯等动作，实现了主动康复训练的早期介入""大部分患者希望在后续治疗中增加康复机器人训练"。该机器人相关的技术成果获得了日内瓦国际发明展金奖、全国机器人专利创新创业大赛唯一的特等奖、中国自动化学会技术发明奖一等奖等奖项。

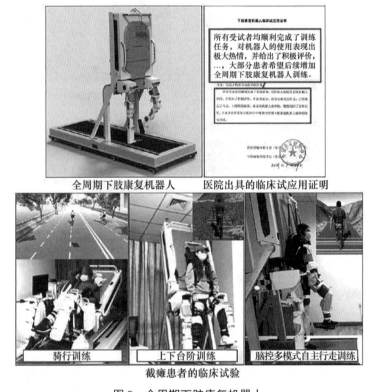

全周期下肢康复机器人　医院出具的临床试应用证明

骑行训练　上下台阶训练　脑控多模式自主行走训练

截瘫患者的临床试验

图9　全周期下肢康复机器人

北京工业大学李剑峰教授团队研发了并联 2-UPS/RRR 踝康复机器人平台（如图10所示），开发了踝关节的机器人辅助踝肌力训练算法与持续被动训练、等张训练、等长训练、等速训练、向心训练和离心训练等多种肌力训练模式，并对肌力训练的性能进行了定量评估。该机器人辅助踝肌力训练系统嵌入导纳控制器、速度雅可比矩阵和运动学逆解，通过协同多个控制器和传感器实现多种肌力训练模式和肌力训练状态的监测。受试者试验结果显示：持续被动训练可用于早期训练阶段，唤醒肌力并恢复踝的关节活动度；等张训练、等速训练和等长训练结合向心和离心收缩可以更好地刺激、促进踝肌肉力量。

面向半失能老人的辅助洗浴需求，北京邮电大学李剑研究员研发了全方位智能洗浴机器人。在结构层面，为了满足洗浴过程中的位姿转换需求，研发人员提出了多姿态柔顺转换构型；为了方便洗浴前后的脱穿衣服，在臀部支撑面上设计了模拟人双手抬起的辅助抬腿装置；为了适应姿态变化过程中的重心变化，加入了重心随动调整装置。在控制层面，提出了基于多传感器的洗浴椅位姿控制策略和基于人体体表轮廓检测的辅助算法，实现了洗浴与辅助擦洗的协同控制。此外，研发人员针对该机器人开发了软件系统，实现了机器人使用状态、使用信息及洗浴模式的智能化控制。目前，该机器人设计已授权国家发明专利6项，获得第八届全国大学生生物医学工程创新设计竞赛二等奖等奖励3项，开展了初步的用户试验。半失能老年人智能洗浴机器人样机测试如图11所示。

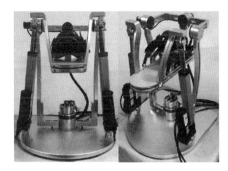

a）踝康复机器人结构

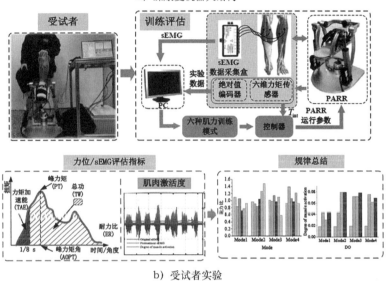

b）受试者实验

图 10　并联 2-UPS/RRR 踝康复机器人平台及实验验证

北京石油化工学院薛龙教授团队研发了全身多功能智能康复机器人，建立了坐姿、躺姿及站姿下的肩、轴、髋、膝、踝等关节协调的全身多功能智能康复机器人本体系统（如图 12 所示）；提出了基于自主研发驱动器支持下的机器人随动阻尼控制算法、人—机对抗控制算法和人—机辅助力控制算法，实现了多关节大范围柔性全周期主被动功能训练；提出了关节本体感觉、关节活动度、运动控制功能等生物力学信息的定量评估方法，完成了对运动伤病患者综合运动表现的精准化动态实时监测，实现了患者综合运动表现的定性模糊评估到定量精准评估的转变；研制

了耦合理疗的全身多功能智能康复机器人系统，实现了人体 5 个主要关节的精准、智能协同训练。

上海尊膳科技有限公司推出了用于老年人湿寒、疼痛等慢性病的康复理疗的低成本智能艾灸机器人（如图 13 所示）。该机器人采用自研串并联六轴机械臂，实现万元级极致成本；能够模拟完整的古法艾灸手法，具备自动净烟、除灰、安全隔离明火，采用温度、距离传感器实时安全保护；采用自研千元级双目相机实现自主定穴，自动点火，且内嵌语音交互大模型，提供极致语音交互体验。

a）产品样机

图 11　半失能老年人智能洗浴机器人样机测试

✓ 位姿变换测试：实现洗浴椅任何角度的坐躺转换，以完成不同姿态下的洗浴动作。

✓ 调试调节测试：根据测试对象的身高差异，调整洗浴椅的整体高度，便于护理人员辅助洗浴。

✓ 重心调节测试：重心随动机构根据姿态调整行程随动控制，以便于重心与姿态的相互适应。

✓ 辅助脱衣测试：完成大腿的抬起动作，可以协同抬腿，也可以单独抬腿，辅助老人穿脱衣物和清洗大腿内侧。

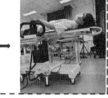

b）实验验证

图11　半失能老年人智能洗浴机器人样机测试（续）

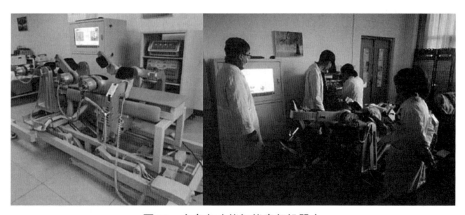

图12　全身多功能智能康复机器人

图13　低成本智能艾灸机器人

五、发展趋势

我国是世界上人口最多、老年人人口基数最大的国家，巨大的需求促生了助老助残机器人技术。同时，随着大模型人工智能技术、5G/6G 通信、精准医学、脑科学、新材料等现代技术的发展，助老助残机器人呈现出以下发展趋势。

1. 精准化

传统的助老助残机器人存在功能定位宽泛、针对性不强、效果不稳定等问题，而随着精准医学、脑科学、生肌电技术与机器人技术的融合，助老助残机器人逐渐展现出精准化的发展趋势。未来，脑肢一体的智能量化评估和精准干预将有助于提高机器人的实用性和有效性，从而加速患者的康复，加快机器人的应用推广。

2. 智能化

传统的助老助残机器人多处于弱智能阶段，存在适应能力不足及智能化水平低等问题，而随着大数据、大模型等人工智能技术的发展，助老助残机器人将向着智能化的趋势发展。未来，自我优化、自我强化、自我进化等技能的提升将有助于提高机器人的个体适应性、安全性及实用性，从而推动助老助残机器人实现质的飞跃。

3.家庭化

传统的助老助残机器人多集中在公共医疗机构和养老机构，存在成本高、体积大、家庭照护、康复延续性差等问题，而随着5G/6G远程通信技术的发展和人们经济水平的提升，助老助残机器人将向着家庭化的趋势发展。未来，轻量化、灵巧化、远程化的助老助残机器人将有助于丰富机器人的应用模式，从而实现助老助残机器人"机构"到"家庭"的多场景扩展。

〔撰稿人：北京邮电大学自动化学院李剑〕

2022年教育娱乐机器人发展情况

一、概念及范畴

1.概念

目前，教育娱乐机器人暂无明确的定义，但有部分国际/国家标准对其相关概念进行了一定的描述，可做参考。国际标准ISO 8373: 2021 *Robotics - Vocabulary* 中对机器人的定义为"programmed actuated mechanism with a degree of autonomy to perform locomotion, manipulation or positioning"，即机器人是具有一定程度自主能力的，可以执行移动、操控或定位任务，可编程的机械致动机构；对服务机器人的定义为"robot in personal use or professional use that performs useful tasks for humans or equipment"，即服务机器人是在个人或者专业用途下，可为人类或者设备完成有用任务的，具有一定程度自主能力的，可执行移动、操控或定位任务，可编程的机械致动机构。国家标准GB/T 33265—2016《教育机器人安全要求》中定义教育机器人（Educational Robot）为学习机器人相关知识而专门设计的一种服务机器人，具有与物理环境或使用者交互的能力，具有一定程度的教学环境适应性、技术开放性、功能可扩展性的特点。国家标准GB/T 41393—2022《娱乐机器人安全要求及测试方法》中定义娱乐机器人（Entertainment Robot）为具备多媒体属性与运动执行功能，通过交互可完成预期娱乐性任务的服务机器人，并且注明了娱乐机器人分为玩具机器人、多媒体社交机器人及其他娱乐机器人。

另外，广义上，凡是增进人们的知识和技能，影响人们的思想品德的活动，即是教育。因此本文将所有用模块化机器人或机器人套件等协助进行教学或学习活动的称之为"机器人教育"，将所有具有"教育＋娱乐"服务于一体的智能机器人称之为"教育娱乐机器人"（Educational Entertainment Robot），它们可以统称为教育机器人。其中，机器人教育是一系列的活动、教学课程、实体平台、教育资源，一般来说，模块化机器人和机器人套件是机器人教育中常见的辅助产品；而教育娱乐机器人是具有教学、陪伴等多种功能的智能服务机器人，通常用于进行儿童陪伴、科学/技术/工程/艺术/数学（STEAM）教育、儿童语言学习、特殊人群学习等主题的辅助与管理教学中。区别于机器人教育中常见的机器人辅助产品，教育娱乐机器人具有固定的结构，一般不支持用户自行拆装。教育娱乐机器人与其他产品的关系如图1所示。

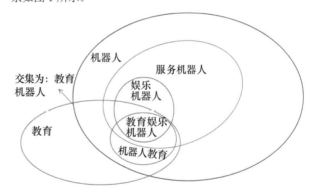

图1 教育娱乐机器人与其他产品的关系

2.分类及本文范畴

基于对2022年度全球市场上多款教育机器人产品的分析，依据各产品的功能及应用场域，教育机器人一般可细分为11种产品类型。教育机器人产品类型见表1。

表1 教育机器人产品类型

序号	产品类型		说明	应用场域	适用对象
1	教育娱乐机器人	智能玩具	配有电子零件且拥有智能属性的玩具，以满足儿童玩乐需求为主，引导儿童学习生活、语言、社交等相关知识为辅	个人携带	幼儿及小学生
2		儿童娱乐教育同伴	是含有人工智能技术的产品，以引导儿童学习课内课外知识为主，伴随儿童成长及满足儿童玩乐需求为辅	家庭空间	幼儿及小学生
3		家庭智能助理	既能按一定的业务处理流程完成特定功能任务，又能根据人机交互结果执行相关功能任务的机器人	家庭空间	幼儿、小学生、中学生、大学生、成年人、老人

（续）

序号	产品类型		说明	应用场域	适用对象
4	教学服务机器人	机器人"教师"	扮演教师角色，根据不同的教学情境，独自完成一门课程的教学，以达到教学效果	学校一般教室	小学生、中学生、大学生
5		课堂助教机器人	主要用于协助教师完成课堂辅助性或重复性的工作，协助教师完成演示实验等任务	学校一般教室	小学生、中学生、大学生
6	机器人教育	远程控制机器人	可人为远程控制的机器人，并可通过该机器人达到使用者自己"身临其境"的教学目的	学校专用教室	幼儿、小学生、中学生、大学生、成人
7		STEAM教具	根据 STEAM 多学科融合教育理念设计的编程学习所需的机器人教学工具	家庭空间、学校一般教室、学校专用教室、学校公用空间	幼儿、小学生、中学生、大学生
8		特殊教育机器人	针对有特殊教育需求的使用者设计的机器人，可以有效改善他们的社交与行为能力	学校专用教室、校外培训机构	幼儿、小学生、中学生
9		工业制造培训类机器人	工业机器人的一种，不用于生产线，而用于培训能设计、安装、维护机器人，或能与机器人一起协同工作的各类专业人员的教具	学校专用教室、学校公用空间、校外培训机构、专业培训场所	大学生、成年人
10		医疗手术培训机器人	本质上是适用于某些外科手术的机器人，也可用于外科医生的培训	校外培训机构、专业培训场所	大学生、成年人
11		复健看护机器人	本质上是陪伴老年人专用的机器人，具备娱乐、脑力训练、复健教学等各方面复健照护的功能，也可用于看护人员的培训	专业培训场所	老人

注：根据 2022 年全球教育机器人产品公开信息及《2019 全球教育机器人发展白皮书》信息整理。

本文将重点以生活中更为常见的适用于基础教育（K12）阶段未成年人的教育娱乐机器人为研究分析对象。

二、行业现状

1. 市场分析

我国教育娱乐机器人行业起步于 2014 年左右，行业发展时间较短。2018 年，教育部发布《教育信息化 2.0 行动计划》，提出要构建"个性化"的教育体系和"泛在化"的学习环境，推动新技术支持下教育的生态重构，为教育机器人发展明确一定方向。2020 年开始，全球处于新冠疫情大流行阶段，很多行业受到巨大经济影响，教育机器人行业也不例外。由于大部分经济活动突然停摆，提供机器人教育的学校和培训中心暂时关闭，不仅影响了教育机器人的制造端，也扰乱了教育机器人的供应链，但其中教育娱乐机器人因"非接触式""个人"服务及"数据采集终端"等特点，反而在此期间获得了更多的应用市场，全球多家

教育娱乐机器人初创公司就此出现。教育娱乐机器人行业整体呈现环境、技术、用户三方协同促进产品应用发展态势，不过提升科技含量、补齐制造短板、缓和伦理问题也成为了该市场的难点。目前，我国不仅有深圳市优必选科技股份有限公司（简称"优必选"）、安徽淘云科技股份有限公司、北京儒博科技有限公司、广州智伴人工智能科技有限公司等起步较早的教育娱乐机器人企业持续深耕，还有深圳大象机器人科技有限公司（简称"大象机器人"）、深圳市注能科技有限公司等新起之秀，以及深圳市腾讯计算机系统有限公司（简称"腾讯"）、深圳市商汤科技有限公司（简称"商汤科技"）、杭州萤石网络股份有限公司等其他领域老牌企业，共计大约 40 多家企业。各企业代表产品在学习指导、听故事、情感陪伴 3 个方面重点发力，教育娱乐机器人市场格局和盈利模式逐步清晰及稳定。我国部分教育娱乐机器人企业及其代表产品见表 2。

表 2　我国部分教育娱乐机器人企业及其代表产品

企业名称	所在地区	融资轮次	主要投资方	代表产品
深圳市优必选科技股份有限公司	深圳	D 轮	腾讯、启明创投、鼎晖投资	悟空机器人、Jimu Robot、UGOT
安徽淘云科技股份有限公司	合肥	C 轮	科大讯飞股份有限公司	阿尔法蛋大蛋
北京儒博科技有限公司	北京	股权融资	同泰盛源	布丁豆豆智能机器人 JT600
深圳大象机器人科技有限公司	深圳	B 轮	Hax 真格基金、深创投、东方证券、云天使	Marscat、metaCat、myCobot 系列机器人
广州智伴人工智能科技有限公司	广州	A 轮	盈富泰克、境成投资	智伴儿童成长机器人 1X
北京物灵科技有限公司	北京	B 轮	君信资本	物灵卢卡

（续）

企业名称	所在地区	融资轮次	主要投资方	代表产品
湖南金鹰卡通传媒有限公司	湖南	拟收购	芒果超媒	麦咭
深圳市城市漫步科技有限公司	深圳	A 轮	深圳高新技术产业园劲嘉创投、盛方资本	小漫在家 3.0
杭州萤石网络股份有限公司	杭州	定向增发	渝富控股、浙江金控中国国新控股、中金财富	萤石 RK200/400 万儿童陪护机器人
深圳市商汤科技有限公司	深圳		商汤集团股份有限公司（已港股上市）	SenseRobot 元萝卜 AI 下棋机器人（围棋/象棋）
北京可以科技有限公司	北京	C 轮	安克创新、蓝驰创投、顺为资本、小米集团	可立宝（ClicBot）机器人、loona 机器人
深圳市注能科技有限公司	深圳		个人	Eilikj 机器人（商标为 Energize Lab）

注：数据来源于 2022 年国内部分教育娱乐机器人企业公开信息，排名不分先后。

虽然教育娱乐机器人市场中内容、软件、硬件三方协同形成了良好的产业业务生态，但是还是有以下几点值得各方注意。

（1）技术难题。虽然教育娱乐机器人的硬件不如汽车、医疗器械等领域对于硬件精度要求高，但在芯片、传感器、人机交互操作系统、视觉识别、自然语义理解等硬件和软件方面仍然具备高要求，而我国对于外资的芯片、传感器、人工智能算法等依赖程度高。

（2）内容生态。从内容供应方面来看，内容会涉及版权问题，内容生态搭建成本高、难度大，增值服务盈利并非普适；从用户方面来看，用户会评估内容的付费价值，且对内容的付费意愿差异性很大；从硬件方面来看，硬件本身与内容的匹配性，包括展示形式、效果等，也需要考虑垂直应用和平台型应用场景。

（3）渠道发展失衡。由于教育娱乐机器人的实际用户和购买客户（第三方销售商）存在分离，二者均需通过接触实物来理解产品的使用。然而当前产业面临线上、线下渠道分布的不平衡，此行业的企业普遍缺乏线下渠道。

2. 产业链分析

教育娱乐机器人上游为核心零部件制造商、系统平台开发商、应用服务提供商、内容供应商；中游为系统集成商；下游为品牌商及渠道商。其中，上游核心零部件主要包括芯片、控制器、传感器、减速器等，芯片为教育娱乐机器人的核心器件，占据该类型产品整体生产成本的 55% 左右，当前国内芯片相关企业仍有一定芯片制造技术瓶颈，总体芯片供应商外资市场份额较大；而内容供应商主要是对机器人植入教育课程、教学案例、语言学习、儿童百科、儿歌故事等内容，内容的质量直接影响消费者用户体验，当前国内儿童教育内容供应商较多，产品存在一定同质化现象。中游的系统集成商，根据实力的不同，目前存在两个梯队，一梯队具备自己的核心技术和教育资源平台，其产品在功能性能、特色内容等多方面领先，主要有优必选、商汤科技、大象机器人等；另一梯队主要通过采购教育娱乐机器人的各部分技术服务，再完成模具加工，从而完成产品，主要集中在教育娱乐机器人中的智能玩具赛道，企业有湖南金鹰卡通传媒有限公司、深圳市鑫益嘉科技股份有限公司、深圳市火火兔智慧科技有限公司、广东起跑线文化股份有限公司等。

三、技术成果

众多企业进入教育娱乐机器人行业并持续深耕，推动了教育娱乐机器人相关技术的发展。下面以几家典型企业为例进行说明。

（1）面向 K12 用户群体的语音交互技术：悟空智能教育机器人是优必选联合腾讯共同研发，深度结合了优必选科技在人形机器人领域的硬件优势和腾讯的资源优势，其中腾讯叮当 AI 助手的语音交互技术基于自然语言理解技术（NLP）和海量的语料标注数据，交互内容广泛涵盖新闻、赛事、票务、快递、音乐、股市、文学等多种类别，而针对 K12 的用户群体，还特别添加了动作指令、影片、游戏、儿歌故事、自然百科、学科教育、心理健康等类别语料库，使用户和机器人对话中可以直接获取基于需求的服务信息，还可以包含一些更为复杂的搜索服务，例如联系上下语境，进行多轮对话交互或者机器人主动发起语音交互。此外，机器人还支持在动态场景下的智能语音服务，动态场景下的声源更易不稳定、不连续，对机器人语音交互系统的软硬件要求更高。

（2）面向 K12 用户群体的自适应学习技术：通过自适应学习技术，教育娱乐机器人可在与用户的互动过程中自我学习，将不同的知识转化为数据，关联存储于自己的系统中，形成知识图谱及认知体系并持续动态更新完善，由此辅助机器人已具有的教学及娱乐体系，从而在人机交互过程中培养 K12 群体用户的分析能力、实践能力、创新能力等综合能力。如应用在孤独症儿童治疗陪护场景，可将儿童与机器人的交互数据（即依据制定的机器人不同行为方案,对不同阶段和类型的孤独症儿童进行动作、声音等感官刺激)用来进行孤独症谱系的测量,测量结果可提供行为学和神经科学的反馈优化,从而优化机器人交互模型。现该应用场景已得到验证,"大象机器人"企业持续为孤独症儿童护理机构捐赠教育娱乐仿生机器猫,均已获得正面反馈。

(3)面向 K12 用户群体专项训练的视觉识别技术:SenseRobot 元萝卜 AI 下棋机器人(简称"元萝卜")是商汤科技与棋院合作研发,搭载了"7 个级别、超过 2 000 道精选专项习题"的丰富内容,通过充分利用屏幕、语音、棋盘、机械臂和视觉识别技术,独创了"画面引导 + 语音激励 + 机械臂演示 + 整机交互"的学棋练棋体验,其中视觉识别技术主要通过图像处理方法,如图像分割、图像增强、图像平滑、图像编码和传输、图像边缘锐化等,在改善图像视觉效果后,用人工智能算法对图像进行分析、处理和识别,所以"元萝卜"能够以毫米级的操作精度实现手眼协同,让儿童能够感受实际围棋/象棋对弈过程中的节奏与状态,提升其专注力、空间想象能力、逻辑思维能力等。另外,当儿童面对题目无从下手时,"元萝卜"还会主动介入,通过语音和标识对题目知识点进行讲解。

四、趋势分析与预测

1.市场

(1)全球市场概况。2022 年,全球教育机器人市场估值为 12 亿美元,其中,高等教育在总市场中的占比为 35%。2023—2032 年,预计该市场的年均复合增长率最高可达 16%。

(2)我国市场业务模式趋势。长期以来,软件厂商集成内容、硬件厂商集成"软件 + 内容",形成教育娱乐机器人产品,通过学校 / 机构间(B2B)或学校 / 机构与个人(B2C)等不同渠道面向消费者。但近年来随着市场趋势变化,集成方逐渐从硬件转移至软件。

(3)我国市场规模预测。K12 群体规模相对稳定,2020 年教育部披露 K12 阶段学生数约为 1.98 亿人。近年来 K12 阶段人群稳步增长,基数庞大。据国家统计局数据预测,2022 年 K12 阶段人群突破 2 亿人,2023 年将达到 2.04 亿人并保持平稳。我国 K12 的教育智能硬件市场增速迅猛,以学习机为例,2020 年来自热门电商渠道的销售额达数十亿元,规模上升 40%,预计 2024 年教育智能硬件市场将达千亿元规模。而教育娱乐机器人作为机器人与教育行业的交叉领域,主要用户为 K12 群体,乐观预测其市场规模至 2023 年将超过 70.3 亿元。

2.技术

目前教育娱乐机器人更多的是作为智能硬件和教育内容的结合,在课堂、书房、客厅及户外四大场景下主要发展两大工具属性,一个是辅助提升用户的学习效率;另一个是赋能用户拓展其能力边界,但用户已不再满足于教育娱乐机器人简单的教育内容输出及娱乐功能的实现,还希望工具除了加强目前的两大属性外,具备情感陪伴属性,所以这对其机器人的智能性提出了更高的要求。教育娱乐机器人的产业发展,将与便携式计算机、智能型手机、平板计算机的发展历程相似,升级产品智能程度,探索更多场景应用可能性。预测教育娱乐机器人多条产业链可围绕智能技术攻坚和智能战略部署,开发智能系统,使教育娱乐机器人有聪明的"大脑",能达到与用户共情的能力;达到给予用户听懂/看懂的反馈能力;达到通过游戏互动、语言互动、用户习惯感知等形式,自学习了解用户,为用户制定个性化优质内容,潜移默化中培养用户的学习兴趣及能力,从而提高产品核心竞争力。

另外,2022 年以来,人工智能大模型开始有所突破,人工智能的发展将促进教育娱乐机器人的全面智能化(情感理解和回应、个性化交互、长期学习和自我改进等)发展。例如,2022 年 11 月 30 日,OpenAI 公司发布的 ChatGPT 能够通过深度学习和自然语言处理技术来理解人类语言和情感,并产生自然流畅的语言输出。不过预测近 5 年内,受技术限制、隐私和安全问题、社会接受度、成本问题、资本导向等因素影响,且消费者对"辅助提升用户的学习效率"的需求更大,教育娱乐机器人的全面智能化发展还是会以"集成智能教育硬件所有功能"的趋势进行。

〔撰稿人:重庆凯瑞机器人技术有限公司、国家机器人质量检验检测中心(重庆)罗小雪、李本旺〕

2022 年机器人用 RV 减速器发展情况

一、概念与范畴

1.RV 减速器概念、原理与应用

RV 减速器是在传统的摆线针轮减速器基础上发展出的一种新型的减速传动设备,具备体积小、重量轻、效率高、传动稳定、精度高及其他优点在机器人、机床等工业领域得到了广泛应用。

RV 减速器的关键零件主要有摆线轮(2件)、偏心轴(不同规格减速器偏心轴数量不同,一般为 2 件或 3 件)、针齿壳、行星架(左、右两件)、行星齿轮(不同规格减速器行星齿轮数量不同,与偏心轴数量相同)。使用时将针齿壳与机器人本体固联,输入轴连接伺服电动机作为输入机构,行星架作为输出机构。RV 减速器结构如图 1 所示。

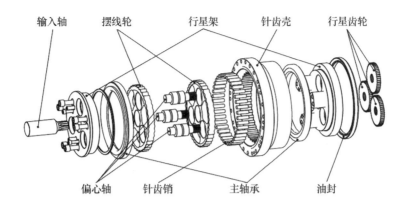

图 1 RV 减速器结构

RV 减速器是一种二级减速机构,第一级为渐开线圆柱齿轮减速机构,第二级为摆线针轮减速机构。RV 减速器的工作原理为:输入轴尾部与电动机通过键连接,电动机带动输入轴旋转,输入轴将动力传递至与之啮合的三件(或两件)行星齿轮上,行星齿轮内花键与偏心轴外花键固联,作为第二级齿轮传动的输入,如果输入轴按顺时针旋转,那么行星齿轮在公转的同时还将逆时针自转,并通过偏心轴带动摆线轮做偏心运动,此时,摆线轮在沿其轴线公转的同时还将反向自转(即顺时针转动),同时还通过偏心轴带动行星架(输出轴)做顺时针方向的旋转。RV 减速器原理如图 2 所示。

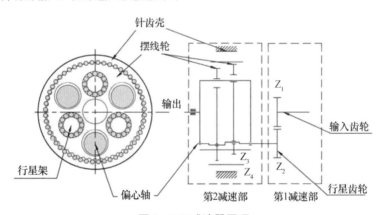

图 2 RV 减速器原理

由于工作要求及安装方式不同,减速器可以将针齿壳、行星架、输入轴中的任意两个部件作为输入输出机构,由此可以获得不同的传动比与传动方式。

结合原理与结构可知,RV 减速器经过巧妙设计,对比传统齿轮减速器拥有以下特点:

(1)传动机构受到行星架与针齿壳包容,极大地减小了减速器的尺寸,尤其是轴向尺寸,也减少了零件数量,降低了成本。

(2)紧密的结构设计与优良的加工工艺使减速器获得了更高的传动精度、传动效率、运转平稳性与较小的回差。

(3)由于二级传动设计,减速器在改变渐开线行星齿轮的情况下可以获得较大的传动比范围,提升了产品的适用性。

RV 减速器的优点有:高刚性、高精度、高扭矩、高效率、高寿命、高抗冲击负载能力、低振动、低惯性、低磨损,此外,还具有小齿隙、传动比大、安装方便、结构紧凑、动作角度大等特点;其主要缺点有:制造难度大、制造成本高、可维修性低等。

2.机器人用 RV 减速器

RV 减速器是机器人的关节,具有降低转速、增加扭矩和保证机器人平稳运行的作用,其成本在机器人本体总成本中的占比最大,约为 30%。

相比于谐波减速器,RV 减速器可承受的扭矩较大,结构刚性好,但精度稍低。因此,目前 20kg 负载以下机器人的基座和大臂一般选用 RV 减速器,终末端及执行部分一般选用谐波减速器；20kg 负载以上（含 20kg）机器人的所有关节均选用 RV 减速器。

工业机器人主要包括垂直多关节机器人、SCARA 机器人、并联（Delta）机器人、坐标机器人和协作机器人五种类型，其中前四类也称为传统工业机器人。同类型的工业机器人以其结构的区别对 RV 减速器的需求也有所区别。数据显示，目前投入应用的机器人中，多关节机器人所需的 RV 减速器最多，平均每台多关节机器人需要 4 台 RV 减速器，平均每台坐标机器人需要 3 台 RV 减速器。除 SCARA 机器人和并联机器人以外，其他类型机器人平均需要 1 台 RV 减速器。

由于安装在机器人上的 RV 减速器承担了大部分负载，是影响终端位置控制的主要因素，所以机器人企业对 RV 减速器的传动精度、整体刚性、运行稳定性等指标有着严格的要求。

二、行业现状

2022 年，受新冠疫情影响，许多企业遇到了招工难和用工荒的问题，这让企业认识到自动化的重要性。企业希望减少对人力资源的依赖，加快产业结构升级的步伐，并加强对机器人的使用。同时，2021 年 12 月印发的《"十四五"机器人产业发展规划》提出，到 2025 年，我国成为全球机器人技术创新策源地、高端制造集聚地和集成应用新高地。机器人产业营业收入年均增速超过 20%，形成一批具有国际竞争力的领军企业及一大批创新能力强、成长性好的专精特新"小巨人"企业，建成 3～5 个有国际影响力的产业集群；制造业机器人密度实现翻番。机器人产业链上下游企业察觉到了政策指向，调整组织结构，积极提升产能。

从需求角度看，新增工业机器人需求是 RV 减速器产业发展的主要驱动力。根据中国机器人产业联盟（CRIA）统计，2022 年中国工业机器人销量为 29.7 万台，其中，多关节机器人、坐标机器人、SCARA 机器人、并联机器人及其他类型机器人的占比分别为 67.1%、4.7%、24.6%、0.9% 和 2.8%。依据各类型工业机器人销量的占比及单台工业机器人所需 RV 减速器数量估算，2022 年中国工业机器人用 RV 减速器需求量约为 84.7 万台。

从竞争格局来看，2022 年，日本纳博特斯克株式会社（简称"纳博特斯克"）仍是全球 RV 减速器龙头企业，其在全球 RV 减速器市场中的占比约为 60%，在我国市场中，纳博特斯克也占据了半数以上的市场份额。但随着技术的不断进步，国产 RV 减速器的市场份额得到了持续提升。据高工机器人产业研究所（GGII）估算，2022 年，浙江环动机器人关节科技有限公司（简称"环动科技"）、珠海飞马传动机械有限公司（简称"珠海飞马"）、秦川机床工具集团股份公司（简称"秦川机床"）、宁波中大力德智能传动股份有限公司（简称"中大力德"）、南通振康焊接机电有限公司（简称"南通振康"）、北京智同精密传动科技有限责任公司（简称"北京智同"）的市场份额分别达到 12%、7%、5%、4%、3% 和 3%。2022 年我国工业机器人用 RV 减速器市场情况如图 3 所示。

从长期来看，在智能制造转型升级的背景下，在政策刺激、社会人口结构老龄化、人力成本上升等多种因素的影响下，制造企业对工业机器人的需求逐渐释放，将拓展 RV 减速器市场增量空间。同时，由于 RV 减速器具有额定的使用寿命，当前保有的工业机器人需要定期更换 RV 减速器，因此存量市场也是不容忽视的重要组成。国内主要 RV 减速器制造企业见表 1。

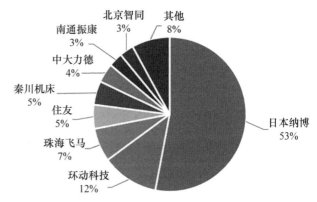

图 3 2022 年我国工业机器人用 RV 减速器市场情况

注：数据来源于高工机器人产业研究所（GGII）。

表 1 国内主要 RV 减速器制造企业

企业名称	所在地	主营业务
陕西秦川高精传动科技有限公司	陕西省宝鸡市	机器人减速器
浙江环动机器人关节科技有限公司	浙江省台州市	机器人用 RV 减速器、谐波减速器
南通振康焊接机电有限公司	江苏省南通市	工业机器人用 RV 减速器，焊接送丝装置，工业机器人
宁波中大力德智能传动股份有限公司	浙江省宁波市	微型直流齿轮减速电动机、微型交流齿轮减速电动机、小型交流齿轮减速电动机、行星减速器、精密摆线针轮减速器、电动机控制器等
北京智同精密传动科技有限责任公司	北京市	RV 减速器
珠海飞马传动机械有限公司	广东省珠海市	工业机器人用精密行星摆线减速器、谐波减速器，混凝土搅拌机、搅拌车、皮带机、干粉砂浆机、施工升降机等设备所使用的精密减速器等

虽然当前有一大批国内企业成功地将 RV 减速器产品推向了市场，并且在产品的效率、精度、寿命、噪声等技术指标上追平了纳博特斯克的同类型产品，但在产量、同批次稳定性等方面仍然有一定的差距。国内厂商通过与高校科研机构合作攻克技术难关，在误差分析、仿真计算、专用设备及工装夹具、检验测试技术等方面做出了巨大努力，取得了阶段性进展。

三、技术成果

1. RV 减速器一体机发展情况

2022 年，为了满足非标自动化行业的应用需求，国产 RV 减速器企业进一步完善了产品系列型谱，用于对标纳博特斯克 RD2 系列的一体机产品。国产 RV 减速器产品覆盖 20E、40E、80E、110E、10C、27C、50C、100C、120C、200C、320C 等多个型号，对应电动机功率为 0.75～5kW，可匹配伺服电动机的轴径为 14～38mm。同时，国产 RV 减速器企业具备了根据用户特殊需求进行定制开发的能力。但由于国内 RV 减速器制造企业众多，无法满足不同用户对于电动机接口及电动机轴长的通用性需求。

2. N 系列 RV 减速器发展情况

2022 年，为了顺应工业机器人轻量化、小型化的发展趋势，国产 RV 减速器企业对标纳博特斯克 RV N 系列减速器产品进行了研发及系列型谱完善。其中，25N、42N、125N 等型号的 RV 减速器主要用于负载在 20kg 以下 6 轴机器人的关节选型。目前，国内部分 RV 减速器企业如环动科技已经具备批量生产的能力，秦川机床、北京智同等企业也已经完成了部分型号的研发。

3. E 系列、C 系列 RV 减速器新产品发展情况

在我国，E 系列与 C 系列 RV 减速器已经成熟生产多年。2022 年，国内企业在 BX20E 和 BX40E 的基础上进行改进，设计制造出 BX35E、BX65E 两款减速器，这两款减速器在外形尺寸不变的情况下，额定输出转矩较提高了 30% 以上、扭转刚度提高了 30% 以上。同时出现的还有 BX155C 减速器，该减速器不在纳博特斯克标准的产品系列型谱中，是介于 BX100C 和 BX200C 之间的产品，BX155C 减速器的生产主要是为完善系列、满足更多用户的选型配置要求。目前，BX155C 减速器主要应用于 500kg 六轴机器人的第五轴。

四、趋势分析与预测

1. 技术趋势

在保持既有市场的情况下，机器人正在向着"两极化"的趋势发展。同时，随着机器人应用场景的不断扩展，机器人用 RV 减速器也得到了良好的发展。

用于医疗行业、精密机电行业、有限环境作业的机器人，需要小型化、轻量化、紧凑化的 RV 减速器满足其对稳定可靠、灵活轻便的要求，以日本最新的 Z 系列 RV 减速器为例，与 N 系列和 C 系列相比，Z 系列 RV 减速器可以在外形尺寸基本不变的情况下，使扭转刚度提高 10%～20%；对于重载重压、高负荷大行程作业的机器人，需要高扭矩、高刚性、高精度的 RV 减速器实现对大体积、大重量设备的高精度控制，例如 900N 和 900C 这两款 RV 减速器，都是用在大型重载 6 轴机器人的基座位置，用于对第一轴的控制。

除了"两极化"的趋势，还有一部分机器人企业出于行业特性对减速器提出了特殊需求，甚至可以牺牲部分性能来满足其需要的特定性能，例如对噪声、密封性、防腐蚀等性能的单方面追求也表明了一种定制减速器的技术方向。

近年来，活跃在人们视线中的还有特殊的人形机器人，人形机器人是集合了机械结构、伺服驱动、运动感知、前沿算法为一体的复杂精密机器。2022 年 8 月，小米科技有限责任公司在其新品发布会上推出了首款人形仿生机器人铁大（CyberOne）。同年 10 月，特斯拉公司（Tesla）推出了人形机器人原型机擎天柱（Optimus）。相比于传统工业机器人，人形机器人协作能力更强，使用范围更广，其结构构复杂，零件组成众多，考虑到制造成本、续航性能和功能实现等问题，必须有成熟可靠的集成型轻量化、高性能长寿命、大批量稳定生产的减速器作为其动力传递模块，这就对 RV 减速器提出了更高的要求。随着 Tesla 人形机器人的发布，人形机器人市场发展进程有望加速，以 Optimus 为例，单台人形机器人对精密减速器的需求量为 14 台，因此，人形机器人市场的发展有望快速打开精密减速器的新需求。

2. 市场趋势

当前，随着机器人行业的不断发展，RV 减速器的关注度也在不断提高。RV 减速器行业中的那些已初具规模、占得先机的企业也在抓紧机会吸引投资，增发股份。在这样的市场背景下，机器人企业一方面需要维持自身运转，提高产品质量、提升服务品质；另一方面也要同越来越多的对手竞争，不断开发新客户，维护老客户。每个减速器企业的侧重点不同，发力点也不同，但都会选择在适合自己的赛道抓住机遇快速发展。随着数字化进程的加快推进，机器换人将受益其中，预计未来几年，RV 减速器市场增长的确定性进一步增强。

3. 总结

RV 减速器市场集中度极高，高端市场长期被日本品牌所垄断，特别是在汽车焊接、航空航天重载机器人应用等领域。目前，国产 RV 减速器与国外竞品之间存在着精度保持性、质量一致性和稳定性差异，需要进一步在摆线轮齿形优化、各相配零件的误差均化和分配、零件合理优化分组，以及批量化生产过程中关键工序控制等方面进行研究和应用。同时，为了应对机器人市场残酷的市场压力，我国需要不断加大国产 RV 减速器工艺装备的研发和应用，如摆线轮、针齿壳高精度高效磨齿机、行星架加工设备的开发、批量应用，以及模拟应用场景的多轴加载试验台的理论研究、开发应用。

〔撰稿人：秦川机床工具集团股份公司刘耀〕

2022 年机器人用谐波减速器发展情况

一、概念及范畴

谐波减速器是随着工业机器人等尖端科学发展应运而生的高技术产品，是制造工业机器人产业链中不可或缺的重要部分，是工业机器人和机械臂可靠、精准运行不可或缺的零部件。谐波减速器可以使机器人伺服电动机在合适的速度下运转，在提高机械体刚性的同时输出更大的转矩。无论是作为高灵敏度随动系统的精密谐波传动，还是作为传递大转矩的动力谐波传动，谐波减速器都表现出了良好的性能。

1. 工作特点

相较于传统齿轮减速装置，谐波减速器结构简单，由波发生器、柔轮和刚轮三部分构成。以上三部分可任意固定其中一个装置，其余一个主动装置、一个从动装置，实现减速或增速；也可变换成两个输入装置，一个输出装置，组成差动传动。谐波减速器内部结构示意图如图1所示。

刚轮 柔轮 凸轮 滚球轴承 波发生器

图1 谐波减速器内部结构示意图

实际使用中，通常固定刚轮，利用电动机带动波发生器，柔轮输出转动。波发生器为椭圆形，将波发生器放入柔轮中，会使柔轮产生弹性形变而呈椭圆形，与波发生器紧密贴合。再将波发生器和柔轮的整体放入刚轮，柔轮长轴两端的外齿和刚轮的内齿啮合，而短轴两端的外齿与刚轮的内齿脱开。波发生器轴承处连接电动机，电动机带动波发生器顺时针转动。转动过程中，椭圆形的波发生器会使柔轮不断变形，柔轮上的齿顺时针依次与刚轮内圈的每个齿啮合。

2. 工作原理

谐波减速器工作原理的核心在于柔轮和刚轮之间的"错齿运动"。一般情况下，柔轮比刚轮少两个齿，波发生器每顺时针转动一圈，就使得柔轮逆时针错位两个齿，随着电动机的不断转动，这种错位效应连续起来，便表现为柔轮的逆时针转动。假设刚轮共有200个齿，柔轮共有198个齿，电动机带动波发生器每转动一圈，柔轮便会旋转1/100圈。因此，当电动机转动100圈时，柔轮才会转动一圈，因此，该减速器的减速比为100。因为柔轮的转速比波发生器要小很多，以此实现降低电动机转速和增大输出扭矩的效果。通过调节柔轮和刚轮的相对齿数，可获得不同的减速比。

二、行业现状

1. 谐波减速器在工业机器人中的应用

谐波减速器广泛应用于工业机器人的关节处，在多关节机器人、协作机器人、SCARA机器人和并联机器人上应用较多。

（1）六轴多关节机器人：通常使用1～6个谐波减速器。负载为10kg以下的六轴多关节机器人，其6个关节都应使用谐波减速器；负载为10～30kg的六轴多关节机器人，通常在负载端、末端机械臂转动处使用谐波减速器，其余关节使用RV减速器；负载为30kg以上的六轴多关节机器人，一般仅在负载端使用谐波减速器，其余关节使用RV减速器。

（2）协作机器人：协作机器人有6或7个关节，用于人机协作生产，负载较轻，一般全部使用谐波减速器。

（3）SCARA机器人：一般使用2或3个谐波减速器，其中Z轴使用皮带齿轮传动，也可能使用谐波减速器或行星减速器。

（4）并联（DELTA）机器人：一般使用3个谐波减速器。

2022年我国市场工业机器人用谐波减速器需求总量达到97.8万台，同比增长34.2%。预计到2025年，我国工业机器人用谐波减速器市场需求量将突破200万台。我国工业机器人用谐波减速器市场需求见表1。

表1 我国工业机器人用谐波减速器市场需求

类别	2017年（万台）	2018年（万台）	2019年（万台）	2020年（万台）	2021年（万台）	2022年（万台）	2023年（万台）	2024年预计（万台）	2025年预计（万台）
多关节机器人用谐波减速器	32.2	34.0	33.3	36.1	46.9	63.3	82.3	105.4	131.6
坐标机器人用谐波减速器	2.2	2.3	1.5	2.0	2.3	2.6	2.8	3.1	3.3

（续）

类别	2017 年（万台）	2018 年（万台）	2019 年（万台）	2020 年（万台）	2021 年（万台）	2022 年（万台）	2023 年（万台）	2024 年预计（万台）	2025 年预计（万台）
SCARA 机器人用谐波减速器	6.6	9.0	8.4	11.7	12.9	15.6	17.7	19.8	21.9
并联机器人用谐波减速器	0.2	0.3	0.4	0.5	0.6	0.7	0.8	0.8	0.9
协作机器人用谐波减速器	2.4	3.6	5.4	6.6	10.2	15.6	24.0	33.0	43.2
合计	43.6	49.2	49.0	56.9	72.9	97.8	127.6	162.1	200.9

注: 1. 数据来源于前瞻产业研究院和安信证券研究中心测算。

   2. 由于公开渠道缺乏权威性较高的关于谐波减速器行业的具体生产销售数据,因此参考中国机器人产业联盟(CRIA)和 MIR 睿工业对中国市场工业机器人销量及增速的预测以及行业未来的发展趋势,测算出 2023—2025 年我国各类机器人的产量,结合各类型机器人所需谐波减速器的经验数量,分别估算国内工业机器人所需谐波减速器数量。

根据中商产业研究院发布的《2023 全球与中国市场主减速器深度研究报告》,2022 年,我国谐波减速器市场规模约为 21 亿元,预计到 2025 年我国谐波减速器市场规模有望超过 30 亿元。2019—2025 年我国谐波减速器市场规模如图 2 所示。

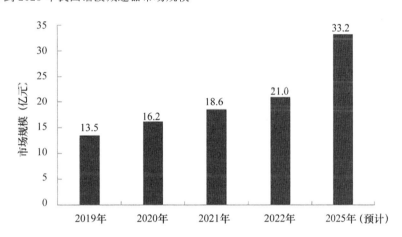

图 2 2019—2025 年我国谐波减速器市场规模

注: 数据来源于中商产业研究院。

2. 谐波减速器在其他机器人中的应用

除传统工业机器人领域外,谐波减速器还将广泛运用于仿生机器人、数控机床、工厂自动化、光伏设备、医疗器械、半导体设备和航空航天等领域。

(1)仿生机器人:人形机器人属于仿生机器人,是一种特殊的服务机器人,拥有与人类相似的肢体结构,使用双足行走,具备一定的人工智能。人形机器人最初的设计定位是应用于和人类直接接触的场景,例如家庭、学校、餐厅等。相较于传统的服务机器人,人形机器人的形态和动作更像人,自由度更高,关节数量更多,对谐波减速器的需求量也更大。2021 年 8 月,特斯拉首次发布形机器人——擎天柱(Optimus)的概念图和相关视频,引起了市场对仿生机器人的想象空间。目前 Optimus 的定位主要为代替人工劳动。根据麦肯锡报告预测,到 2030 年,全球将有 15% 的劳动力被自动化机器人取代。长期来看,全球仿生机器人市场空间巨大,是一个崭新且庞大的市场。

从特斯拉 Optimus 人形机器人的结构来看,其身体躯干总共使用了 28 个执行器,每只"手"使用 6 个执行器。

不同部位所需运动功能不同,分别采用直线执行器或旋转执行器,其中,直线执行器和旋转执行器的数量分别为 12 个和 16 个。目前,旋转执行器采用谐波减速器 + 电动机的组合。直线执行器采用内部旋转螺杆结构,通过永磁力矩电动机带动螺杆旋转推动执行杆,将电动机的旋转运动转化为执行杆的直线运动。根据旋转执行器的使用量,可假设 1 台人形机器人使用 16 个谐波减速器。

(2)数控机床:数控机床动力来源于伺服电动机,需要额外附加减速器来增加转矩,提高负载端的惯量匹配。因为谐波减速器体积小,精度高,传动效率高,高端数控机床生产和制造已经逐步开始用谐波减速器替代原有电驱动零部件。一般而言,高精度数控回转台和加工中心需要使用 1 或 2 个谐波减速器,雕刻机分度回转装置及义齿加工机等也需要使用谐波减速器。

(3)医疗器械:谐波减速器主要用在放疗设备、检测设备、医疗机器人、康复机器人等设备关节部位。

(4)光伏设备:谐波减速器一般用于光伏智能制造设备以及光伏发电设备中太阳能跟踪系统的自动化组件,

可调节电池板与太阳的角度,保持太阳光垂直射电池板,提高光伏组件的发电效率。

三、未来趋势

1.进口替代加速,国产化程度提高

目前,主流国际品牌仍在全球谐波减速器行业中占据市场主导地位,国际品牌减速器生产商供货交付期长达数月,产品销售价格亦高于同期国外客户售价,这一现状在一定程度上制约了国内机器人生产商的发展。随着一系列产业鼓励政策的颁布和实施,我国已将突破机器人关键核心技术作为科技发展的重要战略目标,对精密减速器发展的支持力度不断增强。同时,国内部分企业通过技术攻关、生产工艺的改进,研发出的产品在性能和稳定性等方面已能够达到国际水平,形成了一定的国产化替代。

未来,随着研发的不断投入、技术水平的成熟、产品性能和质量的提升,国内厂商能够凭借更高的产品性价比、更优的现场服务能力、更短的交货周期、更快的售后响应速度等优势,使国产谐波减速器被更多下游行业厂商认可,国产化程度将加速提高,形成国内自主品牌减速器与国际品牌同台竞争的市场格局。

2.产品向机电一体化、模块化方向发展

机器人及机器人关节为高度机电耦合系统,机电一体化模组将减速器及其他部分零部件进行模块化集成,能够提升减速器产品的功能属性和适用场景,降低厂商部件采购种类,减少安装环节,提高集成效率,并降低工业机器人的开发和应用门槛,让下游制造商更加专注于其机器人应用场景的开发,促进下游行业使用效率的提高和生产成本的降低,迎合了下游行业客户的市场需求。

机电一体化、模块化将成为行业发展的重要趋势,在这种趋势下,国内外领跑企业纷纷开发一体化模块,如苏州绿的谐波减速器有限公司推出了中空结构一体化谐波减速模组产品,融合集成谐波减速器、超扁平力矩电动机、Ether CAT总线型驱动器、绝对值中空编码器、制动器、智能传感器等于一体,简化了用户安装使用时间和成本,适应了谐波减速器未来市场需求;日本哈默纳科公司提出了"整体运动控制",将谐波减速器与电动机、传感器等组合,提供高附加值模块化产品;科尔摩根发布RGM机器人关节模组,探索提供机器人关节解决方案。目前,机电一体化、模块化主要呈现以下发展趋势:①传动精度高、运行稳定性高;②高集成化、模块化设计、结构更紧凑、自重轻;③高动态响应、低振动、低噪声。

3.下游市场持续高涨,应用领域不断拓宽

机器人用减速器作为高端装备的核心零部件,与制造业固定资产投资规模和国民经济增长密切相关。随着我国国民经济的持续增长,国内生产总值及固定资产投资均实现逐年提高,下游多个领域呈现出快速增长态势,带动精密减速器行业市场规模扩大。目前,国内新进厂商技术水平和产品质量参差不齐,真正符合下游客户标准、通过检测的合格减速器产品生产商依旧数量有限。在下游需求、国家产业政策支持的带动下,未来行业整体需求依旧高涨。同时,随着技术的日益成熟,精密减速器逐渐体现出高精度、高刚度、高负载、传动效率高、大速比、高寿命、低惯量、低振动、低噪声、低温升、结构轻小、安装方便等诸多优点,其应用领域将从工业机器人领域更多拓展到数控机床、航空航天、医疗器械、新能源等多个领域,发展前景广阔。

〔撰稿人:苏州绿的谐波减速器有限公司左晶〕

中国
机器人
工业
年鉴
2023

地区篇

　　从重大举措及事件、产业现状、发展规划及战略等
方面，阐述我国机器人行业各省份及重点城市的发展情况

综述篇

大事记

产业篇

地区篇

园区篇

标准检测认证篇

产教融合篇

企业篇

应用篇

人物篇

政策篇

国际篇

统计资料

附录

中国
机器人
工业
年鉴
2023

地区篇

2022年北京市机器人行业发展概况

当前，机器人产业蓬勃发展，极大地改变着人类生产和生活方式，为经济社会发展注入强劲新动能。北京虽不是国内机器人产业规模最大的地区，但机器人产业的发展质量与附加值相对较高，在新一代信息技术的支撑下，北京地区机器人产业逐渐向价值链中高端攀升。

一、机器人资源优势

北京作为国内人才集聚的高地，无论是在人才成长环境还是人才待遇上均处于全国领先地位，为北京区域内机器人产业发展提供了充足的人力资源。北京地区的高端人才集聚效应尤为明显，拥有清华大学、北京航空航天大学机器人研究所、北京理工大学智能机器人研究所、北京机械工业自动化研究所、机械科学研究总院、中国科学院自动化研究所、北京科技大学机器人研究所等机器人领域重点高校和科研院所；同时还拥有北京天智航医疗科技股份有限公司、中兵智能创新研究院有限公司、北京极智嘉科技股份有限公司、北京思灵机器人科技有限公司、北京软体机器人科技有限公司等一批国内外一流的机器人企业，这为北京在机器人领域的发展提供了有利条件。

二、机器人产业发展情况

1.产业链发展生态日趋完善

机器人产业链主要分为上游核心零部件研发与生产、中游本体制造和系统集成以及下游各行各业的具体应用等三方面。

上游核心零部件方面，主要包括各类零部件厂商，提供机器人生产中所需要的核心组件和功能模块。从成本角度方面看，控制器、伺服电动机、减速器等零部件是工业机器人成本占比较大的部分。近年来北京地区的机器人研发水平逐渐提升，出现了一批具有较强核心竞争力的优秀本土企业，逐渐打破了外资企业垄断技术与产品的不利局面。

中游本体制造和系统集成方面，涵盖机器人本体制造商以及面向应用部署服务的系统集成商。其中，本体制造商在机器人本体结构设计和加工制造的基础上，通过集成上游零部件实现机器人整机的生产；系统集成商则成为连接生产企业和客户的桥梁，通过面向具体用户需求的定制化集成开发，实现机器人在特定场景中的实际部署。

下游应用方面，主要由不同领域的企业客户和个人消费者构成，共同形成巨大的机器人应用市场。用户从传统工业企业向不同赛道的服务业领域快速渗透。

北京充分发挥中关村机器人产业创新中心、亦庄机器人产业园等园区的带动作用，重点依托亦庄、顺义、大兴和房山等地区，落地建设协作、医疗、物流和应急的机器人产业基地。

2.里程碑式支持机器人发展

北京市围绕前沿技术、整机研制（仿人机器人/仿生机器人）、机器人应用示范、异构多维无人系统协同控制等方向，自2019年起，按照机器人发展五年规划，聚焦机器人前沿技术与应用技术研究，以提升机器人整机技术水平和性能为牵引，带动关键零部件发展，取得多项重大进展。

仿人机器人方向，由北京理工大学机器人研究所领衔，联合北京理工华汇智能科技有限公司等单位研制的高动态跑跳运动仿人机器人，持续三年攻克了高动态运动的仿生机构设计、奔跑运动规划、高动态跳跃运动规划、高动态平衡调节等关键技术，大幅提升仿人机器人的运动能力，推动仿人机器人向实用化和先进机器人设计理念和控制技术发展，为未来机器人新兴产业发展提供技术支撑与储备。

四足机器人方向，由中国北方车辆研究所领衔，汇聚清华大学等单位，围绕提升融合机械臂行为的四足机器人稳定控制能力、智能作业能力，突破机器人重载荷条件下机械臂稳定控制、复杂环境下融合机械臂行为自恢复、机器人高爆发运动柔顺伺服控制、机器人高保真动力学仿真和分层软件架构设计、整机能源与效能管理等关键技术，成功研制具备稳健人机交互作业和自主作业能力的搭载机械臂的四足机器人，达到四足机器人搭载机械臂开展稳定的重物抓取、融合机械臂摔倒自恢复、跳高跳远等自主智能作业的国际先进水平，关键核心组件设计进一步优化升级，可实现小批量生产，未来可在建筑搬运、快递物流、安保监控、家庭看护等领域开展应用。

在异构协同方向，由中国科学院自动化研究所领衔，联合北京蓟航智能科技发展有限公司、北京航空航天大学和北京庚图科技有限公司共同开展异构多维无人协同控制系统融合建模与决策关键技术研究，实现异构多机器人系统的空—地融合建模与编队运动实验，解决多无人系统异步环境感知、多模态传感器信息融合、数字孪生环境重构等关键问题，突破了分布式动态多模态感知与交互建模关键技术，研制自组网通信＋地图重构核心算法和实用软件，面向复杂地形等领域开展应用，为多复杂环境工程应用奠定基础。

3.积极推动科技成果概念验证

自2020年以来，北京市聚焦中关村开放实验室成果的概念验证阶段，开展早期科技成果"从0到1"转化的创新探索，不断发现挖掘和持续培育高精尖项目，通过中关村开放实验室推动科技成果转化进行创新探索，支持企业围绕"高精尖"产业建设专业化平台提供概念验证、中试熟化等专业服务，推进实验室在基础研究和应用研究阶段同企业开展合作，加速了项目研发及成果转化进程，在深化产学研协同，助力区域创新生态完善和创新能力提升等方面取得一定成效，且多项科技成果的概念验证成效显著。例如：中科院自动化所将机器人激光导航技术和视觉识别技术应用于移动消毒机器人设备中，能够实现机器人在医院楼道、病房的深紫外光照射消毒作业，有效减少人员交叉感染，样机应用于北京冬奥会主会场和延庆赛区颁奖广场的消毒作业；清华大学研制搭载高灵活性全并联五轴模块具备全向吸附移动功能的加工机器人新装备，攻克高刚度高能效设计、刚柔耦合精度保障、高速高精控制等关键技术，形成机器人化装备原位加工技术体系，解决企业在大型复杂构件加工中面临的可达性难题。

2022 年，聚焦概念验证阶段，北京市科委、中关村管委会制定政策《中关村国家自主创新示范区优化创新创业生态环境支持资金管理办法（试行）》，设置"科技成果概念验证项目"政策点，同步设置科技成果概念验证专项，采取"揭榜挂帅"方式，支持喉部微创机器人、泌尿外科肿瘤精准手术机器人、经颅磁刺激智能导航机器人等多项医疗机器人相关概念验证项目，助推高校院所、医疗卫生机构优质早期科技成果熟化，加快科技成果转化效率。

与此同时，北京市大力支持中关村示范区范围内的国家高新技术企业和中关村高新技术企业、高等学校、科研机构、医疗卫生机构及社会组织等创新主体，围绕高精尖产业领域建设第三方概念验证平台，为高等学校、科研机构、医疗卫生机构及企业等提供科技成果评估、技术可行性分析、工程样机生产、小批量试制、商业评价等概念验证服务，为早期科技成果提升技术成熟度，降低市场化风险，提高科技成果转化效率。2022 年重点围绕智能装备、医药健康、新材料和新一代信息技术等高精尖产业领域，聚焦概念验证阶段，支持一批概念验证平台开展概念验证服务、体系和能力建设工作，着力智能机器人的零部件和传感器研制、关键技术熟化等方面搭建概念验证平台，开展概念验证服务。截至 2022 年年底，在各平台建立项目库、累计入库 150 余项，开展概念验证项目 60 项，形成工程样机 20 个，累计推动成果转化 21 项。

4. 搭建产业技术平台网络

面向北京着力发展的高精尖产业领域，着力建设中关村开放实验室，已先后进行 11 批挂牌。截至 2022 年 7 月，挂牌实验室数量达到 243 家，包括国家重点实验 21 家、部委级重点实验室 27 家、国家工程研究中心 32 家、北京市级重点实验室 49 家，其中智能机器人领域的实验室有 23 家。这些实验室至少在一个细分领域，具有国内领先的研发实力，有意愿面向中关村示范区企业开放科技资源、转化科技成果的实验室，成为助力区域创新能力提升的重要力量。按功能可分为研发型实验室、检测型实验室、综合型实验室和专业服务型实验室。

（1）研发型实验室。研发型实验室是指依托高校院所设立的研发型实验室，具有研发能力突出、科技成果丰富、转化需求旺盛等特点；依托国企设立的研发型实验室同样具有较强的研发能力，但是相比高校院所，其科技成果转化的人员激励制度还存在一定限制；依托民营企业设立的研发型实验室主要侧重于企业主营业务相关的产品和技术研发，其成果以内部消化为主，极少涉及基础性研究。

（2）检测型实验室。大部分检测型实验室经过相关政府部门认定并获得省市级以上质量、计量、评估、检测或分析资质，实验室在开展检测认证服务的同时，通过开放实验条件平台和设备设施，为科研团队提供仿真、分析、实验等服务，在推动科技资源开放共享方面发挥了重要作用。

（3）综合型实验室。综合型实验室主要致力于推动产学研交流与合作，其依托主体类型较为广泛，包括高校院所、转制院所、民营企业、园区服务商等。按照运行组织形式可分为专业服务型和综合服务型。

（4）专业服务型实验室。专业服务型实验室在平台服务型开放实验室中的占比达 60%，该类型实验室主要为企业提供技术外包、评估分析、方案设计等各类专业技术服务，实验环境、设备设施等配套条件较好。综合服务型实验室在平台服务型开放实验室中的占比为 40%，该类型实验室主要为行业提供设施服务、成果转化、投资孵化、产业对接、市场对接等综合服务，具有较强的资源整合能力。

三、推动机器人领域重点园区建设

1. 中关村机器人产业创新中心

中关村机器人产业创新中心按照"围绕产业链部署创新链、围绕创新链布局产业链"的核心思路，打造聚焦机器人产业创新生态系统，结合机器人产业实际特点，布局产业链、创新链和公共服务 3 个板块内容。整合北京市中关村机器人行业企业、高校、科研院所等多元化创新主体资源，引进国际化研发中心，以"软""硬"结合的智能化机器人为发展重点，聚焦工业协作机器人、特种机器人、服务机器人和无人系统四个领域，搭建具有专业服务能力、资源配置能力和核心创新能力的机器人产业创新中心。

创新中心以市场化机制推进协同创新平台和特色化产业园区同步落地，集聚各类创新要素，强化协同创新能力，通过创新中心强有力的平台汇聚作用，利用京津冀传统产业转型升级、新型应用场景打造等机遇，主动部署并形成完善的产业链、创新链和供应链体系，构建覆盖机器人全生命周期的产业生态，打造全球知名的机器人创新创业高地。

2. 亦庄机器人产业园

亦庄机器人产业园以机器人全产业链布局为导向，聚焦机器人高端化、智能化、场景化发展趋势，坚持"创新驱动、场景带动、生态推动、产业链联动"，充分发挥高精尖产业主阵地规模优势，集聚国内外一流机器人企业，承载转化重大产业化项目，打造国内领先的机器人技术创新策源地、高端制造集聚地、集成应用新高地和产业生态示范地，形成集"四地"功能于一体的机器人产业综合集聚区。

亦庄机器人产业园已集聚了百家机器人产业链生态企业，形成了 5 个产业组团：以小米集团为代表的人形机器人产业组团，以北京和华瑞博科技有限公司、北京长木谷医疗科技股份有限公司为代表的医疗健康机器人产业组团，以安川首钢机器人有限公司、北京京仪自动化装备技术有限公司为代表的协作机器人产业组团，以北京凌天智能装备集团股份有限公司、博雅工道（北京）机器人科技有限公司为代表的特种机器人产业组团，以京东集团为代表的物流机器人产业组团，以 SMC 自动化有限公司、北京软体机器人科技股份有限公司、北京智同精密传动科技有限责任公司为代表的机器人核心零部件企业组团。其中 1/3 为专精特新企业，减速器等关键核心零部件实现自主可控，在特种、工业洁净机器人等产品方面实现创新突破。

为建设成为北京机器人产业创新园，打造集研发创新、公共服务、应用示范、产业集聚于一体的机器人产业高质量发展区，建成产业链条完整、产业生态良好、综合实力显著的国际一流机器人产业基地，亦庄机器人产业园将持续完善六大机器人核心零部件、六大机器人整机产品的"6+6"产业布局，优化资源配置，分梯度精准对接企业需求，全周期助力企业成长。

四、积极制定智能机器人产业发展规划及战略

北京市按照《中华人民共和国国民经济和社会发展第十四个五年规划和 2035 年远景目标纲要》总体部署，积极推动落实《"十四五"机器人产业发展规划》重点任务。为加快推动北京机器人产业创新发展，全力打造机器人技术创新策源地、应用示范高地和高端产业集聚区，有效支撑国际科技创新中心和全球数字经济标杆城市建设，重点开展以下工作。

（一）加快机器人技术体系创新突破

1. 提升机器人关键技术创新能力

组织实施机器人产业"筑基"工程，发布产业关键技术攻关清单，围绕机器人操作系统、高性能专用芯片和伺服电动机、减速器、控制器、传感器等关键零部件以及人工智能、多模态大模型等相关技术，支持企业组建联合体，通过"揭榜挂帅"聚力解决机器人产业短板问题和"卡脖子"技术难题。

2. 构建机器人产业科技创新体系

建设开放共享、协同创新的机器人产业科技创新体系。由机器人骨干企业牵头，整合国内外一流创新资源，组建

人形机器人创新中心，开展关键共性技术研究。支持机器人企业与"智能机器人与系统高精尖创新中心"联合开展产业化攻关。支持机器人企业建设市级企业技术中心，以年度主营业务收入作为申报条件的可放宽至不低于 1 亿元。鼓励机器人企业参与各项开源项目，利用开放资源提升创新水平。

（二）推动机器人产业集聚发展

1. 建设机器人产业基地

加强机器人工业用地开发和供给，提升产业空间承载能力，率先在具备条件的区域建设机器人产业基地，吸引全球机器人产业链企业落地布局。对企业购置研发、生产用地，加快审批进度，实现"拿地即开工"。

2. 培育机器人"专精特新"企业

加大机器人领域"专精特新"企业培育力度，组织专业机构为机器人创新型中小企业和"专精特新"企业提供孵化、投资等服务，根据服务绩效对符合条件的机构予以奖励。支持机器人创业团队和中小企业参与 HICOOL 全球创业大赛、创客北京、创客中国等创新创业赛事。鼓励有条件的区培育机器人中小企业特色产业集群。

3. 支持机器人企业重大项目落地

支持建设一批机器人产业化项目，对建设"机器人生产机器人"标杆工厂，实现机器人生产全流程无人化、智能化的机器人企业，按照不超过建设项目投资予以奖励。各产业集聚区出台区级机器人产业配套政策，促进机器人企业加快项目落地。

（三）加快"机器人+"场景创新应用

1. 推动机器人"千行百业"示范应用

结合智能制造、智慧农业、智能建造、智慧医疗、智慧物流、智慧养老、智慧商业、智慧应急等，开放一批机器人创新应用场景，组织机器人场景供需对接。发布《北京市"机器人+"典型场景应用目录》，将应用成效突出、具有较强影响力的典型场景纳入目录并进行推广。

2. 提升机器人企业系统解决方案供应能力

支持机器人企业向智能制造系统解决方案供应商转型，鼓励"新智造 100"工程项目优先采用自主创新的工业软件和机器人产品相结合的系统解决方案，对应用机器人企业创新产品和解决方案的数字化转型成功案例加强推广。

〔撰稿人：北京科技成果转化服务中心牛海然、李丽、周恢〕

2022 年天津市机器人行业发展概况

一、行业发展概况

天津市作为全国先进制造研发基地，大力实施制造业

立市战略，着眼于产业链高端价值定位。天津市拥有联合国产业分类中全部 41 个工业大类，207 个工业中类中的

191 类产品、666 个工业小类中的 606 类产品,是全国工业产业体系最完备的城市之一,拥有历史悠久的制造业基因。

依据国家《"十四五"智能制造发展规划》《"十四五"机器人产业发展规划》,天津市相继出台《天津市机器人产业发展三年行动方案(2018—2020 年)》《天津市关于进一步发展智能制造的政策措施》等,并在天津市"十四五"规划纲要中明确提出"制造业立市",将制造业作为天津的根基与未来发展的战略支撑。2022 年年底发布《天津市加快制造业高质量发展推进制造业立市若干政策措施》,其中的首台套、技改项目等为机器人产业发展提供了坚实的支撑。

天津市政府对工业机器人产业发展提供政策支持。凭借丰富的创新资源和雄厚的工业基础,天津市机器人产业呈现高速发展态势,已成为我国北方重要的机器人产业基地。近年来,天津市已形成滨海新区、武清区、西青区和东丽区 4 个具有明显聚集趋势的机器人产业园区。特别是天津市滨海新区,已初步形成在机器人领域兼具科技创新、加工制造、集成应用以及市场推广的产业生态。连同分布在周边的核心零部件制造、本体开发及系统集成企业,已形成较为完整的产业链。虽然行业规模尚小,但发展势头迅猛,对促进制造业升级转型和国民经济高质量发展的撬动作用日益明显。

2022 年,新冠疫情的影响仍然存在,天津市机器人行业普遍呈现逆势增长态势。在政府引导和市场推动双重驱动下,天津市除了原有的天津新松机器人自动化有限公司(简称"天津新松")、天津深之蓝海洋设备科技有限公司(简称"深之蓝")、辰星(天津)自动化设备有限公司(简称"辰星自动化")、天津朗誉机器人有限公司(简称"朗誉机器人")、一飞智控(天津)科技有限公司(简称"一飞智控")等一批机器人整机龙头企业,又涌现出天津云圣智能科技有限责任公司(简称"云圣智能")、国网瑞嘉(天津)智能机器人有限公司(简称"国网瑞嘉")、天津望圆智能科技股份有限公司(简称"望圆智能")、天津博诺机器人技术有限公司等,一批具有显著行业特色的机器人企业。天津新松已完成占地 100 亩(1 亩 ≈ 666.67m²)智慧产业园建设,形成年产 1 万台多关节工业机器人本体的生产能力;新奥集团与天津大学共建"物联感知研发中心",促进智能科技产业转化落地,拓展与天津市物联网、数字智能等领域合作空间。辰星自动化继续领跑国内并联机器人市场,并在 2022 年发布了高速 SCARA 机器人新品,正式入局 SCARA 机器人赛道。在资本市场,2022 年,辰星自动化、朗誉机器人、云圣智能、望圆智能均完成了数轮融资。

二、重点产品及主要企业

截至 2022 年年底,天津市机器人产业链上下游典型企业及产品情况表 1。

表 1 天津市机器人产业链上下游典型企业及产品情况

序号	主要产品及类型(工业或服务)		企业名称	主要产品
1	机器人本体	工业机器人	天津新松机器人自动化有限公司	工业机器人生产与自动化集成
2			辰星(天津)自动化设备有限公司	并联机器人、SCARA 机器人等
3			天津朗誉机器人有限公司	重载自动导引车(AGV)
4			川崎机器人(天津)有限公司	工业机器人
5			天津牛耳机器人有限公司	工业机器人
6			天津迦自机器人科技有限公司	工业 AGV
7			天津扬天科技有限公司	轻型协作机器人、混联机器人等
8			清研同创机器人(天津)有限公司	喷涂机器人
9		水下机器人	天津深之蓝海洋设备科技有限公司	无人遥控潜水器(ROV)、自主水下航行器(AUV)
10			天津望圆环保科技有限公司	泳池清洗机器人
11			天津瀚海蓝帆海洋科技有限公司	自主品牌水下机器人
12		无人机	一飞智控(天津)科技有限公司	飞控系统、无人机系统订制
13			天津全华时代航天科技发展有限公司	无人机
14			天津云圣智能科技有限责任公司	超低空无人机物流系统及巡检
15		服务机器人	天津卡雷尔机器人技术有限公司	服务机器人
16			天津筑高机器人技术有限公司	建筑板材安装机器人
17			天津塔米智能科技有限公司	服务机器人
18			天津汇智星源科技有限公司	法务服务机器人
19			华创智造(天津)科技有限公司	建筑用 3D 打印机器人
20			天津大学"妙手"	手术机器人

（续）

序号	主要产品及类型（工业或服务）		企业名称	主要产品
21	机器人关键零部件	减速器	中能（天津）智能传动设备有限公司	大负载RV减速器
22			国人机器人（天津）有限公司	谐波减速器
23			天津旗领机电科技有限公司	RV减速器
24			沃德传动（天津）股份有限公司	传动设备
25		传感器	宜科（天津）电子有限公司	SCADA上位监控系统、PTL物料分拣系统
26			天津七所高科技有限公司	焊钳、焊接变位机
27			天津杰泰高科传感技术有限公司	激光雷达、光电传感器
28			天津讯飞信息科技有限公司	机器人语音识别系统
29		伺服电动机	埃恩斯工业技术（天津）有限公司	伺服驱动器
30			天津市东篱自动控制设备有限公司	伺服驱动器
31		控制器	天津电气科学研究院有限公司	控制器
32			天津新松机器人自动化有限公司	机器人用控制器
33			辰星（天津）自动化设备有限公司	并联机器人专用控制器
34			天津市易控科技发展有限公司	pc-base控制器
35	机器人集成服务	集成服务	中国汽车工业工程有限公司	机器人集成生产线
36			天津福臻工业装备有限公司	机器人集成生产线
37			天津智通机器人有限公司	机器人打磨系统集成
38			清研同创（天津）科技有限公司	喷涂机器人本体生产及产线集成
39			国网瑞嘉（天津）智能机器人有限公司	智能带电作业机器人
40			天津福莱迪科技发展有限公司	3C行业机器人集成生产线
41			玛斯特轻量化科技（天津）有限公司	激光复合焊接系统，机器人集成生产线
42			易思维（天津）科技有限公司	汽车行业缺陷检测集成
43			常青智能（天津）有限公司	汽车零部件生产设备集成
44			天津泰华易而速机器人科技有限公司	机器人视觉检测解决方案
45			菲特（天津）检测技术有限公司	汽车行业检测系统集成
46			天津沐森机电技术有限公司	机器人焊接、打磨项目集成
47			天津中屹铭科技有限公司	机器人打磨、切割项目集成
48			天津新玛特科技发展有限公司	汽车车身智能装备制造

深之蓝成立于2013年，是一家专注于水下智能装备研发制造的领军企业，并以天津为研发生产中心，为亚洲、美洲、欧洲、大洋洲的多个国家和地区提供产品和服务，逐步搭建起了完善的研发创新体系、供应链体系、质量管理体系、售后服务体系以及覆盖全球的销售网络。经过多年发展，深之蓝制定了两翼驱动的发展战略，产品线逐渐细分为军事工业品及商用消费产品，全面稳步发展，领跑国内水下智能装备行业。工业级产品在科研科考、救助打捞、水利水电、水产养殖等专业领域，为企业用户提供缆控水下机器人（ROV）、自主水下航行器（AUV）、水下滑翔机（AUG）、COPEX型自动剖面浮标等产品及相关行业解决方案，服务客户包括中华人民共和国应急管理部、南水北调中线干线工程建设管理局、国家海洋局、长江航道局上海海事局等部门。深之蓝将工业级水下机器人的技术积累延续到消费级水下智能装备，为个人用户提供水下助推器、动力浮板、水下无人机等涉水运动智能产品，让水下运动更加丰富和触手可及。消费级产品先后获得德国"红点奖"、美国"CES创新奖"、中国专利奖及我国台湾的"金点设计奖"等多项荣誉，打破了国外水下运动品牌的市场优势格局，"深之蓝（Sublue）"逐渐成为具有国际竞争力的自主品牌。深之蓝工业产品线如图1所示。深之蓝消费产品线如图2所示。

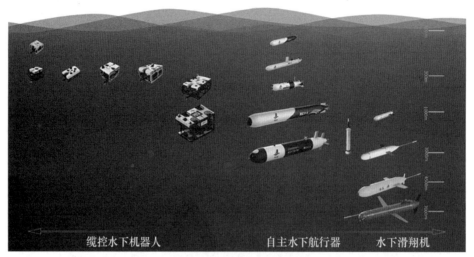

缆控水下机器人　　　　　　自主水下航行器　　　水下滑翔机

图1　深之蓝工业产品线

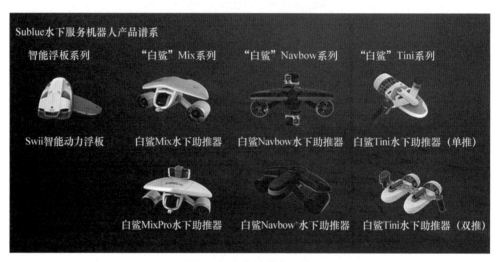

图2　深之蓝消费产品线

辰星自动化的阿童木系列并联机器人依靠核心技术优势，经过多年深耕市场，在全国并联机器人市场销量已遥遥领先，是国内领先的并联机器人本体研发及后段包装自动化的整体解决方案供应商。2022年10月，倾注阿童木机器人心血、凝聚集体智慧的两大系列7款高速SCARA系列新品亮相。阿童木机器人家族如图3所示。

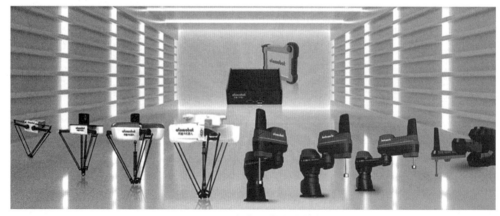

图3　阿童木机器人家族

望圆智能自成立以来坚持自主研发和创新，致力于以高效率、低成本、智能化的方式革新传统泳池清洁方式，实现了泳池清洁机器人的无缆化、轻量化、智能化，根据不同的使用场景打造了适用于地上、地下等各种类型的产品，产品线类型丰富，同时，凭借完善的产品研发设计能力和优秀的产品质量管理水平，望圆科技的泳池清洁机器人产品行销欧洲、北美洲、大洋洲、亚洲的数十个国家和地区，与众多国际知名泳池行业品牌客户建立了长期、良好、稳定的业务合作关系，产品质量获得国内外客户的高度认可，让专业人士及普通大众拥有了更好的泳池休闲生活体验。望圆系列泳池清洗机器人如图4所示。

图4　望圆系列泳池清洗机器人

菲特（天津）检测技术有限公司是一家推进人工智能技术在工业领域智能化应用的企业。企业专注于光学、人机交互、人工智能、数字化智能分析软件等前沿技术研发与创新，将多种技术融合并以工业知识库为基础，迄今已获得知识产权200余项，独创100余个"在线级"落地应用案例，以汽车行业为起点，致力于为化纺、医药、钢铁等工业制造行业赋能，可提供包含质量控制、工艺监测、人工智能安全预警、智能分析以及工业垂类大模型等前沿技术，是全球工业领域提供全套解决方案的科研企业，同时也是我国（人工智能）AI在工业领域应用系统出口欧洲、北美、印度的科技型企业。菲特汽车内饰装配防错系统如图5所示。

图5　菲特汽车内饰装配防错系统

国网瑞嘉已实现配网带电作业机器人研发、制造、销售、运维服务产业链条全线贯通，为保障电网安全可靠运行和带电作业人员安全提供了高水平的智能装备支撑，累计销售订单金额突破15亿元，面向江苏、浙江、北京、天津等地的用户交付智能带电作业机器人近500台。国网瑞嘉带电作业机器人如图6所示。

图6　国网瑞嘉带电作业机器人

朗誉机器人专注重载AGV的研发生产，产品最大载重量可达1 000t，可实现双车联动、多车拼接。基于5G和北斗导航，开发出无人驾驶转运平台，进一步延伸了产品应用领域。重载AGV市场逐步开拓，目前有实际应用案例400余个。2022年10月，朗誉机器人发布增程式重载无人驾驶AGV——"朗誉号"。"朗誉号"车长14m、宽3m、高1.7m，离地间隙达0.5m，该产品轴距为8.5m、轮胎直径1.4m，自重近100t，满载情况下行驶速度可达36km/h。这台"大块头"拥有充满"智慧"的大脑——基于5G、北斗两大国家技术平台全自动导航，该AGV可在海港、陆路港、园区等多种场景中完成高精度的运输任务。朗誉机器人无人驾驶车如图7所示。

图 7　朗誉机器人无人驾驶车

2022 年，云圣智能推出第 4 代"虎系"天地一体化全自助无人机智慧巡检系统和"圣"系全自主无人机巡检系统。其中，"宝莲灯"自动机场系统引人注目，该系列产品获得了 2022 年天津市科学技术奖一等奖。该产品应用于贵州能源发电、蒙东电网巡检、国网冀北电力巡检（冬奥会电力保障）等项目，并在滨海新区防疫防汛等应急管理发挥重要作用。云圣智能的"宝莲灯"自动机场系统如图 8 所示。

图 8　云圣智能的"宝莲灯"自动机场系统

三、重大举措和事件

1）2022 年 1 月，作为制定无人机编队飞行表演安全规范的参编单位，一飞智控凭借世界领先的无人机集群控制技术及引领行业发展的安全规范标准，荣获第七届无人机百人会"中国无人机 2021 年度十大价值品牌奖"，一飞智控创始人——齐俊桐荣获"中国无人机 2021 年度卓越人物奖"。

2）2022 年 2 月，北京冬奥会火炬在北京冬奥公园、首钢园传递。奥运史上首次机器人与机器人之间在水下的火炬传递动作由水陆两栖机器人与水下变结构机器人在北京冬奥公园水下完成。本次参与水下火炬传递的机器人由来自南开大学的科研团队设计。团队参与了 9 款机器人的设计工作，除去两款运用在火炬传递中，其他几款也在冬奥赛场上陆续亮相。

3）2022 年 2 月，阿童木机器人自主开发创立的国内全域一站式工业自动化设计资料共享共创平台——"设纪元"上线，"设纪元"平台从用户心声出发，切实实现用户查找设计素材的便捷性。

4）2022 年，重载 AGV 领军企业——朗誉机器人完成两轮超千万金额的融资，继续引领重载 AGV 行业快速发展。

5）2022 年 4 月，天津政务网发布了"天津市人民政府关于表彰天津市有突出贡献专家的决定"，天津市机器人产业协会常务副会长、深之蓝董事长魏建仓，协会副会长、云圣智能董事长陈方平榜上有名。

6）2022 年 5 月，天津市机器人产业协会秘书处推荐会员单位天津理工大学、旗领机电参与录制天津电视台新闻频道的世界智能大会特别节目——"产学研"发力机器人产业。

7）2022 年 6 月，天津移动和天津大学正式签署合作协议，成立 AI 联合实验室，在量子认知、计算机视觉、机器学习、情感计算、自然语言处理以及新一代人工智能技术研发等方面探索合作与发展新模式，促进产学研紧密合作，切实提升信息通信业科技创新水平。

8）2022 年 7 月，天津移动"基于'5G+AI'超高清视频分析的运营商机房巡检机器人系统"成功入选由工业和信息化部和国家广播电视总局联合发布的"超高清视频典型应用案例"。

9）2022 年 7 月，我国自主研发的首款竖直起降喷气动力飞行器日前在天津滨海窦庄通用机场试飞成功。这款飞行器由南开大学人工智能学院段峰教授团队自主设计研发。它突破了喷气式动力系统设计、复杂非线性系统控制等核心技术，解决了传统小型旋翼飞行器载重低以及大型直升机起降条件要求高的问题，填补了国内竖直起降喷气式动力飞行器设计及控制领域的空白，对推动我国飞行器发展具有重要意义。

10）2022 年 8 月，第八届恰佩克奖颁奖仪式暨第十二届中国国际机器人高峰论坛在安徽芜湖成功召开。颁奖仪式上，天津市机器人产业协会及其会员单位收获颇丰，天津市机器人产业协会荣获恰佩克全国独家"年度优秀组织奖"，新松机器人自动化股份有限公司领取"年度卓越品牌奖"，天津朗誉机器人有限公司、辰星（天津）自动化设备有限公司获得"年度创新品牌奖"，天津卡雷尔机器人技术有限公司获得"年度新锐品牌奖"，天津大学、天津职业大学和天津现代职业学院获得"中国高校产教融合50强"荣誉。

11）2022年9月，以河北工业大学为第一起草单位并由韩旭教授牵头，王嘉、张露予、段书用、陶友瑞等作为主要起草人起草的国家标准《工业机器人平均无故障工作时间计算方法》在全国标准信息公共服务平台正式发布，在国际上率先制定了工业机器人可靠性评估标准，实现了"零"的突破。

12）在2022年世界机器人大赛——BCI脑控机器人大赛中，由天津大学医工院司霄鹏副教授指导的"天津大学三磅宇宙（TJU_TPU）赛队"拔得头筹，勇获赛道冠军和一等奖桂冠。

13）天津市机器人产业协会于2022年8月开展首场线上直播带岗专场活动，为5家会员单位推送100余个招聘岗位信息，招聘企业代表现场解答求职者问题，共有13 000余人观看本次招聘活动，该活动获得了民政部官方报道。

14）由北京市长城企业战略研究所推出的"中国信科独角兽及新物种榜单"榜单全新出炉，凭借在信息技术应用方面的技术创新和实践经验，云圣智能强势入榜。

15）2022年9月，在各级主管部门的大力支持下，全国首家达芬奇机器人临床教育中心在天津市肿瘤医院正式成立，以智能科技赋能医院临床教学平台建设，标志着我市在机器人辅助微创手术教学培训领域取得新突破。

16）2022年9月，新奥集团与天津大学合作共建"天大—新奥物联感知研发中心"。该研发中心是双方共同管理的联合研发平台，基于产业互联网的发展机遇，秉持"需求侧牵引"的原则，围绕物联感知核心关键问题和"卡脖子"技术，开展相关领域的核心技术研发。

17）2022年10月，阿童木机器人全新高速SCARA系列新品重磅亮相。两大系列七款高速SCARA新品。同时，阿童木机器人宣布完成1.5亿元的新一轮融资，其中1亿元将投入到SCARA机器人赛道。

18）2022年11月，朗誉机器人"朗誉号"增程式重载无人驾驶AGV新品全球发布。

19）2022年11月，为贯彻落实天津市委、市政府制造业立市战略，加快建设全国先进制造研发基地，着力推动制造业高质量发展，以更高站位、更实举措打造制造强市，天津市发布《天津市加快制造业高质量发展推进制造业立市若干政策措施》。

20）2022年11月，南开大学师生提出一种基于折纸结构的软体机器人，并探索了该软体机器人的结构设计与系统建模。介绍该研究工作的论文"折纸连续体机器人的设计与分析"（Design and Analysis of a Yoshimura Continuum Actuator）获得第28届IEEE M2VIP的最佳会议论文奖（John Billingsley Best Conference Paper Award）。

21）2022年11月，由中国科学院主管、科学出版社主办的行业权威媒体Internet Deep（互联网周刊）联合cNET研究院、德本咨询重磅发布了"2022机器人企业创新50强"榜单，深之蓝作为水下智能装备领域的领军企业荣誉登榜。

22）由南开大学赵新院长主持的"活体细胞精准操作机器人技术及系统"项目获得2022年天津市科学技术奖科技发明奖特等奖。

23）由南开大学段峰教授主持的"急性脑卒中时效救治器械和智能康复设备创制及临床应用"项目获得2022年天津市科学技术奖—科技进步奖一等奖。

24）由天津大学徐江涛，云圣智能陈方平、朱胜利等人主持的"仿生视觉芯片和系统的关键技术与应用"项目获得2022年天津市科学技术奖科技进步奖一等奖。

〔撰稿人：天津市机器人产业协会赵连玉〕

2022年上海市机器人行业发展概况

一、行业发展概况

在我国各地区的机器人产业中，上海市拥有规模和技术上的领先优势，2022年，上海工业机器人与服务机器人行业齐头并进，获得了长足的发展。据上海市经济和信息化委员会发布信息，2022年，上海工业机器人年产量预计达到7.5万台以上，同比增长6%，产量居国内城市首位。上海ABB工程有限公司（简称"ABB"）、上海发那科机器人有限公司（简称"发那科"）、安川电机（上海）有限公司、库卡机器人（上海）有限公司（简称"库卡"）国际机器人"四大家族"持续投产布局，上海新时达电气股份有限公司（简称"新时达"）、上海节卡机器人科技有限公司（简称"节卡机器人"）、上海新松机器人自动化有限公司等本土机器人领军企业不断成长壮大。同时，服务机器人也成为赋能百业的增长动力。2022年，上海服务机器人产业"井喷式"发展，在医疗、建筑、农业、商业、家用、应急等领域实现多项首台落地应用。节卡机器人、上海蔚建科技有限公司、上海钛米机器人股份有限公司、上海傅利叶智能科技有限公司（简称"傅利叶智能"）等企业入选国家级机器人典型应用场景名单，上海达闼科技有限公司、上海飒智智能科技有限公司、上海擎朗智能科技有限公司、上海智惠林医疗科技有限公司等企业在大上海保卫战期间支援了多个方舱工程的无人化服务。

随着智能技术的发展，机器人与人工智能技术相结合使制造更为智能化，智能制造也成为工业机器人的一大重点特征。为推动机器人更加智能化、市场化发展，2022年10月起，上海市经济和信息化委员会等9部门公开征集智能机器人标杆企业与典型场景目录，最终形成了第一批标杆企业与典型场景的入围名单，包括41家企业品牌及52个应用场景，主要展示了工业智能、医疗健康、建筑服务、农业服务、公共服务、家用服务、特种应急共7类典型场景。作为机器人研发制造企业，新时达率先大范围部署机器人应用，目前工厂内机器人密度已经达到1 080台/万名工人。未来，上海将动工建设国内首个智能机器人展示中心，该中心位于上海机器人产业园内，设计面积达2 000m²，建成后将展出本地机器人产品成果与应用场景，成为全球观察上海机器人产业亮点的窗口。

二、产业园区概况

根据《上海市产业地图》，上海市机器人产业正在以普陀区为产业地标，以宝山上海市机器人产业园区、嘉定工业区、浦东机器人产业园区（金桥/康桥/临港）为产业定位，加快构建完整的机器人产业体系。

1.上海机器人产业园

上海机器人产业园位于上海市宝山区，是上海市26个特色产业园之一，规划总用地面积3.09km²，目前已入驻规模企业150家，其中机器人及配套企业50多家。

上海机器人产业园由政府主导开发，成立了上海市宝山区顾村工业公司（上海顾村经济联合社控股90.9%），负责机器人产业园的招商引资、规划建设等事宜。上海机器人产业园平台公司负责园区标准厂房建设，发那科、赛赫智能科技（上海）股份有限公司等企业通过土地"招拍挂"获得土地，进行定制厂房建设。园区前期存在许多传统工业企业与新兴产业企业并存的状态，因为在前期部分传统工业企业会把二楼的厂房租给初创型的新兴产业公司，如机器人企业，久而久之聚集了许多相关的企业形成产业链，逐步代替原有的传统企业，形成机器人产业集聚区。

上海机器人产业园打造了智慧园区公共服务平台，建立园区数字孪生系统，目前已形成包括园区总览、运行态

势、产业地图、招商视图、合同总览以及企业服务在内的六大板块，为园区招商提供基础数据支撑和日常业务支撑，满足园区企业全生命周期业务流程以及产业链各发展阶段的需求，园区被授牌"宝山区经济数字化转型十大示范场景"。

2.张江机器人谷

张江机器人谷位于张江康桥板块，规划面积3.9km²，分为机器人研发、智造、商业、拓展四大区域，聚集了机器人四大家族之一的ABB以及康复领域独角兽傅利叶智能等一批机器人企业，还有包括ABB机器人赋能中心、上海机器人产业技术研究院创新中心、仿生机器人实验室等一批功能创新平台。在生命健康领域，张江机器人谷已有不少的产业基础积累。围绕张江机器人谷，周围有张江药谷、张江医谷、张江细胞与基因产业园、张江创新药产业基地、张江医疗器械产业基地等园区。作为上海市特色产业园区，张江机器人谷遵循张江科学城"智能造"硬核产业集中承载区的功能定位，产业链日趋完善，产业生态不断优化，"机器人+"的想象空间也在张江不断扩容。在产业定位上，该园区紧扣张江特有的特色产业基础，以人工智能（AI）赋能为核心，聚焦"AI+生物医药""AI+医疗器械"，集成创新、融合创新、交叉创新，打造"医疗+机器人"世界级产业集成创新区。

3.嘉定工业区

上海市嘉定工业区于1994年9月经上海市人民政府批准建立，总规划面积57.2万km²，首期开发8.4万km²，将建成以高新技术为主导，第三产业和社会公益事业相配套，具有国际高水准的工业园区。嘉定工业区依托嘉定科技城丰富的人力资源、中国科学院先进的科技优势和嘉定工业区雄厚的财政实力，已形成汽车零部件、光电子信息、精密机械制造、新型材料等为主导产业的产业链，集聚了来自世界30多个国家和地区的400多家投资商落户，新时达、安川首钢机器人有限公司上海分公司、上海辛迪机器人自动化有限公司等机器人企业落户于此。嘉定高科技园区中的归国留学生创业园区是中国最早、规模最大的留学生创业园区。

三、投融资情况

据不完全统计，2022年，上海机器人行业融资共发生41起，主要集中在机器视觉、医疗机器人、机器人配件等诸多领域。其中，超亿元的融资有24起，占比为58.54%。A轮融资有15起，B轮融资有13起，C轮融资有3起，D轮融资有4起，天使轮融资有2起，战略融资有4起；其中A轮融资占比最大，高达36.58%。2022年上海市机器人行业融资情况见表1。

表1　2022年上海市机器人行业融资情况

序号	企业名称	细分领域	融资时间	融资轮次	融资金额	投资机构
1	汤恩智能科技（上海）有限公司	商用清洁机器人	1月4日	天使轮 Pre-A 轮	数千万元	碧桂园创投、创想未来资本
2	上海零念科技有限公司	智能驾驶平台软件	1月6日	Pre-A 轮		腾讯投资

（续）

序号	企业名称	细分领域	融资时间	融资轮次	融资金额	投资机构
3	上海傅利叶智能科技有限公司	康复机器人	1月26日	D轮	4亿元	软银愿景基金二期领投、元璟资本、Prosperity7 Ventures
4	上海睿触科技有限公司	手术机器人	2月14日	A轮	近亿元	建盛金瑞、乾融创禾、友达创投
5	上海仙工智能科技有限公司	移动机器人	2月14日	B轮	数亿元	赛富投资基金、IDG资本、浩澜资本
6	上海一造科技有限公司	数字智能建造	2月21日	天使轮	千万美元	云启资本
7	上海盛相电子科技有限公司	3D视觉	3月2日	A轮	数千万元	北极光创
8	达而观信息科技（上海）有限公司	工业AI智能解决方案研发、落地应用	3月9日	C轮	5.8亿元	中信、招商、广发、中信建投
9	上海深视信息科技有限公司	视觉感知技术	3月23日	A轮	数千万美元	顺为资本、创世伙伴资本、苏高新集团
10	上海木蚁机器人科技有限公司	自动驾驶叉车、智能物流解决方案相关	3月29日	B+轮	近亿元	辰韬资本、蓝驰创投
11	上海复亚智能科技有限公司	工业级无人机	3月	A+轮	千万元	中汇金
12	上海摩马智能科技有限公司	机器人研发商	4月14日	Pre-A轮	数千万元	绿洲资本
13	上海易咖智车科技有限公司	小车线控底盘	4月15日	A+轮	近亿元	辰韬资本、奋信投资、硅港资本
14	南京领鹊科技有限公司	建筑机器人	4月25日	A轮	千万元	Atypical Ventures、IDG资本
15	上海拓攻机器人有限公司	无人机飞行控制系统	4月28日	B+轮	1亿元	星纳赫资本、紫金科创、苏州金润
16	迈润智能科技（上海）有限公司	AI视觉感知技术	5月6日	A+轮	数千万元	张江科投
17	魔视智能是魔视智能科技（上海）有限公司	智能驾驶	6月8日	C轮	数亿元	大陆集团
18	星猿哲科技（上海）有限公司	3D视觉	6月2日	B+轮	4 000万美元	今日资本、高榕资本、五源资本、源码资本
19	上海智蕙林医疗科技有限公司	医疗服务机器人	6月22日	B+轮	数千万元	未公布
20	上海睿触科技有限公司	手术机器人	6月23日	A+轮	千万美元	华登国际
21	上海华谊信息技术有限公司	智能制造	6月27日	战略融资		中控技术
22	上海邦邦机器人有限公司	辅助出行机器人	6月3日	B轮	近亿元	清池资本、博远资本、东长岭资本
23	上海非夕机器人科技有限公司	通用机器人	6月3日	B+轮	近亿美元	未公布
24	上海几何伙伴智能驾驶有限公司	自动驾驶软硬件产品研发	6月3日	战略融资		国际自动机工程师学会
25	竹间智能科技（上海）有限公司	自然语言处理	7月11日	D1轮	近亿元	金库资本、江苏文投、隽赐资本
26	上海琥崧智能科技股份有限公司	系统集成服务商	7月12日	D轮	数亿元	东方富海、合肥产投、华金大道等
27	上海仙途智能科技有限公司	自动驾驶	7月15日	B2轮	2亿元	杉杉创投、欧普资本、天奇资本
28	上海易咖智车科技有限公司	无人配送车	7月20日	战略融资		新希望集团

（续）

序号	企业名称	细分领域	融资时间	融资轮次	融资金额	投资机构
29	节卡机器人股份有限公司	协作机器人	7月22日	D轮	约10亿元	淡马锡、淡明、软银愿景基金二期、沙特阿美旗下多元化风投基金
30	上海映驰科技有限公司	智能驾驶高性能计算软件平台	7月28日	B1轮	近亿元	大陆集团、商汤国香资本、地平线
31	上海云钠信息科技有限公司	RPA（机器人流程自动化）	9月1日	A轮		云九资本、昊辰资本、线性资本
32	昂泰微精医疗科技（上海）有限公司	医疗健康	9月21日	A轮	数亿元	邻星创投、东久新宜资本、临港蓝湾基金、瑞华控股
33	上海复亚智能科技有限公司	无人机	9月21日	B轮	数千万元	云天使基金
34	磅客策（上海）智能医疗科技有限公司	医疗机器人	9月29日	A轮	数千万元	金雨茂物
35	上海仙途智能科技有限公司	自动驾驶车辆	10月1日	B3轮		商汤国香资本
36	上海世禹精密机械有限公司	半导体自动化设备	10月15日	战略融资	亿元	DG资本领投、东证资本、水木梧桐、高信资本、复容投资
37	上海有个机器人有限公司	商用机器人	10月21日	C1轮	亿元	大钲资本
38	上海盛相电子科技有限公司	机器视觉	11月1日	B轮	近亿元	兴富资本旗下四期基金
39	杭州景吾智能科技有限公司	服务机器人	12月5日	A+轮	数千万元	中海资本
40	盎锐（上海）信息科技有限公司	3D智能视觉	12月14日	A轮	数千万元	信天创投、产业投资人
41	瑞龙诺赋（上海）医疗科技有限公司	手术机器人	12月21日	Pre-B轮	数千万美元	LRI江远投资、礼来亚洲基金、维梧资本、经纬创投、GGV纪源资本

从融资机构来看，联想创投、信天创投等主流创业投资（VC）机构赫然在列。机器人行业收到资本高度关注，资金大量流入，助推机器人产业发展，使机器人在技术创新、产品质量、售后服务等方面得到完善升级，继而可以更好地拓展市场，为机器人行业发展迎来新机遇。

四、未来发展展望

未来3年，上海将围绕汽车、高端装备等六大重点产业推进工业企业智能制造转型，累计建设20家市级标杆性智能工厂、200家市级智能工厂，带动工业机器人应用量新增2万台，工业机器人密度提升100台/万名工人；将聚焦医疗、建筑、农业、商业、家用、应急等重点方向，促进服务机器人规模化落地应用；围绕浦东、宝山、嘉定、松江等重点区域，打造3～5个智能机器人特色产业集群。

1. 关注人工智能技术的创新与应用

随着科技的发展与进步，人工智能技术逐渐渗透到各个行业中，并在其中展现出了无限的潜力。作为我国经济腹地的上海，机器人行业正积极关注人工智能技术的创新与应用，以加速行业的发展与成熟。人工智能技术在机器人行业的应用可谓广泛而深远。首先，人工智能技术可以提升机器人的智能化水平。其次，人工智能技术可以帮助机器人实现自主学习与自适应。此外，人

工智能技术在机器人行业的创新与应用也可以带来更加个性化和智能化的服务。然而，上海机器人行业关注人工智能技术的创新与应用也面临着一些挑战与问题。首先是技术层面上的问题，例如人工智能技术的算法和模型还须不断创新和完善，以适应不同场景和任务的需求。其次是安全与伦理问题，人工智能技术的广泛应用须考虑数据隐私保护、算法的公正性以及人机交互的道德规范等方面。此外，还须解决人工智能技术发展过程中的技术壁垒和标准问题，以推进行业的健康发展和协同创新。

2. 持续提升机器人密度

机器人密度是衡量一个国家制造业自动化发展程度的关键指标之一，是经济数字化转型中的重要参考。2022年是《建设100+智能工厂专项行动方案（2020—2022年）》收官之年，专项行动方案计划用3年时间，建设100家智能工厂，打造10家标杆性智能工厂。智能工厂的建设，为上海工业的持续高质量增长带来新的动力。上海市作为全国首个将机器人密度纳入统计的城市，在不断体现高品质制造能力优势的同时助力下游行业产能扩张。

3. 逐步建立智能机器人分级分类评价体系

智能机器人是具备感知、认知、决策等功能，在非结

构化或动态环境下具有一定自主作业能力的机器人。未来智能机器人将成为全方位赋能千行百业，助力生产生活和社会治理等各领域提质增效的重要驱动力。但对于智能机器人如何分级分类目前还缺乏评定测试的相关数据，建立智能机器人 L1 ～ L5 分级体系以及结合应用场景的智能机器人的分类评价体系，构建技术发展型指标等级，推动场景需求牵引的机器人分级认证体系的应用，提供多元化质量提升路径，将助推机器人行业高质量发展。

〔撰稿人：上海机器人产业技术研究院郑军奇、刘碧珊〕

2022 年江苏省机器人行业发展概况

一、行业发展概况

江苏省作为我国工业大省，在当下全球新一轮科技革命和产业变革迅猛发展、新冠疫情持续演变、产业链供应链加快重构的背景下，依然走出了"稳增长"之路。工业作为江苏省经济"压舱石"的作用正持续凸显。在《中华人民共和国国民经济和社会发展第十四个五年规划和 2035 年远景目标纲要》中，首次明确提出"保持制造业比重基本稳定"，江苏省更是将这一条首次纳入具体指标体系中。在政策背景驱动下，工业机器人作为制造业高质量发展的重要细分赛道，得到了社会各界的重点关注。

2022 年，江苏省工业机器人产业发展继续保持高速增长。截至 2022 年 12 月 5 日，江苏省拥有工业机器人企业 28 866 家，其中两年内新成立的工业机器人企业有 16 322 家，占比达 56.54%。江苏省不仅机器人企业数量众多，相关机器人企业的技术实力也可圈可点。目前，江苏省内已累计有工业机器人上市企业 47 家，如南京埃斯顿自动化股份有限公司（简称"埃斯顿"）、南京熊猫电了装备有限公司．昆山佰奥智能装备股份有限公司、江苏长虹智能装备集团有限公司等企业。这些企业均参与推动国家工业机器人行业标准的制定和落地。江苏省主要机器人上市公司情况见表 1。

表 1　江苏省主要机器人上市公司情况

序号	上市企业名称	股票代码	所在城市	总市值（亿元）
1	南京埃斯顿自动化股份有限公司	002747	南京	203.37
2	亿嘉和科技股份有限公司	603666	南京	81.72
3	快克智能装备股份有限公司	603203	常州	69.65
4	江苏哈工智能机器人股份有限公司	000548	无锡	62.02
5	中科微至科技股份有限公司	688211	无锡	56.63
6	南通国盛职能科技集团股份有限公司	688558	南通	56.50
7	苏州伟创电气科技股份有限公司	688698	苏州	40.86
8	无锡贝斯特精机股份有限公司	300580	无锡	40.22
9	徐州海伦哲专用车辆股份有限公司	300201	徐州	35.18
10	赛摩智能科技集团股份有限公司	300466	徐州	27.63
11	无锡威唐工业技术股份有限公司	300707	无锡	24.91
12	江苏北人智能制造科技股份有限公司	688218	苏州	23.44
13	昆山佰奥智能装备股份有限公司	300836	苏州	14.56
14	江苏腾旋科技股份有限公司	430602	无锡	8.77
15	常州金康精工机械股份有限公司	831978	常州	5.27
16	苏州佳顺智能机器人股份有限公司	834863	苏州	3.56

（续）

序号	上市企业名称	股票代码	所在城市	总市值（亿元）
17	南通通机股份有限公司	834938	南通	3.40
18	无锡顺达智能自动化工程股份有限公司	430622	无锡	0.89
19	常州创盛智能装备股份有限公司	836378	常州	0.72
20	常州市翔云智能控制系统股份有限公司	873415	常州	0.59
21	无锡富岛科技股份有限公司	831814	无锡	0.30
22	南通恒力包装科技股份有限公司	871060	南通	0.18
23	天物科技无锡股份有限公司	832418	无锡	0.05

注：数据来源于 36 氪。

江苏省工业机器人产业发达，主要得益于两方面因素：一方面，新中国成立 70 多年来，江苏省工业经济迅猛发展，工业增加值从 1952 年的 7.6 亿元发展到 2022 年的 4.86 万亿元。特别是改革开放以来，江苏工业经济跻身全国前列，工业经济在全国始终位居前三位。另一方面，2000 年以来，以电子行业为代表的高技术行业迅速崛起，2003 年，电子行业一跃成为江苏第一大支柱行业，发展势头强劲。而其他高技术行业如医药制造企业、航空航天器制造企业、医疗仪器及仪表制造业也呈现较快增长势头，江苏高技术产业体系初步形成。

二、产业链主要环节

经过 30 余年的发展，工业机器人产业已经形成了一条完整的产业链。在工业机器人产业链的上游，包括控制器、伺服系统和减速器三大部分核心零部件，这三种部件是工业机器人中核心技术之所在，江苏企业埃斯顿公司、苏州绿的谐波传动科技股份有限公司（简称"绿的谐波"）、南京科远智慧科技集团股份有限公司（简称"科远智慧"）、无锡信捷电气股份有限公司（简称"信捷电气"）、南通振康焊接机电有限公司等企业奋楫争先，在产业上游深耕国产技术储备。

埃斯顿公司成立于 1993 年，2015 年 3 月在深圳证券交易所中小板成功上市。其业务覆盖了从自动化核心部件及运动控制系统、工业机器人到机器人集成应用的全产业链，构建了从技术、成本到服务的全方位竞争优势。

绿的谐波成立于 2011 年，2020 年 8 月在科创板成功上市，是精密传动领域的核心零部件厂商，主要进行谐波减速器的研发、生产和销售。谐波减速器是机器人的核心部件之一，需要和电动机组合工作，功能类似人体的"运动关节"。当一台机器人加入减速器后，即可完成转动、挥舞、捏放等精细动作。绿的谐波产品广泛应用于工业机器人、服务机器人、数控机床、航空航天、医疗器械、半导体生产设备、新能源装备等高端制造领域，目前已突破谐波减速器技术难点，在实现量产、突破垄断等方面均达到国内前列，是当前国内谐波减速器领域的优秀企业。

科远智慧创立于 1993 年，2010 年 3 月在深圳证券交易所上市。科远智慧长期致力于工业自动化领域关键技术的国产化突破，有效提升国产电液执行器的技术水平与市场竞争力。

信捷电气是一家专注于工业自动化产品研发与应用的国内知名企业。其拥有可编程控制器（PLC）、人机界面（HMI）、伺服控制系统、变频驱动等核心产品，智能机器视觉系统、基于示教的机械臂、机器人等前沿产品和信息化网络在内的更全面的整套自动化装备，紧密服务于终端客户，为广大装备制造企业定制更有竞争力的细分行业解决方案。

工业机器人产业链的中游是机器人本体制造。越来越多的江苏企业在协作机器人、喷涂机器人、处理机器人、机械臂、焊接机器人、物流机器人、装配机器人等诸多领域发布新产品。在江苏，更适用于制造业，自由度更高、更柔软、更灵活的工业机器人正越来越多地出现在各种"智造"的应用场景中。

江苏北人智能制造科技股份有限公司已形成以焊接机器人系统集成为核心，其他工业机器人系统集成为辅助的完整技术体系，在方案研发、智能化焊接机器人开发、先进焊接工艺应用、机器人视觉应用、制造执行系统（MES）开发、产品标准化等研究领域技术储备丰富，能够不断地为下游客户提供新产品和新服务，多款创新型产品得到下游客户的充分认可。

艾利特机器人有限公司（简称"艾利特"）从底层的操作系统，到嵌入式的硬件软件，工艺包与顶端算力，再到协作机器人的模组关节技术，除了减速器都实现了自主研发。目前，艾利特正在发售的 EC 系列协作机器人产品，以其运行稳定、拖拽顺滑、功能完善和高性价比等特点在业内积累了良好的口碑，并成功导入包括汽车零部件、3C 电子、金属加工、家电、电力、新零售等在内的头部客户。

苏州柔触机器人科技有限公司（简称"柔触机器人"）的柔性夹爪产品自 2017 年进入市场以来，为广大用户解决了自动化抓取难题，提供了更加优选的柔性抓取方案。产品具有效率高、成本低、易控制以及能够适应复杂环境的特点，可较好地解决工业领域柔性、异形、易碎、复杂环境等场景的制造难点。

清湛人工智能研究院的清湛柔性机器人拥有自主导航模式，具有小巧灵活、精度高、速度快的特点。机器人将自主规划路线、360°旋转等强大功能集于一身。通过配有的旋转顶升系统，机器人能够将货物所在的货架从仓库储存区搬运至指定地点，提高了工作效率。

无锡盈连科技有限公司瞄准"力控精细化"赛道，自主研发了主动柔顺力控系统（ACF）及其配套的力控打磨设备，实现了机器人对"曲面"敏感性接触力控制的关键部件。其独立的控制系统，不依赖于任何机器人，可适配任何种类的打磨工具，响应速度快，具备增效、降本、提质的系统优势。

专注"主动式柔性打磨机器人"的无锡斯帝尔科技有限公司拥有从机器人大脑（底层控制系统）、AI 感知神经系统（柔性力控、触觉视觉、智能追踪补偿）、本体设计、打磨工艺方案的完整自主闭环核心技术，在硬件、软件、算法、工艺方面完善布局，拥有几十项国家专利，其"主动式柔性打磨机器人"以模拟打磨工匠的手感设计。

江苏岚江智能科技有限公司于 2022 年 11 月 14 日变更注册地至宁淮智能制造产业园，公司由一群有丰富智能农业领域从业经验的专家组成，专注于大田种植管理的农业机器人应用领域，聚焦"管"的赛道，填补田间管理空白，从果园和棉花两个标准化场景入手，用农业机器人实现田间管理全过程无人化、智能化，引领产业变革。

在工业机器人的下游——系统集成应用方面，江苏省主要集中于汽车制造和 3C 电子行业。但在食品饮料、物流、光伏、锂离子电池等细分市场系统集成应用的增速也十分明显。根据江苏省统计局数据，2022 年，江苏省工业机器人出货量为 7.1 万台，同比增长 11.3%。

三、重点园区情况

近年来，江苏省各市根据自身产业定位陆续出台机器人产业相关发展政策，支持本地机器人企业快速成长，形成集群效应。

江苏省工业基础好，机器人制造集成与应用市场起步较早，更是在全国率先出台了《关于加快培育先进制造业集群的指导意见》。《江苏省"十四五"制造业高质量发展规划》中明确提出 16 个先进制造业集群发展方向，《江苏省"产业强链"三年行动计划》明确了集群产业链培育工程，举全省之力打造一批"拆不散、搬不走、压不垮"的产业"航空母舰"。

如今，江苏省已经形成了以南京、苏州、无锡、徐州为代表的工业机器人产业集群，在机器人产业链构建、市场需求、创新资源布局等方面均走在全国前列。受区域产业集群效应与各地发展引导政策影响，江苏省工业机器人无论是近 5 年企业增长趋势还是近两年新成立工业机器人企业均主要集中分布于江苏南部：特别是南京、苏州、常州、无锡等地，徐州则是江苏北部智能制造"中流砥柱"。

江苏不断加速机器人产业集聚，同时持续延伸产业链条。其中，南京机器人产业链条已延伸至人工智能领域，产业竞争优势和发展潜力得到进一步增强；昆山机器人产业园则是全国第一家以机器人产业为载体的国家级孵化器；张家港、海安机器人产业园积极培育机器人科技研发平台，打造机器人集聚载体。根据不完全统计，目前，江苏省拥有 18 个特色机器人集聚园区，主要集中在南京、徐州、苏州等地。未来，制造业集群效应还将在江苏省持续溢出，以江苏南部为主要核心的机器人产业力量将驱动长江三角洲地区的制造业转型升级。江苏省主要机器人产业集聚区见表 2。

表 2　江苏省主要机器人产业集聚区

园区名称	所在城市	区（市）
江宁开发区智能机器人产业园	南京	江宁区
南京麒麟科技创新园	南京	江宁区
无锡恺运来机器人有限公司生产基地	无锡	惠山区
国家级海安经济技术开发区机器人（智能装备）产业园	南通	海安市
江苏东方金钰智能机器人产业园	徐州	邳州市
蓝海湾工程装备产业园	徐州	鼓楼区
哈工 常州机器人产业园	常州	天宁区
奥普机器人产业园	苏州	昆山市
新松机器人（苏州）未来科技城	苏州	相城区
星派克智能装备产业园	苏州	昆山市
浙江大学昆山智能装备产业园	苏州	昆山市
吴中机器人产业园（吴中科技城现代产业园北区）	苏州	吴中区
机器人产业园（昆山高新区国家火炬机器人特色产业基地）	苏州	昆山市

（续）

园区名称	所在城市	区（市）
张家港机器人产业园	苏州	张家港市
青洋智能装备产业园	盐城	亭湖区
扬州市工业机器人孵化器	扬州	广陵区
清华大学扬州智能装备科技园	扬州	邗江区
智能装备产业园	镇江	京门区

四、小结

2022 年，江苏省机器人行业保持高速增长。基于目前江苏省机器人产业发展的现状和主要问题，江苏省将进一步提升关键技术和创新能力，加强理论研究和关键共性技术攻关，推进强链补链工作，搭建共性技术平台载体；利用自身产业优势，深入挖掘下游应用行业的集成应用推广；培育服务平台，搭建针对工业机器人行业应用的公共服务平台；大力推动产业集群化发展；加强行业人才梯队建设，为全国培养输送机器人研发、应用高品质人才。

〔撰稿人：江苏省机器人专业委员会卢昊〕

2022 年浙江省机器人行业发展概况

一、行业发展概况

近年来，浙江省围绕全国智能机器人产业高地建设，通过实施"机器换人""机器人＋"以及打造标志性产业链建设等行动，多措并举推进机器人产业提质赶超发展。2022 年，浙江省机器人产业总产值 482.4 亿元，同比增长22.51%；增加值 110.2 亿元，同比增长 24.75%；总产量30 668 台，同比增长 5.80%。2022 年，浙江省新增工业机器人购置数量 19 870 台，购置金额达 78.3 亿元，全省在役机器人数量为 15.4 万台，总量位居全国前列。

二、主要企业及重点产品的发展现状

浙江省良好的工业基础保证了其机器人产业良好的发展态势。目前，浙江省已培育出众多优秀的本土机器人领域企业，形成完整的机器人产业链体系，包括关键零部件、机器人整机、系统集成及周边配套产品等领域。

1. 关键零部件

减速器厂家以浙江环动机器人关节科技有限公司（简称"环动科技"）、宁波中大力德智能传动股份有限公司（简称"中大力德"）、恒丰泰精密机械股份有限公司（简称"恒丰泰"）、浙江来福谐波传动股份有限公司（简称"来福谐波"）等企业为代表。环动科技减速器年产能已突破 10万台，其中精密 RV 减速器在国产工业机器人市场的占有率居于国内前列；中大力德的行星减速器、RV 减速器多次获得行业奖项；恒丰泰开发的 RV 减速器在工业机器人、AGV 等高端智能装备行业得到了应用；来福谐波为机器人提供各类谐波减速器，年产能已达到 20 万台。在减速器基础部件方面，八环科技集团股份有限公司给减速器提供各类轴承，杭州得润宝油脂股份有限公司开发了适用于减速器的润滑油脂。

卧龙电气驱动集团股份有限公司作为全球主要的电动机及驱动解决方案的制造商，生产各类工业电动机及驱动器，诸多产品应用于工业自动化、飞机制造、汽车制造等领域；浙江禾川科技股份有限公司的伺服电动机在机器人等行业具备较高的占有率；杭州海康机器人股份有限公司（简称"海康机器人"）具有全套的机器视觉解决方案；舜宇光学科技（集团）有限公司（简称"舜宇光学"）推出了多款面向机器人行业的视觉摄像头；智昌科技集团股份有限公司（简称"智昌集团"）开发的自主智能控制器获国家科技部重点专项支持；杭州芯控智能科技有限公司开发的 MC200 运动控制器集成了机器人应用中的常用接口，具有性能稳定、结构紧凑、反应快速等特点。

2. 工业机器人

浙江省的工业机器人产业发展较为成熟，其中，串联机器人及自动导引车（AGV）的产业实力较强。串联机器人方面，浙江省的代表性企业有浙江钱江机器人有限公司（简称"钱江机器人"）、杭州凯尔达焊接机器人股份有限公司（简称"凯尔达"）、浙江瓴达科技有限公司、杭州新松机器人自动化有限公司（简称"杭州新松"）、史陶比尔（杭州）精密机械电子有限公司等，产品应用在工业焊接、码垛、喷涂、抛光、装配以及食品药品行业分选、包装等领域。工业 AGV 领域以海康机器人、浙江国自机器人技术股份有限公司（简称"国自机器人"）、浙江华睿科技股份有限公司（简称"华睿科技"）、杭州迦智科技有限公司（简称"迦智科技"）等为代表，产品重点应用在巡检、物流仓储方向。并联机器人产业发展相对薄弱，钱江机器人、北平机床（浙江）股份有限公司等有所开发，且产品主要用于物料分拣。

钱江机器人作为浙江省内最大的工业机器人本体制造企业，拥有完整的机器人产品线，并且是国内少数几家掌握核心技术的工业机器人企业之一；海康机器人作为国内领先的移动机器人产品及解决方案提供商，业务聚焦于工业物联网、智慧物流和智能制造，为工业和物流领域用户提供服务。国自机器人以智能物流及智能制造为核心的产品体系，在产能规模、产品谱系和场景应用等方面也处于行业前沿。迦智科技自主研发的移动机器人产品及解决方案兼具极致效能和高效灵活性，可广泛应用于智能制造工厂和更广泛的智慧生产与生活领域。

3. 服务机器人

浙江省的服务机器人产业呈现出良好发展态势。在公共服务机器人领域，杭州国辰机器人科技有限公司（简称"国辰机器人"）研发了用于迎宾的门岗机器人；杭州艾米机器人有限公司的配送和消杀机器人则用于物流配送和公共场所消毒；之江实验室针对复杂环境导览和钢琴演奏需求开发了可讲解交互的导览机器人和曲库丰富的自主弹琴机器人，同时正在开发面向家居服务的智能仿人机器人。在家庭服务机器人领域，杭州萤石网络股份有限公司针对地面清扫、儿童教育陪伴等需求，开发了扫地机器人和儿童陪伴机器人。在医疗康复机器人领域，涌现出杭州键嘉医疗科技股份有限公司、杭州程天科技发展有限公司、杭州三坛医疗科技有限公司和杭州柳叶刀机器人有限公司等一批优秀公司，开发了髋膝关节置换手术机器人、外骨骼机器人、骨科手术机器人等产品，并完成了相关的医疗取证工作。

4. 特种机器人

浙江省在特种机器人领域涵盖的细分品类较多。在巡检和检修机器人领域，杭州申昊科技股份有限公司的电力巡检机器人可用于电力电网、轨道交通、油气化工等行业，为客户无人或少人值守和智能化管理提供有效的检测、监测手段；在核工业机器人方面，杭州景业智能科技股份有限公司（简称"景业智能"）的工业系列机器人、核工业智能装备等产品主要应用于核燃料循环产业链，为客户提高生产率、提升系统可靠性、实现特殊环境下的机器换人等多个难题提供了系统解决方案；在腿足式机器人领域，杭州云深处科技有限公司研发的防护版"绝影X20"机器狗可以为气候多变区域的工业巡检场景提供全面的解决方案。杭州宇树科技有限公司（简称"宇树科技"）的Unitree B1四足机器人为行业应用中的复杂环境和高层级需求提供了高效的解决方案。

5. 系统集成

浙江省在机器人产业链下游系统集成方面主要应用在汽车、食品药品及仓储物流等领域。在汽车行业，工业机器人（如机械臂）已经成熟应用在汽车生产的多个领域，

例如浙江万丰科技开发有限公司的汽车零部件重力铸造自动线、智昌集团的汽车轮胎生产自动线、杭州新松的白车身焊接自动线等。在食品药品行业，杭州中亚机械股份有限公司开发了全自动开箱装箱封箱生产线；浙江厚达智能科技股份有限公司开发的"智慧共享中药房"实现了"千人千方"的规模化定制服务，全程数字化信息可追溯，保证汤剂质量和用药安全。在仓储物流领域，国自机器人的电网物流智能仓储系统融合AGV，实现物料采购入库、领料出库、物料盘点等各项仓库存储业务的高效完成；杭州壹悟科技有限公司的智能物流调度系统可以灵活接入现有的仓储管理系统（WMS）/企业资源计划（ERP）/制造执行系统（MES），降低客户的升级改造成本。此外，杭州爱科科技股份有限公司是非金属行业切割一体化解决方案提供商，业务领域覆盖了复合材料、广告文印、汽车内饰等众多行业。

三、创新平台及产业集聚

作为我国机器人研发和制造的重要省份之一，浙江省在机器人产业的技术创新和产业发展方面取得了显著成就。同时，浙江省拥有多个机器人特色产业集群和特色机器人小镇，这些产业集群和小镇已经成为浙江省机器人产业的重要支撑，为浙江省机器人产业提供了良好的发展平台和生态环境，推动了浙江省机器人产业的快速发展。

1. 创新平台

浙江大学机器人研究院是浙江大学直属研究机构，是为了贯彻落实浙江省委、省政府关于推进工业转型升级的战略部署，在余姚市的大力推动下，于2017年由浙江大学和余姚市合作共建的新型研发机构，是一家"政、产、学、研、用"深度融合的科研与人才培养机构。

之江实验室是浙江省委、省政府深入实施创新驱动发展战略的重大科技创新平台。智能机器人研究中心是之江实验室打造国家战略科技力量的重要组成部分。目前，智能机器人研究中心以"最强大脑"与"最强本体"为主线研制了多款智能人形机器人，已建成各类机器人运动、力学等相关实验及测试平台，配备公共标定间、火星模拟实验场、数据采集系统等实验条件，并设有独立的数控加工中心，为科研人员提供全方位高质量的科研条件保障。另外，智能机器人研究中心还牵头申请并成功获批智能机器人技术浙江省工程研究中心。

中国（浙江）机器人及智能装备创新中心是由浙江省政府授牌成立的省级制造业创新中心。该中心围绕机器人及智能装备产业链部署创新链，重点打造"智造技术众包研发平台"和"解决方案展示推广平台"，并同步建设成果转化、创业孵化、人才培养、采购服务、资本服务5项外围公共服务功能。

2. 浙江省特色产业集群

（1）杭州市萧山区机器人产业集群。萧山区机器人产业集群聚焦机器人整机领域与关键零部件领域。机器人整机领域，目前已集聚钱江机器人、凯尔达、国辰机器人及杭州翼菲机器人智能制造有限公司、杭州萧山中开机器

人有限公司、安杰莱科技（杭州）有限公司、杭州景吾智能科技有限公司等一批工业机器人及服务机器人龙头优势企业。关键零部件领域，拥有杭州行星传动设备有限公司、杭州德望纳米科技有限公司、杭州力超智能科技有限公司、杭州颐达软件科技有限公司等一批减速器、伺服电动机、控制器芯片零部件龙头企业。核心发展区域集聚于国家级开发区萧山经济技术开发区江南科城的萧山机器人小镇。拥有国家新型工业化产业示范基地、杭州国家人工智能创新发展试验区、杭州国家人工智能创新应用先导区等一批高能级平台；集聚浙江大学杭州国际科创中心、西安电子科技大学杭州研究院、乌克兰国家科学院、巴顿焊接研究所、北大信息技术高等研究院等一批产学研协同创新平台。

（2）杭州市滨江区机器人产业集群。2022年，杭州滨江区机器人产业蓬勃发展，12家规模以上企业实现产值77亿元，集群竞争优势明显，形成了"上游芯片和关键零部件—中游机器人整机制造—下游机器人系统集成"的机器人产业链条。上游芯片和关键零部件环节集聚杭州士兰微电子股份有限公司、杭州长光辰芯微电子有限公司等芯片企业，中控科技集团有限公司、浙江科钛机器人股份有限公司、杭州维讯机器人科技有限公司等控制器企业，杭州道道微电子有限公司等传感器企业，海康机器人、华睿科技等工业相机企业，浙江远传信息技术股份有限公司（简称"远传信息"）、杭州凌感科技有限公司等人机交互系统企业，虹软科技股份有限公司、舜宇光学等机器视觉企业。中游机器人整机制造环节集聚海康机器人、华睿科技、国自机器人、迦智科技等工业机器人企业，宇树科技、浙江小远机器人有限公司、阿尔法机器人（杭州）有限公司等服务机器人企业，景业智能、国辰机器人等特种机器人企业。下游系统集成环节集聚海康威视、浙江大华技术股份有限公司、浙江大立科技股份有限公司、远传信息、易思维（杭州）科技有限公司、杭州深度视觉科技有限公司等一批系统集成应用企业。

3. 浙江省特色机器人小镇及产业园区

（1）萧山机器人小镇。位于浙江省杭州市萧山经济技术开发区桥南新城，主要发展工业机器人、服务机器人，以及机器人关键零部件，致力于打造集机器人研发设计、孵化放大、生产制造、系统集成、终端应用、展示展览、会议论坛、休闲娱乐等功能于一体的机器人全产业链特色小镇。

（2）余姚机器人智谷小镇。位于余姚市三七市镇，作为机器人产业的新聚集地，余姚也是"中国机器人峰会"的永久举办地。小镇以"智能机器人核心零部件"为重点，打造集产业、文化、旅游、社区四位一体的智慧型、生态型国际高新技术园区；以成为全球机器人产业研发制造高地为发展目标，大力发展机器人产业。现今已有工业机器人、服务机器人、特种机器人等多种机器人，并以机器人工业旅游为核心，创建成为AAA级景区。

（3）干窑机器人创业创新产业园。位于浙江省嘉善县中心区域干窑镇境内，目前已成为嘉兴市唯一集聚机器

人产业的特色园区。园区坚持科技、人才创新理念，主导产业为人工智能与机器人、精密机械、智能传感等。产业园共分为4个区，即核心区（功能客厅）、产业集聚区、生活配套区、窑文化旅游区，是一个集生产、生活、生态"三生融合"的特色园区，生活环境便利、科创基础扎实、产业生态优良。

（4）中国（杭州）人工智能小镇。位于全国四大未来科技城之一的杭州未来科技城（海创园）核心区块，该特色小镇聚焦人工智能技术应用方向，重点布局5G通信技术、智能制造、智慧医疗、大数据、云计算、机器人等领域，依托未来科技城良好的产业基础及浓厚的创新创业氛围，迅速集聚了一批优质的人工智能创新项目，被中国人工智能产业发展联盟评为中国首批"人工智能示范园区"。

四、存在的问题

总体而言，浙江省机器人产业发展向好，取得了很好的成效，但对比国内广东、江苏等领先省份，仍然存在一定差距。

（1）核心技术有待持续突破，产业技术创新有待进一步增强。浙江省机器人产业链体系比较完备，但高端产品的性能和国外先进产品相比还存在一定差距，相关核心共性技术需要持续攻关。

（2）产业结构及分布不均衡，创新体系驱动力有待进一步提升。浙江省机器人企业的布局相对较为分散，规模效应显现不足。产业创新平台的创新体系技术创新与产业化结合有待进一步增强，创新体系对产业驱动能力有待进一步提升。

（3）标准体系不一致，难以支持产业竞争力进一步提升。浙江省机器人产业整体标准体系需要进一步完善，还没有完全发挥导向作用，主导的高质量标准不多，不足以支撑浙江省机器人行业在全国机器人产业的竞争力、话语权。

（4）关键技术人才缺乏，专业人才缺口较大。高校对于相关人才培养能力相对滞后，导致一定程度的专业技术人才缺乏。有些机器人园区远离市区，周边配套设施未完全建设，难以吸引到高级人才集聚，企业"用工荒"现象依然存在。

五、发展规划及战略

基于浙江省机器人产业发展现状及发展规划，为进一步提升机器人产业自主创新能力，拓展"机器人＋"典型应用的广度和深度，争取在2025年浙江省机器人产业达到国内领先、世界一流水平，主要举措包括：

（1）持续提升机器人产业自主创新能力。加快相关重大基础设施、重大科研平台、实验室等平台建设，通过协同攻关，推动关键核心技术研发，形成技术储备，提高创新体系产业驱动力，引领我省机器人产业高质量发展。

（2）优化机器人产业布局，加快形成产业集聚。持续加强对全省机器人产业布局的统筹规划，建立机器人产

业集群，强化各地的技术交流、成果转化等，加快形成产业聚集。

（3）重点培育壮大骨干标杆企业，强化机器人典型应用场景推广。落实"链长＋链主"协同机制，实施"雄鹰行动"，重点培育一批专精特新"小巨人"企业、隐形冠军企业，进一步拓展"机器人＋"典型应用的广度和深度。

（4）完善机器人标准、检测认证体系建设，塑造行业竞争优势。标准是保证机器人应用质量和安全的必要措施，也是指导机器人研发和制造的重要指南。机器人标准的制定有助于技术创新和产业升级，推动行业的发展。

（5）加快推进机器人领域技能人才队伍培养。建立机器人专业的人才教育培训体制，完善人才评价激励机制，提升高端人才的引育力度，加强培养机器人产业多层次多元化的应用型人才。

（6）继续提高面向机器人产业的财政效率和政策支撑，落实"长三角一体化"发展战略。加强长江三角洲地区3省1市经信部门合作，持续深化长江三角洲地区机器人产业链合作机制，促进长江三角洲地区共同应对处置机器人产业链供应链断链断供风险。

〔撰稿人：浙江省机器人产业发展协会宋伟〕

2022 年湖北省机器人行业发展概况

一、行业发展概况

2022 年，湖北省拥有机器人生产企业 120 余家，上下游及配套企业 300 多家。其中，获批专精特新企业 18 家，产品包括工业机器人、服务机器人和特种机器人及核心零部件，涉及汽车、3C 电子、医疗服务、农业采摘、教育娱乐、健康养老等应用领域。目前，湖北省已初步形成以武汉为核心，襄阳、宜昌、孝感、十堰、荆门、黄石等地为支撑的机器人产业发展格局。

二、重点产品及主要企业

1. 机器人行业重点产品

2022 年湖北省机器人产业链主要企业及其重点产品见表 1。

表 1 2022 年湖北省机器人产业链主要企业及其重点产品

主要产品及类型（工业或服务）		企业名称	重点产品
机器人本体	工业机器人	武汉奋进智能机器有限公司	上甄机器人、窖池机器人、带点作业机器人
		武汉华中数控股份有限公司	多关节工业机器人
		埃斯顿（湖北）机器人工程有限公司	六轴通用机器人、SCARA 机器人等
		武汉海默机器人有限公司	焊接机器人、六轴协作机器人
		湖北三丰机器人有限公司	AGV/AMR 移动机器人
		湖北华威科智能技术有限公司	轻载桁架式机器人
		中冶南方（武汉）自动化有限公司	大型 PCB 板焊装机器人
	服务机器人	武汉市海沁医疗科技有限公司	智能灼灸养生仪、蜂巢点阵灼灸仪
		武汉库柏特科技有限公司	手术机器人
		武汉力龙信息科技股份有限公司	智能政务服务机器人（小易）
		武汉世怡科技股份有限公司	烹饪机器人
		武汉威明德科技股份有限公司	红枣、番茄收获机器人
	特种机器人	湖北三江航天万峰科技发展有限公司	防爆机器人
		湖北赟丰机器人技术有限公司	轨道巡检机器人、供电机房巡检挂轨机器人
		武汉市巨东科技有限公司	高空智能机器人
	建筑机器人	中物智建（武汉）科技有限公司	Panda 人机协作机器人
	娱乐机器人	武汉需要智能技术有限公司	下棋机器人、乐队机器人等
		穆特科技（武汉）股份有限公司	多轴并联机器人

（续）

主要产品及类型（工业或服务）		企业名称	重点产品
机器人关键零部件	减速器	武汉市精华减速机制造有限公司	RV 减速器
		湖北科峰智能传动股份有限公司	谐波减速器、行星减速器
	伺服电动机	武汉华中数控股份有限公司	伺服驱动、电动机
		武汉迈信电气技术有限公司	低压伺服驱动器
	控制器	武汉菲仕运动控制系统有限公司	运动控制器
		武汉华中数控股份有限公司	控制系统
机器人系统集成	集成服务	三丰智能装备集团股份有限公司	工业机器人及柔性产线、智能输送成套装备
		埃斯顿（湖北）机器人工程有限公司	智能包装生产线
		湖北三丰机器人有限公司	基于 AGV 的脉动式生产线
		湖北华威科智能股份有限公司	工业智能读写、读码器、标签
		武汉申安智能系统股份有限公司	智能工作站、柔性智能生产线
		武汉库柏特科技有限公司	医院智能化服务（零接触式智慧药房）
		武汉人天机器人工程有限公司	包装智能生产线集成
		武汉微动机器人科技有限公司	烟草行业智能自动化集成
		湖北赟丰机器人技术有限公司	人工智能运维服务机器人
		武汉德宝装备股份有限公司	汽车涂胶、焊接生产线集成

2.机器人行业主要企业

（1）武汉奋进智能机器有限公司（简称"奋进智能"）是一家集智能机器人、无线测控、工业物联网技术研发、产品制造及销售服务于一体的高新技术企业，是国家级"专精特新小巨人""湖北省隐形冠军"，湖北省机器人行业龙头。2015 年，在业内首次提出了"工匠机器人（Artisan Robots）"概念，于同年在白酒酿造领域研发出第一台工匠机器人产品——上甑机器人，并顺利通过了中国机器人（CR）认证，实现了定制化机器人在传统工艺技术智能化改造领域的应用，开创了白酒智慧酿造的新纪元。

上甑机器人突破机器人运动控制与关键工艺要求紧密结合及机器人臂内输料技术，深度融合白酒酿造传统工艺，攻克了"探汽上甑""连续供料"的行业难题，填补了白酒产业智能化改造技术空白。该产品已经在茅台、汾酒、习酒、洋河、古井贡等行业 50 多家知名企业上线应用，产品遍及全国各地，市场占有率超过 80%，连续四年市场占有率全国第一。奋进智能不断创新进取，持续开发新的智能酿造产品，现有产品包括上甑机器人、自动摘酒设备、出入窖自动行车、摊晾机器人、起堆机器人、自动润粮系统、自动窖池盖、窖池测温系统、曲房环境监测系统、自动化酿造整线设备、酿造整线控制系统。目前，奋进智能已建立了以无线测控技术、工业机器人技术和物联网技术为支柱的智能制造技术体系，参与编制了机器人控制系统团体标准 1 项。截至 2023 年 6 月，奋进智能共申请发明专利 61 项、实用新型 114 项、外观设计专利 7 项，目前已授权发明专利 17 项、实用新型 107 项、外观专利 7 项和软件著作权 19 项。

（2）湖北中盛电气有限公司（简称"中盛电气"）是集研发、生产、销售和技术服务于一体的国家级高新技术企业，主要致力于工业电气控制、电力电子、工业用机器人及自动化产线等产品的研发、制造和应用，其系列产品符合《中国制造 2025》及《国民经济和社会发展第十四个五年规划和 2035 年远景目标纲要》，广泛应用于航空航天、铁路、冶金、石化、造船、港口、纺织、造纸、市政等行业。

自成立以来，中盛电气先后荣获各级政府和有关部门授予的"高新技术企业""AAA+级中国质量信用企业""湖北省专精特新'小巨人'企业""襄阳市重合同守信用企业""襄阳市电子商务示范企业""襄阳市民营企业 100强""襄阳高新区瞪羚企业""高新区科技创新企业"等诸多荣誉称号。目前，中盛电气已成功入围中核集团、中铁集团、中铁四局、中国能建、中国电建、中国华电、中国黄金、中国冶金科工集团、中国化学工程集团、葛洲坝集团、宁波力勤集团等央企及上市公司的合格供应商名录。产品远销亚洲、非洲、中东、中亚、南美洲等地区，参与了印度尼西亚中苏拉威西省工业园、乌兹别克斯坦及整个中亚地区首条 950+ 热轧带钢项目、肯尼亚斯瓦克大坝等国际知名项目。

（3）武汉迈信电气技术有限公司（简称"迈信电气"）创立于 2004 年，以"迈信电气"为核心品牌，是一家专注于伺服仪器产品研究、开发、生产、销售为一体的高新技术企业，已通过 ISO 9000: 2001、安全生产标准等认证，并先后被评为"高新技术企业""科技型中小型企业成长路线图计划重点培育企业"及湖北省"最具投资潜力的科技型中小企业""国家级专精特新'小巨人'企业"等称号。现为POWERLINK中国用户组织的常任理事单位、中国机床工具工业协会数控系统分会理事单位、湖北省激光行业协会会员单位、中国机电一体化技术应用协会会员单位、中国PROFIBUS & PROFINET协会会员单位、中国运动控制产业联盟理事单位。

自公司成立以来，迈信电气不断加大自主研发力度，目前已拥有多项自主知识产权，在伺服技术领域处于国内同行业领先地位。研制的全数字式交流伺服驱动器和永磁交流伺服电动机为公司核心产品，已广泛应用于数控机床、包装机械、纺织机械、机器人、激光加工及自动化生产线等众多自动化领域，产品远销东南亚、印度、南非、俄罗斯、巴西等国家和地区。

（4）立得空间信息技术股份有限公司（简称"立得空间"）成立于1999年9月，是由武汉大学、李德仁院士、国内知名投资基金等共同投资成立的高科技企业。立得空间的主营业务由智能移动测量、智慧城市大数据及行业应用、物联网地图3个板块组成。

立得空间是中国移动测量系统（MMS: Mobile Mapping System）的发明单位，致力于运用"天 空 地"移动测量技术推动测绘产业变革，促进地理空间大数据的快速获取与利用。立得空间拥有一支由多方面专业人才组成的200余人的研发队伍，其研发能力涵盖机械、电子、自动控制、测绘、图像智能、云计算、互联网、大数据等领域，具备"跨界"科研能力和复杂系统集成能力。截至目前，立得空间已获得百余项发明专利和软件著作权，并两次荣获国家科技进步奖二等奖，参加了移动测量、实景地图、时空信息云平台等国家标准和行业标准的编制。目前，立得空间已成功服务全国500多个城市、数以千计的客户，并在北京奥运会、国庆70周年阅兵、汶川地震救援、青藏铁路、嫦娥号飞船探月等国家重大活动或项目中发挥了重要作用。

（5）湖北科峰智能传动股份有限公司（简称"湖北科峰"）于2010年12月成立，坐落于湖北省黄冈高新技术产业开发区黄冈产业园区内。湖北科峰专注于机械传动与控制应用领域关键零部件的研发、生产、销售，形成了精密行星减速器、工程机械用行星减速器、谐波减速器、精密零部件及其他的四大系列化产品。湖北科峰拥有国内外的数控车床、加工中心、数控插齿机、数控磨齿机、拉齿机、全自动热处理线等生产加工设备600余台（套），并拥有格里森齿轮测量中心、克林贝格齿轮测量中心、蔡司三坐标等先进检测设备。目前，湖北科峰已形成了近50万台（套）精密减速器生产线。

湖北科峰作为国家专精特新"小巨人"企业，湖北省智能制造示范单位、湖北省制造业单项冠军企业、湖北省技术创新示范企业、全国和谐劳动关系创建示范企业，拥有全系列直齿行星减速器、斜齿行星减速器产品以及数千种非标定制化产品。

湖北科峰致力于为客户提供专业的动力传动系统解决方案。产品定位国内外中高端市场，广泛应用于机器人、智能仓储物流、激光切割、智能交通、新能源、高端机床、半导体设备、工程机械、食品、包装、印刷、纺织、电子、医疗、自动化、生活用纸机械等几十个行业领域。

（6）武汉市精华减速机制造有限公司（简称"武汉精华"）是集研发、生产、销售、服务于一体的技术企业。从2012年起，武汉精华开始研发RV减速器，于2014年成功研发出拥有自主知识产权的RV减速器，经历近10年的研发攻关，RV减速器已发展到6个系列，均处于国际、国内领先地位。武汉精华的产品和解决方案广泛应用于纺织、印染、轻工、食品、冶金、矿山、石油、化工、建筑、运输、机械等各行业的传动、驱动领域，产品系列齐全。其产品主要有：X/B系列摆线针轮减速器（机架）、WB系列微型摆线针轮减速器、RV系列蜗轮蜗杆减速器、WC/WS/WX系列蜗轮减速器、R/F/K/S系列硬齿面齿轮减速器、ZDY/ZLY/ZSY系列硬齿面圆柱齿轮减速器、DBY/DCY系列圆锥圆柱硬齿面齿轮减速器、ZD/ZQ/ZL圆柱齿轮减速器、QSC系列竖直式三合一减速器、T系列螺旋锥齿轮减速器、HB系列大功率工业齿轮箱、NGW/P系列行星齿轮减速器、MR系列无级变速器、调速电动机以及各种非标减速器，产品质量已通过的ISO9001: 2000质量体系认证。

（7）湖北楚大智能装备股份有限公司（简称"湖北楚大"）成立于2005年，专注于日用玻璃智能装备的研发与制造，是国家级专精特新"小巨人"企业，曾入选央视"品牌强国工程"。湖北楚大投资成立了楚大智能（武汉）技术研究院有限公司，并与南京埃斯顿自动化股份有限公司合资成立了埃斯顿（湖北）机器人工程有限公司。湖北楚大现有员工330余人，拥有中高级专业技术人员70余人，其中，博士1人，硕士7人。湖北楚大获得国内外专利60余项，服务全球日用、药用、特种玻璃企业600多家，成套设备出口俄罗斯、土耳其、印度、墨西哥、巴西等20多个国家或地区。

湖北楚大以"玻璃成型、原配料系统、机器人及智能产线"为核心业务，为全球日用玻璃行业提供智能系统解决方案。发明的8S、9S系列回转式制瓶机，实现了多种瓶型混线生产；研发的玻璃原料智能仓储、自动配料系统保障了生产过程的稳定精准及节能环保；掌握的机器人运动控制、图像识别与定位、双目三维视觉、柔性夹具等机器人及视觉核心技术，率先实现了在日用玻璃行业热冷端、深加工环节的智能应用；依托在玻璃行业多年服务经验和技术，提供从咨询、研发、生产、交付到培训整套智能系统解决方案。

（8）三丰智能装备集团股份有限公司（简称"三丰智能"，股票代码：300276）成立于1999年，并于2011年11月15日成功登陆创业板并在深交所挂牌上市。三丰智能以智能控制技术为核心，能够提供产品集成以及整体规划方案，是国内专业从事智能物流输送成套装备的研发、设计、生产制造、安装调试与技术服务于一体的国家高新技术企业。

三丰智能的主要产品包括智能输送成套设备、工业机器人、自动化仓储设备、智能立体停车系统、工业自动化控制系统和智能焊接设备等 15 大系列 100 多个品种近 300 种规格的产品，广泛应用于汽车、工程机械、农业机械、仓储物流、轻工、食品、冶金、建材、军工等众多行业和领域。经过 10 多年的艰苦奋斗，三丰智能已迅速发展成为国内技术先进、产品齐全、具有行业影响力的智能物流输送装备企业。

（9）武汉人天包装自动化技术股份有限公司（简称"人天包装"）创立于 1997 年，是一家集研发、制造、销售和服务于一体的智能装备制造企业，是国家专精特新"小巨人"企业。人天包装专注于全自动包装生产线主机和线体集成业务 20 多年，拥有全自动装箱（盒、袋）机、码垛机、智能输送机三大系列主导产品和丰富的信息化整合经验。从规划到交付，人天包装可提供全流程专业服务，帮助客户高效完成自动包装生产线建设。

人天包装研发了可移动机器人码垛和 ZXZND 全自动装箱机。其中，码垛机器人产品使用直角坐标机器人，可实现

垛型模式快速切换并自行定义，其机械手采用特殊设计，可降低工作高度，符合 CE 标准；全自动装箱机利用蜘蛛手机器人和视觉技术，装箱速度可达 100 件 /min，并可灵活处理无序的来料，实现多重复杂排列、内部集成开箱。

截至 2023 年 6 月，公司共申请发明专利 155 项、实用新型 345 项、外观设计专利 18 项，目前已授权发明专利 76 项、实用新型专利 72 项、外观专利 4 项。

三、发展规划

为加快湖北省机器人产业发展，不断提升智能制造发展质量，湖北省将以智能升级、突破瓶颈为重点，坚持工业机器人和服务机器人并举，面向工业生产装配、涂装、焊接、搬运、加工、清洁生产等环节，重点发展高精度、高可靠性弧焊、装配、搬运等工业机器人；面向商业、医疗、教育、生活等领域，加快开发生产智能型服务机器人、智能护理机器人、医疗康复机器人；面向危险品操作、消防等领域，着力开发消防救援机器人、特种作业机器人。到 2025 年，湖北省智能制造装备产业集群将力争实现营业收入 1 500 亿元。

〔撰稿人：湖北省机器人产业创新战略联盟魏绍炎、秦兰兰〕

2022 年广东省机器人行业发展概况

一、行业发展概况

经过数十年的发展，广东省已成为国内最大的机器人产业聚集区，产业规模、企业数量均居全国首位，在机器人产业链各环节培育引进了一批龙头骨干企业和专精特性企业，主要集中在广州、深圳、佛山、东莞等珠江三角洲地区，其中，各市机器人产业聚集区分别是广州市黄埔区、深圳市宝安区和南山区、佛山市顺德区、东莞松山湖。

进入 2022 年，随着全球经济的逐步复苏，国内外汽车、3C 电子、医疗器械、食品包装、芯片等机器人多个上下游产业应用市场需求持续释放，带动广东省机器人产业保持稳步增长，也为广东省机器人产业发展带来了新机遇。根据广东省工业和信息化厅数据，2022 年广东省机器人产业集群营业收入 616.4 亿元，同比增长 15.4%；实现增加值 111.4 亿元，同比增长 12.1%。其中，工业机器人累计产量达 16.57 万台（套），在全国工业机器人总产量中的占比为 41.2%，同比增长 2.1%，产量连续三年稳居全国第一。

近年来，广东省机器人产业以市场应用为牵引，通过技术迭代创新，产品力和竞争力不断提升。例如，佛山华数机器人有限公司（简称"佛山华数"）聚焦机器人关键

核心技术，除减速器外全部核心零部件均自主研发，核心自主创新占比超 80%。广东嘉腾机器人自动化有限公司采用差速重载动力模组以及控制策略，开发低底盘、全转向的重载自动导引车（AGV）驱动装置，国内首创差速 20t 的 AGV 驱动单元。珠海格力智能装备有限公司（简称"格力智能装备"）成功研制 600kg 大负载工业机器人，亮相上海铸造博览会，实现汽车零部件焊接、冲压等市场零的突破和推广。深圳市优必选科技有限公司（简称"优必选"）在世界人工智能大会发布新一代大型仿人机器人 Walker X。广州数控设备有限公司（简称"广州数控"）自主研发的 GSK RB08A3-1490 工业机器人顺利通过了上海机器人产业技术研究院的 MTBF 7 万 h 测评。广州瑞松智能科技股份有限公司（简称"瑞松科技"）开发并发布国产工业设计仿真一体化软件。

同时，机器人在新冠疫情防控、抢险救灾、江河湖库、农业等领域的应用场景进一步拓宽。2021 年 5—6 月，广州新冠疫情发生期间，广州市部署服务机器人、无人机支援一线，构建物流配送、无人机高空喊话和应急物资配送、封闭小区测温消杀等应用场景；2021 年 9 月，对接阿尔华（广州）科技有限公司、广州艾可机器人有

限公司、广州高新兴机器人有限公司（简称"高新兴"）等机器人企业，协助白云国际机场做好疫情防控，并逐步推广至隔离酒店、其他城市机场等新冠疫情防控压力较大的场景应用；2021年7月，河南发生水灾，珠海云洲智能科技股份有限公司调拨118台"海豚1号"水面救生机器人赴豫开展受困人员解救和物资运输，同时推出两款便携式多波束测量无人船，面向江河湖库等场景提供水上水下高精度测绘、库容测量、建筑水下部分扫测和航道测绘等功能。此外，珠海羽人农业航空有限公司研发L30多功能农用无人机，实现打药、撒肥、播种、喷粉等农业应用场景。

综上所述，广东省机器人产业发展较快，聚集效应明显。工业机器人制造与智能无人飞行器产业市场占有率全国领先；服务机器人创新主体众多，技术创新活跃；特殊行业机器人制造和服务消费机器人制造产业应用场景不断扩展，产业规模高速增长，未来市场潜力巨大。

二、产业链情况

1.工业机器人产业链分析

广东省工业机器人经过多年的发展和技术积累，已形成从关键零部件到整机和应用，从研发、设计到检测的较为完整的产业链，部分技术实现突破，实现国产化替代。不仅培育发展了广州数控、佛山华数、深圳市汇川技术股份有限公司（简称"汇川技术"）、广东拓斯达科技股份有限公司（简称"拓斯达"）、格力智能装备、东莞市李群自动化技术有限公司（简称"李群自动化"）等一批具有代表性的本土骨干企业，还吸引了行业四大家族中的ABB（2015年珠海）、发那科（2016年广州黄埔）、库卡（2017年被美的集团股份有限公司收购）在广东布局建设研发生产基地。

（1）工业机器人产业链上游。工业机器人产业链上游可分为控制器、伺服系统和减速器三个方面。

1）控制器方面，广东省有广州数控、固高科技股份有限公司（简称"固高科技"）、汇川技术、研祥智能科技股份有限公司、拓斯达、格力智能装备、深圳众为兴技术股份有限公司、李群自动化等企业作支撑，自主化比例较高。其中，固高科技是亚太地区智能装备通用运动控制技术龙头企业，专注于运动控制技术、伺服驱动技术、机器视觉技术、网络技术和机械优化设计五个方向的核心技术研究；拓斯达已自主研发掌握了控制器、伺服驱动、视觉系统的核心底层技术已批量应用于自研SCARA和六轴机器人上，并针对3C和包装行业开发了具有行业特色的工艺包；广州数控、东莞李群自动化均自主研发了控制系统并实现自产自用。

2）伺服系统方面，自主品牌伺服电动机体积大、输出功率小，与国际企业的水平仍有差距，但差距呈现逐步缩减趋势。广东省相关领域企业有汇川技术、固高科技、美的集团股份有限公司（简称"美的"）、格力智能装备、广州数控、广东德昌电机有限公司、深圳市英威腾电气股份有限公司（简称"英威腾"）等。其中，汇川技术的通

用伺服系统2022年国内市场份额达到21.5%，位居第一位（数据源自MIR睿工业），是第二位西门子的2倍以上；格力智能装备研制具有完全自主知识产权、可应用于工业机器人的高性能专用伺服系统，荣获第72届纽伦堡国际发明金奖和第二届全国机械工业设计创新大赛银奖；广州数控已能实现小规模生产，在伺服电动机全系列机器人匹配电动机中有不少于20种规格，伺服驱动器自主化程度达到40%；拓斯达研制的机械手五合一伺服驱动器已完成交付，处于小规模量产阶段。

3）减速器方面，高精密减速器是我国与国外品牌差距最大的核心零部件，广东省有珠海飞马传动机械有限公司（简称"珠海飞马"）、深圳市同川精密有限公司、深圳市大族精密传动科技有限公司（简称"大族精密"）、广州市昊志机电股份有限公司、巨轮智能装备股份有限公司（简称"巨轮智能"）、格力智能装备、广州长仁工业科技有限公司等企业作为支撑。珠海飞马深耕工业机器人用精密行星摆线减速器的研发制造，其核心性能和技术指标已经达到国内领先水平，是国内行业标准的制定者之一；巨轮智能在RV减速器的国产化和产业化研究方面已取得了重大突破。

（2）工业机器人产业链中游。在工业机器人本体方面，以"四大家族"为代表的外资品牌仍占据主要份额，广东省内创新型企业经过近几年的发展，数量逐渐增多并抢占市场份额，已呈现国产替代加速的趋势。广东省机器人本体制造商企业以轻载、中低端工业机器人产品为主，如广州数控、佛山华数、拓斯达等。有部分企业凭借上游零部件技术优势或强大的下游终端市场，向本体延伸发展，如汇川技术、格力智能装备等。

（3）工业机器人产业链下游。广东省广阔的应用市场为企业发展提供坚实基础。广东省作为全国第一经济大省，也是第一工业人省，在消费电子、汽车、家电、饮料、服装、医疗器械等制造行业中排名全国前列，为广东发展成为国内最大工业机器人应用市场和生产基地提供了坚实的市场基础。在工业机器人系统集成方面，省内汇聚了一大批优秀集成商，瑞松科技和广州明珞装备股份有限公司（简称"明珞装备"）在汽车白车身焊装领域具有雄厚实力，广州达意隆包装机械股份有限公司在包装行业实力国内领先。

2.服务机器人产业链分析

广东省企业在语音交互、激光雷达、传感器、人工智能（AI）芯片等新兴技术领域寻求突破，目前已取得阶段性成果，典型企业有科大讯飞华南有限公司、深圳市镭神智能系统有限公司、云从科技集团股份有限公司、深圳瑞波光电子有限公司等。

从服务机器人品类来看，个人/家用领域服务机器人发展逐渐成熟，典型企业主要有深圳市银星智能科技股份有限公司、深圳市金大智能创新科技有限公司、深圳勇艺达机器人有限公司、广东宝乐机器人股份有限公司、深圳市金刚蚁机器人技术有限公司等。商用领域有盈峰环境科技集团股份有限公司、高新兴、广州映博智能科技有限公

司、凌度（广东）智能科技发展有限公司、深圳中智卫安机器人技术有限公司等企业。横跨消费级和商用的企业有优必选、千里眼（广州）人工智能科技有限公司、广州视源电子科技股份有限公司等。在无人机领域有深圳市大疆创新科技有限公司、广州极飞科技股份有限公司、广州亿航智能技术有限公司等企业。

此外，服务机器人产业链下游还有各类应用级公司，这类公司基于特定的使用场景，开发机器人本体，在家庭娱乐陪护、医疗领域、物流仓储等领域不断拓展应用场景，典型企业有坎德拉（深圳）科技创新有限公司、广州赛特智能科技有限公司、广州盈惠兴科技有限公司、深圳市锐曼智能装备有限公司、深圳市普渡科技有限公司等。

3.特种机器人产业链分析

相比于工业机器人和服务机器人，特种机器人目前市场规模较小，但在部分领域具有重要的战略意义和作用，且未来潜力巨大，市场空间广阔。随着社会的发展，由特种机器人从事"危险""特殊""极端"的工作，已经势在必行，水下救援机器人、消防救援机器人、深海采矿机器人等将成为未来的热点应用方向。

近年来，广东省特种机器人产业发展良好，创新企业加快自主研发进程，产品的功能性与可靠性大幅提升，在安防巡逻、电力巡检、防爆灭火、管道检测、采矿挖掘、水下作业、军事作战等场景下得到进一步推广使用。特种机器人从无到有，品种不断丰富，智能化水平及环境适应能力不断提升，应用领域持续扩展，出现了包括巡检机器人、消防灭火机器人、无人机防控监测、水下机器人、排爆机器人、管道机器人等一系列产品。

三、产业发展展望

一直以来，广东省都是机器人生产和应用大省，也是国内机器人产业的主要聚集区之一，智能机器人产业被列为广东省十大战略性新兴产业集群之一。

在产业布局方面，广东省制造业规模庞大，生产线

的自动化及智能化改造升级为广东机器人的发展提供了良好基础，现已形成从关键零部件到整机和应用的完整机器人产业链。深圳市推动以面向3C产业为主的工业机器人及集成应用，发展工业机器人本体及核心零部件制造；广州加快推动以面向汽车、船舶、航空等高端制造业为主的集成应用，完善标准化、检验检测、技术培训等公共服务能力；佛山市重点打造智能制造产业基地和机器人谷，推进工业机器人在家电、陶瓷、纺织等重点行业的集成应用；东莞市重点培育核心零部件企业和机器人系统集成商，推动工业机器人在电子信息制造业、电气机械及设备制造业的集成应用。

在产业结构方面，广东省机器人产业结构较为合理。在生产机器人所需的精密机加工、电子设计、工艺装配等方面具有一定技术优势，其产品研发与应用相对成熟。在核心零部件技术攻关与成品研制方面，拥有广州数控、佛山华数、美的、格力、珠海飞马、巨轮智能、大族精密、汇川技术、固高科技等本土企业，具备一定的国产化核心技术与自主知识产权，并逐渐形成完善的产业链布局。同时，珠江三角洲地区机器人企业凭借区域内良好的制造业发展基础，重点围绕系统集成领域展开布局，充分发挥在流通渠道与价格方面的优势，为机器人应用企业实施灵活多样的定制化服务，拥有瑞松科技、明珞装备、佛山隆深机器人有限公司等优秀系统集成商，能够渗透汽车产线、3C等高端制造领域。

在产业聚集方面，广东省机器人产业具有较强的发展基础，以深圳、广州、佛山、东莞为代表的产业集群，不断推动工业机器人在高端制造及传统支柱产业的示范应用，深耕商用服务机器人赛道，在创新能力与影响力方面位于全国前列。良好的双创氛围及较强的发展基础，为珠江三角洲地区机器人企业发展壮大提供了良好机遇。

〔撰稿人：广东省机器人协会任玉桐〕

2022 年青岛市机器人行业发展概况

2021年年底，《青岛市"十四五"制造业高质量发展规划》正式印发，明确提出重点推进机器人发展。加快构建以工业机器人、自动化成套生产线等为代表的智能制造体系，为青岛市机器人产业与实体经济深度融合发展提供了更广阔的市场。2022年，在市场需求引导、技术创新推动和国家政策支持的共同作用下，青岛市机器人产业稳步发展，市场规模不断扩大。

一、行业发展特点

1.产业规模稳步增长，企业规模再创新高

根据青岛市机器人产业协会的不完全统计，目前青岛市已集聚机器人上下游企业70家，2022年实现销售收入60.8亿元，较2021年增长10.8%。在企业规模方面，青岛市规模以上企业39家。其中，超过10亿元企业1家、4亿～10亿元企业3家、1亿～4亿元企业13家、5000万～1亿

元企业 6 家、2 000 万～5 000 万元企业 16 家。

其中，科捷智能装备有限公司（简称"科捷智能"）主营业务收入突破 15 亿元，达到 16.5 亿元，增速高达 30%。规模以上企业中，山东顺诺腾辉智能科技有限公司、青岛欧开智能系统有限公司、青岛浦诺达克智能装备有限公司、青岛星华智能装备有限公司主营业务收入同比增长均超过 100%，分别达到 1 680%、377%、159%、106%。

2. 企业产品规范化发展再上新台阶，试点示范典型引领效果进一步加强

目前，青岛市有 12 家机器人产业链企业进入国家级示范名录。青岛宝佳智能装备股份有限公司（简称"宝佳智能"）、青岛科捷机器人有限公司（简称"科捷机器人"）、青岛诺力达智能科技有限公司等 3 家企业被列入国家工业机器人行业规范名录；海尔集团公司、宝佳智能、中车青岛四方车辆研究所有限公司、海克斯康测量技术（青岛）有限公司、科捷智能、华晟（青岛）智能装备科技有限公司等 9 家企业符合《智能制造系统解决方案供应商规范条件》；青岛悟牛智能科技有限公司（简称"悟牛智能"）入选工业和信息化部首批农业典型应用场景名单。

2022 年青岛市工业和信息化局首次开展全市"机器人典型应用场景名单"征集活动。经企业申报、专家评审和公示等程序，宝佳智能的食品饮料行业物料分拣装箱、力鼎智能装备（青岛）集团有限公司的汽车制造行业箱体加工等 10 个场景入选首批名单。

3. 依"园"发展，产业聚集效果初显

目前，青岛市拥有青岛国家级高新技术产业开发区（简称"青岛高新区"）、中德生态园、山东省机器人产业园三大机器人园区，园区聚集效应初显，尤其是以青岛高新区最为显著。

青岛高新区聚焦机器人产业、智能制造装备等领域。2022 年，青岛高新区机器人企业主营业务收入总计达 44.9 亿元，在青岛市机器人企业主营业务总收入中的占比达 3/4，较 2021 年的 36.7 亿元增长 22.3%。截至目前，青岛市已累计引进优质机器人产业链项目 200 余项，总投资额超过 160 亿元，在青岛市市机器人企业总投资额中的占比达 80% 以上。机器人产业链上中下游均已在青岛高新区初步形成企业梯次配置和产业闭环，形成了以"国际机器人产业园"为主要基地的智能制造产业集群。

中德生态园位于中国（山东）自由贸易试验区青岛片区，聚集了机器人与人工智能"机·慧·圈"创新联盟、中德智能技术博士研究院、青岛澳西智能科技有限公司（简称"澳西智能"）等 17 家机器人组织机构与相关企业，成为涵盖机器人研发、制造与核心配套的完整产业链的智能制造和机器人产业园区。园区先后获批全国首批智能制造灯塔园区、中德智能制造合作试点示范园区。

山东省机器人产业园位于西海岸新区，是以机器人为先导产业，集"政、金、服、产、学、研"六位一体的产业园区，2021 年正式交付运营。园区聚集了山东省机器人

研究会、凯沃智能（青岛）有限公司、青岛博晟优控智能科技有限公司、山东瑞智飞控科技有限公司等机器人上中下游产业链重点企业。

4. 产业链下游步入"快车道"

以机器人系统集成及应用为主的产业链下游，是青岛市机器人产业发展的"快车道"，聚集了行业内 80% 以上企业。拥有国内饲料行业机器人应用市场份额 70% 以上的宝佳智能，正式开工建设"工业机器人智能集成系统研发生产基地及远程运维云平台建设项目"，项目落地青岛市高新区，预计投资额达 4 亿元，建成后可实现智能工业机器人等系统集成解决方案 1 000 套以上的年产能力。科捷智能与浙江大学在物流场景高效机器视觉算法研究及应用方向展开合作，并投资 2 亿余元，建设智慧物流和智能制造系统产品扩产建设项目。科捷机器人独立攻关的轻量化重载高速龙门机器人已占据国内轮胎生产行业 85% 的市场份额，进入固特异全球工厂采购名录。

5. 产品种类与质量双优化

在机器人产品种类方面，青岛市机器人产品已涵盖工业机器人、服务机器人、特种机器人三大种类。青岛新松机器人自动化有限公司的核心产品——重载自动导引车（AGV）产量持续增长，2022 年销售额超过 2.3 亿元，同比增长约 13%；青岛通产智能科技股份有限公司面向智慧城市建设及公共安全场景开发的服务型机器人，以国内 85% 的市场占有率在多个领域广泛应用；澳西智能研发的消防救援特种机器人已成功投入市场，凭借国际先进的产品技术，其市场排名步入全国前 5 位；悟牛智能研发的无人驾驶车和智能采摘机器人等已在多地开展示范应用；以青岛罗博飞海洋技术有限公司、飞马滨（青岛）智能科技有限公司等为代表的水下勘测机器人、水下柔性自适应智能清洗机器人、无人艇的研发生产也在快速成长。

产品质量不断提升，青岛丰光精密机械股份有限公司自主研发的伺服电动机关键零部件，国内市场占有率提升至 60%，是安川电机等知名企业的稳定供应商；国华（青岛）智能装备有限公司自主研发的高刚度新型圆弧齿形谐波减速器，其极限承载能力优于国内外同类产品，实现高端谐波减速器的国产化；青岛宇方机器人工业股份有限公司、青岛小优智能科技有限公司司等在机器人电控系统、基础软件、机器视觉等技术领域拥有自主研发产品，并形成一定规模。

6. 政策落地实施，提振企业信心

2021 年，青岛市陆续出台了《青岛市"十四五"战略性新兴产业发展规划》《支持机器人产业加快发展的若干政策措施》的机器人行业"新十条"以及《青岛市加快先进制造业高质量发展若干政策措施》等支持青岛市机器人行业快速发展的优惠政策，明确提出青岛要打造成为中国北方最大的机器人产业基地。2022 年，以上政策全部落地并实现，目前已累计发放企业奖励金额近 5 000 万元。

7.场景认定，加快应用推广

在工业和信息化部发布的《关于农业、建筑、医疗、矿山领域机器人应用优秀场景名单的公示》指导下，青岛开展了首批"十大机器人典型应用场景"征集活动。典型应用场景名单的征集与公布，是青岛市对"机器人+"行动方案的准确落实，为机器人企业的技术创新、供需对接、场景宣传等方面提供了方向，切实加快机器人的应用推广。

二、现存问题

青岛市机器人产业发展初见成效，但与国内先进城市相比，仍存在明显的差距。一是产业总体规模仍然偏小，行业知名度不突出，竞争优势不明显；二是龙头企业缺乏，产业链带动能力不强，高附加值企业较少；三是企业技术创新能力较弱，机器人关键零部件包括高精密减速器，高性能伺服电动机和驱动器，高性能控制器、传感器和末端执行器等方面存在短板；四是缺乏机器人产业检验检测等服务平台，机器人企业亟需的高端研发人才、产业工人相对匮乏。

三、发展规划

1.发展目标

抓牢"四新经济"，提升机器人产业链与供应链的稳定性和竞争力，持续完善产业生态，努力将青岛市打造成为国内具有影响力和竞争力的机器人产业基地。

（1）全"链"发展。完善产业体系，突破关键共性技术，努力形成涵盖核心零部件、机器人本体、集成机器人产品、集成应用创新、机器人配套服务的全产业链发展链条。

（2）应用示范推广。遴选一批工业机器人典型应用示范场景，推动工业机器人在数字化车间、智能工厂升级改造中发挥更大作用，拓展服务、特种、新型机器人在民生、安全、应急、物流、海洋等领域的应用，带动青岛市产业转型升级、经济高质量发展。

（3）优化产业布局。聚焦重点、突出特色，打造国内一流的机器人产业园区和产业基地、产业创新平台，培育30家以上机器人研发制造和系统集成服务型骨干企业，培育10个以上知名自主品牌。初步形成涵盖创新平台、产品研发生产、集成服务、检验认证、教育培训等完整的产业生态。

（4）建立胶东半岛机器人产业联盟。努力打造青岛、烟台、潍坊、威海、日照的环胶州湾产业联盟，统筹区域协调发展，实现"五市"机器人产业一体化，充分利用"五市"资源，助力机器人产业快速且高质量发展，助推胶东经济圈一体化。

2.发展重点

（1）强化机器人研发制造，重点行业突破。通过自主研发、协同创新、引进吸收等多种方式，重点开展机器人关键零部件及系统集成设计制造技术研发；重点发展搬运、装配、喷涂、焊接、打磨、清洁生产等应用领域的工业机器人；强化海洋特色，注重经略海洋，积极拓展研发制造以无人艇、水下机器人为代表的特种机器人；大力发展围绕教育娱乐、家政社区、餐饮服务、医疗、护理、康养等需求的服务机器人。

（2）培育骨干企业和自主品牌。加大政策引导和资金扶持力度，扶持本土机器人企业做强做大，提高自有品牌的影响力和市场占有率；培育一批掌握核心技术、竞争优势突出、辐射带动力强的龙头企业；培育自主品牌，推动"青岛制造"机器人走向市场。

（3）大力推动普及应用。结合青岛制造业优势，选择一批基础条件好的企业，组织实施机器人等智能装备应用试点示范、关键岗位机器人替代工程。征集并推广机器人典型应用场景，引导机器人企业研发更适合行业需求的机器人产品，加快推动机器人产业发展。

（4）拓展新领域、增强行业联动。引导机器人产业企业与食品行业企业交流，打造面向食品行业的机器人，保证食品安全，实现粮食智能装备产业向更高层次转型升级，助推粮油装备产业高质量发展。

（5）加强技能型人才培训。鼓励机器人产业基地将技能型人才培训纳入公共技术服务平台建设。鼓励有条件的职业学院、技工院校和培训机构，开设工业机器人系统维保员、工业机器人系统操作员的培训。支持校企合作，开展定制化机器人应用技能型人才培训。

〔撰稿人：青岛机器人产业协会盖巍、刘学、赵永瑞、张凤生、李一磊、邵光笑〕

2022 年广州市机器人行业发展概况

一、行业发展概况

1.总体情况

机器人及智能装备产业是广州市八大战略性新兴产业的一大重要分支。工业机器人作为智能制造领域的代表，在产业转型升级的过程中发挥着越来越重要的作用。2022年，广州市机器人及智能装备产业产值近1 650亿元，同比增长约为7.1%，产值增速仍保持正向快速发展。2013—2022年广州市机器人及智能装备总产值如图1所示。

图 1　2013—2022 年广州市机器人及智能装备总产值

注：数据来源于广州工业机器人制造和应用产业联盟。

2022 年，广州市机器人及智能装备企业总数达到 3 502 家，同比增长 8.9%，广州市机器人及智能装备企业数量还在稳步增长，产业仍处于扩张期。2014—2022 年广州市工业机器人及智能装备企业数量如图 2 所示。

图 2　2014—2022 年广州市工业机器人及智能装备企业数量

注：数据来源于广州工业机器人制造和应用产业联盟。

2022 年，广州市工业机器人本体销售量约为 7 100 台，总销售额约为 65 亿元，同比增长 18.3%；自动导引车（AGV）销售量约为 1 000 台，销售额约为 2 亿元，同比增长 42.9%；系统集成（总装线）、关键零部件销售额约为 850 亿元，同比增长 16.4%。

2016—2022 年广州市工业机器人本体销售情况如图 3 所示。2016—2022 年广州市 AGV 销售情况如图 4 所示。

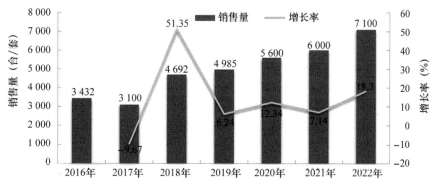

图 3　2016—2022 年广州市工业机器人本体销售情况

注：数据来源于广州工业机器人制造和应用产业联盟。

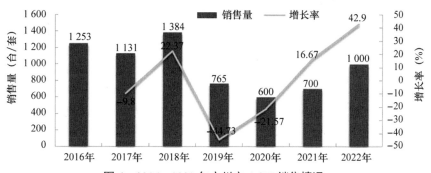

图 4　2016—2022 年广州市 AGV 销售情况

注：数据来源于广州工业机器人制造和应用产业联盟。

2. 产业结构

从广州市各区域机器人及智能装备企业数量分析，2022年广州市机器人及智能装备企业的区域分布情况与往年基本一致，机器人及智能装备企业数量最多分布在黄埔区，其次是南沙区、番禺区、增城区、花都区和天河区。2022年广州市机器人及智能装备企业数量区域分布情况如图5所示。

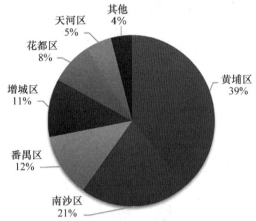

**图5　2022年广州市机器人及智能装备
企业数量区域分布情况**

注：数据来源于广州工业机器人制造和应用产业联盟。

从广州市各区域机器人及智能装备产业产值分析，2022年广州市机器人及智能装备产业产值较高的是黄埔区和南沙区，其次番禺区、增城区和花都区，产值分布情况与企业数量分布情况基本一致。2022年广州市机器人及智能装备产业产值区域分布情况如图6所示。

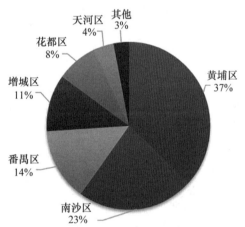

**图6　2022年广州市机器人及智能装备
产业产值区域分布情况**

注：数据来源于广州工业机器人制造和应用产业联盟。

从企业主营产品类型分析，2022年，广州市机器人及智能装备产业结构中，工业机器人（含AGV）及系统集成企业在智能装备企业中的占比为41.5%；机器人产业链上游企业，包括关键零部件、数控机床、减速器等企业占比为26.5%；机器人产业链下游应用企业的占比为32.0%。2022年广州市机器人及智能装备企业类型分布情况如图7所示。

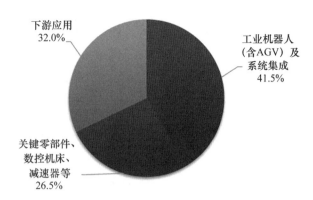

**图7　2022年广州市机器人及智能装备
企业类型分布情况**

注：数据来源于广州工业机器人制造和应用产业联盟。

从广州机器人及智能装备企业产值分析，2022年，广州市机器人及智能装备产业结构中工业机器人（含AGV）及系统集成产值在机器人智能装备企业总产值中的占比为45.5%；机器人产业链上游企业，包括关键零部件、数控机床、减速器等企业的占比为21.5%；机器人产业链下游应用企业的占比为33.0%。2022年广州市机器人及智能装备企业产值分布情况如图8所示。

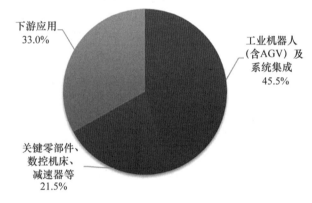

**图8　2022年广州市机器人及智能装备
企业产值分布情况**

注：数据来源于广州工业机器人制造和应用产业联盟。

3. 产业分析

工业机器人作为智能制造领域的代表，在产业转型升级的过程中发挥着越来越重要的作用，广州市机器人及智能装备产业植根于珠三角地区发达的制造业及其丰富的应用场景，从高度开放的市场中催生而来。

广州作为创建《中国制造2025》试点示范城市，根据《广州制造2025战略规划》（简称《规划》）要求，将着力推动机器人及智能装备产业实现快速良性发展，构建以黄埔区为中心，以广州科学城为研发中心，以增城区、花都区、南沙区为产业基地的产业布局。围绕智能制造产业链核心环节，广州市机器人及智能装备产业已形成涵盖上游减速器、掌握器等关键零部件，中游机器人本体、系统集成，下游包装装备、塑料成型等各领域应用智能成套装备的产业体系。

根据《规划》要求，广州市将在汽车、电子、船舶、机械、医药、纺织服装等产业领域分类实施数字化车间/智能工厂、智能装备（产业）、新模式/新业态、智能管理、智能服务等试点示范及应用推广。

同时，广州市也将整合广州工业技术研究院、广州工业智能研究院、广州机械科学研究院、广东省科学院智能制造研究所等优势研究资源，联合国内外其他科研院所及相关骨干企业，开展共性关键技术研发，把机器人智能装备推向更多应用场景。

二、主要企业

广州市机器人及智能装备产业部分企业情况见表1。

表1 广州市机器人及智能装备产业部分企业情况

类别		企业名称	主要产品/领域
产业链上游	关键零部件	广州奥松电子有限公司	传感器等机器人关键零部件
		汇专科技集团股份有限公司	机床用刀具、非接触式焊接元器件
		广州市昊志机电股份有限公司	工业机器人本体高速电主轴、减速器等零部件
		广东诺能泰自动化技术有限公司	工业气动控制元件
	智能装备	广州市敏嘉制造技术有限公司	多主轴机床及专用机器人
		广州鑫泰数控科技有限公司	数控机床
		广州精雕数控工程有限公司	精密高速数控加工中心
		广州三拓金属加工机械有限公司	数控机床
		广州佳盟子机床有限公司	数控机床
		广州市霏鸿机电科技有限公司	精密机床
		广州市佳速精密机械有限公司	精密机床及机械手
	减速器	广州市昊志机电股份有限公司	工业机器人本体高速电主轴、减速器等零部件
		广州长仁工业科技有限公司	机床零部件、减速器、机器人集成
		广州飞宝机电有限公司	减速器
		广州明茂机电设备有限公司	减速器
	控制器	广州数控设备有限公司	工业机器人、高档数控机床
		广州奇芯机器人技术有限公司	机器人控制系统、中高档数控系统、运动控制器
产业链中游	工业机器人（含AGV）	国机智能科技有限公司	工业机器人本体、系统集成及重大机械装备制造
		广州数控设备有限公司	工业机器人、高档数控机床
		广州新松机器人自动化有限责任公司	工业机器人本体、AGV
		巨轮（广州）机器人与智能制造有限公司	工业机器人及其核心部件
		广州普华灵动机器人技术有限公司	无人车及移载机器人（AGV+/RGV+）本体与系统
		广州市远能物流自动化设备科技有限公司	AGV
		广州蓝海机器人系统有限公司	AGV
		广州市井源机电设备有限公司	工业移动机器人AGV
		广州市威控机器人有限公司	特种机器人、仿生机器人
		广东海川机器人有限公司	工业机器人、商用机器人
		广州耐为机器人科技有限公司	工业机器人本体
		广州汇航机器人有限公司	工业机器人
	系统集成	广州工业投资控股集团有限公司	楼宇智能装备、智能电网系统、清洁能源装备、智能机器人和智慧运维
		广州明珞装备股份有限公司	汽车等行业机器人系统集成
		广州瑞松智能科技股份有限公司	SCARA机器人、自动化系统集成控制技术

（续）

类别		企业名称	主要产品/领域
产业链中游	系统集成	广州松兴电气股份有限公司	机器人系统、焊接系统、激光系统
		广州中设机器人智能装备股份有限公司	机器人系统集成、焊接设备
		广州德恒汽车装备科技有限公司	机器人应用开发、机器人系统集成、工业自动化与汽车自动化生产线集成
		广州市景泰科技有限公司	液晶显示面板在线智能涂覆、检测等设备
		广州协鸿工业机器人技术有限公司	机器人智能技术、自动化设备
		广州东焊智能装备有限公司	焊接专用设备
		广州亨龙智能装备股份有限公司	电容储能点凸焊、中频直流点凸焊
		广东益诺欧环保股份有限公司	PVDF 管式膜分离浓缩设备及膜组件
		广州超音速自动化科技股份有限公司	锂离子电池电极片缺陷检测系统、涂布对齐检测系统
		广州擎天恒申智能化设备有限公司	汽车智能装备
		东方电气（广州）重型机器有限公司	百万千瓦级先进压水堆核电站成套设备
		广州普理司科技有限公司	多功能数码印刷机、全伺服自动品检机
		广州丰桥智能装备有限公司	汽车制造自动化设备、柔性自动化生产线集成
		广州熙锐自动化设备有限公司	汽车制造业和其他工业领域智能化生产设备
产业链下游	各领域智能装备	博创智能装备股份有限公司	塑料注射成形过程形性智能调控技术及装备
	塑料成形	广州华研精密机械有限公司	智能 PET 注塑设备及塑料模具
		广州一道注塑机械股份有限公司	PET 瓶坯动态成型注塑机
		广州达意隆包装机械股份有限公司	智能包装生产线系统集成、AGV
		广州科盛隆纸箱包装机械有限公司	智能包装设备
		广州市万世德智能装备科技有限公司	智能包装设备
		广州市铭慧机械股份有限公司	液体食品无菌包装设备及辅助设备
	木材家具	广州弘亚数控机械股份有限公司	木材加工智能机械
		广州联柔机械设备有限公司	袋装弹簧生产机
	电子金融	广州广电运通金融电子股份有限公司	自动柜员机
		广州视源电子科技股份有限公司	液晶显示主控板卡
		广州明森科技股份有限公司	社保卡、银行卡等个人化制造装备
	智能楼宇	广东安居宝数码科技股份有限公司	智慧楼宇对讲、智能家居、AI 无人化停车、充电位管理系统
		广州达蒙安防科技有限公司	DM300 防火型全防护智能升降爬架平台
		广州广日电梯工业有限公司	乘客电梯、无机房电梯、自动扶梯
	智能停车	广州广日智能停车设备有限公司	PCS 垂直升降类停车设备
		广州建德机电有限公司	停车场设备、自动控制系统
	医疗包装	广州珐玛珈智能设备股份有限公司	药品装瓶、自动贴标智能设备
		达尔嘉（广州）标识设备有限公司	药品数粒装瓶、自动贴标智能设备
		广州精佳机械有限公司	三维包装机、全自动透明膜三维包装机
		广州保瑞医疗技术有限公司	体腔热灌注治疗系统
		广州迈普再生医学科技有限公司	生物 3D 打印技术
	检验检测	广州赛宝认证中心服务有限公司	产品认证、体系认证
		广州广电计量检测股份有限公司	计量、检测、认证

（续）

类别			企业名称	主要产品/领域
产业链下游	各领域智能装备	检验检测	中汽检测技术有限公司	汽车零部件、机器人及自动化装备检测和认证
			国家机器人检测与评定中心（广州）	机器人产品及部件的检测、认证和校准
			广研检测	油品质量检验评定、设备润滑状态监测
			威凯检测技术有限公司	国家级电器产品质量监督检验中心
			广州禾信仪器股份有限公司	质谱仪器研发、制造、销售
			中科检测技术服务（广州）股份有限公司	食品检测、土壤检测、清洁生产审核
			广州高新兴机器人有限公司	巡检机器人
		共性技术研究	广州工业智能研究院	智能产品开发和应用、智能服务开发和应用、智能工厂建设和示范
			广州工业技术研究院	先进制造、海洋工程、信息技术、新能源
			广东省科学院智能制造研究所	机器人技术、人工智能技术、增材制造技术、数字化制造技术、装备可靠性技术
			广东省电子技术研究所	通信网络设备及终端产品、智能交通设备、智能制造设备
			广州先进技术研究所	前瞻科学与技术研究、水科学研究、生物工程研究、机器人与智能装备
			广州智能装备研究院	面向智能装备产业链的国家级公共服务机构
			广州中以机器人研究院	机器人应用产品和技术、智能制造技术和产品
			广东省机器人创新中心	机器人技术及产业创新平台和服务平台

注：数据来源于广州工业机器人制造和应用产业联盟。

三、重大举措或事件

1. 出台《广州市现代高端装备产业链高质量发展三年行动计划》

2022年3月，广州市出台《广州市现代高端装备产业链高质量发展三年行动计划》，明确提出，到2024年，要将广州市打造成全国高端数控机床、智能装备、船舶及海工装备、航空航天及卫星应用等高端装备制造的重要基地，形成产业体系完善、自主创新能力突出的高端装备产业集群；力争实现年产值3500亿元，打造2～3个高端装备产业园，累计研制首台（套）重大技术装备产品超120台（套）。

2. 召开《广州市促进创新链产业链融合发展行动计划（2022—2025年）》新闻发布会

2022年8月19日，广州市政府召开《广州市促进创新链产业链融合发展行动计划（2022—2025年）》新闻发布会，广州市工业和信息化局发言人表示，广州将创建新的国家级和省级制造业创新中心，在共性关键技术研发等方面起到行业引领作用。

3. 举办2022年广东智能装备产业发展大会与展览会

10月28日，2022年广东智能装备产业发展大会与展览会在广州举行。本次活动将宏观与微观相结合，围绕集群建设成果、首台（套）重大技术装备政策实施成效、装备供需对接、装备数字化升级等多个维度全方位展示广东省智能装备产业发展成效，广泛集聚装备制造产业链的上中下游企业资源，深入开展研讨、交流与合作。

活动还举行了广东省重大技术装备创新故事汇暨广东省装备生态网上线、"广东智能装备产业·产融合作重点企业库"与"补贷保"项目启动、广东省广深佛莞智能装备产业集群生态合作伙伴授牌、广东省广深佛莞智能装备产业集群发展研究报告发布等仪式。

4. 出台《广州市加快先进制造业项目投资建设的若干政策措施》

2022年12月9日，为加快先进制造业项目投资建设，广州市出台《广州市加快先进制造业项目投资建设的若干政策措施》（简称《措施》）。措施提出，对工业经济贡献大、产出效益高的区给予制造业新增用地指标奖励，对符合条件的新业态企业可放宽税收、规模等引进落户条件等，并分别从加强重点产业项目投资建设、建设高品质产业布局空间推动科技创新平台建设、推动制造业"四化"（数字化转型、网络化协同、智能化改造、绿色化提升）转型升级、强化制造业项目招商引资等11方面提出18项任务，推动广州加快先进制造业项目投资建设。

在加强重点产业项目投资建设方面，《措施》明确聚焦广州市"十四五"规划重点产业链，以智能网联与新能源汽车、绿色石化和新材料、现代高端装备、超高清视频和新型显示等产业链为重点，投资建设产业带动性强、技术水平先进、绿色低碳的先进制造业项目，打造具有国际竞争力的现代产业体系。

〔撰稿人：广州工业机器人制造和应用产业联盟梁万前〕

2022 年佛山市机器人行业发展概况

一、行业发展概况

1.产量增势显著

近年来，佛山市机器人产业呈现跨越式发展态势，产业规模持续增长。据统计，2022 年佛山市工业机器人产量达 3.24 万套，同比增长 40%。2018—2022 年，佛山市工业机器人产量年均复合增长率高达 112%，在全国工业机器人总产量中的占比从 1% 迅速提升到 7%，佛山市工业机器人整机行业实现了跨越式发展。2018—2022 年佛山市工业机器人产量情况如图 1 所示。

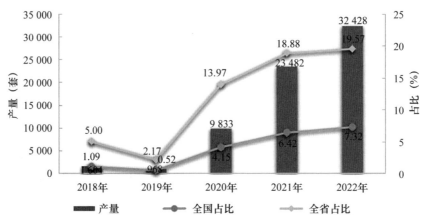

图 1　2018—2022 年佛山市工业机器人产量情况

注：数据来源于佛山市统计局。

2.科技研发较为活跃

截至 2022 年年底，佛山市机器人企业累计申请海外专利数量达 503 件；累计国内发明专利申请和授权数量分别为 4 906 和 1 626 件。佛山市科研院所的机器人相关国内专利累计申请数量为 849 件。佛山市机器人产业累计拥有发明专利申请和授权数量排名全国前三位。

3.产品类型基本齐全

在工业机器人领域，佛山市拥有库卡机器人（广东）有限公司（简称"库卡（广东）"）、佛山华数机器人有限公司（简称"华数"）、佛山非夕机器人科技有限公司（简称"非夕"）、广东嘉腾机器人自动化有限公司（简称"嘉腾"）等知名企业；在服务机器人领域，主要涵盖扫地、餐饮、清洁、消毒、教育、配送等业态，有美的集团股份有限公司、佛山市云米电器科技有限公司、千玺机器人集团有限公司、嘉腾、佛山博文机器人自动化科技有限公司、广东天波信息技术股份有限公司等典型企业，吸引了扫地机器人领先企业——深圳银星智能集团股份有限公司入驻；在特种机器人领域，主要覆盖建筑、巡检、医疗等领域，有广东博智林智能制造有限公司（简称"博智林"）、广东科凯达智能机器人有限公司、库卡（广东）等典型企业。

4.产业链条初步成型

佛山市机器人已形成"核心零部件—机器人本体—系统集成"全产业链条。其中，在核心零部件环节，以伺服系统为主，华数、广东若铂智能机器人有限公司等骨干企业研发出"驱控一体化"产品；在机器人本体环节，库卡（广东）、华数、非夕、佛山市顺德区凯硕精密模具自动化科技有限公司（简称"凯硕"）等骨干企业纷纷增资扩产，随着埃斯顿自动化（广东）有限公司（简称"埃斯顿"）、中设机器人科技（广东）有限公司（简称"中设"）、佛山中大力德驱动科技有限公司（简称"中大力德"）、大族机器人（佛山）有限公司（简称"大族"）等重点项目投产，佛山市有望成为全国最主要的工业机器人本体制造基地；在系统集成环节，佛山市凭借广阔的市场空间，培育和引进了广东汇博机器人技术有限公司、佛山隆深机器人有限公司、广东利迅达机器人系统股份有限公司、广东埃华路机器人工程有限公司等一批细分领域"领头羊"，是华南地区机器人系统集成解决方案的重要集聚地。

5.应用场景深入拓展

机器人应用的广度和深度实现质的飞跃，截至 2022 年年底，佛山累计应用机器人数量超 2.3 万套。工业企业应用机器人初步实现了从"代替劳动力"向"柔性化生产"

转变,主要覆盖打磨、焊接、喷涂、上下料、搬运等应用场景,并且由家用电器、家具、3C电子、陶瓷卫浴、食品饮料、金属加工等传统行业向新能源汽车、锂离子电池、氢能等新兴行业拓展。

6.发展环境持续优化

佛山市机器人产业发展生态环境不断优化,综合竞争力不断增强。季华实验室、美的集团全国重点实验室等公共服务平台为机器人行业及企业提供技术研发、经验交流、检验检测、项目孵化、人才培训等支撑。佛山大力推进制造业数字化智能化转型,扶持机器人生产及系统集成骨干企业发展,打造以机器人应用为核心的数字化智能化改造标杆示范,支持公共服务平台发展。本地软性配套不断优化,5G、大数据等新型信息基础设施加速建设,涌现出佛山显扬科技有限公司、佛山缔乐视觉科技有限公司、佛山市声希科技有限公司等人工智能领域新兴企业,助力机器人与新兴技术融合发展。

二、主要园区及产业集聚

佛山机器人产业园区形成了"一中心、五园区、多节点"的空间布局。其中,"一中心"指中国(广东)机器人集成应用创新中心,由佛山市南海区创建,通过借力中国工程院、清华大学等创新资源,打造集工业机器人研发、应用、展示、产业化于一体的重大装备产业发展平台;"五园区"分别为美的库卡智能制造工业园、博智林机器人谷、海创大族机器人智造城、北大数研航遥园区和南海智能机器人创新产业园,主要分布在佛山市顺德区、禅城区和南海区;"多节点"是指除了各类机器人主题园之外,机器人企业在其他综合性或主题性园形成小规模集聚,代表性园区有南海软件科技园、顺联机械城、天富来国际工业城等。

目前,佛山市正在大力打造的佛山北滘机器人谷智造产业园,聚集了库卡(广东)、佛山市顺德区大疆创新科技有限公司、中设、埃斯顿、中大力德、佛山市拓野智能科技有限公司、博智林、美的数字科技产业园、大族、广

东捷瞬机器人有限公司、广东乐普电机科技有限公司等重点项目和产业园,重点发展工业机器人、建筑机器人、服务机器人、新一代智能移动机器人、机器人应用灯塔工厂等特色机器人产业项目。随着《促进佛山北滘机器人谷智造产业园机器人产业发展扶持办法》的出台,将进一步增强北滘机器人谷智造产业园对机器人产业资源的吸引力,一个机器人产业规模最大、产业链最完整的区域且具有世界影响力的机器人产业高地正加速成型。佛山市机器人产业载体分布情况如图2所示。

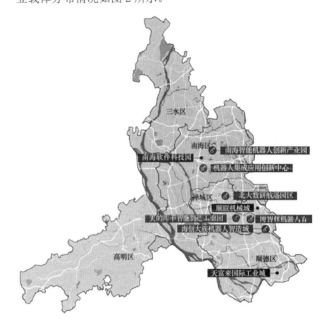

图2 佛山市机器人产业载体分布情况

三、代表性企业及其主要产品

2022年,佛山市共有机器人产业链骨干企业近90家及主要科研平台5家,分布在机器人核心零部件、本体制造和系统集成各环节。佛山市机器人核心部件主要企业见表1。佛山市机器人主要科研平台见表2。

表1 佛山市机器人核心部件主要企业

生产研究方向	企业名称	区域	镇街	主要产品
核心部件	佛山登奇机电技术有限公司	南海	狮山	伺服电动机
核心部件	广东亚德客自动化工业有限公司	南海	狮山	液压和气压动力元件
核心部件	佛山市罗斯特传动设备有限公司	南海	狮山	行星减速器
核心部件	广东若铂智能机器人有限公司	南海	桂城	驱控一体机
核心部件	清能精控机器人技术(佛山)有限公司	南海	大沥	控制系统、机器视觉
核心部件	广东美的智能科技有限公司	顺德	北滘	伺服系统、控制系统
核心部件	广东博智林智能制造有限公司	顺德	北滘	伺服系统、控制系统
核心部件	朗宇芯科技(佛山)有限公司	顺德	北滘	控制系统、运动控制器、示教器
核心部件	广东美创希科技有限公司	顺德	北滘	机器人控制器、运动控制器

（续）

生产研究方向	企业名称	区域	镇街	主要产品
核心部件	广东极亚精机科技有限公司	顺德	北滘	减速器
核心部件	佛山中大力德驱动科技有限公司	顺德	北滘	减速器、多关节机器人
核心部件	佛山市增广智能科技有限公司	顺德	大良	末端执行器、力控技术
核心部件	佛山金华信智能科技有限公司	顺德	容桂	运动控制器、伺服系统
核心部件	佛山市兴颂机器人科技有限公司	顺德	杏坛	传感器、驱动器
核心部件	广东盈中自动化设备有限公司	顺德	勒流	机器人第七轴（地轨）
核心部件	广东天太机器人有限公司	顺德	勒流	机器人核心运动单元
本体制造	佛山华数机器人有限公司	南海	狮山	多关节机器人
本体制造	佛山非夕机器人科技有限公司	南海	狮山	自适应协作机器人
本体制造	佛山市指擎科技有限公司	南海	狮山	桌面级、轻量级机器人
本体制造	佛山市光华智能设备有限公司	南海	狮山	自动导引车（AGV）
本体制造	佛山市南海区川一精密机械有限公司	南海	狮山	1～5 轴坐标机械手
本体制造	佛山市米海机器人自动化有限公司	南海	狮山	AGV
本体制造	佛山哨马智能装备科技有限公司	南海	狮山	IDC 机房巡检机器人、点名机器人
本体制造	广东塔斯克机器人有限公司	南海	桂城	托盘式 AGV
本体制造	九天创新（广东）智能科技有限公司	南海	桂城	室外清扫机器人
本体制造	广东捷瞬机器人有限公司	顺德	北滘	多关节机器人、冲压机器人
本体制造	库卡机器人（广东）有限公司	顺德	北滘	多关节机器人
本体制造	广东博智林机器人有限公司	顺德	北滘	建筑机器人、服务机器人
本体制造	埃斯顿自动化（广东）有限公司	顺德	北滘	多关节机器人
本体制造	大族机器人（佛山）有限公司	顺德	北滘	协作机器人
本体制造	广东天太机器人有限公司	顺德	勒流	SCARA 四轴机器人
本体制造	广东三扬机器人有限公司	顺德	勒流	6 轴小型工业机器人
本体制造	广东嘉腾机器人自动化有限公司	顺德	杏坛	AGV
本体制造	广东隆崎机器人有限公司	顺德	陈村	SCARA 机器人
本体制造	佛山尚发同创自动化有限公司	顺德	大良	注塑机机械手
本体制造	广东科凯达智能机器人有限公司	顺德	大良	巡检机器人
本体制造	佛山市顺德区捷嘉机器人科技有限公司	顺德	大良	机械手
本体制造	佛山市银星智能制造有限公司	顺德	伦教	扫地机器人
本体制造	佛山同泰升精密机电科技有限公司	禅城	张槎	机械臂
本体制造	佛山市科信达机器人技术与装备有限公司	禅城	张槎	特种功能机器人、服务机器人
系统集成	广东汇博机器人技术有限公司	南海	狮山	机器人多领域系统集成应用
系统集成	哈工机器人（佛山）有限公司	南海	狮山	机器人焊接技术与设备集成应用
系统集成	广东大唐永恒智能科技有限公司	南海	狮山	照明自动化装备及系统集成
系统集成	佛山沃顿智能设备股份有限公司	南海	狮山	家具喷涂机器人集成应用
系统集成	佛山市固高自动化技术有限公司	南海	狮山	机器人焊接技术与设备集成应用
系统集成	佛山市兰科智能工程有限公司	南海	狮山	瓷砖生产自动化设备及机器人系统集成
系统集成	佛山信涵机器人自动化技术有限公司	南海	狮山	自动化包装、码垛集成

（续）

生产研究方向	企业名称	区域	镇街	主要产品
系统集成	臻越智能装备（佛山）有限公司	南海	狮山	汽车内饰自动化集成应用
系统集成	大捷智能科技（广东）有限公司	南海	狮山	车身、家用电器冲压生产自动化的系统技术与装备制造
系统集成	广东熙瑞智能科技有限公司	南海	狮山	机器人打磨技术与设备集成应用
系统集成	广东威科智能设备有限公司	南海	狮山	自动化立体库、智慧仓储与物流
系统集成	金凯达（佛山）智能装备有限公司	南海	狮山	机器人打磨技术与设备集成应用
系统集成	佛山科莱机器人有限公司	南海	狮山	机器人打磨、切割技术与设备集成应用
系统集成	燊辉智能设备（佛山）有限公司	南海	狮山	食品分拣及装箱码垛机器人集成应用
系统集成	广东华研智能科技有限公司	南海	狮山	机器人焊接技术系统集成
系统集成	佛山欧朗智能装备有限公司	南海	狮山	焊接、装箱、码垛等集成应用
系统集成	佛山市瑞普华机械设备有限公司	南海	狮山	包装设备及包装码垛集成应用
系统集成	广东亦盛科技有限公司	南海	狮山	照明行业产品装配和自动化解决方案
系统集成	佛山博文机器人自动化科技有限公司	南海	狮山	机器人打磨抛光集成应用
系统集成	安川首钢机器人有限公司广东分公司	南海	桂城	机器人多领域系统集成应用
系统集成	佛山瑞科信自动化工程有限公司	南海	桂城	机器人焊接技术系统集成
系统集成	佛山市老安自动化科技有限公司	南海	里水	压铸行业机器人打磨抛光去毛刺
系统集成	佛山市众力数控焊割科技有限公司	南海	里水	焊接设备及机器人焊接技术系统集成
系统集成	佛山中科云图科技有限公司	南海	丹灶	无人机系统集成应用
系统集成	佛山市天权机器人科技有限公司	南海	丹灶	机器人焊接技术系统集成
系统集成	佛山艾沃克自动化有限公司	南海	丹灶	机器人焊接技术与设备集成应用
系统集成	佛山市艾乐博机器人科技有限公司	南海	大沥	锅具全自动化生产线、仓储物流自动化
系统集成	广东利迅达机器人系统股份有限公司	顺德	陈村	机器人多领域系统集成应用
系统集成	佛山隆深机器人有限公司	顺德	陈村	机器人多领域系统集成应用
系统集成	佛山协航智能装备制造有限公司	顺德	陈村	汽车等装配生产线自动化
系统集成	广东埃华路机器人工程有限公司	顺德	陈村	机器人抛光打磨、装配等集成应用
系统集成	广东鑫能机器人科技有限公司	顺德	陈村	机器人多领域系统集成应用
系统集成	广东顺德为艾斯机器人有限公司	顺德	容桂	装配自动化等集成应用
系统集成	佛山市托肯印象机械实业有限公司	顺德	容桂	自动装箱机及机器人分拣、包装应用
系统集成	佛山市佛沃机器人科技有限公司	顺德	北滘	机器人冲压技术系统集成应用
系统集成	佛山市丁丁自动化科技有限公司	顺德	北滘	仓储物流自动化
系统集成	广东臻尚美机器人有限公司	顺德	北滘	机器人焊接技术系统集成应用
系统集成	佛山市宇辰机电科技有限公司	顺德	北滘	焊接设备及机器人焊接技术系统集成
系统集成	佛山海格利德机器人智能设备有限公司	顺德	北滘	机器人集成应用、智能定制设备及热泵设备的研发与生产
系统集成	佛山市顺德区凯硕精密模具自动化科技有限公司	顺德	北滘	模具冲压机器人集成应用
系统集成	广东利事丰机器人自动化科技有限公司	顺德	大良	家电行业智能工厂整体解决方案
系统集成	佛山市顺德区杰峰工业自动化有限公司	顺德	大良	机器人焊接技术系统集成应用
系统集成	佛山市彗恩智能科技有限公司	顺德	大良	轻载工业机器人的集成应用

（续）

（续）

生产研究方向	企业名称	区域	镇街	主要产品
系统集成	佛山汉拓旺自动化设备有限公司	顺德	大良	机器人焊接技术系统集成应用
系统集成	广东晟一智能科技有限公司	三水	乐平	机器人码垛、上下料系统集成应用
系统集成	佛山市埃科机器人科技有限公司	三水	乐平	眼镜自动化设备及机器人系统集成应用
系统集成	佛山市冲智捷机器人科技有限公司	三水	乐平	机器人冲压技术系统集成应用
系统集成	广东罗庚机器人有限公司	禅城	张槎	机器人抛光打磨等集成应用
系统集成	广东奇创智能科技有限公司	禅城	张槎	3C、食品等行业机器人装配、包装集成应用

表 2 佛山市机器人主要科研平台

企业名称	区域	镇街	主要业务
佛山智能装备技术研究院	南海	桂城	机器人关键技术、机器人本体研发与应用
季华实验室智能机器人工程中心	南海	狮山	机器人关键技术研发与应用
佛山市南海区广工大数控装备协同创新研究院	南海	狮山	机器视觉及机器人产业培育
华南智能机器人创新研究院	顺德	大良	机器人关键技术研发与应用
广东省科学院佛山产业技术研究院	禅城	张槎	科技成果转化与产业培育

〔撰稿人：佛山市机器人产业创新协会高辉〕

2022 年深圳市机器人行业发展概况

一、行业发展概况

1. 整体发展分析

（1）产业规模。受新能源汽车、锂离子电池、光伏等产业需求影响，2022 年深圳市机器人产业虽增速放缓，但依然保持增长。2022 年深圳市机器人产业全产业链总产值为 1 644 亿元，相比 2021 年的 1 582 亿元，同比增长 3.90%，增速略高于深圳市高技术制造业增加值增速。2018—2022 年深圳市机器人产业总产值如图 1 所示。

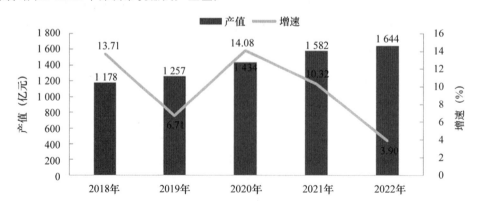

图 1 2018—2022 年深圳市机器人产业总产值

注：数据来源于深圳市机器人协会。

企业数量方面，2022 年深圳市机器人产业链企业总数为 1 018 家，较 2021 年的 945 家同比增长 7.68%。深圳市机器人产业企业数量开始进入相对平稳增长的阶段。2018—2022 年深圳市机器人产业企业数量如图 2 所示。

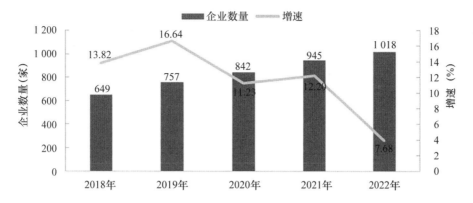

图 2　2018—2022 年深圳市机器人产业企业数量

注：数据来源于深圳市机器人协会。

（2）产业结构。从深圳市机器人产业结构分布来看，2022 年深圳市工业机器人企业数量在机器人企业总数中的占比为 48.16%，相较于 2021 年的 50.33%，有所下降；非工业机器人企业数量的占比为 51.84%，相较于 2021 年的 49.67%，有所上升。可以看出，2022 年，深圳市非工业机器人企业的数量小幅度反超工业机器人企业的数量。2022 年深圳市机器人产业结构（企业数量角度）如图 3 所示。

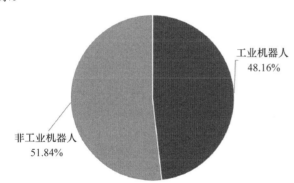

图 3　2022 年深圳市机器人产业结构（企业数量角度）

注：数据来源于深圳市机器人协会。

（3）区域分布。从深圳市机器人企业数量区域分布来看，2022 年与以往年度基本一致。深圳市机器人企业数量最多区域的仍是南山区和宝安区。同时，光明区机器人企业数量占比有所上升，空间优势较为明显。2022 年深圳市机器人产业区域分布（企业数量角度）如图 4 所示。

从深圳市机器人产业产值区域分布来看，深圳市已初步形成以南山区、宝安区产业集聚为主，各区追赶发展的产业格局，空间优势和集群政策对产业的集聚均有吸引。2022 年产值占比最高的是南山区与宝安区，光明区产值占比有所上升。2022 年深圳市机器人产业产值区域分布如图 5 所示。

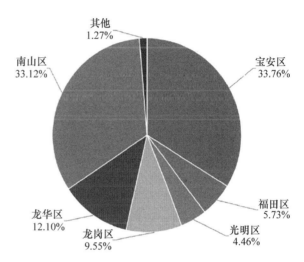

图 4　2022 年深圳市机器人产业区域分布（企业数量角度）

注：数据来源于深圳市机器人协会。

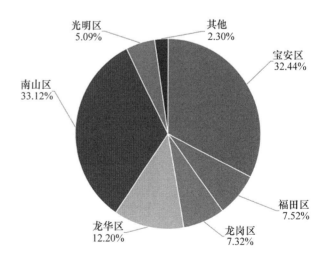

图 5　2022 年深圳市机器人产业产值区域分布

注：数据来源于深圳市机器人协会。

2.工业机器人发展分析

2022 年深圳工业机器人产值达 1 033 亿元，较 2021 年的 953 亿元同比增长 8.38%。其中，机器人工业系统集成、本体、核心零部件占比分别为 42.32%、37.91% 和 19.77%。受锂离子电池等下游需求推动，工业机器本体厂家形成规模化销售，中游企业整体营收普遍有较为明显的增长；下游机器人工业系统集成占比虽有相对下降，但目前仍然是深圳市工业机器人产业产值的主要来源。2018—2022 年深圳市工业机器人产业总产值如图 6 所示。2022 年深圳市工业机器人产值结构分布如图 7 所示。

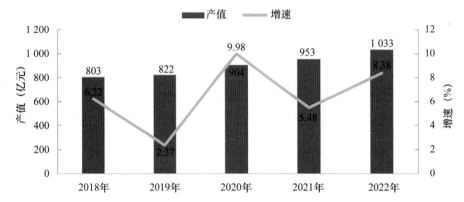

图 6　2018—2022 年深圳市工业机器人产业总产值

注：数据来源于深圳市机器人协会。

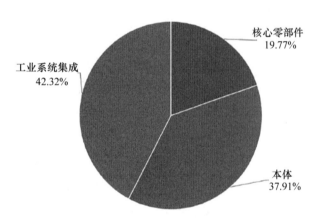

图 7　2022 年深圳市工业机器人产值结构分布

注：数据来源于深圳市机器人协会。

3.非工业机器人发展分析

与工业机器人产值保持增长的趋势有所不同，2022 年深圳市非工业机器人产值为 611 亿元，同比下降 2.88%。从细分领域产值占比情况看，家用服务机器人产值在非工业机器人总产值中的占比为 52.52%，商用服务机器人的占比为 19.98%，教育机器人的占比为 5.16%，医疗机器人的占比为 1.30%。近几年，受新冠疫情影响，商用服务机器人产业发展迅速，但从 2022 年开始，新冠疫情释放的需求效益逐步降低，商用机器人产值在非工业机器人总产值中的占比有所下降。2018—2022 年深圳市非工业机器人产值如图 8 所示。2022 深圳市非工业机器人产值结构分布如图 9 所示。

二、主要企业

深圳市机器人产业主要企业情况见表 1。

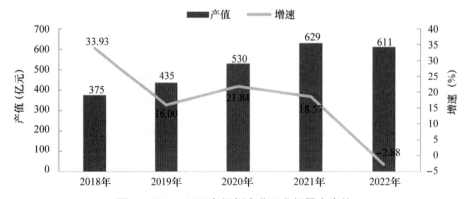

图 8　2018—2022 年深圳市非工业机器人产值

注：数据来源于深圳市机器人协会。

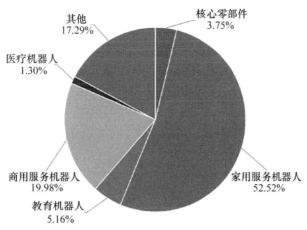

图9 2022 深圳市非工业机器人产值结构分布

注：数据来源于深圳市机器人协会。

表1 深圳市机器人产业主要企业情况

类别	企业名称	主要产品/领域
控制器	固高科技股份有限公司	PC-Based
	深圳众为兴技术股份有限公司	PC-Based
	深圳市汇川技术股份有限公司	专用控制器
	深圳市华成工业控制股份有限公司	专用控制器
	深圳市雷赛智能控制股份有限公司	PC-Based
	深圳市恒科通机器人有限公司	一体化驱动控制器
伺服系统	横川机器人（深圳）有限公司	伺服系统
	深圳市大族电机科技有限公司	直线电动机和力矩电动机
	深圳市汇川技术股份有限公司	伺服系统
	深圳市研控自动化科技有限公司	步进电动机和伺服电动机
	深圳市兆威机电股份有限公司	伺服驱动
	深圳市山龙智控有限公司	伺服系统
	深圳市杰美康机电有限公司	步进伺服和低压伺服
减速器	深圳市大族精密传动科技有限公司	谐波减速器
	深圳市同川科技有限公司	谐波减速器
关节模组	深圳市零差云控科技有限公司	关节模组
	深圳威泰科智能科技有限公司	关节模组
直角坐标机器人、直线模组	深圳威洛博机器人有限公司	直线模组
	深圳市福士工业科技有限公司	直线模组
	深圳市盛为兴技术有限公司	三轴直角机
	深圳市华仁智能装备有限公司	三轴直角机
	深圳市美蓓亚斯科技有限公司	直线模组
	深圳银光机器人技术有限公司	直线模组
	横川机器人（深圳）有限公司	直驱模组
	深圳市大族电机科技有限公司	直线电动机
	深圳德康威尔科技有限公司	直线电动机
SCARA 机器人	深圳市汇川技术股份有限公司	正装、倒装 SCARA
	慧灵科技（深圳）有限公司	轻量型四轴机器人、协作型四轴机器人
	深圳众为兴技术股份有限公司	螺丝锁付专用机器人、传统四轴机器人

（续）

类别	企业名称	主要产品/领域
六轴机器人	深圳市华盛控科技有限公司	传统六轴机器人
	深圳众为兴技术股份有限公司	桌面式六轴机器人
	深圳威特尔自动化科技有限公司	中量型通用六轴机器人
	深圳市三思控制系统有限公司	传统六轴机器人
	深圳市汇川技术股份有限公司	小六轴机器人
	深圳市智哥机器人系统有限公司	多功能六轴机器人
并联机器人	博迈机器人科技（深圳）有限公司	并联机器人、并联三加一轴机器人、并联六轴机器人
	深圳市小百科技有限公司	D3 系列并联机器人、PT30 码垛机器人
	深圳市华盛控科技有限公司	并联机器人
	深圳市中科德睿智能科技有限公司	高速分拣并联机器人
协作机器人	深圳市大族机器人有限公司	MAiRA 多感知智能机器人助手
	深圳市越疆科技有限公司	全感知协作机器人
	深圳市大象机器人科技有限公司	六轴协作机器人
	深圳墨影科技有限公司	移动协作机器人智能调度系统
移动机器人	深圳怡丰机器人科技有限公司	智能停车机器人系列、托马斯系列、叉车 AGV 系列、小精灵四大系列，具备 AGV 单机车载统、AGV 调度管理系统、导航（导引）技术、WMS 管理系统
	深圳市佳顺智能科技有限公司	AGV，主要应用于汽车、电商、医药领域
	深圳市欧铠智能机器人股份有限公司	AGV、激光叉车、仓储机器人，自动化物流设备及系统
	深圳远荣智能制造股份有限公司	智能仓储系统方案、仓储系统管理软件、智能仓储硬件设备等
	深圳市井智高科机器人有限公司	潜伏、牵引、滚筒、分拣、复合协作、叉车六大系列产品，为智慧工厂提供搬运、分拣解决方案
	未来机器人（深圳）有限公司	人工叉车、牵引车、港机等工业车辆升级改造的无人驾驶工业车辆（AGV 搬运机器人）
复合机器人	深圳墨影科技有限公司	驱动方式各异、负载为 300kg 及 600kg 的移动底盘，搭配了相应功能模块的移动协作机器人，目前在生物医药、膜片切割、精密移动装配、过窄通道等场景已有落地方案
	深圳市功夫机器人有限公司	复合型机器人、非标设备等，主要应用在无人车间配送工装、冶具、组装、操作、包装、测试、物流仓储及巡检等领域
工业机器人	深圳科瑞技术股份有限公司	装配、检测
	深圳橙子自动化有限公司	检测
	深圳华海达科技有限公司	装配
	深圳市佳士科技股份有限公司	焊接
	深圳市东盈讯达电子有限公司	装配
	深圳市鑫信腾科技股份有限公司	检测
	深圳市泰达机器人有限公司	喷涂
	深圳远荣智能制造股份有限公司	喷涂
	深圳市柳溪机器人有限公司	喷涂
	深圳市世椿智能装备股份有限公司	点胶
	深圳市今天国际物流技术股份有限公司	仓储
	深圳市长盈精密技术股份有限公司	检测
	深圳市山龙智控有限公司	控制
	深圳市华成工业控制股份有限公司	控制
	固高科技股份有限公司	控制
	深圳市雷赛智能控制股份有限公司	控制
	深圳市华科星电气有限公司	电动机

（续）

类别	企业名称	主要产品/领域
核心部件雷达	深圳市镭神智能系统有限公司	飞行时间法（TOF）、相位法、三角法和调频连续波等4种测量原理
	深圳玩智商科技有限公司	TOF、固态等全品类的激光雷达
	深圳市砝石激光雷达有限公司	蜂眼系列激光雷达
	海伯森技术（深圳）有限公司	光谱共焦传感器、激光对针传感器、面阵固态激光雷达、激光三角位移传感器、单点TOF测距传感器等多款产品
	深圳市速腾聚创科技有限公司	通过激光雷达硬件、AI算法与芯片三大核心技术闭环，提供具有信息理解能力的智能激光雷达系统
	深圳力策科技有限公司	OPA固态激光雷达，工业级激光雷达
芯片	深圳云天励飞技术股份有限公司	AI算法芯片化能力的数字城市整体解决方案
	墨芯科技（深圳）有限公司	AI芯片设计商
	奥比中光科技集团股份有限公司	3D视觉感知整体技术方案提供商
舵机	深圳市优必选科技股份有限公司	伺服舵机
	深圳市华馨京科技有限公司	伺服舵机和控制模块
	乐森机器人（深圳）有限公司	小型伺服舵机、重型伺服舵机、人工关节驱动
移动底盘	深圳史河机器人科技有限公司	MR系列移动机器人
	松灵机器人（深圳）有限公司	全向型无人地面车辆（UGV）、履带型UGV、室内无人搬运底盘开发平台TRACERMini
	深圳玑之智能科技有限公司	一体化动力轮组，全向型移动机器人平台
	深圳煜禾森科技有限公司	模块化机器人底盘
操作系统	深圳市优必选科技股份有限公司	智能机器人ROSA操作系统
	深圳创想未来机器人有限公司	基于开源OpenHarmony系统
机器人SLAM模块	斯坦德机器人（深圳）有限公司	激光（即时定位与地图构建）SLAM导航AGV及其调度系统
	深圳优地科技有限公司	SLAM/VSLAM定位导航模组和CUDA高性能运算平台
	隆博科技（深圳）有限公司	自主移动机器人（AMR）为驱动力的柔性物流解决方案
计算机视觉模块	深圳云天励飞技术股份有限公司	基于视觉芯片、深度学习和大数据技术的"视觉智能加速平台"
	奥比中光科技集团股份有限公司	AI3D感知技术方案
	深圳市精视智造科技有限公司	AI缺陷检测及智能工厂系统化部署等解决方案
	深圳市深视智能科技有限公司	高速相机
智能语音语义识别模块	深圳海岸语音技术有限公司	新型听觉感知硬件的研发，提供软硬件结合的智能听觉感知技术解决方案
	深圳壹秘科技有限公司	智能音视频AI物联网（IoT）终端产品、音视频AI服务
	深圳声联网科技有限公司	面向对象音视频的行为分析和情感计算
	深圳市声希科技有限公司	语音识别，语音纠错等；可为现有的智能硬件提供相应的语音技术解决方案
家用服务机器人	深圳市银星智能科技股份有限公司	扫地机器人研发与制造
	深圳市杉川机器人有限公司	扫地机器人
	深圳市乐航科技有限公司	扫拖机器人
	深圳市探博智能机器人有限公司	扫地机器人
	深圳市云鼠科技开发有限公司	扫地机器人方案与PCBA制造
	深圳市智意科技有限公司	扫地机器人研发生产
	深圳阿科伯特机器人有限公司	扫地机器人研发生产
	深圳市大象机器人科技有限公司	陪护型机器猫研发及生产
	深圳市一恒科电子科技有限公司	家庭陪伴机器人
	深圳狗尾草智能科技有限公司	情感社交机器人、生活陪伴机器人

（续）

类别	企业名称	主要产品/领域
商用服务机器人	深圳市优必选科技股份有限公司	迎宾导购机器人、安防机器人、机房巡检、公共卫生防疫
	深圳优地科技有限公司	酒店机器人、配送机器人
	深圳市普渡科技有限公司	送餐机器人、配送机器人
	深圳中智卫安机器人技术有限公司	测温机器人、消毒机器人、迎宾机器人、配送机器人
	深圳市锐曼智能装备有限公司	商业服务机器人、配送机器人、防疫机器人
	坎德拉（深圳）科技创新有限公司	首创分体式机器人，一机多用
	深圳勇艺达机器人有限公司	主要经营智能机器人及配件的研发与销售
	深圳市女娲机器人科技有限公司	户外清扫机器人、室内扫吸一体机器人及室内洗地机器人
	深圳博鹏智能科技有限公司	清洁机器人、扫地机器人、防疫消毒喷雾机器人等
	深圳市神州云海智能科技有限公司	清洁机器人、商务机器人、彩票机器人
	深圳市繁兴科技股份有限公司	智能烹饪机器人，智慧化新餐饮技术解决方案
	深圳爱她他智能餐饮技术有限公司	AI 烹饪机器人
	鸿博智成科技有限公司	炒菜机器人、智能化厨房设备
	睿博天米科技（深圳）有限公司	办公、医疗看护、酒店、零售等场景的机器人
	深圳市九天创新科技有限责任公司	商用清洁机器人、防疫消杀机器人
	深圳市神州云海智能科技有限公司	迎宾机器人、厅堂机器人、彩票机器人、工地机器人
教育机器人	深圳市优必选科技股份有限公司	人工智能教学的端到端的综合解决方案，包括软硬件研发、课程设计、竞赛组织、师资培训、AI 空间建设等
	韩端科技（深圳）有限公司	教育机器人研发设计、生产销售、课程开发、教育培训、赛事运营等各大板块
	深圳市科迪文化传播有限公司	校内培训、教玩具研发、师资培养、儿童教育中心
	深圳市搭搭乐乐文化传播有限公司	机器人高端竞赛，青少年创新、编程教育、科学、技术、数学（STEM）教育
	深圳市为美趣学科技有限公司	创客教育和 STEM 教育提供完整机器人产品综合方案
	深圳市阿童木文化传播有限公司	少儿编程、STEM 教育、创客教育、机器人竞赛
	深圳市幻尔科技有限公司	仿生教育机器人、智能小车机器人、电子积木类
	深圳市天博智科技有限公司	儿童陪护、早教机器人
	深圳果力智能科技有限公司	教具、AI 课程
	深圳大愚智能有限公司	教育/服务机器人及家园互通平台
	深圳编程猫科技有限公司	儿童陪伴机器人、作业辅导机器人
特种机器人	深圳市朗驰欣创科技股份有限公司	电力能巡检机器人系列、综合管廊智能巡检机器人系列、排爆机器人核环境智能巡检机器人
	深圳施罗德工业集团有限公司	管道检测机器人、管道修复机器人、智能巡检机器人
	深圳昱拓智能有限公司	电网输电线巡检 / 作业机器人、发电厂巡检机器人、市政地下综合管廊巡检机器人
	深圳市贝特尔机器人有限公司	消防灭火机器人、消防侦查机器人
	深圳市安泽智能机器人有限公司	巡逻机器人、特种机器人、巡检机器人、配送机器人
	广东大仓机器人科技有限公司	输煤栈桥智能机器人巡检系统、地下管廊智能巡检
	深圳煜禾森科技有限公司	涵盖物流、消防、安防等多种行业、通用底盘＋场景定制化的研发模式服务
	深圳瀚德智能技术有限公司	轨道式穿梭巡检机器人、管道检测机器人、电子哨兵机器人、电力巡检机器人

类别	企业名称	主要产品/领域
特种机器人	深圳市博铭维技术股份有限公司	管网检测机器人、轮式军用侦查机器人、履带式拆弹机器人、地下管线轨迹惯性导航测绘机器人
	深圳市行知行机器人技术有限公司	爬壁机器人的产品开发与制造，面向船舶、石化、钢结构桥梁等行业提供除锈、清洗、除冰等
	万勋科技（深圳）有限公司	复杂环境巡查和检修作业机器人解决方案，产品包括机械臂及执行器系列、低空作业机器人系列等，已覆盖电力检修、公共服务、安防演习等多个场景
医疗机器人	深圳市精锋医疗科技股份有限公司	微创外科机器人、单孔腹腔镜手术机器人系统、多孔腹腔镜手术机器人系统
	深圳市迈步机器人科技有限公司	下肢康复机器人、手部外骨骼机器人
	深圳瀚维智能医疗科技有限公司	超声机器人与人工智能
	深圳市迈康信医用机器人有限公司	医用实时监测康复机器人
	深圳易普森科技股份有限公司	医院物流机器人、高值耗材管理机器人、智能导医
	深圳市爱博医疗机器人有限公司	血管介入手术
	深圳市美林医疗器械科技有限公司	阿尔法驴心电图表自动诊断机器人
	深圳市卫邦科技有限公司	智能静脉用药调配机器人
	深圳市博为医疗机器人有限公司	静脉药物调配机器人
	深圳市桑谷医疗机器人有限公司	静脉药物调配机器人
	深圳市鑫君特智能医疗器械有限公司	骨科手术机器人
	深圳市德壹医疗科技有限公司	AI理疗机器人
	元化智能科技（深圳）有限公司	骨科手术机器人

三、发展趋势

1. 制造业数字化转型升级激发自动化改造新动能

工业互联网是推动数字经济增长的新引擎和实体经济跃升的加速器，对加快制造业数字化转型与高质量发展具有重大意义。目前，工业互联网已应用于我国45个国民经济大类，2022年全国产业规模超万亿元。深圳高度重视工业互联网发展，先后出台实施两个"三年行动计划"、制定了专项扶持政策，坚持"建平台"与"用平台"双轮驱动，"促应用"与"强供给"互相促进，"筑基础"与"建生态"互为支撑，鼓励战略性新兴产业和优势传统产业开展数字化转型升级，培育一批工业互联网行业应用标杆，探索可复制推广的创新发展解决方案。

随着经济社会加快数字化发展，尤其是各行各业加快数字化转型，工业机器人已成为各企业发展智能制造的核心装备，制造业机器人密度快速提升。深圳制造业数字化转型具备良好基础。拥有实力雄厚的服务商资源，培育出了华为技术有限公司（简称"华为"）、鸿海精密工业股份有限公司、深圳市腾讯计算机系统有限公司、华润（集团）有限公司4家工业和信息化部双跨平台，聚集了一大批深耕多年的专业型、特色型工业互联网平台。在全国范围内备案确定了48家实力雄厚的服务商，提供权威的数字化转型咨询诊断服务。2022年12月，深圳制造业数字化转型咨询诊断工作开启，在南山、宝安、龙岗、龙华四个区试点开展。预计2023—2025年

将在深圳全市范围内全面推进，且各年度咨询诊断工作均面向企业免费实施。诊断报告内容包括企业现状、数字化水平、短板不足及解决方案等，报告将确定企业同行业对标对象，提出数字化转型的目标、实施方案，包括顶层设计、具体方案、实施路径等，以及解决方案提供商建议名单。

2. 智能机器人产业集群化培育，助力机器人相关多元主体集聚发展

坚持制造业立市之本，深圳把战略性新兴产业作为实体经济发展的重中之重。为抢占未来产业发展先机，提升现代产业体系竞争力，《深圳市人民政府关于发展壮大战略性新兴产业集群和培育发展未来产业的意见》提出发展以先进制造业为主体的20个战略性新兴产业集群，前瞻布局八大未来产业。针对智能机器人产业集群，重点发展工业机器人、服务机器人、特种机器人、无人机（船）等领域，突破减速器、控制器、伺服系统等关键零部件和集成应用技术，扩展智能机器人在电子信息制造、汽车、航空航天等高端制造应用场景，依托福田、南山、宝安、深汕等区及前海建设集聚区，打造智能机器人产业技术创新、高端制造、集成应用示范区。

为响应政府培育集群的建设部署，在深圳市工业和信息化局的指导下，中国科学院深圳先进技术研究院（简称"深圳先进院"）于2019年6月代表深圳市以全国第一名的成绩中标工业和信息化部先进制造业集群建设项目，

成为国家级新一代信息通信产业集群总促进机构，并于 2021 年 3 月再次以第一名的成绩在工业和信息化部集群决赛中胜出。

深圳新一代集群发展稳步向上，龙头骨干企业多、企业竞争力强的特点突出，华为、中兴通讯股份有限公司（简称"中兴"）在全球通信设备市场具有领先优势，华为依靠标准和专利领先优势，2022 年一季度在全球电信设备市场占有率超过两成，中兴接近 10%。除华为、中兴等一批新一代通信领域龙头骨干企业外，由深圳市机器人协会牵头担任的机器人细分产业促进机构作为集群重点培育对象之一，在机器人细分领域发挥促进推动作用，协会会员企业覆盖工业机器人、服务机器人、医疗机器人、教育机器人、特种机器人、物流机器人等，以及人工智能（含工业 AI）领域，上市公司及子公司 46 家，在稳定多元的持续性投入下，据不完全统计，协会内共有 130 余家专精特新中小企业，10 余家单项冠军企业。

深圳市新一代信息通信产业集群正对标美国硅谷电子信息产业集群发展，现已具备中科院深圳先进院、光明科学城、鹏城实验室、先进电子材料创新研究院等科研主体，建立企业联合实验室和协同创新中心，建立多渠道、立体式、全方位促进成果转化和产业协同创新平台与生态形成创新网络群，依托集群跨领域覆盖和大湾区区位优势，跨界跨域探索出新的应用示范场景。

〔撰稿人：深圳市机器人协会谭维佳、孙玉娇〕

2022 年苏州市机器人行业发展概况

一、行业发展概况

2022 年，受到新冠疫情、复杂外部环境等因素影响，全球机器人产业链各环节承压明显。但苏州市机器人企业有效应对内外部挑战，仍保持平稳发展态势。

1.产业规模和新增企业数量延续增长态势

根据苏州市机器人产业协会数据，2022 年，苏州市机器人产业链相关产值约为 1 053.12 亿元，同比增长 6.6%。

其中，工业机器人相关产值为 824.84 亿元，同比增长 4.5%；服务及特种机器人产值为 228.28 亿元，同比增长 15.1%。产业规模整体上虽然保持增长态势，但增速有所放缓。其中，吴中区凭借拥有多家机器人领域头部企业，机器人产值在苏州市位居榜首。2022 年苏州市机器人行业产值情况如图 1 所示。

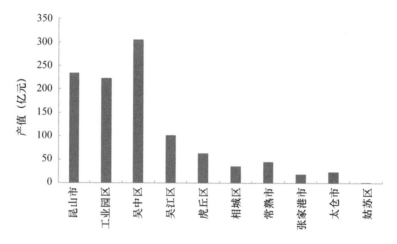

图 1　2022 年苏州市机器人行业产值情况

企业数量方面，2022 年，苏州市机器人产业链相关企业数量为 881 家，较 2021 年新增 88 家。其中，工业机器人相关企业数量为 734 家，占比为 83.3%，以系统集成企业为主；服务及特种机器人企业数量为 124 家，占比为

14.1%。

2.产业集聚效应进一步放大

从区域分布看，苏州市机器人相关企业数量最多的是昆山市，有 267 家，在全市机器人企业总数中的占比

为34%，其次是工业园区、吴中区、虎丘区，占比分别为17%、16%、11%。

从产业链集聚情况看，关键零部件制造企业和家用服务机器人企业主要集中在吴中区；工业机器人本体及系统集成企业主要集中在昆山市、工业园区、吴江区、吴中区、虎丘区；医疗机器人企业主要分布在虎丘区、工业园区。2022年苏州市机器人产业链企业区域分布情况如图2所示。

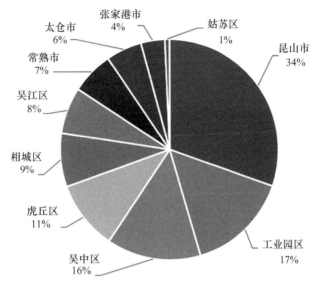

图2　2022年苏州市机器人产业链企业区域分布情况

注：数据来源于苏州市机器人产业协会。

3.业绩整体呈现增收不增利现象

从订单情况看，2022年，机器人行业头部厂商的订单较为旺盛，主要来自于新能源、汽车等核心行业，腰部及以下厂商订单收缩明显。12家上市公司中，8家营业收入保持在15%以上的增长。

从企业经营指标看，头部企业利润普遍下行。12家上市公司中，8家企业利润保持增长，但仅有2家利润增幅高于上年。

根据企业财报分析，苏州市部分企业业绩下降主要由消费大环境表现不佳、新冠疫情影响项目交付受阻、原辅材料/物流/人力成本上涨导致成本上升等因素所致。

2022年苏州市机器人部分上市企业营业收入情况见表1。

表1　2022年苏州市机器人部分上市企业营业收入情况

企业名称	2022年营业收入（亿元）	2022年营业收入同比增长（%）	2022年归母净利润（亿元）	2022年归母净利润同比增长（%）
科沃斯机器人股份有限公司	153.25	17.1	20.1	-15.5
罗博特科智能科技股份有限公司	9.03	-16.8	0.26	155.8
明志科技股份有限公司	6.13	-14.1	0.11	-88.5
苏州天准科技股份有限公司	16.13	27.5	1.52	13.4
苏州绿的谐波传动股份有限公司	4.46	0.5	1.59	-16.0
江苏北人机器人系统股份有限公司	7.38	25.7	0.36	59.2
江苏瀚川智能科技股份有限公司	13.2	74.6	1.27	109.4
博众精工科技股份有限公司	48.12	25.7	3.31	71.4
华兴源创科技股份有限公司	23.33	15.5	3.23	2.9
昆山华恒焊接股份有限公司	9.07	1.5	1.1	23.5

注：1.数据来源于上市公司年报，苏州市机器人产业协会整理。

2.包括A股、科创板、新三板，排名不分先后。

4. 优势领域继续保持，细分领域发展提速

苏州市在机器人核心零部件、工业机器人本体等环节依然保持着竞争优势。在机器人核心零部件领域，苏州绿的谐波传动科技股份有限公司（简称"绿的谐波"）承担国家机器人重大专项，自主研发的谐波减速器销量保持全国前列。在机器人本体领域，苏州汇川技术有限公司（简称"汇川技术"）机器人出货量达14 650台，在国内机器人厂商出货量位居第二，其中SCARA机器人出货量继续保持国产品牌榜首；华晓精密工业（苏州）有限公司、苏州玖物智能科技股份有限公司、苏州佳顺智能机器人股份有限公司等工业移动机器人出货量位居国内前十；苏州艾利特机器人有限公司、法奥意威（苏州）机器人系统有限公司两家协作机器人企业加速成长。在服务机器人领域，科沃斯机器人股份有限公司在我国市场线（传统电商＋社交电商）的零售额份额为44.4%，线下零售额份额为82.8%，扫地机器人销售额多年位居全球第一；追觅科技（苏州）有限公司进入国内服务机器人第一梯队。医用机器人产业化进程有重大进展，将成为未来2～3年机器人产业的重要增长点，苏州康多机器人有限公司的腔镜手术机器人、苏州铸正机器人有限公司的脊柱外科手术导航定位设备获得了国家药品监督管理局（NMPA）的上市批准。

5. 高能级创新载体平台扩容

2022年11月，哈尔滨工业大学与苏州深度合作，签约成立哈工大苏州研究院，落地苏州吴中区，苏州机器人领域创新平台再添新军。该平台借助哈尔滨工业大学在航天、机器人等领域的技术成果优势，结合吴中经开区机器人与智能制造、航空航天产业布局，聚焦航天器制造及应用、航天新材料及器件、空间信息处理、航天先进动力及装备、机器人等未来产业细分领域，推动哈工大航空航天及智能装备科技成果在苏州落地转化和产业化发展，引进培育优质产业科技人才和创新团队，为苏州高质量发展注入创新动能。

6. 中小企业创新能力不断提升

2022年，苏州市共有15家机器产业链相关企业入选省级专精特新"小巨人"，在苏州市入选企业名单总数中的占比达12.2%。这些入围的机器人行业相关企业均有成长性好、潜力大的共同特点，通过某一细分领域具有的核心技术，在市场竞争中能凭借自身的技术优势快速扩大市场。苏州双祺自动化设备有限公司、苏州博古特智造有限公司、苏州茂斯特自动化设备有限公司、追觅创新科技（苏州）有限公司等机器人相关企业获批省级企业技术中心；苏州伟创电气科技股份有限公司、迈宝智能科技（苏州）有限公司、苏州凌创电子系统有限公司等多家企业获2022年度苏州市产业前瞻与关键核心技术立项项目。

7. 加码海外市场，寻求新增长点

2022年，苏州市企业出海步伐加快，重点布局欧洲、北美、东南亚等地。随着制造业向东南亚转移、欧洲国家机器人应用的增长以及企业自身提升研发创新的需求，越来越多的企业已经或者正在设立海外营销中心、海外研发中心。博众精工科技股份有限公司与土耳其Kontrolmatik和J.S达成战略联盟，三方将在锂离子电池设备、半导体设备及机床等多个领域展开深度合作。苏州牧星智能科技有限公司为全面推进全球化布局和本地化下沉并进战略，在德国下萨克森州成立欧洲总部，依托欧洲总部为该地区的合作伙伴和客户提供更为专业的物流机器人软硬件产品和AMR智能仓储方解决方案，全面优化在欧洲市场的响应速度、本地化程度、服务质量和交付能力。苏州灵猴机器人在日本成立分公司，加大推广插件机、等离子设备、分料等机器人在日本市场的应用。苏州艾利特机器人有限公司出海计划按下了快进键，海外团队陆续组建，业务覆盖25个国家与地区。

二、重点产品及主要企业

苏州市主要机器人企业及重点产品见表2。

表2 苏州市主要机器人企业及重点产品

产业链环节		主要企业	主要产品
上游	减速器	苏州绿的谐波传动科技股份有限公司	谐波减速器、机电一体化执行器
	控制器	苏州汇川技术有限公司	机器人控制柜
	伺服系统	苏州伟创电气科技股份有限公司	伺服驱动器、伺服电动机
		苏州汇川技术有限公司	伺服驱动器、伺服电动机
	末端执行器	苏州钧舵机器人有限公司	工业级三指灵巧手、旋转夹爪、电动夹爪
		知行机器人科技（苏州）有限公司	大负载电动夹爪、工业平动手、协作机器人手
		苏州柔触机器人科技有限公司	柔性气动夹爪及配套控制器
	传感器	苏州睿牛机器人技术有限公司	焊接缝隙追踪传感器
		苏州玖物互通智能科技有限公司	激光传感器技术解决方案
	直线电动机	苏州灵猴机器人有限公司	直线电动机、工业相机
	专用线缆	苏州科宝光电科技有限公司	机器人示教器线缆、机器人本体线缆、伺服电缆、拖链电缆、传感器电缆、工业总线以太网线
		凯布斯连接技术（苏州）有限公司	工业自动化及工业电气领域的线缆及连接技术系统集成方案

产业链环节		主要企业	主要产品
中游	工业机器人本体	苏州灵猴机器人有限公司	六关节机器人、SCARA 机器人
		苏州艾利特机器人有限公司	协作机器人
		苏州汇川技术有限公司	SCARA 机器人、六关节机器人、定制机器人
		法奥意威（苏州）机器人系统有限公司	协作机器人
		太仓长臂猿机器人科技有限公司	高端伸缩叉
		昆山万洲特种焊接有限公司	搅拌摩擦焊机器人
		苏州神运机器人有限公司	冲压机器人
	工业移动机器人	华晓精密工业（苏州）有限公司	工业移动机器人，附属系统，非标设备以及方案咨询
		苏州艾吉威机器人有限公司	无反激光叉车类 AGV、无反激光小车类 AGV 及智慧物流管理系统
		罗伯特木牛流马物流技术有限公司	全系列的工业车辆无人驾驶解决方案，包括无人平面搬运、无人立体存储、无人牵引及定制化产品
		苏州海豚之星智能科技有限公司	轻小型工业搬运机器人
		苏州玖物互通智能科技有限公司	工业移动机器人
		苏州牧星智能科技有限公司	提供智能仓储解决方案，包括分拣机器人、料箱机器人等 ACV 产品及 WMS（仓库管理系统）、WCS（仓储控制系统）等
		苏州坤厚自动化科技有限公司	叉式 AGV
	家用服务机器人	科沃斯机器人股份有限公司	家用清洁机器人：扫地机器人、擦窗机器人、净化机器人
		追觅科技（苏州）有限公司	家用清洁机器人
		苏州美的清洁电器股份有限公司	家用清洁机器人
	商用服务机器人	苏州穿山甲机器人股份有限公司	迎宾机器人、送餐机器人、导引机器人、物流配送机器人
		海博（苏州）机器人科技有限公司	商用清洁机器人
		苏州高之仙自动化科技有限公司	商用清洁机器人
		科沃斯商用机器人有限公司	交互服务机器人及以服务机器人为载体的场景化整体解决方案，商用清洁机器人
		乐聚（苏州）机器人技术有限公司	医院物流机器人
		追觅科技（苏州）有限公司	泳池清洁机器人、人形机器人、四足机器人
		宝时得科技有限公司	除草机器人
中游	医用机器人	苏州康多机器人有限公司	微创腹腔（腹腔镜）手术机器人
		苏州铸正机器人有限公司	脊柱外科手术导航定位设备
		苏州瑞步康医疗科技有限公司	动力智能假肢和外骨骼机器人
	农业机器人	苏州极目机器人科技有限公司	农业植保无人机
		苏州博田机器人自动化技术有限公司	采摘机器人、除草机器人
	特种机器人	苏州融萃特种机器人有限公司	侦察机器人、排爆机器人、机器人靶机等系列化单兵作战和训练装备
		苏州方石科技有限公司	建筑机器人
		苏州思萃融合基建研究所	建筑机器人

（续）

产业链环节		主要企业	主要产品
下游	系统集成	江苏北人智能制造股份有限公司	面向、汽车、航空航天、船舶、重工、新能源等提供智能制造整体解决方案
		苏州天准科技股份有限公司	面向消费电子、半导体、新能源等行业，提供视觉测量装备、视觉检测装备、视觉制程装备和智能网联方案
		博众精工科技股份有限公司	面向消费电子、新能源、高端装备、智慧仓储物流等行业，提供工业装备制造设备系统集成
		苏州赛腾精密电子股份有限公司	面向消费电子、汽车、医疗、家电等行业提供自动化组装线体、包装线、检测设备、工装夹（治）具、智能制造和智慧工厂整体规划
		苏州华兴源创科技股份有限公司	面向液晶 LCD 与柔性 OLED 中小型平板、集成电路、汽车电子、太阳能面板等行业提供工业自动测试设备与系统解决方案
		苏州瀚川智能科技股份有限公司	面向汽车电子、新能源等行业提供智能数字化产品和智能制造整体解决方案
		昆山华恒焊接股份有限公司	面向工程机械、石油化工、轨道交通等行业提供焊接机器人成套设备、焊接自动化专用设备及整体解决方案

注：统计对象为机器人产业链企业。

三、主要园区及产业集群

目前，苏州市拥有多个机器人相关产业园，除早期建成的昆山高新区机器人产业园、张家港机器人产业园外，吴中区、昆山市正积极推进机器人产业创新集群发展。

吴中经济技术开发区作为吴中区机器人与智能制造产业的重点板块，正加速打造"机器人产业全国创新集聚第一区"。截至 2022 年，已集聚机器人与智能制造产业链上企业 510 余家，产业规模达 980 亿元。在工业机器人方面，已形成以汇川技术、绿的谐波、苏州赛腾精密电子股份有限公司等龙头企业为引领，覆盖核心零部件、本体制造、系统集成的全产业链条；在服务机器人产业方面，既有老牌服务机器人代表科沃斯，也有高成长的追觅科技。

昆山继高新区机器人产业园后，着力将陆家华成智能机器人产业园打造成为昆山唯一一个以机器人为特色的专业创新园区。目前陆家镇紧盯智能机器人产业赛道，着力"延链、补链、强链"，加速放大华成智能机器人产业园特色产业园区集群效应，打造智能机器人百亿级产业链。目前，园区已引进智能机器人、智能制造产业相关高质量创新型企业 10 家，项目达产后产值将超 40 亿元；目标 3 年内引进智能机器人产业链项目超 30 个，引育昆山双创及以上人才超 10 个，形成一批具有国际竞争力的领军企业及一批创新能力强、成长性好的专精特新"小巨人"企业。

四、重大举措或事件

2022 年 9 月，作为我国机器人领域最具权威性和影响力的行业年度大会，"中国机器人产业发展大会"首次在苏州举办。全国政协经济委员会、苏州市人民政府、国家制造强国建设战略咨询委员会、工业和信息化部装备工业一司的相关领导以及中国工程院院士等嘉宾出席了大会。

2022 年 9 月，为进一步推进苏州机器人产业创新集群发展，提升机器人产业发展水平，苏州出台了《苏州市培育发展机器人及数控机床产业创新集群行动计划（2022—2025 年）》（简称《计划》）。《计划》提出，苏州将围绕 5 大重点方向、5 项 15 条主要任务大力推进苏州机器人产业创新集群发展，到 2025 年，实现机器人及数控机床产业产值突破 1 800 亿元，建成独具特色的机器人或数控机床产业基地 3～5 个，培育营业收入超 10 亿元企业 20 家，超 20 亿元企业 10 家，超 50 亿元企业 5 家。

〔供稿单位：苏州市机器人产业协会〕

2022 年济南市机器人行业发展概况

一、基本情况

2022 年，济南市扎实推进以智能制造为主攻方向的工业强市战略，把大力发展机器人产业和国家人工智能创新应用先导区建设作为抓手，强化政策引领，狠抓 AI 赋能，加大产业推进力度，形成了"两区两高一优一谷一岛"的人工智能产业品牌。目前，济南市人工智能及机器人研发集成/应用企业数量达 200 多家，带动相关产业规模超 1 000 亿元，对推进全市智能制造、促进企业高质量发展起到巨大推动作用。

二、行业发展概况

济南市机器人行业始终坚持市场导向的原则，在集成应用重点方面发力，同时在并联机器人、巡检机器人研发创新方面形成竞争优势。2022年，济南市机器人行业共有企业60家，拥有电力巡检机器人、焊接机器人、工业抓举机器人、物流穿梭机器人、智能教学机器人、工业装配机器人等产品，产品销往全国30多个省（市、自治区）并出口到国外100多个国家和地区。2022年，济南市共生产焊接机器人800台，轮式巡检、轨道巡检、隧道巡检机器人600台，并联机器人950台，用于机器人大赛、智能制造比赛集成机器人800台（套），激光切割熔覆机器人200台，物流、仓储穿梭机器人400台，钢铁行业高炉拆装机器人100台（套）。智慧采摘机器人、数字孪生机器人广泛应用于教学与大赛。

2022年，济南市机器人系统集成企业再度斩获多个汽车龙头企业大单，集成应用各类机器人数量达到1000余台。济南奥图自动化股份公司、济南昊中自动化股份公司、山东拓展智能装备制造有限公司、济南易恒技术有限公司、济南达宝文汽车设备工程有限公司等企业研发的装配线、机器人加工落料生产线等在大众、丰田、宝马、一汽、东风、上汽、比亚迪等汽车生产得到应用。

机器人与高端装备产业协会推进机器人研发应用优势明显，2022年，济南（国际）机器人与高端装备产业协会（简称"协会"）发挥平台优势，开展了一系列产学研和市场开拓工作，推进机器人研发和市场化持续加快。2022年，协会推进产学研6项，协同创新20多项，产业链合作金额达到21.6亿元。协会协调山东大学、哈尔滨工业大学、上海交通大学、南京航空航天大学、北京理工大学、合肥工业大学等高校院所与企业广泛深入合作；协调中国机械科学研究总院集团有限公司、中国科学院自动化研究所、北京机电研究所有限公司与小鸭集团等企业开展技术合作。严格集团、新松机器人自动化股份有限公司等企业也纷纷与济南企业深度合作。济南市现有3家机器人实训和培育基地，2个检验检测中心，十多个研发创新中心等支撑平台，融合了中国科学院自动化研究所、中国机械科学研究总院集团有限公司、中国信息通信研究院、哈尔滨工业大学等智力资源。

三、重点企业发展情况

济南市机器人行业拥有济南翼菲自动化科技有限公司（简称"翼菲自动化"）、国网智能科技股份有限公司（简称"国网智能"）、山东奥太电气有限公司（简称"奥太电气"）、山东栋梁科技设备有限公司（简称"栋梁科技"）、兰剑智能科技股份有限公司（简称"兰剑智能"）、莱芜钢铁集团电子有限公司（简称"莱钢电子"）、山东德晟机器人股份有限公司（简称"德晟机器人"）、山东曼大智能科技有限公司（简称"曼大智能"）等一大批细分领域的工业与服务机器人优秀企业，为国内外汽车、机械、电子、食品、医药、电商、军工等行业自动化、智能化发

展做出了突出贡献。

2022年，翼菲自动化生产机器人数量达556台，包含并联机器人188台、SCARA机器人331台、小六轴机器人29台、晶圆搬运机器人8台；销售收入1.63亿元，出口额2 487.85万元；研发投入2 563.73万元，研发费用占比为15.7%。2022年共计新增授权专利53项，其中发明专利2项，实用新型38项，软件著作权10项，外观专利3项；荣获国家重点支持专精特新"小巨人"企业、山东省第六批制造业单项冠军企业、山东省工业设计中心等荣誉奖项。

2022年，国网智能共生产各类机器人产品129台。其中，轮式巡检机器人80台，室内轨道机器人7台，隧道机器人9台，四足巡检机器人2台，绝缘包覆机器2台，智能仓储机器人19台，T3-S01隧道1台，双轨式消防巡检机器人4台，双轨复合式巡检机器人1台，隧道机器人2台，架空输电线路驻塔式机器人2台。实现营业收入10.31亿元，研发费用6 374万元。

兰剑智能以研发物流机器人为核心的整体解决方案为引领，2022年，在工业、商业仓储领域研发各类穿梭机器人950台，实现销售收入9.4亿元，新增专利22项，获得中国物流与采购联合会科技进步奖二等奖。

德晟机器人凭借机器人智能应用技术和机床技术基础，2022年承接了比亚迪仰望汽车的SG车架自动化焊装生产线，比亚迪零部件工厂的120套焊接工作站和20条自动化冲压线；完成了中国重汽重庆工厂的18种车型的整车焊装线的改造工程、中国重汽转向节自动化装配线3条，横拉杆自动化装配线1条，直推、V推自动化装配线各1条，为河北钢铁集团石家庄特钢完成了行业内首个棒材智能加工生产线3条。

栋梁科技2022年取得了系统软件一体化设计成果，采用多线程触发的形式，以AGV路径规划与控制、协作机器人控制、视觉控制、夹具控制，在一个控制单元中实现精度扭力控制，夹具加持力为10～60N，定位精度≤0.03mm，行程为100mm，该成果广泛应用于教学与大赛。2022年，栋梁科技还研发了工业机器人数字孪生系统，即在人才培养过程中采用和真实工业机器人完全相同的编程示教方式，将不同品牌机器人和应用场景嵌入在数字孪生系统中，让学员能够进行和真实现场完全一致的工业机器人虚拟训练；工业机器人产线效能提升系统，即通过数据采集与监视控制系统（SCADA系统）大量抓取系统运行数据后，采用人工智能算法进行节拍优化，并在孪生体中测试，测试通过后自动形成优化方案。

2022年，莱钢电子共生产机器人及视觉系统23台（套），产品功能涵盖喷号、贴标、带卷拆捆带、冷轧取样、测温取样、焊接标牌、字符识别、板材尺寸测量、钢卷带头检测等操作，实现销售收入约1 500余万元；设立"点云空间中多目标点钟最优点选择算法""基于机器人技术的自动注油系统的研究""KR铁水预处理智能扒渣系统研发""棒材机器人红检取样系统研发""高炉自动加炮泥机器人的研究"5项技术研发课题，共投资约800

万元。莱钢电子获得实用新型专利授权 3 项，发明专利授权 1 项，其中"冶金炼钢厂倒罐间数字化、智能化折铁系统"获得国企数字场景创新专业赛三等奖。

2022 年，曼大智能生产特种机器人数量达 100 台，实现销售额为 1 200 万元，主要产品包括防爆巡检机器人、防爆轮式底盘、核清洗机器人底盘、轮式底盘、农业底盘等；拥有专利共 22 项，其中发明专利 3 项，实用新型 10 项，外观专利 6 项，软件著作权 3 项。2022 年，曼大智能与济南某化工厂在山东省立项研发石油化工防爆巡检机器人项目，在青岛知名石油化工企业签订防爆巡检机器人项目，与中国农业科学院合作研发国家级农业机器人应用产品。

2022 年，山东鸥帆机器人科技有限公司生产各类产品 100 余台（套），已经常态化服务鞍山钢铁集团、宝钢集团、武钢、韶钢、莱钢、日钢、中车集团等知名企业。

四、2022 年重点应用情况

总部位于济南的中国重型汽车集团有限公司（简称"中国重汽"）在各整车及总成工厂先后建设了多条高度自动化、柔性化的生产线。其中大量应用了机器人焊接的驾驶室焊装线，自动化率达到 100%；发动机、变速器等动力系总成装配线突破难点工序，自动化水平行业领先，自动化率达到 72% 以上；10 余条底盘及传动系总成自动化装配线的自动化率均达到 70% 以上。自动化产线的建设离不开机器人的投入使用，2022 年，中国重汽投入使用机器人 500 余台，其中库卡、ABB 等国际主流品牌占比达 80%。

中国重汽除注重自动化产线的建设，还注重与高校高企之间建立产学研、产教融合关系，依托其特有的技术研究团队，以项目为载体，发掘新的高精尖技术及应用，包括新产品、新材料、新装备、新工艺、新方法，目前已有几十个项目成功孵化应用，为企业在提质、增效、降本等方面做出了贡献。

江北摩托车产业代表企业——济南轻骑铃木摩托车有限公司（简称"轻骑铃木"）在摩托车市场深耕不辍。2022 年，轻骑铃木实现摩托车销售量达 39.8 万辆，创近 12 年来新高，快速发展的背后离不开智能制造的创新。轻骑铃木积极贯彻创新发展理念，不断加大科技创新投入，持续提高自主研发水平，取得了一系列突破。2021 年，轻骑铃木引进了 10 台焊接机器人工作站，2022 年 7 月，又新增 11 台焊接机器人工作站，并将焊接机器人和搬运机器人有机组合，实现了摩托车后部车架全自动化生产，有效提高了生产率和焊接品质。同时，轻骑铃木将持续加大焊接自动化生产线的投入，即将建成投产一条新生产线。

〔撰稿人：济南市机器人与高端装备产业协会岳双荣〕

中国
机器人
工业
年鉴
2023

园
区
篇

从机器人行业发展优势、服务平台建设、政策支持
等方面，介绍我国几大机器人产业园区的发展情况

综述篇

大事记

产业篇

地区篇

园区篇

标准检测认证篇

产教融合篇

企业篇

应用篇

人物篇

政策篇

国际篇

统计资料

附录

中国
机器人
工业
年鉴
2023

园
区
篇

2022 年上海张江机器人谷发展概况

一、园区基本情况

张江机器人谷是上海市特色产业园区，规划面积 4.2km²，位于浦东新区南北创新走廊中段，张江科学城中部核心位置，北承集成电路、人工智能产业集群辐射，南接生物医药、生命健康产业高地。交通网络方面，张江机器人谷位于中环线和周邓公路两个交通主干道中间，地理位置得天独厚，北联陆家嘴，南望临港新片区，西邻后世博，东靠上海迪士尼度假区。周边有外环高速、中环线、沪芦高速、陈行公路；已建 2 条轨道交通 11 号线、16 号线，在建及规划 3 条轨道交通 21 号线、27 号线、机场联络线。

二、机器人行业发展概况

张江机器人谷作为浦东"智能造"硬核产业集中承载区，在机器人行业发展定位上，以高端医疗机器人为核心，以特色工业机器人、智能服务机器人为重点，以机器人关键零部件、关键控制软件为突破，形成"一核心、两重点、两突破"的产业发展格局。

1. 高端医疗机器人

高端医疗机器人处在机器人领域的"皇冠"——医疗器械的最新发展阶段，与器械耗材设备的发展节奏高度协同，企业产品毛利水平可达 65%～75%。在生态要素需求上，医疗机器人企业在技术端青睐产学研用融合高地，依赖高校科研成果转化；在应用场景端，医疗属性显著，大多需要与医院联合研发；在研发配套端，需要本地生态圈内有丰富的医疗器械检验所、器械评审中心、动物试验平台。而上述三大要素皆为张江的传统优势，张江及整个上海范围内具备丰富的、高质量的高校科研资源、医院应用资源和试验配套资源。张江机器人谷正着力打造高端医疗机器人特色园中园，为优质潜在企业提供研发生产高度复合用地。

2. 工业机器人

上海工业机器人的核心零部件高度依赖进口，对比国外成熟工业机器人制造商，国内工业机器人产品相对滞后，多为中低端产品。同时，上海的一般劳动力成本较高，不利于工业机器人的组装生产。在张江缺乏核心零部件供给和低价劳动力的双重劣势下，张江机器人谷选择大力吸引各大工业机器人研发中心在机器人谷落地。

3. 服务机器人

服务机器人应用场景最为广阔，产品迭代快，但整体成本高。应用场景成熟度依次为扫地、餐饮、清洁、特殊场景、酒店等。张江有着人工智能（AI）关键技术及对应人才的支撑，同时智能硬件与配套软件供给相结合，在服务机器人赛道张江机器人谷选择大力支持研发复合高附加

值生产的企业。

三、重点企业建设情况

目前，园区已经集聚了上海 ABB 工程有限公司（简称"ABB"）、上海傅利叶智能科技有限公司（简称"傅利叶智能"）、上海微创医疗机器人（集团）股份有限公司（简称"微创医疗机器人"）、上海奥朋医疗科技有限公司（简称"奥朋医疗"）、上海司羿智能科技有限公司（简称"司羿智能"）、上海木蚁机器人科技有限公司（简称"木蚁机器人"）等一批行业标杆企业，形成特色产业集聚发展效应，特色产业年产值约为 120 亿元，正全力打造具有全球影响力，国内顶级的机器人产业发展高地和创新中心。

1. 上海 ABB 工程有限公司

ABB 是我国工业机器人行业的先行者和领跑者，早在 1994 年，ABB 集团就开始在我国市场推广工业机器人应用。2005 年，ABB 集团开始在我国开展研发和生产工作，是最早在我国开展工业机器人本地研发和本地生产的跨国企业。目前，ABB 集团在华实现了从研发、生产、销售、工程、系统集成到服务的全价值链本土化。

ABB 提供完整的工业机器人产品系列，包括"裸机"、软件、外围设备、模块单元、多种应用、系统集成及服务，提供汽车生产全部四大工艺（冲压、焊装、涂装、总装）的机器人解决方案。ABB 机器人业务在我国拥有约 2 000 名员工，遍布 20 余座城市。

2. 上海傅利叶智能科技有限公司

傅利叶智能成立于 2015 年，深耕智能机器人技术领域，致力于通过智能技术为人类带来美好的生活。集团总部位于上海张江，同时在新加坡设立区域总部，在上海、广州、墨尔本、苏黎世、芝加哥等地进行研发及生产布局，已建立国际化的研发、生产和服务网络。傅利叶智能持续多年进行高强度的累计超过 5 亿元的研发投入，搭建为社会、行业增效赋能的智能机器人技术平台，垂直应用于健康、教育等多个生态场景，服务全球用户。2021 年，公司入选国家专精特新"小巨人"企业，并已牵头承担近 20 项国家及省级科研项目。

3. 上海微创医疗机器人（集团）股份有限公司

微创医疗机器人为微创医疗科学有限公司旗下子集团，2021 年在香港交易所挂牌上市，业务覆盖腔镜、骨科、泛血管、经皮穿刺、经自然腔道五大手术机器人"黄金赛道"，已有多款产品获证上市并销售。致力于面向微创伤手术前沿发展需求运用机器人、智能控制、传感与信息领

域的前沿研究和产业集成，创新性提供能够延长和重塑生命的机器人智能手术全解方案，引领机器人手术的成熟与发展，塑造超智能手术时代。

4.上海奥朋医疗科技有限公司

奥朋医疗成立于2017年，专注于各种类型的医疗机器人研发和制造，是目前全球领先的血管介入手术机器人和人工智能应用企业。奥朋医疗研制的 Allvas® 血管介入手术机器人不断完成全球首例，继在大动脉覆膜支架介入手术实现全球首次突破以后，相继完成外周血管介入、结构性心脏病介入、冠脉介入等机器人辅助手术，以及全球首次包括大动脉、外周和冠脉三种手术单中心临床试验。

5.上海司羿智能科技有限公司

2017年9月，司羿智能在上海张江国家高科技园区成立，是一家从事康复机器人研发、生产、销售的高科技公司，专业为医院、社区、家庭提供创新康复产品及服务。司羿智能致力于打造全球领先的消费级康复机器人，让人人享有创新康复服务。

6.上海木蚁机器人科技有限公司

木蚁机器人是一家引领世界工业车辆无人化变革的机器人企业，木蚁自动驾驶叉车及解决方案市场份额已居行业前列。自主研发的L5级无人驾驶叉车已实现批量化落地，同时拥有全球首创单仓100余台智能调度系统，在多个场景下实现24h实地运营。

四、重点项目建设情况

目前，张江机器人谷的重点项目共有11项，涵盖机器人、医疗器械、生物医药、商业等领域，张江机器人谷重点项目建设情况见表1。

表1 张江机器人谷重点项目建设情况

项目名称	项目简介	项目投资金额	预计产出金额（亿元）
ABB 机器人超级工厂	自动化和数字业务领域行业领导者	1.5 亿美元	80
逸思医疗定制租赁项目	腹腔镜吻合器市场国产品牌第一位	6.2 亿元	20
Costco 星河商业体项目	全球零售业第二位	22.0 亿元	28
长江储存项目	国内存储芯片领先者	15.3 亿元	50
奕瑞光电项目	数字化 X 线探测器行业国内细分市场排名第一位	14.4 亿元	22
西域总部及研发中心项目	国内 MRO 数字供应链重点企业	9.8 亿元	102
派能科技项目	储能电池系统全球排名第三位	7.4 亿元	70
微创手术机器人项目	全球第一梯队手术机器人企业	25.0 亿元	50
微创电生理项目	国产三维电生理领军企业	21.0 亿元	30
逸术机器人项目	专注肿瘤微创外科和研发产业化重点企业	9.5 亿元	30
晶泰科技项目	AI 制药领域全球领先企业	10.0 亿元	10

五、服务平台建设情况

园区已经建设了 ABB 机器人赋能中心、上海机器人产业技术研究院创新中心、国创工业软件研究院、机器人进口测试查验平台、仿生机器人实验室、"睿目"机器人智维联合实验室、张江机器人谷质量基础设施"一站式"服务站等服务平台。

1.ABB 机器人赋能中心

张江机器人谷长期注重对园区企业的原创技术加速突破，与 ABB 公司合作建设了全国首个机器人医疗应用赋能中心——ABB 机器人赋能中心。该平台利用 ABB全球领先的机器人技术，主要面向医疗、制药、生物科技领域企业和未来智慧医院，向合作方提供先进的机器人智能制造方案体验环境和工具。同时，平台通过开展线上、线下的多种培训、技术讲座、研讨沙龙、医疗领域新应用的测试和新技术合作开发，为园内企业提供咨询和方案辅导，提高智能制造落地的成功率。ABB 机器人赋能中心将大力促进园区医疗和生物制药企业的赋能加速。

2.上海机器人产业技术研究院创新中心

如何将创新成果快速产业化是中小企业共同面临的难题，张江机器人谷积极为企业打造快速转化通道，携手上海科创中心建设的"四梁八柱"研发与转化功能型平台、连接产业界与学术界的桥梁——上海机器人产业技术研究院，共同建设上海机器人产业技术研究院创新中心暨国家机器人检测与评定中心（总部）浦东分中心，为企业提供标准化服务、智能化评价和可靠性检测，助力企业抢占市场先机获得更好的发展平台。标准化服务基于机器人创新产品标准的空缺，按高质量产品的发展战略，与该领域的头部企业和相关企业一起制定一套符合高质量、高技术水平指标的标准，并通过标准试验验证、技术攻关将该产品提升为符合该标准的高端产品。智能化是机器人/智能模组等智能产品的重要属性，具备前瞻性、战略性，是技术发展的大势所趋，智能化评价可帮助企业产品获得中国机器人（CR）认证证书，获得产品的智能等级，宣告产品的智能化水平。可靠性检测基于软件安全性和可靠性，利用算法仿真、半实物仿真和实物仿真测试技术对智能系统软件进行评级,可为企业树立发展保护壁垒,提高行业规则话语权,快速获得政策奖励与支持并帮助企业打磨有行业影响力的品牌。

六、园区政策支持

除上海市市级、浦东新区区级政策外,落户在张江机器人谷的企业还可额外享受张江科学城专项发展资金政策。配套政策覆盖支持企业做大做强、企业培育孵化、支持技术创新研发、支持数字化示范应用、支持数据要素流通、支持知识产权认定等企业发展诉求。大企业开放创新中心、大企业总部、区域性总部、上海市战略性新兴产业发展专项配套、高新技术企业、"专精特新"企业、企业研发机构、高端装备首台套应用突破等相关政策,全周期赋能企业,帮助落地企业从小变大,从大变强。

〔撰写人:上海张江机器人谷俞快〕

2022 年唐山高新区机器人产业发展概况

一、园区基本情况

唐山市高新技术开发区(简称"唐山高新区")成立于 1992 年,2010 年国务院批准升级为国家级高新技术产业开发区,管辖面积达 100.3km²,由中心区、老庄子镇、京唐智慧港三部分组成,总人口数量约为 16.9 万人。2022 年,唐山高新区实现营业收入 1 425 亿元,地区生产总值 295 亿元。现有企业数量为 778 家,初步形成了焊接、机器人、汽车零部件、新材料及新型建材、智能仪器仪表、生物医药六大特色产业,一批战略性新兴产业正在崛起。

二、机器人行业发展概况

唐山高新区作为第一个以机器人产业命名的特色基地和知名品牌创建示范区,目前已形成以焊接机器人及系统集成、特种机器人和传感器为发展重点的产业体系,现有机器人相关企业 93 家,其中高新技术企业 41 家。产业主要涉及机器人本体、工业机器人系统集成、传感器及关键部件、工业自动化以及机器人服务等领域。主要产品有焊接及切割机器人系统、焊接机器人视觉跟踪系统、消防救援、矿用抢险探测、矿用巡检、机车检测、钢材打捆、陶瓷施釉、智能流量传感器、光纤传感器等,其中以焊接机器人和消防机器人最具市场竞争力,焊接机器人国内市场占有率达 30% 以上,特种机器人整体处于国内领先水平,主导产品填补了国内空白。2022 年,唐山高新区机器人产业实现营业收入 75 亿元。

唐山高新区现有机器人领域省级以上研发平台 21 家,其中国家级研发机构 5 个(国家级企业技术中心 1 个、国家地方联合工程实验室 1 个、国家级检测实验室 3 个),省级产业技术研究院、技术创新中心、企业技术中心、工程研究中心等研发机构 16 个。经过多年培育发展,唐山高新区形成了以唐山开元自动焊接装备有限公司(简称"唐山开元")、中信重工开诚智能装备有限公司(简称"开诚智能")、唐山百川智能机器股份有限公司(简称"百

川智能")等领军企业为核心,以汇中仪表股份有限公司(简称"汇中仪表")、小池酸素(唐山)有限公司、唐山英莱科技有限公司、河北鹰眼智能科技有限公司(简称"鹰眼智能")等企业为关联,集研发、制造、销售、服务于一体的机器人产业集群,并呈现出领军企业、专精特新企业协同推进、迅猛发展的态势。

三、重点企业建设情况

1. 唐山开元自动焊接装备有限公司

唐山开元是国内最早成立的自动焊接装备制造企业,从事领域包括埋弧焊机、电阻焊机、变位机械、切割与弧焊设备、窄间隙等特种焊接设备、机器人焊接系统、智能制造装备、工程规划与解决方案。

2. 中信重工开诚智能装备有限公司

开诚智能是国内特种机器人领军企业,集研发、生产、销售、服务于一体的智能装备制造企业,公司已陆续推出从灾区侦测到防爆消防,从管道探伤到铁路列检,从水下侦测到船用防卫等 6 大系列 30 多个品种机器人。

3. 唐山百川智能机器股份有限公司

百川智能主要从事轨道交通机车车辆检修检测设备的研发、生产和销售,主导产品为轨道交通机车车辆检修、检测及安全作业管控设备,已成功应用于国内主要轨道交通领域,包括国铁集团下属全部 18 个地方铁路局。

4. 唐山松下产业机器有限公司

唐山松下产业机器有限公司主要从事各种弧焊机、电阻焊机、等离子切割机、机器人及其自动焊接系统的研发制造,设有机器人事业部、中国焊接协会机器人焊接(唐山)培训基地、省级电焊机与焊接机器人工程技术研究中心,诞生了我国第一台全数字电焊机、第一个智能焊接云平台。

5. 汇中仪表股份有限公司

汇中仪表是全国超声测流领域规模最大、研发实力最强的企业。于 2014 年 1 月在深圳证券交易所创业板挂牌

153

上市，是国内超声测流领域首家上市公司，也是唐山市第一家登陆创业板的企业，拥有中国系列超声热量表、超声水表、超声流量计及系统的研发生产基地。

6. 河北鹰眼智能科技有限公司

鹰眼智能是一家专业从事机器视觉、人工智能和自动化系统集成的高新技术服务型企业，致力于成为面向全球的自动化、智能化和信息化解决方案服务商，为众多制造业企业提供了基于机器视觉、人工智能技术的智能制造解决方案。

四、重点项目建设情况

2022年，唐山高新区共推进省市重点项目23个。其中，鹰眼智能视觉应用智能装备产业化基地项目的项目总投资额为1.1亿元，主要建设现代化综合生产车间、机器视觉应用智能装备研究中心。项目建成后，实现年产机器视觉智能应用装备100台（套）、智能机器人底盘75台（套）。总投资3.2亿元的百川轨道交通智能装备产业化二期项目已经开工建设，项目建成后将成为全国最大的轨道交通检测试验机器人产业基地。

五、服务平台建设情况

唐山高新区持续加快机器人公共研发、创新平台建设，推动深化与清华大学、中国科学院、西安交通大学等高等院校、科研院所的合作联系，瞄准机器人基础和前沿技术，共建产业技术研究院、技术转移转化中心、共性实验装备中心、共性测试环境中心等，提升技术研发和成果转化应用水平，攻关和突破一批卡脖子难题和公共技术。瞄准机器人产业重点技术领域，引导企业加大研发投入，提升自主创新能力，实现现有技术和产品的升级迭代，同时大力培育各级各类创新平台，促进机器人领域研发平台量质同升。

六、招商引资情况

在机器人产业招商方面，唐山高新区积极筹设机器人产业发展基金，叠加各级政策红利谋划制定机器人产业高质量发展支持政策，瞄准国内机器人100强，全面推进精准招商，并取得丰硕成果。目前已签约融庆机器人（唐山）产业基地、超能医疗康养机器人研发生产基地、江苏汇博

工业智能机器人研发生产项目、中关村机器人产业创新中心等22个项目，总投资额约为17.35亿元，其中，引进母公司3家、二级子公司10家、三级及以下2家。重点推进上海高仙自动化科技发展集团商用清洁机器人研发生产项目、紫勖智能人形服务机器人项目、北京密码云芯数字安全技术及服务平台项目等17个项目，计划总投资额约为14.9亿元。

七、园区政策支持

近年来，唐山高新区先后出台了《唐山高新区关于支持和引导企业创新发展的若干办法》《唐山高新区关于建设"高新技术产业人才特区"的实施意见和实施办法》《唐山高新区支持科技创新平台建设发展暂行办法》等一系列政策文件，在高新技术企业、研发平台、公共技术平台、创新人才、融资上市、孵化加速等多方面对机器人产业进行扶持。

八、园区发展规划与战略

"十四五"时期，唐山高新区将构建起产业特色鲜明、企业集聚发展、配套链条完善、公共服务齐全的机器人全产业链。到2028年，建成全国有重要影响的机器人产业基地，建成全国最大的"焊接机器人产业集群"和"特种应用领域服务机器人产业集群"，机器人企业达到200家以上，年营业收入达200亿元以上。

快速做大产业规模，尤其是焊接机器人和特种机器人制造业产业规模，形成唐山高新区产业增长的生力军，使之成为唐山高新区产业发展的引擎。积极引进机器人领军企业落地，吸引其生态产业链在高新区集聚。大力培育机器人龙头企业，推动龙头企业整合资源，实现跨领域集成。加大机器人创新创业的扶植力度，构建一批众创空间，引进一批公共技术平台，鼓励龙头机器人企业建设一批样机加工生产线，汇聚资源，激发活力，形成高新区创新创业的动力。推广机器人产品和技术在传统产业应用，促进传统产业升级，使机器人成为高新区乃至唐山市赋能传统产业的抓手。

〔撰稿人：唐山市高新技术产业开发区发展改革局李海彬〕

2022 年苏州吴中区机器人与智能制造产业创新集群发展概况

一、园区基本情况

2022年，苏州市吴中区机器人与智能制造产值规模达1021亿元，过去5年年均增长率超过20%。围绕机器人与智能制造产业，吴中区规划布局了吴淞江科技产业园、木渎数字智造科技园、太湖科技产业园等10大产业园区，

未来计划用每年新增工业用地中的30%以上用于支持机器人与智能制造产业发展。目前，吴中区已集聚机器人产业链上的企业数达800余家，完整覆盖机器人关键零部件、本体制造、系统集成、智能装备和终端产品等产业链条主要环节，涵盖工业机器人、服务机器人、高端智能装备等

门类。其中，上市公司 13 家，"独角兽"企业 4 家、"瞪羚"企业 24 家，省级以上专精特新企业 96 家。

二、重点企业情况

在工业机器人领域，吴中区在产业链的重要环节和关键领域均有龙头企业布局卡位。在机器人核心零部件领域，集聚了如苏州汇川技术有限公司（简称"汇川技术"）、苏州伟创电气科技股份有限公司、苏州绿的谐波传动科技股份有限公司（简称"绿的谐波"）等一批知名企业，涵盖减速器、伺服电动机、控制器等机器人三大核心零部件。绿的谐波的谐波减速器销量排名全国第一位、全球第二位；汇川技术的通用交流伺服系统国内市场占有率排名第一位，四轴机器人出货量排名全球第二位。在机器人本体制造领域，吴中区集聚了以汇川技术、拓斯达机器人科技（苏州）有限公司、苏州灵猴机器人有限公司、苏州超群智能有限公司、苏州博思特装配自动化科技有限公司等为代表的多轴机器人公司，也汇聚了以苏州快捷智能科技有限公司、苏州玖物智能科技股份有限公司、苏州优艾智创机器人科技有限公司、苏州海通机器人系统有限公司等为代表的物流机器人公司。在机器人应用领域，吴中区积极推进制造业智能化改造和数字化转型工作，目前，全区各行业累计推广使用工业机器人的企业超千家。

在家用服务机器人领域，吴中区集聚了科沃斯机器人股份有限公司（简称"科沃斯"）、追觅科技（苏州）有限公司（简称"追觅科技"）、优必选（苏州）科技有限公司、添可智能科技有限公司、苏州地贝电器科技有限公司等一大批知名机器人公司。其中，科沃斯作为我国服务机器人第一股，扫地机器人销售额多年位居全球第一位。追觅科技以高速绿色电动机与人工智能（AI）识别技术为核心，成功跻身全球"独角兽"榜单，其研发的高速电动机可以达到 20 万 r/min，处于全球领先地位。

在重大成套设备领域，吴中区面向高端装备、汽车、新能源、航空航天等重点方向，集聚一批在细分领域行业知名、国内领先的优势装备企业。例如：航天工程装备（苏州）有限公司承担国家核工业领域重大项目专项示范工程子任务，研制的特种芯块制备智能化成套装备属于国内首创全自动化产线。苏州三基铸造装备股份有限公司是我国压铸装备行业知名企业和挤压铸造行业领军企业，研制出具有国际先进水平的 3 500t 大型挤压铸造成形成套装备，实现了国产化替代。苏州凯尔博精密机械有限公司研发的塑料焊接技术和高端焊接设备广泛应用于汽车制造行业，已成为我国塑料焊接行业的引领者。

在智能测控装备领域，苏州精濑光电有限公司开发了一系列高性能国产化替代的平板显示检测装备，其"宏观检查机"产品在国内市场占有率排名第一位。苏州赛腾精密电子股份有限公司研发的移动电话后盖玻璃装配检测自动化生产线成套装备，极大提升了智能手机制造行业的智能化水平。苏州科韵激光科技有限公司研发的 INK 喷涂激

光修复设备技术水平达到国内领先，应用于显示、印制电路板（PCB）、发光二极管（LED）以及半导体产业激光修复、激光切割、激光剥离等领域。

在智能设备领域，苏州斯莱克精密设备股份有限公司是全球四家之一、亚洲唯一一家具有高速易拉盖生产设备成熟生产技术的企业，其技术达到国际先进水平。苏州杰锐思智能科技股份有限公司是消费类电子装配、集成电路封装检测、汽车生产线、液晶面板组装、新能源电池等领域行业领先的工业自动化设备制造商。苏州茂特斯自动化设备有限公司面向 3C 电子、半导体、医疗和汽车等行业企业提供领先的智能化生产解决方案。

在智能关键基础零部件领域，凯博易控车辆科技（苏州）股份有限公司专注于电驱动、电传动技术产品的研发制造，其高效电驱动系统、智能化电气化陆运系统、智能连接系统等产品居于国内领先地位。苏州瑞可达连接系统股份有限公司是专注于研发、生产和销售连接器产品的国家级高新技术企业，荣获国家专精特新"小巨人"认定。苏州华正工业科技有限公司自主研发的高端直线导轨广泛应用于精密机床、半导体、医疗器械、检测设备等领域，实现了关键部件进口替代。

三、创新能力建设

创新载体方面，吴中区引进哈尔滨工业大学苏州研究院、苏州智能制造研究院、苏州高端智能制造协同创新中心、赛迪工业和信息化研究院苏州分院、中国信息通信研究院江苏分院等一批科创平台，建设苏州吴中·硅谷创新中心、APEC 技术转移中心成果转化基地、苏州《创赢未来》联合创新中心、苏州清华专项创新中心等科创载体，支持苏州市职业大学与吴中区共建机器人产业学院，充分发挥"产学研用"协同在技术创新和成果转化方面的催化作用。

人才引育方面，吴中区构建"1+2+3"人才新政体系，搭建"东吴双创峰会""苏作文创峰会"特色引才平台，承接姑苏创新创业领军人才"机器人和智能制造"区域专项，举办"智汇吴中"青创赛十大城市赛、东吴科技创新创业大赛十大专场赛等系列引才活动，举办"吴中人才日"，全力推进人才引育新突破。近两年，吴中区市级以上人才计划入选数增幅保持在 85% 以上，领军人才创办企业入选独角兽培育企业数量占全区总数的 80% 以上，2022 年国家级人才计划入选数超历年总和。

知识产权方面，截至 2022 年，全区机器人与智能制造领域相关企业主持参与编写国家标准 22 项，累计拥有有效发明专利 5 503 件，拥有国家知识产权示范企业 5 家、优势企业 9 家，其中 4 家企业共获得 10 次中国专利奖。

四、园区配套支撑

政策方面，吴中区出台了《吴中区机器人与智能制造产业提升发展三年行动计划（2021—2023 年）》《加快推动吴中区制造业智能化改造和数字化转型工作方案》《关于加快吴中区机器人与智能制造产业提升发展暨推进制造业智能化改造和数字化转型的若干政策意见》等扶持政策，

助推产业做大做强。

金融支撑方面，吴中区投向机器人与智能制造领域基金10支，总规模近100亿元，其中东吴双创引导基金（10亿元）、经开区创业投资引导基金（20亿元）、太湖度假区引导基金（10亿元）、甪端金苗科创基金（10亿元）、领军人才基金（3亿元）、追觅—翼朴基金（5亿元）、与苏州国发创投合作共建的机器人与智能制造产业基金（10亿元），为产业创新集群发展提供重要金融支撑。

会议生态方面，吴中区将持续办好中国机器人产业发展大会、工控中国大会等产业峰会，搭建国内高水平的政府、企业、科研院所合作交流平台，持续宣传产业特色优势，吸引更多优秀企业投资吴中，不断扩大产业创新集群影响力。

〔供稿单位：苏州吴中机器人产业发展有限公司、苏州市吴中区工业和信息化局〕

中国
机器人
工业
年鉴
2023

标准检测认证篇

介绍机器人行业标准化及认证证书发布情况

综述篇

大事记

产业篇

地区篇

园区篇

标准检测认证篇

产教融合篇

企业篇

应用篇

人物篇

政策篇

国际篇

统计资料

附录

中国
机器人
工业
年鉴
2023

标准检测认证篇

综述篇
大事记
产业篇
地区篇
园区篇
标准检测认证篇
产教融合篇
企业篇
应用篇
人物篇
政策篇
国际篇
统计资料
附录

2022 年中国机器人行业标准化工作情况

一、机器人行业标准化组织

1.国际机器人标准化组织

（1）国际标准化组织（ISO）。国际机器人标准化技术委员会（ISO/TC 299，英文名称"Robotics"）是国际最重要的机器人领域标准化组织。ISO/TC 299 秘书处由瑞典承担。

（2）国际电工委员会（IEC）。IEC 与机器人标准相关的主要技术委员会（TC）包括：①发电、输电和配电系统用机器人标准化技术委员会（IEC/TC 129），秘书处由我国承担。②家用和类似电器的安全标准化技术委员会（IEC/TC 61）负责家用清洁机器人安全领域标准化工作，秘书处由美国承担。③家用和类似电器的安全标准化技术委员会（IEC/TC 59）负责家用清洁机器人性能领域标准化工作，秘书处由德国承担。

2.中国机器人标准化组织

我国机器人标准化组织为全国机器人标准化技术委员会（SAC/TC 591），其主要负责机器人领域国家标准制（修）订工作，与 ISO/TC 299 工作领域相对应。

SAC/TC 591 下设特种设备用机器人分技术委员会（SAC/TC 591/SC1），2022 年，SAC/TC 591 开始筹建机器人共性结构与理论分委会、家用和类似用途机器人分委会、机器人检测分委会和电力机器人分委会。

二、中国机器人标准化工作情况

1.归口 SAC/TC 591 的现行机器人国家标准和行业标准

截至 2022 年 12 月，SAC/TC 591 归口的机器人标准共 111 项，其中国家标准 98 项（其中强制性标准 2 项）、行业标准 13 项。2022 年发布 SAC/TC 591 归口的机器人国家标准和行业标准见表 1。

表 1　2022 年发布 SAC/TC 591 归口的机器人国家标准和行业标准

序号	标准编号	标准名称
1	GB/T 41402—2022	物流机器人　信息系统通用技术规范
2	GB/T 41393—2022	娱乐机器人　安全要求及测试方法
3	GB/T 41264—2022	板料折弯机器人　安全要求
4	JB/T 14402—2022	上下料桁架机器人
5	JB/T 14401—2022	户内悬挂导轨式巡检机器人系统

注：资料来源于国家标准化管理委员网站（www.sac.gov.cn）和工业和信息化标准信息服务平台（std.miit.gov.cn）。

2.归口国内其他 TC 和组织的现行机器人国家标准和行业标准

截至 2022 年 12 月 31 日，归口其他相关 TC 的机器人标准共 51 项，其中国家标准 30 项、行业标准 21 项。2022 年发布归口其他 TC 的国家标准和行业标准见表 2。

表 2　2022 年发布归口其他 TC 的国家标准和行业标准

序号	标准编号	标准名称	归口 TC 或主管
1	GB/T 41256—2022	机器人制造数字化车间装备互联互通和互操作规范	SAC/TC 124
2	GB/T 41431—2022	家用和类似用途服务机器人　术语和分类	SAC/TC 46
3	GB/T 41433—2022	家用和类似用途服务机器人　消费者指导	SAC/TC 46
4	GB/T 41527—2022	家用和类似用途服务机器人安全通用要求	SAC/TC 46
5	QB/T 5733—2022	家用和类似用途空气净化机器人	SAC/TC 46

3.小结

截至 2022 年 12 月，SAC/TC 591 及其他 TC 和主管部门归口的现行机器人国家标准和行业标准共 162 项，其中国家标准 128 项，行业标准 34 项。

三、ISO/TC 299 国际标准化工作情况

1. ISO/TC 299 组织结构

截至 2022 年 12 月，ISO/TC 299 下设 9 个工作组（WG）、1 个通信组（AG）、1 个缺失和结构研究组（SG）和 1 个主席咨询组（CAG）。2022 年，ISO/TC 299 新增 "工业机器人末端执行器电气接口" 工作组（WG 9），组长由丹麦专家担任。WG 9 主要负责制定 ISO/PWI 24112《机器人　电气接口　兼容末端执行器》。ISO/TC 299 下设工作组见表 3。

表 3　ISO/TC 299 下设工作组

序号	下属工作组	中文名称
1	TC299/WG 1	词汇和特性
2	TC299/WG 2	服务机器人安全
3	TC299/WG 3	工业安全
4	TC299/WG 4	服务机器人性能
5	TC299/JWG 5	医用机器人安全

（续）

序号	下属工作组	中文名称
6	TC299/WG 6	服务机器人的模块化
7	TC299/WG 7	服务机器人管理系统
8	TC299/WG 8	协作应用验证方法
9	TC299/WG 9	工业机器人末端执行器电气接口
10	AG 1	通信组
11	SG 1	缺失和结构研究组
12	CAG	主席咨询组

2. ISO/TC 299 发布的国际标准出版物

截至 2022 年 12 月 31 日，ISO/TC 299 发布的国际标准出版物总数 26 项。2022 年，ISO/TC 299 发布了 1 项国际标准 ISO 11593：2022《工业环境用机器人　末端执行器自动更换系统》代替 ISO 11593：1996《工业机器人末端执行器自动更换系统　词汇和特性表示》。2022 年发布归口 ISO/TC 299 的国际标准清单见表 4。

表 4　2022 年发布归口 ISO/TC 299 的国际标准清单

序号	标准编号	标准名称
1	ISO 11593：2022	Robots for industrial environments—Automatic end effector exchange systems

四、2022 年度机器人领域国内外在研标准及立项标准

1. ISO/TC 299

ISO/TC 299 归口在研标准共 12 项。其中，2022 年新立项的国际标准制（修）订计划 1 项，其标准编号为 ISO/AWI 21423，是工业移动机器人领域的通信及互操作标准。ISO/TC 299 归口国际标准制（修）订计划见表 5。

表 5　ISO/TC 299 归口国际标准制（修）订计划

序号	标准计划编号	标准名称	制（修）订
1	ISO/AWI 21423	Robotics—Autonomous mobile robots for industrial environments—Communications and interoperability	制订
2	ISO/DIS 5363	Robotics—Test methods for exoskeleton-type walking RACA robot	制订
3	ISO/DPAS 5672	Robotics—Collaborative applications—Test methods for measuring forces and pressures in human-robot contacts	制订
4	ISO/FDIS 10218-1	Robotics—Safety requirements—Part 1: Industrial robots	修订
5	ISO/FDIS 10218-2	Robotics—Safety requirements—Part 2: Industrial robot systems，robot applications and robot cells	修订
6	ISO/CD 13482	Robotics—Safety requirements for service robots	修订
7	ISO/DIS 18646-2	Robotics—Performance criteria and related test methods for service robots—Part 2: Navigation	修订
8	ISO/DIS 22166-201	Robotics—Modularity for service robots—Part 201: Common information model for modules	制订
9	ISO/CD 22166-202	Robotics—Modularity for service robots—Part 202: Information model for software modules	制订
10	ISO/FDIS 31101	Robotics—Application services provided by service robots—Safety management systems requirements	制订
11	IEC 80601-2-77:2019/DAmd 1	Medical electrical equipment—Part 2-77: Particular requirements for the basic safety and essential performance of robotically assisted surgical equipment—Amendment 1	修订
12	IEC 80601-2-78:2019/DAmd 1	Medical electrical equipment—Part 2-78: Particular requirements for basic safety and essential performance of medical robots for rehabilitation，assessment，compensation or alleviation—Amendment 1	修订

2.我国SAC/TC 591

SAC/TC 591归口的国家标准计划和行业标准计划共28项,其中国家标准计划23项、行业标准计划5项。

2022年新立项的制(修)订国家标准计划5项、行业标准计划5项,涉及光伏组件机器人和环卫机器人等产品。SAC/TC 591归口国家标准制(修)订计划见表6。

表6 SAC/TC 591归口国家标准制(修)订计划

序号	标准计划编号	标准名称	制(修)订	归口TC
1	20201447-T-604	导引服务机器人 通用技术条件	制订	SAC/TC 591
2	20202627-T-604	物流机器人 控制系统接口技术规范	制订	SAC/TC 591
3	20202861-T-604	移动机器人 词汇	制订	SAC/TC 591
4	20202507-Z-604	机器人 工业机器人系统的安全设计 第2部分:手动装载/卸载工作站	制订	SAC/TC 591
5	20203803-T-604	工业机器人平均无故障工作时间计算方法	制订	SAC/TC 591
6	20203656-T-604	机器人多维力／力矩传感器检测规范	制订	SAC/TC 591
7	20202746-Z-604	机器人 工业机器人系统的安全设计 第1部分:末端执行器	制订	SAC/TC 591
8	20204050-Z-604	机器人 GB/T 36530 的应用 第2部分:应用指南	制订	SAC/TC 591
9	20203801-T-604	工业机器人 运行维护 第1部分:在线监测	制订	SAC/TC 591
10	20203797-T-604	工业机器人 运行维护 第2部分:故障诊断	制订	SAC/TC 591
11	20203705-T-604	工业机器人 运行维护 第3部分:健康评估	制订	SAC/TC 591
12	20203710-T-604	工业机器人 运行维护 第4部分:预测性维护	制订	SAC/TC 591
13	20210685-T-604	机器人 服务机器人性能规范及其试验方法 第2部分:导航	制订	SAC/TC 591
14	20214321-T-469	水下机器人整机及零部件基本环境试验方法 水静压力试验方法	制订	SAC/TC 591
15	20213008-Z-604	机器人 ISO 13482 的应用 第1部分:安全相关试验方法	制订	SAC/TC 591
16	20213009-T-604	机器人一体化关节性能及试验方法	制订	SAC/TC 591
17	20214294-T-604	电动平衡车通用技术条件	修订	SAC/TC 591
18	20214290-T-604	电动平衡车安全要求及测试方法	修订	SAC/TC 591
19	20220070 T 604	机器人 服务机器人模块化 第1部分: 通用要求	制订	SAC/TC 591
20	20220069-T-604	机器人 服务机器人性能规范及其试验方法 第3部分:操作	制订	SAC/TC 591
21	20220556-T-604	工业机器人 性能试验应用规范	修订	SAC/TC 591
22	20220552-T-604	工业机器人 安全要求应用规范	修订	SAC/TC 591
23	20220770-T-604	光伏组件清洁机器人通用技术条件	制订	SAC/TC 591
24	2022-1327T-JB	工业机器人 产品验收实施规范	修订	SAC/TC 591
25	2022-1328T-JB	环卫机器人通用技术条件	制订	SAC/TC 591
26	2022-1329T-JB	机器人 分类及型号编制方法	修订	SAC/TC 591
27	2022-1330T-JB	机器人减速器立式综合测试仪	制订	SAC/TC 591
28	2020-1342T-JB	地面伤员抢运机器人通用技术条件	制订	SAC/TC 591

3.我国其他TC和组织

归口其他TC和组织的国家标准计划和行业标准计划共15项,其中国家标准计划2项、行业标准计划13项。2022年新立项的制(修)订国家标准计划1项(涉及干式清洁机器人)、行业标准2项(涉及烹饪机器人和机器人云平台)。其他TC机器人国家标准制(修)订计划见表7。

表7 其他 TC 机器人国家标准制（修）订计划

序号	标准计划编号	标准名称	制（修）订	归口 TC
1	20211789-T-604	机器人用谐波齿轮减速器	修订	SAC/TC 357
2	20221075-T-607	家用和类似用途电器噪声测试方法　干式清洁机器人的特殊要求	制订	SAC/TC 41
3	2022-1419T-SJ	工业互联网平台　工业设备上云通用管理要求　第14部分：工业机器人	制订	SAC/TC 573
4	2022-1819T-JB	食品机械　烹饪机器人技术规范	制订	机械工业食品机械标准化技术委员
5	2021-1048T-YD	无线通信设备电磁兼容性要求和测量方法　第23部分：融合无线通信技术的民用机器人	制订	中国通信标准化协会
6	2021-1314T-YD	机器人流程自动化能力评估体系　第1部分：系统和工具	制订	中国通信标准化协会
7	2021-0174T-YD	智能服务机器人　第1部分：功能指标要求和评估方法	制订	中国通信标准化协会
8	2020-1754T-QB	家用和类似用途清洁机器人能耗测试方法	制订	SAC/TC 41
9	2020-1907T-YD	通信网智能维护技术要求　第7部分：基于机器人的通信网智能巡检技术要求	制订	中国通信标准化协会
10	2020-0075T-JB	铸造用线性机器人　技术条件	制订	SAC/TC 54
11	2020-0139T-YD	融合无线通信技术的民用机器人天线性能要求及测试方法	制订	中国通信标准化协会
12	2019-1848T-QB	家用和类似用途清洁机器人	修订	SAC/TC 41
13	2019-1493T-JB	小型多关节机器人用伺服电动机技术条件	制订	SAC/TC 2
14	2019-0626T-AH	增材制造　人形机器人零部件3D打印工艺规范	制订	SAC/TC 562
15	2016-1241T-ZJ	铸造机器人　通用技术条件	制订	SAC/TC 54

五、SAC/TC 591 年会情况

2022年12月27日，第一届SAC/TC 591全体会议采用线上线下结合的形式举行。

六、2022年我国参与国际标准化活动

1. 国际标准新提案

2022年，我国提交了两项国际标准提案。

（1）2022年3月，SAC提交《服务机器人模块化　第203部分：硬件部分的信息模型》，由于缺少1个P成员任命专家，注册为最初的国际标准草案（PWI）。

（2）2022年12月，SAC提交《机器人　服务机器人性能规范及其试验方法　第5部分：腿式机器人的运动》。

2. ISO/TC 299年会

2022年12月12—16日，ISO/TC 299第5次年会在德国柏林召开（混合会议），法国、美国、英国、德国等11个P成员参加了会议，中国代表团远程参加了此次年会。年会主要内容如下：

（1）工业机器人系列安全标准ISO 10218-1：2011《机器人　安全要求　第1部分：工业机器人》和ISO 10218-2：2011《机器人　安全要求　第2部分：工业机器人系统、应用和单元》修订进入FDIS阶段，预计2023年发布。

（2）正在修订的服务机器人安全标准ISO 13482：2014《服务机器人　安全要求》处于起草委员会（CD）阶段，预计2024年发布。

（3）ISO/TC 199、IEC/TC 61、ISO/TC 110等联络员做了报告，各国代表讨论了相关标准和ISO/TC 299标准的协调一致问题。其中，IEC/TC 61/WG 44正在制定的IEC/CD 60335-2-123《家用和类似用途电器　安全　第2—123部分　机器人的特殊要求》预计2024年发布。ISO/TC 299与ISO/TC 110/SC 2《工业卡车的安全（Safety of powered industrial trucks）》联合咨询组（Joint Ad hoc group with on Mobile robots）组长建议成立移动机器人联合工作组，共同制定在ISO/TC 299管理下的工业移动机器人安全标准。

（4）建议ISO/TC 299与ISO/TC 199成立联合工作组，开始修订ISO/TS 15066《机器人与机器人装备 协作机器人》，并从TS转化成IS。

（5）美国于2022年10月提交了《机器人　腿式机器人　能力测试程序》的新工作项目提案（NWIP），并提议成立"腿式机器人测试"新的工作组。这与我国专家在ISO/TC 299/WG 4"服务机器人性能"工作组讨论的新提案ISO 18646-5《机器人　服务机器人性能规范及测试方法　第5部分：腿式机器人的运动》内容冲突，会议决定于2023年2月安排会议解决两个标准项目的冲突问题，在此次会议协调之前不发布两个项目的投票。

〔撰稿人：北京机械工业自动化研究所有限公司 杨书评〕

2022年中国机器人认证工作情况

一、中国机器人认证升级版

中国机器人认证（简称"CR认证"）是在国家质量监督检验检疫总局、国家发展和改革委员会、工业和信息化部、国家认证认可监督管理委员会、国家标准化管理委员会及国家机器人检测与评定中心指导委员会主要成员指导下，共同确定发布的。作为国家推动的自愿性高端认证品牌，该认证将推动机器人产业高质量发展。

2022年9月2日，在2022中国机器人产业发展大会上，CR认证升级版正式发布。升级版的发布，标志着CR认证在确保安全和EMC质量底线的基础上，进一步构建技术发展型指标等级，并以企业自我选择、场景需求为牵引的等级认证，涵盖功能安全、信息安全、可靠性、智能化四大专业方向，形成符合性认证与等级认证的综合架构。CR认证升级版架构如图1所示。

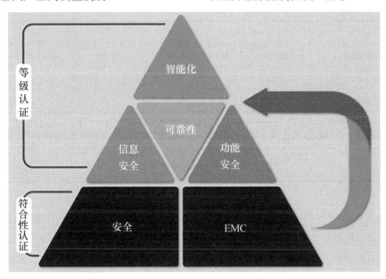

图1　CR认证升级版架构

1.CR认证升级版标志说明

（1）CR标志：代表国家机器人认证，并以安全和EMC为质量底线。

（2）认证机构名称：字母"ABCD"为实施该认证的认证机构名称信息缩写。

（3）技术专业标识：可靠、信息安全、功能安全、智能代表四个技术专业，通过某项专业认证的产品，方块为认证等级所代表的颜色，否则为灰色。

（4）数字等级色素：等级由低到高分5个等级，L1最低，L5最高，等级颜色由红逐渐过渡到绿色。

（5）二维码：该二维码将录入企业获证产品信息，供用户查询。

CR认证升级版标志说明如图2所示。

2.等级说明

（1）可靠性等级。机器人可靠性等级见表1。机器人可靠性评定标准见表2。

图2　CR认证升级版标志说明

表 1 机器人可靠性等级

可靠性等级	判断依据	
	平均无故障工作时间 （万 h）	寿命 （万 h）
L5	≥ 10.0	≥ 6.0
L4	8.0	4.0
L3	5.0	3.0
L2	3.0	2.0
L1	2.0	1.0

注：1. 以平均无故障工作时间（MTBF）和耐久性评定后的较低等级作为可靠性评定等级。

2. 适用工业机器人、协作机器人以及类似机器人产品。

3. 服务机器人在制定中。

表 2 机器人可靠性评定标准

序号	标准编号		标准名称	备注
1	MTBF	T/CEEIA 558—2021	工业机器人可靠性测试与评定	根据测试方法选择其中之一
2		GB/T 39266—2020	工业机器人机械环境可靠性要求和测试方法 第 6 章	
3	寿命	T/CEEIA 593—2022	工业机器人耐久性测试方法	均适用

（2）功能安全水平等级。机器人功能安全水平等级　见表 3。机器人功能安全评定标准见表 4。

表 3 机器人功能安全水平等级

功能安全 水平等级	判断依据			
	安全参数目标等级要求	功能安全管理体系要求	产品开发人员能力要求	产品开发流程符合性要求
L5	符合	符合	符合	符合
L4	符合	符合	符合	不符合
L3	符合	符合	部分符合	不符合
L2	符合	符合	不符合	不符合
L1	符合	不符合	不符合	不符合

注：1. 安全参数目标等级要求：机器人制造商应严格按照 GB/T 16855.1—2018 中设计要求确定机器人各安全功能及所需性能等级 PL 的评估，并验证各安全功能的性能等级（PL）是否达到所需性能等级（PLr）。如机器人所有经风险评估确定的安全功能性能等级均符合所需等级要求，且判定为机器人安全参数目标等级要求"符合"，否则判定为"不符合"。

2. 功能安全管理体系要求：如机器人制造商具备符合 GB/T 20438.1—2017 中功能安全管理中的二级程序文件则判定为"符合"，否则判定为"不符合"。

3. 产品开发人员能力要求：如机器人产品开发人员中经过功能安全培训的人员人数≥ 3 人，则判定为"符合"；如产品开发人员中经过功能安全培训的人员人数为 1 ～ 2 人则判定为"部分符合"；如产品开发人员中无经过功能安全培训的人员，则判定为"不符合"。

4. 产品开发流程符合性要求：如机器人产品开发流程符合 GB/T 16855.1 控制系统安全相关部件（SRP/CS）的迭代设计过程，则判定为"符合"，否则判定为"不符合"。

表 4 机器人功能安全评定标准

序号	标准编号	标准名称	备注
1	GB/T 20438.1—2017	电气/电子/可编程电子安全相关系统的功能安全 第 1 部分：一般要求	
2	GB/T 20438.2—2017	电气/电子/可编程电子安全相关系统的功能安全 第 2 部分：电气/电子/可编程电子安全相关系统的要求	适用于电气传动系统
3	GB/T 20438.3—2017	电气/电子/可编程电子安全相关系统的功能安全 第 3 部分：软件要求	
4	GB 28526—2012	机械电气安全 安全相关电气、电子和可编程电子控制系统的功能安全	

（续）

序号	标准编号	标准名称	备注
5	GB/T 16855.1—2018	机械安全 控制系统安全相关部件 第1部分：设计通则	
6	GB/T 12668.502—2013	调速电气传动系统 第5-2部分：安全要求	适用于电气传动系统
7	GB/T 15706—2012	机械安全 设计通则 风险评估与风险减小	

（3）信息安全等级。机器人信息安全等级见表5。机器人信息安全评定标准见表6。

表5 机器人信息安全等级

| 信息安全等级 | 机器人主机系统 | | | | 机器人移动终端 | | 机器人后台系统 | | | 个人信息安全要求 | | | | 通用要求 | |
	硬件安全	控制系统安全	通信与数据安全	应用程序安全	通信与数据安全	应用程序安全	主机（服务器）安全	通信与数据安全	应用程序安全	个人信息收集	个人信息加工、存储与传输	个人信息使用	个人信息安全事件处置	业务安全	安全管理
L5	1～3	1～11	1～7	1～4	1～3	1～10	1～8	1～7	1～5	1～5	1～6	1～4	1～2	1～5	1～11
L4	1、2	1、2、3、4、7、8、9、10、11	2、3、5、6、7	1、2、3、4	1、2、3	1、2、3、5、6、7、8、9	1、2、3、4、5、6、7、8	1、2、3、4、5、6	1、2、3、4	1～5	1～6	1～4	1～2	1～5	1～11
L3	1	1、2、3、7、9、10	2、3、5、6	1、2、3、4	1、2、3	3、5、6、7、8	1、2、3、4、6、7、8	1、2、3、4	1、2、3	1～5	1～6	1～4	1～2	1～5	1～11
L2	1、3、9	2、5、6	1、2、4	1、2	3、6、7、8	2、3、6、7	1、2	1、2	1～5	1～6	1～4	1～2	1～5	1～11	
L1	1	1、9	5、6	1、4	1	3、6、8	2、6	1	1	1～5	1～6	1～4	1～2	1～5	1～11

注：1. 服务机器人分级参考CR-4-03TS-01：2022《服务机器人信息安全通用技术规范》。

2. 工业机器人分级方案制定中。

表6 机器人信息安全评定标准

序号	标准编号	标准名称	备注
1	CR-4-03TS-01：2022	服务机器人信息安全通用技术规范	适用于服务机器人
2	CR-4-03TS-02：2022	工业机器人与集成系统信息安全技术规范	适用于工业机器人、协作机器人

（4）智能等级。机器人智能等级见表7。机器人智能等级评定标准见表8。

表7 机器人智能等级

| 智能等级 | 判断依据 | | | |
	感知	执行	决策	认知
L5	有	有	有	有
L4	有	有	有	无
L3	有	有	部分有	无
L2	有	无	无	无
L1	有	部分有	无	无

注："有"是指具备此功能且达到对应的等级、"部分有"是指具备此功能但未达到对应的等级、"无"是指不做要求。例：等级L3中的"感知"应不小于L3，"执行"应不小于L3，"决策"应具备此功能但无须达到L3等级。

表 8　机器人智能等级评定标准

序号	类别	项目		标准编号	标准名称	备注
1	基础	通用		T/CEEIA 602.1—2022	机器人智能化评价　第1部分：智能化信息模型和等级评价程序	本实施细则仅采用本标准中综合通用智能化等级评价方法
				CR-4-04TS-01：2022	机器人力控制、移动算法、移动能力、人机交互等级划分技术规范	均适用
2	感知	视觉		T/CEEIA 602.3—2022	机器人智能化评价　第3部分：视觉	均适用
		听觉		T/CEEIA 602.4—2022	机器人智能化评价　第4部分：听觉	均适用
		力觉		GB/T 38559—2020	工业机器人力控制技术规范	均适用
3	认知决策	路径规划及自适应		T/CEEIA 564—2022	机器人移动算法性能测评要求	均适用
		轨迹自适应		T/CEEIA 602.5—2022	机器人智能化评价　第5部分：轨迹自适应	均适用
4	执行	移动能力		T/SRI 0001—2021	移动服务机器人通用技术条件	均适用
		操作能力	运动精度	T/CEEIA 602.6—2022	机器人智能化评价　第6部分：运动性能	适用于工业、协作、复合机器人
			力控精度	T/CEEIA 602.2—2022	机器人智能化评价　第2部分：操作交互性	适用于工业、协作、复合机器人
		交互能力	人机交互	GB/T 29836.2—2013	系统与软件易用性　第2部分：度量方法	均适用
			协作交互	T/CEEIA 602.2—2022	机器人智能化评价　第2部分：操作交互性	适用于工业、协作、复合机器人
			多机交互	CR-4-04TS-02：2022	机器人多机交互等级划分技术规范	均适用

3. 中国机器人（CR）认证目录（2022 版）

中国机器人（CR）认证目录（2022 版）见表9。

表 9　中国机器人（CR）认证目录（2022 版）

产业链	应用场景	产品类型	实施规则 / 细则				
			安全和电磁相容性（EMC）	可靠性	功能安全	信息安全	智能
整机	工业环境用机器人	工业机器人	CR-1-01：2022 工业机器人 CR 认证实施规则	CR-4-01：2022 机器人 CR 认证可靠性等级认证实施细则	CR-4-02：2022 机器人 CR 认证功能安全水平等级认证实施细则	CR-4-03：2022 机器人 CR 认证信息安全等级认证实施细则	CR-4-04：2022 机器人 CR 认证智能等级认证实施细则
		AGV	CR-1-03：2022 自动导引车（AGV）CR 认证实施规则	尚未发布			
		协作机器人	CR-1-05：2022 协作机器人 CR 认证实施规则	CR-4-01：2022 机器人 CR 认证可靠性等级认证实施细则			
	巡检安防	巡检安防机器人	CR-1-09：2023 巡检机器人 CR 认证实施规则	尚未发布			
	医疗康复	康复机器人	CR-1-02：2022 服务机器人 CR 认证实施规则				

（续）

产业链	应用场景	产品类型	实施规则／细则				
			安全和电磁相容性（EMC）	可靠性	功能安全	信息安全	智能
整机	环境提升	扫地机器人	CR-1-06：2022 环境提升机器人 CR 认证实施规则		CR-4-02：2022 机器人 CR 认证功能安全水平等级认证实施细则	CR-4-03：2022 机器人 CR 认证信息安全等级认证实施细则	CR-4-04：2022 机器人 CR 认证智能等级认证实施细则
		商用清洁机器人	CR-1-02：2022 服务机器人 CR 认证实施规则				
		消毒杀菌机器人					
		其他					
	物流配送	送餐机器人	CR-1-07：2022 物流机器人 CR 认证实施规则				
		医院物流机器人					
		其他					
	信息传播	信息传播机器人	CR-1-02：2022 服务机器人 CR 认证实施规则				
	应急救援	应急救援机器人					
	餐饮加工	餐饮服务机器人					
	个人辅助	平衡车					
		助老助残机器人					
		其他					
	教育	教育机器人					
	建筑施工	建筑机器人	CR-1-08：2022 建筑机器人 CR 认证实施规则	CR-4-01：2022 机器人 CR 认证可靠性等级认证实施细则（机械臂类建筑机器人适用）			
	空中	无人机	CR-1-04：2022 民用无人机 CR 认证实施规则	尚未发布			
系统与集成	食品	食品加工机器人系统、单元、产线	CR-2-01：2022 工业机器人系统与集成 CR 认证实施规则	尚未发布	尚未发布		尚未发布
	3C 及半导体	3C 及半导体场景用机器人系统、单元、产线					
	焊接	焊接机器人系统、单元、产线					

（续）

产业链	应用场景	产品类型	实施规则/细则				
			安全和电磁相容性（EMC）	可靠性	功能安全	信息安全	智能
系统与集成	喷涂	喷涂机器人系统、单元、产线	CR-2-01：2022 工业机器人系统与集成CR认证实施规则	尚未发布	尚未发布	CR-4-03：2022 机器人CR认证信息安全等级认证实施细则	尚未发布
	装配	装配机器人系统、单元、产线					
	冶金	冶金机器人系统、单元、产线					
零部件	其他工业机器人系统与集成	机器人系统、单元、产线					
		减速器（谐波减速器、摆线针轮行星传动装置）	不适用	CR-3-01：2020 机器人用精密减速器CR认证实施规则	不适用	不适用	不适用
		控制装置（调速电气传动系统、示教装置、安全模块、控制器）	CR-3-03：2022 机器人控制装置CR认证实施规则	尚未发布	CR-3-03：2022 机器人控制装置CR认证实施规则	尚未发布	尚未发布
		交流伺服电动机	CR-3-04：2023 工业机器人交流伺服电动机CR认证实施规则		不适用	不适用	不适用

二、2022 年 CR 认证发证情况

截至 2022 年 12 月 31 日，中国机器人（CR）认证获证企业数为 249 家，获得 CR 认证的产品涉及工业机器人、协作机器人、服务机器人、AGV、扫地机器人、无人机等各类机器人整机，减速器、控制器等机器人关键零部件，以及机器人系统与集成应用、建筑机器人等各场景下的机器人应用。中国机器人（CR）认证获证企业分布情况如图 3 所示。

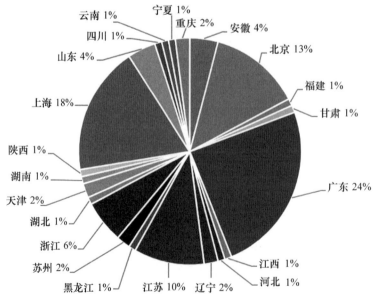

图 3 中国机器人（CR）认证获证企业分布情况

注：数据来源于机器人检测认证联盟。

2022 年，机器人检测认证联盟共颁发 CR 认证证书 76　　张。2022 年 CR 认证证书发布情况见表 10。

表 10　2022 年 CR 认证证书发布情况

序号	认证委托人名称	产品名称	产品型号	证书编号	发证机构
1	库卡机器人（广东）有限公司	KR CYBERTECH 系列工业机器人	KR 6 R1440-2 arc HW E	TILVA202227001001	上海添唯认证技术有限公司
2	埃夫特智能装备股份有限公司	工业机器人	ECR5	TILVA202227001002	上海添唯认证技术有限公司
3	艾信智慧医疗科技发展（苏州）有限公司	医用箱式接驳机器人	EAGV-MBDR-MS01	TILVA202227004001	上海添唯认证技术有限公司
4	上海宏滩生物科技有限公司	输液医废分拣机器人	H/IWS-100R	TILVA202227004002	上海添唯认证技术有限公司
5	南京埃斯顿机器人工程有限公司	工业机器人	ER30-1880	TILVA202227001003	上海添唯认证技术有限公司
6	上海捷勃特机器人有限公司	工业机器人	GBT-S6A-500、GBT-S6A-600、GBT-S6A-700	TILVA202227001004	上海添唯认证技术有限公司
7	艾信智慧医疗科技发展（苏州）有限公司	医用搬运机器人（开放式）	EAGV-MHR-MO01	TILVA202227004003	上海添唯认证技术有限公司
8	艾信智慧医疗科技发展（苏州）有限公司	医用搬运机器人（一体式）	EAGV-MHR-MC01	TILVA202227004004	上海添唯认证技术有限公司
9	苏州艾吉威机器人有限公司	激光导航叉车	AGV-F15CFRL	TILVA202227002001	上海添唯认证技术有限公司
10	上海思岚科技有限公司	赫尔墨斯（Hermes）通用机器人平台	H5M11-R1	TILVA202227004005	上海添唯认证技术有限公司
11	山东新一代信息产业技术研究院有限公司	迎宾讲解机器人	iRobot-2668	TILVA202227004006	上海添唯认证技术有限公司
12	深圳市智绘科技有限公司	ALLYBOT-C2	C44P3DV2	TILVA202227004007	上海添唯认证技术有限公司
13	广东博智林机器人有限公司	建筑清扫机器人	BDR-QJDZ820-S	TILVA202227020001	上海添唯认证技术有限公司
14	广东博智林机器人有限公司	地坪研磨机器人	BDR-DY800A	TILVA202227020003	上海添唯认证技术有限公司
15	广东博智林机器人有限公司	混凝土内墙面打磨机器人	BDR-NQMZ3100	TILVA202227020004	上海添唯认证技术有限公司
16	长沙万为机器人有限公司	室外安防巡逻机器人	APV-S	TILVA202227004008	上海添唯认证技术有限公司
17	法奥意威（苏州）机器人系统有限公司	协作机器人	FR5	TILVA202227008001	上海添唯认证技术有限公司
18	广东博智林机器人有限公司	建筑物流机器人	BDR-BYZWL420	TILVA202227020002	上海添唯认证技术有限公司
19	广东博智林机器人有限公司	外墙喷涂机器人（喷涂）	BDR-PWJ5000、BDR-PWC5000	TILVA202227020005	上海添唯认证技术有限公司
20	广东博智林机器人有限公司	外墙喷涂机器人（悬挂）	BDR-JW1150	TILVA202227020006	上海添唯认证技术有限公司
21	赣州中科拓又达智能装备科技有限公司	6kg 弧焊机器人	TARC06C-1450	TILVA202227001005	上海添唯认证技术有限公司
22	上海捷勃特机器人有限公司	工业机器人	GBT-S3A-400	TILVA202227001008	上海添唯认证技术有限公司
23	伯朗特机器人股份有限公司	四轴机器人	BRTIRPZ1825A、BRTIRPZ1508A	TILVA202227001006	上海添唯认证技术有限公司
24	伯朗特机器人股份有限公司	六轴机器人	BRTIRUS0805A 等	TILVA202227001007	上海添唯认证技术有限公司
25	北京云迹科技股份有限公司	服务机器人	格格	TILVA202227004009	上海添唯认证技术有限公司

（续）

序号	认证委托人名称	产品名称	产品型号	证书编号	发证机构
26	溱者（上海）智能科技有限公司	协作机器人	CRB-4、CRB-7、CRB-12	TILVA202227008002	上海添唯认证技术有限公司
27	上海控创信息技术股份有限公司	智能运维机器人	CR-001	TILVA202227004010	上海添唯认证技术有限公司
28	南京洛亚智能科技有限公司	一体化智能体育机器人	PE-A1	TILVA202227004011	上海添唯认证技术有限公司
29	上海诺力智能科技有限公司	无人驾驶托盘堆垛车	PS30、PS20、PS15-MT、PS10-MT	TILVA202227002002	上海添唯认证技术有限公司
30	卡冈图雅（苏州）机器人有限公司	卡冈图雅·灵暂系列餐厅服务机器人	GL·F3	TILVA202227004012	上海添唯认证技术有限公司
31	卡冈图雅（苏州）机器人有限公司	卡冈图雅·灵暂系列酒店服务机器人	GL·H2、GL·H9	TILVA202227004014	上海添唯认证技术有限公司
32	上海思岚科技有限公司	雅典娜（Athena2.0）通用机器人平台	Athena2.0	TILVA202227004013	上海添唯认证技术有限公司
33	江苏南大电子信息技术股份有限公司	艾德声机器人	ADDA6500	TILVA202227004015	上海添唯认证技术有限公司
34	美的集团（上海）有限公司	小惟家庭服务机器人	WH-R1U	TILVA202227004017	上海添唯认证技术有限公司
35	上海浩远智能科技有限公司	挂轨式智能巡检机器人	HRPR1	TILVA202227004016	上海添唯认证技术有限公司
36	浙江鼎业机械设备有限公司	上下料工业机器人	DYJX1510A	TILVA202227003001	上海添唯认证技术有限公司
37	库卡机器人（广东）有限公司	Industrial Robot KR CYBERTECH Series	KR 6 R1440-2 arc HW E、KR 6 R2010-2 arc HW E	TILVA202227001001	上海添唯认证技术有限公司
38	珞石（山东）智能科技有限公司	工业机器人	XB4 等	CCIDCCZS-20220188R	北京赛迪认证中心有限公司
39	珞石（北京）科技有限公司	工业机器人	XB7 等	CCIDCCZS-20220189R	北京赛迪认证中心有限公司
40	珞石（山东）智能科技有限公司	工业机器人	NB12-16/1.1 等	CCIDCCZS-20220190R	北京赛迪认证中心有限公司
41	珞石（北京）科技有限公司	工业机器人	NB12-16/1.1 等	CCIDCCZS-20220191R	北京赛迪认证中心有限公司
42	深圳中智永浩机器人有限公司	光触媒空气消毒机器人	ME1253C002B、ME1253C001B0	CCIDCCZS-20220192R	北京赛迪认证中心有限公司
43	广州市申迪计算机系统有限公司	迪小送送餐机器人	R2	CCIDCCZS-20220193R	北京赛迪认证中心有限公司
44	麦岩智能科技（北京）有限公司	商用清洁机器人 极光壹号	Aurora-600	CCIDCCZS-20220194R	北京赛迪认证中心有限公司
45	麦岩智能科技（北京）有限公司	商用清洁机器人 极光壹号	A1	CCIDCCZS-20220195R	北京赛迪认证中心有限公司
46	江西弘德智信科创有限公司	工业机器人	HD4-600、HD7-700、HD7-900、HD10-900	CCIDCCZS-20220196R	北京赛迪认证中心有限公司
47	江西弘德智信科创有限公司	工业机器人	HZ12-1400、HD16-2000、HD20-1800	CCIDCCZS-20220197R	北京赛迪认证中心有限公司
48	国机智能科技有限公司	绝缘油中溶解气体全自动智能检测平台	GJ-SP-02	CCIDCCZS-20220198R	北京赛迪认证中心有限公司
49	国机智能科技有限公司	高速高精涂胶机器人工作站	GJ-LJ-07	CCIDCCZS-20220199R	北京赛迪认证中心有限公司
50	国机智能科技有限公司	全自动智能拆垛机器人工作站	GJ-SS-03	CCIDCCZS-20220200R	北京赛迪认证中心有限公司
51	东营万城通用航空服务有限责任公司	直起降固定翼无人机	XYF2100	CRRIV0100012022	重庆凯瑞认证服务有限公司

（续）

序号	认证委托人名称	产品名称	产品型号	证书编号	发证机构
52	东营万城通用航空服务有限责任公司	多旋翼无人机	XYFDXY61600	CRRIV0100022022	重庆凯瑞认证服务有限公司
53	广东博智林机器人有限公司	5kg 六轴机械臂	BZL-J-5-90-613110-A	CRRIV0100132022	重庆凯瑞认证服务有限公司
54	成都越凡创新科技有限公司	AI 智能递送机器人	mini1.0	CRRIV0100032022	重庆凯瑞认证服务有限公司
55	浙江大学	水下机器人	HR-UC1	CRRIV0100062022	重庆凯瑞认证服务有限公司
56	广东极亚精机科技有限公司	谐波减速器	SW-HG-20-050-R14-050	CRRIV0100112022	重庆凯瑞认证服务有限公司
57	广东若贝特智能机器人科技有限公司	并联机器人	RB-Delta-1200 等	CRAT2022CR10100001	中汽检测技术有限公司
58	广东若贝特设备制造有限公司	并联机器人	RB-Delta-1200 等	CRAT2022CR10100002	中汽检测技术有限公司
59	深圳若贝特智能机器人科技有限公司	并联机器人	RB-Delta-1200 等	CRAT2022CR10100003	中汽检测技术有限公司
60	江苏汉之光智能机器人科技有限公司	并联机器人	RB-Delta-1200 等	CRAT2022CR10100004	中汽检测技术有限公司
61	广州市昊志机电股份有限公司	谐波减速器	DHSG-40-120 等	CRAT2022CR30100005	中汽检测技术有限公司
62	广州市昊志机电股份有限公司	谐波减速器	DIISG 17 100 等	CRAT2022CR30100006	中汽检测技术有限公司
63	广州数控设备有限公司	工业机器人	RB20A3	CRAT2022CR10100007	中汽检测技术有限公司
64	广东拓斯达科技股份有限公司	多关节四轴机器人	TRH002-400-150-A; 等	CRAT2022CR10100008	中汽检测技术有限公司
65	广东天机智能系统有限公司	六关节工业机器人	Evo7L 等	CRAT2022CR10100009	中汽检测技术有限公司
66	广州达意隆包装机械股份有限公司	机器人吸纸板	JRXZB120	CRAT2022CR20100010	中汽检测技术有限公司
67	广州达意隆包装机械股份有限公司	机器人码瓶机	JRMP700	CRAT2022CR20100011	中汽检测技术有限公司
68	广州达意隆包装机械股份有限公司	重载机器人理瓶机	JRLP180	CRAT2022CR20100012	中汽检测技术有限公司
69	深圳优地科技有限公司	优小妹 ®M6 型	UDM06XX	CRAT2022CR10200013	中汽检测技术有限公司
70	广东天机智能系统有限公司	六关节工业机器人	EVO12	CRAT2022CR10100014	中汽检测技术有限公司
71	广东拓斯达科技股份有限公司	六轴多关节机器人	TRV007-910-A 等	CRAT2022CR10100015	中汽检测技术有限公司
72	易普森智慧健康科技（深圳）有限公司	医疗服务机器人	Y2 等	CRAT2022CR10200016	中汽检测技术有限公司
73	广州高新兴机器人有限公司	千巡 -Mx 巡逻机器人	M2 等	CRAT2022CR10200018	中汽检测技术有限公司
74	广州数控设备有限公司	工业机器人	RB210 等	CRAT2022CR10100019	中汽检测技术有限公司
75	梅里科技（广州）有限公司	智能巡逻机器人	UR300	CRAT2022CR10200020	中汽检测技术有限公司
76	开迈斯新能源科技有限公司			CEPREI2022CR0025	广州赛宝认证中心服务有限公司

注：资料来源于机器人检测认证联盟。

〔撰稿人：上海电器科学研究院（集团）有限公司朱晓鹏〕

2022 年国家机器人检测与评定中心（总部）工作情况

一、总体概述

2015 年，由国家发展和改革委员会牵头，工业和信息化部、国家标准化管理委员会、国家认证认可监督管理委员会等部门共同发起成立了国家机器人检测与评定中心（简称"国评中心"）。国评中心是由国家和企业共同设立的集机器人产品 / 部件认证、检测、校准、标准化工作、培训、技术咨询、人才培养和期刊等信息服务为一体的社会第三方服务机构。国评中心（总部）由上海电器科学研究所（集团）有限公司（简称"上电科"）承担建设。

上电科创建于 1953 年，是一家集科技创新服务、产品检测、系统集成解决方案提供和高技术产品生产为一体的高科技企业。上电科围绕机器人产业进行综合一体化布局，从标准、检测、认证、共性技术研究等方面，助力机器人产业高质量发展，服务国家战略。作为国家机器人标准化总体组联合秘书处，上电科发布了《机器人标准化白皮书》《国家机器人标准体系建设指南》，并组织编制了

30 余项产业亟需的相关国家标准；牵头建立机器人检测认证联盟，支撑国家机器人 CR 认证制度顶层设计，发布 CR 认证目录，推动 CR 认证结果采信；建成全球领先的机器人整机、关键零部件和专业技术三类实验室，2019 年获得国家机器人质量检验检测中心资质认定。

二、现有检测能力

国评中心（总部）拥有全面的机器人试验室，包括 6 个零部件试验室，覆盖减速器、传感器、控制器、电动机及伺服系统、电池和软件测试等机器人关键零部件的测试需求；1 个整机和系统集成试验室，覆盖工业机器人、服务机器人、特种机器人等产品的检测需求；6 个专业试验室，满足产品在电磁兼容性、可靠性、软件、通信、功能安全、洁净度等专项测试需求。平台总投资近 5 亿元，试验室拥有各类专业测试设备千余套，总建筑面积超过 10 000m²。国评中心（总部）检测平台如图 1 所示。

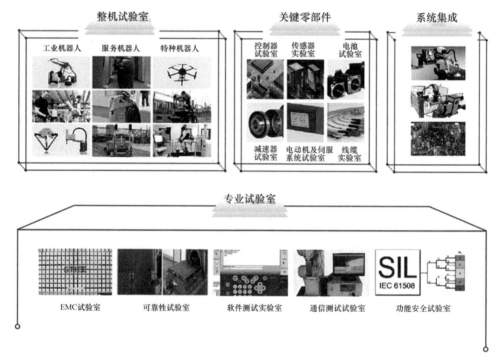

图 1　国评中心（总部）检测平台

三、重点工作开展情况

1. 标准工作化工作支持"机器人 + 应用"

（1）半导体制造领域：机器人洁净度、静电等关键技术标准正式立项。2022 年，中国机器人产业联盟正式下达《工业机器人洁净室适用性测评方法》《工业机器人静

电安全测试方法》等机器人在半导体及芯片制造领域关键技术标准的制定计划，项目由国评中心（总部）联合相关机器人龙头企业研制。

（2）建筑领域：作为主编单位，完成建筑机器人系列标准。《建筑机器人　地面清洁机器人》《建筑机器人

地坪涂料涂敷机器人》《建筑机器人 地坪研磨机器人》等建筑机器人系列标准由建筑机器人龙头企业广东博智林机器人有限公司牵头编制，国评中心（总部）受邀作为主编单位参加。

（3）食品加工领域：首个食品领域机器人团体标准发布。为提升食品质量安全和机器人应用技术水平，同时促进机器人在食品领域的大规模应用，由国评中心（总部）牵头，联合机器人企业、科研院所等机构制定了团体标准 T/CEEIA 557—2021《食品领域机器人系统安全要求及测试方法》，现已发布实施。

（4）助力疫情防控：国内首个智能核酸采样机团体标准正式发布。上电科牵头，上海市疾病预防控制中心、中科新松有限公司、上海捷勃特机器人有限公司、上海沃迪智能装备股份有限公司、上海节卡机器人科技有限公司、上海非夕机器人科技有限公司、上海人工智能研究院有限公司、上海电气高端医疗装备研究院、上海大学、上海市青浦区疾病预防控制中心、杭州申昊科技股份有限公司、上海遨博智能科技有限公司等单位联合编制了国内首个《智能核酸采样机 通用技术规范》团体标准。该项标准充分考量了智能核酸采样机对标准的迫切需求，对疫情防控中核酸采样新产品新技术的应用提供了必要的规范和指导。

2.检测工作

（1）国内首个机器人洁净度测评实验室正式投入使用。国评中心（总部）完成了洁净度测评能力的建设工作，建设地址位于上海市普陀区武宁路 505 号，该实验室洁净度为 ISO Class 2，核心区域可达到 ISO Class 1（依据 ISO 14644-1），主要面向在洁净环境中工作的机器人产品，如关节机器人、AGV、SCARA 机器人等，包括机器人末端执行器，另外，测评对象还覆盖洁净环境中的其他设备，如电动机、导轨等设备。

（2）"机器人测试评价体系及关键技术的创建与应用"荣获 2022 年上海市科技进步奖二等奖。机器人测评体系的创立及关键技术的突破，构筑了产业高质量发展的基石，推动了国产机器人产业的跨越式发展，关键技术成果已推广至国内外机器人企业 400 余家，为企业产品研发、测试、应用、国际贸易等提供了极大的便利。

（3）机器人智能等级测评标准首发。在 2022 世界人工智能大会机器人技术应用创新论坛暨第四届长三角机器人产业创新大会上，中国电器工业协会标准化工作委员会、中国机器人产业联盟、国评中心（总部）、长三角机器人产业平台创新联盟、上海市机器人行业协会、上海市人工智能行业协会、上海产业技术研究院、上海机器人研发与转化功能型平台等 8 家行业组织联合首发了机器人智能等级测评标准。该标准由国内外行业组织、专家共同研制，共分为"L1-L5"5 个智能等级，标志着机器人智能化测评体系的初步建立。机器人智能等级分级如图 2 所示。

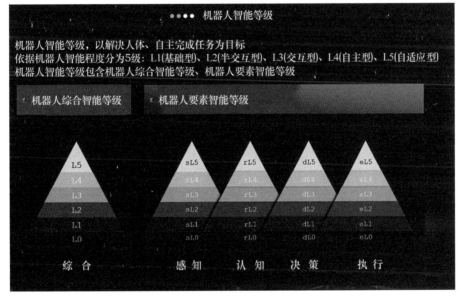

图 2 机器人智能等级分级

（4）助力核酸采样机器人产品化与应用推广。国评中心（总部）同中科新松有限公司合作，发挥各自在标准检测认证、产品技术等方面的优势，根据核酸采样机器人技术特点和应用需求，在行业内率先制定了核酸采样机器人测评技术方案。

3.认证工作

洁净等级是机器人进入洁净环境的关键技术指标，也是用户选购时首要考虑的技术参数。特别在食品和医疗行业，除了必备的食品级认证以及医疗相关认证以外，洁净等级也是重要的参考因素。因此，为保障机器人高质量发展、助力机器人开拓新应用场景，同时响应终端用户需求，国评中心（总部）和上海添唯认证技术有限公司（TILVA）联合开发了机器人洁净级认证。

4.培训工作

（1）举办机器人可靠性技术解读系列培训。国评中心（总部）举办的机器人可靠性标准解读培训，包括工业机器人电缆可靠性测试、机器人精密减速器测试、机器人控制器可靠性提升、机器人油液监控分析等系列专题，超过 5 000 人次参与培训。

（2）开设《人工智能技术基础》《人工智能基础及在智能制造中的应用》专业课程。国评中心（总部）承建单位上电科作为第四批上海市专业技术人员继续教育基地（人工智能），积极承办国家和上海市知识更新工程重点项目，为上海市人工智能领域培训培养高层次、亟需紧缺和骨干专业技术人才。专业课程有来自中国电信股份有限公司上海研究院、中国联合网络通信有限公司上海市分公司、中移（上海）信息通信科技有限公司、上海市大数据中心、上海科技馆、上海计算机软件技术开发中心、上海人工智能创新中心、上海建工集团投资有限公司、上海城投环境（集团）有限公司、中国银联股份有限公司、上海浦东发展银行股份有限公司、上海中医药大学附属岳阳中西医结合医院、上海贝尔股份有限公司、上海有个机器人有限公司等 50 多家企事业单位的学员参加。

5. 信息发布

（1）发布《健康护理和食品工业专业服务机器人安全及性能标准指引》（如图 3 所示）。作为三家主要单位之一，国评中心（总部）受邀参加香港生产力促进局组织的《健康护理和食品工业专业服务机器人安全及性能标准指引》编制及发布，并发表主题演讲。

（2）正式发布《中国机器人可靠性信息报告》。可靠性作为机器人的关键指标，已经成为行业共识，其水平直接决定了产品质量及市场占有率。在《"十四五"机器人产业发展规划》中也将机器人安全性与可靠性技术作为机器人核心技术攻关行动之一。对机器人整机及零部件进行可靠性测评和技术问题联合攻关，形成了数套机器人可靠性提升方案及机器人可靠性数据库，有效提升了行业可靠性水平。国评中心（总部）、上海机器人研发与转化功能型平台共同编制了《中国机器人可靠性信息报告》。

图 3　《健康护理和食品工业专业服务机器人安全及性能标准指引》

6. 合作交流

（1）联合打造机器人数据交换实验室，开启工业机器人数字化检测认证新篇章。2022 年 12 月 22 日，库卡中国实验室获评首个国家机器人检测与评定中心（总部）数据交换实验室，双方将在实现优势互补和合作共赢的前提下，针对工业机器人产品，研究将"互联网+""大数据"等先进技术手段实际应用到机器人产品的质量认证中，创新认证实施模式。同时将基于双方技术积累，组建工业机器人数字化认证研究与实施团队，率先在机器人行业开展数字化认证研究与实施工作，并将在日后合作逐步拓展到更多产品线及其他细分应用领域。

（2）举办第四届国际机器人检测认证高峰论坛。2022 年 9 月 3 日，由机器人检测认证联盟主办的第四届国际机器人检测认证高峰论坛在苏州成功举办，论坛由线下会场与线上直播同步进行，来自相关政府部门的领导、行业专家、学者、企业家等参加了本次论坛，线上近 1 500 人次参与。

〔供稿单位：上海电器科学研究所（集团）有限公司〕

2022 年国家机器人检测与评定中心（沈阳）工作情况

一、总体概述

国家机器人检测与评定中心（沈阳）（简称"国评中心（沈阳）"）依托于中国科学院沈阳自动化研究所，是集成机器人检测认证、标准制（修）订、科研开发、信息咨询为一体的国家级第三方综合检测认证服务机构。国评中心（沈阳）是机器人检测认证联盟核心成员单位，是国家市场监督管理总局、国家认证认可监督管理委员会、机器人检验检测认证联盟授权，指定开展机器人 CR 认证的权威机构。

二、现有检测能力

国评中心（沈阳）现有实验室面积约 1 万 m²，机器人整机及核心零部件检测设备 200 余台（套），专业机器人检测实验室 5 个。检测范围涵盖各类工业机器人、服务机器人及机器人核心部件，形成了专业化、体系化的检测服务能力。同时，国评中心（沈阳）具备工业、服务及特种机器人检测与认证平台，形成工业、服务及特种机器人从单元零部件到系统整机的全链条检测能力。2022年，国评中心（沈阳）完成了20余个标准的中国合格评定国家认可委员会（CNAS）和中国计量认证（CMA）的能力扩项，能力扩展到280多个检测标准。国评中心（沈阳）检测资质如图1所示。

1.工业机器人性能检测

国评中心（沈阳）开展工业机器人（机械臂、自动导引车等）、服务机器人（扫地机器人、移动家用机器人、个人护理机器人等）和特种机器人（无人机、应急救援机器人、反恐防暴机器人、电力巡检机器人、农业机器人等）的作业功能和运动性能测试，全面评定机器人的各项性能指标。工业机器人性能测试项目如图2所示。服务机器人性能测试种类如图3所示。特种机器人性能测试种类如图4所示。

图1　国评中心（沈阳）检测资质

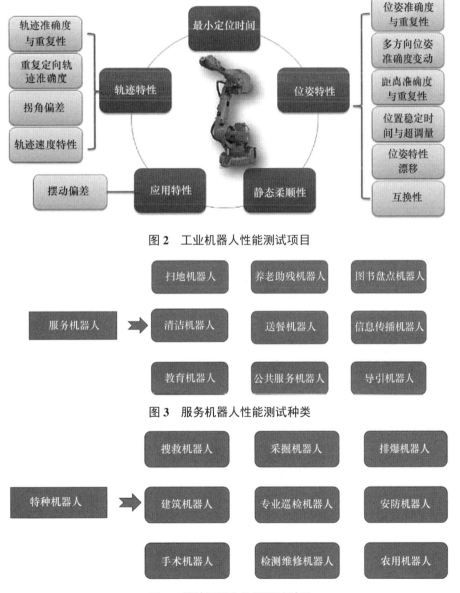

图2　工业机器人性能测试项目

图3　服务机器人性能测试种类

图4　特种机器人性能测试种类

2. 整机安全性能评估

国评中心（沈阳）开展工业机器人、协作机器人、自动导引车、服务机器人、物流机器人和民用无人机的整机安全性能测试和评估。

工业机器人安全性能评估依据常用标准见表 1。服务机器人安全性能评估依据常用标准见表 2。协作机器人安全性能评估依据常用标准见表 3。

表 1 工业机器人安全性能评估依据常用标准

标准号	标准名称
GB/T 15706	机械安全 设计通则 风险评估与风险减小
GB/T 11291.1	工业环境用机器人 安全要求 第 1 部分：机器人
CR-1-0302TS	自动导引车（AGV）安全技术规范
GB/T 11291.2	机器人与机器人装备 工业机器人的安全要求 第 2 部分：机器人系统与集成

表 2 服务机器人安全性能评估依据常用标准

标准号	标准名称
CR-1-0301TS	民用无人机通用技术规范
CR-1-0303TS	物流机器人通用技术规范
GB/T 33265	教育机器人安全要求
GB/T 365308、ISO 13482	机器人和机器人设备—个人护理机器人的安全性要求

表 3 协作机器人安全性能评估依据常用标准

标准号	标准名称
GB/T 36008、ISO/TS 15066	机器人及机器人装置—协作机器人

3. 机器人关键零部件测试

国评中心（沈阳）开展伺服电动机、减速器、控制器、电池、电池管理系统（BMS）等机器人关键零部件的安全和性能测试业务。伺服电动机、减速器性能测试台如图 5 所示。

4. 无人机检测

国评中心（沈阳）开展的无人机检测服务如图 6 所示。

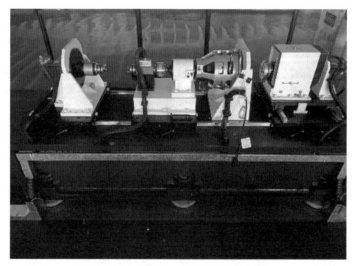

图 5 伺服电动机、减速器性能测试台

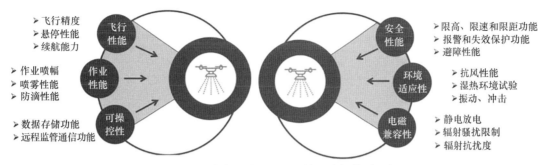

图6　国评中心（沈阳）开展的无人机检测服务

5. 电磁兼容性与电气安全测试

国评中心（沈阳）开展各类机器人电磁兼容性（EMC）测试以及机器人整机产品/控制器及电气电子部件、工科医设备、信息类设备、家用电器和电动工具以及汽车电子等产品的电气安全测试业务。主要检测项目包括辐射发射、传导发射、断续骚扰、骚扰功率、谐波电流发射、电压变化/电压波动和闪烁、静电放电抗扰度、射频电磁场辐射抗扰度、电快速瞬变脉冲群抗扰度、浪涌（冲击）抗扰

度/射频场感应的传导骚扰抗扰度、工频磁场抗扰度、脉冲磁场抗扰度、阻尼振荡磁场抗扰度电压暂降和短时中断抗扰度、振铃波抗扰度、车辆零部件和模块辐射骚扰、模块传导骚扰、辐射抗扰度以及大电流注入和瞬态传导抗扰度等，检测方法符合相关产品的国家或行业标准以及其对应的国际电工委员会（IEC）等标准。EMC检测实验室如图7所示。

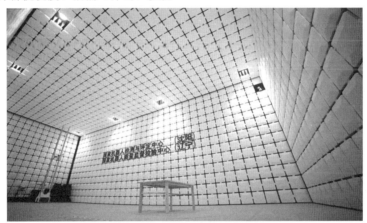

图7　EMC检测实验室

6. 环境测试

国评中心（沈阳）开展机器人整机及零部件、电工电子产品、电子及电气元件、军用设备、海洋仪器设备等各

类产品的环境适应性、噪声及可靠性测试业务。环境实验室如图8所示。

图8　环境实验室

7.水静压力测试

国评中心（沈阳）拥有全系列、多规格的水压试验设备，包括 150MPa 全海深压力筒、10MPa 大口径压力筒、海洋环境试验装置等国内先进的水压试验设备。设备最高工作压力 150MPa，最大工作内径 3m，最大工作长度 5m，可满足不同海深需求、不同尺寸的水下机器人整机或零部件试验。水静压力实验室如图 9 所示。

图 9　水静压力实验室

三、重点工作情况

1.辽宁省省级服务型制造示范平台

国评中心（沈阳）获批辽宁省省级服务型制造示范平台。依托该平台，推动我国机器人检测认证工作迈入制度化、规范化，充分发挥标准检测认证在机器人产业的质量技术基础作用；改善国内缺乏机器人专业检测与认证、检测技术研究以及标准制（修）订的现状，进而成为具有国际影响力的专业机器人整机及核心零部件检测机构品牌，提高我国机器人产业质量水平，提升我国在高端装备制造领域的核心竞争力和国际话语权，对于推动东北老工业基地由装备制造向装备创造转变，具有重要意义。

2.重大科研基础设施和大型科研仪器开放共享工作

根据《辽宁省促进重大科研基础设施和大型科研仪器向社会开放实施方案》（辽科发〔2018〕21 号）有关精神，国评中心（沈阳）获得"2021 年辽宁省大型科学仪器共享服务先进单位"称号。

3.无人机检验检测中心试验试飞基地、无人系统试验测试基地

国评中心（沈阳）与地方政府合作设立无人机检验检测中心试验试飞基地、无人系统试验测试基地。该基地可以提供无人机试验试飞测试，规范无人机检测的试验飞行所需的物理空间以及无人机试验飞行的场地、空域设施等。国评中心（沈阳）提供无人机测试技术，规范无人机市场，促进无人机产业的发展。

4.企业合作

国评中心（沈阳）积极与企业合作，充分发挥检测能力，积极为企业提供优质检测认证技术服务，帮助企业解决新技术研发、新产品开发相关的质量技术难题，提高技术竞争力，提高国评中心的行业影响力。

〔供稿单位：中国科学院沈阳自动化研究所〕

2022 年国家机器人检测与评定中心（广州）工作情况

一、总体概述

国家机器人检测与评定中心（广州）（简称"国评中心（广州）"）由广州机械科学研究院有限公司建设，作为国家发展和改革委员会批准建立的第三方服务机构，国评中心（广州）立足华南地区，从事机器人产品（部件）检测、认证、标准化、技术培训、咨询等服务工作。2017 年，广州机械科学研究院有限公司在建设国评中心（广州）的基础上成立了"国家自动化装备质量检验检测中心"，该检验检测中心具备工业机器人、机器人用零部件、服务机器人、AGV 移动机器人、物流机器人、无人机、先进制造装备等智能制造产品领域的检测检验能力，覆盖材料分析、环境可靠性、机械可靠性、电磁兼容和功能安全等专项测试评价能力。2018 年 12 月，国评中心（广州）获得国家认监委认证机构授权，相关的检测认证业务归属广州机械科学研究院有限公司下属的中汽检测技术有限公司管理和运营。

二、现有检测能力

国评中心（广州）建有机器人整机类、零部件类和专项类共 3 大类 14 个试验室，占地面积达 10 040m²；拥有检测设备 200 余台（套），检测能力覆盖标准 111 份，可提供检测服务 497 项。2022 年，国评中心（广州）具备的检测能力明显提升，新增对低压成套开关设备和电控设备的检测。

2022 年，国评中心（广州）累计为 13 家企业的 17 款产品开展了首台（套）重大技术装备测试，检测项目覆盖运动精度、负载能力、动态响应特性、安全性能、可靠性等方面的关键技术指标。

国评中心（广州）开展检测项目情况见表 1。

表 1　国评中心（广州）开展检测项目情况

检测产品及项目	内容
工业机器人、协作机器人	DH 标定、MTBF 评定、性能检测（位姿准确度、重复定向轨迹准确度、最小定位时间、位姿准确度和位姿重复性等）、功能安全、机械电气安全、软件测试等试验
服务机器人、清洁机器人、教育机器人	速度、语音识别性能、避障性能、噪声、电源安全、使用寿命、定位、续驶时间、防碰撞、防跌落、电气绝缘及静电保护、过热、耐热及耐火保护等试验
自动引导车（AGV）	额定速度、最小转弯半径、停车精度、负载、避障、防跌落等试验
巡检机器人	结构和外观检测、爬坡能力、云台性能、涉水能力、越障能力、导航定位及定位精度、防碰撞／防跌落试验、续驶时间、速度／最大速度等试验
无人机	飞行速度、飞行高度、悬停精度、续驶时间、基础检查等试验
点胶机器人	连续运行、有效行程、重复性试验、点胶速度、功能检查等试验
喷漆机器人、电焊机器人	液压系统检查、各轴运动范围测量、工作空间测量、最大单轴速度测量、路径速度测量、功能检查等试验
装配机器人	各轴位移量测量、工作空间测量、最大合成速度测量、位姿准确度及重复性测量、静态柔顺性测量、循环时间等试验
机器人集成系统	节拍、位置精度等试验、机械电气安全、安全评估、软件等试验
精密减速器	寿命、许用弯矩载荷、空载／负载／超载、传动效率、启动扭矩、扭转刚度、空程、背隙、回差、传动误差、噪声、壳体最高温度等试验
电磁兼容	电磁干扰（EMI）：传导发射、辐射发射、磁场发射、瞬态传导发射、谐波电流、电压波动和闪烁 电磁抗干扰（EMS）：辐射抗扰度、大电流注入、磁场抗扰度、手持机抗扰度、瞬态脉冲抗扰度、静电放电抗扰度、电快速瞬变脉冲群抗扰度
低压成套开关设备和电控设备	空气间隙、爬电距离、外观、尺寸、温升、防护等级等
环境	温度、湿度、振动、高／低温、温度循环、湿热、淋雨、沙尘等试验
功能安全	机械电气安全、电磁安全、风险评估等

三、工作开展情况

1. 中国机器人（CR）认证证书发布情况

2022 年，国评中心（广州）共发放 CR 认证证书 18 张，证书信息均已在信用中国网络平台发布。2022 年国评中心（广州）发放 CR 认证证书情况见表 2。

表 2　2022 年国评中心（广州）发放 CR 认证证书情况

序号	证书编号	获证企业
1	CRAT2022CR10100001	广东若贝特智能机器人科技有限公司
2	CRAT2022CR10100002	广东若贝特设备制造有限公司
3	CRAT2022CR10100003	深圳若贝特智能机器人科技有限公司
4	CRAT2022CR10100004	江苏汉之光智能机器人科技有限公司
5	CRAT2022CR30100005	广州市昊志机电股份有限公司
6	CRAT2022CR30100006	广州市昊志机电股份有限公司
7	CRAT2022CR10100007	广州数控设备有限公司
8	CRAT2022CR10100008	广东拓斯达科技股份有限公司
9	CRAT2022CR10100009	广东天机智能系统有限公司
10	CRAT2022CR20100010	广州达意隆包装机械股份有限公司
11	CRAT2022CR20100011	广州达意隆包装机械股份有限公司
12	CRAT2022CR20100012	广州达意隆包装机械股份有限公司
13	CRAT2022CR10200013	深圳优地科技有限公司
14	CRAT2022CR10100014	广东天机智能系统有限公司

（续）

序号	证书编号	获证企业
15	CRAT2022CR10100015	广东拓斯达科技股份有限公司
16	CRAT2022CR10200018	广州高新兴机器人有限公司
17	CRAT2022CR10100019	广州数控设备有限公司
18	CRAT2022CR10200020	梅里科技（广州）有限公司

2. 科学技术攻关、科研成果转化情况

2022 年，国评中心（广州）围绕工业机器人核心部件性能评价方法、质量提升技术等方面的科研内容，积极开展成果转化工作，共申请发明专利 3 项、主持团体标准 2 项、发表科技论文 4 篇，其中《科学引文索引》（SCI）论文 1 篇。2022 年国评中心（广州）获得科技成果情况见表 3。

表 3　2022 年国评中心（广州）获得科技成果情况

序号	成果类型	成果名称
1	发明专利	一种齿轮的磨损能量的监测方法、装置、系统及电子设备
2	发明专利	一种机械构件的剩余疲劳寿命预测方法、装置及电子设备
3	发明专利	威布尔分布参数获取方法及装置
4	团体标准	T/GDMES 0033—2022 机器人一体化关节性能规范及试验方法
5	团体标准	T/GDMES 0032.3—2022 谐波齿轮减速器　凸轮轮廓设计规范
6	科技论文	Research on parameter estimation methods of fatigue life distribution model of automotive chassis parts
7	科技论文	工业机器人精密减速器传动效率试验与分析
8	科技论文	基于 Levenberg-Marquardt 算法的无人机多传感器　校正方法研究
9	科技论文	基于 HTML5 的移动检测流程管理系统研究与设计

2022 年，经中国机械工业联合会组织专家鉴定，研究成果"工业机器人核心部件性能评价方法与技术应用"的整体技术达到国际先进水平，其中减速器的性能加速退化试验方法处于国际领先水平。

2022 年，国评中心（广州）积极申报机械工业科学技术奖、中国机械工业集团科学技术奖、中国质量协会质量技术奖等科学技术奖励，荣获 2022 年度中国机械工业科学技术奖科技进步二等奖、2022 年度中国质量协会质量技术奖优秀奖等荣誉。国评中心（广州）对相关科技成果进行了推广和应用，通过为机器人整机及零部件研发生产制造企业提供产品性能检测、CR 认证、质量提升等方面的技术服务，助力机器人行业的高质量发展。

3. 推动机器人用精密减速器行业高质量发展

自 2017 年开始，国评中心（广州）每两年开展一届"机器人用精密减速器关键性能评测"行业公益活动。截至 2022 年年底，国评中心（广州）已经组织开展 3 届机器人用精密减速器关键性能评测活动，并连续 3 次发布"机器人用精密减速器关键性能评测报告"。2021 年，第三届机器人用精密减速器关键性能评测活动吸引了 13 家企业参加。第三届机器人用精密减速器关键性能评测活动参评企业见表 4。

表 4　第三届机器人用精密减速器关键性能评测活动参评企业

序号	参评企业	序号	参评企业
1	北京中研华飞科技有限公司	8	宁波中大力德智能传动股份有限公司
2	成都双创时代科技有限公司	9	深圳市同川科技有限公司
3	广东本润机器人谐波科技有限公司	10	四川福德机器人股份有限公司
4	广州市昊志机电股份有限公司	11	天津旗领机电科技有限公司
5	巨轮中德机器人智能制造有限公司	12	浙江双环传动机械有限公司
6	六环传动（西安）科技有限公司	13	珠海飞马传动机械有限公司
7	南京南传智能技术有限公司		

2022年，国评中心（广州）对第三届机器人用精密减速器关键性能评测数据进行了整理和分析。评测数据显示，与前两届相比，国产机器人用谐波齿轮减速器的传动效率提升，传动误差增大，空程和背隙减小；国产机器人用精密行星摆线减速器的传动效率提升，传动误差、空程、回差均减小。国评中心（广州）持续开展机器人用精密减速器关键性能评测活动，有利于普查我国机器人用精密减速

器的技术水平和产品质量状况。通过评测活动，建立机器人用精密减速器产品质量比对标杆，发现国产机器人用精密减速器与国外先进产品的技术差距，为我国机器人用精密减速器企业研发创新、提升产品质量提供数据支持。

〔撰稿人：国家机器人检测与评定中心（广州）曹懿莎、曹伟〕

2022年国家机器人检测与评定中心（重庆）工作情况

一、总体概述

国家机器人检测与评定中心（重庆）（简称"国评中心（重庆）"）依托于重庆凯瑞机器人技术有限公司承建和运营。重庆凯瑞机器人技术有限公司隶属中国检验认证（集团）有限公司，位于重庆市两江新区水土高新技术产业园，是西部地区唯一的机器人专业检测、认证实验室。作为国家机器人质量检验检测中心（重庆）和重庆市服务机器人标准化协同创新中心等国家及地方公共服务平台的建设和运营单位，国评中心（重庆）是机器人检测认证联盟（TCAR）首批授权的机器人核心检测机构之一。国评中心（重庆）立足于为机器人行业提供全方位、全产业链的技术研发支撑、产品质量控制与测试评价，开展机器人检测共性关键技术研究、标准验证、检测设备研制、技术培训、诊断咨询、质量品牌提升和标准规范制（修）订等专业化服务。

重庆凯瑞认证服务有限公司作为重庆凯瑞机器人技术有限公司的全资子公司，其产品认证服务范围包括机器人CR认证和机器人功能性能特色认证等，可开展工业机器人整机及其系统集成、家用商用服务机器人、自动导引车（AGV）、无人机、协作机器人、物流机器人、机器人用精密减速器等整机及零部件产品的CR认证。聚焦典型场景，为客户提供专业、严谨的认证服务及体验，认证技术向信息安全、可靠性、功能安全、智能评测等领域拓展。

国评中心（重庆）以市场为导向，构建产学研结合的技术创新体系，协同运用知识产权，开展标准跟踪、标准解读、标准研制、标准验证、标准制（修）订和标准宣贯工作。国评中心（重庆）牵头或参与制（修）订国际电气与电子工程师协会电力与能源协会（IEEE PES）国际标准3项、国家标准19项、行业标准1项、地方标准1项、团体标准25项、企业标准1项及认证实施细则14项。

二、现有检测能力

国评中心（重庆）占地面积29 633m²，总建筑面积20 550m²，注册资金2亿元，拥有国内外一流检测设备

400余台（套），已获授权、认可69个检测对象（产品/产品类别）的1302项检测项目的资质认定，涉及304个方法标准，能力覆盖工业机器人、服务机器人、特种机器人、无人机、智能产品等领域，电动机、控制器、减速器、动力电池、通信等零部件。聚焦机器人安全、智能、可靠性三大技术主线，检测项目覆盖机械安全、电气安全、信息安全、功能安全、智能性、可靠性、电磁兼容性等领域。

国评中心（重庆）下设的4个测试评价专业技术部门包括：

（1）性能与安全研究中心。围绕机器人"安全"检测服务，构建机器人性能、机械安全、电气安全、功能安全、信息安全测评能力。业务范围覆盖工业领域用机械臂、协作机器人、AGV及智能叉车等智能化装备。为企业提供整机安全评估、防爆测评、软件评测、在线标定、大尺寸精密测量等特色服务。同时，协同生产制造企业、科研院校共同开发检测设备及测评软件、共建检测试验平台。

（2）智能研究中心。基于应用场景对智能机器人系统进行评级，评价机器人智能化水平。业务范围覆盖家用、商用领域用服务机器人、康复机器人、医疗机器人及无人机等智能化装备。从感知测试、认知决策测试和任务可达性测试等三个维度，开展视觉、听觉、力觉、路径规划、轨迹规划、路径自适应、轨迹自适应、移动能力、运动精度、力控精度、人机交互、协作交互和多机交互等智能化测评。

（3）可靠性研究中心。围绕机器人整机和电动机、控制器、减速器、电池等关键动力部件的可靠性提升需求，提供全生命周期的可靠性对标达标测评与提升服务。在试验测试能力方面，可从机械环境、气候环境、可靠性、噪声/振动与声振粗糙度（NVH）等开展评测。

（4）通信与电磁兼容研究中心。提供机器人EMC风险评估、正向设计开发、机器人网联性能开发与测试评价服务。开展基于载荷工况下机器人发射与抗扰测试、机器人高压线缆屏蔽效能测试分析和机器人天线OTA测试等研究。

国评中心（重庆）主要开展的检测项目情况见表1。

表1 国评中心（重庆）主要开展的检测项目情况

类别	分类	检测项目及内容
零部件	电动机	绝缘介电强度、连续堵转数据、工作区、电气时间常数、温升、峰值堵转数据、反电动势常数、转矩波动系数等
	伺服驱动器	正反转速差率、调速比、转速调整率、转速变化的时间响应、静态刚度、转速变化率、转速波动、转矩变化的时间响应、频带宽度等
	伺服系统	工作区、系统效率、位置跟踪误差、转速波动、频带宽度、正反转速差率、转速调整率、转矩波动、转速变化的时间响应、静态刚度等
	减速器	传动效率、扭转刚度、背隙、可靠性寿命试验、启动转矩、空程、回差、传动误差等
	电池	电池容量测试、过充电、过压充电、欠压放电、外部短路、过载、反向充电、耐高压、过放电、短路、加热、针刺、海水浸泡等
工业机器人	工业机器人性能及验收	位姿准确度、位姿重复性、距离准确度、距离重复性、位置超调量、位置稳定时间、轨迹准确度、轨迹重复性、各轴运动范围、最大单轴速度等
	协作机器人	安全适用的受监控停止、手动引导、速度与分离监控、功率与力的限制等
	AGV	正常停车测试、接触障碍物缓冲性能测试、警报装置性能测试、负载交换异常时联锁装置性能测试、运动精度测试、紧急停止性能测试、负载性能测试、定位误差、负载能力、保护装置等
	复合机器人	位姿准确度和重复性、位置稳定时间、轨迹准确度和重复性、轨迹速度、平台重复定位精度、系统重复定位精度、电磁发射、电磁抗扰度等
	系统集成	工作空间、工艺操作、各轴运动范围、最大单轴速度、位姿重复性、耐电强度、绝缘电阻、耐振性、可靠性、环境气候适应性试验等
服务及特种机器人	巡检、安防机器人	防碰撞试验、自动充电试验、运动性能试验、云台旋转角度试验、自主导航定位试验、通信性能试验等
	轮式移动机器人	额定速度、停止特性、最大斜坡角度、斜坡上最大速度、翻越门槛能力、转弯宽度等
	地面废墟搜救机器人	通行入口、进入距离、越障高度、爬坡角度、爬楼梯能力、越沟宽度、通信性能、安全保护性能、可靠性等
	矿用井下探测机器人	图像采集试验、爬坡角度试验、跨越沟道试验、工作稳定性试验、攀爬台阶试验、涉水能力试验等
	消防机器人	控制装置性能试验、消防作业试验、信息采集性能试验、声光报警性能试验、机载设备性能试验、自保护性能试验、通信性能试验、防水性能试验等
	建筑机器人	防护装置、致动控制、顶升装置、输送装置、吸盘吸附装置、夹抱装置、运动空间限制、制动系统、电池充电、稳定性、与安全相关的控制系统、使用环境要求、电磁兼容性要求、导航精度、定位精度等
	清洁机器人	除尘测试－矩形框除尘、覆盖率、除尘测试－直线除尘、机器人平均速度、边／角除尘能力、硬地板除尘能力、瞬态过电压、泄漏电流和电气强度、耐热和耐燃等
	教育机器人	电源安全、机械强度、电气绝缘及静电防护、运动限制、电气部件和气动部件、抗干扰性等
	送餐服务机器人	制动能力、越障能力、导航定位精度、机械安全、电气安全、电磁安全、送餐安全、环境适应性试验等
	医疗康复机器人	功能试验、运行参数试验、倾翻稳定性试验、静载强度试验、电气安全试验、电磁兼容性试验等
	无人机	飞行速度、飞行高度、悬停精度、航迹控制精度、飞行姿态平稳度等
安全、环境和电磁兼容	机械电气安全	电阻试验、残余电压的防护、电击防护、耐压试验、抗电强度、机械强度等
	功能安全	确定所需的性能等级（PLr）、安全功能、类别以及与 DCavg、CCF、和每个通道 MTTFd 的关系等
	环境适应性（可靠性）	噪声、NVH、高低温、振动、冲击、跌落、温湿振三综合、湿热、低气压、防水、防尘、霉菌等
	电磁兼容	传导发射、辐射发射、静电放电、辐射抗扰度、EFT、浪涌、传导抗扰、工频磁场、脉冲磁场、阻尼振荡、电压暂降等、线缆屏蔽效能、天线 OTA 测试

三、重点工作开展情况

1. 标准、认证工作情况

2022年，国评中心（重庆）牵头或参与发布1项国家标准、7项团体标准，在研标准14项，为企业提供标准制定咨询服务1项。国评中心（重庆）受理CR认证申请12项，签发CR认证证书8张，其中，工业机器人2张，无人机2张，减速器1张，AGV1张，服务机器人2张。

2. 科研攻关情况

国评中心（重庆）获批牵头承担国家重点研发计划"智能机器人"专项"机器人核心零部件性能提升与应用"。项目联合重庆大学、重庆华数机器人有限公司等行业优势企业及院所，以机器人核心零部件综合性能及一致性指标达到国际同类产品先进水平为目标，深耕机器人核心零部件性能和可靠性测评技术。项目整理工业机器人整机性能评估软件开发研究数据集、工业机器人整机性能校准技术研究与系统开发研究数据集等12个数据集，为促进数据流转、共享应用和增值、推动科学研究和科技成果产出贡献力量。

国评中心（重庆）参与的"工业机器人性能测评关键技术与装备"项目获河北省技术发明奖一等奖。项目突破工业机器人全域位姿测试精度低、轨迹误差大的技术难题，攻克变载、变速、频繁启停等极端工况下工业机器人核心部件测评共性关键技术。

2022年，国评中心（重庆）申请专利8项，发表论文7篇，并参与发布电力行业数字孪生技术应用白皮书。

3. 合作与创新

2022年5月，国评中心（重庆）承办第二十四届中国机器人及人工智能大赛重庆赛区选拔赛。与职业院校等合作，组织细分行业机器人应用技能竞赛，发现和培养更多机器人高素质技术技能人才。

国评中心（重庆）荣获2021—2022年度移动机器人（AGV/AMR）全行业优质服务商奖。协同机器人产业链上下游企业，带动更多服务商发挥自身价值，与移动机器人企业共建繁荣生态。

〔撰稿人：重庆凯瑞机器人技术有限公司孙添飞〕

2022年国家机器人检测与评定中心（北京）工作情况

一、总体概述

国家机器人检测与评定中心（北京）（简称"国评中心（北京）"）重点发挥软件测评优势，核心建设机器人的软件、信息安全、功能安全、可靠性、智能化等测试能力，聚焦工业机器人、服务机器人、关键零部件、嵌入式软件等产品和系统，提供检测、认证、标准、咨询、培训、供需对接、赛会等多种类型服务。国评中心（北京）拥有国家认证认可监督管理委员会授予的"国家机器人质量检验检测中心（北京）"，工业和信息化部授予的"机器人质量基础共性技术检测与评定工业和信息化部重点实验室""工业（机器人）产品质量控制和技术评价北京实验室"，中国机械工业联合会授予的"机械工业机器人试验验证技术重点实验室"等多项核心资质，是中国机器人检测认证联盟的核心成员单位，也是国内首批开展中国机器人（CR）认证服务的权威机构。建设并运营国家机器人检验检测公共服务平台、工业和信息化部机器人智能水平及安全可靠性测试评估平台、工业机器人核心关键技术验证与支撑保障服务平台、机器人+供需对接与应用推广公共服务平台等多个国家级和行业级公共服务平台，拥有3 000余m²专业测评环境和百余款专用仪器设备和软硬件测试工具，牵头或参与制定40余项机器人领域相关标准，已开展17项中国机器人CR认证服务和23项标准的检测及技术鉴定服务。

二、现有检测能力

国评中心（北京）现有检测能力包括性能测评、机械电气安全测评、功能安全测评、可靠性测评、信息安全测评和智能化测评。国评中心（北京）检测能力细分情况见表1。

表1 国评中心（北京）检测能力细分情况

测评分类	测评内容
性能测评	力学性能、控制性能、作业能力等
机械电气安全测评	电击和能量危险的防护、致动控制、紧急停止、功率与力的限制、响应时间、安全距离等

（续）

测评分类	测评内容
功能安全测评	安全相关控制系统的性能等级 PL、安全完整性等级 SIL、平均危险失效时间 MTTFD、平均诊断覆盖率 DCavg、硬件故障裕度 HFT、安全失效分数 SFF 等
可靠性测评	平均无故障时间 MTBF、设备健康状态监测与预测维护等
信息安全测评	对机器人控制器、示教器、管理平台及集成系统等软硬件开展源码安全审计、漏洞扫描、渗透测试、数据风险评估、安全监测运维、安全攻防演练等
智能化测评	智能化分级评价、智能机器人仿真测试、算法智能性测试等

三、重点工作开展情况

1. 承担实施多项国家重大专项

建设实施工业机器人核心关键技术验证与支撑保障服务平台建设项目、国家重点研发计划项目/智能机器人重点专项——机器人核心零部件性能提升与应用、国家重点研发计划项目/智能机器人重点专项——工业机器人智能操作系统等 11 项国家重大专项。

2. 建设形成多项核心技术能力

在机器人信息安全测试技术研究方面，持续开展国内外主流品牌机器人的漏洞挖掘工作，建立国家机器人安全漏洞库，自主研制机器人安全检测与监测完整工具链，面向机器人企业、高校及科研院所、用户单位提供漏洞扫描、渗透测试、教育培训、攻防演练以及机器人生产安全和信息安全监测等多种类服务。

在整机及关键部件可靠性测试方面，搭建整机及部件可靠性测试平台，持续开展多款控制器、减速器、伺服电动机及整机与国际同类先进产品的对标验证工作，构建工业机器人整机性能指标体系，填补现有国际标准和国家标准指标体系空白，开展工业机器人产品可靠性认证工作。

在机器人软件系统测试方面，搭建国产机器人操作系统测试及适配验证平台，开展操作系统功能、性能、兼容性、可靠性、适配性等测试，推动国产机器人操作系统应用示范。

3. 自主研发多款机器人测评工具

自主研发机器人漏洞扫描工具、机器人渗透测试工具、机器人动态欺骗与恶意行为分析工具、机器人恶意软件检测工具、机器人安全审查与审计工具、机器人漏洞挖掘与分析工具、机器人源代码审计工具、机器人生产安全监测与分析工具、机器人供应链安全评估工具、智能机器人仿真测试平台等多款测评工具，获得软件著作权 37 项，申请 17 项发明专利，发表学术论文 30 余篇。

4. 牵头编写多项机器人相关标准并成立工作组

获批成立全国机器人标准化技术委员会机器人智能化与信息安全标准化工作组（SAC/TC591/WG1）。牵头开展《工业机器人及集成应用系统信息安全通用技术要求》和《服务机器人信息安全通用技术要求》等国家标准编制工作。

5. 全面支撑主管部门开展相关工作

支撑工业和信息化部主管部门开展《"机器人+"应用行动实施方案》等重要政策文件编制，开展《新一代人工智能产业创新重点任务揭榜项目》机器人领域的项目遴选和测评验收工作，开展特种机器人特色产业链"揭榜"推进活动。支撑北京市科学技术委员会和北京市经济和信息化局举办北京冬奥服务型机器人创新产品测评比选大赛。支撑北京市经济和信息化局开展机器人企业库建设及相关政策制定等。

6. 推动产业链上下游协同合作

举办机器人产业链峰会，上线发布"机器人+供需对接与应用推广公共服务平台"，全面汇聚机器人产业链上下游优秀样板案例，搭建机器人产业链供需资源对接平台，为企业和产品精准画像，打通上下游信息，深入挖掘共性需求，有效促进产业链上下游融通合作。

〔撰稿人：国家机器人检测与评定中心（北京）巩潇、万彬彬〕

2022 年国家机器人检测与评定中心（芜湖）工作情况

一、总体概述

国家机器人检测与评定中心（芜湖）（简称"国评中

心（芜湖）"）成立于 2015 年 3 月，由赛宝工业技术集团有限公司、芜湖哈特机器人产业技术研究院有限公司、芜湖滨江智能装备产业发展有限公司共同出资成立，是提供工业机器人全产业链的研发设计、检验检测、认证等服务的第三方专业化高技术服务企业。

国评中心（芜湖）经营范围包括机器人核心零部件、机器人本体和系统集成的研发、设计，机器人质量与可靠性共性技术研究；机器人原材料、元器件、部件、系统、软件与整机性能、功能、可靠性、环境适应性、安全性、电磁兼容性相关全质量特性检测、检验与中国机器人（CR）认证，机器人软件与硬件产品质量与可靠性设计、分析评价；机器人及相关产品检验检测、检验与认证、分析、计量、维修、研制开发、销售和租赁，培养引进机器人人才与团队，进行技术咨询、培训与推广服务等。

二、现有检测能力

国评中心（芜湖）十分重视技术创新和共性技术研发，开展工业机器人高精度在线校准技术与系统研发、工业机器人在线校准系统集成开发及关键技术标准研究。检测能力获得国家 CNAS、CMA 和 CAL 资质认可。

2022 年，国评中心（芜湖）共投入研发费用 578.80 万元。其中，用于新增主要设备 17 台（套）的费用为 435.56 万元。目前，相关设备已完成调试并正式投入使用。通过采购新设备，国评中心（芜湖）扩大了技术服务范围，提高了在机器人领域的检测能力。

截至 2022 年 12 月，国评中心（芜湖）共有工作人员 34 人。其中，技术人员 31 人；高级职称 8 人，中级职称 4 人，初级职称 8 人；博士研究生 2 人，硕士研究生 10 人，本科生 15 人，大专生 4 人。已形成了梯度合理、创新能力强的研发人才队伍。

目前，国评中心（芜湖）已具备对外开展机器人检验检测服务的能力，具体包括机器人减速器检测、电动机检测、质量与可靠性检测、电磁兼容检测及失效分析等。2022 年，国评中心（芜湖）服务机器人整机、核心零部件部件等机器人行业内企业 226 家（次），提供包括机器人整机及其零部件的性能测试、可靠性与环境适应性测试、电磁兼容性测试、失效分析测试等服务。

三、重点工作开展情况

1. 检验检测

2022 年，国评中心（芜湖）共出具检测报告 234 份，服务企业 226 家/次。

2. 社会及政府支持

国评中心（芜湖）承担国家项目 1 项（工业机器人高精度在线校准技术与系统研发），省级项目 1 项（工业机器人在线校准系统集成开发及关键技术标准研究）。

国评中心（芜湖）与安徽工程大学共同建立安徽省联合共建学科重点实验室。

3. 取得的奖励

国评中心（芜湖）获得"安徽省优秀现代服务业企业 30 强"称号及"国家科技型中小企业"认定。

4. 科研成果

2022 年，国评中心（芜湖）制（修）订国家标准 1 项、授权发明专利 1 项，申请发明专利 9 项，发表论文 3 篇。

2022 年国评中心（芜湖）标准工作情况见表 1。2022 年国评中心（芜湖）专利工作情况见表 2。2022 年国评中心（芜湖）发布论文情况见表 3。

表 1　2022 年国评中心（芜湖）标准工作情况

类型	标准名称	状态
国家标准	GB/Z 41305.2—2022 环境条件　电子设备振动和冲击　第 2 部分：设备的贮存和搬运	已实施

表 2　2022 年国评中心（芜湖）专利工作情况

序号	专利名称	类型	状态	授权日期 / 申请日期	授权号 / 申请号
1	一种适应于工业机器人电磁兼容的检测试验装置	发明	授权	2022 年 5 月 17 日	2020111198079
2	一种服务机器人斜坡测试装置	发明	受理	2022 年 1 月 7 日	2022100171917
3	一种搬运机器人智能避障测试设备	发明	受理	2022 年 1 月 21 日	2022100747353
4	一种机器人爬坡测试检测装置	发明	受理	2022 年 1 月 26 日	2022100939902
5	一种机器人载重测试装置	发明	受理	2022 年 2 月 15 日	2022101359552
6	一种服务机器人重复定位精度辅助装置	发明	受理	2022 年 2 月 15 日	2022101359618
7	一种机器人安全碰撞性能测试装置	发明	受理	2022 年 5 月 24 日	2022105708340
8	一种机器人碰撞规避测试检测装置	发明	受理	2022 年 6 月 16 日	2022106806410
9	一种机器人抓取精度测量装置	发明	受理	2022 年 7 月 11 日	2022108098943
10	一种搬运机器人防滑检测装置	发明	受理	2022 年 8 月 2 日	2022109205444

表 3　2022 年国评中心（芜湖）发布论文情况

序号	论文名称	发表时间	期刊
1	基于 ADAMS 的 RV 减速器同轴度—传动链误差矢量模型分析	2022 年 2 月	《兵器装备工程学报》
2	一种激光跟踪仪误差标定装置	2022 年 4 月	《机器人技术与应用》
3	混合 CNN-HMM 的人体动作识别方法	2022 年 6 月	《电子科技大学学报》

〔供稿单位：芜湖赛宝机器人产业技术研究院有限公司〕

中国
机器人
工业
年鉴
2023

产教融合篇

介绍机器人行业产教融合发展情况

综述篇

大事记

产业篇

地区篇

园区篇

标准检测认证篇

产教融合篇

企业篇

应用篇

人物篇

政策篇

国际篇

统计资料

附录

中国
机器人
工业
年鉴
2023

产教融合篇

2022 年中国机器人行业产教融合发展概况

一、总体概论

近年来，我国机器人行业在人才培养和科技创新方面呈现出蓬勃发展的态势。为满足机器人行业快速发展的需求，提高人才培养质量，各方积极推动相关实施方案优化专业结构，紧跟《中国制造 2025》战略路线和《"机器人+"应用行动实施方案》要求。部分方案如下：

1）坚持以产业结构为导向，把握新型制造业发展步伐，优化高职、高校机器人专业结构，调整与经济结构、制造业产业结构转型升级相适应匹配。

2）完善课程体系服务人才培养，对接制造业面向高端制造业的现代理论与技术特点设置专业能力课程，培养学生技术领域任职的专门知识和职业操作技能，使课程体系满足专业技术领域和职业岗位的人才要求。在这方面，学校参与了相关岗位标准的制定和审核，提出学校专业建设如何与岗位要求匹配。

3）开展教学实践提升人才培养，紧跟先进技术的步伐，基于实践教学项目创新，通过学生自主设计、分析、制造操作的实践教学环节，培养学生发现问题、分析问题和解决问题的实践能力，提升机器人专业技术技能人才培养达到先进制造业的要求，深化产教融合提升人才培养。在这方面，学校和企业积极参加国家或行业组织的各类职业能力大赛，为优秀学生参与企业项目提供帮助。

4）学校联合行业企业共同参与人才培养方案的制定，进行课程体系共建和改革，校企协同开发专业课程教学内容，共同制定专业教学要求和教学方法，进行机器人相关专业课程教学实施，充分利用和发挥企业校外实践基地作用，将课堂教学与实践教学有机结合，积极促进产教融合。产业学院的建设可以满足企业参与学校专业建设和实训基地建设的需求。

截至 2022 年，全国已有 341 所高校成功申报机器人工程专业，新增了未来机器人这一普通高等学校本科专业，646 所高职院校成功申报工业机器人技术专业，65 所高职院校设有智能机器人技术专业。机器人产业链和教育链、技术链和人才链不断融合。

目前，机器人行业相关企业和开设机器人相关专业的学校已经开始探索并实践各种产教融合和校企合作项目，并且取得了一定的成效，有价值的创新点和模式也在逐步推广到全国，包括示范性职教集团的合作模式、校企跨专业共育产业人才、发挥产业协会纽带作用、依托产业学院建设、专业群人才培养基地建设和现场工程师项目

建设等。

我国机器人产教融合事业任重而道远，职业教育、高等教育与产业界、企业界之间的关系依然不够紧密，人才培养、科技创新、企业生产之间存在脱节的情况，仍然需加强加快推动机器人教育链、人才链与产业链、创新链的有机连接，探索机器人领域的产教融合和校企合作新思路，打造产、学、研、用合作多赢的协同创新发展平台，面向重点产业应用场景，与产业界建立更紧密的合作关系，关注市场需求和行业发展趋势，及时调整课程设置，增加实践环节和职业技能培养，开展解决方案研发及课题研究，实现产学研模式的落地走实，为我国智能机器人领域输送更多人才。

二、培训基地介绍

自《国务院办公厅关于深化产教融合的若干意见》（国办发〔2017〕19 号）发布以来，国家各相关部委陆续出台政策，大力促进产教深度融合，推进教育链、人才链与产业链、创新链有机衔接。截至 2022 年年底，我国机器人产业与机器人教育领域已形成政府政策引导、行企校融合发展格局，基本建立了国家、省、市、校四级联动，国家级产教融合城市、国家级产教融合企业、各级机器人产业集群、各级机器人产业联盟或产业协会与各类院校深度融合的产教融合培训体系。

在全国机器人和智能制造领域，2022 年，我国新增产教融合培训基地 77 个，包括教育部产学合作协同育人项目通过企业 25 个，工业和信息化部产教融合专业合作建设试点单位 19 家，第二批全国职业教育教师企业实践基地 2 个，中国机械联机器人分会产教融合示范基地 10 个，中国机器人焊接协会"产教融合型机器人焊接培训推广基地"建设院校 21 个。新增省级层面产教融合培训基地 90 个，含省级产教融合实训基地（含虚拟仿真实训基地）66 个，省级产教融合型企业建设培育试点企业 10 家，省级产教协同育人项目依托基地 14 个。全国所有开设机器人工程专业的普通本科高校中的 342 家和开设工业机器人技术专业的高职院校中的 605 家已基本建成配套的产教融合校内实训基地。此外，在服务机器人培训基地建设方面，较有代表性的是中国医学装备协会"医疗机器人实践培训基地"和中山大学肿瘤防治中心"限制临床应用医疗技术"手术机器人国际培训中心两大基地。

2022 年我国机器人领域产教融合培训基地建设情况见表 1。

表 1　2022 年我国机器人领域产教融合培训基地建设情况

属性	产教融合培训基地项目类别	数量	基地承担主体
全国新增	教育部产学合作协同育人项目通过企业	25	企业 + 院校
	工业和信息化部产教融合专业合作建设试点单位	19	企业 + 院校
	第二批全国职业教育教师企业实践基地名单	2	企业 + 院校
	中国机械联机器人分会产教融合示范基地	10	企业 + 院校
	中国机器人焊接协会"产教融合型机器人焊接培训推广基地"建设院校	21	企业 + 院校
省级新增	省级产教融合实训基地（含虚拟仿真实训基地）	66	院校 + 企业
	省级产教融合型企业建设培育试点企业	10	企业 + 院校
	省级产教协同育人项目依托基地	14	院校 + 企业
新增学校	普通高等学校机器人工程专业本科院校	342	院校 + 企业
	高等职业院校工业机器人技术专业院校	605	院校 + 企业
其他新增	中国医学装备协会"医疗机器人实践培训基地"	1	行业 + 企业
	中山大学肿瘤防治中心"限制临床应用医疗技术"手术机器人国际培训中心	1	院校 + 企业

三、系列教材

教材是教学内容的重要载体，是教学的重要依据，也是培养机器人相关人才的重要保障。针对机器人工程专业教育，机械工业出版社发行了"普通高等教育新工科机器人工程系列教材"，包括《工业机器人原理与应用》《机器人智能检测与先进控制基础》《工业机器人及其应用》；发行了"高等工科学校教材"，包括《工业机器人编程技术》；还发行了"浙江省普通高校'十三五'新形态教材"，包括《工业机器人编程》等，教材适用于机器人工程、智能制造工程、机械设计制造及其自动化等专业的本科生。

针对机器人技术技能人才培养，机械工业出版社发行了"智能制造领域高级应用型人才培养系列教材"，包括《工业机器人系统运维技术》；发行了"高等职业教育工业机器人技术专业系列教材"，包括《ABB 工业机器人操作与编程》《NACHI 工业机器人编程与操作》《KUKA 工业机器人现场编程与系统集成》；发行了"高等职业教育智能制造领域教材"，包括《工业机器人离线编程仿真技术及应用》《工业机器人工作站技术及应用》；发行了"1+X"职业技能等级证书配套教材，包括《服务机器人实施与运维（中级）》《焊接机器人编程与维护（初级）》《工业机器人应用编程与集成技术》；还发行了《工业机器人技术应用综合实训（工作页）》《工业机器人技术应用（信息页）》等，教材适用于工业机器人技术、电气自动化技术、机电一体化技术和工业过程自动化技术等专业的高职专科生。

华中科技大学出版社发行了"普通高等院校'新工科'创新教育精品课程系列教材"，包括《工业机器人操作与编程》《机器人多体动力学基础》《工业机器人技术基础》等。

电子工业出版社发行的本科教材包括《移动机器人基础—基于 STM32 小型机器人》《机器人机构学》；高职专科教材包括《用微课学工业机器人应用技术（活页式教材）》《审计机器人开发与应用实训：基于来也 UiBot》《工业机器人视觉与传感技术》《FANUC 工业机器人视觉应用技术》《焊接机器人应用与维护保养》。

机器人工程、工业机器人技术、工业机器人技术应用专业分别对应本科、高职和中职教育，已经出版发行或各类校本教材，形成多层次、体系化、多角度的理论、实操等教材，为机器人行业的人才培训提供了教学资源。

四、赛事会议

1. 重要赛事

各级各类机器人大赛推动和促进了机器人与自动化技术的发展与创新，对机器人教育做出了积极贡献，为我国机器人产业及相关科技领域培育了大批卓越人才。机器人研究涉及多个学科，如力学、机械学、电子学、控制论、计算机科学等，大型的机器人赛事基本由在这些学科领域具有影响力的学会（联盟）主办。2022 年我国举办的机器人领域重大赛事见表 2。

表 2　2022 年我国举办的机器人领域重大赛事

序号	大赛名称	主办单位	赛事类型
1	2022 世界机器人大赛	中国电子学会	教育部白名单赛事
2	2022 年世界技能大赛移动机器人项目	世界技能组织	国家一类赛
3	全国大学生机器人大赛	全国大学生机器人大赛组委会	国家一类赛
4	中国机器人大赛暨 RoboCup 机器人世界杯中国赛	中国自动化学会	国家一类赛
5	中国工程机器人大赛暨国际公开赛	国际工程机器人联盟、中国人工智能学会	国际级比赛

2022年，受新冠疫情影响，多个机器人大赛延期或改为线上进行。

2022年世界机器人大赛总决赛于2023年2月13—19日在线上举办，设共融机器人挑战赛、BCI脑控机器人大赛、机器人应用大赛和青少年机器人设计大赛4项赛事，下设56个赛项、142个竞赛组别，参赛人数突破6万余人。参赛群体覆盖学校、科研机构、企业以及社会大众，突出了产教融合亮点。大赛自2015年起已成功举办8届，共吸引了全球20余个国家20余万名选手参赛，被广泛赞誉为机器人界的"奥林匹克"，已实现多个竞赛项目大赛成绩的国际互认。

2022年世界技能大赛移动机器人项目在法国举办，我国选手侯坤鹏、唐高远袂获得金牌。世界技能大赛是当今世界规模最大、影响力最大的职业技能赛事，被誉为"世界技能奥林匹克"。移动机器人项目为双人赛，是运用相关理论知识和操作实践经验，围绕机器人的机械和控制系统进行工作的竞赛项目。

2022年11月25—27日，2022年中国机器人大赛暨RoboCup机器人世界杯中国赛在线上举办，共设21个大项、49个赛项，吸引来自清华大学、国防科技大学、同济大学、浙江大学、上海交通大学等220所学校的843支队伍，超过4500人参加。该赛事是我国影响力最大、综合技术水平最高的机器人学科竞赛之一，其中的RoboCup机器人世界杯中国赛是RoboCup机器人世界杯的正式地区性赛事。

全国大学生机器人大赛含ROBOCON、ROBOMASTER和ROBOTAC 3项赛事均已纳入中国高等教育学会发布的全国普通高校学科竞赛评估体系。第二十一届全国大学生机器人大赛ROBOCON暨2022亚太大学生机器人大赛国内选拔赛线上举办，来自全国74所高校的121支参赛队伍，共计2000余名大学生参赛，冠军来自电子科技大学，代表中国参加亚洲—太平洋广播电视联盟（Asia-Pacific Broadcasting Union，ABU）主办的亚太大学生机器人大赛（ABU ROBOCON）。RoboMaster 2022机甲大师高校系列赛设超级对抗赛、高校联盟赛、高校单项赛、高校人工智能挑战赛，来自全球高校共253支队伍参赛，63支队伍获得一等奖。2022 ROBOTAC分为对抗赛、射击赛、速胜赛、异型足赛4个主题，共59支队伍参赛，江西机电职业技术学院、江苏电子信息职业学院、宁波职业技术学院、常州工程职业技术学院等7支队伍获一等奖。

2022年中国工程机器人大赛暨国际公开赛线上线下结合进行，线下赛于2022年12月2—4日在安徽省芜湖市举办，设工程竞技机器人、水下机器人、救援机器人等22个大项，分为社会力量组、研究生组、本科生组、职业院校组，共1072支代表队参赛。该项大赛于2011年发起设立，形成搬运工程、竞技工程、竞速工程、医疗工程、工程越野、工程创新设计等面向工程应用、突出创新实践、在国内有一定影响力的机器人科技竞赛活动。

2.重要会议

第三届中国机器人产教融合发展论坛于2022年9月3日在苏州举办，200余位嘉宾代表参加了会议。专家就产教融合相关政策、机器人产教融合的探索和实践等做了主旨报告，并为首批中国机械联机器人分会产教融合示范基地授牌。

2022世界人工智能大会（WAIC2022）于2022年9月1—3日在上海世博中心举办，由国家发展和改革委员会、工业和信息化部和上海市人民政府等共同主办。大会以"智联世界 元生无界"为主题，充分展示数字经济的新理念、新发展、新成果。展会现场，行业内最先进的机器人技术和展品齐聚一堂，新品发布层出不穷。

2022年9月17—18日，第十一届中国智能产业高峰论坛在厦门举办，多场专题论坛同步举行，9月18日"职业院校人工智能专业建设与创新人才培养论坛"以线上线下结合方式举办，通过直播的形式吸引了20万余名观众线上参与。论坛嘉宾围绕人工智能专业学科建设与人才培养、产教融合校企合作问题分析与政策解读、应用型人工智能人才培养模式、人工智能发展与课程体系建设等相关主题进行了探讨。

五、重大事件

2022年，产教融合在教育领域取得了重大突破，教育部联合国家发展和改革委员会、工业和信息化部、人力资源和社会保障部、财政部等多部委，发布多项产教融合发展政策，推动产教融合向更高水平、更深层次发展。

在机器人、智能制造和人工智能领域，我国推出了以下几项重大措施：

（1）2022年2月，教育部发布《高等学校人工智能创新行动计划（2022—2025年）》，提出要加强人工智能领域高端人才的培养，强化人工智能领域应用型人才的培养，推动高校人工智能领域的产学研协同创新。

（2）2022年5月10日，中国机械工业联合会机器人分会（中国机器人产业联盟）发布关于开展2022年度产教融合示范基地授牌评定工作的通知，为贯彻落实国家机器人产业及教育的政策与要求，进一步推进行业产教融合及发展规划制定，中国机械工业联合会机器人分会（中国机器人产业联盟）将在会员单位内开展2022年产教融合示范基地授牌评定工作。

（3）2022年9月，中国机器人产业发展大会召开，中国机械工业联合会机器人分会教培工作组主办中国机器人产教融合发展论坛，各位嘉宾对产教融合和人才培养提出了建议和展望，并分享经验和成果。

（4）2022年9月，在中国机器人产业发展大会上，主办方为首批获得中国机械工业联合会机器人分会产教融合示范基地进行了授牌。评选出2022年度第二批产教融合示范基地10家，其中，学校7家、企业3家。

〔撰稿人：上海电器科学研究所（集团）有限公司王一栗，南京理工大学王禹林，重庆科创职业学院陈茂涛，四川建筑职业技术学院马时强，武汉交通职业学院陈安慧〕

机器人专业产教融合探索与实践

一、项目背景

近年来，随着我国经济和科技的迅速发展，为了实现经济高质量发展和向创新型发展模式转变，各产业需要持续推进转型升级的步伐。2017 年 12 月，国务院办公厅发布《关于深化产教融合的若干意见》，提出"深化产教融合，促进教育链、人才链与产业链、创新链有机衔接，是当前推进人力资源供给侧结构性改革的迫切要求"。机器人专业作为一个融合了自动化技术、智能控制技术、机械电子技术以及计算机技术等多学科知识和技术的专业，是当前我国重点发展的方向之一。

国际机器人联合会（IFR）统计数据显示，2022 年全球工业机器人新增装机量达到 53.1 万台，再创历史新高。分区域看，亚洲仍然是全球最大的工业机器人市场。作为亚洲地区最大的机器人采用国，2022 年，我国工业机器人新增装机量为 29.7 万台，同比增长 5.8%，较 2012 年增长了 10.4 倍，反映出我国机器人产业的强劲发展势头。

传统的教学模式已经无法适应现在产业发展，如何进行改进和突破，是当前需要解决的一个重点问题，也是一个难点问题。

二、项目简介

上海电子信息职业技术学院机械与能源工程学院（简称"学院"）与上海天辰智能科技有限公司、上海捷勃特机器人有限公司等企业合作，依托企业的经验与成熟应用案例，创立了协同创新发展中心服务机器人研究所（简称"服务机器人研究所"）。制造业智能化的趋势需要新的教学模式和技术支持，在高职机器人专业的教学中，不仅需要教师对学生传授理论知识，同时还需要学生对实际设备的使用具有一定的认知。

为了更好地为现代企业转型升级输送人才，带动学院相关专业的建设和发展，提升教师和学生技术服务能力，有力推动学院应用技术研发与推广，学院以研究所为平台与校企合作单位开展了以下几方面的合作。

1. 教学资源建设

依托校企合作单位的经验和成熟案例，以培养职业能力为目标，对教学资源进行建设。把教学内容以项目方式进行展开，使每一个任务与实践操作技能紧密结合。为此，由企业和学校共同打造课程教学指导书及人才培养方案。

服务机器人研究所团队与相关企业共同开发并建设了"移动机器人装配与调试""服务机器人技术应用"和"移动机器人技术"三门课程资源。其中，"移动机器人装配与调试"课程包含 23 个教学视频和 6 个教学 PPT；"服务机器人技术应用"课程包含 20 个教学视频和 6 个教学 PPT。

针对未来的研究方向以及学生培养方向，服务机器人研究所出版了机器人控制系统方向教材《ROS 快速入门》，开发了服务机器人技术应用活页式教材，并建立了规划建设服务机器人技术应用等课程的教学资源库。教材如图 1 所示。

图 1　教材

2. 学生团队建设

服务机器人研究所组建了学生团队，团队成员根据自身兴趣自由组队，参与创新项目的实施。在学院教师和企业工程师的指导下，学生团队可以模拟整个科研项目的流程。此外，学生团队成员还可以跟随企业工程师前往企业参与实际项目。创新项目小组部分成员交流场景如图 2 所示。

图 2　创新项目小组部分成员交流场景

3. 科研项目申报

以服务机器人研究所作为科研平台，促进教师在横向项目、纵向项目、专利申报和论文发表的能力，加强教师的自身专业素质，提升教师自学能力，改变其教育教学方式。近三年来，服务机器人研究所学生和教师共获 40 项专利。此外，教师还申报了基于 ROS 服务机器人的多机阵列协作、"联盟计划""智能服务机器人通用底盘"等教育部中国高校产学研创新基金项目；发布了"基于 ROS 的机械臂模型构建及优化方法研究""工业机器人应用虚拟仿真实验开发探索与实践"等核心论文。

4.双师型教资的培养

以服务机器人研究所为平台，建设一支理论基础扎实、具有较强技术应用能力的"双师型"教师队伍，具备相应的理论教学和实践教学能力，掌握先进的教学理念和教学方法，积极参与教学改革与研究，能够采取多种教学模式方式，有效运用现代信息技术开展教学。

在校企合作项目中，多位教师参与了企业实践。根据教师的研究方向，企业针对性地提供不同的实践岗位，如测试工程师、定位导航算法工程师和嵌入式硬件工程师三个岗位，并让教师参与到实际的研发项目中。

教师通过企业实践，对服务机器人相关技术有了更加全面的了解，通过参与企业项目研发，技术技能水平有了很大的提升。双师型教资培养场景如图3所示。

图3 双师型教资培养场景

5.课证融通

根据"1+X"工业机器人应用编程等级职业技能标准，建立"X证书"考核及实训基地。以立德树人为根本任务，推动课证融通工作，培养畅通技能人才，提高培养质量，促进就业创业。

通过职业技能考核的形式促进学生的技能学习是"1+X"证书制度的效能之一。在设计教学任务时，结合"1+X"证书制度，根据学生的具体情况，设计教学内容。学院工业机器人技术应用专业的人才培养方案结合"工业机器人应用编程职业技能等级标准"，依据逐次递进的原则，将教学内容划分为三个技能：入门技能、基础技能、核心技能。

6.赛学结合、赛教结合

学院积极组织学生参加各类机器人大赛，"以学生为中心"在教学改革上进行创新。学生通过参加各项技能大赛，提升专业技能，反思自身学习的不足，不断改进自己的学习方法，加强薄弱环节的训练，提升核心竞争能力，从而达到"以赛促学"的效果。

"以赛促教、赛教融合"，实现赛教资源相融合、赛教过程相融合、赛教评价相融合、赛教能力相融合的创新人才培养新模式。

三、项目成效

1.学生获奖及小项目

服务机器人研究所学生团队成员在上海市级技能大赛、行业技能大赛及全国职业院校技能大赛等技能比赛中均取得了较好成绩，获得全国职业院校机器视觉系统应用赛项获二等奖、第八届"互联网+"大学生创新创业大赛金奖和铜奖等多项奖项。学生获奖证书如图4所示。

图4 学生获奖证书

服务机器人研究所学生团队成员利用课余时间制作小项目。例如，四足型蜘蛛机器人、无人机、树莓派魔镜和智能小车等设备。

在教师的指导下，服务机器人研究所学生完成了设计程序和组装配件等任务，了解了人工智能的基本工作原理和应用场景。在练习或制作的过程中，学生既可以对该门学科的职业规范和工艺要求形成认知，深入了解工业、农业、现代服务业中不同职业的特性和岗位特点，又能提高自身实际操作能力，增强职业生涯规划意识，还能培养正确的劳动价值观和良好的劳动品质。

2. 学生团队

2019—2023 年，服务机器人研究所共招生 120 人，团队成员利用课余时间在服务机器人研究所学习服务机器人相关知识，提高了专业知识和团队协作能力。此外团队成员还参与了企业项目的验证、测试、研发等工作。服务机器人研究所学生团队如图 5 所示。

3. 校企合作、企业实践

学院领导及教师走访校企合作公司对深化产教融合、加强科技创新合作、优化人才培养以及促进毕业生就业等工作奠定了基础。

服务机器人研究所的教师积极组织团队学生前往校企合作公司，参与实际的项目。学生以实际工作者的身份，直接参与生产过程，既可运用已有的知识技能完成一定的生产任务，又能够学习实际生产技术知识或管理知识，掌握生产技能，从而通过实习巩固、丰富与提高理论知识。校企合作、企业实践如图 6 所示。

图 5　服务机器人研究所学生团队

图 6　校企合作、企业实践

4. 科研项目

项目研发方面，在 IS300 机器人平台基础上完成了服务机器人教学实验平台，对原有机器人进行了全面升级与改进，增加了机械与硬件外扩接口，进一步完善了软件算法，全面提高了机器人性能。

根据机器人研究所下一步项目研发方向，针对性地对 4 轮室外机器人的需求进行了调研和技术论证，并完成 4 轮科研研究平台实验样机的制作。

部分项目机器人如图 7 所示。

图 7　部分项目机器人

〔撰稿人：上海电子信息职业技术学院马海洋〕

大力推进产教融合深度合作
全方位培养高技能、创新型、复合型人才

一、项目背景

2019年10月，经国务院同意，国家发展和改革委员会、教育部等六部门联合印发《国家职业教育改革实施方案》（简称《实施方案》）指出，深化产教融合，促进教育链、人才链与产业链、创新链有机衔接，是推动教育优先发展、人才引领发展、产业创新发展、经济高质量发展相互贯通、相互协同、相互促进的战略性举措。《实施方案》提出，要健全以企业为重要主导、高校为重要支撑、产业关键核心技术攻关为中心任务的高等教育产教融合创新机制，支持高职院校、应用型本科高校、"双一流"建设高校等各类院校积极服务、深度融入区域和产业发展，推进产教融合创新。

作为智能制造的新宠儿，协作机器人不仅具备传统工业机器人的功能和特点，还具备一定的自主行为和协作能力，可以在非结构化的环境下安全地与人类进行直接交互/接触，高效地完成某项或多项工作。另外，大数据、云计算技术的加速发展为机器人产业带来新动力，人机协作、人机共融成为市场主流趋势，结合人的智力、灵巧性和机器人的体力、力量和精准性，人机协作完成诸如精密装配等工作，突破传统工业机器人的局限性，使机器人真正成为人的合作伙伴。本文将以节卡机器人股份有限公司（简称"节卡"）为主，围绕协作机器人核心技术，阐述产教融合背景下企业与本科校和高职院校的专业建设、师资培养、实训基地建设、教育赛事支持、产学合作协同育人的详细情况，展现产教融合、校企合作逐步朝着纵深方向发展，实现人才培养全方位、全过程融合。

二、项目简介

1.项目建设思路

节卡是一家聚焦于新一代协作机器人本体与智慧工厂创新研发的高新技术企业，是上海市智能机器人职业教育集团成员之一，上海临港智能制造实训分基地——协作机器人实训基地，也是国家级专精特新"小巨人"企业。坚持以"用机器人解放双手"为使命，将机器人由"专业装备"，变为简单易用的"工具"，进而将机器人"普及到世界的每一个角落"。

借助在协作机器人产业的技术优势与资源积累，节卡与南京师范大学、天津科技大学、西安电子科技大学、江苏大学、哈尔滨工程大学等众多本科院校和中高职院校合作，聚焦高技能技术应用，以智能化、数字化为中心，从教材开发、实训基地建设、校企合作等多个方面着手，提升专业水平，打造高水平、优质技术人才培养平台。

2.项目内容

（1）校企共同建设高校机器人实验室。2022年，节卡协助南京师范大学电气与自动化工程学院，依托国家现代产业学院及江苏省重点产业学院建成机器人实验室与智能装备实验室。实验室以JAKA MiniCobo协作机器人为主，搭配AGV等周边设备，完成人机交互作业。目前，该机器人实验室可用于支持《机器视觉与图像处理》《工业机器人基础》等课程的实验教学，也能满足本科生的综合实训及创新实践。南京师范大学机器人实验室如图1所示。

图1　南京师范大学机器人实验室

2022年，节卡还与天津科技大学、江苏大学、郑州工商学院、哈尔滨工程大学等高等院校建设对应的智能制造中心，用于协助智能制造工程、机器人工程、人工智能、自动化、电气工程及其自动化、计算机科学与技术、农业机械化及其自动化、机械设计制造及其自动化等专业的教学实验和实践。天津科技大学人工智能实践基地如图2所示。

图2　天津科技大学人工智能实践基地

（2）技术赋能专业，融合促进创新。

①以 JAKA MiniCobo 协作机器人为核心的中国象棋对弈机器人系统。随着"新工科"建设的不断推进，各高校越来越重视创新实践环节和"新工科"人才的培养。中国象棋对弈机器人系统是面向新工科人才培养及自动化、人工智能、机器人工程等专业创新实践的一个典型实践教学平台，节卡助力南京师范大学联合开发了一款具有高研究价值和可二次开发升级的中国象棋对弈机器人，采用100% 的国产化硬件实验平台，包括 JAKA MiniCobo 协作

机器人、国产照相机、嵌入式主控等各种硬件，软件方面针对棋盘识别定位和自主行棋策略两大模块进行了深入的研究与创新，提出了国内首创的 China-chess-net 深度学习模型，实现了棋子的精准定位和识别，可完成完整的全局对弈与残局对弈两种模式。目前，相关技术已申请国家发明专利 5 项、软件著作权 6 项。该项目在"华为杯"第四届中国研究生人工智能创新大赛的激烈角逐中荣获二等奖。中国象棋对弈机器人系统及所获奖项如图 3 所示。

图 3　中国象棋对弈机器人系统及所获奖项

②基于深度学习及手眼一体的轻型多位姿移动抓取机器人。面向自动化等专业人才培养及智慧农业的发展理念，节卡协助南京师范大学设计了一款基于深度学习及手眼一体的轻型多位姿移动抓取机器人，包含 RGB 双目照相机、JAKIA MiniCobo 协作机器人、AGV 移动平台、柔性抓取末端工具等组件。团队研发了基于深度学习的机器人最佳采摘抓取算法，同时兼顾基于 ROS 与 Lidar 的机器人运动控制，利用 SLAM 进行建图与自主导航，配合双目相机的深

度功能获取目标的实际位置与抓取位姿，不仅能够完成对多种类型、不同形状大小果蔬的采摘操作，还能完成自主导航和定位，实现机器人对番茄、橘子等果蔬的"边走边看边采"高效智能采摘抓取。项目已申请国家发明专利 5 项、软件著作权 6 项，具有完全自主的核心技术和知识产权。该项目在第十六届中国研究生电子设计竞赛中荣获全国总决赛团队奖一等奖。多位姿移动抓取机器人及所获奖项如图 4 所示。

图 4　多位姿移动抓取机器人及所获奖项

（3）丰富课程体系，助力专业升级。针对协作机器人相关的资源建设，节卡更注重从产业端的实际应用为学校电气自动化、人工智能等专业赋能。2022 年，节卡携手立讯精密工业股份有限公司、中国中车集团有限公司、日本丰田汽车公司、富士康科技集团、常州星宇车灯股份有限公司等企业，建立了高水平的师资培训队伍，按照"一体化设计、结构化课程、颗粒化资源"建设原则，同时研发高水平的专业课程标准、新技术课程、教材以及教学资

源库。

节卡还开展校企联合的创新教学方法改革，支撑人才培养、对外师资培训的服务。2022 年，节卡与南京师范大学共建课程资源，为本科生及研究生开设《机器视觉与图像处理》《工业机器人基础》《人工智能与机器学习》等多个课程，提供可二次开发的智能实体教学实验平台以及对应的课程资源包。节卡教学资源建设标准如图 5 所示。

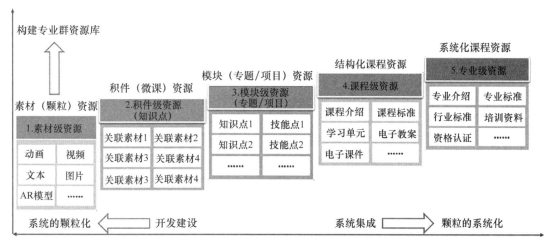

图 5　节卡教学资源建设标准

（4）打造企业—学校互联互通的"双师"课堂。节卡拥有节卡培训学院，是行业领域具有协作机器人实训基地资质的企业，同时也是中国机械工业联合会机器人分会产教融合示范基地。实训基地包括工业（协作）机器人、智能制造与"工业 4.0"、SMT 焊接工艺实训中心等，由行业专家、教授进行授课，截至 2022 年，节卡培训学院已累计举办 500 余场培训课程，1 万余名学员接受了培训。节卡学院产教融合示范基地如图 6 所示。

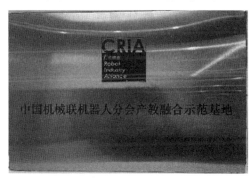

图 6　节卡学院产教融合示范基地

2022 年，节卡机器人凭借丰富的业界资源，协助南京师范大学选派教师进入先进制造业领域相关企业实践，采取考察观摩、技能培训、顶岗实习、顶岗实践、在企业兼职或任职、参与产品技术研发等形式。组织南京师范大学教师重点学习掌握产业结构转型升级及发展趋势、企业的生产组织方式、工艺流程、岗位（工种）职责、操作规范、技能要求、用人标准、企业文化需求等内容，推进企业实践成果向教学资源转化，结合实践改进教学方法和途径。同时，节卡依托节卡科技赛名师智慧课堂/智慧教学中心，遴选行业龙头企业、节卡科技工程技术人员、高技能人才作为兼职教师等，打造企业—学校互联互通的"双师"课堂。师资培训现场如图 7 所示。

图 7　师资培训现场

（5）协同育人。为深化产教融合与校企合作，节卡积极响应国家号召。2022 年，节卡分别与南京师范大学、常州大学、河北农业大学、南京工程学院等 7 所院校签订产学合作协同育人项目，并成功入选 2022 年第二批立项项目。项目内容主要涉及产教融合背景下自动化专业智能机器人方向师资共建模式研究、产学协同创新创业教学能力提升、新工科专业课程实践教学体系改革、基于机器人创新实践的新工科人才培养模式研究等。产学合作协同育人项目证书如图 8 所示。

图 8　产学合作协同育人项目证书

另外，节卡也协助南京师范大学，积极组织当地中小学开展夏令营活动，将协作机器人技术、机器视觉、人工智能、深度学习等元素生动、形象地介绍给当地的中小学生，在年轻一代心中种下了创新、实践的种子。南京师范大学附属中学夏令营：参观 JAKA 协作机器人智能采摘如图 9 所示。

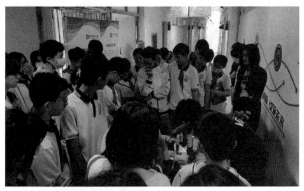

图 9　南京师范大学附属中学夏令营：
参观 JAKA 协作机器人智能采摘

三、成效及创新点

（1）开发面向"新工科"的系列实用教学资源，体现 MOOC+ 项目引领、能力本位、理实一体化的校本特色。建立由行业协会、企业和学校等多方参与的教学资源开发机制。组织精干力量，成立教学资源开发小组，制定教学资源开发计划，并深入地方产业一线，了解产业岗位能力需求。

（2）"双师"培训基地是学校与企业合作的桥梁，企业了解产业界和学术界最新的技术发展方向和技术领域，整理为培训课程，为学校老师开展前沿性的技术培训，提高教师技术能力和对技术发展趋势的把握。

（3）机器人实训基地中的实训平台，不仅能够满足机器人专业的人才培养方案需求及教学大纲的任务实施，而且能够在人工智能、大数据及数字孪生等方向为专业拓展新方向，助力专业升级，培养更具开阔视野、创新思维的复合型人才。

（4）加强学校与其他院校、行业、企业之间的交流与合作，激发学生对专业知识应用和活动参与的积极性，并全面提升学生的实践技能，合理有效地利用实训中心的实训硬件和软件资源，充分发挥资源的价值，全方位提升学校品牌和形象，达到以赛促学、以赛促教的目的。

（5）在协同育人项目实施中，企业要找到自身的定位。一方面节卡积极参与到高校的教学体系中，为学生提供更多的实践机会和技术支持，另一方面还要为学生提供培训、实践和就业等多种方式，帮助学生全面提高自身素质。如此企业才可从中获得新技术、新思路，从而提高企业自身的竞争力。

节卡与中高职院校和本科院校，在产教融合领域的合作是多维度、多种形式的灵活的合作方式，从不同角度打通产业链、技术链、创新链和教育链，以"来自于产业，服务于产业"为立足点和出发点，在产学研各领域，开展既满足学校教学需求，又满足于产业人才需求的多种产教融合合作模式，为产业培养高技能、创新型、复合型人才。

〔撰稿人：节卡机器人股份有限公司庞浩〕

依托产业学院，建设高水平应用创新型机器人专业

一、项目背景

工业机器人水平是衡量一个国家制造业水平和科技水平的重要标志。《中国制造2025》明确了制造升级的发展方向，世界主要工业发达国家均将机器人作为抢占科技产业竞争的前沿和焦点，加紧谋划布局。

我国是全球规模最大，增速最快的机器人市场，随着我国智造升级的产业政策和下游行业的需求增长，预计到2025年我国制造业重点领域将全面实现智能化，其中关键岗位将由机器人替代。《中国机器人产业发展报告》显示，预计2022年全球机器人市场规模将达到513亿美元，我国机器人市场规模将达到174亿美元。2021年12月，工业和信息化部等部门出台《"十四五"机器人产业发展规划》指出，以高端化智能化发展为导向，着力突破核心技术，着力夯实产业基础。上海市政府也提出，力争到2025年，打造10家行业一流的机器人头部品牌、100个标杆示范的机器人应用场景、1000亿元机器人关联产业规模。

产业发展的核心是人才。教育部于2016年将机器人工程专业设立为重点扶持的新工科专业。截至2022年，全国已有341所高校开设了机器人工程专业。近3年来，人力资源和社会保障部发布47个新职业，其中15个与机器人直接相关。据《制造业人才发展规划指南》统计，我国目前机器人的产业供求比例为1∶10，工业机器人产业人才缺口在300万左右，预计到2025年将突破450万。

在应用技术型高校中，如何办好机器人工程专业？如何与研究型高校、高职类学校进行错位发展？如何通过人才培养更好地推动区域经济发展？上海应用技术大学机器人工程系通过筹建智能机器人技术产业学院，依托产业培养人才，总结了一些经验。

二、项目简介

上海应用技术大学顺应上海市教育委员会的倡议，于2016年9月在原有自动化系办学基础上，增加了机器人工程方向，主要在第6、7学期中调整了部分专业课程，开启了机器人行业人才培养的探索。2020年3月，教育部批准上海应用技术大学正式成立机器人工程系，同年9月，第一届40名本科生入学。

办学过程中，上海应用技术大学提出突出特色、精准定位、错位发展的理念，通过筹建智能机器人产业学院（简称"产业学院"），与行业企业、协会／学会、科研院所合作，共建以应用技术为中心，融技术创新、成果转化和协同育人为一体的校企协同育人平台，联合机器人本体公司、系统集成公司、先进智能控制技术公司等上下游企业，协同创新，共同培养具备技术创新能力和可持续发展能力的高素质应用创新型人才。"共享共治共赢"产业学院治理架构如图1所示。

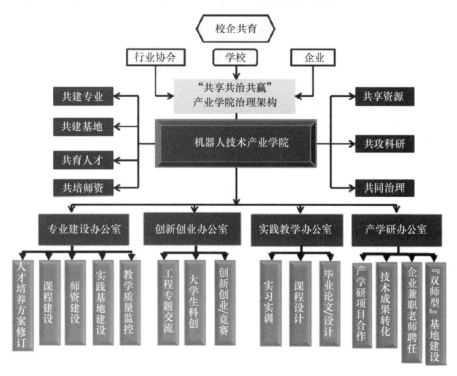

图1 "共享共治共赢"产业学院治理架构

1. 建设产业学院的指导思想

以习近平新时代中国特色社会主义思想为指导，深入贯彻党的十九大和十九届二中、三中、四中全会精神，贯彻落实全国教育大会精神和《中国教育现代化 2035》，以立德树人为根本任务，以学生发展为中心，突破传统路径依赖，充分发挥产业优势，发挥企业重要教育主体作用，深化产教融合，推动高校探索现代产业学院建设模式，建强优势特色专业，完善人才培养协同机制，造就大批产业需要的高素质应用型、复合型、创新型人才，为提高产业竞争力和汇聚发展新动能提供人才支持和智力支撑。

2. 产业学院的建设原则

（1）坚持育人为本。以立德树人为根本任务，以提高人才培养能力为核心，推动学校人才培养供给侧与产业需求侧紧密对接，培养符合产业高质量发展和创新需求的高素质人才。

（2）坚持产业为要。依托优势学院专业，科学定位人才培养目标，构建紧密对接产业链、创新链的专业体系，切实增强人才对经济高质量发展的适应性。突出高校科技创新和人才集聚优势，强化"产学研用"体系化设计，增强服务产业发展的支撑作用，推动经济转型升级、培育经济发展新动能。

（3）坚持产教融合。将人才培养、教师专业化发展、实训实习实践、学生创新创业、企业服务科技创新功能有机结合，促进产教融合、科教融合，打造集产、学、研、转、创、用于一体，互补、互利、互动、多赢的实体性人才培养创新平台。

（4）坚持创新发展。创新管理方式，充分发挥高校与地方政府、行业协会、企业机构等双方或多方办学主体作用，加强区域产业、教育、科技资源的统筹和部门之间的协调，推进共同建设、共同管理、共享资源，探索"校企联合""校园联合"等多种合作办学模式，实现现代产业学院可持续、内涵式创新发展。

3. 产业学院共建单位

由上海应用技术大学牵头，围绕产业链条，邀请了机器人行业中有代表性的工业机器人本体制造企业库卡机器人（上海）有限公司（简称"库卡"）、工业机器人系统集成企业上海徕狄机器人科技有限公司、机器人编程软件公司及实训基地北京华航唯实机器人科技股份有限公司上海分公司（简称"华航唯实"）、智能机器人设计研发公司深兰人工智能科技（上海）股份有限公司（简称"深兰科技"）、机器人检测机构上海电器科学研究所（集团）有限公司旗下上海机器人产业技术研究院有限公司（简称"上海机器人产研院"）等共同参与。

三、成效及创新点

1. 创新人才培养模式

（1）邀请企业工程师、行业协会人员一起制定机器人行业优秀工程师胜任力模型，以此指导培养方案的修订；经过 6 年的摸索，反复推敲，形成了特色鲜明的培养方案，得到行业专家的认可。完成上海市高等教育学会 2021 年度规划研究课题：应用型高校机器人专业人才素质胜任力模型建构研究（Y2-37）。

（2）按照工程认证要求进行专业培养方案的制订、教学大纲的制订及教学资料的归档。经过 6 年时间的反复推敲，逐渐形成了以应用技术为特色的分层渐进式培养体系：

1）初级目标（专业大类课、基础实践教学）：学生具备工业机器人行业所需要的基础理论知识和示教编程技能，可以从事工业机器人的操作及机器人相关自动化行业的工作。

2）中级目标（专业必修课、校内实践环节、三创课堂）：学生具备机器人建模及离线编程、机械设计基本知识，可以作为一线工程师进行工业机器人集成方向的工作。在校期间参加相关学科竞赛一项。

3）高级目标（移动机器人、机器人视觉等选修课、校外实践环节）：学生可以从事工业机器人、智能机器人方向的技术研发工作。考取研究生学历或出国继续深造。

（3）增加有效实践环节：

1）用两年时间和 500 万元的专项经费建设了"机器人应用技术创新实践中心"，作为校内实验实践基地。机器人应用技术创新实践中心如图 2 所示。

图 2　机器人应用技术创新实践中心

2）建立校外示范型实习基地（目前大部分为产业学院的共建企业）：已与上海伟星新材料科技有限公司、上海徕狄机器人科技有限公司、上海合时智能科技有限公司、上海赟丰机器人技术有限公司、上海电器科学研究所（集团）有限公司、华航唯实、上海辉驰包装设备有限公司、深兰科技等公司形成比较稳定的、符合行业发展方向的实习基地。同时对校外实习进行了精心安排，在第 6 学期最后连排四周，方便学生与企业接洽，安排接下来的暑假实习。

（4）在四年培养过程中紧密结合产业发展，提出教师引导、个人体验、企业专家分享相结合的培养链，使学生在读书期间明确自己的职业规划。具体做法如下：

1）第1学期由专业责任教授开设《专业导航》课程。

2）第2学期末，利用暑假发动学生深入家乡，进行区域机器人行业调研，进行沉浸式行业体验。并为学生申请了学校的社会实践项目——机器人产业调研。

3）第3学期开始，引导学生依据个人兴趣参加学校科协、机器人社团等学生社团组织，在社团社长的传帮带下，积极参加相关学科竞赛，在竞赛准备过程中，发掘自身潜力，提高自学能力、动手能力和团队协作能力，发现自己知识上的不足，逐渐明确后续的选课方向，实现从老师排课到自己选课的过渡。这种以赛促学的方式，大大提高了学生的时间利用率，因为自律所以自信。2020级学生在西门子挑战赛中取得上海市6个特等奖、3个一等奖、6个二等奖、1个三等奖的好成绩，大大提高了学生的自信及对专业的兴趣，同时增强了就业和考研的竞争力。

4）第6学期最后四周安排企业生产实习。经过6个学期的专业知识学习，学生们积累了一定的专业知识和技能，但企业才是这些知识技能最后的用武之地。产业学院的合作企业为学生搭建了很好的体验平台，也给了企业考查学生、选拔人才的机会。生产实习无缝衔接两个月的暑假，有意向的学生可以选择留在企业继续实习，这部分同学第7学期的选修课程可以在企业中完成（由于产业学院的存在，每个企业都会提供一些企业课程放在培养方案中第7学期的选修课程中）。如果双方合作愉快，学生第8学期的毕业设计可以继续选择企业课题，进入准工作状态。对企业、学生而言实现共赢。

2.利用智能机器人产业学院资源，帮助教师成长

（1）教学方面：

1）建设了机器人理论及实践课程教学团队，获评国家一流课程一门、上海市一流课程一门、课程思政建设两门、引企入教课程一门。

2）邀请产业学院中的10位企业工程师作为企业导师，参与到日常教学、科研中，其中校企共建课程要求企业工程师授课学时不少于1/3，通过与工程师的长时间交流，教师可以第一时间了解到社会需求，与企业建立紧密合作关系。

3）依托产业学院，建成库卡、上海机器人产研院两个双师培训基地，教师们利用寒暑假进入企业进行实践，将理论知识应用于专业实践，成长为教师和工程师双师型人才。

4）编写了多部教材，如创新应用型数字交互规划教材《工业机器人技术》，应用型本科规划系列教材《机器人技术及应用》《电气控制技术及PLC》《工业机器人技术及应用》，规划教材《自动控制原理》《自动控制原理习题集》。

（2）科研方面：教学相长，以研促教，以教带研。教师的研究方向逐渐聚焦，并取长补短，各有特色，形成良好配合的科研团队。经过几年磨合，逐渐形成明确的科研方向，主要集中在机器人控制算法研究、视觉系统研究、系统集成过程中遇到的技术难题研究。目前申请到国家自然基金面上项目、上海市浦江人才计划、上海市科委联盟计划多项；横向项目全员参与，与共建企业合作，取长补短，解决了多项实际生产中的难题。

3.搭建产学研服务平台，更好地服务社会

服务地方政府，已与地方政府共建机器人工作室，为当地企业输送人才。

上海应用技术大学顺应机器人产业发展趋势，聚焦工业机器人集成与开发领域，通过突破传统路径依赖，依托智能机器人产业学院，充分发挥企业作用，强化学科专业融合，摸索出一套技术创新和人才培养双协同机制，强化关键技术协同攻关，提升人才培养质量，开创校企共赢、深化产教融合育人新模式。

〔撰稿人：上海应用技术大学蒋文萍、荆学东〕

校企共建智能建造产教融合实训基地，培养高素质技术技能人才

一、项目背景

建筑业是四川省体量最大、影响最广的万亿级产业，是四川省省"5+1"产业布局的基础性产业，与30余个"5+1"产业直接相关，建筑业产值在四川省GDP中的占比保持8%以上。建筑业也是四川省实施"碳达峰、碳中和"等国家战略的重要支撑。

智能建造与建筑工业化是建筑业转型升级的方向，装配式建筑是智能建造与建筑工业化的重要内容。国务院办公厅出台的《关于大力发展装配式建筑的指导意见》等文件均明确提出大力推广装配式建筑，推动建筑业向智能化、工业化转型升级。这需要职业教育与建筑业转型升级进行深度融合，开展专业建设、人才培养、技术研发与转化等工作，为行业转型发展提供支撑。

二、项目简介

1.依托标准建设，立足岗位需求，设置实训条件

为满足智能建造技术等新专业的教学，四川建筑职业

技术学院（简称"学院"）以建筑信息模型（BIM）为基础平台、装配式建筑为载体，围绕"土木＋信息"实现课程体系变革与重构，基于建筑现代化技术研发应用平台、装配式建筑产教融合示范基地、中澳共建装配式建筑虚拟仿真实训基地、BIM 技术中心，优势资源互补，系统建设涵盖智能规划设计、智能生产、智能施工、智能管理全流程的建筑现代化技术研发应用平台（二期）——智能建造馆。智能建造馆共设置大数据中心、智能测绘、智能生产、智能放线、智能施工、智慧工地、智能检测、绿色建筑、混凝土结构工法楼、钢结构工法楼和构件堆放 11 个教学区域，围绕装配式建筑实体，建设全自动生产、施工、检测等设备，融入全过程 BIM 信息化平台、智慧实训平台，实现人与机器协同建造，提高智能化水平，满足智能建造全过程的认知教学、理论教学及实践实训的需要。

（1）智能建造馆设置情况。

1）大数据中心：智能建造指挥部，即作为智能建造实训基地运行管理中枢，也作为智慧工地管理中心。在对整个基地的运行管理方面，通过结合深化设计中心、测量中心、施工中心、运维中心等使用情况，实时动态监控实训基地整体运作情况，协助实训基地使用管理，打造虚实互动的可视化管理，让学生能够通过数据收集、数据分析的方式，掌握整体项目各项业务数据的应用方法，同时结合各阶段应用成果，将数据统一集成至项目管理平台中，打破各阶段成果数据只能独立应用的现状，完成项目现场的整体指挥及智慧决策。

2）智慧工地：智慧工地区域的搭建，实现对传统知识与信息、物联传感、人工智能、云计算等技术相互结合、深度赋能，智慧工地区域主要包含 AIOT 智能实操区、虚实结合数字孪生平台、智能建造虚拟仿真教学系统三大板块。

3）智能生产：通过自动控制技术、AI 视觉技术、3D 扫描技术、矩阵技术等智能化手段，采用机器人编程，自动控制模具组装、钢筋摆放、预留预埋等生产全流程。

4）智能放线：BIM 放样机器人具有任意设站、高程自适应、贯通点自适应、实时导航、实时检查、自动生成放样报告等多种先进功能，可实现智能化放样。

5）智能施工：基于全球导航卫星系统（GNSS），能够自动设定整平规划路径，实现混凝土地面的全自动整平施工。智能施工区域的教学及实训，培养了学生掌握基本规划机器人工作路线、工作方式的能力。

6）智能检测：聚焦装配式建筑、传统建筑质量检测，打造钢结构、混凝土结构、安装工程检测实训区域，每个区域设置 4 个检测台。通过运用智能检测仪器设备，培养学生建筑现代化技术质量检测能力。

7）工法楼：还原施工过程中结构构件安装、节点连接、装配式装修、安装工程等工艺做法，融入绿色建筑及智能传感技术。

项目建设情况如图 1 所示。

图 1   项目建设情况

（2）解决的实际问题及培养学生的能力。

1）通过"土木＋信息"智能建造实训基地，虚实结合还原建造全过程工作环节，解决建造过程中的识图、设计、生产、测量、施工、检测和组织管理等问题。

2）识图教学：培养学生掌握熟练运用 BIM 技术的能力。掌握智能设计能力。

3）智能设计：培养学生掌握无人机、点云技术运用，进行数据分析、方案设计。

4）智能生产：培养学生掌握熟练运用智能生产设备的能力。

5）智能放线：培养学生掌握智能测量放线的能力。

6）智能施工：培养学生操作智能设备的能力，以及懂得智能机器人施工作业的方法。

7）智能检测：培养学生运用智能检测设备，进行建造过程中的智能化检测及分析的能力。

8）组织管理：培养学生运用信息化管理平台及技术，进行人员、进度、材料等施工过程管理。

2. 依托职教集团，开展产教融合，推动校企深度融合

项目聚焦建筑业数字化转型升级的核心——智能建造技术，依托学院牵头组建的四川建设职业教育集团，与行业企业深度融合，组建教师及企业专家混编的实训教学团队，开发基于岗位能力需求的虚拟实训教学资源，满足学生自主学习的要求。合作建成的虚拟仿真实训基地能够实现在高校间、行业内共享优质教学资源。以智能建造技术专业和智能建造虚拟仿真实训中心为基础，按照"能实不虚、以实带虚、以虚助实、虚实结合"的原则，建设与现场实训资源相辅相成的虚拟实训资源库。

3. 依托虚实环境，应用立体资源，推进三教改革

（1）对标建筑行业前沿技术——智能建造技术，聚焦设计、生产、施工、质检，与企业联合开发智能建造虚拟仿真教学系统、智能建造实训管控平台。让先进的智能化技术与施工紧密相连，实现项目管理数智赋能、提质增效。

（2）以名师工匠为引领，提升"信息技术＋专业能力"为核心，逐步建立健全教师培养机制，打造一支由名师带工匠组成的高水平教师教学团队。

（3）开展案例式教学、体验式教学、交互式教学，全面推行基于"互联网+"的"线上+线下"混合式一体化教学模式创新，实施理论与实际一体化相适应实训创新教学体系、教学内容、教学资源和教学环境。充分利用数字化教学资源，创设"虚拟+现实"学习情境，解决教学内容中看不见、动不得、讲不清、难再现的教学难点，提高学生学习的主观能动性。

（4）创新通过大数据技术实现对教学数据的收集与分析，及时掌握学生的使用效果和反馈意见，并进行有效评估，提高虚拟仿真项目对实际实训体系的仿真精度，为实训课程的科学设置和调整提供依据。

（5）创新将自测自评、教师评价、大数据评价等评价方法综合运用，形成完备的实训评价及反馈体系。培养懂数字建造、会管理、善协作、能创新的现场工程师，为行业发展培养高质量、高水平技术技能人才。

智能建造虚实环境如图2所示。

图 2　智能建造虚实环境

三、成效及创新点

1.搭建装配式智能建造实训平台

实训平台由工程大数据应用中心、智能建造中心、工业机器人实训中心组成。搭建工程大数据中心，能够实现对各类项目工程信息、教学信息数据的呈现。智能建造中心能够实现"数字设计—智能生产—智能放线—智能施工—智能检测—智能运维施工"全过程的实训。建设工业机器人实训中心，将工业机器人技术运用到智能建造中，开展工业机器人在装配式建筑施工中的操作实训。

实训平台按照"应用型""仿真型"的实训基地建设原则，围绕装配式建筑实体，建设全自动生产、施工、检测等设备，融入全过程BIM信息化平台、实现人与机器协同建造，提高智能化水平的思路进行建设，满足智能建造全过程的理论实践教学、培训、参观、科研及社会服务的功能。形成工位500个，实训人数不少于5 000人次/年；教师、学生获国家级技能大赛奖项2项、省级10项；完成社会培训2 000人次/年。

2.形成"能实不虚、以实带虚、以虚助实、虚实结合"实践教学培养模式

以产业和企业智能建造发展方向为导向，贯穿理论教学、仿真课堂、实践实训三环节，并充分发挥人才培养的优势，辐射产业工人培训等，赋能社会服务。辐射建筑类中职教育，衔接建筑类职教本科教育，助力专业建设"中高本"贯通。实现各建造环节的单项实训，也可实现以装配式建筑工法楼、钢结构工法楼为载体的综合实训。点面结合，系统实践。

3."标准链"贯穿人才培养全过程

三教改革承载"标准链"，校企协同及时将新技术融入新标准，进入教学环节，首创开发基于实训全过程的智能实训信息化管理平台，模拟从项目的策划、施工准备、施工管理、进度控制、材料管理实训过程，实现数字化转型升级。促进智能建造技术技能人才培养的标准化、规范化，促进高素质智能建造技术技能人才的培养。

〔撰稿人：四川建筑职业技术学院黄敏、万健〕

多主体共建产教融合平台，切实提升专业建设内涵

一、项目背景

苏州是我国制造业大市，也是我国机器人产业的主要集聚区。2022年9月，苏州市发布了《苏州市培育发展机器人产业创新集群2025行动计划》，吴中区更是将机器人与智能制造作为创新集群核心产业，并确定了打造机器人与智能制造产业全国创新集聚"第一区"的目标追求。因此，如何紧密对接地方产业，精准发力，助推产业高质量发展成为苏州市职业大学面临的一个重要问题。

苏州市职业大学通过与产业协会、行业龙头企业共建产教融合平台，围绕人才培养、师资队伍建设、教学资源开发、实训基地建设、社会服务等方面建立更为广泛和深入的校企合作，在提升专业内涵建设的同时，也为地方产业培养更多复合型技术技能人才，助力产业高

质量发展。

二、项目简介

1. 以组织建设为基础，搭建产教融合平台

围绕苏州市机器人与智能装备产业发展和对技术技能人才的新需求，在政府部门的指导下，苏州市职业大学与行业协会、企业共建多个产教融合平台。2019 年 5 月，由苏州市职业大学、苏州汇川技术有限公司（简称"汇川技术"）牵头，联合汇川技术在苏重要系统集成企业苏州富强科技有限公司、苏州瀚川智能科技股份有限公司、苏州赛腾精密电子股份有限公司共建"汇川联盟学院"。2022 年 7 月，由苏州市职业大学牵头，会同苏州大学、吴中中等专业学校等区域内各类院校，依托苏州市机器人产业协会平台，与协会成员单位江苏汇博机器人技术股份有限公司（简称"汇博机器人"）、博众精工科技股份有限公司（简称"博众精工"）、苏州艾利特机器人有限公司等智能制造龙头企业，搭建苏州市机器人产业协会产教融合专委会，苏州市职业大学作为秘书长单位。2022 年 11 月，吴中区人民政府、中国机械工业联合会机器人分会、汇博机器人、苏州绿的谐波传动科技股份有限公司和苏州市职业大学签署"机器人产业学院"合作共建协议，发挥政行企校资源优势与资源共享，将机器人产业学院打造成为机器人产业人才培养高地和产学研合作示范平台。各类产教融合平台的搭建，为加强校企合作、提升专业建设内涵和开展校企协同育人夯实了基础。

2. 依托产教融合平台，深化专业内涵建设

苏州市职业大学依托各类产教融合平台，充分发挥各平台主体单位的优势，通过资源共建共享，围绕师资队伍建设、教学资源开发、实训基地建设、社会服务等方面开展广泛和深入的合作，取得了显著成效。

（1）实训基地建设。2019 年，苏州市职业大学与汇川技术、亨通集团有限公司（简称"亨通集团"）、博众精工合作申报"智能＋高端装备制造"省产教融合集成平台。平台聚焦苏州装备制造和电子信息产业集群，构建专业集群高质量协同发展支撑体系，创建教学与生产相融的高水平教学队伍，推动专业标准化建设，完善专业集群课程资源，创设与技能证书对应的实训教学环境，构筑产学研用技术创新高地，提升国际化建设水平。通过 3 年多的努力，取得国家级标志性成果 37 项，省级标志性成果 215 项，校级（市厅级）成果 581 项，过程性文件、资料 147 项。另外，苏州市职业大学还与北京赛育达科教有限责任公司、汇博机器人、上海发那科机器人有限公司等单位共建工业机器人应用编程"1+X"考核管理中心、FANUC 机器人授权培训中心，服务周边院校工业机器人应用编程职业技能培训与产业工人 FANUC 机器人技术培训。

（2）双师队伍建设。苏州市职业大学与汇川技术、博众精工、汇博机器人、亨通集团等企业共建双师培养培训基地，每年选派青年教师下基地开展实践锻炼；与企业建立人才双向互聘机制，选聘工业机器人专业群省产业教授 2 人、校产业教授 8 人，兼职教师 25 人，柔性引进行业高层次人才 3 人，有效提升了机器人技能大师工作室师资力量。2022 年，校企合作申报并获批江苏省职业教育"双师型"名师工作室和现代装备制造工艺技能传承创新平台。另外，苏州市职业大学助力亨通集团获批全国职业教育教师企业实践基地，汇川技术、博众精工获批职业教育教师企业实践基地，实现了校企合作双赢的局面。

（3）教学资源建设。2022 年 8 月，由苏州市职业大学主持，苏州科技大学天平学院、江苏省吴中中等专业学校、博众精工、苏州智能制造协会等 45 家单位合作共建的"智能控制技术专业教学资源库"建设项目通过教育部验收。苏州市职业大学还与博众精工、莱克电气股份有限公司（简称"莱克电气"）等单位共建"十四五"江苏省职业教育在线精品课程 5 门、省重点教材 6 本，其中"十四五"国家职业教育规划教材 2 本。

（4）产学研平台建设。苏州市职业大学围绕智能装备产业链，联合企业共建江苏省 3C 产品智能制造工程研发中心、江苏省智能制造职业体验中心、机器人领域东吴高技能人才培育基地等，打造开放共享、资源集聚的专业产学研服务平台，近 3 年，为汇川技术、苏州灵猴机器人有限公司等苏州地方企业培养智能制造复合型技术技能人才，同时为企业在技术创新、产品升级提供技术服务，累计到账经费 400 余万元，提高了社会服务贡献度。

3. 依托产教融合平台，推进校企双主体育人

依托企业（产业）学院，苏州市职业大学通过"专业＋产业""教学＋实践""招生＋就业"等分工链条，以功能整合方式，将学校、企业等主体和人才培养的各个环节有机联结，打造了政行企校多元协同"人才培养共同体"。依据苏州机电产业结构，不断迭代机电类课程体系，探索机电专业群人才培养模式路径和培养措施，服务产业发展。通过开展"冠名班""订单班""现代学徒制"试点，建立校企联合招生、联合培养、一体化育人的长效机制，使学生入校就有"学生""员工"双重身份，实现"招生"即"就业"，形成了全链条人才培育模式。苏州市职业大学复合型技术技能人才培养模式如图 1 所示。

另外，苏州市职业大学积极为企业开展"送教入企"项目，积极开展人社系统新型学徒制培训、项目制培训、技师研修班等培训项目，与汇川技术、亨通集团、苏州莱恩精工合金股份有限公司（简称"莱恩精工"）等企业开展技能培训，3 年来累计有 13 000 多人员提升了技能水平。重点专业开展面向社招人员招生，让企业员工 600 多人通过自身努力，提升了学历与技能。

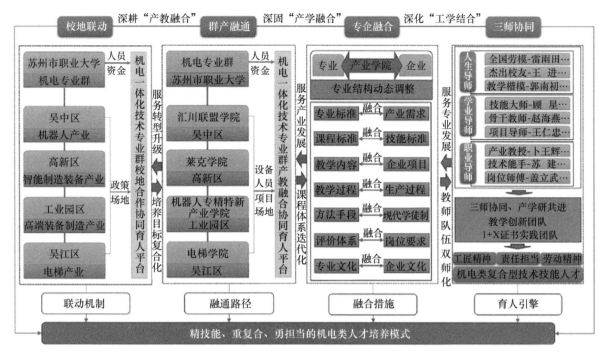

图1 苏州市职业大学复合型技术技能人才培养模式

三、成效与创新点

1.创建"育人为本、服务产业、提升专业"的现代产业学院

以学生为中心、苏州智能制造产业为牵引，与汇川技术、汇博机器人等多家龙头企业建立现代产业学院，科学定位专业人才培养目标，动态优化专业结构；与汇川技术等企业构建了"智能＋高端装备制造"省产教融合集成平台；构建对接产业的人才培养体系，提高人才培养质量，满足智能制造产业发展需要。2019年以来，苏州市职业大学与汇川技术、博众精工等企业连续开展的3届订单班学生在各类竞赛中获国家和省级以上奖项12项，包括国家技能大赛一等奖1项；学生问卷调查满意度高，培养人才均直接入职对接的岗位，薪资高，成长迅速，职业稳定发展，成为企业的创新之星、技术能手、优秀员工等，受到公司的高度认可。2021年，苏州市职业大学与远志科技、汇川技术、莱克电气联合申报的"融产业潮·建动力圈·筑成才梯—智能制造类专业人才培养探索与实践"获江苏省教学成果奖二等奖。

2.共建共享服务产业的专业教学资源库

由苏州市职业大学主持建设的"智能控制技术专业教学资源库"由智能制造博物馆（一馆），智能制造信息库、智能制造服务库（二库），智能制造技术课程资源中心、智能制造技术案例中心、智能控制技术学习中心（三中心），

29门专业课程和29套职业技能等级培训案例资源包组成。资源库注册用户达28 377人，平台总访问量1 185万人次。"智能机器人技术专业教学资源库"规划了智能机器人科普馆，专业标准库、专业课程库、素材库、虚拟仿真库，以及培训中心、技能竞赛中心、创新创业中心、成果转化中心等模块，已完成26门在线课程、17门微课建设，服务30多所院校，学员达5 511人。有效服务全国相关专业人才培养和企业职工的终生学习。

3.助力产业发展，持续开展高技能人才培训

依托产教融合平台共建的实训基地、教学资源和师资团队，苏州市职业人学面向校内学生积极开展以"1+X"为主的职业技能培训与考核。同时，苏州市职业大学主动走出去，服务装备制造企业，开展智能制造人才的技能培训。据统计，自2020年起已累计完成培训13 000人次高技能人才的社会培训。其中每年为汇川技术开展200多人次新员工的技术技能培训，为莱克电气、苏州通富超威半导体有限公司、莱恩精工、苏州东山精密制造股份有限公司等智能制造企业开展新型学徒制、项目制等培训共计20批2 800多人次。面向苏州市中小学生开展智能制造职业体验科普与培训2 000多人次。苏州市职业大学获评全国工商联人才中心产教融合示范实训基地、机械工业联合会机器人分会产教融合示范基地。

〔撰稿人：苏州市职业大学陆春元〕

"命运共通、集成共进、利益共享"，高质量推进机器人领域示范性职教集团建设

一、项目背景

根据教育部有关推进职业教育集团化办学指导意见和机械行业产教协同发展需要，由中国机械工业教育协会批复，于2015年10月成立机械行业智能制造技术职业教育集团（简称"职教集团"）。职教集团依托无锡职业技术学院（理事长单位）运行，是较早建立的全国性智能制造方面的职业教育集团。职教集团拥有完善的组织机构，建立了理事长单位和副理事长单位10家，成员单位96家。经过3年的建设，职教集团内拥有高职院校48个、中职学校17个、本科院校2个、技工学校6个、企业达28家、行业协会2家，其他成员单位3家。

职教集团鼓励教师联手开展科技创新、服务企业转型升级，把企业难题当课题，教师工程实践、技术应用能力得到较大提升，技术技能积累成果显著。各级财政资金总投入达300万元，主要用于集团内的教学研讨、技术合作和人才联合培养。

职教集团聚焦智能制造领域人才培养与职教服务，主动对接国家重大战略和区域经济发展需求，政行企校四方联动推进职业教育机器人领域的产教融合、校企协同建设，创造性实施"命运共通，融合育人""集成共进，六措并举""利益共享，成果共建"等关键举措，形成可借鉴、辐射广、引领作用突出的机器人产教融合优秀案例。2020年，职教集团被列入全国示范性职业教育集团（联盟）培育单位。

二、项目简介

机械行业智能制造技术职业教育集团由指导层、决策层、执行层3个层面组成。其中，指导层包括全国机械职业教育教学指导委员会、机械工业教育发展中心，决策层是职教集团理事会，执行层设有秘书处、人才培养工作委员会、校企合作委员会、企业专家委员会、教学改革委员会、促进就业委员会、现代职业教育研究委员会和对外交流委员会。

职教集团扎根智能制造领域服务装备制造业转型升级，覆盖机械制造与自动化、机电一体化、工业机器人技术、数控技术、模具设计与制造、电气自动化技术、应用电子技术、物联网应用技术等职业教育智能制造核心专业。深度推进产教融合校企合作，职教集团内校企合作产生的直接经济效益达6164万元，校企联合开展生产性技术攻关项目近30个，综合服务能力持续提升，为推动智能制造产业快速发展做出职教贡献。职教集团组织架构如图1所示。

图1 职教集团组织架构

职教集团在行业内开展平台建设，具体方案如下：

（1）人才培养模式的研究与实践。职教集团聚焦智能制造领域关键技术研发，以人才培养为基点，同步开发智能制造技术标准与教学标准，集团成员共建智能制造协同育人中心，汇聚技术、项目、标准等优质资源，打造具有示范引领性的职教命运共同体，建设成果辐射全国及"一带一路"沿线国家。职教集团共建成果如图2所示。

（2）创新建设职教集团中小微企业智能技改示范中心。职教集团坚持服务产业链的价值追求，为集团内外中小微企业提供技术与研发服务，实现纵横向科研到账6000万元，专利转让300项，社会培训30万人天。

职教集团科研项目——
智能仓储物流技术验证平台

职教集团校企共建智能产线

职教集团老师为马来西亚学员授课

职教集团现代学徒制教学现场

图2　职教集团共建成果

（3）打造"智能制造工程中心2.0"智能制造产教融合大平台。结合国家发改委"十三五"产教融合工程规划项目，建成3个千万级研究所；服务无锡千企技改，带动新增销售额50亿元；服务中小企业智能升级，在虚拟工业设计、智能生产、人工智能运用等方面攻关核心技术。智能制造集成平台架构如图3所示。

图3　智能制造集成平台架构

（4）建成国内首家"智能工厂国家标准的制定—验证—宣贯平台"。在"智能制造工程中心2.0"项目框架内，建设3个行业标准验证单元，完成4项国家标准验证工作。针对离散型智能制造、流程型智能制造等技术发展方向，主持和参与制订、验证国家标准10项，为行业500余家企业提供贯标服务。

三、成效与创新点

1.成效

职教集团设有"双高"院校4所，"双高"专业（群）9个；国家示范专业5个，省级重点专业16个。2022年，职教集团内新增第4批国家"万人计划"教学名师1人、省级教学名师14人；国家创新教学团队3个、省级教学团队9个。新增国家级教学成果奖4项、省级教学成果奖25项。建成教育部提质培优行动计划（2020—2023年）认定的协同创新中心4个、生产型实训集团3个、双师集团3个、虚拟仿真中心1个。

2022年校企协同完成生产技术服务项目50余项；校企合作开设订单班近100班次，培养毕业生1 100余人；

2 500 余名企业员工获院校技术培训；500 余名企业员工通过百万扩招进入职教集团内院校深造；150 余名企业员工

接受技能鉴定；协助企业举办员工技能大赛 5 次，参赛员工 160 余人。职教集团成果产出情况见表 1。

表 1　职教集团成果产出情况

类别	项目	国家级	省级	类别	项目	国家级	省级
专业集群建设	教育部教学标准研发	27	/	课程及资源建设	专业教学资源库	2	/
	高水平专业群	2	6		精品（在线）课程	29	49
	重点专业	18	14		规划（重点）材料	56	54
人才培养改革成效	职业院校技能大赛	25（一等奖）	60（一等奖）	产教融合平台建设	国家/行业标准研发	14	2
	创新创业类大赛	13	204		职教集团	1	1
	毕业设计/团队	/	53		实训基地、虚拟仿真基地、双创实践教育中心	4	9
	学生专利	1 237	/		工程研究中心、协同创新中心	/	8
	就业创业先进单位	1	7		产教融合平台	2	3
师资团队建设成效	教学名师、课程思政教学团队、科技创新团队	10	5	质量保证体系建设	全国首批诊改试点校	1	/
	专业教学团队、课程思政教学团队、科技创新团队	6	19		数字化校园样板校/产批智慧校园示范校	1	1
	教学（微课）大赛	4（一等奖）	30（一等奖）		入选质量年报	6	12
研究实践成果	1. 主持国家级教改课题 2 项，省级 33 项。 2. 发表 CSSCI、北大中文核心期刊论文 101 篇，出版相关专著 4 部。 3. 获教学成果奖省级特等奖 1 项，二等奖 2 项；市级特等奖 1 项；校级特等奖 1 项、一等奖 4 项。						

2. 主要创新点

（1）创新职业教育服务产业发展的方式路径。职教集团充分发挥覆盖产业链长、产业关联度高、人才培养层次结构全的优势，适应经济发展方式转变对技能型人才结构、规格、质量的新要求，强化行业对职业教育办学的指导作用和企业办学主体作用，同步推进办学模式、培养模式、教学模式、评价模式改革，促进产业链、岗位链、教学链深度融合，提高人才培养的吻合度、适用度。聚焦工业机器人技术、电气自动化技术、数控技术、物联网应用技术等技术研发应用，开展一带一路国家参与的智能制造专题项目对接。服务国家"走出去"战略，加强与跨国企业、境外院校合作，提升我国职业教育国际影响力和产业国际竞争力。

（2）创新职业教育服务区域协调发展的模式。职教集团主动服务国家区域发展战略和主体功能区战略，围绕

区域支柱产业和特色产业，统筹规划集团学校的专业布局和培养结构，为各地区根据资源禀赋和比较优势、发展各具特色的区域经济提供人才支撑。职教集团紧跟技术前沿，围绕智能制造开展各类项目研发，近两年院校完成项目金额共计 1 150 万元，企业承担建设任务 236 万元。职教集团成员共建五轴加工实训室、工业机器人实训室、智能制造执行系统实训室以及无锡智能制造实训集团等平台，实现互惠多赢。深入整合集团各类资源，充分发挥优质教育资源的引领、示范和辐射作用，在学校专业建设、实训集团建设、教师配置和互聘、教学资源和设施设备共享等方面加强合作，实现以城带乡、以强带弱、优势互补，促进城乡和区域协调发展。

〔撰稿人：无锡职业技术学院俞红梅、徐安林〕

"小企业·大师傅"育人实践
——助力省域中小企业"专精特新"发展

一、项目背景

中小企业是我国经济的"毛细血管",是扩大就业、改善民生、促进创新创业的重要力量。

相对大企业而言,中小企业规模相对较小,吸引力较弱,存在大量的"一岗多能"的复合岗位需求,并且中小企业要高质量发展,技术革新是关键。而高职学生就业的中小企业意愿不强,难以胜任中小企业"多面手""善技改"的岗位能力要求。

为满足湖北省中小企业对高素质技术技能型人才需求,武汉交通职业学院聚焦学生职业素养、技能和创新能力培养,以特种机器人专业为"试验田",提出"小企业·大师傅"的育人理念,立足于"微素养＋微技能＋微创新",以修匠心、练匠技、育匠才为抓手,系统构建了"学做微工"培养模式,探索出一条"守正·精进·攻坚"一流工匠培养新路径。

二、项目简介

武汉交通职业学院聚焦中小企业高素质技术技能型人才需求,提出了"小企业·大师傅"育人理念,即培养扎根中小企业,具备"大匠心、多面手、善技改"特质的大师傅。联合省域中小企业共同研制出"新型中小企业工匠综合能力标准"。

武汉交通职业学院协同湖北省部分小企业构建了"学做微工"育人模式,即从微小的细节抓起,立足于"微素养＋微技能＋微创新",以"修匠心、练匠技、育匠才"为抓手,围绕职业素养,构建"初心教育—信心教育—匠心教育"的"三年三心"素质养成体系;围绕职业技能,构建"基本技能—专项技能—综合技能—岗位技能"的"实战工坊"技能训练体系;围绕创新能力,构建"创新意识—创新能力—创新实践—创新成果"的"发明课堂"创新培育体系;基于素质、技能和创新,搭建了三大教学体系,创新综合育人评价机制,实现了人才供给侧和产业需求侧的精准对接。"学做微工"培养模式如图1所示。

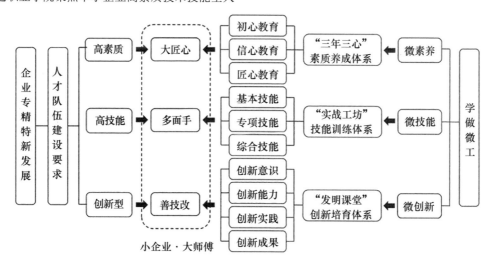

图1 "学做微工"培养模式

三、项目成效

1.产教融合,协同育人

深入推进和实施"产教融合,协同育人"育人模式。10年来,学生的职业素养、技能水平和创新能力显著提升,并取得了丰硕成果。一大批毕业生扎根中小企业成为"大师傅"。学生授权专利324项,学生获"挑战杯""互联网＋"全国总决赛特等奖1项、银奖2项、铜奖1项,全国职业院校技能大赛一等奖5项,省部级以上竞赛共计150余项。毕业生彭文成获评全国劳动模范,朱永熙等16人获中国大学生自强之星、湖北向上向善好青年、长江学子和湖北省技术能手奖项。

2.科教融汇、服务产业

定向省域中小企业326家企业,攻关企业"卡脖子"技术80余项,校企合作开发产品70余项。建立校企"揭榜制"科技成果转化制度,完成158项科技成果转化及企业技改项目,社会服务收入6 514万元。

3.三教改革,成果共享

武汉交通职业学院协同湖北省多家装备制造企业和院校,建成 4 个国家级实训基地、第 46 届世界技能大赛"移动机器人赛项"中国集训基地,主持建设国家级教学资源库 1 项、国家规划教材 20 部,获评首届全国优秀教材建设奖 1 项。武汉交通职业学院的优秀团队获评"首批国家教师教学创新团队"1 项,18 名教师获评全国优秀教师、湖北省五一劳动奖章、湖北省十佳师德标兵等省部级荣誉,数十名教师在国家和省级教学竞赛中获优异成绩。

〔撰稿人:武汉交通职业学院任晋宇〕

铁路精神引领下的示范性职教集团建设

一、项目背景

湖北作为制造业大省,在省委十一届九次全会上提出构建"51020"现代产业体系。即 5 个万亿级支柱产业、10 个五千亿级优势产业、20 个千亿级特色产业集群。武汉铁路职业技术学院在"立足铁路、服务湖北、面向社会"的办学定位指引下,以就业为导向,积极对接湖北"51020"现代产业集群和轨道交通行业,主动提供优质人才服务,深化产教融合。组建的湖北轨道交通职业教育集团(简称"职教集团")吸引多所湖北本地企事业单位的积极参与,搭建了一种新型的校企合作、工学结合、产学研结合的协作联合体。理事会各成员间在人才、技术、设施、师资、培训、实训等方面协调互补交流合作。

二、项目实施

1.组织建设

职教集团理事会下设 5 个分理事会,武汉铁路职业技术学院担任理事长。其中,职教集团理事会智能制造分理事会通过武汉铁路局集团、武汉华中数控股份有限公司(简称"华中数控")、武汉华星光电技术有限公司(简称"华星光电")、东风乘用车有限公司、格力电器(武汉)有限公司等分理事会成员力量,共建机器人实训基地,预期在定向人才培养、就业实习基地、人力资源提升、课题开发等方面开展供需对接就业育人项目。基地面向其轨道交通装备、智能制造装备及其在新一代信息技术(光芯屏端网)、汽车制造、现代化工及能源领域应用的相关岗位集群,培养"智能制造装备产业链"中下游产业急需的"安全优质"高素质技术技能人才。职教集团 2022 度工作会议如图 1 所示。

图 1　职教集团 2022 度工作会议

2.强化安全生产的"2+1"人才培养模式

武汉铁路职业技术学院与中国铁路武汉局集团有限公司统筹制定教学计划,联合开展培养工作,分工实施教学任务,共同监管教育质量,实现既有理论教学,又有实践教学的"2+1"人才培养模式,以保证合作办学得到顺利实施。"2+1"人才培养模式按照典型职业岗位的工作内容为依据,设置了安全课程体系,以岗位生产过程为依据安排教学进程,以课堂教学和现场实践教学交替为主要形式,按照在校一年级着力培养智能制造的基本知识和基本方法,二年级着力培养智能制造设备的操作编程、系统维护、系统集成等核心技能,企业在第三年提供参观实习、岗位实习的场所和设施如,以企业为主导共同培养学生专项岗位技能,推进学生就业。中国铁路武汉局集团有限公司岗前培训典礼如图 2 所示。

图 2　中国铁路武汉局集团有限公司岗前培训典礼

3.高水平赛项竞技,高标准学生培养

为大力实施人才强国战略,弘扬工匠精神,培养和选拔高标准的技能人才,助力湖北机器人产业发展,2022 年 7 月 6 日,职教集团理事会智能制造分理事会协同北京华航唯实机器人科技有限公司等共同举办了湖北省职业技能系列竞赛活动工业机器人赛项。另外,武汉铁路职业技术学院还承办了职业技能大赛"华航唯实杯"工业机器人集成应用竞赛、机电一体化比赛等。通过制定高水平的竞赛内容,促进教学内容的升级,达到以赛促教的目的,培养出高素质技能人才。

4.学校与机器人生产企业、机器人应用企业共建教学基地

2022 年,依托职教集团,武汉铁路职业技术学院与武

汉海默机器人科技有限公司签订战略合作协议，研究机器人系统集成人才培养的新途径、新方法，开发了"临场课堂"教学的实践路径，形成了"早融入、多岗位、反复实践"的教学组织要求，共建集实践教学、社会培训功能于一体的机器人系统集成的实训场、施工场。武汉铁路职业技术学院专任教师与企业研发技术人员双向兼职，共同开展技术实训、应用，开发实训项目、活页式、工作手册式教材。依托职教平台，学生先后进入东风汽车股份有限公司、华中数控、华星光电等多个湖北智能制造领域，培养了一大批掌握机器人系统仿真、机器人系统操作及机器人系统集成的技能型人才。实现了产业链、创新链、教育链、人才链的高效融合，达到了企业、行业、学校部门三个主体相互协同培育，构建了以岗位需求为牵引、跨界要素融合为催化能力的创新人才携手培养的临场教育模式。临场教学基地如图3所示。

图3　临场教学基地

5. 以社会服务为纽带，进行铁路文化输出

2022年7月，武汉铁路职业技术学院以继续教育学院为主平台，其他学院并行，开展"武铁学子助力铁路暑运"实践活动，举办各类社区培训，服务轨道交通行业及本地龙头企业，成立各项技能考证班，对外输出新时代高铁精神，弘扬爱岗敬业、求实创新精神，服务近万人次。获得"武汉市职业技能等级认定机构"资质，获批13个职业工种认定资格，服务理事会成员。

三、成效及创新点

1. 创新职业教育人才培养模式

随着国内经济飞速发展，智能制造行业领域细化分支众多，产生了同专业下学生个体就业意愿不一致性与单个企业需求之间的矛盾。"2+1"人才培养模式为学生构建专业基础知识构建，在培养的最后一年，各类企业提前与学生相互了解，共同培育择选意愿。人才培养模式的创新提供了更多的细分领域就业机会，拉近了学校与社会的距离，解决学生就业的多样化需求。

2. 创新职业教育服务区域经济的校企合作模式

职教集团的成立，加强内外教育资源的共享，为机器人的教学提供了丰富的教学资源，激发了师生的创造力，开发了多门优质线上课程资源，提高了课程吸引力，提升了教学质量。2022年，武汉铁路职业技术学院智能制造学院竞赛团队喜获首届世界职业院校技能大赛智能产线安装与调试赛项"金奖"，"金砖国家职业技能大赛工业4.0"赛项省赛选拔赛一等奖等多个佳绩。

〔撰稿人：武汉铁路职业技术学院沈琛〕

创新引领，融在关键，合为一体，共促发展
校企共育白酒智能酿造现场工程师

一、项目背景

宜宾市是首批国家产教融合试点城市，也是四川省唯一的市厅共建"学教研产城一体化试验区"，宜宾市委市政府坚持"产、教、城"一体规划布局，高质量推动高等教育园、高等职业教育园、大学科技园建设。近年来，宜宾战略性新兴产业逢勃发展，6大产业园区481户工业企业与12所院校、13所产业技术研究院及7个院士工作站融合发展，规模以上企业100%参与校企合作。"城市围绕大学建、产业依托教育兴"的"宜宾模式"引起各界关注，"以产兴教、以教助产，产教融合"良性循环发展的格局已基本形成。

宜宾职业技术学院是宜宾市人民政府举办的全日制综合性普通高等职业院校，学院始终坚定产业与教育跨界融合的办学导向，坚持经济规律与教育规律协调统一的发展理念，确立"政行校企一体化"的产教融合发展思路，紧扣国家战略和地方产业构建高水平产教融合生态圈，推动学校与企业一体联动、产业与育人相互成就，基本形成了以"融在关键各取所需、合为一体相互成就"的产教融合开放发展态势。

白酒产业是宜宾地区的优势产业，宜宾拥有以四川省宜宾五粮液集团有限公司（简称"五粮液集团"）、宜宾南溪酒业有限公司等为主要代表的优质白酒产业集群。2022年，五粮液集团推行高质量倍增工程，持续强化行业创新主体地位，以加速技术创新和工艺改进，推动白酒产业向高端化、智能化和绿色可持续发展转型，引领打造世界级优质白酒产业集群。

二、项目介绍

宜宾职业技术学院与五粮液集团已有40余年合作史。2012年，双方联合成立"五粮液技术与食品工程学院"产业学院，已合作办学11年。近年来，校企依托智能酿造

和数字经济发展需要，探索白酒产业高端化、智能化、绿色化发展途径，携手开展"白酒智能酿造现场工程师培养"项目建设，联合培养兼具酿酒工艺、智造装备、技术改造、生产管理等岗位能力的复合型工程领域技术技能人才。

1. 五合五共，创设校企产教融合生态

宜宾职业技术学院与五粮液集团联合办学，形成了"二重突破、三联机制、四面融合"的校企合作经验。在新发展时期，依托宜宾区域产业发展格局，宜宾职业技术学院牵头省级市域产教融合联合体，打造校企融合生态，通过与五粮液集团支部共建形成价值共同体、组织共管形成行动共同体、人才共育形成育人共同体、文化互融形成情感共同体和项目共研形成利益共同体的"五合五共"机制，创设校企命运共同体。该校企合作案例入选 2021 年教育部产教融合典型案例。基于市域产教融合体的校企融合生态如图 1 所示。

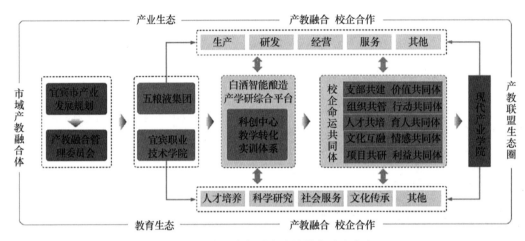

图1　基于市域产教融合体的校企融合生态

2. 科创引领，校企共建协同创新平台

校企依托产业学院、白酒智能酿造装备技术中心和白酒酿造技术研究中心，共建"1+2"科研创新平台，组建校企联合团队，围绕白酒智能酿造关键技术、重要工艺等问题，开展技术共研和创新转化。近 3 年来，校企推进技术成果应用 20 余项，转化为教学实训创新项目 90 余个，实现"科技创新＋技术转化＋生产应用＋产教研转"的创新驱动，以产业技术牵引教育改革。"1+2"科研创新平台如图 2 所示。

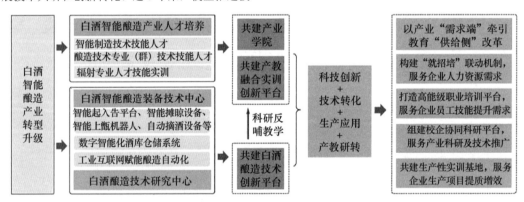

图2　"1+2"科研创新平台

3. 引产入教，需求导向重整专业集群

根据白酒智能酿造产业发展及其人才需求现实，确立新的人才培养规格与目标，推行现代学徒制人才培养改革，以"机电一体化"和"酿酒技术"为核心专业，重整白酒智能酿造产业支撑专业集群，提高人才培养精准度，支撑现代化白酒酿造产业转型发展。专业课程体系重构逻辑如图 3 所示。

4. 产训同步，育智能酿造现场工程师

围绕企业生产过程和岗位要求，创设与生产同步的"双线并行、产训同步"实践训练环境，以此推动教学模式、学习方式等教学改革，形成了校企协同的"依岗设课、定岗施教、轮岗研学、以岗定考"现场工程师培养模式，近 3 年培养了 436 名白酒智能酿造产业专门人才，产业链就业毕业生达 3 272 人，近 40% 在宜宾就业，职业教育的产业匹配度和适应性显著提升。双线并行产训同步的人才培养模式如图 4 所示。

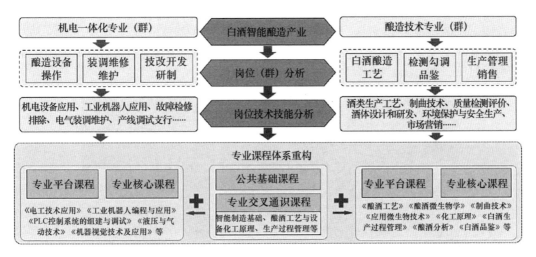

图 3　专业课程体系重构逻辑

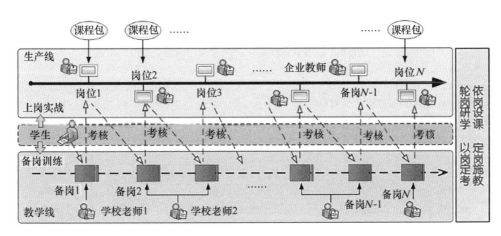

图 4　双线并行产训同步的人才培养模式

5. 数字赋能，共创虚拟仿真实训基地

为推动数字化技术赋能现代企业和教育，校企联合打造系统化虚拟仿真平台，共建"匠心善酿"虚拟仿真实训基地。先后形成 73 个生产案例，建成 144 个虚拟仿真项目，配套操作指导手册 21 册，开发 138 个专题资源包等，已建成国家级虚拟仿真实训基地，近两年年均受训学生达 2 104 人，年均开展企业员工培训数为 10 142 人次，有效解决了实践教学"看不见、进不去、高成本、高危险"的窘况，提高了人才培养质量。"四阶段"虚拟实训教学如图 5 所示。

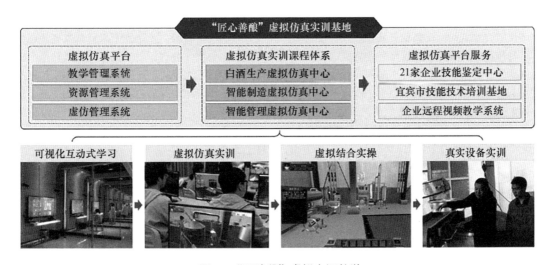

图 5　"四阶段"虚拟实训教学

6.产教融汇，助力白酒酿造转型发展

针对白酒智能酿造的多个技术岗位需求，校企联合技术团队，共同保障了生产各环节的运维等工作，智能酿酒专用机器人已能实现自动化起入窖、精准配糟、机器人上甑、自动装箱等工业生产；校企共建了白酒大数据中心，为企业生产、决策和销售提供数字依据，助力企业的转型发展。白酒智能酿造生产线及专用机器人如图6所示。

图6　白酒智能酿造生产线及专用机器人

7.师技互通，提升专业关键办学能力

校企合作建立"双向兼职、双向服务、双向评聘"的人力资源互通体制；在校内建双师发展中心，在企业建立企业实践基地，实施教师多元化培训机制；建立"专业校企双带头人"制度，企业技术人员兼职专业建设和课程教学，从而促进教师和技师队伍建设，提升专业的关键办学能力。产教"双师"融合发展如图7所示。

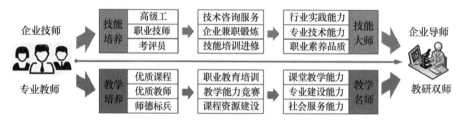

图7　产教"双师"融合发展

三、创新点

1.创新开展校企一体化深度融合范式

精准对接宜宾白酒产业集群，校企40年合作追溯，10余年合作育人，抓牢职业教育产教融合发展核心环节，构建校企一体化融合模式：一是共创"五合五共"校企命运共同体；二是按产业的需求导向重整专业集群；三是共建校企协同创新平台，引领职业教育"融入产业"；四是创新了白酒智能酿造现场工程师产训同步的人才培养模式；五是数字赋能，推进职业教育向数字化教育模式转型；六是产教融汇，学校助力白酒酿制转型发展；七是校企人员互通，提升专业人才培养办学能力。

2.发展了职业教育产教融合办学理念

新时代职业教育是教育规律与经济规律跨界融合的教育，一是必须坚持把校企合作作为提升职业教育关键办学能力的首要途径，以产业思维引导教育发展改革，凸显职业教育的类型特征；二是要紧跟科技发展，逐步由传统教育方式向数字化教育、教育数字化模式转型；三是要深入推进科教融汇，强化"产学研转创"体系建设，促使职业教育完成由紧跟产业、服务产业向引领产业、创造产业的角色转变。

〔撰稿人：宜宾职业技术学院智能制造学院杨军、陈琪、王赛〕

智能制造技术专业群"双驱动，六协同"校企合作模式探索与实践

一、项目背景

随着智能制造技术在各行业应用不断深入，相关产业对高素质技术技能型人才需求越来越迫切。重庆科创职业学院（简称"学院"）主动适应重庆市成渝地区对智能制造等战略性新兴产业技术技能型人才需求，积极探索产教融合校企合作新模式、新机制，促进智能制造教育链、人才链与产业链、创新链有机衔接，逐步构建并完善了智能制造专业群"双驱动，六协同"校企合作模式，专业群建设成效显著，基本形成了校企育人效益和经济效益双赢局面。

二、项目简介

学院主动适应成渝地区对智能制造等战略性新兴产业人才需求，积极主动与骨干企业开展校企合作，充分发挥校企双方优势与双元主体作用，探索校企合作新模式、新机制，创新性地构建并实践了"双驱动，六协同"校企合作模式，基本形成了校企育人效益和经济效益双赢局面。

"双驱动，六协同"是指学校和企业结成利益共同体，开展实体化运作。从六方面推进校企深度融合：一是共建产业学院，建立长效合作机制；二是共建实训基地，推进工学深度结合；三是共建教学资源，推进课证双向融通；四是共建双师团队，优势互补协同育人；五是共建技术平台，提升服务能力水平；六是共建众创空间，促进双创成果转化。"双驱动，六协同"结构如图1所示。

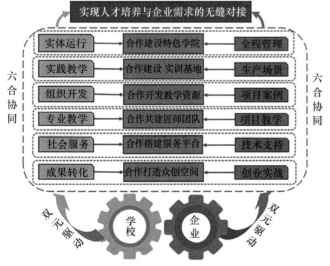

图1 "双驱动，六协同"结构

1.共建产业学院，建立长效合作机制

在重庆市永川国家高新技术区主导下，2018年，学院与华中数控有限公司（简称"华中数控"）和长城汽车股份有限公司（简称"长城汽车"）分别共建"科创华数智能制造学院""科创长城汽车学院"两个产业学院。政校企共同组建校企合作理事会，通过制定章程和系列管理制度，明确政校企各方主体责任和权利；共同探索校企合作新模式、新机制，促进智能制造教育链、人才链与产业链、创新链有机衔接。2022年整合各方资源，成立西部智能制造与机器人产业学院，并于2022年6月获批重庆市现代产业学院。

在共建产业学院的背景下，校企联合申报了重庆市级重点课题《政府指导下高职院校校企合作机制研究》，共同研究构建职业教育产教融合全过程评价体系，对校企合作从项目申请到建设成效展开全方位评价，并通过最终评价结果动态调整校企合作机制与评价内容，形成一套可推广复制的产教融合校企合作生态理论。

2.共建实训基地，推进工学深度结合

按照校企合作理事会章程，学院将硬件资源与企业资源有机结合，共同投入6 200余万元软硬件设备，建设了与行业技术发展同步的华中数控智能制造生产实训基地、长城汽车实训基地、重庆市级智能制造高技能人才培养基地、永川区智能制造开放实验室及智能装备检验检测平台，推进工学深度结合。

校企合作理事会以生产实训基地为依托，将智能制造专业群实践课程体系与生产性实训有机结合，承接华中数控、长城汽车及其产业链企业的生产订单，年均产值超过1 300万元，实现育人效益和经济效益双丰收。实训基地于2019年获批教育部"生产性实训基地"，2021年获批重庆市"重庆市高技能人才培训基地"，2022年获批工业和信息化部"工业互联网产业人才基地"、重庆市"西部智能制造与机器人高水平专业化产教融合实训基地"称号。

3.共建教学资源，推进课证双向融通

学院智能制造专业建设委员会按照专业设置与产业需求对接、课程内容与职业标准对接、教学过程与生产过程对接的要求，组建教学资源开发团队，共同编写教材、开发实训项目、建设在线开放课程，推进课证双向融通。

学院教学资源开发团队以职业岗位能力需求为核心，将智能制造新技术、新工艺引入课程，以实训设备为专业群共同教学载体，构建以能力培养为主线，"基础通用、模块组合、各具特色"的专业群课程体系。学院建成"工业机器人专业教学资源库"重庆市职业教育专业教学资源

库 1 项，开发的《工业机器人现场编程》《单片机技术与应用》等课程获批国家精品课程。2022 年，学院开发的《机械制图》《单片机应用技术》等课程获批重庆市在线精品课程，编写的《电路仿真与 PCB 设计》入选国家

"十三五""十四五"规划教材，编写的《电气控制技术项目化教程》获全国技工教育规划教材。"平台＋模块＋方向"专业群课程体系如图 2 所示。

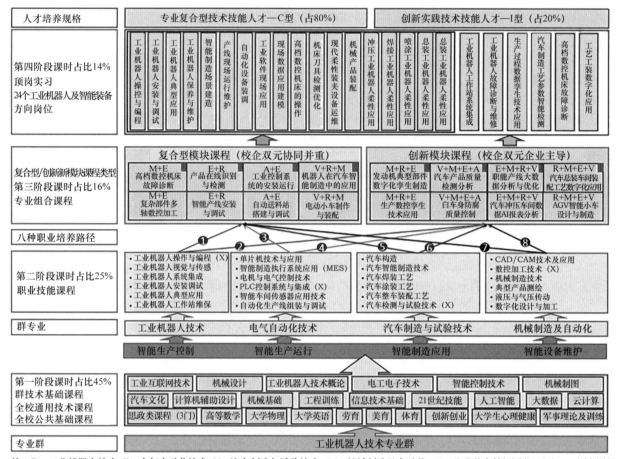

注：R—工业机器人技术　E—电气自动化技术　V—汽车制造与试验技术　M—机械制造及自动化　■—职业能力等级证书　(X)—X证书课程

图 2　"平台＋模块＋方向"专业群课程体系

4.共建双师团队，优势互补协同育人

学院与华中数控在校内共同建设工业机器人应用技术"双师型"教师培训基地，以企业技术改造和技术推广项目为平台，组织企业共同制定师资培养标准，共同开展教师培训、管理及考核。该基地面向全国职业院校，年均培养智能制造专业师资 300 名。2019 年，获批教育部"双师型"教师培训基地。工业机器人技术教师团队于 2022 年获批重庆市高校黄大年式教学团队。

校企合作理事会制定《校企专业带头人和骨干教师聘用管理办法》《专业教师企业实践锻炼管理规定》等多项制度，多措并举加强双师队伍建设。聘请校企合作企业和行业具有影响力的专家、能工巧匠作为学院兼职教师，并采用"1 名兼职教师＋1 名校内专业教师"的教学模式，共同完成教学任务，优势互补协同育人。

5.共建技术平台，提升服务能力水平

校企合作理事会整合优质资源，建成了工业机器人国

家级"协同创新中心"、重庆科创智能装备研究院等国家和省部级平台，面向企业开展技术研发和技术服务。建设了重庆市级高技能人才培养基地和科普教育平台，面向企业员工、重庆大学等高校本科和研究生、成渝地区中小学生，开展智能制造培训鉴定和科普教育，年均超过 3 000 人次。2022 年获批中国科协全国科普教育基地、重庆市中小学校外科普特色基地。重庆科创职业学院机器人及智能装备科普基地认定情况如图 3 所示。

同时，校企合作理事会分别与华中数控和科大讯飞股份有限公司（简称"科大讯飞"）共建了 2 个高新技术创新团队，完成了《基于大数据的智能制造装备远程诊断与控制关键技术研究》等 28 项技术研发和技术改造项目，拥有各类专利 86 项，为企业创造经济效益超过 3 000 万元。

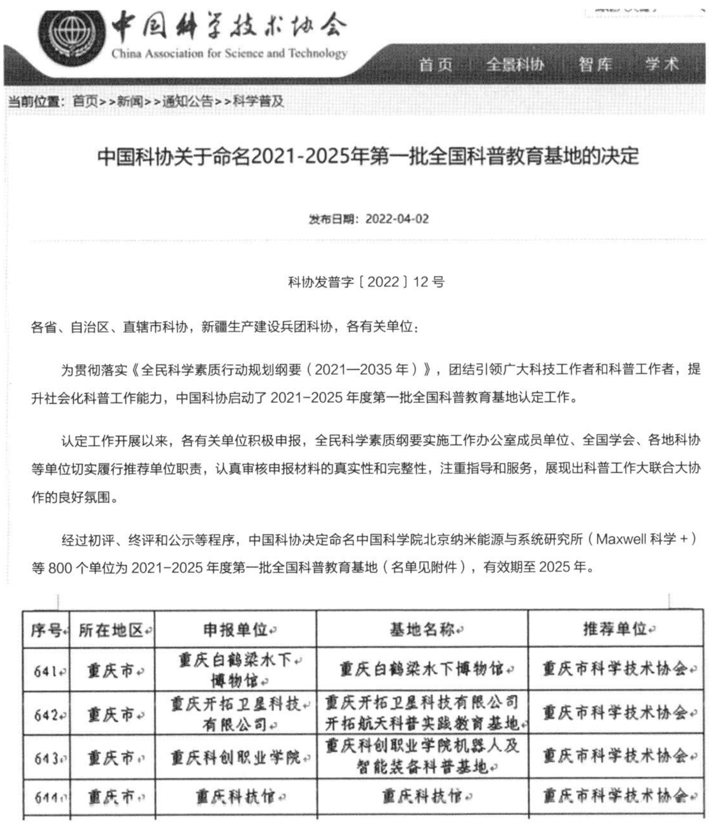
中国科学技术协会
China Association for Science and Technology
首页 全景科协 智库 学术

当前位置：首页>>新闻>>通知公告>>科学普及

中国科协关于命名2021-2025年第一批全国科普教育基地的决定

发布日期：2022-04-02

科协发普字〔2022〕12号

各省、自治区、直辖市科协，新疆生产建设兵团科协，各有关单位：

为贯彻落实《全民科学素质行动规划纲要（2021—2035年）》，团结引领广大科技工作者和科普工作者，提升社会化科普工作能力，中国科协启动了2021-2025年度第一批全国科普教育基地认定工作。

认定工作开展以来，各有关单位积极申报，全民科学素质纲要实施工作办公室成员单位、全国学会、各地科协等单位切实履行推荐单位职责，认真审核申报材料的真实性和完整性，注重指导和服务，展现出科普工作大联合大协作的良好氛围。

经过初评、终评和公示等程序，中国科协决定命名中国科学院北京纳米能源与系统研究所（Maxwell科学+）等800个单位为2021-2025年度第一批全国科普教育基地（名单见附件），有效期至2025年。

序号	所在地区	申报单位	基地名称	推荐单位
641	重庆市	重庆白鹤梁水下博物馆	重庆白鹤梁水下博物馆	重庆市科学技术协会
642	重庆市	重庆开拓卫星科技有限公司	重庆开拓卫星科技有限公司开拓航天科普实践教育基地	重庆市科学技术协会
643	重庆市	重庆科创职业学院	重庆科创职业学院机器人及智能装备科普基地	重庆市科学技术协会
644	重庆市	重庆科技馆	重庆科技馆	重庆市科学技术协会

图3　重庆科创职业学院机器人及智能装备科普基地认定情况

6. 共建众创空间，促进双创成果转化

学院依托创新创业科技园，引入华中数控和科大讯飞产业链上优质资源，加强“人工智能+智能制造”创新创业生态圈建设，培育孵化智能制造、人工智能、大数据和“互联网+”创新创业项目，促进成果转化，培育高新技术企业，推进教育链、人才链与产业链、创新链有机衔接。

创新创业科技园每年引进智能技术相关创新创业项目超过15个，大力推进双创成果转化。3年来，成功培育孵化了4家高新技术企业，拥有发明专利17项。师生在各级各类创新创业大赛中成绩突出，其中荣获国家级奖项4项，省部级21项。2020年4月，创新创业科技园被科技部认定为国家级备案众创空间。

三、成果成效

学院依托智能制造专业群，探索校企合作新模式，构建并完善了“双驱动，六协同”的长效合作机制，专业群建设成效显著，人才培养质量不断提高，社会效益和经济效益良好，基本实现了学校和企业实现育人效益和经济效益双赢的局面。

1. 专业群示范性明显增强

智能制造专业群建设水平显著提升，示范作用逐步显现：计算机应用技术专业被认定为国家级骨干专业；工业机器人技术专业获批教育部现代学徒制试点、工业和信息化部产教融合专业；智能制造实训基地获批教育部生产性实训基地，重庆市高水平专业化产教融合实训基地、重庆市高技能人才培训基地、示范性职工培训基地；《电路仿真与PCB设计》入选国家“十三五”“十四五”规划教材；工业机器人获批教育部“双师型”教师培训基地；工业机器人工程研究中心获批教育部协同创新中心；创新创业科技园被科技部认定为国家级众创空间。

2. 专业人才培养质量显著提升

“双驱动，六协同”校企合作模式整合了校企教育教学优质资源，智能制造专业群人才培养质量显著提升。校企合作新模式下，近3年，学生在全国智能制造专业技能大赛中获奖16项。就业率和就业质量显著提升，毕业生就业率超97%，对口率达92%，其中53%的毕业生进入华中数控、长城汽车等龙头企业及其产业链上的合作企业就业；6%的毕业生走上创业之路，其中智能制造相关专业毕业生开办的4家公司已成长为高新技术企业。

3. 校企合作模式推广成效显著

校内推广成效显著。校内人工智能学院大数据专业群采用“双驱动，六协同”校企合作模式，先后与知名企业共建“科创讯飞人工智能学院”“科创蓝桥大数据学院”；校外推广硕果累累。华中数控、科大讯飞先后与重庆电子工程职业学院等12所“双高院校”组建了实体化运作的“讯飞人工智能学院”或“华数智能制造学院”，并按照“双驱动，六协同”校企合作模式推进专业群建设，均取得了显著成效；成为西部职教基地建设典范。重庆市永川区政府充分肯定“双驱动，六协同”校企合作模式，并对该模式在西部职教基地中大力宣传推广，组建了 4 个产业学院，运行状况良好。西部职教基地建设管委会充分借鉴了"双驱动，六协同"模式中的《师资共建共享制度》，并于 2021 年 5 月颁布了《西部职教基地共享优质师资管理办法》（永川府办发〔2021〕47 号），着力构筑"师资共享、专业共建、人才共育、设施共用"的职教发展新优势。

4. 企业育人和经济效益稳步提升

华中数控等企业通过"双驱动、六协同"校企合作模式，在人才就业回馈、生产实训和院校技术反哺等方面取得了良好效益。企业参与学校人才培养，不仅满足了对技术技能型人才规格的需求，同时为战略发展储备了人才；企业以生产实训基地实为依托，解决了用工短缺，降低了生产成本，取得了良好经济效益；创新群体完成的《基于大数据的智能制造装备远程诊断与控制关键技术研究》项目，解决了智能制造企业智能装备的运行维护问题，成果转化超过 2 000 万元。

〔撰稿人：重庆科创职业学院陈茂涛〕

中国
机器人
工业
年鉴
2023

企 业 篇

记录机器人行业主要骨干企业、联盟优秀会员单位
发展情况

综述篇
大事记
产业篇
地区篇
园区篇
标准检测认证篇
产教融合篇
企业篇
应用篇
人物篇
政策篇
国际篇
统计资料
附录

中国
机器人
工业
年鉴
2023

企业篇

2022 年机器人上市公司运行概况

上市公司的运行情况是行业发展态势的一个风向标，对分析所在行业的运行与发展具有重要意义。为此，中国机器人产业联盟重点监测了部分机器人题材上市公司（主要是工业机器人本体、系统集成和服务机器人公司，根据2022 年年报情况，共计 86 家企业机器人相关营业收入占公司营业收入的 10% 以上），分析相关企业的财报数据，从一个侧面展现行业的运行状态，丰富当前对机器人产业的分析与研究。

2022 年中国机器人产业联盟重点监测的 86 家机器人上市公司见表 1。

表 1 2022 年中国机器人产业联盟重点监测的 86 家机器人上市公司

序号	证券代码	公司名称	序号	证券代码	公司名称
1	000584	江苏哈工智能机器人股份有限公司	26	301199	迈赫机器人自动化股份有限公司
2	000821	湖北京山轻工机械股份有限公司	27	301311	昆船智能技术股份有限公司
3	000967	盈峰环境科技集团股份有限公司	28	430031	北京林克曼数控技术股份有限公司
4	002008	大族激光科技产业集团股份有限公司	29	600215	派斯林数字科技股份有限公司
5	002009	天奇自动化工程股份有限公司	30	600560	北京金自天正智能控制股份有限公司
6	002389	航天彩虹无人机股份有限公司	31	603203	快克智能装备股份有限公司
7	002527	上海新时达电气股份有限公司	32	603486	科沃斯机器人股份有限公司
8	002698	哈尔滨博实自动化股份有限公司	33	603638	烟台艾迪精密机械股份有限公司
9	002747	南京埃斯顿自动化股份有限公司	34	603666	亿嘉和科技股份有限公司
10	002829	北京星网宇达科技股份有限公司	35	603895	上海天永智能装备股份有限公司
11	002833	广州弘亚数控机械股份有限公司	36	603901	杭州永创智能设备股份有限公司
12	002957	深圳科瑞技术股份有限公司	37	603960	上海克来机电自动化工程股份有限公司
13	300024	沈阳新松机器人自动化股份有限公司	38	688022	苏州瀚川智能科技股份有限公司
14	300044	深圳市赛为智能股份有限公司	39	688084	北京晶品特装科技股份有限公司
15	300124	深圳市汇川技术股份有限公司	40	688090	广州瑞松智能科技股份有限公司
16	300161	武汉华中数控股份有限公司	41	688097	博众精工科技股份有限公司
17	300173	福能东方装备科技股份有限公司	42	688128	中国电器科学研究院股份有限公司
18	300222	科人智能科技股份有限公司	43	688162	安徽巨一科技股份有限公司
19	300276	三丰智能装备集团股份有限公司	44	688165	埃夫特智能装备股份有限公司
20	300278	华昌达智能装备集团股份有限公司	45	688169	北京石头世纪科技股份有限公司
21	300466	赛摩智能科技集团股份有限公司	46	688218	江苏北人智能制造科技股份有限公司
22	300486	东杰智能科技集团股份有限公司	47	688251	合肥井松智能科技股份有限公司
23	300607	广东拓斯达科技股份有限公司	48	688255	杭州凯尔达焊接机器人股份有限公司
24	300853	杭州申昊科技股份有限公司	49	688277	北京天智航医疗科技股份有限公司
25	301112	广州信邦智能装备股份有限公司	50	688290	杭州景业智能科技股份有限公司

（续）

序号	证券代码	公司名称	序号	证券代码	公司名称
51	688306	宁波均普智能制造股份有限公司	69	835579	机科发展科技股份有限公司
52	688360	德马科技集团股份有限公司	70	835632	武汉德宝装备股份有限公司
53	688455	科捷智能科技股份有限公司	71	836316	广州松兴电气股份有限公司
54	688557	兰剑智能科技股份有限公司	72	836378	常州创盛智能装备股份有限公司
55	830843	上海沃迪智能装备股份有限公司	73	836603	广东统一机器人智能股份有限公司
56	830849	河南平原智能装备股份有限公司	74	836786	福建明鑫智能科技股份有限公司
57	831242	深圳市特辰科技股份有限公司	75	837345	湖北汉唐智能科技股份有限公司
58	831670	捷福装备（武汉）股份有限公司	76	837701	长春融成智能设备制造股份有限公司
59	831832	山西科达自控股份有限公司	77	837961	湖北国瑞智能装备股份有限公司
60	832075	四川东方水利智能装备工程股份有限公司	78	838363	广东思为客科技股份有限公司
61	832239	广东恒鑫智能装备股份有限公司	79	839156	江苏元泰智能科技股份有限公司
62	833444	昆山华恒焊接股份有限公司	80	839258	广东汇兴精工智造股份有限公司
63	833999	昆山艾博机器人股份有限公司	81	870887	东莞市本润机器人科技股份有限公司
64	834426	黑龙江省发现者机器人股份有限公司	82	871478	宁夏巨能机器人股份有限公司
65	834863	苏州佳顺智能机器人股份有限公司	83	872099	大连蒂艾斯科技发展股份有限公司
66	834871	广东上川智能装备股份有限公司	84	872523	权星智控系统工程（上海）股份有限公司
67	835015	四川福德机器人股份有限公司	85	872831	天津市美瑞克智能装备股份有限公司
68	835532	厦门航天思尔特机器人系统股份公司	86	873402	大连优联智能装备股份有限公司

一、总体情况

2022 年，中国机器人产业联盟重点监测 86 家企业，包括 21 家主板 A 股上市企业、15 家创业板企业、17 家科创板企业、31 家新三板企业及 2 家北交所 A 股上市企业。其中，按证监会所属行业划分，38 家企业为通用设备制造业，34 家企业为专用设备制造业，5 家企业为电器机械和器材制造业，另有少部分企业归属于计算机、通信和其他电子设备制造业、仪器仪表制造业、软件和信息技术服务业、生态保护和环境治理业以及房地产业。

二、经营情况

1. 资产负债情况

2022 年年报显示，86 家机器人上市公司资产总计 3 328.2 亿元，资产额约是 2018 年的 1.8 倍，近 5 年年均增长率为 15.1%。2022 年资产总计同比增长 16.3%，而 2019 年、2020 年、2021 年同比增长分别为 6.8%、19.1% 和 18.8%。对比表明，机器人上市公司资产总计保持高速增长。

从具体公司看，资产总计增长的企业由 2021 年的 72 家下降至 62 家。其中，18.6% 的企业（16 家）由正增长变为负增长；5.8% 的企业（5 家）负增长且降幅加深；

38.4% 的企业（33 家）增速放缓。但有 7% 的企业（6 家）资产总计增速由负转正；3.5% 的企业（3 家）降幅收窄；26.7% 的企业（23 家）增速加快。2018—2022 年 86 家机器人上市公司资产总计变化情况如图 1 所示。

从负债情况看，2022 年，86 家机器人上市公司负债合计 1 663.6 亿元，负债额约是 2018 年的 1.9 倍，年均增长率为 17.5%。2022 年负债总额同比增长 21%，自 2020 年以来，负债增速连续 3 年处于较高水平，均在 20% 以上。资产负债率（资产负债率＝负债合计/资产总计）相对稳定，近 5 年均在 45% 以上，2019 年以来逐年提升，2022 年达到 50%，与 2021 年相比上升了 2 百分点。

从具体公司看，负债合计增长的企业由 2021 年的 17 家增加至 29 家。其中，24.4% 的企业（21 家）由正增长变为负增长；4.7% 的企业（4 家）负增长且降幅加深；4.7% 的企业（4 家）降幅收窄。另有 57 家企业负债上升：10.5% 的企业（9 家）负债变化由负转正；29.1% 的企业（25 家）增速放缓；26.7% 的企业（23 家）增速加快。2018—2022 年 86 家机器人上市公司负债合计变化情况如图 2 所示。

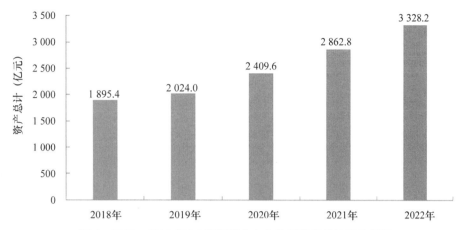

图1　2018—2022年86家机器人上市公司资产总计变化情况

注：数据来源于上市公司财务报告，中国机器人产业联盟整理。

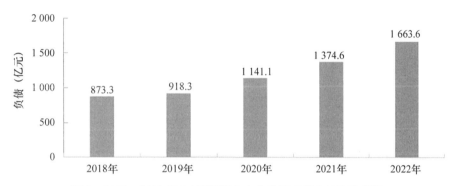

图2　2018—2022年86家机器人上市公司负债合计变化情况

注：数据来源于上市公司财务报告，中国机器人产业联盟整理。

从分布情况看，2022年，86家机器人上市公司中，有34.9的企业资产负债率超过60%；44.2%的企业资产负债率在40%～60%；20.9%的企业资产负债率低于40%。与2021年相比，资产负债率低于40%的企业数量

减少了，多数企业在合理区间内充分利用负债，但部分企业资产负债率超过100%，需要重点关注。2021年和2022年86家机器人上市公司资产负债率分布对比如图3所示。

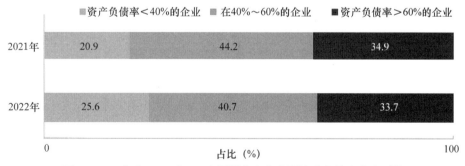

图3　2021年和2022年86家机器人上市公司资产负债率分布对比

注：数据来源于上市公司财务报告，中国机器人产业联盟整理。

2. 营收情况

2022年，上述86家公司全年共完成营业收入1 684.8亿元，同比增长11.3%。从近5年情况看，营业收入增幅略低于与资产，2022年86家公司营业总收入约是2018年的1.7倍，年均增长率为13.5%。2019年企业营业收入仅实现0.5%的增长，2020年新冠疫情发生以来，企业积极

应对，转危为机、复工后投入生产销售，营业收入未受影响，2020年和2021年分别同比增长19.4%和24.1%。

从具体公司看，营业收入实现增长的企业由2021年的70家下降至64家，增长面缩小，18.6%的企业（16家）由正增长变为负增长；7%的企业（6家）负增长且降幅加深；37.2%的企业（32家）增速放缓。但有11.6%的企业

（10 家）营业收入增速由负转正；25.6% 的企业（22 家）增速加快。2018—2022 年 86 家机器人上市公司营业收入

变化情况如图 4 所示。

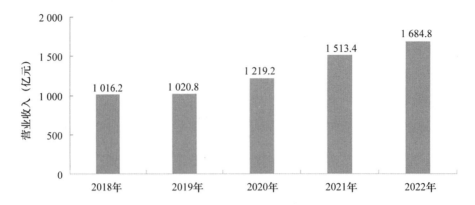

图 4 2018—2022 年 86 家机器人上市公司营业收入变化情况

注：数据来源于上市公司财务报告，中国机器人产业联盟整理。

3. 盈利情况

从收益情况看，2022 年，86 家机器人上市公司累计实现利润总额 125.6 亿元，同比下降 18%；实现净利润 111.1 亿，同比下降 19.8%。与 2021 年相比，实现利润总额和净利润增速均表现为由正转负。

2018—2022 年，86 家机器人上市公司利润总额的增幅低于营业收入，2022 年利润总额约是 2018 年的 1.2 倍，年均增长率为 5.1%。

2018—2022 年 86 家机器人上市公司利润总额变化情况如图 5 所示。

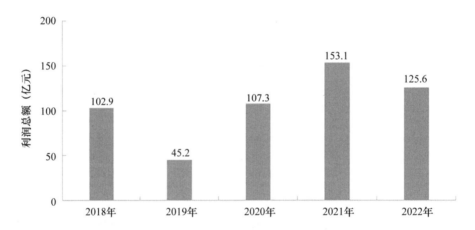

图 5 2018—2022 年 86 家机器人上市公司利润总额变化情况

注：数据来源于上市公司财务报告，中国机器人产业联盟整理

从具体公司看，利润总额实现增长的企业由 2021 年的 46 家增长至 51 家。其中，20.9% 的企业（18 家）增幅放缓；29.1% 的企业（25 家）由 2021 年负增长转为正增长；9.3% 的企业（8 家）保持正增长且增幅加快。利润总额表现为下降的企业中，7% 的企业（6 家）利润降幅收窄；23.3% 的企业（20 家）是由 2021 年正增长转负；10.5% 的企业（9 家）降幅加深。

上述公司销售净利率（销售净利率 = 净利润/销售收

入）为 6.6%，同比下降 2.6 个百分点。从企业分布情况看，27.9% 的上市公司（24 家）净利润为负数，因此销售净利率小于 0；44.2% 的上市公司（38 家）销售净利率介于 0～10%；仅 27.9% 的企业销售净利率高于 10%。

2021 年和 2022 年 86 家机器人上市公司营业收入分布对比如图 6 所示。2021 年和 2022 年 86 家机器人上市公司营业收入分布对比如图 7 所示。2021 年和 2022 年 86 家机器人上市公司净利润分布对比如图 8 所示。

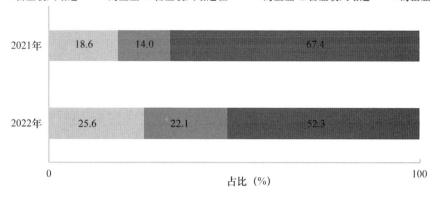

图6 2021年和2022年86家机器人上市公司营业收入分布对比

注：数据来源于上市公司财务报告，中国机器人产业联盟整理。

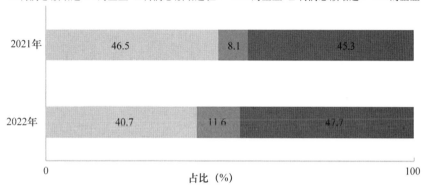

图7 2021年和2022年86家机器人上市公司营业收入分布对比

注：数据来源于上市公司财务报告，中国机器人产业联盟整理。

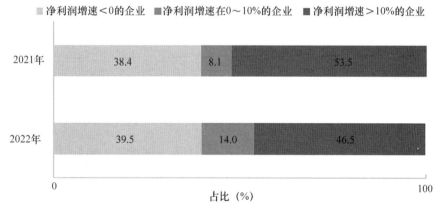

图8 2021年和2022年86家机器人上市公司净利润分布对比

注：数据来源于上市公司财务报告，中国机器人产业联盟整理。

根据财报数据计算，2022年，86家机器人上市公司净资产收益率（净资产收益率＝总资产净利润率×权益乘数）为6.6%，同比下降2.5个百分点。有27.9%的企业净资产收益率为负值；41.9%的企业的净资产收益率在0～10%；其余30.2%的企业净资产收益率在10%以上。与2021年相比，有43%的企业的净资产收益率有所提高。2021年和2022年86家机器人上市公司净资产收益率分布对比如图9所示。

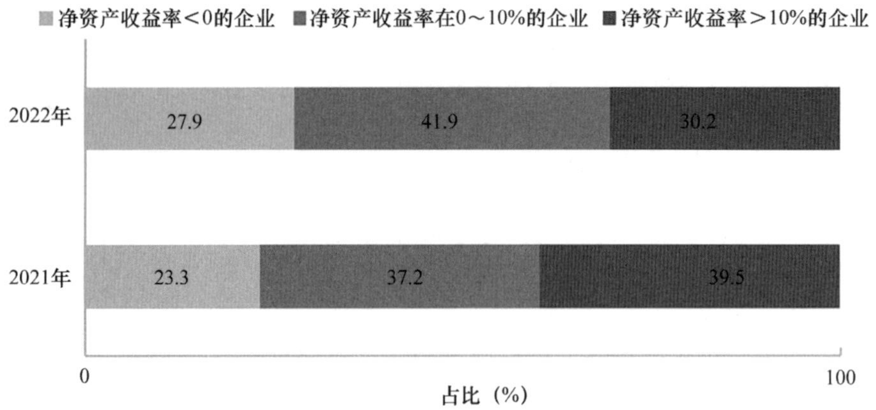

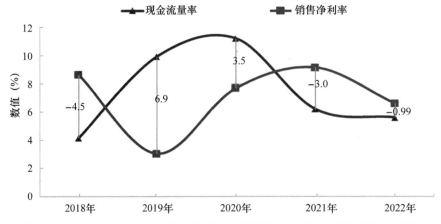

■ 净资产收益率＜0的企业　■ 净资产收益率在0~10%的企业　■ 净资产收益率＞10%的企业

图9　2021年和2022年86家机器人上市公司净资产收益率分布对比

注：数据来源于上市公司财务报告，中国机器人产业联盟整理。

4. 现金流情况

从现金流量看，经营活动流入现金包括销售商品、提供劳务收到的现金，收到的税收返还及收到其他与经营活动有关的现金；经营活动流出现金包括购买商品、接受劳务支付的现金，支付给职工以及为职工支付的现金，支付的各项税费，支付其他与经营活动有关的现金。2022年，相关机器人上市公司中，53.5%的企业经营活动现金流入高于流出，合计经营活动产生的现金流量净额为94.4亿元，同比增长0.8%，流量净额约是2018年的2.2倍，年均增长22.2%。现金流量率（经营活动产生的现金流量净额/营业收入）为5.6%，比2021年继续下降0.6个百分点，目前低于销售净利率，行业发展潜力较好。2018年—2022年86家机器人上市公司现金流量率和销售净利率对比如图10所示。

图10　2018年—2022年86家机器人上市公司现金流量率和销售净利率对比

注：数据来源于上市公司财务报告，中国机器人产业联盟整理。

从投资情况看，投资活动活跃。投资活动产生的现金包括收回投资收到的现金，取得投资收益收到的现金，处置固定资产、无形资产和其他长期资产收回的现金净额，处置子公司及其他营业单位收到的现金和收到的其他与投资活动有关的现金；投资活动现金流出包括购建固定资产、无形资产和其他长期资产支付的现金，投资支付的现金，支付其他与投资活动有关的现金。2022年少数企业未公布投资活动现金流情况，剩余企业中76.5%的企业投资活动现金流出量高于流入，表现为投资活动净流出。投资活动产生的现金流量净额为流出135.3亿元，同比减少7%。

从筹资情况看，筹资活动产生的现金流入包括吸收投资收到的现金，取得借款收到的现金和收到的其他与筹资活动有关的现金；筹资活动现金流出包括偿还债务所支付的现金，分配股利、利润或偿付利息支付的现金和支付的其他与筹资活动有关的现金。2022年，53.5%的企业筹资活动表现为净流入，净流入企业占比较2021年下降6.5个百分点。86家企业合计筹资活动产生的现金流量净额为151.9亿元，同比增加59.3%。

三、区域分布情况

从注册地分布看，86家机器人上市公司分布于18个省，其中广东省数量最多，共计19家企业，占比为22.1%；其次是江苏省15家企业，占比为17.4%；浙江省和湖北省各8家，占比为9.3%；北京市（7家）、上海市（6家）企业个数也在5个以上，另有山东省4家、安徽省和辽宁省各有3家，黑龙江省、山西省、吉林省和四川省各2家，云南省、河南省、福建省、宁夏回族自治区和天津市各有 1 家。

营业收入分布不仅与企业个数有关，更与公司规模及经营状况有关，广东和江苏数量上有绝对优势，营收占比相对较高分别占总体的 33.5% 和 21.4%，浙江省 8 家上市公司营业收入共计 236.4 亿元，占总体的 14%，其余省份营业收入占比在 10% 以下。

考虑营业收入增速，云南、四川、宁夏、福建等 13

个省市机器人上市公司营业收入实现增长，安徽省营业收入实现 41.7% 的高速增长；天津、吉林、山西、上海和山东省营业收入有所下降。

2022 年 86 家机器人上市公司数量按省（自治区、直辖市）分布情况如图 11 所示。2022 年 86 家机器人上市公司营业收入按省（自治区、直辖市）分布情况如图 12 所示。

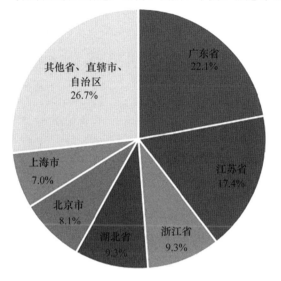

图 11　2022 年 86 家机器人上市公司
数量按省（自治区、直辖市）分布情况

注：数据来源于上市公司财务报告，中国机器人产业联盟整理。

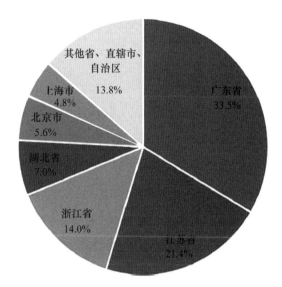

图 12　2022 年 86 家机器人上市公司营业收入
按省（自治区、直辖市）分布情况

注：数据来源于上市公司财务报告，中国机器人产业联盟整理。

〔撰稿人：中国机械工业联合会符玲〕

第四批国家级专精特新"小巨人"企业中机器人相关企业名单

为进一步加强优质中小企业梯度培育工作，推动中小企业高质量发展，工业和信息化部于 2022 年 6 月发布《优质中小企业梯度培育管理暂行办法》，对专精特新"小巨人"企业认定标准进行了更新，使得培育思路更加清晰，目标更加明确。新的认定标准主要从专业化、精细化、特色化、创新能力、产业链配套、主导产品所属领域 6 个方面进行考核，相关条件进一步细化，并根据企业发展实际情况，首次设定创新直通条件，进一步提高了政策的针对性和有效性。

2022 年，共有 1.3 万家企业申报第四批专精特新"小巨人"企业，经省（自治区、直辖市）初审以及工业和信息化部审核，共有 4 300 多家企业脱颖而出。其中，与机器人相关的企业达到 112 家，涵盖机器人产业链的各个环节，以中游本体制造企业居多；从区域分布来看，有超过三成的企业来自广东省（23 家）和浙江省（16 家）；从成立时间来看，112 家企业平均成立年限约为 17 年，其中近六成企业成立于 2010 年及以后。入选第四批国家专精特新"小巨人"企业的机器人相关企业名单见表 1。

表 1　入选第四批国家专精特新"小巨人"企业的机器人相关企业名单

序号	企业名称	所属地区	成立时间	主要产品
1	北京维卓致远医疗科技发展有限责任公司	北京市	2016	手术机器人、现实全息影像系统、智能影像阅片系统
2	易显智能科技有限责任公司	北京市	2015	驾培行业机器人教练
3	梅卡曼德（北京）机器人科技有限公司	北京市	2016	视觉传感器
4	北京柏惠维康科技股份有限公司	北京市	2010	手术机器人
5	北醒（北京）光子科技有限公司	北京市	2015	激光雷达
6	北京同创信通科技有限公司	北京市	2016	工业互联网平台、智慧驾驶舱、无人天车、冶金机器人、智能化系统
7	新石器慧通（北京）科技有限公司	北京市	2018	无人车
8	北京中航智科技有限公司	北京市	2012	无人机、机载设备、综合测井车、车载/地面控制站、地面保障电源
9	清能德创电气技术（北京）有限公司	北京市	2012	工业机器人专用伺服驱动器
10	北京博清科技有限公司	北京市	2017	爬行焊接机器人
11	北京史河科技有限公司	北京市	2015	船舶除锈机器人
12	艾美特焊接自动化技术（北京）有限公司	北京市	2004	自动化焊接系统、机器人系统集成
13	华科精准（北京）医疗科技有限公司	北京市	2015	神经外科手术机器人
14	超同步股份有限公司	北京市	2008	高端装备、伺服电动机、伺服驱动器、直驱功能部件、运动控制器
15	天津云圣智能科技有限责任公司	天津市	2018	无人机一体化系统解决方案
16	天津望圆智能科技股份有限公司	天津市	2005	泳池清洗机器人
17	天津新玛特科技发展有限公司	天津市	2017	机器人周边设备产品
18	库珀新能源股份有限公司	天津市	2011	升降设备、塔筒附件、防坠落装置、光伏清洁机器人、风电吊具、起吊设备、混塔装置
19	唐山开元自动焊接装备有限公司	河北省	2005	埋弧焊机、电阻焊机、切割机、自动化焊接装备、机器人及系统
20	中信重工开诚智能装备有限公司	河北省	2008	特种机器人、煤矿智能装备
21	沈阳中科数控技术股份有限公司	辽宁省	2005	数控系统、伺服驱动与电动机、桁架机器人、自动搬运系统、自动料库系统、自动输送系统、特种应用自动化生产线
22	辽宁春光制药装备股份有限公司	辽宁省	2011	高柔性智能包装装备、高柔性智能包装联动生产线
23	长春融成智能设备制造股份有限公司	吉林省	1996	化工后处理环节自动化灌装机器人生产线
24	严格集团股份有限公司	黑龙江省	2014	机器人及智能装备
25	哈尔滨博实自动化股份有限公司	黑龙江省	1997	工业机器人及系统集成
26	上海阿为特精密机械股份有限公司	上海市	2010	精密机械核心零部件
27	上海快仓智能科技有限公司	上海市	2014	移动机器人、软件系统
28	上海智臻智能网络科技股份有限公司	上海市	2009	智能对话机器人、智能座席助手、智能教练、智能知识融合平台、智能语音导航
29	上海智蕙林医疗科技有限公司	上海市	2014	医院物流机器人、智能信息公共服务平台
30	上海禾赛科技有限公司	上海市	2014	激光雷达
31	上海天永智能装备股份有限公司	上海市	1996	智能工厂整体规划、智慧物流、电子3C领域及汽车行业的动力总成系统、车身焊装线、新能源系统

（续）

序号	企业名称	所属地区	成立时间	主要产品
32	中建材凯盛机器人（上海）有限公司	上海市	2003	机器视觉产品、AGV、MES 软件、Akkon 导电粒子 AOI 检测机
33	上海嘉强自动化技术有限公司	上海市	2009	激光光路产品、运动控制平台
34	上海擎朗智能科技有限公司	上海市	2010	配送机器人
35	上海市东方海事工程技术有限公司	上海市	1989	能源装备、永磁传动产品、铁路检测产品、水下机器人、水下滑翔机
36	上海亿诺焊接科技股份有限公司	上海市	2006	气保焊枪、氩弧焊枪、等离子切割枪、机器人焊枪
37	南京埃斯顿自动化股份有限公司	江苏省	2002	工业机器人
38	南京大树智能科技股份有限公司	江苏省	1993	应用于烟草工业的工业自动化及工业智能化产品
39	中科微至科技股份有限公司	江苏省	2016	智能物流装备、智能视觉、工业传感器
40	无锡埃姆维工业控制设备有限公司	江苏省	2009	机器视觉、机器人、智能制造解决方案
41	江苏鼎智智能控制科技股份有限公司	江苏省	2008	步进线性执行器、步进电动机、直流无刷电动机
42	江苏南方精工股份有限公司	江苏省	1998	传动领域轴承及其相关零部件
43	苏州凯尔博精密机械有限公司	江苏省	2006	超声波焊接设备、热板焊接设备、热铆焊接设备、热熔焊接设备、机器人集成焊接设备、振动摩擦焊接设备、激光焊接/切割、红外焊接设备
44	江苏北人智能制造科技股份有限公司	江苏省	2011	汽车行业机器人集成、智能工厂
45	苏州江锦自动化科技有限公司	江苏省	2013	柔性智能装配线、上下料机器人、检测 & 测量设备、装备运维诊断系统
46	苏州维嘉科技股份有限公司	江苏省	2007	数控设备、激光设备、检测设备、工业机器人、计算机软硬件
47	南通跃通数控设备股份有限公司	江苏省	2003	木门柔性专用生产线、加工机器人
48	江苏亚一智能装备有限公司	江苏省	2013	汽车、3C 行业自动化智能工厂解决方案
49	浙江金火科技实业有限公司	浙江省	2004	车削产品、复合加工产品、关节机器人
50	杭州得润宝油脂股份有限公司	浙江省	1999	润滑油/脂
51	浙江远图技术股份有限公司	浙江省	2007	统一支付对账机器人、多功能智慧医疗自助服务机器人
52	杭州汇萃智能科技有限公司	浙江省	2012	通用智能高速机器视觉平台、红外热成像工业相机、高精度手持红外热像仪、高精度测量仪、人工智能教学实训平台
53	杭州新剑机器人技术股份有限公司	浙江省	1999	传动装置、智能柔性模块化关节
54	杭州西子智能停车股份有限公司	浙江省	2004	停车设备、AGV 产品、智慧停车产品
55	杭州景业智能科技股份有限公司	浙江省	2015	核工业系列机器人、核工业智能装备、非核专用智能装备、军用特种装备
56	杭州之山智控技术有限公司	浙江省	2015	电脑横机、工业机器人用伺服系统及集成一体机
57	杭州迦智科技有限公司	浙江省	2016	室内外智能移动作业机器人产品
58	恒丰泰精密机械股份有限公司	浙江省	1995	工业机器人精密减速器、精密回转传动装置、机械搅拌设备、浓密设备、电解铝设备
59	浙江迈兴途智能装备股份有限公司	浙江省	2017	高精密数控车床、加工中心、机器人自动化产线
60	浙江来福谐波传动股份有限公司	浙江省	2013	谐波减速器
61	浙江东政电机有限公司	浙江省	2003	机电产品、电动机、电器及配件
62	浙江丰立智能科技股份有限公司	浙江省	1995	齿轮、精密减速器及零部件、轻量化气动工具

（续）

序号	企业名称	所属地区	成立时间	主要产品
63	宁波金凤焊割机械制造有限公司	浙江省	2001	机器人智能切割生产线、切割机、钢梁柱生产线、搅拌焊设备、割嘴
64	浙江畅尔智能装备股份有限公司	浙江省	2003	高端拉床、数控专用机床、机器人集成智能化成套装备
65	科大智能电气技术有限公司	安徽省	2009	机器人、智能装备、智能电网终端设备、工业机器人系统化集成
66	明光利拓智能科技有限公司	安徽省	2018	智慧工厂、智慧城市解决方案
67	安徽涌诚机械有限公司	安徽省	2011	注塑机部件、工业机器人部件、风力发电机部件
68	济南奥图自动化股份有限公司	山东省	2007	工业机器人成套装备及生产线的系统集成
69	山东华鹏精机股份有限公司	山东省	2003	打磨机器人、高效预热混捏冷却系统、特碳高效预热混捏冷却系统
70	山东国兴智能科技股份有限公司	山东省	2004	特种机器人
71	济宁市海富电子科技有限公司	山东省	2018·	电子功能性材料、防水硅胶结构件、机器人
72	山东未来机器人有限公司	山东省	2015	特种机器人
73	青岛浩海网络科技股份有限公司	山东省	2000	森林防火无人值守机器人
74	斯图加特航空自动化（青岛）有限公司	山东省	2012	焊接机器人产线、焊接工作站、自动焊接切割辅机
75	力鼎智能装备（青岛）集团有限公司	山东省	2004	金属切削自动化产品、装配自动化产品、AGV
76	青岛海德马克智能装备有限公司	山东省	1994	智能生产线、工业机器人
77	郑州多元汽车装备有限公司	河南省	2004	汽车制造生产线、智慧物流解决方案
78	武汉海微科技有限公司	湖北省	2012	智能座舱系统、智能制造生产线
79	武汉金运激光股份有限公司	湖北省	2005	数字化激光应用解决方案、激光熔覆解决方案
80	长沙天一智能科技股份有限公司	湖南省	2014	自动焊接装备及自动化焊接解决方案
81	湖南万通科技股份有限公司	湖南省	1999	智能机器人制样系统、智能型样品封装系统、智能火车采样机系列等智能装备
82	湖南镭目科技有限公司	湖南省	2008	钢铁行业自动控制解决方案
83	湖南三德科技股份有限公司	湖南省	2004	采制输存化无人化装备、无人化验系统、机器人制样系统
84	和氏工业技术股份有限公司	广东省	2004	去毛刺抛光机、汽车零部件装配检测线、新能源汽车电子组装线、焊接自动化、机器人智能连线、逆变器自动化产线、智能手机自动化组装、工装/冶具
85	珠海一微半导体股份有限公司	广东省	2014	机器人主控芯片、高性能模拟器件、快充协议芯片、车载控制器
86	汕头市俊国机电科技有限公司	广东省	2007	机器人系统集成、激光应用产品、钢铁标识设备
87	广东东博自动化设备有限公司	广东省	2014	智能制造整体解决方案
88	东莞市益诚自动化设备有限公司	广东省	2012	智能制造整体解决方案
89	广东恒鑫智能装备股份有限公司	广东省	2005	AGV及智能化成套装备系统
90	深圳市速腾聚创科技有限公司	广东省	2014	激光雷达及感知解决方案
91	深圳市镭神智能系统有限公司	广东省	2015	激光雷达
92	深圳飞马机器人科技有限公司	广东省	2015	固定翼无人机、多旋翼无人机、复合翼无人机
93	深圳市海柔创新科技有限公司	广东省	2016	料箱机器人、托举式机器人、多功能工作站、智慧仓储管理平台、智能充电桩

（续）

序号	企业名称	所属地区	成立时间	主要产品
94	深圳优地科技有限公司	广东省	2013	配送服务机器人
95	深圳乐动机器人股份有限公司	广东省	2017	移动机器人传感器、移动机器人解决方案
96	深圳市雷赛智能控制股份有限公司	广东省	2007	智能装备运动控制产品
97	深圳市大族机器人有限公司	广东省	2017	协作机器人、复合机器人、移动机器人
98	深圳市欢创科技有限公司	广东省	2013	激光雷达
99	深圳市杉川机器人有限公司	广东省	2016	服务机器人、激光雷达
100	深圳市今天国际智能机器人有限公司	广东省	2016	AGV、堆垛机、运输机
101	深圳市博铭维技术股份有限公司	广东省	2014	管道检测机器人、测绘装备、紫外光固化设备
102	深圳玩智商科技有限公司	广东省	2015	机器人用激光雷达
103	深圳智航无人机有限公司	广东省	2014	固定翼无人机、旋翼无人机
104	深圳市志奋领科技有限公司	广东省	2010	工业级光电传感器
105	深圳市捷牛智能装备有限公司	广东省	2011	机器视觉检测仪器、自动化集成解决方案、精密测量设备
106	深圳大漠大智控技术有限公司	广东省	2016	室外编队无人机、室内编队无人机
107	海南飞行者科技有限公司	海南省	2016	无人机、水下机器人
108	重庆七腾科技有限公司	重庆市	2010	巡检机器人、消防灭火机器人
109	重庆至信实业集团有限公司	重庆市	1995	夹、模、检具和焊具，工业机器人和工作站系统集成开发
110	重庆摩西机器人有限公司	重庆市	2014	工业自动控制系统、机器人集成应用
111	西安因诺航空科技有限公司	陕西省	2015	无人机、集群仿真软件、实时拼图软件、三维视景仿真软件
112	厦门宏发工业机器人有限公司	福建省	2015	全自动线圈生产线、工业机器人、全自动绕线机

注：1. 根据工业和信息化部网站信息整理。

2. 名单按企业注册地排序，不分先后。

〔撰稿人：机械工业信息中心彭馨桐〕

以技赋能焕"新颜"，共绘智能矿山促发展

——中煤科工机器人科技有限公司

中煤科工机器人科技有限公司（简称"中煤科工机器人公司"），成立于2021年12月27日，位于深圳市南山区，是中国煤炭科工集团有限公司的全资子公司，也是中国煤炭科工集团有限公司定点发展特种机器人核心零部件、技术和产品的产业基地。中煤科工机器人公司主营业务包括煤矿、铝镁、钢铁等特种行业巡检、辅助作业、救援机器人产品，以及机器人集群指挥调度系统等。

中煤科工机器人公司（如图1所示）是中国"机器人+矿山"产业协同推进方阵牵头单位，获批了工业和信息化部第五批产业技术基础公共服务平台，是中煤科工集团有限公司煤矿机器人产业链链主单位、机器人学科与产业建设牵头单位、煤矿机器人创新团队负责单位及煤矿机器人产品线牵头单位，致力打造中国矿山机器人原创技术策源地及现代产业链链长，成为世界一流科技创新型"机器人+"企业。

图 1　中煤科工机器人公司

一、夯实科研之基，筑牢科技之石

中煤科工机器人公司充分发挥新型举国体制优势，加强有组织科研。目前在国家部署煤矿机器人发展规划开端的 2～3 年，已牵头 5 个国家部委布置的专项任务。获批了工业和信息化部矿山优秀应用场景 5 项、自然资源部先进技术目录 2 项、科学技术部国家绿色低碳先进技术成果目录 1 项；24 款机器人被鉴定为国际领先或国际先进水平；攻克多项关键核心技术，现有煤矿机器人成熟技术 23 项，在研 10 项；立项行业标准和团体标准 20 余项、牵头起草煤矿机器人国家标准，行业内占有率第一；发表论文 50 余篇；授权及受理发明专利 20 余项，授权实用新型专利 40 余项；获得奖励 16 项等。

建立了适用于行业发展的煤矿机器人技术装备分类标准体系。通过深度分析机器人与煤矿场景关联关系，依据场景所需机器人功能及机器人不同技术路线，重新定义了巡检类、辅助作业类、救援类 3 大类 36 种 85 款煤矿机器人，明确了煤矿机器人功能性要求，解决了传统按照场景定义机器人而同一场景下包含多种不同技术路线机器人导致的机器人研发不清晰的难题。

提出了巡检类煤矿机器人"防爆轻量化—长距离导航—多元场景感知—场景化 AI—集群调度"技术架构。形成了面向煤矿行业巡检机器人的 23 项关键技术名录，并主持攻克了巷道三维模型重建、多目标精准识别等 12 项关键技术，与科大讯飞股份有限公司、杭州海康威视数字技术股份有限公司推动了感知单元及算法的国产化及落地应用进程；提出了 29 款场景化巡检机器人产品体系，主持研制出挂轨式、轮式、仿生式等 15 款产品，为煤矿行业巡检机器人规模化落地应用提供了技术及装备支撑，整体技术达到国际领先、国际先进水平。

提出了辅助作业机器人"防爆结构—自主导航—目标测量—作业控制—车臂协同"通用技术架构。梳理形成行业内辅助作业机器人 40 余项关键技术，并初步攻克了管道定位识别技术、喷浆路径自主规划技术、井下自适应清淤等核心技术，研制出管道安装、巷道喷浆、水仓清淤、巷道修复等辅助作业机器人，应用于柠条塔、红柳、枣泉等煤矿现场，初步解决矿工从事井下危险繁重劳动作业的行业痛点，整体技术达到国际领先水平。

构建了 AI 人工智能在矿用机器人领域中的硬件及算

法国产化技术应用体系，突破井下低照度、大粉尘、场景退化等约束下的多噪声环境煤机故障声音识别技术、基于深度学习的仪表读数识别技术等矿用 AI 技术，实现了煤矿约束下的机器人智能感知与决策。联合华为技术有限公司提出并推动了基于鸿蒙操作系统、昇腾算力平台、鲲鹏集群系统在特种机器人上的国产化应用，在煤炭行业深度践行了工业和信息化部《"机器人+"应用行动实施方案》，为其他行业典型场景应用提供了可参考范本。

二、优化产业结构，厚植以质取胜"方向标"

中煤科工机器人公司深耕矿山及机器人行业多年，在行业内首次提出"天—地—井"煤矿机器人群整体解决方案，主持了中国煤炭科工集团煤矿机器人群产业体系构建，打造了煤矿机器人"设计—研发—生产—销售—服务"产供销一体化组织，主持研制出 30 余款煤矿机器人及机器人群协同指挥调度系统，整体推动了煤矿机器人产业化发展，为助力煤矿智能建设、保障国家能源安全提供产业支撑。

推动了煤矿机器人行业基础固链、技术补链工程，助力解决产业链短板、堵点及"卡脖子"技术等突出难题。针对煤矿机器人新兴命题下的感知单元缺失、传统算力平台功耗高、制约其在煤矿场景下实际应用等问题，中煤科工机器人公司牵头中国煤炭科工集团产业链链主建设工作，梳理绘制了包含 80 余家单位的煤矿机器人产业链图谱，推动辽宁、深圳在融入国家区域发展战略下央地协同共建，打造煤矿机器人产业链，推动了煤矿机器人行业供应链体系不断完善，为行业健康发展提供支撑。

推动了煤矿与机器人领域学术圈、产业圈的融合，培育了满足煤矿场景下机器人研究方向的创新应用复合型高端人才，为产业发展保驾护航。中煤科工机器人公司培育"煤矿安全＋机器人"及人工智能复合型人才 200 余人，联合了中国科学院沈阳自动化研究所、陕西煤业化工集团有限责任公司等 80 余家企业，牵头组织了 20 余次行业研讨会，推动了煤矿机器人学科建设，保证了煤矿机器人产业可持续发展。

三、锚定创新驱动着力点，用"智"绘就新蓝图

鉴于政策导向和市场需求，结合公司已有产品成果，中煤科工机器人公司对于巡检类机器人，主要规划为煤仓巡检、回风立井巡检、采空区飞行巡检等特殊场景巡检机

器人研发，解决由于场景应用难度较大、现有技术不成熟无法应用问题。对于辅助作业类机器人则规划煤仓清理、托辊更换及水仓水沟施工等5种辅助作业机器人的研发，真正解决井下危重场合替人难题，提高作业效率，保证煤矿安全生产。救援类机器人则规划仿生蛇形、起缝及水陆两栖3种产品的研发，能够应用于煤矿水灾灾区等人员无法进入的区域场景，完成灾情的精准探测。

未来，中煤科工机器人公司将以煤矿机器人应用服务平台为抓手，加强跨行业多部门的协同工作，充分发挥部门、地方、行业、用户等多方力量，在国家政策引导下，补短板堵卡点，抢占关键技术研发高地，构建出以科技驱动、要素集聚、价值迭代的创新生态圈，进一步提升基础固链、技术补链、融合强链和优化塑链能力，致力成为中国矿山机器人原创技术策源地及现代产业链链长，引领矿山机器人的行业规模化、生态化、协同化发展。

〔撰稿人：中煤科工机器人科技有限公司朱玉芹〕

用先进机器人，装备中国智能制造
——佛山华数机器人有限公司

佛山华数机器人有限公司（简称"华数机器人"）是武汉华中数控股份有限公司（股票代码：300161）旗下子公司，是集产品研发、制造和服务于一体的国家高新技术企业，是国产工业机器人领军企业之一。自成立以来，始终秉承"自主、自立、自强，助力中国制造"的宗旨，全力推进工业机器人核心部件、整机产品及智能制造整体方案的研发、设计、生产、销售和服务工作。成功推出BR双旋、垂直多关节、水平多关节、SCARA、Delta、特殊系列六大系列的50余款工业机器人新产品，广泛应用于汽车、电子、材料、金属加工等行业，在加工、冲压、搬运、喷涂、打磨、涂胶、焊接、装配等领域形成应用示范，在国产六轴机器人市场上销量居全国前列，在佛山、重庆、宁波、苏州、泉州、南宁等地设有机构，全面覆盖华南、华东、华中、西南各大地区的全国布局，同时积极布局国际市场，已具备与国外四大家族机器人抗衡的能力。华数机器人系列产品如图1所示。

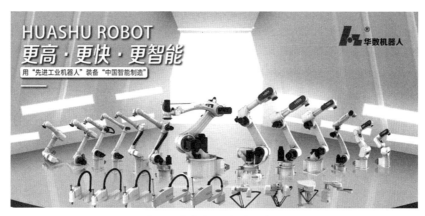

图1　华数机器人系列产品

华数机器人始终践行"PCLC"的发展战略，以智能工业机器人（P）为产业发展主攻方向，核心功能部件（C）为产业发展"制高点"，智能产线系统集成（L）为产业发展主要"抓手"，智能云平台（C）为产业"出奇制胜的武器"。坚持"市场为导向、创新为灵魂、质量为生命、人才为根本"的二十字发展方针，坚定不移地推动国产机器人事业的发展以及国内制造业的智能化转型升级。助力完成10余个国家级智能制造示范工厂、100余个省部级智能制造示范车间建设，成功入选工业和信息化部《智能制造系统解决方案供应商推荐目录》，符合《工业机器人行业规范条件》企业名单，获批工业和信息化部专精特新"小巨人"企业、国家高新技术企业、国家知识产权优势企业、中国专利奖；荣获中国（行业）年度杰出贡献奖、中国国际工业博览会（CIIF）机器人奖、工业机器人核心零部件优秀品牌企业奖，是国产机器人事业快速发展的中坚力量，树立起国产机器人企业快速发展的典范。

一、坚持走自主创新研发的道路

华数机器人坚持走自主创新研发的道路，经过8年的发展，拥有由两院院士和大学教授组成的13人专家咨询委员会、建设有 1 个国家级工程研究中心、2 个省级工程中心及平台、7 个关键技术研究室。针对国产机器人核心关键技术缺乏的问题，重点开展机器人整机、高性能控制系统、新型驱动、高性能电动机、工业应用软件及机器人云平台等方面技术攻关，先后攻克机器人核心技术 400 余项，获得自主知识产权 300 余项。核心自主创新占比超 90%。创新性提出双旋机器人结构及算法、协作级工业机器人产品；攻克高性能机器人关键零部件控制系统、伺服电动机、"All-in-one"驱控一体领先产品；攻克机器人离线编程、车间仿真工业软件，工业机器人全生命周期管理软件；攻克测试/安全与可靠性等共性关键技术。

华数机器人拥有创新机械结构和控制算法方面的国际首创发明专利，产品精度、可靠性均达到国际先进水平，在引领轻量级机器人设计与应用方面填补了国内空白。自主研发的华数Ⅲ型控制系统实现了跨越式、系统化发展，突破动力学模型建模及参数精确辨识难题，在工业机器人控制系统领域实现"补短板"，达到世界先进水平，解决了国产机器人"无脑"的"卡脖子"问题，成果得到认可。华数机器人主打产品双旋系列机器人实现国产化替代，首次提出工业机器人双旋概念，发明内旋转结构及控制方法，实现双旋机器人走线与布局创新。该系列产品已取得多项国内外发明专利，在行业内荣获多项设计与产品大奖，引领了轻量级机器人设计与应用理念。

二、差异化竞争实现进口替代

华数机器人瞄准国内制造业对性价比高的专业机器人的需求，通过持续不断的技术和产品创新，把多关节通用机器人产品作为主攻方向，对标行业龙头，重点研制针对细分领域的专用机器人、创新性新结构机器人、工业级协作机器人、有特色的重载机器人、面向高等院校的开放式终端机器人产品，与国际巨头错位竞争，实现了国产化替代。先后为富士康、京东方、惠普、胜利精密、仁宝等 3C 行业龙头，海尔、格力、奥克斯、小熊电器和老板电器等家用电器行业龙头，长安汽车、比亚迪、通用五菱、凌云汽车等汽车行业龙头，苏泊尔、凌丰、万事泰、三禾等厨具行业龙头企业提供了稳定、可靠的产品，并通过提供全方位的自动化整体解决方案，大幅提升了企业的生产率，

降低了企业的经营成本，提高了企业的竞争优势。

三、坚持以人为本推动创新工作

随着国内制造业转型升级需求的日益迫切，机器人市场的快速增长，专业技术人才储备数量和质量显得捉襟见肘。华数机器人始终坚持"以人才为根本"的理念，通过与广东工业大学、华南理工大学、佛山科技学院、佛山职业技术学院、华材职业技术学院、南海信息职业技术学院等院校开展持续不断地深度合作，共建协同创新平台、人才培养基地、产业实训中心等，促进产学研长效合作机制运行，加强了机器人及智能制造领域高素质技能人才培养、产业重点瓶颈技术攻关和机器人及智能制造国家／行业标准修制定等工作，为工业机器人产业快速发展和制造业的转型升级提供了充分的人才与技术保障，培训企业及高校等超 1 000 家，为企业和学校培养了超 5 000 名技术骨干、骨干教师及中职学校学生，坚持引进来和走出去并重的双向开放，推动多项高精尖技术、解决方案走向国内外大型舞台，展现华数制造在高质量发展的新动能。

四、坚定不移地依靠创新走向未来

华数机器人深度融入全国机器人集成创新中心建设，形成以自主核心技术、核心零部件及"工业 4.0"整体解决方案为一体的全产业链协同发展格局。在新一轮科技"革命"和产业"变革"的机遇期，华数机器人以"更高、更快、更智能"的创新技术助力智能制造转型，实现以机器人技术为核心的大规模推广和应用，为国产机器人装备产业的高质量发展注入强劲力量，以领先的产品和服务为全球客户持续创造价值。

未来，华数机器人将继续秉承不断自主创新这一宗旨，持续发挥在机器人及智能制造产业的科技创新引领作用，进一步在开放性模块控制系统体系结构、模块化层次化控制器软件系统、机器人故障诊断与安全维护技术、网络化机器人控制技术等方面进行重点突破，让国内制造业甚至国外企业用上最先进的"华数智造"工业机器人，助力国产工业机器人产业快速壮大，扎实推进国家制造业高质量发展。

〔供稿单位：佛山华数机器人有限公司〕

创新驱动，精准可靠
——浙江环动机器人关节科技股份有限公司

浙江环动机器人关节科技股份有限公司（简称"环动科技"），位于浙江省玉环市，成立于 2020 年 5 月，是浙江双环传动机械股份有限公司的控股子公司，其前身为浙江双环传动机械研究院。环动科技专门从事机器人关节

高精密减速器、高精密液压零部件的研制及产业化，齿轮及其传动系统设计制造、测试分析和故障诊断、强度寿命等领域研究及技术服务。环动科技于 2021 年 11 月通过国家高新技术企业认定，2022 年 10 月被评为国家科技型中

小企业。

自成立以来，环动科技积极打造机器人协同创新产业链联盟，已经成功联合了一批国产机器人龙头企业，达成战略合作关系并稳定提供大批量产品配套。同时，环动科技与百余家机器人企业建立紧密合作关系，持续稳定配套供货。2020—2022年，环动科技在国内国产减速器市场占有率处于领先地位，市场反响较大。环动科技积极与铸造、锻造、密封件、减速器油脂、轴承等产业上下游企业共同形成符合我国机器人发展的具有国际竞争力的研产用协同创新产业链，并成为链主单位，形成我国自有标准的机器人关节减速机系列化产品，实现了国产化替代，助推我国机器人产业发展。

一、规划清晰的发展策略

环动科技结合外部环境变化与公司发展规划，有效利用现有资源和产业经验，向趋势要发展，抢滩新兴市场；向市场要订单，盘活闲置资产；向管理要效益，提高人均产出，积极主动地推进内涵式增长和外延式发展"双轮驱动"战略，始终"坚定信念、凝聚心力"，推动公司的持续、快速发展。

1."创新"谋先

始终坚持以"成为行业信赖的高精密减速机产品专业供应商"作为目标，推进组织创新、管理创新、产品创新和工艺技术创新。环动科技将以科技为先导、以信息技术为手段，推进智能制造的全面铺开，集结人财物力量，发力减速器总成件的技术难点攻克，最终实现高精度减速器的完全进口替代。

2."精益"谋实

通过供应链的整合、产品与客户结构的优化，以调思想、调结构、调人才，降成本、降库存，省人化的"三调二降一化"为抓手，持续提升公司精益化生产管理水准，提高投入产出比。公司积极推动精益生产模式的打造，健全多业务单元协同效应，提升资源内循环的有效性。

3."研发"谋局

立足于推动机器人产业发展，着眼于解决机器人关节减速器从设计、制造、应用到再创新的产业化进程中的核心技术问题，联合行业相关高校、科研机构及企业，开展基础共性关键技术研究、前瞻性前沿技术研究以及实用工程技术研究，建立一流的企业技术研究开发、设计和试验的专业人才队伍，持续加大研发投入，完善技术创新综合配套研发试验条件，为机器人行业企业提供品质优良的关节减速器产品和相关技术服务。

二、搭建高端研发平台，坚持技术创新

自成立以来，环动科技就非常重视创新，在创新人才引进和高端研发平台搭建上，持续整合投入，打造了一支极具活力的国际化研发团队，构建起了精密传动机械所必需的高端研发平台。

创新人才对企业持续健康发展起到决定性作用，为实现公司的战略目标，环动科技高度重视创新人才的引进和发展，为特殊人才提供优厚的待遇，加强高级技术与管理人才之间的合作互动。环动科技以"求贤若渴、海纳百川"的姿态吸收国内外优秀的高层次人才，使技术团队构成更具国际性、前瞻性。

环动科技组建了精密传动创新研发团队，团队现有博士学位技术人员2人，具有中高级以上职称的技术人员15人、国家重点联系专家1人、浙江省重点联系专家1人、台州市"500精英"计划人才2人，团队人员负责新产品开发、材料研究、刀具工艺研究、制造装备研究、产品检测及轴承关键技术设计、噪声振动技术研究等工作。环动科技技术创新团队是一支结构、年龄、层次合理，充满年轻朝气的创新团队，可面对市场挑战的研发精英队伍，具有扎实的机械传动制造技术和新产品开发能力；同时环动科技也广开门户，招贤纳士，从高等院校和专业研究所聘请了7位兼职专家，10余名研究生参与创新研发工作。

环动科技作为承担国家"863"计划项目、"工业机器人RV减速器研制和应用示范"项目和工业和信息化部智能制造专项"工业机器人高精度减速器智能制造建设"项目、"尖兵""领雁"等省部级重大专项等多项目的实施主体，重点解决了机器人"卡脖子"技术难题。经过多年持续独立的研发创新，环动科技突破了多项技术壁垒，形成了关键核心技术，并先后获得优秀工业新产品奖一等奖、机械工业科技进步奖一等奖、中国机械工业联合会技术创新奖特等奖等专业认可。参与制定多项精密减速器行业国家标准，拥有50余项国家专利。目前，环动科技已建立了完善的高精密减速器"设计、制造、装配、检测及市场应用"闭环体系。在批量化生产上，环动科技建有高规格恒温加工装配车间、热处理产线、实验室等，已有25万台产品投放市场并经过验证，使用最久的产品已服务超8年，让机器人用上了中国"芯"。

三、坚守品质，创造未来

未来几年，环动科技将朝着"成为行业信赖的高精密减速器产品专业供应商"这一目标不断前行，持续加大研发投入，坚持以客户为导向的发展路线，不断探索高难度系列高精密减速器的研发与制造，精益求精以提高产品批量化制造水平，提升产品各项性能指标，用可靠产品推动中国机器人的国产化替代。环动科技将通过持续迭代的创新意识、扎实雄厚的制造基础、科学严格的管理流程、专一专注的工匠精神、面向客户需求的市场导向来不断提高自身的竞争力，并结合机器人精密传动的技术积淀来拥抱这广阔的市场前景，顺应国家发展战略，走高端制造之路，为我国实现从制造大国向制造强国的转变贡献力量。

〔撰稿人：浙江环动机器人关节科技股份有限公司
郭剑禹〕

打造创新机器人行业，
助力商务清洁行业智能化转型
——苏州派特纳智能科技有限公司

苏州派特纳智能科技有限公司（简称"派特纳"）于2021年6月正式成立，公司注册于中新合作苏州国际科技园区，旗下全资子公司——派特纳（上海）机器人科技有限公司作为集团核心研发基地，充分发挥苏州市的"辐射"作用，以长江三角洲地区为核心，打造覆盖全国的产销网络。

派特纳创始人孔兵先生是一名多年深耕在机器人赛道的行业"领军人"，作为中国机器人产业联盟专家组成员，孔兵曾担任 ABB 机器人客户服务业务单元总经理及系统部总经理、库卡机器人有限公司 CEO。作为一名在机器人领域深耕多年的"探索者"，孔兵见证了全球机器人商业化的萌芽和发展历程，参与了我国工业及商业机器人赛道的起步和发展，主导了我国第一代商服机器人的推广和落地，实现了机器人核心零部件柔性关节的攻关以及本地化生产落地，凭借 30 多年的机器人行业经验，洞悉机器人市场发展趋势，以商用清洁机器人为切入点，逐步向全系列服务型机器人延展。

派特纳的核心研发团队由具有多年海外市场拓展和创业经验的夏临先生领军。夏临曾任职于中兴通讯股份有限公司、华为技术有限公司、达闼科技（北京）有限公司等多家高科技公司，凭借其自身多年物联网（IOT）和服务机器人行业工作经验，从解决客户实际需求着手，助力派特纳为客户降本增效并提供真正落地的产品。

派特纳本着"尊重、团结、诚信、创新"的价值观，脚踏实地，坚持产学研结合，与我国第一批开展机器人研究的国家重点研发机构——上海大学联合进行研发工作，并与国内知名高校清华大学（人工智能研究院）、西北电子科技大学、哈尔滨工业大学（泉州）研究院、上海交通大学机械与动力学院深度合作。

在上海机器人研究所常务副所长、首席科学家袁建军的支持和协助下，派特纳致力于将前沿科技转化为真正服务社会的创新产品，将公司发展成为集研发、销售、制造为一体的行业领先机器人科技型创新企业。

一、客户需求求大，行业黏合度高

数据显示，目前国内保洁行业整体市场规模超 5 000 亿元，其中，国内保洁公司数量超过 2 万家，国内保洁行业从业人数约有 1 200 万人，地面保洁员约占保洁从业人数的 1/3。同时，商务清洁领域还面临着用工成本上升、老龄化加剧、规模不经济、监管难度大、行业门槛低等问题，反映出国内商用清洁机器人使用场景广、需求缺口大，潜力大。

至此，派特纳应运而生，正式成为了商业清洁机器人赛道的"探索者"。

二、高效产品落地，打造全面产品线

本着"脚踏实地做产品"的原则，派特纳的第一台清洁机器人很快实现了落地并逐步稳定增产，在此基础上，派特纳提出了全场景覆盖的产品战略路线，包括室内清洁服务机器工人"派"系列、室外清洁服务机器工人"纳"系列、特种清洁服务机器工人"特"系列。三系战略路线构建了派特纳商务清洁服务的机器人生态体系，覆盖室内室外以及特殊工作场景为保洁行业提供一站式全方位整体清洁服务方案。

2021 年，派特纳第一款室外自动驾驶清扫机器人 NABO 面世、第一款室内尘推机器人"PAIMO"原型机落地。同年 10 月，派特纳自建生产产线启动搭建，并在同年年底开始了"PAIMO"的量产。

在商业服务机器人领域，具备创新能力的公司并不多见，品牌之间互相模仿甚至抄袭的现象屡见不鲜，这也造成了多家品牌的产品大同小异，同质化严重。在历经两年的一线深耕探索和优化迭代后，派特纳在 CCE 2022 上海国际清洁技术与设备博览会上，推出了具备行业内首创结构设计、全新易用的交互逻辑、完全创新且最贴近传统行业的功能设计以及行业内效果最优的创新型机器人——晶面养护机器人"PAIPO"，可实现地面结晶、轻翻、去蜡、抛光、深度清洁等多种功能，适用于如大理石、人造石、环氧树脂、花岗岩、聚氯乙烯塑胶等材料的地面的结晶及养护。"PAIPO"具备多个行业首创设计：无须扫图（转场十分方便）、一键启动（工人操作简单）、极简交互界面（易学易用）、压力自动检测（保持压力恒定）。"PAIPO"的推出代表了派特纳追求极致、深入细化的发展方向——以点带面。派特纳立足晶面养护机器人，稳扎稳打，逐步突破室内室外机器人产品技术，打造商用清洁服务机器人的全面服务矩阵。

三、重视创新，极致客户成功

派特纳在成立之初，对于机器人的设计便秉承了模块化理念。派特纳的产品能在满足客户清洁需求的同时，实现模块的便利切换，能够快速切入不同场景，实现例如工业客户特殊场景的定制化需求。

派特纳为移动机器人自研了通用激光即时定位与地图构建（SLAM）导航控制器，能够为移动机器人提供地图构建、定位导航、模型编辑等核心功能，支持多种底盘模型，可以随意搭建各类移动机器人。同时，派特纳机器人产品丰富的接口还支持接入各种传感器设备，实现 3D 避障、防跌落、超声避障、触边防碰撞等功能，适应多种复杂场景内的应用。

这些技术创新意味着派特纳机器工人正在帮助传统清洁走向智慧化转型，并切实解决行业痛点。目前，派特纳多个产品已经落地近百个场景，包括但不限于国内的商业楼宇、综合性商场、高端酒店以及工厂等。本着切实"做清洁服务领域践行者"的使命，派特纳坚持关注科技本身，厚积薄发，从技术上推动机器人由弱智能向强智能方向发展，强化人工数字化转型，最终实现"派特纳为服务产业智慧化赋能，让工作更轻松，生活更美好"的伟大愿景。

四、持续投入，科技注码未来

截至目前，派特纳已实现 2 大类，共 9 款产品的研发、生产和交付。这些契合客户和行业共性需求的机器人正在不断被客户采用，并创造价值。随着业务发展和客户的名单的增长，派特纳还将持续推进诸如特种轮臂清洁机器人为代表的产品研发，并逐渐完善室外清洁服务机器人的四大产品线。未来 5 年，在做好清洁服务机器人的基础上，派特纳将继续发展工业机器人及特种机器人，形成多方位的机器人体系，推进对客户商业价值增长的助力，增加与客户的黏性，达成共赢的合作局面，助力企业数字化、智能化发展。

〔供稿单位：苏州派特纳智能科技有限公司〕

自主崛起，创"智"未来
——成都卡诺普机器人技术股份有限公司

成都卡诺普机器人技术股份有限公司（简称"卡诺普"）成立于 2012 年，公司位于成都市成华区，是国家高新技术企业、国家专精特新重点"小巨人"企业、首批国家技能根基工程培训基地。卡诺普成立之初，以工业机器人"大脑"——控制器为切入点，跨入智能制造的时代洪流。10 余年来，卡诺普通过持续创新研发，旗下产品已完成工业机器人核心零部件（控制系统、伺服系统、智能传感器）、工业机器人整机、协作机器人整机和产品解决方案等全自主化布局。

作为创新型制造企业，卡诺普年均研发投入在营业收入中的占比达 17% 以上，专利成果年均增长率超过 80%，拥有 300 余项知识产权，参与 5 项工业机器人国家标准制定、2 项科研成果通过科技成果评价，企业创新能力、产品技术水平不断提升。

一、用脚踏实地的科技创新，助力自主品牌的技术崛起

工业机器人被誉为"制造业皇冠顶端的明珠"，是加速工业自动化、智能化的重要装备。面临国际企业技术领先 30 年的市场垄断，我国要想摆脱高端产业低端化，真正实现国产工业机器人产业崛起，就必须在核心零部件这个环节持续突破。在这样的大环境之下，卡诺普从机器人核心零部件入手，逐步发展成为成套电气方案及智能机器人供应商。

卡诺普深耕工业机器人核心零部件、整机，在工业机器人高效控制策略、机器人工艺场景应用方法、驱控一体控制、机器人本体创新应用、机械结构系统、驱动系统、感知系统、机器人环境交互、人机交互、机器人运动规划、

大机制造等技术上取得一定的成果，实现了工业机器人全电控硬件、软件自主，于 2019 年完成由"零"到"整"的转型，研制出可与同类进口产品一较高下的工业机器人整机系列产品，从焊接机器人细分领域到机床上/下料、折弯、码垛等领域的扩展，并在机械加工、电力能源、3C 制造等行业实现国产化替代。与此同时，卡诺普用比外资品牌机器人更具竞争力的性能和价格优势去拓展全球市场，产品远销 20 多个国家和地区，2022 年更是实现了出口销量成倍增长的业绩。

技术的发展，离不开自驱力和外部力量的优势整合。卡诺普也积极开展"产学研用"合作，先后与四川大学、电子科技大学、兰州理工大学等高校联合攻克技术创新上的难点，扩大科技成果转化的范围，突破了多个关键技术，全面掌握电气系统的核心技术，解决了机器人的"卡脖子"难题，为产品特色化、成熟化做了铺垫。

二、"让客户用好机器人"，点亮产品厚积薄发之路

卡诺普企业文化固守"低调、求真、坚韧"，以"中国机器人先锋"为己任，坚持"让客户用好机器人"。

2022 年，卡诺普陆续推出了 20 余款新产品，其中 3D 视觉智能焊接机器人荣获四川省首台套认定，中空点焊机器人也是四川省内首台推出的全自主研发点焊机器人，而"Nynhan"系列机器人则是卡诺普对标日本品牌"松下"成为国际上第 2 家有能力输出驱动、控制、焊接电源一体化机器人技术的代表产品，实现了国产化替代。

在产品端，卡诺普是国内可实现机器人全国产自主化且拥有机器人全链成果输出能力的企业之一，产品包括：

（1）零部件：6 大核心零部件中，3 项通过自主研发生产（控制器、驱动器、传感器），3 项来自深度定制（电动机、RV 减速器、谐波减速器均来自国内产业链上下游龙头合作企业）。

（2）工艺应用：通过行业拓展和深耕，卡诺普储备了较为全面的机器人行业应用工艺包。

（3）整机：卡诺普的机器人整机，完成了焊接全系列覆盖，从桌面型扩展到 6 关节轻型、中型、大型机器人，产品负载涵盖 5 ～ 380kg，未来 3 年，计划完成 500kg 级的大负载机器人研发并推向市场。

（4）焊机：卡诺普发布了自主研发生产的第一款一体化焊机"Nynhan"，未来，焊机的技术研发和产品延展将进一步深化。

借助资本力量，卡诺普打通产业链，助力新发展，累计完成 3 亿元的股权融资，完成银行授信和贷款 2.5 亿元，以资本为纽带推进了减速器、高精度电动机等产业链上下游的优势互补，实现了补链和固链。MIR 睿工业《2021 年中国工业机器人产业地图》统计显示，2021 年，卡诺普 20kg 以下六轴工业机器人出货量跻身全球厂商前五名，位列国产工业机器人品牌第一名。

三、深化企业管理，坚定"智"造未来

卡诺普通过制定科学的企业发展战略，实行制度化的企业管理，通过了 ISO 9001 质量管理体系、知识产权管理体系、ISO 14001 环境管理体系、ISO 45001 职业健康安全管理体系、安全生产标准化三级企业等认证。当前，卡诺普的产品已形成"立足西南，辐射全国，走向世界"的市场格局，企业发展也趋于成熟。

"十四五"期间，卡诺普在延续焊接领域传统优势的同时，继续拓展产品的新功能，扩展行业应用场景。大/中负载搬运机器人、小六轴机器人、SCARA 机器人、协作机器人等多款通用型工业机器人新产品将陆续在 2023 年完成面市。根据应用场景的不同，卡诺普会相继推出弧焊机器人、点焊机器人、光伏运维机器人、PCB 机器人等新产品，重点指向汽车整车与零部件以及光伏、电子等新市场，抢占新赛道。同时也将进一步加大海外市场拓展，力争开启国内、国际市场双增长模式。

〔撰稿人：成都卡诺普机器人技术股份有限公司夏永华〕

中国
机器人
工业
年鉴
2023

应用篇

以案例的形式介绍机器人在典型行业、典型领域的应用情况

中国
机器人
工业
年鉴
2023

应用篇

机器人在五金行业的应用

一、应用背景

经过十几年的积累和稳步增长，我国已经成为全球最大的五金制品生产国和出口国，随着五金制造水平的提高和产能的扩大，未来几年内，我国五金行业仍将保持平稳增长。

我国的五金企业数量较多，大多集中在江苏、浙江、广东、山东等省及其他沿海地区。五金产品品种与规格型号较多，共涉及6万个品种，200多万个规格的产品。

当前，我国五金行业还属于劳动密集型行业，改造需求非常迫切，尽管制造设备的自动化率已经很高，但其他环节还需要大量人工辅助。五金制造的从业人数达2 000多万人。其中，劳动密集型的主要工位分类有：产品装配、产品检验、产品修磨、产品贴标、产品包装、产线物流、仓储入库及产品上下料。

根据当前五金行业发展情况分析，机器人在五金领域的应用将逐渐普及，具体原因如下：

1）产品的生产端已经基本实现自动化，大量人工集中在上下料、组装包装端，人口红利逐年消失，亟需大量的机器人及智能装备替代，这是行业实现智能制造和数字化转型的"最后一公里"。

2）五金行业企业规模普遍不大且利润较薄，而人工成本在逐年递增，并且面临着招工难的困境，机器换人迫

在眉睫。单个企业无法支撑大量新产品的开发与应用，但是具有共性需求的企业数量较多，比较适合平台化集中的方式开发新产品。

3）通过五金应用可以凝聚机器人行业并孵化创新型企业，为提供从非生产端装备逐渐到主营生产端装备提供切入机会，从而实现智慧工厂。

当前，机器人产业蓬勃发展，正极大改变着人类生产和生活方式，为经济社会发展注入强劲动能，按照《中华人民共和国国民经济和社会发展第十四个五年规划和2035年远景目标纲要》总体部署，落实《"十四五"机器人产业发展规划》重要任务，加快推进机器人应用拓展，"机器人＋五金"应用行动将逐步开展。

二、实施情况

面向五金行业"17PC手动工具包装"场景，我国研制出了一套机器人自动化包装流水线。基于视觉定位和多机协同控制技术，结合创新机构设计，机器人可实现自动组装，完成"放盒子、贴盒底标、开盖、放内衬、放接杆、放钢丝钳、放扳手、放榔头、放榔头套、放批头组件、合盖、扎扎带及码放"等工序。

1.项目布局及动作流程

（1）项目布局。机器人自动化包装流水线项目布局情况如图1所示。

图1　机器人自动化包装流水线项目布局情况

（2）动作流程。该项目动作流程包括：

1）人工进行上盒及开盖作业。

2）人工进行榔头抹油。

3）自动站采用"机器人＋视觉"完成榔头、钢丝钳、扳手、接杆、榔头套、批头组件的放置。

4）人工将整箱物料放置于对应工作站的输送线上，

经定位后通知机器人进行抓取。

5）榔头套采用振动盘的形式进行输送。

6）螺钉旋具组件由插螺钉旋具设备完成插装后再由机器人抓取至主线。

7）人工完成合盖、半自动绑扎带、剪扎带、反向放置于输送线上。

8）人工完成码放作业。

2. 设备构成及机器人选型

项目设备包括机器人、视觉系统、中转料箱台、扎带机、榔头套振动盘、输送线体、气路系统、主控系统等。

螺钉旋具自动化插装工作站如图 2 所示。模块化结构如图 3 所示。机器人末端夹具如图 4 所示。

图 2　螺钉旋具自动化插装工作站

a) 机器人自动工位　　b) 榔头套整列出料机构　　c) 模块化工作站　　d) 不良品推料工位

图 3　模块化结构

图 4　机器人末端夹具

机器人方面，项目选择 4 台 SCARA 机器人，额定负载为 2kg，臂长为 425mm+275mm，Z 轴行程为 200mm，循环时间为 0.42s，机器人与相机之间采用套接字（Socket）通信，机器人与西门子可编程控制器（PLC）通过 Modbus-TCP 协议进行通信。

3. 视觉定位技术

在视觉部分，项目采用工业相机，基于 Halcon 平台对五金工具进行视觉识别及定位算法的应用开发，基于 Visual Studio 开发平台开发视觉端软件。项目采用"一拖四"相机系统，须通过视觉算法对 4 个不同工位图像数据同时处理，分别提供工件与工具盒位置信息，静态拍摄，精度需达到 ±0.5mm。而工业相机的理论精度能达到 ±0.2mm。

4. 模块化工作站

该项目采用工作站的形式进行生产线的布局，从而实现快速部署。模块化工作站如图 5 所示。

图 5　模块化工作站

5.大数据云平台

设备相关生产数据借助智慧网关上传至大数据云平台,并在大数据平台上按终端客户、集成商等不同用户设置相关权限,使得终端客户能在平台上看到当前设备的生产情况,集成商能看到自己的设备分别在哪几家企业使用,设备状态如何,便于安排后期的维保。

三、项目成果

1.现场使用情况

该项目由2022年5月进入现场实施,2022年11月正式交付客户使用。产生的经济效益和社会效益具体情况如下。

(1)经济效益。某企业原生产模式为人工作业模式,整个人工产线单班人数为17人(含物流配送人员),采用机器人自动化包装流水线后,整个产线单班人数为8人(含物流配送人员),节省操作员9人,按当地企业支出的单人人工成本6 000元/月计算,该企业每月可节省人工成本约5.4万元,全年可节约64.8万元。

(2)社会效益。经过多年的发展,我国五金制造已在世界具有一定的影响力,但高质量、高精度、高稳定性、高自动化的制造设备非常欠缺。随着消费者对高端产品需求量的不断增加及对产品品质要求的不断提升,机器换人是提高五金产品品质的重要手段之一。

由于缺乏对五金行业的了解,机器人企业与五金企业的需求往往相互脱节,五金产品品种繁多,规格更多,存在批量小的特点,更需要工业机器人企业提供柔性化生产设备。

1)产品研制。研制机器人新产品,加快机器人化生产装备向相关领域应用拓展。

2)技术创新。开发专业化、定制化的解决方案和软硬件产品,积累模型库、工艺软件包等经验知识,深度融合机器人控制软件和集成应用系统,推动在五金领域关键环节应用。

3)场景应用。推进五金行业智能制造示范工厂建设,打造工业机器人在五金领域的典型应用场景。

4)模式推广。发展五金领域基于工业机器人的智能制造系统,助力五金行业数字化转型、智能化变革。

2.亮点和创新点

(1)视觉定位技术。项目采用"一拖四"相机系统,根据相机内外参数初始值,利用非线性最小二乘法估计畸变系数,最后进行参数优化,对畸变进行矫正从而并获取相机内外参数。在视觉算法逻辑方面,使用多线程处理模式,分别对不同工位图像数据同时处理,通过输入/输出(I/O)硬件触发接收到拍照指令后触发对应相机取像并对图像数据分析处理,通过识别工具盒及工件外部轮廓特征获取位置信息,通过判断工具盒内部对应工件的有无确定工具盒放料是否完成,将获取的位置信息与外界交互。

(2)模块化工作站。传统的自动化生产线,机器人及周边设备都是独立进行固定的,生产线仅能进行某类固定产品的生产。为了提高整条产线的利用率,并且能和其他产线共用,本项目采用模块化工作站的设计思路,将机器人及其相关的辅助输送线、视觉系统等模块进行整合,形成一体的框架,并在底部安装脚轮,便于各工作站之间灵活组合,也可以实现将该工作站推至其他产线进行生产。

(3)经营模式。上海电科云汇机器人科技有限公司"机器人+五金"应用创新服务平台联合五金用户单位和机器人企业,聚焦五金企业生产环节中急需升级改造的共性需求,共同开展技术试验验证,形成新型的机器人工作站并接入机器人云平台,并采用生产性租赁服务的创新商业模式,加快工业机器人智能装备在五金行业企业快速应用,支撑我国制造业高质量发展。

〔供稿单位:上海电科云汇机器人科技有限公司〕

煤矿井下喷浆、管道安装及巷道修复作业机器人应用案例

一、应用背景

当前,在全国煤矿的200余万从业人员中,从事采煤、掘进、运输、安控等危险繁重岗位人员的占比达60%以上。煤矿辅助作业工序多、工艺复杂,从业人员数量大,且劳动强度大、危险系数高,研发应用各类煤矿辅助作业机器人是替代矿工高强度施工、远离危险区域的重要手段。2019年,国家安全生产监督管理局发布了《煤矿机器人重点研发目录》,包含5类共38种煤矿机器人清单;2022年,国家安全生产监督管理局印发《"十四五"矿山安全生产

规划》,进一步提到矿山智能化建设,以此实现对煤矿及重点非煤矿山关键地点、重点部位重大风险的实时监测、智能化作业。

矿山领域的特种机器人作为煤矿智能化核心装备,发展潜力大、市场前景广阔。但受煤矿井下多粉尘、低照度、空间狭小、全球定位系统(GPS)拒止等因素影响,辅助作业机器人研发应用面临巨大挑战,还面临诸多技术瓶颈亟待攻关,其自主化、智能化水平还相对较低,同时还存在各种不同作业机器人发展水平不平衡、不充分的问题。

因此，通过多场景辅助作业机器人本体结构轻量化、自主导航、精准作业控制等共性关键技术上的研究，研制出适用于井下巷道的喷浆、修复及管路抓取的辅助作业机器人，能够替代人工作业，降低安全风险，提高生产率，减轻劳动强度，真正解决危重场景机器人替人难题。

二、实施情况

中煤科工机器人科技有限公司（简称"中煤科工机器人公司"）围绕煤矿井下巷道多场景辅助作业机器人及关键技术，组建多学科高效研发团队，辅以市场、生产、采购等专员，建立"研发—生产—销售—服务"全产业链产品开发体系。通过攻克机器人高精度自主导航定位、全方位智能感知及三维模型精准构建、机械臂自适应控制及履带底盘同步控制等共性关键技术，构建出煤矿井下巷道多场景辅助作业机器人通用技术架构，研制出煤矿喷浆机器人、管道安装机器人及巷道修复机器人，在有效替代人工完成煤矿井下辅助作业的同时，实现煤矿井下巷道多场景辅助作业机器人在井下巷道管道安装、喷浆、修复等多场景应用，促进煤矿实现减人增效的目标。

中煤科工机器人公司研发的喷浆机器人，具备巷道复杂作业区域的快速扫描、空间建模、喷射区域智能划分、

臂架运动智能控制及喷射路径智能规划等功能，同时满足自主取送料、拌料、上料、喷浆一体化连续作业，实现物料自动配比、湿式泵送；管道安装机器人能够携带管道装载机构自行走，管道安装路径自规划，实现管道自主识别、位姿自主测量、机械臂自主抓取、自主对孔、自主行走至下一工位等智能化全自主管道安装作业；巷道修复机器人具有遥控行走、电子围栏、安全避障等功能，实现巷道修复机的半自主作业、遥控作业、人工就地作业等功能。辅助作业机器人能够减轻井下作业人员的负担，提高工作效率，提升了煤矿安全生产智能化管理水平。

目前，喷浆机器人已成功应用于柠条塔煤矿巷道喷浆现场。在使用喷浆机器人前，喷浆作业主要采用人工喷浆的方式，需要上料、搅拌喷浆作业工人人数共计 6 ～ 8 人，喷涂巷道长度按照每天 2 个班计算，每班大概可喷浆的距离为 7 ～ 8m，共计喷浆距离为 15 ～ 16m，该方式喷层质量差，工人易得尘肺病。使用喷浆机器人后，一体化喷浆可以缩减作业工人人数至 1 或 2 人，喷涂巷道长度每天可达到 20m 以上，喷层更均匀密实、生产更安全、工作更灵活。喷浆机器人应用现场如图 1 所示。

图 1　喷浆机器人应用现场

在使用管道安装机器人前，柠条塔煤矿主要采用人工管道安装方式，工人举升搬运管道，需要抬管作业人员人数为 4 ～ 6 人，拧螺栓作业人员人数为 1 ～ 2 人，共计 5 ～ 8 人，劳动强度大，管道砸伤事故频发。使用管道安装机器人后，最高安装高度可达 2.6m，行走、举升管道、拧螺栓

合计用时为 8min，以 8 ～ 10min 为一个节拍，1h 可以安装 6 ～ 8 根管道，按照每天 2 班、每班可安装管道约 50 根计算，每天的管道安装量可达 100 根。管道安装机器人应用现场如图 2 所示。

图 2　管道安装机器人应用现场

柠条塔煤矿巷道修复现场在使用巷道修复机器人前主要采用人工清理修复，劳动强度大，工作环境恶劣，同时人工修复侧帮和顶板时难度与危险性较大。在使用巷道修复机器人后，作业人员数量缩减至 1 或 2 人，巷道失修率

减少了 10% 以上。目前，巷道修复为非流程化作业，主要为多点作业，依据需求临时进行作业，主要效果是保证作业安全，解决破碎物伤人、粉尘大威胁作业人员职业健康等问题。巷道修复机器人应用现场如图 3 所示。

图3 巷道修复机器人应用现场

三、项目成果

1.经济效益

煤矿井下巷道多场景辅助作业机器人能够应用于煤矿井下巷道喷浆、管道安装、巷道修复等多种作业场景，通过代替人工作业，有效地解决现有作业设备智能化程度低、作业效率低等难题。同时，煤矿井下巷道多场景辅助作业机器人可以长时间在井下恶劣环境中里连续工作，结合智能化监测装置和分析软件，可以实现全作业流程的即时查看与快速决策，极大地提升了煤矿安全生产智能化管理水平，"减人、增效"效果显著，间接经济效益可观。

煤矿井下巷道多场景辅助作业机器人已经成功应用于柠条塔、保德及枣泉等煤矿现场，采用喷浆机器人，极大地降低了喷浆回弹率，保证了作业人员的职业健康；采用管道安装机器人，实现了作业目标物的精准识别与有效搬运，使得作业人员数量降低70%；采用巷道修复机器人，实现了巷道修复的半自主作业，有效提升作业效率，降低人工作业风险。以煤矿应用现场单班至少节约人员5～7人，每年可节约煤矿人力成本数百万元；作业效率提升至少为30%，每年则节约煤矿运营成本近亿元。同时，高质量自动喷浆、搬运安装、巷道修复等，提高了巷道使用、

施工安全性，降低了煤矿潜在危害，实现了单个煤矿安全生产效益数十亿元，经济效益显著。

2.社会效益

煤矿井下巷道多场景辅助作业机器人及其关键技术，在煤矿作业类机器人领域处于领先地位。该技术的成功运用，将真正解决煤矿企业痛点，降低工人劳动强度，减少事故发生，极大地提升了煤矿安全生产智能化管理水平，促进煤矿行业向安全、精准、可靠方向发展。

鉴于国家、行业和地方对煤矿机器人政策大力支持以及全面开展安全生产监管，大力提升智能管理能力要求，且除煤炭行业外，石油、化工、冶金等能源行业也亟需大量作业类机器人进行危重场景作业。以煤矿机器人为代表的特种行业机器人，在推动特种领域智能化发展水平，深度践行"机器人+"应用行动实施方案方面体现了重要作用。

3.亮点和创新点

（1）提出基于视觉相机和激光雷达融合的巷道三维重建技术，解决煤矿非结构化复杂环境下存在的视觉特征丢失、全局坐标下定位困难等问题，实现辅助作业场景的精准构建。点云配准方法对比情况如图4所示。关键帧位姿匹配情况如图5所示。

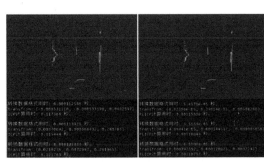

图4 点云配准方法对比情况　　图5 关键帧位姿匹配情况

（2）采用基于回归分析的非线性重载机械臂系统稳定控制方法，解决现有液压机械臂控制精度不足、定位较差等问题，实现重载作业机械臂的精确运动控制。

（3）构建了基于超声波测距的矿用液压履带式底盘

纠偏控制及控制方法，解决现有履带式底盘作业过程中的直行跑偏问题，实现偏移角度和偏移距离均满足巷道作业环境。履带式移动机构跑偏曲线如图6所示。

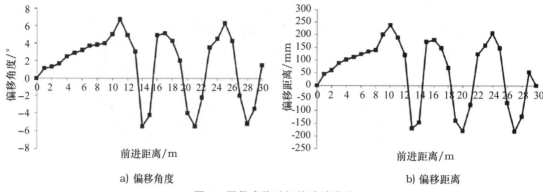

a) 偏移角度

b) 偏移距离

图6　履带式移动机构跑偏曲线

4. 所获奖项及知识产权

（1）授权相关发明专利2项，授权实用新型专利7项。

（2）登记软件著作权5项，制定行业/团体标准5项。

（3）发表SCI/EI、核心等论文9篇。

（4）取得安标防爆证7项。

（5）经中国职业安全健康协会院士专家团队鉴定，该成果符合"国际领先水平"。

〔供稿单位：中煤科工机器人科技有限公司〕

柔性协作机器人在医疗行业的应用

一、应用背景

医疗机器人在外科手术中能够实现高精确性和高稳定性，帮助医生进行微创手术，减少手术风险和创伤，同时提高手术成功率；实现远程医疗和诊断，使医疗资源更合理分配；随着人口老龄化程度的加深，慢性疾病和医疗需求逐渐增加，医疗机器人能够在手术、康复、长期护理等方面提供帮助，缓解医疗资源短缺问题。

二、实施情况

研发高精度轻量化医用机械臂，针对我国手术机器人主要采用欧美发达国家工业或服务机器人机械臂作为核心部件且缺乏专用高精度医用机械臂的现状，从高精度轻量化医用机械臂结构及布局、控制系统的设计、精度保证技术、安全协作技术和可靠性分析提升技术出发，提升我国高精度医用机械臂开发能力，突破我国手术机器人产业核心的"卡脖子"部件，在我国产业结构逐步升级，国际贸易摩擦不断升级的大背景下，保障手术机器人产业健康发展。本文以腔镜手术机器人高精度轻量化医用机械臂为例，讲解机器人在医疗行业的应用。

1. 项目痛点

国内采用的作为末端执行器的操作手往往占用空间较大，安装不便，灵活性较低。尤其是操作手往往具有较大的重量，在惯性力和重力的作用下，手术过程中不能达到精确的控制，影响操作精度；同时，较大的机构重量也会影响末端的力控反馈，影响手术过程中医生的操作判断。

这些都严重影响了国产腔镜手术机器人的性能，阻碍了腔镜手术机器人在国内进一步推广及应用。

2. 解决方案

本项目以研发高精度轻量化医用机械臂为目标，提升国产腔镜手术机器人整机性能，研究医用机械臂本体结构、轻量化高精度传动结构、一体化驱动模组、机械臂控制通信系统、机械臂精度保证技术、安全协作技术与可靠性分析提升技术，最终形成具有完整知识产权且具有与国际主流产品相当性能的高精度轻量化医用机械臂。手术机器人系统临床布局如图1所示。

图1　手术机器人系统临床布局

（1）减轻本体重量，提高刚度。在分析临床手术的基础上，在 Pro/E 软件中建立整机装备的三维模型；在拓扑优化设计阶过程中，研究优化的约束条件、优化准则法、数学规划法等，结合工艺情况设计零件的外形，研究尺寸优化设计；分析机器人力传递关系及受力情况，找出影响机器人整机刚度和频响特性的关键部件和薄弱环节。

（2）使用谐波减速器设计关节传动系统。谐波减速器具有以下优点：体积和重量只有普通减速器的30%左右或者更低；传动比范围大；啮合的齿数多，承载能力大；运动精度高；可向密闭空间传递运动及动力。它十分契合医用机械臂轻量化、高精度等需求。

（3）设计一体化驱动模块。针对微创手术机器人关节对高爆发、高动态运动性能的核心需求，在支持双编码器、力矩传感器、以太网控制自动化技术（EtherCAT）通信、安全扭矩断开（STO）功能的xMate关节驱动平台下进行优化功率级设计和散热结构设计。采用氧化物半导体场效应晶体管（MOS管）的并联技术，采用栅极驱动，选择合适的脉冲宽度调制（PWM）载波频率，使用高导热系数的材料，提高辐射率，形成双面散热结构。"感—驱—控"一体化关节集成设计技术如图2所示。

图2 "感—驱—控"一体化关节集成设计技术

（4）开发医用机械臂高性能控制系统。开发具有开放式结构的模块化、标准化机械臂控制器，划分为三个层次，即系统交互层、业务逻辑层以及用户交互层，具有可扩展性、互操作性及可移植性。支持基于Profinet、Ethernet/IP总线，示教器采用ARM+嵌入式Linux方案。

（5）精度保证及安全协作技术方案。基于已辨识的误差模型就可以根据实际输出来对机器人的定位误差进行预测，并根据预测结果来进行误差补偿。采用基于模型的控制方法，结合代入经辨识的动力学参数的精准全动力学模型，融合在线最优轨迹规划、平稳无波动速度规划。机械臂碰撞检测如图3所示。

图3 机械臂碰撞检测

三、项目效果

1. 项目创新性

针对高精度轻量化医用机械臂结构与布局设计，根据对腔镜手术特点的分析，合理布局手术机器人空间位置，在分析临床手术的基础上，以提高机器人的刚度、力学等性能为目标，进行手术机器人的整体结构设计，通过对轻量化高精度传动机构和一体化驱动模块的设计，达到进一步轻量化医用机械臂的目的，为医用机械臂提供一个高性能的机械本体，对打破国外对于医疗专用机械臂技术的垄断具有重要意义，发展前景广阔。

针对医用机械臂控制系统的设计，开发具有开放式结构的模块化、标准化机械臂控制器，研究面向具有冗余自由度机械臂的轨迹规划，进行力/位控制算法与末端柔顺控制算法设计，通过动力学参数辨识与惯量前馈技术建立精确的机械臂动力学模型、实现高性能的轨迹控制，为医用机械臂的应用提供优化的控制结构与控制策略，对国产医用机械臂推广与提升市场国产化率具有重大意义。

针对医用机械臂的精度保证技术，在机械臂设计阶段，通过精度设计限制机器人零部件的制造和装配公差，建立机械臂定位误差的误差模型，通过数据拟合、插值方法、人工智能模型等方法进行误差预测补偿，以保证医疗机械臂的应用需求，对提高医用机械臂和手术机器人系统的整体性能具有重要意义。

针对医用机械臂安全协作技术，进行机械臂零力拖动示教研究形成良好的人机协作，通过高灵敏度碰撞检测保证人机协作以及多机协作时的安全性，在软件层面对机械臂进行运动范围的限制，为机械臂安全运行提供进一步的保障，为发展手术机器人的人机协作模式与应用推广提供强有力的支撑。

针对医用机械臂可靠性分析提升技术，通过早期故障试验、加速试验、仿真测试等进行医用机械臂的可靠性测试，根据试验数据进行故障模式影响及危害性分析和故障树分析，为提高产品的质量和可靠性水平提供改进依据，通过可靠性建模对机械臂的可靠性进行评价与预测，对提高国产医用机械臂可靠性、提高市场竞争力具有重要意义。

2. 经济效益

本项目搭建包括医用机械臂轻量化本体、智能示教系统、跨平台实时操作系统、通信协议、医疗接口等完整产品体系。具体包括完成轻量化高精度传动机构设计及理论分析，轻巧、通用、大负载一体化驱动模组设计，高精度轻量化医用机械臂重复定位精度达到±0.1mm，工作空间≥500mm×483mm×190mm，机械臂本体重量≤10kg。

建设完成高精度轻量化医用机械臂自动化生产体系，年产能不少于200套；建设完善的高精度轻量化医用机械臂质量检测体系和标准体系，形成测试标准草案2份；完成腔镜手术机器人系统临床普适性空间布局优化方案3份。

高精度轻量化医用机械臂核心技术的突破，使得工程化样机性能达到国际主要产品水平；产品长期应用后，高精度轻量化医用机械臂的精度指标满足指南要求；并能够提供高精度轻量化医用机械臂一站式系统解决方案。实现高精度轻量化医用机械臂国内细分领域市场占有率达到 30%。

〔供稿单位：珞石（北京）科技有限公司〕

机器人在轮胎刻字领域的应用

一、应用背景

作为全球最大的轮胎产销国，我国同时拥有全球最大的汽车产销量和工程机械产销量。作为工程机械和汽车产业链的主力军，轮胎行业也面临着可持续发展和数字化所带来的机遇与挑战。

在"双碳"政策的持续推动下，对于制造型企业而言，可持续发展的生产经营模式显得尤为重要。而轮胎橡胶行业也正寻求着更为绿色的发展方式。伴随着生产工艺的迭代改进，各轮胎橡胶企业也将产线升级的重点聚焦于用新技术替代旧工艺以减少制造过程对环境的污染，同时以高度智能的自动化生产方式，实现精益的生产与管理。

二、实施情况

上海新时达电气股份有限公司（简称"新时达"）依靠机器人核心技术优势与研发创新积累，凭借"机器人整机＋工艺"的策略，与合作伙伴上海崮德智能科技有限公司（简称"崮德智能"）一起快速响应橡胶轮胎行业新需求，提供从机器人到标准设备，从应用软件到定制化功能开发的一整套制造解决方案，为轮胎制造企业和用户带来价值。目前，该解决方案已在中策橡胶集团股份有限公司（简称"中策橡胶"）、赛轮集团股份有限公司（简称"赛轮集团"）等行业头部企业成功应用，并实现批量交付。本文以新时达机器人轮胎激光刻字智能解决方案为例，介绍机器人在轮胎刻字领域的应用。中策橡胶激光刻字应用现场如图 1 所示。

图 1　中策橡胶激光刻字应用现场

1. 项目痛点

随着时代的发展，橡胶轮胎行业对轮胎品质、功能的要求越来越高，采用先进制造技术对轮胎制造过程的成本控制和绿色生产越发重视。轮胎生产中标识生产日期的周期牌和硫化码作为轮胎生产工艺必备的工序，一直存在效率不高、人工放置安全隐患多、字体显示不清晰等弊端。

传统的周期牌和钢小票工艺费时费力、耗材成本高。周期牌每周需要停机置换，操作过程中容易损伤模具，安装位置精度较低，存在缝隙胶边，生产的轮胎周期牌凹凸不平、胶边溢出、损伤及飞边等严重影响轮胎外观品相。传统模刻工艺常见的周期牌不良现象如图 2 所示。

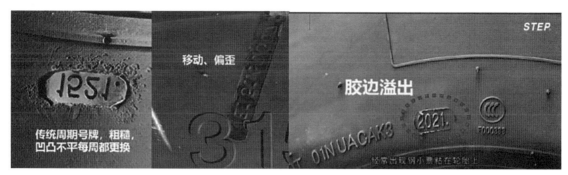

图 2 传统模刻工艺常见的周期牌不良现象

硫化胎号钢小票每条轮胎都需要人工放置一次，工作量大；同时，由于钢小票在模具上容易移动、偏歪，造成小票位置不对、压字体等现象，不符合品质要求，经常出现钢小票粘在轮胎上，刮毛时容易造成轮胎刮伤。周期牌和硫化胎号钢小票也都存在字体粗糙，易被仿制等缺点。传统模刻工艺常见的硫化胎号不良现象如图 3 所示。

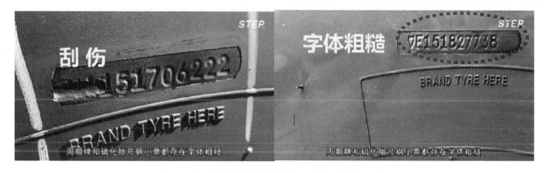

图 3 传统模刻工艺常见的硫化胎号不良现象

2. 解决方案

该解决方案颠覆传统生产工艺，由新时达六轴机器人、3D 激光视觉系统、激光雕刻系统、麦克纳姆轮万向对中机构等组成工作站，采用全新工艺，取代了传统生产中预埋周期牌、钢小票和硫化镂空条码的生产工艺，能实现轮胎指定位置的自动雕刻，具有生产节拍快，同时刻字清晰美观、平整光滑，无胶边的特点，提高了硫化机的使用率和产品的品相等级。新时达激光刻字机器人工作站如图 4 所示。

图 4 新时达激光刻字机器人工作站

（1）快速安装，无缝衔接。基于工作站形式，该方案开箱即用，客户无须停机数小时即可在狭小的 2m 空间内完成灵活部署，10 天就能完成安装、调试以及与制造执行系统（MES 系统）打通。

（2）全新人工智能（AI）算法，精准标定。针对轮胎橡胶的行业特殊属性，全新实时 3D 视觉的 AI 算法，可通过 3D 数模进行实时的 AI 数据对比，对轮胎运行实时扫描与位置标定，避免产生由于轮胎热胀冷缩、产线物流堵塞、叠胎堵胎等造成的轮胎形变。同时新增热成像技术，避免了特定环境下热蒸汽对 3D 视觉的干扰。

（3）自动补偿，精雕细琢。自动补偿技术能够保证雕刻深度、精度以及位置的精准控制。人机界面更优化，真正做到"鼠标器指在哪里，就雕刻哪里。"同时重复定位精度达到 ±0.2mm，激光雕刻镭射的精度可达 0.01mm 以内，雕刻完成后还有自检功能。针对半钢和全钢轮胎，对轮胎弧面进行自动补偿的同时，不影响轮胎安全以及胎压实验。

（4）数字化生产，赋能智造。可与生产 MES 系统自动交互，实时展现生产数据，优化工艺流程配置，从而提升企业生产品质，提高企业生产率。

（5）绿色生产，节能减排。监测和捕获轮胎雕刻产生的粉层、微塑料颗粒物污染，帮助客户以应对更高的环保要求。

三、项目效果

1. 项目创新性

（1）理念创新。为提升轮胎外观品相，同时提高效益，降低成本，生产企业迫切需要市场上出现一款对传统模刻工艺进行技术革新的产品。针对此行业难题，新时达研发生产了轮胎激光刻字智能工作站，通过轮胎智能激光刻字工作站和客户总的生产 MES 系统信号对接，用激光器来进行硫化码和周期号牌的激光刻字工艺，全过程秉持绿色环保理念，全流程数字化生产，节能减排，助力企业实现可持续发展。

（2）技术创新。作为唯一一款融合了激光光路控制、机器人纳秒飞拍技术、"3D+AI" 视觉运动控制等技术的轮胎激光刻字智能解决方案，该项目使用了创新的 3D 视觉机器人纳秒飞拍技术；利用智能机器人的高柔性实现了全钢轮胎产品和半钢轮胎产品的全覆盖；将读码器和 3D 相机、MES 智能管控系统整合到一套控制系统中；采用智

能激光光路控制系统；拥有麦克纳姆轮自动对中机构的精准定位。

（3）定制化创新。可灵活实现个性化定制，包括雕刻防窜货二维码，定制小批量、个性化标志等。例如，为了提高轮胎刻字的品相，为用户提供突破倒模工艺的新字体，刻出凸感明显的"阳字"，较硫化出来的字，更清晰、更美观且具有弧度。此外，二维码雕刻可助力用户全新销售模式的建立，通过扫描二维码即可追溯全部关键信息。机器人激光刻字效果如图 5 所示。

图 5　机器人激光刻字效果

（4）管理创新。该系统能与客户 MES、仓储管理系统（WMS）、企业管理解决方案（SAP）等系统打通，实现企业对消费者（B2C）的商业模式到消费者对企业（C2B）的柔性管理革新。以高度智能的自动化生产方式满足客户对于精益生产的"工业 4.0"智慧工厂管理需求。

2. 经济效益

2020 年，该解决方案于由新时达与崮德智能合作开发，随后在中策橡胶、山东玲珑轮胎股份有限公司、赛轮集团等企业成功批量应用并受到了好评。

〔供稿单位：上海新时达电气股份有限公司〕

机器人在塔脚焊接领域的应用

一、应用背景

电力建设是国家经济运行的基础，而作为电力建设基础设施的输电线路铁塔，其加工优质、高效与否对电力建设的影响举足轻重。随着国家电力建设规模的不断扩展和电力输送的不断增加，输电线路铁塔塔脚加工批量增长及工期的缩短，使得企业原有焊工队伍已不能满足现有生产需求，叠加焊工工资的日益攀升，对塔脚焊接向自动、智能化的焊接机器人发展提出了紧迫需求。

二、实施情况

上海新时达电气股份有限公司（简称"新时达"）依靠机器人核心技术优势与研发创新积累，以"机器人整机＋工艺"的策略，快速响应塔脚焊接新需求，提供从机器人到标准设备，从应用软件到定制化功能开发的一整套制造解决方案，为制造企业和用户带来价值。目前，

新时达电力塔脚焊接解决方案已经在中国电力建设集团有限公司（简称"中电建"）、中国能源建设集团有限公司系统内的多家铁塔企业得到落地验证。本文以新时达机器人电力塔脚焊接解决方案为例，介绍机器人在塔脚焊接领域的应用。中电建成都铁塔厂应用场景如图 1 所示。

1. 项目痛点

钢结构行业分为设备钢结构、建筑钢结构和桥梁钢结构，电力铁塔属于设备钢结构，行业共性是多品种、小批量，厚板焊接，对焊缝强度要求较高。该行业目前处于高速发展阶段，焊接是钢结构工程制作和安装的关键技术和质量控制手段，在工程建设中具有至关重要的地位。在钢结构的焊接过程中，往往会遇到一些问题，例如：

图1 中电建成都铁塔厂应用场景

（1）小批量多品种。塔脚工件规格多达数百种，没有批量性，传统的示教方案编程工作量大、换产效率低。

（2）工件误差大。塔脚行业下料组队误差较大，开坡口多采用人工火焰开坡口或者半自动小车，无法保证坡口的一致性，这对焊接轨迹适应和焊接工艺带来巨大的挑战。

（3）工艺要求高。塔脚焊缝主要为角焊缝和坡口焊缝，板厚为8～60mm，跨度较大，对工艺的适应是一个巨大的挑战。

2.解决方案

针对行业用户痛点，新时达创新地使用了参数化编程和激光引导焊接技术，构建了新时达电力塔脚焊接解决方案，让用户只需输入简单的工件尺寸信息，机器人通过激光识别系统实现焊缝轨迹的获取，自动调用焊接专家库参数，从而实现免示教、智能化焊接。该解决方案具备的优势如下：

（1）简单方便。塔脚焊接智能机器人工作站由六轴焊接机器人、视觉激光器、一套带夹具的两轴变位机、焊接系统、电气控制系统、触摸显示屏等主要部件组成。该方案开箱即用，新产品3min进入焊接，无须切换程序，焊接程序自动生产，产品适应性达90%以上。

（2）操作便捷。新时达机器人根据多品种、小批量的产品特点，通过开放底层代码，深度定制开发了免示教参数化编程软件，让现场工人只需简单输入工件尺寸信息便可快速投入生产。塔脚尺寸、焊接参数等一键启动，自动生成焊缝信息，同时搭配触摸屏实时修正焊接参数。

（3）高一致性。针对现场工件组对和下料偏差导致工件一致性不佳的问题，该系统结合焊接工艺要求、激光传感器识别的工件信息、可达性要求，精确规划焊接轨迹并引导机器人准确到达焊缝位置，可以识别搭接、对接、角接等多种焊缝类型，能够有效抗弧光、抗飞溅、抗高温。机器人焊接成品如图2所示。

（4）专业焊接电源。Pulse MIG-630RP焊接电源为新时达与战略合作伙伴山东奥太电气有限公司长期合作，并针对厚板和超厚板焊接而研制的行业专用焊接电源，该焊接电源搭载大熔深焊接工艺，焊缝成形相较人工焊接更加饱满、均匀、稳定，同时提高了工作效率。

图2 机器人焊接成品

三、项目效果

1.项目创新性

（1）理念创新。电力铁塔加工制造是典型的"多品种、小批量"制造，加上人工组对，来料一致性不佳，部分工件有国家二级焊缝探伤要求等多种因素重叠，一直无法实现自动化焊接。新时达创新地使用免示教参数化编程，结合线激光引导生成焊接轨迹，率先在工程应用中解决了电力塔脚的机器人自动化焊接难题；同时，经过常年的摸索，等级焊缝通过率超过高级焊工。智能焊接是解决弧焊领域用工难、成本高，以及质量不稳定的有效方法。电力塔脚焊接解决方案通过利用新时达自身技术研发，提升设备智能化，助力智能焊接迈向发展新时代。塔脚焊接机器人工作站如图3所示。

图3 塔脚焊接机器人工作站

（2）技术创新。该解决方案专为塔脚焊接应用场景开发，免去了繁琐的示教过程，解决了原先示教频繁、示教时间长、操作要求高的问题。同时在焊接过程中，较传统手工焊接，焊接质量更高更稳定，可有效缓解电线路铁塔生产企业的焊接质量波动问题。免示教六轴焊接机器人的应用，为输电线路铁塔塔脚焊接自动化、智能化提供了切实可行的方案，且机器人焊接效率高于传统手工焊。通过"机器人换人、机器人减人"将有效缓解焊工资源日趋紧缺的难题。

（3）数字化创新。一键启动自动生成焊缝信息，焊接参数、焊接轨迹同时可实时监控，通过控制这些参数来确保焊接加工的产品质量，为生产系统提供实时监控，形成产品追溯，保证焊接品质。参数化编程人机界面如图4所示。

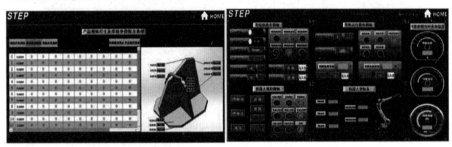

图4　参数化编程人机界面

2.经济效益

中电建武汉铁塔有限公司（简称"武塔公司"）已经投产使用新时达电力塔脚智能机器人焊接工作站多年，在日常车间生产中，武塔公司采取"歇人不歇马"的办法，每天工作时间超过18h，实践证明新时达电力塔脚智能机器人焊接工作站工作效率高、表现稳定，完全能够满足电力铁塔行业的需求，帮助企业实现快速交付的同时，有效降低了用工成本。目前，新时达电力塔脚智能机器人焊接工作站在中电建成都铁塔有限公司、中能建电力工程江苏有限公司等数十家电力铁塔企业得到了广泛应用。

〔供稿单位：上海新时达电气股份有限公司〕

自适应机器人在食品加工行业的应用

一、应用背景

随着机器人技术的发展，机器人应用不再局限于传统工业领域，食品行业也迎来了新的机遇，机器人自动化可以有效解决食品行业长期存在的痛点问题。

在整个食品工业链中，食品的加工和包装是最核心的一部分。近年来，随着人口红利衰退，劳动力成本的上涨，以及各种能源的缺乏，食品加工行业内的各企业生产成本不断增长，食品加工的自动化生产成为显著趋势。

与此同时，食品加工业自动化也面临着挑战。目前，行业内已经存在部分大型自动化解决方案，但受限于技术框架和方案构成，大型自动化设备部署难度大，可处理的精细场景少，很难及时响应市场变化，且设备综合投资过高，无法满足企业精益运营的需求。

在这样的背景下，上海非夕机器人科技有限公司（简称"非夕科技"）提出了以自适应机器人为终端的柔性自动化方案。方案利用先进的机器人力控能力、AI技术和智能控制系统，将多个复杂的人工作业模块自动化，推出高柔性、高效率、低成本、空间利用率高的智能食品加工解决方案。非夕科技联合相关合作伙伴，已经在鸡肉加工领域进行试验，并取得了突破。

二、实施情况

1.项目痛点

食品加工产业链是民生基础产业链之一，但目前食品加工行业仍采用大量的人工作业，面临招工难、用工成本高、无法及时响应市场需求以及专业设备投资大等难点。有市场数据显示，一位熟练的切肉工人月收入可达8 000 ~ 13 000 元。产品需求量大、成品质量要求复杂，导致人工作业强度高、培训成本高，市场呈现工资高但招工难的现象，因此肉类加工自动化需求迫切。

以鸡肉食品加工业为例，在食品加工厂里，鸡腿肉切块技术工种薪资高、培养周期长，但人力短缺和招聘困难的问题日益严重，已成为工厂管理的核心痛点之一。一旦决定要进行自动化升级，又面临着巨大的投入成本压力，目前市场上大型切割设备一次性投入成本达到数百至上千万元，对于工厂来说，投入产出比例较低。

2.解决方案

为了解决上述的行业痛点，非夕科技与合作伙伴共同推出了智能食品加工解决方案。

其中，单个智能食品加工站以自适应机器人为操作基元，以柔性电路板（FPC）控制系统为大脑，包括识别区、工作轨道、作业区、出料口等多个作业模块。凭借人工智能（AI）视觉，工站可以自动识别来料的3D尺寸和重量；接着，自适应机器人模拟人类手臂的感觉，可依靠精细力控能力，采用多种复杂切割刀法分离肉类边角料；通过更换刀具、机械臂、切割设备等，工站可适配不同物料、需求和场景，换型、换线成本低。所用设备均为食品级材料，符合食品机械安全卫生国家标准，可在高湿度环境下持续工作，可直接冲洗。

值得一提的是，依据需求，单个食品加工站经过拼接组合后，可形成全站协同作业的柔性产线。产线布局灵活，可兼容多种复杂工序，实现多设备高效联动。

作业过程中，FPC控制系统可以对全设备进行指挥和监控，完成如问题预警、状态监督、流程配置、远程升级、数据分析等关键任务，从而实现生产的信息化、可视化、智能化。

从整体效果看，非夕科技的智能食品加工解决方案做到了利用率高、市场响应快、综合成本低的特点。同时，该方案具有极强的通用性，可高效处理多种加工对象；同产能下换型、换线成本低，可快速响应市场需求及变化。最后方案的总成本只有大型专机设备方案的1/5，具备竞争优势。

三、项目效果

1.项目创新性

在非夕科技提供的解决方案中，采用了以柔性和智能控制系统为核心的技术架构。整个技术架构分为应用层、总控系统、控制层和终端设备。其中，终端设备端创新性地采用了具备高精度力控的自适应机器人和AI视觉技术。同时，每个单站具备高防水防腐性，清洗简单，符合食品安全要求，更适配食品加工行业。

（1）AI视觉自主识别多种原料。在鸡肉加工过程中，通过单独的机械化刀具按压很难实现分离。基于非夕自研的AI视觉技术，可识别鸡肉的形状和厚度，并给出最佳片刀及切刀位置。同时，智能工站可准确识别来料的品类、三维尺寸、重量、颜色形态、肉质分布等信息，为更高质量的精加工提供支撑。

（2）力控实现精细化加工。自适应机械臂通过力控实现类似人的滑动切割动作，并在切割过程当中，通过力道监控实现类人的手感判定，进行切断与否的判断，完成切断工艺的挑战。结合先进AI技术和控制系统，智能工站可以将多个复杂的人工作业环节拆分成自动化模块，配以不同工具或设备，完成以往需要依靠人工的、复杂的精细化操作。围绕自适应机器人及AI视觉为核心工艺的分割方案，搭建了鸡腿肉的自动化分割单站，实现鸡腿肉高质量的自动化分割。

（3）灵活扩展成柔性产线。智能食品加工单站可实现多样功能，除切割外还可支持其他工艺，工艺变更、升级简单快捷，通过更换机器人、工具、设备满足不同需求，单个工站还可以通过拼接搭配组成柔性产线。多个食品智能加工站可按照不同需求灵活拼接组合，形成全站协同作业的柔性产线。通过多工序协同和智能调度，大幅提高整体作业效率，实现"1+1＞2"的效果。

2.经济效益

非夕科技推出的智能食品加工方案，在实施过程中呈现出以下三点优势：

（1）部署门槛低。相较于动辄上千万的成本，非夕科技提供的方案中，单台设备价格只有大型设备的1/5，最少只需两台设备，即可联动，大幅提高作业效率。智能化、自动化部署门槛在百万元以内。

（2）出成率高。基于AI视觉技术，该方案可以从尺寸、重量、形态、颜色等多维度识别原料信息，并结合AI技术更精准地识别原料信息，同时，整套方案配备了的智能控制系统，可实时动态计算，为每块原料制定最优处理方案。从现场实施情况看，食材切割损耗率低于或持平熟练工人，节奏与熟练工人相当，食材加工后的出成率高。

（3）整体柔性高。整套方案体积小，该方案的占地面积与人工场景持平或更低，对接简单，单台设备成本低，部署周期短，可随业务需求或产能变化随时增减设备。还可实现多单站联动、与人工配合、与传统设备配合，功能变更、升级速度快，成本低。

在方案实施过程中，1个普通工人搭配1台设备就可以完成等同于一个熟练切块工的产能，投资回报率（ROI）显著优于传统大型自动化设备。同时，设备产出的鸡腿肉质量优于人工平均水平，运行稳定，设备稼动率大于99.9%。

〔供稿单位：上海非夕机器人科技有限公司〕

中国
机器人
工业
年鉴
2023

人 物 篇

介绍在中国机器人行业领域具有一定影响力，为行业发展做过突出贡献的人物

综述篇
大事记
产业篇
地区篇
园区篇
标准检测认证篇
产教融合篇
企业篇
应用篇
人物篇
政策篇
国际篇
统计资料
附录

中国
机器人
工业
年鉴
2023

人物篇

谱写机器人与自动化系统网络化协同的新篇章

——记中国科学院沈阳自动化研究所于海斌

于海斌，1964年10月生，中国科学院沈阳自动化研究所研究员、博士研究生导师，机器人学国家重点实验室主任，曾任沈阳自动化研究所所长，全国优秀科技工作者，国家自然科学基金委员会"机器人感知、控制与协同"创新研究群体和科技部重点领域"网络化控制系统"创新团队负责人。

国家首批"万人计划"科技创新领军人才，国家杰出青年科学基金获得者，国际自动化学会会士，中国自动化学会副理事长，全国工业过程测量控制和自动化标准化技术委员会主任，自然科学基金委信息学部专家咨询委成员，何梁何利科技进步奖和全国创新争先奖获得者。

于海斌研究员长期从事工业控制网络和协同制造的研究与开发工作，致力于构建工业控制网络自主技术体系，提出了强实时高可靠工业控制网络设计与调控方法，攻克了现场总线、工业无线和网络协同制造等自动化系统核心技术，在工业控制网络芯片设计、标准制定和平台研制方面做出了开拓性的贡献。针对我国自动化仪表和系统产业缺少现场总线核心技术的问题，开发了我国第一个通过国际认证的现场总线主协议栈，研制出我国首款现场总线芯片，改变了国家重大工程中现场总线仪表长期被国外技术垄断的局面。针对工业机器人协同对高速信息采集和互联的需求，牵头制定了唯一面向工厂自动化的工业无线国际标准WIA-FA；针对低功耗高可靠传感信息采集的需求，牵头制定了面向过程自动化的工业无线国际标准WIA-PA。研制出支持批量定制生产的网络协同制造平台，开发了国内首个"工业4.0"示范线，获评首届"世界互联网领先科技成果"，为推动和引领机器人及智能装备的工业应用发挥了重要作用。2015年，于海斌研究员组织申报并获批国家机器人质量检验检测中心（辽宁）建设。2017年，作为实验室主任，领导机器人学国家重点实验室参加信息领域第二次评估，结果为"优秀"。

于海斌研究员作为第一完成人，获得国家技术发明奖二等奖1项、科技进步奖二等奖2项，获国际自动化学会ISA杰出技术创新奖。牵头制定国际标准2项，授权美国和欧洲专利26件，中国发明专利164件，集成电路布图设计权2项。发表SCI论文150余篇，在清华大学出版社、科学出版社和斯普林格出版社出版学术专著3部。

让机器人科学研究"顶天立地"

——记俄罗斯工程院外籍院士、苏州大学机电工程学院院长孙立宁

孙立宁，男，汉族，1964年1月出生于黑龙江省鹤岗市，1993年博士毕业于哈尔滨工业大学机械电子专业。全国创新争先奖获得者，国家何梁何利基金获得者，国家杰出青年基金获得者，长江学者特聘教授，苏州大学机电工程学院院长，机器人技术与系统国家重点实验室（哈尔滨工业大学）副主任，江苏省先进机器人技术重点实验室主任。2022年当选为俄罗斯工程院外籍院士。孙立宁院士长期从事微纳机器人、工业机器人、医疗装备机器人前沿研究及产业化平台建设。主持国家自然科学基金、"863"计划、"973"计划、国家重大专项等项目20多项，获国家技术发明/科技进步奖二等奖2项、省部级奖励10余项，发表论文200余篇，授权国家发明专利80多项，多项成果实现了产业化。

1993年8月—1999年6月，孙立宁院士先后担任哈

尔滨工业大学机器人研究所讲师、副教授、教授。1998—2008年，任哈尔滨工业大学机器人研究所所长。2007年至今，担任哈尔滨工业大学机器人技术与系统国家重点实验室副主任，2010年3月至今，任苏州大学机电工程学院院长。

孙立宁院士在机器人机构、驱动与控制、作业机理与方法、系统集成等方面取得了重要成果，在国家重大工程及微纳制造、生命科学及国防等领域成功推广应用。曾率领团队研制出高性能压电陶瓷驱动电源与全数字控制器、纳米级微驱动系统，开发了6自由度并联微驱动机器人、6自由度纳米级宏/微操作并联机器人、2自由度大行程微驱动机器人等多种纳米级微驱动机器人。立足该方向，他先后承担和完成了多项国家项目，分别于1996年和1998年获航天工业总公司科技进步奖二等奖。

孙立宁院士带领团队，以微驱动机器人为基础，进行了面向MEMS组装和封装、生物工程、光纤作业等领域的微操作机器人的研究，分别建立了微操作机器人系统，其成果被评价为"达到国内领先、国际先进水平"。同时，他研制出的8种微操作机器人得到推广应用，其中"神光Ⅲ"靶支撑和传感器支撑机器人应用于国家重大科学工程项目上；激光陀螺精密调腔机器人应用在国防军工生产上，包括型号研制、生产和科研，填补了国内空白，2007年获国家科技发明奖二等奖。

在科学技术部的支持下，孙立宁院士率先在国内开展了"机器人辅助骨科手术系统"的研究。该研究突破了影像导航、主从操作、力位控制等多项关键技术，实现了国内当时最完整的全数字化骨科手术机器人系统。此后以该项目为基础又先后开发了"椎间盘置换手术机器人"和"脊柱微创手术机器人"等多个种类的骨科手术机器人。在此基础上后又带领团队转向了更为复杂的腹腔镜微创手术机器人系统的研究。团队相继承担了多项国家级的腹腔镜微创手术机器人项目，攻克了多自由度手术机械臂、主操作手、微小型手术器械、主从实时直觉操作等多项核心关键技术。

孙立宁院士是机器人和微纳制造领域公认的知名专家，也是产学研协同发展的推动者，创办了中国微米纳米技术学会微纳机器人分会、苏州市机器人产业协会等行业组织，累计培养博士和博士后100余人，组建了一支具备国际竞争力的机器人团队。他为我国机器人相关学科建设、人才培养和产业发展做出了卓越贡献。

构建科技与产业桥梁，开辟机器人成果转化新路径

——记北航机器人研究所名誉所长、中关村智友研究院院长王田苗

王田苗，医疗机器人、服务机器人及仿生结构领域专家，北京航空航天大学（简称"北航"）教授、博士生导师，北航机器人研究所名誉所长、北航学术委员会副主任、国家特聘长江学者、杰出青年基金获得者。作为首席科学家，王田苗教授曾分别担任国家"863"计划"十五"机器人主题专家组组长、"十一五"先进制造技术领域专家组组长及中国制造业信息化专家组副组长、"十二五"服务机器人重点项目专家组组长以及IEEE机器人与自动化北京大区主席等职务，还先后担任过北航机器人研究所所长、北航机械工程及自动化学院院长。

1982年、1984年及1990年，王田苗教授先后在西安交通大学、西北工业大学获得学士、硕士与博士学位。1990—1995年，王田苗教授先后在清华大学智能技术与系统国家重点实验室从事地面移动机器人研究博士后和意大利国家仿生实验室从事医疗外科机器人研究博士后工作。归国后，于1997年在国内率先开展了医疗外科机器人研究，该项研究成功应用于上千例脑外科手术机器人临床应用。2013年，王田苗教授参加了第29届南极科考队，在南极中山站进行了恶劣环境下机器人漫游者实验。

王田苗教授长期从事医疗机器人、服务机器人、嵌入式智能感知与控制等方面理论技术和应用研究，在国内外重要期刊和会议上发表SCI、EI论文100余篇，拥有发明专利十余项，编写了《机器人学及其应用导论》《医疗外科机器人》《嵌入式系统设计与实例》等著作。荣获国家科技进步奖二等奖（2项）、北京市科学技术进步奖一等奖、中国机械工业科学技术进步奖一等奖、国家电子工业部科

技进步奖一等奖、国防科技进步奖二等奖和北京市优秀教学成果奖二等奖等荣誉。

作为创业导师，王田苗教授积极探索硬科技成果转化路径，不断了解国内外科技创新发展的趋势。在教学过程中，他坚持因材施教，发现学生们的潜质，将自己的教育理念比喻为"书架"和"货架"。

如果学生特别喜欢基础研究，就去努力发现规律，形成理论模型，把自己的成果写到期刊、变成专著放到书架上。王田苗教授曾培养博士生文力从事仿生机器鱼研究，鼓励其毕业后去美国哈佛大学博士后研究深造，回国后率先开拓了国内仿生软体机器人学术方向成为学科带头人，主持国家自然科学基金重点与优青基金等多项，其研究成果先后发表在包括 *Science Robotics* 在内的多篇期刊封面，荣获中国自动化学会自然科学奖一等奖、北京市教育教学成果奖一等奖、国家级教育教学成果奖二等奖等奖项，成为北航卓越百人优秀人才及破格教授。王田苗教授还培养出了日本留学回国的北航王君臣博士、美国与瑞士联邦理工留学回国北京科技大学郝雨飞博士，以及北京交通大学副教授侯涛刚博士等年轻优秀学者。

如果学生的技术研发有应用价值，就引导其努力变成客户或企业所采用的产品，摆在货架上。2018 年，王田苗教授获评"中关村创新合伙人"，同年创立了中关

村智友天使人工智能与机器人研究院（简称"中关村智友研究院"）。2020 年，王田苗教授发起成立了中关村智友科学家基金，先后参与孵化投资的硬科技项目，包括 3 家上市公司（服务机器人领域的九号公司、医疗机器人领域的北京天智航医疗科技股份有限公司、工业机器人领域的埃夫特智能装备股份有限公司），以及近 2 ～ 3 年内还将准备 IPO 的项目，包括研制磁悬浮高速电动机的天津飞旋科技股份有限公司、提供水下机器人的深之蓝海洋科技股份有限公司、专注于水面无人舰艇的珠海云洲智能科技股份有限公司、专注智能语音识别的思必驰科技股份有限公司、从事农业装备大数据服务与自动驾驶的北京博创联动科技有限公司、开发无人驾驶大脑的北京智行者科技有限公司、神经外科机器人头部企业北京柏惠维康科技有限公司、协作机器人领域的苏州艾利特机器人有限公司等企业。同时孵化投资了多家国际、国内技术领先，解决卡脖子问题的科技项目，包括打破国外垄断的北京工业大学高精密摆线针轮减速器，中国唯一、全球唯二的北航量子精密传导及心磁脑磁仪，填补领域空白的北航高空高速无人机发动机，面向航空航天与新能源汽车零部件生产需求的全球领先的北航气胀液压成型工艺与装备以及 AI 大模型垂直领域应用的清华新能源电池安全管理平台等。

筑牢中国特种服役机器人自主技术根基
——记国家高层次人才赵杰

赵杰，男，汉族，1968 年 1 月 17 日出生于吉林省蛟河市，祖籍河北，特种服役机器人技术专家，哈尔滨工业大学（简称"哈工大"）机电工程学院机器人研究所教授，2013 年入选中共中央组织部、教育部国家高层次人才。任国务院学位委员会第八届机械学科评议组成员、国家"十二五""863 计划"先进制造领域智能机器人主题专家组组长，"十三五""十四五"国家重点研发计划"智能机器人"重点专项专家组组长，国家制造强国建设战略咨询委员会智能制造专家委员会成员，中国机电一体化技术应用协会副理事长，中国宇航学会机器人专业委

员会主任委员，中国自动化学会机器人专业委员会副主任委员，中国人工智能学会智能制造专业委员会副主任委员。

1986—1996 年，赵杰教授在哈尔滨工业大学取得了工学学士、硕士和博士学位。1994 年留校，历任助理研究员、副研究员、研究员、二级教授，任职哈工大机器人研究所副所长、所长，机电工程学院副院长、院长，机器人技术与系统国家重点实验室常务副主任等。在特种服役机器人专业技术领域，赵杰教授带领团队持续深耕，面向载人航天、石化工业、核电运维等重大需求，打破国外技术封锁，以自主技术和核心装备筑牢我国特种服役机器人自立自强的根基。

针对载人航天和探月工程中空间对接机构产品严重缺失地面测试与验证技术的迫切需求，赵杰教授带领团队突破了空间对接机构瞬时动能等效的集约化模拟试验总体技术，精确复现对接复杂运动序列的超大行程混联机构综合

设计技术，综合能量补偿、时序判别和动态校正的对接机构动态测试技术，对接机构全工作空间在线测量、全参数辨识与全流程评估技术等核心技术，研制了 18 台套测试装备，涵盖单元测试、组件测试、装配调试、恢复测试、整机动/静态性能测试等所有关键环节，形成了我国空间机构极端环境下地面测试试验技术体系和自主创新能力，保障我国空间对接机构圆满完成了载人航天、探月工程全部在轨对接任务，2021 年获中国机械工业科学技术奖技术发明特等奖。

针对石化行业合成橡胶后处理工艺装备中的技术短板，赵杰教授领衔自主研发了自适应智能脱水技术，低功耗、低排放、高效干燥技术，非均匀块状物料快速、高精度称重技术，面向尺寸均一性高效橡胶压块技术，全自动胶块纸袋包装技术，生产线系统资源动态流动控制技术等多项具有国际竞争力的核心技术，研制成功合成橡胶后处理成套工艺装备，是国际第一，也是唯一具有大成套能力的橡胶后处理装备产业化成果，达到国际先进水平。其产品填补了国内空白，打破了完全依赖进口的局面，2009 年开始实现了我国对于此类产品由进口到出口的巨大转变。该成果推动哈尔滨博实自动化股份有限公司成功在 A 股上市，2011 年获黑龙江省科技进步奖一等奖，2012 年获黑龙江省省长特别奖。

针对决定核电站安全运行的一回路在役检修技术严重依赖国外的问题，围绕反应堆压力容器、蒸汽发生器、主泵、核燃料组件等一回路关键组件，突破核电站一回路检修机器人综合防护、机构创成、精准感知、安全作业、高效运维关键技术，赵杰教授带领团队研制出在役检修高端装备 45 种，覆盖一回路在役检修全部关键环节，形成系列化智能机器人在核电站一回路检修的整体解决方案，打破了我国核电站在役检修严重依赖国外的局面，在我国各大核电站投入长期服役，不但保障了我国核电站安全运行，而且为我国核电"自主化"及"走出去"取得先机并提供持续强劲竞争力。

赵杰教授长期从事特种服役机器人的教学和科研工作，主持承担国家自然基金、国家"863"计划、国家科技支撑计划、国家重点研发计划、国家重大专项、国家磁约束核聚变能发展研究专项等国家级纵向项目 30 余项，发表 SCI/EI 检索论文 300 余篇，申请国家发明专利 200 余项，授权 120 余项。先后培养博士生 55 名、硕士生 75 名，使他们日渐成长为我国机器人产业发展的优秀人才。

以创新赋能机器人产业高质量发展
——记第十四届全国人大代表张进

张进，第十四届全国人民代表大会代表，沈阳新松机器人自动化股份公司（简称"新松"）总裁。带领团队完成众多国家科研课题，获得多项科技成果认定，例如，"自动导引车（AGV）系统"项目（2010 年）获辽宁省科技进步奖一等奖，"面向智能制造的机器人数字化工厂核心部件及自动化成套装备"项目（2017 年）获辽宁省科技进步奖一等奖。布置完成了国家智能制造关键领域的示范应用，加速了电力、汽车、医药、光纤、电子装备、家纺等行业智能化改造，为传统产业智能升级做出了积极贡献。

时不我待，努力实现科技自立自强

2000 年 4 月 30 日，张进和中国科学院沈阳自动化研究所 30 余名科研人员一道下海创业，创建沈阳新松机器人自动化股份公司。20 年来，新松不断加强核心技术研发，面向国家重大战略需求和国家重点研发计划，组织国内十家优势单位，开展机器人整机高速、高负载、高精度动力学设计与控制，离线编程与免示教部署等研究。在工业机器人高端应用领域，新松以逐步实现国家汽车制造环节工业机器人系统全面自主可控和国产替代的目标，开展了重载机器人在整车焊装线上应用验证。

巩固优势，切实维护产业链安全稳定

在张进的带领下，新松加速智能化、高端化战略部署，科学梳理业务框架，形成了"3+3+N"战略发展规划。聚焦主赛道，业务向核心能力靠拢，资源向核心业务集中，在业务方向上纵向形成工业机器人、移动机器人、特种机器人三大核心产品领域和焊接自动化、装配自动化、物流自动化三大应用技术。新松瞄准国家战略，孵化新兴业务，通过战略投资合作，在业务模式上横向形成"N 个战略"产业，通过战略资本培育新兴业务实现快速发展，增值主体业务，形成可持续的、可循环的健康发展新形态。

在张进看来，新松只有在推动行业高质量发展道路上当先锋、走前列，夯实行业领先优势，才能扛起国家战略科技力量主力军的使命担当。如今，新松正在积极争创国家机器人产业链"链主",为维护产业链安全稳定蓄势赋能。加强重大科技任务攻关,牵引带动行业整体创新能力提升和重大成果产出,依托国家重大专项、联合产业链上中下游开展卡脖子技术和部件攻关,开发新一代机器人控制软件、核心算法等,构建有效的产业技术创新链。充分发挥行业龙头的示范带动作用,强化与产业链上下游伙伴协同合作,整合全国优质资源,在跨界融合、产学研用上形成集聚效应,推动产业链与产业集群融合发展,加速扩大产业规模。

勇于变革,着力激发企业发展活力

从最初几十人的创业团队发展为拥有 4 000 余人的创新团队,如何以人才驱动构建支撑新松战略落地的组织结构是张进一直在思考的问题。为进一步激发人才创新活力,在张进带领下,新松加快了变革发展步伐。2022 年,新松实施上市后的首次股权激励,激励对象涵盖管理团队和核心骨干员工,构建事业利益共同体,激发企业活力。同时,新松全面启动人力资源变革,打造科学完善的人才选拔和晋升机制,完善考核制度、改变分配体系,并构建多元化

的激励机制,切实吸引和留住人才。此外,新松全面系统梳理各业务流程,打破旧藩篱,建立精益化管理规范,提升企业运转效率。推动产教融合培养新模式,以重点项目"揭榜挂帅"和"带土移植"为抓手,柔性引进高端创新团队,牢筑科技人才引育留用机制,推动创新链、产业链与人才链深度融合。

创新驱动发展,文化驱动创新。在张进的主导下,新松全面梳理了企业文化,以"机器人让世界更美好"为企业使命,提出了"永葆中国速度,永创中国水平,剑指行业领先,争创世界一流"的宏伟愿景;树立了"守正创新、奋斗为本、价值导向、协力致远"的核心价值观念。

面对新一轮科技革命与机器人产业变革加速演进,张进和他带领的新松将持续发力关键核心技术研究,在自主创新的道路上抢抓机遇、乘势而上,拓展机器人应用深度和广度。

〔供稿单位:沈阳新松机器人自动化股份公司〕

科技创新,一直在路上

——记苏州绿的谐波传动科技股份有限公司董事长左昱昱

左昱昱,男,1970 年 6 月 4 日出生于江苏省苏州市,1995 年毕业于南京大学物理系,2013 年成立苏州绿的谐波传动科技股份有限公司(简称"绿的谐波"),公司于 2020 年 8 月成功在上海证券交易所科创板上市。作为精密传动领域技术专家,左昱昱带领绿的谐波研发团队完成了多项国家级、省级科研项目与技术攻关课题。左昱昱曾担任中国通用机械工业协会减变速机分会委员,荣获江苏省经济和信息化委员会江苏制造突出贡献奖、上海市科技进步奖一等奖、江苏省科技创新协会"十大创新人物奖"等奖项,并获得江苏省科技企业家、江苏省制造突出贡献奖企业先进个人、苏州市优秀民营企

业家、苏州市"激励干事创业、奉献火红年代"先进个人、苏州十大科技创业精英等荣誉。同时,左昱昱也是 GB/T 30819—2014《机器人用谐波齿轮减速器》、GB/T 34884—2017《滚动轴承工业机器人谐波齿轮减速器用柔性轴承》、GB/T 35089—2018《机器人用精密齿轮传动装置试验方法》等多项国家标准的主要起草人,并作为发明人拥有 30 余项国家专利。

2003 年,左昱昱开始带领专业研发团队从事机器人用精密谐波减速器理论基础的研究。通过自主学习,左昱昱研制出了独特的具有完全自主知识产权的谐波啮合齿形"P型齿",打破了谐波传动领域的重要技术瓶颈。2009 年,绿的谐波研发出首台减速器样机,经过随后两年的测试,成功将该产品推向市场,并以此为基础开发出适用于不同工作环境十多个系列的高性能谐波减速器,逐步完成国产化替代。2019 年 4 月,绿的谐波发布新一代 Y 系列(model Y)谐波减速器,通过全新的技术研发,该款产品打破传统谐波减速器二次啮合的技术壁垒,全球首次实现三次谐波应用,使其传动精度提升了一倍,刚性提升了两到三倍,并在美国、日本、德国等地获得 PCT 国家专利。经过多年的创新发展,绿的谐波填补了国内在高端精密谐波减速器领

域的空白。

在公司日常运营管理中,左昱昱全面负责技术创新和研发项目管理,负责构建具有自主创新能力的研发体系,制定研发战略方向。他非常注重"产学研"合作,指导绿的谐波长期与众多知名高校建立了密切的"产学研"合作关系,不断完善绿的谐波的技术研发团队,带领绿的谐波的技术人员自主研发精密谐波减速器,创造了国内外标志性的谐波减速器品牌产品。

中国
机器人
工业
年鉴
2023

政策篇

部委出台的与机器人行业发展相关的政策

综述篇

大事记

产业篇

地区篇

园区篇

标准检测认证篇

产教融合篇

企业篇

应用篇

人物篇

政策篇

国际篇

统计资料

附录

中国
机器人
工业
年鉴
2023

政策篇

2022 年中央层面出台的与机器人行业发展相关的政策举措

随着人工智能时代的到来，全球科技力量日益提升，推动机器人产业快速发展正成为全球各国努力的目标。当前，我国机器人产业蓬勃发展，创新成果不断涌现、应用场景持续深化，基本形成从零部件到整机再到集成应用的全产业链体系，已经成为推动经济社会数字化转型的重要驱动力。为增强我国机器人产业创新能力，保证产业链安全稳定，扩大机器人应用场景，国务院、工业和信息化部、国家发展和改革委员会等政府部门围绕机器人前沿技术、共性关键技术、核心零部件和高端整机的研发以及在工业制造、医疗、农业、建材、应急救援等场景的深入应用相继出台了多项相关政策，推动我国机器人产业高质量发展，实现由跟跑、并跑到逐步超越的历史性跨越。

2022 年中央出台的与机器人行业发展相关的政策措施见表 1。

表 1　2022 年中央出台的与机器人行业发展相关的政策措施

发布时间	发布单位	政策名称	与行业相关内容
2022 年 3 月	科学技术部	《"智能机器人"重点专项 2022 年度申报指南》	2022 年度指南部署坚持问题导向、分步实施、重点突出的原则，围绕基础前沿技术、共性关键技术、工业机器人、服务机器人、特种机器人 5 个技术方向，拟启动 25 项指南任务，拟安排国拨经费 3.15 亿元 其中，基础前沿技术支持方向包括：机器人结构—功能—性能一体化设计理论、可控型跨介质生机融合机器人、生机电系统交互控制与行为融合、多机器人协同全域感知技术、机器人技能学习与智能发育、高原复杂环境高机动轮足仿生机器人、新概念机器人系统创成 关键技术支持方向包括：机器人核心零部件性能提升与应用、多关节型工业机器人整机性能优化与应用、工业机器人工艺应用程序集成开发平台、工业机器人智能操作系统 工业机器人支持方向包括：高铁白车身涂装全流程机器人自动化生产线及应用示范、动力电池组多机器人柔性集成制造系统及应用示范、面向织材行业的机器人自动化生产线及应用示范 服务机器人支持方向包括：辅助脊柱椎板切除手术机器人系统产品研发、肺部等软组织穿刺手术机器人系统产品研发、脑神经介入核磁兼容穿刺机器人技术与系统、眼底显微注射手术机器人技术与系统、经皮脊柱内镜手术机器人技术及系统、中医智能针灸机器人技术与系统、危重病获得性衰弱康复机器人技术与系统、卧床老人二便能力增强训练与清洁护理机器人系统、单孔心脏外科手术机器人技术与系统 特种机器人支持方向包括：大型水电站坝体水下智能缺陷检测机器人系统、Mini LED 巨量转移用高速机器人关键技术与应用示范
2022 年 4 月	工业和信息化部	《关于做好 2022 年工业质量提升和品牌建设工作的通知》	推动重点行业质量提升，强调在装备行业，围绕机械、航空和汽车等领域，支持仪器仪表及传感器性能评价公共服务平台、航空基础产品质量可靠性检测服务平台、工业机器人核心关键技术验证与支撑保障服务平台等建设，推动提升装备制造业质量和安全水平
2022 年 5 月	国务院	《"十四五"国民健康规划》	促进高端医疗装备和健康用品制造生产，推进智能服务机器人发展，实施康复辅助器具智慧老龄化应用推广技术工程
2022 年 6 月	应急管理部	《"十四五"应急救援力量建设规划》	开展高智能救援机器人、水下抢险机器人等技术与装备研究开发，建设和完善地震和地质灾害救援队伍
2022 年 7 月	科学技术部、教育部、工业和信息化部和交通运输部等 6 部门	《关于加快场景创新以人工智能高水平应用促进经济高质量发展的指导意见》	鼓励在制造、农业、物流、金融、商务、家居等重点行业深入挖掘人工智能技术应用场景，促进智能经济高端高效发展；以更智能的城市、更贴心的社会为导向，在城市管理、交通治理、生态环保、医疗健康、教育、养老等领域持续挖掘人工智能应用场景机会，开展智能社会场景应用示范

（续）

发布时间	发布单位	政策名称	与行业相关内容
2022 年 8 月	农业农村部	《农业现代化示范区数字化建设指南》	在水产养殖中，集成应用水质在线监测、智能增氧、精准投喂、循环水和水下机器人等数字化技术装备；在促进农产品加工智能转型中，推广应用智能流水线、专用机器人等自动化设备，开展智能分拣、自动清洁、无损检测、自动包装等作业
2022 年 11 月	工业和信息化部、国家发展和改革委员会、生态环境部、住房和城乡建设部 4 部门	《建材行业碳达峰实施方案》	围绕智能单元，推进机器人核心零部件、工业软件和系统解决方案创新主体开展联合攻关，完善标准、检测、认证体系，加快补齐智能化产业基础短板
2022 年 12 月	国家发展和改革委员会	《"十四五"扩大内需战略实施方案》	丰富 5G 网络和千兆光网应用场景，加快研发超高清视频、虚拟现实、可穿戴设备、智能家居、智能教学助手、医疗机器人等智能化产品。支持自动驾驶、无人配送等技术应用。拓展无接触式消费体验，鼓励布局建设智慧超市、智慧商店、智慧餐厅、智慧驿站、智慧书店

注：内容来源于各部委网站。

〔撰稿人：机械工业信息中心冯莉〕

2022 年部分重点地区出台的与机器人行业发展相关的政策

随着信息化、工业化不断融合，以机器人科技为代表的智能产业蓬勃兴起，机器人作为引领产业数字化转型升级的重要标志，逐步深入国民生活的各个领域，有力支撑了制造强国、网络强国、数字中国建设。

紧跟国家机器人产业发展战略要求，结合地区产业发展需要，围绕机器人基础技术提升、前沿技术突破、高端整机产品和核心零部件的创新研发以及机器人应用场景的持续深入等，北京市、上海市、天津市、江苏省、湖北省、陕西省、山东省、河南省、浙江省等各省（自治区、直辖市）发布政策文件，相继出台了多项政策措施支持机器人产业创新发展，将机器人产业的发展作为重点发展领域，鼓励机器人在医疗、农业、工业等多场景应用，推动机器人产业的健康高质量发展。2022 年部分重点地区出台的与机器人行业相关的政策措施见表 1。

表 1　2022 年部分重点地区出台的与机器人行业相关的政策措施

省（自治区、直辖市）	发布时间	政策名称	主要内容
北京市	2022 年 1 月	《北京城市副中心推进数字经济标杆城市建设行动方案（2022—2024 年）》	加快虚拟现实、人工智能、机器人等数字技术在文旅行业的应用，重点推动"数字绿心""线上游览大运河 5A 景区""VR 虚拟现实展现运河故事"3 个标杆应用场景建设，打造智能游览、无感服务、精准管理的文化旅游高地
	2022 年 11 月	《北京市数字经济促进条例》	支持开展自动驾驶全场景运营试验示范，培育推广智能网联汽车、智能公交、无人配送机器人、智能停车、智能车辆维护等新业态。支持互联网医院发展，鼓励机器人手术、智慧药房等新型医疗服务，规范推广利用智能康养设备的新型健康服务，创新对人工智能新型医疗方式和医疗器械的监管方式
	2022 年 12 月	《北京市贯彻落实〈计量发展规划（2021—2035 年）〉的实施方案》	研究高端医疗影像设备、体外诊断设备、生命科学检测设备、高通量基因测序仪、新型分子诊断仪器、手术机器人、智能可穿戴监测设备等高端医疗器械关键参数的测试技术。开展智能机器人和智能装备计量测试技术研究，推进具有人工智能特征的机器臂、机器人的计量校准技术研究。开展机器人位姿、轨迹性能、振动、扭矩、加速度、冲击力等关键计量技术研究，提升机器人关键计量参数的计量检测能力

（续）

省（自治区、直辖市）	发布时间	政策名称	主要内容
上海市	2022年6月	《关于加快推进南北转型发展的实施意见》	依托机器人、无人机等特色产业基础，促进整机和核心零部件协同发展，提高自主设计、制造和系统集成能力。宝山区聚焦智能机器人本体制造、高性能模拟和高精准反馈智能控制系统等核心部件研发制造、服务与特种机器人集成应用、新能源与智能网联汽车关键控制装备、低空轨道交通整车装备与控制系统、海洋工程与船舶关键智能装备，提升智能制造产业能级
	2022年7月	《上海市数字经济发展"十四五"规划》	重点突破服务机器人关键核心技术，加快服务机器人行为类人化，提升服务机器人高端产品供给。加强核心技术攻关，集中攻克智能芯片、伺服电动机、智能控制器、智能一体化关节、新型传感器等关键零部件核心技术，加快研发仿生感知与认知、生机电融合、人机自然交互等前沿技术。提升高端产品供给，重点发展手术机器人、陪伴机器人、智能护理机器人、智能型公共服务机器人等，在智慧教育、智慧医疗、智慧社区等场景率先开展服务机器人试点，在银行、商场、酒店、展馆等垂直行业拓展应用，助力实现高品质生活
	2022年7月	《上海市促进智能终端产业高质量发展行动方案（2022—2025年）》	在智能机器人方面，突破高性能电动机等软硬件关键环节，发展壮大工业机器人品牌，支持智能服务机器人扩大市场，推广"服务租赁+系统集成"商业模式；联合企业开展标准制定，建设上海智能机器人展示中心。在智能家居终端方面，重点发展智能厨房小家电、扫地机器人、智能门锁等产品
	2022年12月	《上海市时尚消费品产业高质量发展行动计划（2022—2025年）》	面向数字家庭，发展智能服务机器人、智能节能空调、高端洗烘一体机、智能料理机、智能衣妆镜等潮流电器；面向数字出行，推进自动驾驶技术、人机交互技术、智能物联网技术、绿色低碳技术、信息安全技术不断迭代更新
天津市	2022年10月	《天津市推动公立医院高质量发展实施方案》	强化信息化支撑作用，推动云计算、大数据、物联网、区块链、第五代移动通信（5C）等新一代信息技术与医疗服务深度融合，推动手术机器人等智能医疗设备和智能辅助诊疗系统的研发与应用
江苏省	2022年6月	《省政府办公厅关于进一步释放消费潜力促进消费加快恢复和高质量发展的实施意见》	推广应用智能家居家电、智慧康养、家用机器人等新型智能终端产品和服务，构建完善智慧广电、智慧家居、智慧教育、智慧医疗、智慧养老、智慧文旅、数字文化等"智慧+"消费体系
	2022年7月	《江苏省冷链物流发展规划（2022—2030年）》	推进冷链装备产业链拓展延伸，大力发展智能冷链装备制造，推动自动立体货架、智能分拣、物流机器人、温度监控等智能冷链设备的研发制造
浙江省	2022年9月	《关于高质量发展建设全球先进制造业基地的指导意见》	重点培育高端软件、集成电路、智能光伏、节能与新能源汽车及零部件、机器人与数控机床、节能环保与新能源装备、智能电气、高端船舶与海工装备、生物医药与医疗器械、现代家具与智能家电、高端新材料等15个千亿级特色产业集群
山东省	2022年1月	《山东省新型城镇化规划（2021—2035年）》	推广智能门禁、智能安防、智能监控、智能服务机器人等楼宇智能产品，设置健康、舒适、节能类智能家居产品，加快发展数字家庭
	2022年4月	《山东省"十四五"冷链物流发展规划》	提升冷链物流智慧化水平，加快冷链基础设施智能化改造升级，推进智能分拣、物流机器人、温度监控等设备应用，打造自动化无人冷链仓
	2022年10月	《山东省制造业数字化转型行动方案（2022—2025年）》	实施智能制造供给支撑能力提升行动，扩大机器人应用范围，提升整车柔性化生产水平，推进供应链数据流与业务流融合。加快智能家电、智能机器人等智能终端产业集聚发展，积极布局基于工业设备数据字典的智能网关、制造装备传感器等新型终端
河南省	2022年11月	《河南省农机装备补短板行动方案（2022—2025年）》	在设施农业装备方面，重点突破设施农业发展瓶颈，研发一批嫁接、巡检、采摘等农业机器人，推动新一代信息技术和农机装备深度融合，建设一批现代化农机装备智能工厂（车间），实施"机器换人"专项行动，提高农机装备制造精度和一致性
河北省	2022年4月	《河北省养老服务体系建设"十四五"规划》	针对机构养老、日间托养、上门护理等需求，重点开发辅助搬运、翻身、巡检等机器人；支持智能交互、智能操作、多机协作等关键技术研发，提升适老产品智能水平；完善康复辅助器具产业链条，重点支持康复治疗器械、智能养老监护、家庭服务机器人、残疾人辅助器具等领域产品研发

（续）

省（自治区、直辖市）	发布时间	政策名称	主要内容
湖北省	2022 年 1 月	《湖北省装备制造业"十四五"发展规划》	围绕机器人在各行业应用场景中快速增长的需求，开展整机、部件、集成应用等机器人关键共性技术攻关，加快推动机器人行业应用场景示范，以自动化生产线、数字车间、智能工厂整体设计方案的应用为核心，牵引机器人产业链发展。重点发展伺服电动机、精密减速器、伺服驱动器、传感器等机器人关键核心部件，多自由度工业机器人、AGV 搬运机器人、装配机器人、电焊机器人、智能输送成套装备等工业机器人及机器人系统开发与应用，特别是与批量定制、柔性制造相适应的新一代机器人；养老助残、公共服务、教育娱乐等服务机器人。
	2022 年 4 月	《湖北省能源发展"十四五"规划》	积极开展电网、油气管网、电厂、终端用能等领域设备设施智能化升级，推广电力设备状态检修、厂站智能运行、作业机器人替代、大数据辅助决策等技术应用，加快发展"智慧风电场""智能风机"，推进光伏电站数字化与无人化管理，开展新一代调度自动化系统示范
辽宁省	2022 年 1 月	《辽宁省先进装备制造业"十四五"发展规划》	重点发展工业机器人、移动机器人、洁净机器人、服务机器人、特种机器人等全系列产品及核心零部件，形成研发协同创新机制完善、企业梯度发展、产业链条完整的国内领先的机器人产业基地
	2022 年 1 月	《辽宁省推进"一圈一带两区"区域协调发展三年行动方案》	做大做强汽车及零部件、通用机械、集成电路、机器人、航空等优势产业，依托优质企业提高产业丰厚度，提升产业链现代化水平，打造一批"大国重器"；开发工业机器人、汽车电子等智能终端产品或零部件，打造大连 2 000 亿级新一代信息技术产业集群；发展水下机器人、海洋无人机、无人潜航器等智能海洋装备
	2022 年 1 月	《辽宁省"十四五"生态经济发展规划》	推动新一代信息通信技术在制造业产品中的融合应用，促进工业机器人、数控加工中心等产品研发、设计和产业化。支持企业运用智能技术和装备实施技术改造，推进人工转机械、机械转自动、单台转成套、数字转智能，开展"机器换人""设备换芯""生产换线"的智能化改造升级
	2022 年 6 月	《辽宁省"十四五"促进养老托育服务健康发展实施方案》	推进智能服务机器人领域后发赶超，启动康复辅助器具应用推广工程，实施智慧老龄化技术推广应用工程，推进养老托育产品高质量发展
	2022 年 10 月	《辽宁省冷链物流高质量发展实施方案（2022—2025 年）》	鼓励企业加快停车、调度、装卸、保鲜催熟、质量管控、传统冷库等设备设施智慧化改造升级，推广自动立体货架、智能分拣、物流机器人、温度监控等设备应用，打造自动化无人冷链仓
陕西省	2022 年 2 月	《5G 应用"扬帆"行动计划（2021—2023 年）》	加快"5G+工业互联网"发展，聚焦新能源汽车、航空航天、数控机床、工业机器人等领域，支持省属国有企业率先布局建设垂直行业工业互联网平台；推进"5G+智慧电力"应用，推广输电线/变电站机器人巡检、用电信息采集等场景应用；推进"5G+智能油气"应用，实施 5G 在机器人智能巡检、危化品运输监控等业务场景的深度应用；推进"5G+智慧农业"应用，加快智能农机、农业机器人在无人农业作业试验等农业生产环节中的 5G 应用创新；推进"5G+智慧城市"应用，加大超高清视频监控、巡逻机器人、智慧警用终端、智慧应急终端等产品在城市安防、应急管理方面的应用，建设实时精准的安全防控体系
	2022 年 9 月	《关于推动建筑业高质量发展的实施意见》	培育一批智能制造龙头企业，打造由骨干企业担任链主的涵盖设计、生产、施工、运行维护及建筑机器人、建筑产业互联网等上下游企业协同发展的全产业链，优化建筑行业资源配置效率
宁夏回族自治区	2022 年 1 月	《宁夏回族自治区推动高质量发展标准体系建设方案（2021 年—2025 年）》	在高端装备制造方面，重点研制集成化、模块化桁架机器人、特种机器人相关领域基础共性标准，完善现有工业机器人标准体系，推动打磨抛光机器人等关键技术标准的制定。在高档数控机床、自动化仪器仪表、高端铸造和电工电器等领域，引导企业进一步研制智能机床、智能控制阀、智能增材制造装备、工业机器人、煤矿井下刮板智能输送系统等标准，积极参与制修订相关国家标准、行业标准

（续）

省（自治区、直辖市）	发布时间	政策名称	主要内容
广西壮族自治区	2022 年 6 月	《广西卫生健康发展"十四五"规划》	推动健康制造业转型升级，加快智能制造、大数据、人工智能等新兴技术在健康领域应用，推动符合条件的人工智能产品进入临床试验。推进智能服务机器人发展，启动康复辅助器具应用推广工程，实施智慧老龄化技术推广应用工程
	2002 年 9 月	《广西能源发展"十四五"规划》	推广电力设备状态检修、厂站智能运行、作业机器人替代、大数据辅助决策等技术应用，实现电站数字化与无人化管理。推进百色市东怀煤矿等建成智能化示范煤矿，开展北部湾煤炭储备基地储运装系统智能化示范
江西省	2022 年 1 月	《江西省"十四五"养老服务体系建设规划》	针对不同生活场景，加大老年休闲陪护、清洁卫生、饮食起居、生活护理等产品研发力度，开发适老化辅助器具、助行机器人等智能化日用辅助产品，支持外骨骼机器人、照护和康复机器人、虚拟与现实康复训练设备等产品研发
	2022 年 1 月	《江西省人民政府办公厅关于推动全省公立医院高质量发展的实施意见》	推进智慧医院建设和医院信息标准化建设，大力发展远程医疗和互联网诊疗，力争到 2025 年建成覆盖省、市、县、乡的远程医疗服务网，推动手术机器人等智能医疗设备和智能辅助诊疗系统的研发与应用
	2022 年 3 月	《江西省"十四五"老龄事业发展规划》	推进"互联网＋医疗健康""互联网＋护理服务"，实施老龄健康医养结合远程协同服务项目，开展智慧健康养老产业促进行动，利用云计算、大数据、智能技术，发展健康管理类可穿戴设备、健康监测设备、智能养老监护设备、服务机器人等

注：内容根据各地政府网站信息整理。

〔撰稿人：机械工业信息中心冯莉〕

农业、建筑、医疗、矿山领域机器人典型应用场景征集及入选名单

当前，机器人产业蓬勃发展，创新成果不断涌现，随着人工智能、5G、大数据等领域与机器人技术的深度融合，越来越多的机器人应用到不同场景，满足各个领域的生产生活需要，机器人产业也逐渐成为推动社会发展进步的主要力量。为贯彻落实《中华人民共和国国民经济和社会发展第十四个五年规划和 2035 年远景目标纲要》重点任务，加快机器人应用推广，推进机器人在基础理论、共性关键技术、创新应用等方面的突破，让机器人更好地服务经济社会发展。2021 年，工业和信息化部、农业农村部、国家卫生健康委员会、国家矿山安全监管局面向农业、建筑、医疗、矿山领域征集一批机器人典型应用场景，形成一批可复制可借鉴的成果并加强推广应用。同时，引导机器人企业与用户单位加强合作，研发更加适配行业需求、更加先进适用的各领域机器人。

一、征集方向

面向农业、建筑、医疗、矿山领域，征集一批具有较高技术水平、成熟应用模式和显著应用成效的机器人典型应用场景。鼓励运用 5G、AI、大数据、云计算等新技术，提升机器人应用的数字化、网络化、智能化水平，形成良好的示范效应。

农业领域场景包括但不限于耕整地、播种、灌溉、施肥、施药、收获、果蔬嫁接、采摘、农场巡检、畜牧业挤奶、畜禽/水产饲料投喂、畜禽健康监测、自动测产、果品无损分级等。

建筑领域场景包括但不限于钢筋绑扎、测量/测绘、砌筑、喷涂、工地搬运、地砖/墙纸铺贴、楼层清洁、外墙清洗、隐蔽结构探测、建筑物移位、焊接施工、结构部件安装等。

医疗领域场景包括但不限于外科手术、消毒清洁、辅助移位、护理辅助、巡诊查房、远程问诊、辅助诊疗、医院管理、配/送药、康复训练、介入式诊疗等。

矿山领域场景包括但不限于采掘、支护、洗选、凿岩、巷道清理、井下喷浆、地压检测、地质勘探、钻井、运输、破碎、安全巡检、钻锚、穿孔爆破、井下搬运、抢险作业、救援等。

二、征集要求

鼓励农业、建筑、医疗、矿山领域的相关企业、高校、科研单位、社会化服务组织等与机器人企业联合报送典型场景，各单位须在中华人民共和国境内注册，且具有独立法人资格、较好的经济效益及良好的安全生产和环保等信

用记录；机器人及典型场景的关键技术应处于国内领先或国际先进水平，且无知识产权纠纷。

三、组织推荐

各省级工业和信息化主管部门牵头，联合农业农村主管部门、卫生健康主管部门、矿山安全监管、煤炭行业管理部门、矿山安全监察部门共同组织征集和推荐，中央企业通过所在省（自治区、直辖市）推荐，征集工作遵循政府引导、企业和医疗机构自愿原则。各省级工业和信息化主管部门结合工作实际，严格把关，通过专家论证和调研比较，推荐典型场景。最终，由工业和信息化部牵头总结形成一批技术先进、成效显著、应用前景广阔的典型场景，并组织开展宣传推广。

四、名单公布

2022 年 8 月 18 日，经地方推荐、专家评审、社会公示等程序，工业和信息化部、农业农村部、国家卫生健康委员会、国家矿山安全监管局四部门联合公布了 77 个农业、建筑、医疗、矿山领域机器人典型应用场景。

农业领域机器人典型应用场景见表 1，建筑领域机器人典型应用场景见表 2，医疗领域机器人典型应用场景见表 3，矿山领域机器人典型应用场景见表 4。

表 1 农业领域机器人典型应用场景

应用方向	场景名称	机器人企业	联合单位
大田作业	大田种管收全环节作业	广州极飞科技股份有限公司	江门天禾农业服务有限公司、江苏大中农场集团有限公司、江门天禾农业服务有限公司、巴州极飞农业航空科技有限公司、北大荒集团黑龙江八五六农场有限公司
		苏州大域无疆航空科技有限公司	苏州市高新区水稻种植试验基地
		丰疆智能科技研究院（常州）有限公司	常州隆达农业科技有限公司
		北京博创联动科技有限公司	浙江广陈（稻麦）智慧农场
	大田植保作业	黑龙江贝克锐斯现代农业科技有限公司	依安县兴福现代农机专业合作社
		山东鲁虹农业科技股份有限公司	德州鹏盛沃丰农业发展有限公司
	大田收获作业	中联农业机械股份有限公司	洪洞县辉瑞农机专业合作社
	沼液深施作业	成都天本地源科技有限公司	成都羲农能源科技有限公司
林果作业	林果旋耕、播种、植保等作业	沈阳沐森农业科技有限公司	沈阳市苏家屯区陈相屯镇、大连市普兰店区墨盘镇石岭村创和农业合作社、丹东东港市小甸子镇小甸子村农业专业合作社
		青岛悟牛智能科技有限公司	山东优品天成农业发展有限公司
	橡胶割胶作业	宁波中创瀚维科技有限公司	海南民营胶园、广东农垦建设农场有限公司
	烟草植保作业	山东鲁虹农业科技股份有限公司	诸城光明家庭农场
	猕猴桃授粉作业	上海节卡机器人科技有限公司	西华大学现代农业装备研究院
		松灵机器人（东莞）有限公司	西华大学现代农业装备研究院
畜禽养殖	猪养殖饲喂	河南牧原智能科技有限公司	牧原食品股份有限公司、汝州市牧原现代农业综合体有限公司
	猪养殖健康管理	河南牧原智能科技有限公司	牧原食品股份有限公司、内蒙古扎赉特牧原农牧有限公司、汝州市牧原现代农业综合体有限公司
		北京佳沃天河智能科技有限公司	天津市天蓬花土猪饲养有限公司
		沈阳沐森农业科技有限公司	大连市普兰店区墨盘镇石岭村创和农业合作社、丹东东港市小甸子镇小甸子村农业专业合作社
		北京思灵机器人科技有限责任公司	新希望六和股份有限公司
	猪疫苗注射	北京思灵机器人科技有限责任公司	新希望六和股份有限公司
	猪养殖粪污清理	河南牧原智能科技有限公司	牧原食品股份有限公司、内蒙古扎赉特牧原农牧有限公司
		北京思灵机器人科技有限责任公司	新希望六和股份有限公司
	蚕养殖饲喂	成都通视视觉智能技术有限公司、无锡中鼎物流设备有限公司	四川省农业机械研究设计院
	蚕茧分级采摘	成都通视视觉智能技术有限公司	四川省农业机械研究设计院

（续）

应用方向	场景名称	机器人企业	联合单位
设施农业作业	设施农业移栽作业	伯朗特机器人股份有限公司	多吉利德农业科技（上海）有限公司
	设施农业播种、植保、收获等作业	苏州博田自动化技术有限公司	苏州漕阳生态农业有限公司
		青岛悟牛智能科技有限公司	嘉兴世合新农村开发有限公司
丘陵山区作业	零散农田旋耕、播种、植保等作业	沈阳沐森农业科技有限公司	沈阳市苏家屯区陈相屯镇、大连市普兰店区墨盘镇石岭村创和农业合作社、丹东东港市小甸子镇小甸子村农业专业合作社
	丘陵山区农田耕作业	绵阳市朝育机械有限公司	三台县古井梓福种植家庭农场
水产养殖	海洋养殖环境监测	深之蓝（天津）水下智能科技有限公司	天津市水产研究所
	淡水螃蟹养殖	江苏卡尔曼航天应用技术有限公司	江苏坤泰农业发展有限公司
农产品初加工	果蔬分级	江西绿萌分选设备有限公司	江西绿萌科技控股有限公司

表 2　建筑领域机器人典型应用场景

应用方向	场景名称	机器人企业	联合单位
建筑施工及运输	外墙喷涂	广东博智林机器人有限公司	安徽腾越建筑工程有限公司、沈阳腾越建筑工程有限公司、广东腾越建筑工程有限公司
		筑橙科技（深圳）有限公司	中国金茂控股集团有限公司
	室内喷涂	广东博智林机器人有限公司	安徽腾越建筑工程有限公司、沈阳腾越建筑工程有限公司、广东腾越建筑工程有限公司
		上海蔚建科技有限公司	中国建筑第八工程局有限公司、中天建设集团有限公司、浙江省建工集团有限责任公司
	地砖铺贴	广东博智林机器人有限公司	广东筑华慧建科技有限公司
	隧道内物料运输	深圳市虹鹏能源科技有限责任公司	中国铁路工程集团有限公司、中国铁建股份有限公司、中国交通建设集团有限公司
	室内设备安装施工	广州明森科技股份有限公司	三菱电梯中国有限公司广州分公司
建筑构件生产	钢结构智能生产	埃夫特智能装备股份有限公司	中铁宝桥集团有限公司扬州钢结构分公司
		山西潇河建筑产业有限公司	山西潇河建筑产业有限公司
	预制构件焊接	奥美森智能装备股份有限公司	天祥建设集团股份有限公司
		山西潇河建筑产业有限公司	山西潇河建筑产业有限公司
	构件 3D 打印	上海酷鹰机器人科技有限公司	中国建筑西南设计研究院景观院
	建筑材料搬运码垛	河南欧帕工业机器人有限公司	庐江县洪润新型墙体材料厂、合肥义丰新型建材有限公司
建筑物检测	桥梁拉索智能检测	洛阳百克特科技发展股份有限公司	中铁大桥科学研究院有限公司、广东华路交通科技有限公司
	管道健康状况检测	岩联（武汉）科技有限公司	新疆维泰开发建设（集团）股份有限公司、中勘冶金勘察设计研究院有限责任公司、广西壮族自治区建筑工程质量检测中心

表 3　医疗领域机器人典型应用场景

应用方向	场景名称	机器人企业	联合单位
辅助诊断	5G 远程辅助超声诊断和筛查	医疗领域典型应用场景名单	中山大学附属第三医院、中国人民解放军总医院第三医学中心、重庆医科大学附属第二医院等
	辅助宫颈癌病理检验	机器人企业	中南大学湘雅三医院等
	辅助乳腺癌筛查	深圳华大智造云影医疗科技有限公司	四川大学华西医院、中国人民解放军总医院、郑州大学附属第一医院等

（续）

应用方向	场景名称	机器人企业	联合单位
康复	脑卒中、神经损伤患者的坐卧、站立、行走等运动功能康复训练	湖南莱博赛医用机器人有限公司	中南大学湘雅二医院、东莞市康复医院等
	脑卒中、脊髓损伤患者的上下肢功能康复训练	深圳瀚维智能医疗科技有限公司	大连医科大学附属第二医院等
	脑中风、脑瘫、脑外伤患者的上下肢功能康复训练	深圳市丞辉威世智能科技有限公司	山东省千佛山医院等
	肩、肘、腕等关节康复训练	沈阳新松机器人自动化股份有限公司	山东省千佛山医院等
	上下肢、踝关节、腕关节的5G远程功能康复训练	山东泽普医疗科技有限公司	上海交通大学医学院附属瑞金医院、上海中医药大学附属第七人民医院、上海市永慈康复医院等
	上下肢功能康复训练	山东泽普医疗科技有限公司	北京医院、广州市白云区中医院、福泉市第一人民医院等
		上海傅利叶智能科技有限公司	中国医科大学附属盛京医院等
	下肢功能康复训练	河南翔宇医疗设备股份有限公司	东南大学附属中大医院、重庆医科大学附属第一医院等
		沈阳新松机器人自动化股份有限公司	南京医科大学第一附属医院、深圳市第二人民医院、上海市养志康复医院等
	手部功能康复训练	南京康尼机电股份有限公司	深圳市第二人民医院等
	基于脑机接口的外骨骼机器人康复训练	深圳市迈步机器人科技有限公司	山东大学齐鲁医院、首都医科大学宣武医院、中国人民解放军总医院等
配送转运	常规药品、器械、医疗物资等配送	深圳市迈步机器人科技有限公司	复旦大学附属华山医院、华中科技大学同济医学院附属协和医院、上海市东方医院等
		山东海天智能工程有限公司	上海交通大学医学院附属瑞金医院、郑州大学第一附属医院、重庆医科大学附属儿童医院等
		上海钛米机器人股份有限公司	西安国际医学中心医院等
		上海智蕙林医疗科技有限公司	北京大学首钢医院、郑州岐伯山医院等
		沈阳新松机器人自动化股份有限公司	中国福利会国际和平妇幼保健院等
		北京猎户星空科技有限公司	广东省人民医院、南方医科大学深圳医院、郑州大学第一附属医院等
		上海擎朗智能科技有限公司	复旦大学附属中山医院等
		易普森智慧健康科技（深圳）有限公司	浙江医院、辽宁中医药大学附属医院、福建医科大学附属协和医院等
	手术室/中心洁净医疗物资等配送	上海飒智智能科技有限公司	北京大学肿瘤医院等
		杭州艾米机器人有限公司	四川大学华西医院、华中科技大学同济医学院附属协和医院、上海交通大学医学院附属仁济医院等
		北京泰和鼎业医学技术有限公司	中国福利会国际和平妇幼保健院等
		上海钛米机器人股份有限公司	广州市妇女儿童医疗中心等
	血浆全自动出入库	上海擎朗智能科技有限公司	青岛市中心血站等
	药房自动补药、分拣分发	上海智蕙林医疗科技有限公司	华中科技大学同济医学院附属协和医院、苏州大学附属第二医院、佛山市第一人民医院等
	检验标本配送	青岛海尔生物医疗股份有限公司	中国医科大学附属第一医院等
		华中科技大学同济医学院附属协和医院、苏州大学附属第二医院、佛山市第一人民医院等	上海交通大学医学院附属同仁医院、日喀则市人民医院、佛山市妇幼保健院等

（续）

应用方向	场景名称	机器人企业	联合单位
清洗消毒	移动式脉冲强光消毒	沈阳新松机器人自动化股份有限公司	中南大学湘雅医院、南方医科大学南方医院、山东省立医院等
		上海智惠林医疗科技有限公司	中山市第二人民医院等
	紫外线、喷雾式消毒	深圳东紫科技有限公司	四川大学华西医院、复旦大学附属中山医院、上海交通大学医学院附属仁济医院等
		武汉联一合立技术有限公司	空军军医大学唐都医院、浙江省人民医院、福建医科大学附属协和医院等
		上海钛米机器人股份有限公司	四川大学华西医院、中国人民解放军总医院、山东省胸科医院等
		杭州艾米机器人有限公司	上海疾病预防控制中心、郑州市疾病预防控制中心、内江市疾病预防控制中心等
		创泽智能机器人集团股份有限公司	上海疾病预防控制中心、郑州市疾病预防控制中心、内江市疾病预防控制中心等
	喷雾式、擦拭式消毒	易普森智慧健康科技（深圳）有限公司	复旦大学附属中山医院等
	地面清洁	易普森智慧健康科技（深圳）有限公司	华中科技大学同济医学院附属协和医院等
其他	自助静脉采血	智昌科技集团股份有限公司	首都医科大学附属北京天坛医院、南京医科大学附属逸夫医院、广西医科大学第一附属医院等
	隔离病房内血压、脉率、体温等 生命体征检测	浙江国自机器人技术股份有限公司	沈阳市第六人民医院、上海市东方医院、上海交通大学医学院附属仁济医院等
	静脉药物调配	北京迈纳士手术机器人技术有限公司	华中科技大学同济医学院附属协和医院、上海交通大学医学院附属仁济医院、四川省人民医院等
		上海钛米机器人股份有限公司	北京大学深圳医院等
	导诊服务	深圳市卫邦科技有限公司	济南传染病医院等
		深圳市博为医疗机器人有限公司	复旦大学附属中山医院、上海交通大学医学院附属仁济医院等
		安徽阿拉丁量子科技有限公司	新疆医科大学附属肿瘤医院等

表 4 矿山领域机器人典型应用场景

应用方向	场景名称	机器人企业	联合单位
矿山作业	煤矿掘进作业	西安煤矿机械有限公司	陕西小保当矿业有限公司
		沈阳天安科技股份有限公司	陕西小保当矿业有限公司
		三一重型装备有限公司	众一金彩黔集团岩脚煤矿
		山东天河科技有限公司	国家能源集团宁夏煤业枣泉煤矿
		西安重装韩城煤矿机械有限公司	陕西陕煤韩城矿业有限公司桑树坪二号煤矿
		中国铁建重工集团股份有限公司	陕西陕煤曹家滩矿业有限公司
	井下喷浆作业	中国铁建重工集团股份有限公司	紫金矿业股份有限公司、神东煤炭集团
		中煤科工集团沈阳研究院有限公司	陕煤集团神木柠条塔矿业有限公司
		山西焦煤霍州煤电集团有限责任公司	山西焦煤集团有限责任公司
		山西汾西华益实业有限公司	山西焦煤集团有限责任公司
	井下探放水作业	精英数智科技股份有限公司	山西介休鑫峪沟左则沟煤业有限公司
	煤矿防冲卸压作业	山东天河科技有限公司	临沂矿业集团菏泽煤电有限公司郭屯煤矿

（续）

应用方向	场景名称	机器人企业	联合单位
矿山安控	变电所巡检	科大智能电气技术有限公司	太原理工天成电子信息技术有限公司、山西西山煤电股份有限公司
		中信重工开诚智能装备有限公司	黑龙江龙煤矿业集团鸡西矿业公司、江苏徐矿能源股份公司张双楼煤矿
		中煤科工集团沈阳研究院有限公司	陕煤集团神木张家峁矿业有限公司
	矿用皮带巡检	中信重工开诚智能装备有限公司	江苏徐矿能源股份公司张双楼煤矿、陕西陕煤曹家滩矿业有限公司
	巷道巡检	徐州科瑞矿业科技有限公司	徐州矿务（集团）新疆天山矿业有限责任公司
		中煤科工集团沈阳研究院有限公司	神东煤炭集团有限责任公司
	水泵房巡检	中信重工开诚智能装备有限公司	黑龙江龙煤矿业集团鸡西矿业公司
	厂区巡检	中煤科工集团沈阳研究院有限公司	国能神东煤炭集团有限责任公司
	压风机房巡检	中煤科工集团沈阳研究院有限公司	山西天地王坡煤业有限公司
矿山运输、分拣、清理	露天矿无人驾驶	上海伯镭智能科技有限公司	酒钢集团西沟矿
		丹东东方测控技术股份有限公司	辽宁首钢硼铁有限责任公司
		青岛慧拓智能机器有限公司	安徽马钢矿业资源集团南山矿业有限公司
		航天重型工程装备有限公司	神华准格尔能源有限责任公司黑岱沟露天煤矿
	井下无人驾驶	金诚信矿业管理股份有限公司	金诚信矿业管理股份有限公司普朗铜矿
		丹东东方测控技术股份有限公司	西部矿山锡铁山分公司
		山东工大中能科技有限公司	招金矿业大尹格庄金矿
	智能选矿	徐州中矿恒扬科技有限公司	江苏徐矿能源股份公司张双楼煤矿
		赣州好朋友科技有限公司	崇义章源钨业股份有限公司
		沈阳科迪科技有限公司	临沂矿业集团山东里能鲁西矿业有限公司
	井下水仓清理	山东鲁班机械科技有限公司	山东唐口煤业有限公司
		山东鲁科自动化技术有限公司	陕西彬长大佛寺矿有限公司
矿山应急救援	井下消防侦查灭火	中信重工开诚智能装备有限公司	开滦（集团）有限责任公司
	矿区应急运输	帝蛮神（上海）科技有限公司	长沙矿山研究院有限责任公司
其他	井下提升系统钢丝绳更换	特码斯派克工业技术（安徽）有限公司	淮北矿业股份有限公司、神华宁煤集团石槽村煤矿
	露天矿卡车电池更换	深圳精智机器有限公司	中铁十九局集团有限公司
	外骨骼辅助安装作业	上海傲鲨智能科技有限公司	神东煤炭集团公司
	煤矿机器人集群协同调度	天地科技股份有限公司	陕煤集团神木柠条塔矿业有限公司

〔撰稿人：机械工业信息中心冯莉〕

中国
机器人
工业
年鉴
2023

国际篇

介绍 2022 年主要国家机器人行业发展情况

综述篇

大事记

产业篇

地区篇

园区篇

标准检测认证篇

产教融合篇

企业篇

应用篇

人物篇

政策篇

国际篇

统计资料

附录

中国机器人工业年鉴2023

国际篇

2022 年美国机器人行业发展情况

一、基本概况

北美地区（美国、加拿大和墨西哥）是世界上仅次于我国的第二大工业机器人市场，拥有全球 12% 的机器人保有量。2021 年，美国机器人安装量位列全球第三，仅次于我国和日本。得益于 2010 年以来机器人市场的蓬勃发展，美国、加拿大和墨西哥的机器人密度都大幅增加，尤其是在汽车行业。2021 年，美国汽车行业的机器人密度为 1 457 台 / 万人，排名全球第六，同比下降 3%。美国汽车行业机器人密度下降的主要因素并非机器人存量的减少，而是汽车行业就业人数的大幅增加。2020 年，新冠疫情引起的经济问题导致 12% 的汽车行业从业人员被解雇，进而提高了机器人密度。2021 年，经济好转，汽车行业就业率同比增长 8%，员工总数增加，机器人密度因此略有下降。2011—2021 年美国工业机器人年安装量如图 1 所示。

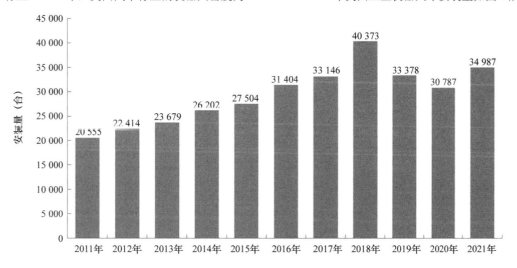

图 1　2011—2021 年美国工业机器人年安装量

注：数据来源于国际机器人联合会（IFR）。

在美国，大部分机器人是从日本、韩国和欧洲进口的，美国本土只有少数北美机器人制造商。但美国有许多重量级的机器人系统集成商，提供机器人自动化解决方案的能力也居世界前列。尽管一般行业的市场份额不断上升，但目前汽车行业仍是机器人企业最大的客户。

二、市场特点

1. 搬运/上下料仍是第一大应用领域

2021 年，美国用于搬运/上下料的工业机器人数量同比增长 26%，为 17 914 台，继连续两年下降后首次出现上升态势。搬运/上下料仍是美国工业机器人第一大应用领域，在总量的占比超过一半（51%）。其中，物料搬运机器人是应用最广的细分行业，2021 年安装量为 7 294 台，同比增长 23%；包装、拣放机器人安装量为 4 695 台，同比增长 33%，主要应用在食品和饮料、医药和化妆品及电子电气领域。

焊接和钎焊仍是仅次于搬运/上下料的第二大应用领域，安装量也是继连续两年下降后首次止跌回升。2021 年美国用于焊接和钎焊的工业机器人安装量为 6 824 台，同比增长 11%。用于焊接和钎焊的工业机器人安装量在工业机器人安装总量中的占比逐年下降，2021 年不到 20%。

细分行业中，用于半导体的洁净室机器人自 2020 年逆势上涨后，2021 年安装量下降 16%，为 2 731 台；用于装配及拆卸的机器人延续了 2020 年的下降态势，安装量为 1 137 台，同比减少 9%。

2016—2021 年美国工业机器人安装情况（按应用领域划分）见表 1。

表 1　2016—2021 年美国工业机器人安装情况（按应用领域划分）

IFR 编码	应用领域	2016 年安装量（台）	2017 年安装量（台）	2018 年安装量（台）	2019 年安装量（台）	2020 年安装量（台）	2021 年安装量（台）	2021 年安装量同比增长（%）	2016—2021 年年均复合增长率（%）
110	搬运／上下料	14 377	15 278	16 549	15 009	14 223	17 914	26	4
111	用于金属铸造的搬运与上下料	91		165			151		11
112	用于塑料成型的搬运与上下料	1 586	1 624	1 626	1 349	1 307	1 973	51	4
113	用于冲压、锻造、钣金搬运与上下料	126	139	95	94	236	131	-44	1
114	机床加工中的搬运与上下料	2 402	1 379	1 653	1 377	659	674	2	-22
115	其他机械加工的上下料	1 438	1 420	1 512	1 514	1 402	1 353	-3	-1
116	用于检测、检验、测试的搬运与上下料	202	217	225	318	300	277	-8	7
117	用于码垛的搬运与上下料	683	618	792	805	861	1 366	59	15
118	用于包装、拣放的搬运与上下料	2 301	3 290	931	3 321	3 522	4 695	33	15
119	材料的搬运与上下料	5 548	6 591	6 550	6 231	5 936	7 294	23	6
160	焊接和钎焊	8 799	8 519	10 632	7 518	6 124	6 824	11	-5
161	弧焊	2 817	2 402	3 127	2 839	2 097	2 741	31	-1
162	点焊	5 878	5 892	7 334	4 564	3 967	3 915	-1	-8
163	激光焊	46	19	14	60		10		-26
164	其他焊接		206	157	50		46		
165	钎焊	58			5	39	112	187	14
166	未指定的焊接和钎焊						21		
170	涂层与胶封	966	1 040	819	1 111	1 164	952	-18	0
171	喷涂、上釉	796	967	635	901	1 044	813	-22	0
172	粘胶剂、密封材料或类似材料的应用	170	73	167	210	120	114	-5	-8
179	其他点胶或喷涂			17			25		
190	加工	259	371	411	484	331	455	37	12
191	激光切割	7		9	4	21	21		25
192	水刀切割	21	54	89			33		9
193	机械切割、磨削、去毛刺、铣削、抛光	163	232	168	429	120	246	105	9
198	其他加工	68	85	145		90	155	72	18
199	未指定的加工					51	100		
200	装配及拆卸	1 668	1 818	2 852	2 253	1 243	1 137	-9	-7
201	装配	1 668	1 818	2 852	2 253	1 243	1 137	-9	-7
900	其他	4 035	4 287	3 985	2 974	3 642	2 790	-23	-7
901	平面显示器用洁净室	273	189	39	40				
902	半导体用洁净室	3 519	3 672	3 911	2 321	3 266	2 731	-16	-5
903	其他洁净室					201	19	-91	
905	其他	243	426	35	613	175	40	-77	-30
999	未指定	1 300	1 833	5 125	4 029	4 060	4 915	21	30
	合计	31 404	33 146	40 373	33 378	30 787	34 987	14	2

注：数据来源于国际机器人联合会（IFR）。

2.汽车行业安装量下降，仍为最重要的应用行业

2021年，美国约30%的工业机器人应用在汽车行业，汽车行业仍是美国工业机器人应用行业第一位；其次是金属加工行业，用于金属加工的工业机器人在机器人安装总量中的占比增加至11%；塑料化工业和食品饮料行业紧随其后，其安装量在机器人安装总量中的占比均为10%；电子电气行业机器人安装量下降比较明显，从2020年的第二位下降至第五位。

2021年，北美地区（美国、加拿大、墨西哥）汽车总产量为1 340万台，是全球仅次于我国市场的第二大轿车和商用车市场。从2009年开始，北美汽车行业的机器人安装量持续增长，2016年美国用于汽车行业的工业机器人达到16 311台，为历史最高水平。此后的机器人安装量逐年下降，2021年为9 782台，首次跌破万台大关，同比下降7%。2021年，美国占北美汽车行业总安装量的64%，而前几年的占比曾超过70%。相比美国，墨西哥和加拿大汽车行业的机器人安装量同比分别增长了92%和72%。

与2020年相比，2021年的汽车整机制造商和零部件供应商的情况出现了完全相反的变化。2020年，汽车制造商的机器人安装量基本维持不变，零部件商的机器人安装量下降明显，而2021年汽车制造商的机器人安装量减少至4 126台，同比下降23%，零部件及配件制造企业机器人安装量为5 656台，同比增长10%。

市场排名第二位的是金属加工业。2021年，美国工业机器人安装量为3 814台，同比增长66%，创下历史新纪录。综合来看，近几年金属加工业一直保持着不错的增长势头，除了2020年受新冠疫情影响装机量下滑外，市场一直在不断扩展，用于金属加工业的机器人数量在总量中的占比也在增加。

2021年，塑料化工业和食品饮料行业的安装量均达到历史新高，分别为3 466台和3 402台，同比分别增长30%和25%。新冠疫情期间，机器人行业提供的卫生解决方案的应用市场获得蓬勃发展。与之相对比的是电子电气行业，市场一直低迷，2021年用于电子电器行业的机器人安装量为2 857台，同比下降23%，更是从原来的第二大应用行业下降至第五位。

2016—2021年美国工业机器人安装情况（按应用行业划分）见表2。

表2 2016—2021年美国工业机器人安装情况（按应用行业划分）

IFR 编码	应用行业	2016年安装量（台）	2017年安装量（台）	2018年安装量（台）	2019年安装量（台）	2020年安装量（台）	2021年安装量（台）	2021年安装量同比增长（%）	2016—2021年年均复合增长率（%）
A—B	农业、捕猎业、林业和渔业			23			44		
D	制造业	29 400	30 673	33 227	27 783	24 022	27 077	13	-2
10—12	食品制品和饮料、烟草制品	1 136	1 598	2 753	2 224	2 715	3 402	25	25
13—15	纺织业、皮革和服装	39		32		42	63	50	10
16	木材与木材制品（包括家具）	21	61	55	62	29	61	110	24
17—18	造纸和纸制品业、出版与印刷	32	49	52	79	42	37	-12	3
19—22	塑料和化学制品	2 093	2 281	2 837	2 491	2 661	3 466	30	11
19	化学制品、医药制造业和化妆品	554	681	1 158	937	1 317	1 698	29	25
20—21	未分类的化学品和石油制品	33	10	16	15	21	33	57	
22	橡胶和塑料制品（不含汽车零部件）	1 506	1 590	1 663	1 539	1 323	1 735	31	3
23	玻璃、陶瓷、石材、矿产品（不含汽车零部件）		131	297	182	125	277	122	
24—28	金属	1 895	2 603	3 180	3 785	2 294	3 814	66	15
24	基本金属（钢、铁、铝、铜、铬）	877	1 392	1 640	1 402	1 600	2 621	64	24
25	金属制品（不含汽车零部件），机械设备除外	680	967	1 177	1 298	385	685	78	0
28	工业用机械设备	338	234	363	1 085	309	508	64	8
289	未分类的金属		10						
26—27	电子电气	6 420	6 576	5 284	3 460	3 710	2 857	-23	-15

（续）

IFR 编码	应用行业	2016 年安装量（台）	2017 年安装量（台）	2018 年安装量（台）	2019 年安装量（台）	2020 年安装量（台）	2021 年安装量（台）	2021 年安装量同比增长（%）	2016—2021 年年均复合增长率（%）
275	家用电器	94		48	189	134	74	-45	-5
271	电气机械和器材（不含汽车零部件）	1 562	316	645	500	487	598	23	-17
260	电子元件／设备	816	618	3 352	1 834	2 342	1 393	-41	11
261	半导体、液晶显示屏和发光二极管（包括太阳能电池和太阳能集热器）	3 089	3 725		120	124	238	92	-40
262	计算机和周边设备	21	33	262	50	168	38	-77	13
263	家用和专业信息通信设备（不含汽车零部件）	51	84	493	473	182	98	-46	14
265	医疗、精密和光学仪器	438	530	484	294	273	418	53	-1
279	未分类的电气机械设备	349	1 270						
29	汽车制造业	16 311	15 397	15 246	12 960	10 494	9 782	-7	-10
291	汽车整车、汽车用发动机制造	8 597	6 206	4 719	5 403	5 366	4 126	-23	-14
293	汽车零部件及配件制造	7 714	9 129	10 527	7 557	5 128	5 656	10	-6
2931	金属制品	1 567	1 934	1 786	1 484	912	1 068	17	-7
2932	橡胶和塑料制品	618	707	576	444	335	547	63	-2
2933	电子电气	705	544	650	609	493	386	-22	-11
2934	玻璃制品	217	165	102	98	64	60	-6	-23
2939	其他		5 779	6 875	4 560	3 234	3 366	4	
2999	未分类的汽车零部件及配件	4 607		538	362	90	229	154	-45
299	未分类的汽车制造		62						
30	其他运输设备制造业	115	84	188	215	82	198	141	11
91	所有其他制造业分支	1 338	1 893	3 303	2 325	1 828	3 120	71	18
E	电力、燃气和供水	17	29	33		5			
F	建筑业	23	9	125	19	87	46	-47	15
P	教育和研发	211	123	217	337	163	197	21	-1
90	所有其他非制造业分支	61	93	126	272	215	480	123	51
99	未分类	1 692	2 219	6 622	4 967	6 295	7 143	13	33
	合计	31 404	33 146	40 373	33 378	30 787	34 987	14	2

注：数据来源于国际机器人联合会（IFR）。

3. 多关节机器人遥遥领先，SCARA 降幅明显

2021 年，美国多关节机器人安装量为 24 723 台，同比增长 15%，低于新冠疫情前的水平，在机器人安装总量中的占比约为 71%，长期稳居榜首；排名第二的 SCARA 机器人安装量为 4 755 台，是唯一一种安装量下降的机器人类型，比 2020 年的历史最高纪录下降 12%；2021 年，直角坐标机器人延续了增长态势，安装量为 3 197 台，同比增长 40%。

2016—2021 年美国工业机器人安装情况（按结构类型划分）见表 3。

表3 2016—2021年美国工业机器人安装情况（按结构类型划分）

结构类型	2016年安装量（台）	2017年安装量（台）	2018年安装量（台）	2019年安装量（台）	2020年安装量（台）	2021年安装量（台）	2021年安装量同比增长（%）	2016—2021年年均复合增长率（%）
多关节机器人	22 297	23 955	30 143	25 180	21 448	24 723	15	2
直角坐标机器人	3 618	3 112	3 067	1 860	2 291	3 197	40	-2
并联机器人	471	626	726	619	712	777	9	11
SCARA 机器人	4 118	4 499	4 990	4 691	5 375	4 755	-12	3
其他	900	954	1 447	1 028	961	1 535	60	11
合计	31 404	33 146	40 373	33 378	30 787	34 987	14	2

注：数据来源于国际机器人联合会（IFR）。

〔撰稿人：中国机械工业联合会孙媛媛〕

2022 年日本机器人行业发展情况

一、行业概况

工业机器人诞生于美国，但日本工业机器人目前在市场规模和技术方面均领先全球，被誉为"机器人王国"。日本是仅次于我国的全球第二大工业机器人市场，2021年，日本工业机器人销量同比增长22%，达到4.7万台，在役机器人存量为39.3万台，同比增长5%。在经历了两年所有主要应用行业全面下降后，2021年，日本工业机器人行业开始回暖。

日本是全球至关重要的机器人制造国，2021年，日本工业机器人出口量达18万台，创历史新高。日本机器人产业具有完善的产业链生态系统和扎实的产业基础配套，其产品类型覆盖了工业机器人核心部件、本体制造、系统集成的全产业链。日本机器人产业对其经济社会发展影响深远，对促进国民经济增长、缓解老龄化带来的一系列社会问题起到了重要作用。

在机器人开发技术方面，作为机器人传统制造强国的日本同样领先世界。日本拥有三大尖端技术，即机器人精密减速器、机器人中的电动机以及控制器技术。日本在高精度机器人减速器上具备全球领先优势，全球机器人行业中，75%的精密减速器被日本的 Nabtesco 和 Harmonic Drive 两家垄断，中国市场的减速器普遍依赖日本进口，ABB、FANUC、KUKA 等世界主流机器人厂商的减速器也均由上述两家公司提供。日本的电动机制造厂商几乎占据全球电动机市场的最高地位，拥有全球行业最顶尖的技术和产品。日本电产株式会社、日本万宝至马达株式会社、日本电装株式会社、日本三叶株式会社和日本美蓓亚集团

是全球领先的五家电动机企业。控制器是机器人的大脑，世界上成熟的机器人厂商一般自行开发控制器，目的是保证稳定性和维护自己的技术体系。日本安川电机作为全球机器人四大家族之一，享誉全球的不仅仅是其生产的机器人，还有其生产的控制器。安川电机拥有世界先进的、同步扫描速度极高的机器控制器，而且能够在非常严酷的环境下使用。

日本机器人产业之所以能够迅速崛起并占领全球市场，有三方面的重要原因。一是人口老龄化和劳动力成本上升，为日本机器人发展创造了机遇。20世纪60年代到80年代，日本经济高速增长，工业生产需求旺盛，然而由于正式进入老龄化社会，制造业劳动人口严重短缺，劳动力成本迅速上升。在此情况下，日本工业机器人行业顺势发展。二是汽车作为用户行业高速成长，对日本工业机器人行业发展起到关键作用。制造业基本涵盖了工业机器人的主要应用场景，其中汽车行业是最先应用工业机器人的行业，也是早期工业机器人应用密度最高的行业。20世纪中期开始，日本汽车产业进入高速发展阶段，1980年，日本汽车产量位居全球首位。汽车生产过程中的焊接、喷漆等工序广泛应用工业机器人，通过替代人力从事危险、高温、繁重的工作，可以提高工作效率与产品质量。另外汽车企业普遍具有较强的资金实力，推进了"机器换人"的过程。此外，电子制造业作为一个庞大的行业，存在着劳动力需求大、工作重复、产品更新速度快和高度定制化的特点，引入机器人技术可以提高生产能力，缩短生产周期，对日本机器人产业发展也起到了积极的助推作用。三是政

策大力扶持，助力日本工业机器人快速普及。日本政府出台多项政策扶持产业发展，在鼓励工业机器人生产企业研发创新的同时，持续减轻下游企业使用工业机器人的成本，助力加快工业机器人普及。

二、市场特点

1. 工业机器人产量大幅回升，创历史新高

根据国际机器人联合会（IFR）最新数据显示，2021年，日本工业机器人生产量为 231 441 台，同比增长 33%，占全球总产量的 45%；产值为 5 700 亿日元（约合 49 亿美元），同比增长 24%。早在 2017 年和 2018 年，日本工业机器人产量就已超过 20 万台，但 2019 年和 2020 年下降明显，降至 17.5 万台左右，2021 年再次实现大幅增长，达到历史最高值。2016—2021 年，日本工业机器人生产量年均增长 9%（不包括海外生产基地的生产量）。

近年来，日本工业机器人供应商大幅提高了生产能力，并在其他国家建立了海外生产基地。与国际上其他机器人供应商一样，对于我国市场，日本供应商直接通过其在我国本土的工厂提供服务。2006 年，日本机器人生产

量在全球的占比高达 71%，但来自我国及欧洲、美国、韩国供应商的竞争和挑战造成了这一比例的下滑。2020 年，新冠疫情导致全球供应链中断，但受益于我国后疫情时代生产力的复苏，日本机器人供应商受新冠疫情的影响得到缓解。

日本是仅次于我国的全球第二大工业机器人消费市场，2021 年销量为 47 182 台，同比增长 22%，接近 2019 年的 49 908 台，但与 2018 年的最高值 55 240 台还有一定的差距。2013 年以前，日本机器人年装机总量全球最高，后来被我国超越，2015 年和 2016 年曾降至第三位，位居我国和韩国之后。2016—2021 年，日本工业机器人销量年均增长 4%。2021 年，日本工业机器人销售额达到 1 649 亿日元（约合 14 亿美元），同比增长 7%。

2021 年日本工业机器人保有量达到 393 326 台，同比增长 5%。日本曾连续多年保持工业机器人保有量的全球首位，2016 年后被我国超越。2016—2021 年，日本机器人保有量实现年均增长 6%。2016—2021 年日本工业机器人市场情况见表 1。

表 1 2016—2021 年日本工业机器人市场情况

年份	生产量（台）	进口数量（台）	进口额（百万日元）	出口数量（台）	出口额（百万日元）	销量（台）	销售额（百万日元）
2016	152 558	538	4 891	114 510	308 761	38 586	166 501
2017	211 463	677	5 385	166 493	413 976	45 647	181 417
2018	217 397	767	4 830	162 924	384 081	55 240	194 958
2019	175 326	696	6 512	126 114	307 442	49 908	185 485
2020	173 946	776	3 960	136 069	311 060	38 653	153 434
2021	231 441	1 843	4 577	186 102	410 005	47 182	164 891

注：数据来源于国际机器人联合会（IFR）。

2. 产品以外销为主，出口量实现大幅增长

日本工业机器人以外销为主，自 2016 年以来，出口量年均增长 10%。2021 年，日本出口工业机器人 186 102 台，同比增长 37%，创历史最高纪录；出口总额同比增长 32%，达到 4 100 亿日元（约合 36 亿美元），仅次于 2017 年的最高纪录 4 140 亿日元。在经历 2018 年和 2019 年连续两年下降后，2020 年，日本工业机器人出口开始回升，达到 136 069 台，同比增长 8%。2021 年出口率增加了 2 个百分点，达到 80%。进口方面，日本工业机器人进口量一直非常低，尽管 2021 年实现了 138% 的增长，但仍然不高，为 1 843 台，占年装机总量的 4%。

2021 年，日本国内工业机器人销售均价为 350 万日元（约合 3 万美元），同比下降 12%，这与机器人进口价格下调有一定的关系。2010—2016 年，日本机器人销售均价在 400 万～ 480 万日元（约合 3.4 万～ 4.5 万美元）浮动，2017 年首次下降到 400 万日元以下。

2021 年，日本出口机器人均价降至 220 万日元（约合 1.9 万美元），同比下降 4%，自 2016 年以来，日本出口

机器人均价年均下降 4%。进口方面，2021 年，日本进口机器人单价为 250 万日元（约合 2.1 美元），同比下降 51%。此前，日本进口机器人均价极高，表明这些进口产品可能是特殊用途机器人。2021 年，日本机器人进口量大幅增加，并且多属于价格较低的机器人，因此导致进口机器人均价大幅下降。

3. 搬运是日本工业机器人最主要应用领域，洁净室位居其次

搬运、洁净室、装配是日本工业机器人最主要的三大应用领域，三者工业机器人销量之和约占日本工业机器人市场总销量的 76%。

搬运依然是日本工业机器人最主要的应用领域，自2016 年以来，日本搬运机器人年均复合增长率为 2%。2021 年，用于搬运领域的工业机器人销量为 15 752 台，同比增长 17%，占工业机器人市场总销量的 33%，但仍低于 2017—2019 年这三年的销量。其中，用于物料搬运的机器人最多，2021 年达到 7 565 台，同比增长 3%，占日本工业机器人总销量的 16%；用在注塑方面的机器人销量

位居第二，2021 年销量达到 3 498 台，同比增长 85%；位居第三的是机床搬运领域，2021 年销量达到 1 984 台，同比增长 33%；位居第四的是码垛机器人，2021 年销量达 1748 台，同比增长 3%。

洁净室是日本工业机器人的第二大应用领域，2021 年该领域机器人销量为 12 560 台，同比增长 18%，占总销量的 27%。这些机器人中 90% 以上（11 693 台）用于半导体生产，同比增长 20%。

2020 年开始，装配领域的机器人销量就已经超过焊接。2021 年，装配机器人继续位居日本工业机器人销量第三位，销量达到 7 686 台，同比增长 20%，占日本工业机器人总销量的 16%。

2021 年，日本用于焊接领域工业机器人销量为 6 438 台，同比增长 11%，但与 2005 年 12 941 台的销量最高纪录相差甚远。尽管 2021 年焊接领域工业机器人实现了两位数的增长，但是自 2016 年以来年均复合增长率仍下降 6%，其中焊接的两大应用领域，弧焊和点焊年均分别下降 1% 和 9%。

2019—2021 年日本工业机器人年销售情况（按应用领域划分）如图 1 所示。

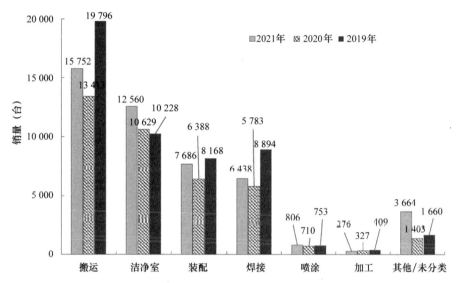

■2021年 ▨2020年 ■2019年

图 1　2019—2021 年日本工业机器人年销售情况（按应用领域划分）

注：数据来源于国际机器人联合会（IFR）。

4. 制造业各行业对工业机器人需求增加，电子、汽车两大行业需求最旺

日本机器人销量在各行业领域连续下降两年后，2021 年开始回升。根据国际机器人联合会统计数据显示，2021 年，日本制造业各行业对工业机器人的需求均实现大幅提升，其中电子与汽车依然是需求最旺的两大行业。

2016 年和 2019 年日本工业机器人在汽车行业的销量最高，2017、2018、2020 和 2021 年电子行业需求量最大。2021 年，日本电子行业对工业机器人的需求大幅增长，电子行业工业机器人销量达到 16 179 台，同比增长 21%，占日本工业机器人总销量的 34%，占比最高。2018 年以前，该领域机器人销量呈现出周期性上升的趋势，2019 和 2020 年有所下降，2016—2021 年年均复合增长率为 8%。

汽车是日本工业机器人的第二大应用行业，2021 年，用于汽车行业的工业机器人销量为 12 356 台，同比增长 6%，占总销量的 26%。2018 年，日本汽车行业安装工业机器人 17 346 台，创历史最高纪录，2019 年仍保持了 17 016 台的较高水平。然而，由于受到新冠疫情的影响，2020 年日本汽车产业在"芯片荒"问题长期得不到解决的情况下遇到了前所未有的困境，机器人销量大幅度下降，

尽管 2021 年出现了小幅增长，但在 2016—2021 年，汽车行业机器人年均销量仍为负增长（-2%）。日本汽车领域对机器人的需求主要来自于零部件厂商，2021 年整车制造商安装机器人 3 791 台，同比下降 16%，汽车零部件制造商安装 8 565 台，同比增长 20%。

2021 年，除电子和汽车行业外，日本其他行业工业机器人安装量为 13 614 台，占机器人安装总量的 22% 以上，与 2016 年的水平持平，因此 2016—2021 年，年均复合增长率为 0。在这些通用行业领域，金属与机械加工行业是最大的用户行业，2021 年金属与机械加工行业工业机器人安装量为 6 748 台，同比增长 15%，占工业机器人安装总量的 14%；其次分别是塑料与化学制品行业，安装量分别是 2 438 台，橡胶和塑料制品行业是其最主要细分应用领域，年安装量同比增长 101%，达到 2 039 台；再次是食品和饮料行业，该行业机器人安装量在 2018 年达到 1208 台的峰值后连续三年下降，2021 年降至 2016 年的水平，为 847 台。

5. 多关节机器人产销量最大，坐标机器人增长最快

日本是多关节机器人的主要生产国，2021 年，全球 43% 的多关节机器人由日本生产。

2021 年，日本多关节机器人产量为 145 177 台，达

到历史新高，同比增长 35%；国内多关节机器人销量为 22 242 台，同比增长 17%；出口量高于往年，达到 124 641 台，同比增长 40%。

SCARA 机器人是日本第二大类型的机器人，2021 年，日本 SCARA 机器人生产量首次达到 53 914 台，同比增长 30%。2016 年，该类型机器人生产量仅为 29 490 台，到 2021 年实现 13% 的年均复合增长率。该类型机器人主要出口国外，2016 年 SCARA 机器人在全球市场中的销量占比高达 89%，2021 年降至 55%，出口量为 41 656 台，同比增长 31%。国内销量同比增长 28%，达到 12 333 台。

坐标机器人是日本工业机器人中产销量和出口量增长最快的机器人。2021 年坐标机器人产量增长至 19 439 台，同比增长 61%；出口量和国内销量分别达到 11 858 台和 7 582 台，同比分别增长 56% 和 69%。此外，日本还是圆柱坐标机器人的全球领先制造商。在日本，几乎所有"其他"类型的机器人属于圆柱坐标机器人。

2016—2021 年日本工业机器人产销情况（按机器人结构类型划分）见表 2。

表 2　2016—2021 年日本工业机器人产销情况（按机器人结构类型划分）

类型	项目	2016 年	2017 年	2018 年	2019 年	2020 年	2021 年
多关节机器人	生产量（台）	100 810	134 225	130 645	106 288	107 328	145 177
	出口量（台）	78 779	111 160	102 494	80 094	89 002	124 641
	国内销量（台）	22 031	23 656	28 767	26 782	18 967	22 242
坐标机器人	生产量（台）	13 297	18 385	18 159	14 847	12 085	19 439
	出口量（台）	7 349	11 967	9 950	7 182	7 589	11 858
	国内销量（台）	5 948	6 418	8 209	7 666	4 498	7 582
并联机器人	生产量（台）	1 387	1 533	1 528	1 326	1 053	1 206
	出口量（台）	712	971	972	809	764	913
	国内销量（台）	675	600	638	608	353	354
SCARA 机器人	生产量（台）	29 490	43 518	51 855	41 345	41 385	53 914
	出口量（台）	21 729	34 053	40 846	31 628	31 792	41 656
	国内销量（台）	7 761	9 513	11 079	9 733	9 662	12 333
圆柱坐标机器人及其他机器人	生产量（台）	8 112	13 802	15 210	11 520	12 095	11 652
	出口量（台）	5 941	8 342	8 662	6 401	6 922	7 004
	国内销量（台）	2 171	5 460	6 547	5 119	5 173	4 671

注：数据来源于国际机器人联合会（IFR）。

三、预测与展望

2022 年年初，日本经济表现较为疲软，从第二季度起有所改观。从全年来看，日本实际的国内生产总值（GDP）为 546 万亿日元，同比增长 1.1%。这是日本自新冠疫情以来第二年实现经济增长，不过增速较 2021 年的 2.1% 有所放缓。日本经济表现不佳，一方面是受到了外部形势的影响；另一方面，日元贬值也使进口受到影响，价格更加昂贵。但从另一角度看，汇率的变化确实使日本的出口价格更低，这对于以出口为导向型的日本机器人行业来说也具有积极因素。

日本国内对机器人的需求主要由电子行业驱动。全球半导体短缺为日本电子产业提供了极大的发展动能。此外，日本经济对现代数字生产技术的投资需求急剧增加，这些都成为推动日本机器人行业发展的有利因素。作为日本机器人产业的另一重要用户行业，日本的汽车行业也正处于动力转换升级的产业调整和重组过程中，大多数汽车制造商打算扩大在电池和燃料电池电动汽车的投资，并且有些已经宣布了在未来几年扩大产能的投资计划，其中包括电池和燃料电池生产。与此同时，日本制造商也正在开发氢燃料内燃机。这些领域的发展对机器人技术提出了新的要求。除此之外，日本的医疗保健和制药行业不断扩大产能，进一步增加了对机器人的需求。

2023 年，全球经济前景的不确定性和通货膨胀压力可能会打压依赖出口的日本经济，减缓日本经济从新冠疫情影响中复苏的步伐。但新冠疫情的发生促进了全球价值链的数字化和本土化发展，大数据、人工智能等多项技术研发速度逐渐加快。由于受到全球供应链中断的影响，自动化、信息化、智能化成为企业追求目标的同时，本土化成为未来的走向。

基于多重因素对国家经济安全产生影响的深刻反思，

日本加快了对本土制造业尤其是先进制造业的振兴。全球电子元器件的稀缺将进一步刺激日本对电子行业产能的额外投资，同时也将成为推动日本机器人产业发展的有利因素。到 2023 年，日本机器人市场将增长 6%。假设全球逆风减弱，机器人安装量将在 2024 年增长 8%，2025 年增长 9%。

〔撰稿人：中国机械工业联合会 王丽丽〕

2022 年德国机器人行业发展情况

一、基本概况

目前，德国是欧洲最大的机器人市场。2021 年，德国机器人安装量为 23 777 台，同比增长 6%，在欧洲机器人安装总量中的占比为 28%，在欧洲机器人在役保有量中的占比为 36%。全球范围内，德国的工业机器人在役保有量和年安装量均排名第五位，位于我国、日本、美国和韩国之后。2009 年以前，德国一直是全球前三大机器人市场，2010 年排名下降至第五位并延续至今。2021 年，德国机器人密度仅次于韩国、新加坡和日本，位列全球第四。

2016—2021 年，德国工业机器人安装量年均复合增长率为 3%，保持小幅增长。2011—2021 年德国工业机器人安装量如图 1 所示。

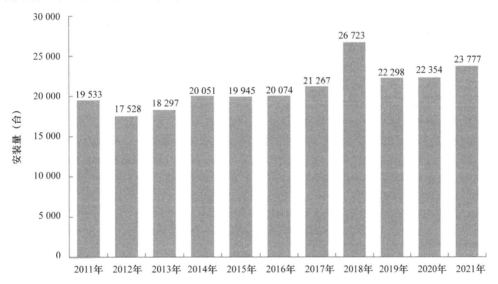

图 1　2011—2021 年德国工业机器人安装量

注：数据来源于国际机器人联合会（IFR）。

新兴的低成本机器人赋予了德国市场新动力，带动了机器人安装量的增长。传统工业机器人的特点在于精度高、载重大，并且非常耐用。有时这些高性能机器人对于许多应用场景和客户来说过于高端，使得应用工业机器人并不具备成本优势。低成本机器人解决了这些问题，从而开拓了一个前所未有的细分市场。如今，各种类型的机器人都可以提供低成本版本。自 2020 年以来，低成本机器人细分市场的销售额一直在大幅增长。2020 年，许多新客户开始尝试应用机器人解决方案来应对新冠疫情带来的挑战。顾名思义，低成本机器人的单位成本远远低于传统的高性能机器人，每台机器人产生的营业额也要低得多，这会导致统计数据中单位计数与货币计数出现偏差。这种机器人通常在网络上进行销售，配备易于使用的编程界面，让客户可以自行安装和设置机器人。所以机器人供应商通常对所售出机器人的应用领域和用户行业不清楚，统计数据中也无法体现。

2016—2021 年，德国一般行业的机器人密度平均每年增长 5%，2021 年达到 233 台/万人的水平。德国汽车行业的机器人密度为 1 500 台/万人，居世界第四位。同时，德国汽车行业的就业人数从 2010 年的 72 万人增加到 2021 的 80 万人，说明应用机器人并没有对就业岗位造成冲击。

2010—2020 年德国工业机器人安装量同比增长情况如图 2 所示。

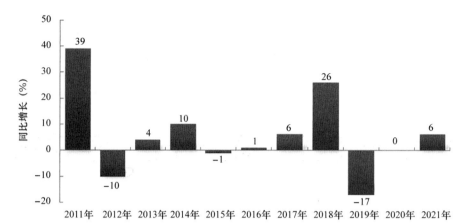

图 2　2010—2020 年德国工业机器人安装量同比增长情况

注：数据来源于国际机器人联合会（IFR）。

二、市场特点

1. 贸易额、产量和出口均实现正增长

德国机器人自动化产业（包括机器视觉）有超过 500 家企业，其中，少数为大型企业和中型企业，绝大部分是专注于某一特定细分领域的小企业。据德国机械设备制造业联合会机器人自动化分会（VDMA R & A）统计，2021 年德国机器人自动化全行业实现止跌回升，德国机器人产业总营业额为 136 亿欧元（约合 985 亿元），同比增长 13%。其中机器人行业（包括机器人、系统和周边设备在内）2021 年全年营业额为 35 亿欧元（约合 253 亿元），同比增长 13%；集成解决方案和机器视觉的营业额分别为 76 亿欧元（约合 550 亿元）和 31 亿欧元（约合 224 亿元），与 2020 年相比分别增加 11% 和 16%。

同时，德国工业机器人的产量也恢复了增长，2021 年，

德国生产了 24 744 台工业机器人，同比增长 14%，在全球机器人安装总量中的占比为 5%，这也超越了新冠疫情前的水平（23 401 台）。综合来看，尽管德国机器人制造商将生产工厂逐步转移到了全球最大的机器人应用市场——中国，但在 2016—2021 年，德国工业机器人的产量仍以平均每年 1% 的速度增长。近年来，不断有新的供应商进入德国市场，为新的细分领域提供服务，扩充本土产品系列。

2021 年，德国工业机器人在进出口方面也是捷报连连，德国工业机器人出口量为 22 870 台，同比增长 41%，超过了新冠疫情前的水平，但最高纪录仍为 2017 年（出口量 23 780 台）。德国从海外制造商进口工业机器人 21 903 台，比 2020 年增加 30%。2016—2021 年德国工业机器人市场情况见表 1。

表 1　2016—2021 年德国工业机器人市场情况

年份	生产量（台）	进口数量（台）	出口数量（台）	销量（台）	销售额（亿欧元）	平均价格（欧元）
2016	23 918	17 386	21 230	20 074	7.6	37 835
2017	26 902	18 145	23 780	21 267	7.83	36 803
2018	23 669	24 011	20 957	26 723	9.55	35 732
2019	23 401	16 342	17 445	22 298	9.21	41 288
2020	21 669	16 878	16 193	22 354	8.51	38 068
2021	24 744	21 903	22 870	23 777	8.63	36 293

数据来源：国际机器人联合会（IFR）。

2. 搬运/上下料机器人仍是最重要的应用领域

2021 年，德国搬运/上下料机器人的安装量为 12 609 台，同比增长 10%。其中，物料搬运是德国工业机器人最大的应用领域，有 31% 的机器人应用在该领域，安装量达到 7 378 台，同比增长 1%；用于机床加工和塑料成型的搬运/上下料机器人安装量均显著上升，分别为 1 198 台和 1 116 台，比上一年分别增长 47% 和 37%。

相比之下，排名第二的焊接和钎焊机器人的市场需求有所收缩，安装量为 2 829 台，同比下降 29%，在 2021 年安装总量中的占比下降至 12%。其中，点焊机器人为 1 955 台，同比下降 31%；弧焊机器人为 703 台，同比下降 27%。

装配及拆卸机器人市场同比增长 10%，安装量为 933 台。喷涂机器人安装量同比增长 7%，为 565 台。

2021 年，国际机器人联合会 IFR 统计的未指定应用领

域的机器人的比例从以前的 10% 增加到 26%，部分是因为新的销售渠道（如网络销售）兴起，而新渠道卖出的机器人的应用等数据很难追踪。

2016—2021 年德国工业机器人安装量（按应用领域划分）见表 2。

表 2　2016—2021 年德国工业机器人安装量（按应用领域划分）

IFR 编码	应用领域	2016 年安装量（台）	2017 年安装量（台）	2018 年安装量（台）	2019 年安装量（台）	2020 年安装量（台）	2021 年安装量（台）	2021 年安装量同比增长（%）	2016—2021 年年均复合增长率（%）
110	搬运/上下料	12 219	11 374	15 753	13 576	11 486	12 609	10	1
111	用于金属铸造的搬运与上下料	240	303	403	284	134	180	34	−6
112	用于塑料成型的搬运与上下料	1 503	1 543	1 854	1 499	816	1 116	37	−6
113	用于冲压、锻造、钣金搬运与上下料	323	397	332	165	123	109	−11	−20
114	机床加工中的搬运与上下料	1 022	1 019	659	772	814	1 198	47	3
115	其他机械加工的上下料	58	44	900	782	703	642	−9	62
116	用于检测、检验、测试的搬运与上下料	338	438	359	287	428	489	14	8
117	用于码垛的搬运与上下料	457	505	675	432	372	399	7	−3
118	用于包装、拾放的搬运与上下料	1 117	905	1 161	1 019	817	835	2	−6
119	材料的搬运与上下料	7 161	6 220	9 410	8 336	7 279	7 378	1	1
120	未指定领域						263		
160	焊接和钎焊	2 298	2 650	4 408	2 966	3 957	2 829	−29	4
161	弧焊	1 157	1 036	1 684	1 114	962	703	−27	−9
162	点焊	673	1 318	2 564	1 683	2 821	1 955	−31	24
163	激光焊	74	93	75	61	48	38	−21	−12
164	其他焊接	394	203	85	108	126	133	6	−20
170	涂层与胶封	769	919	1 383	1 060	530	565	7	−6
171	喷涂、上釉	311	540	942	401	201	242	20	−5
172	粘胶剂、密封材料或类似材料的应用	292	340	399	552	264	257	−3	−3
179	其他点胶或喷涂	166	39	42	107	65	66	2	−17
190	加工	659	717	672	642	331	451	36	−7
191	激光切割	41	54		22		130		26
192	水刀切割			34	27				
193	机械切割、磨削、去毛刺、铣削、抛光	316	314	109	361	173	190	10	−10
198	其他加工	302	349	469	232	101	93	−8	−21
199	未指定的加工			60		57	38	−33	
200	装配及拆卸	1 860	2 414	1 150	921	847	933	10	−13
201	装配	1 860	2 414	1 150	921	847	488	−42	−23
209	未指定						445		
900	其他	439	488	1 965	700	852	263	−69	−10
902	半导体用洁净室	56	139	170	106	115	144	25	21
905	其他	383	349	1 795	594	737	119	−84	−21
999	未指定	1 830	2 705	1 392	2 433	4 351	6 127	41	27

注：数据来源于国际机器人联合会（IFR）。

3．汽车行业仍是第一大应用行业

从应用行业看，汽车行业一直是德国工业机器人最重要的应用行业。2021年，汽车行业工业机器人安装量为9 061台，在德国工业机器人安装总量中的占比为38%，比上年下降6个百分点。其中，汽车制造商工业机器人安装量为6 206台，同比下降7%；汽车零部件供应商工业机器人安装量为2 740台，同比下降9%。在一般行业中，工业机器人的主要客户是金属行业，2021年用于金属行业的工业机器人安装量为3 376台，同比增长33%，与新冠疫情前的水平基本一致；塑料和化工制品行业的安装量同比增长39%，达到1 975台；橡胶和塑料制品行业的工业机器人安装量几乎恢复到新冠疫情前的水平，2021年工业机器人安装量为1 490台，同比增加49%；化学制品、医药制造业和化妆品行业的工业机器人安装量达到485台，同比增长15%；电子电气行业工业机器人安装量同比增长10%，达到1 154台，在德国工业机器人安装总量中的占比为5%。值得注意的是，有25%的工业机器人没有说明应用行业，很大可能是用于一般工业或者非制造行业。

2016—2021年德国工业机器人安装量（按应用行业划分）见表3。

表3　2016—2021年德国工业机器人安装量（按应用行业划分）

IFR 编码	应用行业	2016年安装量（台）	2017年安装量（台）	2018年安装量（台）	2019年安装量（台）	2020年安装量（台）	2021年安装量（台）	2021年安装量同比增长（%）	2016—2021年年均复合增长率（%）
A-B	农业、捕猎业、林业和渔业					29			
D	制造业	16 870	16 855	24 928	19 076	15 941	17 467	10	1
10—12	食品制品和饮料、烟草制品	472	527	568	509	424	552	30	3
13—15	纺织业、皮革和服装	10	32	82		22			17
16	木材与木材制品（包括家具）	88	145	81	89	54	93	72	1
17—18	造纸和纸制品业、出版与印刷	102	42	86	57	67	61	−9	−10
19—22	塑料和化学制品	2 158	2 064	2 217	1 998	1 419	1 975	39	−2
19	化学制品、医药制造业和化妆品	231	251	576	450	422	485	15	16
22	橡胶和塑料制品（不含汽车零部件）	1 927	1 813	1 641	1 548	997	1 490	49	−5
23	玻璃、陶瓷、石材、矿产品（不含汽车零部件）	143	142	168	165	102	190	86	6
24—28	金属	2 901	3 287	3 661	3 683	2 538	3 376	33	3
24	基本金属（钢、铁、铝、铜、铬）	148	180	185	142	127	182	43	4
25	金属制品（不含汽车零部件），机械设备除外	1 442	1 860	2 088	2 072	1 137	1 269	12	−3
28	工业用机械设备	1 311	1 247	1 388	1 469	1 274	1 925	51	8
26—27	电子电气	783	1 105	1 479	1 250	1 053	1 154	10	8
275	家用电器	96	90	130	93	66	88	33	−2
271	电气机械和器材（不含汽车零部件）	171	216	429	205	104	149	43	−3
260	电子元件／设备	103	341	323	381	460	320	−30	25
261	半导体、液晶显示屏和发光二极管（包括太阳能电池和太阳能集热器）	220	195	192	124	100	102	2	−14
262	计算机和周边设备					23			
263	家用和专业信息通信设备（不含汽车零部件）	24		137	207	88	161	83	46
265	医疗、精密和光学仪器	169	169	268	240	212	334	58	15
279	未分类的电气机械设备		94						
29	汽车制造业	9 533	9 069	15 673		9 670	9 061	−6	−1
291	汽车整车、汽车用发动机制造	6 030	4 685	10 114	6 507	6 672	6 206	−7	1

（续）

IFR 编码	应用行业	2016 年安装量（台）	2017 年安装量（台）	2018 年安装量（台）	2019 年安装量（台）	2020 年安装量（台）	2021 年安装量（台）	2021 年安装量同比增长（%）	2016—2021 年年均复合增长率（%）
293	汽车零部件及配件制造	3 317	4 377	5 559	3 719	2 998	2 740	−9	−4
2931	金属制品	1 491	2 636	3 409	2 272	1 616	1 401	−13	−1
2932	橡胶和塑料制品	571	976	1 143	710	574	618	8	2
2933	电子电气	384	281	474	353	440	525	19	6
2934	玻璃制品		15						
2939	其他	871	469	533	384	368	196	−47	−26
299	未分类的汽车制造	186	7				115		−9
30	其他运输设备制造业	57	55	172	69	20	34	70	−10
91	所有其他制造业分支	623	387	741	1030	594	949	60	9
F	建筑业	22			24	31	89	187	32
P	教育和研发	186	188	200	222	145	191	32	1
90	所有其他非制造业分支	54	64	157	131	162	145	−10	22
99	未分类	2 942	4 160	1 438	2 816	6 075	5 885	−3	15
	合计	20 074	21 267	26 723	2 2298	22 354	23 777	6	3

注：数据来源于国际机器人联合会（IFR）。

4. 多关节机器人安装量基本持平，坐标机器人和并联机器人有所增长

2021 年，德国多关节机器人的安装量同比下降 1%，降至 16 878 台，依旧是德国工业机器人市场的第一名，占比高达 71%；直角坐标机器人的安装量为 2 880 台，同比下降 14%，但低成本机器人的增长也刺激了坐标机器人的需求；SCARA 机器人安装量为 1 900 台，同比增长明显，为 41%，这是继连续下降两年后首次恢复增长态势；其他类型机器人如圆柱机器人安装量从 2020 年的 111 台增长至 2021 年的 1 440 台，圆柱机器人的日益普及在很大程度上是因为低成本机型的市场在不断扩展。2016—2021 年德国工业机器人安装量（按结构类型划分）见表 4。

表 4　2016—2021 年德国工业机器人安装量（按结构类型划分）

结构类型	2016 年安装量（台）	2017 年安装量（台）	2018 年安装量（台）	2019 年安装量（台）	2020 年安装量（台）	2021 年安装量（台）	2021 年安装量同比增长（%）	2016—2021 年年均复合增长率（%）
多关节机器人	15 899	16 930	22 472	17 383	17 001	16 878	−1	1
直角坐标机器人	2 294	2 171	1 683	2 722	3 359	2 880	−14	5
并联机器人	157	272	378	409	540	679	26	34
SCARA 机器人	1 666	1 755	2 056	1 680	1 343	1 900	41	3
其他	58	139	134	104	111	1 440	1 197	90
合计	20 074	21 267	26 723	22 298	22 354	23 777	6	3

注：数据来源于国际机器人联合会（IFR）。

〔撰稿人：中国机械工业联合会孙媛媛〕

2022 年韩国机器人行业发展情况

一、行业概况

韩国机器人产业发展的契机来自于韩国 IT 产业的高速发展，在韩国政府的高度重视和系列产业政策的大力扶持下，韩国机器人实现了迅速发展。除政府外，韩国企业集团积极参与机器人研究活动，先进企业的技术和资金实力使机器人市场迎来新的发展。近年来，机器人应用门槛不断降低，并且更具成本竞争力，韩国中小型制造业企业开始逐步实施以机器人为核心的自动化生产线改造，在机器人应用方面实现重大飞跃。

随着技术进步、后疫情时代数字化进程加速，机器人的作用日趋增大，机器人普及率在全球范围内不断提高，韩国、新加坡和日本等出生率低、劳动力短缺的国家尤为明显。从 2010 年开始，韩国连续 8 年占据工业机器人密度第一的位置，2018 年被新加坡赶超，时隔 3 年再次位于全球之首。2021 年，韩国工业机器人密度达到 1 000 台/万人，较 2020 年增长了 68 台。研究显示，机器人快速普及降低了实际工资、从业人数的增长。就此，韩国中央银行建议称，若要增加就业岗位，应积极挖掘新的高附加值产业，使因机器人普及提升的生产率导向业务创造，增加行业间"劳动移动"。

韩国机器人产业的发展主要受到本国电子和汽车两大产业的驱动。多年来，电子和汽车始终是韩国工业机器人前两大用户行业。韩国在半导体领域的综合实力领先于其他国家，占据了全球 70% 的内存芯片市场，同时，韩国政府和企业也在趋于弱势的系统半导体领域不断加大资金投入。在 2022 年预算案中，韩国政府拿出 2 400 亿韩元用于功率半导体、新一代感应器和人工智能半导体等领域的研究，韩国产业通商资源部还将安排 200 亿韩元的预算，用于新一代智能型半导体技术的开发。韩国是汽车的主要生产国，也是电动汽车电池制造的领跑者，LG ES 和 SK On 已跻身全球前五大电动汽车电池制造商之列。2021 年韩国轿车和商用车产量达到 350 万辆，与 2020 年相比，汽车行业对机器人的需求量有所提升。韩国加速发展未来汽车产业，2022 年，韩国政府在"未来汽车国家愿景"发布会上明确了"2030 未来汽车产业发展战略"，聚焦环境友好型以及无人驾驶汽车领域，推动行业转型升级。

电子、汽车行业的持续发展将进一步助力机器人产业的不断进步。

随着人工智能等技术的飞速发展，加之"用工荒、招工难"等人力短缺问题日益严峻，以及后疫情时代消费者对非面对面服务的需求，服务机器人迎来了一个黄金发展阶段，快速改变着人们的生活方式。近年来，机器人在韩国的应用日益丰富，机器人开始频繁出现在餐饮配送、酒店导引、景点介绍等各类场景中。韩国咖啡店、比萨店、炸鸡店和韩餐店等诸多中小企业开始应用机器人，大企业也纷纷将机器人业务作为发展的重点。例如，LG 电子的料理机器人已经在一些自助餐厅为客人烹饪美食，斗山机器人公司还推出了摄像师机器人。

二、市场特点

根据国际机器人联合会（IFR）统计数据，2021 年，韩国工业机器人生产量为 24 507 台，同比下降 5%，在全球工业机器人总生产量中的占比为 5%；国内生产总值为 5 800 亿韩元，同比下降 3%（约合 4.89 亿美元），由于韩元相对于美元贬值，所以按照美元计算，韩国机器人年产值同比下降 11%；工业机器人保有量自 2017 年以来始终位居世界第三，仅次于日本和我国，2021 年韩国机器人保有量达到 36.6 万台，与 2020 年同期相比上升了 7 个百分点，自 2016 年起韩国机器人保有量年均增长 8%；机器人均价略有浮动，从 2020 年的 2 660 万韩元上升至 2 660 万韩元（约合 22 440 美元），同比增长 1%。

2021 年，韩国机器人销量全球排名第四，仅次于美国、日本和我国，达到 31 083 台，同比增长 2%。2016 年，韩国机器人实现 41 373 台的最高年销量，此后 4 年连续下降，2021 年首次出现正增长。2016—2021 年，韩国机器人年均销量下降 6%。

从进出口情况看，2021 年，韩国工业机器人进口量和进口额分别为 12 636 台和 4 010 亿韩元，同比分别增长 23% 和 16%；进口机器人单价为 3 170 万韩元，同比下降 6%；出口量为 6 060 台，同比增长 8%；出口额为 1 533 亿韩元，同比增长 10%；出口机器人单价为 2 530 万韩元，与 2020 年相比略有上升，同比增长 2%。

2016—2021 年韩国工业机器人生产和市场情况见表 1。

表1　2016—2021年韩国工业机器人生产和市场情况

项目		2016 年	2017 年	2018 年	2019 年	2020 年	2021 年	2021年同比增长（%）	2016—2021年年均复合增长率（%）
数量（台）	生产	36 478	27 676	31 245	27 614	25 878	24 507	-5	-8
	销售	41 373	39 777	37 807	32 900	30 506	31 083	2	-6
	进口	12 352	17 149	13 122	11 636	10 256	12 636	23	0
	出口	7 457	5 048	6 560	6 350	5 628	6 060	8	-4
金额（百万韩元）	生产	404 284	604 148	682 075	605 778	595 543	580 027	-3	7
	销售	1 255 651	1 262 140	1 060 525	878 243	802 262	827 640	3	-8
	进口	971 930	780 337	537 445	427 619	346 065	400 931	16	-16
	出口	120 563	122 345	158 995	155 154	139 346	153 318	10	5

注：数据来源于国际机器人联合会（IFR）。

1. 电子与汽车行业是韩国工业机器人的主要应用行业

电子行业是韩国工业机器人最主要的应用行业，但2021年该行业对机器人的需求有所下降。2021年，韩国用于电子行业领域的工业机器人为14 052台，同比下降10%，这是自2016年达到29 282台的峰值以后连续第五年下降。2016—2021年，韩国用于电子行业领域的工业机器人年均复合增长率为-14%，与全球发展趋势出现了鲜明的对比。2021年，韩国电子行业机器人销量在工业机器人市场总销量中的占比为45%，电子仍是韩国工业机器人最主要的应用行业。其中，半导体行业对韩国机器人的需求量最大，占比为23%，达到7 191台，同比下降10%；其次是家用电器行业，需求量为4 325台，同比下降15%。

汽车行业是韩国工业机器人第二大用户行业。2021年，

韩国汽车行业机器人装机总量达到5 631台，同比增加5%，占韩国工业机器人安装总量的18%。2021年，韩国汽车整车制造商对工业机器人的需求量仅为2 101台，与2017年的6 000台和2018年的7 000台相差甚远。汽车零部件供应商对机器人的需求有所增加，2021年达到3 530台，同比增长21%，但是仍低于2016年的3 670台。

金属与机械加工行业是韩国机器人第三大应用行业，2021年销量出现大幅下降至1 005台，同比下降47%。此前，金属与机械加工行业对机器人的需求出现了短暂的繁荣，2019年销售量达到2 405台，2020年销售量为1 882台，但总体看来，2016—2021年，金属加工行业机器人年均需求量下降4%。2021年，韩国机器人安装总量中有27%没有细分行业。2019—2021年韩国工业机器人安装量（按应用行业划分）如图1所示。

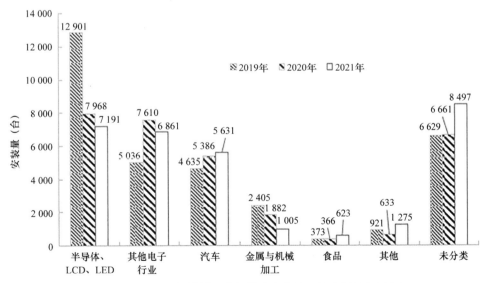

图1　2019—2021年韩国工业机器人安装量（按应用行业划分）

注：数据来源于国际机器人联合会（IFR）。

2. 搬运是韩国工业机器人最主要的应用领域，洁净室位居其次

搬运、洁净室、焊接是韩国工业机器人最主要的三大应用领域，三者工业机器人销量之和约占韩国工业机器人市场总销量的80%。搬运领域依然是韩国工业机器人最主要的应用领域，2021年，用于搬运领域的工业机器人销量为15 326台，同比下降1%，在韩国工业机器人市场总销量中的占比为49%。其中，用来做打包、挑拣和运放工作的机器人最多，达到了9 613台，与2020年相比下降20%，占总销量的31%。

洁净室是韩国工业机器人第二大应用领域，2021年该领域机器人销量为5 984台，同比增长22%，在总销量中的占比为19%。其中，有2 814台用于平板显示器的生产，同比增加7%；用于半导体生产的机器人销量大幅增加，达到3 040台，同比增长44%。

焊接是韩国工业机器人的第三大领域，2021年销量为3 882台，同比增长2%，在总销量中的占比达12%，与2020年基本持平。其中，点焊机器人需求量为2 101台，同比下降5%；弧焊机器人销量为1 768台，同比增长

11%；未分类的机器人占比从13%下降至11%。

3. 坐标机器人产销下跌明显，但仍占最大市场份额

韩国是坐标机器人的主要生产国，也是坐标机器人主要的应用市场。这类机器人虽然应用场景有限，生命周期短，但是价格低，而且简单易用，对精度要求不太高的简单装配线等领域，尤其是电子领域对其需求量比较大。2021年，韩国坐标机器人销量为12 924台，与2020年相比下降12个百分点，在韩国工业机器人总销量中的占比为41%，仍然是韩国最主要的机器人类型。

2021年，韩国多关节机器人销量增幅较大，达到12 807台，略低于坐标机器人，同比增长19%；SCARA机器人主要用于电子行业，2021年销量为3 030台，同比增长64%，虽然在各类型机器人中增长幅度最大，但相对于机器人在电子行业的较大市场份额来说，该数量依然很低。从全球来看，应用在电子行业的机器人中44%是SCARA机器人，62%的SCARA机器人都用于电子行业。

2016—2021年韩国工业机器人销量（按机器人结构类型划分）见表2。

表2　2016—2021年韩国工业机器人销量（按机器人结构类型划分）

结构类型	2016年安装量（台）	2017年安装量（台）	2018年安装量（台）	2019年安装量（台）	2020年安装量（台）	2021年安装量（台）	2021年同比增长（%）	2016—2021年年均复合增长率（%）
多关节机器人	10 976	18 439	15 369	10 997	10 789	12 807	19	3
坐标机器人	26 410	17 701	18 174	17 603	14 616	12 924	-12	-13
并联机器人	406	431	397	413	444	454	2	2
SCARA机器人	1 725	1 918	1 459	1 666	1 852	3 030	64	12
其他	1 856	1 288	2 408	2 221	2 805	1 868	-33	0
合计	41 373	39 777	37 807	32 900	30 506	31 083	2	-6

注：数据来源于国际机器人联合会（IFR）。

三、预测与展望

由于新冠疫情政策及时有效，同时受到追赶效应的影响，韩国在2020年成功应对了新冠疫情，并在2021年实现了GDP 4%的增长。然而，随着这些追赶效应逐渐消退，2022年，韩国经济增长2.6%，GDP降至1.66万亿美元，跌至全球第13名，预计2023年经济增长将进一步放缓至增长1.4%。全球供应链问题仍将对汽车行业产生非常大的负面影响，但在电动汽车领域等也不乏出现一些新的投资。与此同时，半导体行业也在增加投资。此外，随着《区域全面经济伙伴关系协定》（RCEP）于2022年2月1日起对韩国生效，韩国将进一步扩大贸易关系。据韩国《首尔经济》报道，韩国大企业明显加快了进军机器人产业的步伐，纷纷将机器人产业作为未来增长点，积极开展相关并购和技术投资。在此背景下，预计2022—2025年韩国机器人销量将实现年均5%的增长。

2022年，韩国知识产权局（KIPO）发布了未来战略产业技术民意调查结果，在民众选出的"改变韩国未来的十大发明技术"中，人工智能、机器人和未来汽车占据前三名。韩国将根据调查结果大力发展相关产业，比如韩国新政府已选定人工智能作为未来战略产业技术领域之一，选定机器人技术作为中长期展望的技术领域，同时积极支持未来汽车产业的发展。2022年3月，韩国产业通商资源部审议通过了《2022年智能机器人实行计划》。韩国政府拟通过该计划持续对工业和服务机器人进行投资和支持，并放宽限制打造促进机器人产业发展的环境。韩国政府将投入2 440亿韩元（约合2亿美元）开展工业及服务机器人研发和普及，较2021年增长10%。在工业机器人领域，韩国将加快开发37个机器人标准工程模型，建立数据综合管理系统，用于开发和制造机器人。在服务机器人领域，韩国将开展与国民生活息息相关的机器人实证试验，预计

将对1 600台步行辅助机器人等进行普及和融合实证试验。韩国政府相关政策的制定和调整将对韩国机器人的普及推广及产业规模的进一步扩大产生积极的促进作用。

〔撰稿人：中国机械工业联合会王丽丽〕

2022年俄罗斯机器人行业发展情况

一、行业概况

早在1985年，苏联机器人总量就已达到3.4万台，位居世界第二，其在机器人领域的技术和科研成果为俄罗斯发展现代机器人产业奠定了工业基础并提供了技术优势。尽管当前俄罗斯机器人产业整体市场规模并不大，发展速度与欧美和亚洲机器人领先国家有一定差距，但俄罗斯机器人在工业、农业、军事、医疗、教育及娱乐等诸多领域有广泛的应用，具有巨大的市场潜力和独特的发展优势。

1. 国家政策与市场需求助力俄罗斯机器人产业发展

俄罗斯政府重视机器人产业的发展。早在2012年，俄罗斯就颁布了促进工业机器人技术和产业发展的国家计划，旨在加快工业机器人在制造业中的应用，并且鼓励外商在俄罗斯投资发展机器人制造业。继德国政府推出"工业4.0"之后，俄罗斯政府也开始重视现代技术对工业的推动作用，重点发展现代化的自动化技术、机器人以及3D打印等工业化生产新技术。2019年，俄罗斯联邦工业和贸易部对外宣布了《至2030年俄罗斯联邦电子工业发展战略》。该战略将分三期实施，其中第三期提出，2025—2030年将聚焦机器人技术、人工智能、各类无人交通、神经技术和量子计算等尖端领域。除制定产业规划外，俄罗斯政府还制定了一系列优惠措施支持机器人产业的发展，同时针对机器人生产企业给予税收减免等优惠政策。这些政策的出台为俄罗斯机器人制造业发展提供了保障和支持。

俄罗斯机械制造业发达，是世界闻名的机械制造大国，为工业机器人提供了巨大的应用市场，而且一批制造水平卓越、技术领先的机械制造企业逐步进入到机器人制造领域，提高了其机器人制造业的技术水平。俄罗斯机器人技术研究在人工智能、感知与控制、机械设计方面取得了不错的成绩。丰富的科研人才资源和强大的工程实践能力为其机器人技术的发展提供了有力支撑。

俄罗斯制造业的快速发展对高效自动化的需求也越来越大，铁路、公路、航天、电力、汽车等行业对机器人的需求不断增长。此外，电子厂、食品厂和医药厂等也开始逐步引进自动化生产，尤其是在高能耗、高污染等地区，机器人已成为环境友好型生产的解决方案。近年来，随着俄罗斯人口老龄化以及新冠疫情的发生，服务机器人的市场需求也出现大幅增长。而且，由于俄罗斯政府对现代服务业的扶持力度也越来越大，进一步刺激了其国内服务机器人市场的发展。

2. 俄罗斯机器人技术在军事领域取得重要进展

俄罗斯机器人产业的发展具有特殊性，机器人市场的形成很大程度上来源于军事需求以及工业、制造业对机器人产业的需求，工业机器人和军事机器人是俄罗斯机器人产业的主体。俄罗斯的军事工业和科技研发实力领先，在军用战斗机器人领域拥有雄厚的技术储备，并且投入了大量的资金和人力，不断推动技术创新和研发。俄罗斯的军用战斗机器人涵盖了多个领域，包括无人驾驶坦克、自动化步战车、无人机等多个系列产品，在性能和功能上都达到了世界领先水平。

俄罗斯军用战斗机器人在全球市场上表现出强劲的竞争力，主要体现在：①俄罗斯的军用战斗机器人性能卓越，具有强大的作战能力和适应各种极端环境的能力。在恶劣的战斗环境中，俄罗斯的军用战斗机器人能够有效地执行任务，极大地减轻了士兵的负担。②俄罗斯的军用战斗机器人具有高度的可靠性和稳定性，能够在战斗中长时间保持高水平的性能表现。这使得俄罗斯的军用战斗机器人在实战中备受信赖。③俄罗斯军用战斗机器人在无人化作战能力方面具备强大的优势。这些机器人采用先进的人工智能技术，能够根据现场情况及时作出判断，并采取相应的行动。

3. 俄罗斯工业机器人市场发展潜力巨大

截至2021年年底，俄罗斯工业机器人保有量达到8 316台，制造业中平均每1万名工人有8台机器人，与机器人密度世界领先的韩国相比仍具有较大差距。在俄罗斯，95%的机器人本体由国外生产，包括发那科（FANUC）、川崎（Kawasaki）、库卡（KUKA）、ABB以及奥地利的IGM。俄罗斯专业生产工业机器人的公司屈指可数，也很少出产系列产品。原因主要有两方面：①俄罗斯比较容易获得周边国家较为廉价的劳动力，国内对机器人投资的热情不高；②俄罗斯缺乏掌握机器人专业知识和专业技巧的工程师。

然而，在制造业中，俄罗斯机器人已经广泛应用于汽车制造和电子制造，并且也应用在航空航天等领域，不仅提高了生产率和产品质量，还大大降低了劳动力成本，为企业带来了巨大的经济效益。自启动实施国家工业现代化发展战略以来，俄罗斯逐渐重视现代工业技术对机器人产业的促进作用，并将发展工业机器人技术列为未来工作的重点方向之一。当前，尽管俄罗斯并未实现大规模机器人化，但俄罗斯工业机器人市场充满着巨大的发展潜力。

4. 俄罗斯服务机器人应用广泛，技术不断进步

相较于工业机器人，俄罗斯制造商更聚焦于服务机器人的发展。据国际机器人联合会（IFR）2019年的数据显示，俄罗斯服务机器人生产企业的数量居全球第二，超过日本和我国。美国以223家服务机器人生产商高居榜首，俄罗斯以73家生产商位居第二，随后是德国（69家）、中国（64家）、法国（52家）和日本（50家）。俄罗斯在服务机器人技术方面也有一定的优势。俄罗斯拥有许多优秀的科学家和数学家，他们在人工智能（AI）方面有着卓越的研究成果。此外，俄罗斯的软件和工程实力也相当强大，这些因素都为俄罗斯厂家提供的技术方案在世界市场上表现出较强的竞争力奠定了基础。

在俄罗斯，服务机器人已经渗透到了生活的方方面面，包括医疗、教育、娱乐、物流甚至金融理财领域。在医疗领域，新冠疫情期间，俄罗斯机器人公司为应对新型冠状病毒提供了40多款新产品，比如获得专利的外科机器人可以无接触对患者进行咽拭子的测试。机器人辅助手术是服务机器人的另一个医疗应用领域。它能以最大的准确性和最小的创伤方式给患者做最复杂的外科手术。外科医生控制机械手精度高，可以最大程度地减少损坏邻近器官的风险。目前，俄罗斯已有近百家医院使用机器人助理帮助医生完成手术。

在金融领域，据俄罗斯从事理财机器人认证的国家股市参与者协会副总裁叶卡捷琳娜·安德烈耶娃介绍，2016年机器人顾问开始进入俄罗斯股市。这类机器人主要针对俄罗斯股市散户多的现状为其提供自动咨询服务，在较短时间里获得了广泛的普及。

在物流领域，俄罗斯推出快递机器人服务。2021年，俄罗斯最大的搜索引擎公司Yandex就宣布已经开始试点使用机器人为俄罗斯邮政投递包裹。他们在一份联合声明中表示，36个矩形机器人将首先从27个邮局投递，收件人可以通过应用程序选择机器人投递。目前，俄罗斯邮政服务正在不断扩大快递机器人的包裹递送区域。

二、市场特点

1. 工业机器人产销概况

根据国际机器人联合会统计数据，2021年，俄罗斯工业机器人市场销量为1733台，在全球排名第25位。与2020年相比，2021年，俄罗斯机器人年销量出现大幅提升，同比上涨84%。尽管高增长率主要得益于2020年新冠疫情导致的较低销量，但是，2021年俄罗斯销量超过了疫前水平，创历史新高。2016—2021年，俄罗斯工业机器人年均复合增长率达到了37%。截至2021年，俄罗斯工业机器人保有量达到了8316台（套），全球排名第30位，2016—2021年年均复合增长率为20%。2016—2021年俄罗斯工业机器人市场销量及保有量见表1。

表1 2016—2021年俄罗斯工业机器人市场销量及保有量

指标名称	2016年（台）	2017年（台）	2018年（台）	2019年（台）	2020年（台）	2021年（台）	2021年同比增长（%）	2016—2021年年均复合增长率（%）
销量	358	711	1 007	1 410	943	1 733	84	37
保有量	3 366	4 028	4 994	6 073	6 851	8 316	21	20

注：数据来源于国际机器人联合会（IFR）。

从机械结构看，在俄罗斯各类型的工业机器人中，多关节机器人在市场中占据主导地位。2021年，俄罗斯多关节机器人销量为1432台，同比增长85%，在俄罗斯机器人市场总销量中的占比为82%，2016—2021年复合增长率达到34%；坐标机器人是俄罗斯第二大类型的工业机器人，2021年销量为239台，同比增长84%，在俄罗斯机器人市场总销量中的占比为13%。从2016—2021年年均复合增长率看，增长幅度最大的是SCARA机器人，达到114%，但其实际销量并不高，2021年仅为45台。2016—2021年俄罗斯工业机器人市场销量（按机械结构划分）见表2。

表2 2016—2021年俄罗斯工业机器人市场销量（按机械结构划分）

产品类别	2016年（台）	2017年（台）	2018年（台）	2019年（台）	2020年（台）	2021年（台）	2021年同比增长（%）	2016—2021年年均复合增长率（%）
多关节机器人	333	664	839	1 174	773	1 432	85	34
坐标机器人	24	32	151	206	130	239	84	58
并联机器人	0	11	12	9	13	17	31	
SCARA	1	4	5	8	27	45	67	114
其他	0	0	0	13	0	0		
合计	358	711	1 007	1 410	943	1 733	84	37

注：数据来源于国际机器人联合会（IFR）。

2.产品应用

受全球新冠疫情和国内经济形势影响，2020年，俄罗斯绝大多数行业对工业机器人需求出现大幅度下降，但在2021年均出现大幅回升，实现至少两位数增长。搬运与焊接依然是俄罗斯工业机器人最主要的两大应用领域，但焊接超过搬运，成为机器人应用最多的领域。2021年，焊接领域工业机器人销量为557台，同比增加131%，增长幅度最大，在俄罗斯工业机器人市场总销量中的占比为32%；搬运是俄罗斯工业机器人第二大应用领域，2021年，用于搬运的工业机器人销量为540台，同比增长53%，在总销量中的占比为31%。从保有量来看，截至2021年年底，搬运和焊接领域机器人分别为2 900台和2 777台，在俄罗斯工业机器人保有总量中的占比为34%和33%。2016—2021年俄罗斯工业机器人市场销量（按应用领域划分）见表3。

表3 2016—2021年俄罗斯工业机器人市场销量（按应用领域划分）

应用领域	2016年（台）	2017年（台）	2018年（台）	2019年（台）	2020年（台）	2021年（台）	2021年同比增长（%）	2016—2021年年均复合增长率（%）
搬运	134	233	402	529	354	540	53	32
焊接	66	245	242	420	241	557	131	53
喷涂	7	22	19	30	20	42	110	43
加工		37	38	40	46	62	35	
其他						13		
未分类	151	174	306	279	282	519	84	28
合计	358	711	1 007	1 298	943	1 733	84	37

注：数据来源于国际机器人联合会（IFR）。

金属加工和汽车制造是俄罗斯工业机器人最主要的两大应用行业。2021年，金属加工行业的机器人销量最高，为498台，在俄罗斯机器人总销量中的占比为28%，同比增长117%；汽车制造业的机器人销量位居第二，为216台，在总销量中的占比为12%，增长幅度在各行业中最大，与上一年相比增长145%；塑料和化学制品行业机器人销量位列第三，为108台，同比增长42%。从保有量来看，一直以来，汽车行业机器人保有量最大，占比最高，2021年为2 457台，在俄罗斯机器人保有总量中的占比为29%，但是这一比例近年来一直有所下降；2021年，金属加工业机器人保有量增至1 967台，同比增长36%，在总保有量中的占比随之提高到23%。2016—2021年俄罗斯工业机器人市场销量（按应用行业划分）见表4。

表4 2016—2021年俄罗斯工业机器人市场销量（按应用行业划分）

IFR编码	应用行业	2016年（台）	2017年（台）	2018年（台）	2019年（台）	2020年（台）	2021年（台）	2021年同比增长（%）	2016—2021年年均复合增长率（%）
D	制造业	144	558	650	1 025	574	1 100	92	50
10—12	食品制品和饮料、烟草制品	13		36	95	70	78	11	43
19—22	塑料和化学制品	24	40	17	83	76	108	42	35
24—28	金属	44	160	161	401	229	498	117	62
26—27	电子电气		11			23	23		
29	汽车制造业	13	262	390	360	88	216	145	75
91	所有其他制造业分支	50	85	46	86	88	172	95	28
P	教育和研发			23	50	58	77	33	
90	所有其他非制造业分支		112	7	30	30	49	63	
99	未分类	214	41	327	193	281	507	80	19
	合计	358	711	1 007	1 298	943	1 733	84	37

注：数据来源于国际机器人联合会（IFR）。

三、预测与展望

总体来看，俄罗斯机器人产业发展与发达国家相比还存在一定差距，但俄罗斯机器人产业拥有坚实的研究基础和独特的发展特色，国内市场前景广阔。未来，俄罗斯机器人将不断向智能化、通用型发展。然而，俄罗斯机器人行业仍面临一些挑战。第一，俄罗斯机器人行业在融资和市场拓展方面面临一些困难；第二，俄罗斯的机器人技术研究和开发投入还有待加强；第三，国际政治经济形势给俄罗斯机器人行业带来了较大的影响。

2022 年，受国际形势影响，俄罗斯扩大了自中国机器人产品的进口，我国机器人产品对俄罗斯出口贸易增速出现井喷式增长，出口额为 2 855.52 万美元，同比增加 94.1%。俄罗斯机器人除进口外，也有相当一部分来源于其国内生产，尽管重要零部件进口受阻，但部分机器人产业依然活跃。综合来看，虽然 2022 年以来俄罗斯机器人在国内市场仍有一定的销售量，但无法完全弥补此前从西方、日本和韩国等机器人供应商进口机器人所带来的不足。

〔撰稿人：中国机械工业联合会王丽丽〕

2022 年中国机器人行业国际合作情况

机器人既是先进制造业的关键支撑装备，也是改善人类生活方式的重要手段。无论是应用在制造环境下的工业机器人，还是应用在其他领域的服务机器人，其研发及产业化应用是衡量一个国家科技创新、高端制造发展水平的重要标志。加强机器人产业的国际合作，对于打造我国机器人产业发展新优势，推动工业转型升级，加快制造强国建设步伐，改善和提高人民生活水平具有重要意义。

2022 年，新冠疫情影响逐渐减弱，但贸易保护主义等不确定因素依然持续发酵，对我国机器人行业的产业链、供应链、国际合作等仍然产生着负面影响。面对错综复杂的国际局势，我国仍然处于重要的战略机遇期。我国机器人产业正在进入高质量发展阶段，通过"引进来"和"走出去"不断提高产业的国际化水平，为确保产业可持续发展打下坚实基础。

一、我国机器人产品对外贸易情况

根据海关总署数据统计，2022 年我国机器人产品进出口总额为 26.07 亿美元，同比下降 6.64%。其中进口 20 亿美元，同比减少 9.06%；出口 6.08 亿美元，同比增长 2.3%。2022 年我国机器人产品重点国家（地区）贸易情况见表 1。

表 1 2022 年我国机器人产品重点国家（地区）贸易情况

国家（地区）	进口额（万美元）	进口额同比增长（%）	出口额（万美元）	出口额同比增长（%）	贸易额（万美元）	贸易额同比增长（%）	贸易额全球占比（%）
日本	119 813.05	-10.62	3 542.82	-14.75	123 355.86	-10.75	47.31
德国	15 296.7	-20.06	3 271.72	-34.00	18 568.42	-22.93	7.12
新加坡	17 017.09	84.17	1 025.84	20.75	18 042.92	78.83	6.92
韩国	9 978.08	-7.35	5 611.36	15.95	15 589.44	-0.12	5.98
美国	6 479.54	15.18	4 055.34	-14.79	10 534.88	1.44	4.04
越南	2 667.57	70.16	5 694.86	3.14	8 362.43	17.96	3.21
俄罗斯			2 855.52	94.10	2 855.52	94.10	1.10
意大利	693.56	-69.23	973.19	12.92	1 666.75	-46.51	0.64
以色列	85.61	0.83	429.71	-7.63	515.32	-6.32	0.20

注：数据来源于海关总署。

2022 年，从我国机器人对主要国家和地区的进出口贸易数据看，日本是我国机器人产业最大的贸易伙伴，双边贸易额为 12.34 亿美元，虽然同比下降 10.75%，但仍然占我国机器人对外进出口贸易的半壁江山，是我国机器人最大的进口来源地。2022 年，我国机器人产品对日本贸易逆差为 11.63 亿美元。其次，德国和新加坡也是我国机器人产业对外贸易重要的合作伙伴。2022 年，日本、德国和新加坡是我国机器人产品最主要的进口来源国；越南、韩国、美国和俄罗斯是我国机器人产品最主要的出口国。

从贸易增速看，2022年，我国机器人产品对俄罗斯贸易出口增速出现大幅增长，出口额为2 855.52万美元，同比增长94.1%。对新加坡进出口额为1.8亿美元，同比激增78.83%，其中，进口额为1.7亿美元，同比增长84.17%；出口额为0.1亿美元，同比增长20.75%。我国对德国机器人贸易出现下降，贸易额为1.85亿美元，同比下降22.93%。其中，进口额为1.53亿美元，同比下降20.06%；出口额为0.33亿美元，同比下降34%。我国机器人产品对俄罗斯贸易出口实现较大增长，分析原因，主要在于受俄乌冲突影响，俄罗斯扩大了我国机器人产品的进口量。我国对新加坡机器人出口增长，主要出口产品是集成电路工厂专用的自动搬运机器人，同比增长80.01%。

从贸易结构看，2022年我国机器人产业主要出口商品是多功能工业机器人、工业机器人和未列名工业机器人。其中，韩国、德国和越南是我国多功能工业机器人的主要出口对象国；越南和美国是我国工业机器人出口输往地；俄罗斯、越南和日本是我国未列名工业机器人主要的出口国。2022年，我国机器人产业主要进口商品是多功能工业机器人、集成电路工厂专用的自动搬运机器人、喷涂机器人。其中，日本、德国和韩国是我国多功能工业机器人主要的进口国；新加坡、日本和韩国是我国集成电路工厂专用的自动搬运机器人主要进口国；德国、美国和日本是我国喷涂机器人主要的进口国。

从贸易差额看，2022年，我国机器人产业对部分贸易伙伴国实现贸易顺差。其中，对越南贸易实现顺差3 027.29万美元，对俄罗斯顺差2 855.52万美元，对以色列顺差为344.1万美元，对意大利顺差为279.63万美元。

二、对外交流情况

1. 充分发挥双边合作机制作用

2013年中国机器人产业联盟成立后，与德国机械设备制造业联合会机器人与自动化分会（VDMA R+A）建立了双边交流机制。2014年，中国机器人产业联盟在VDMA R+A支持下成功加入国际机器人联合会（总部设在德国法兰克福，秘书处设在VDMA R+A）。同时，双方签订战略合作协议，共同开展机器人行业信息统计、国际交流等工作。同年，中国机械工业联合会执行副会长、中国机器人产业联盟执行理事长宋晓刚当选国际机器人联合会执行委员会委员。2022年，中德两国就机器人产业发展和产需对接牵线搭桥保持着密切的联系。

2. 依托国际机器人联合会发出中国声音

中国机器人产业联盟加入国际机器人联合会以来，积极开展中国机器人市场统计工作，所提供数据是国际机器人联合会唯一认可的中国市场统计数据，也是国际机器人联合会每年发布的《全球机器人统计报告》重要组成部分。同时，中国机器人产业联盟执行理事长宋晓刚作为国际机器人联合会执行委员会委员，代表中国机器人产业联盟积极参与国际机器人联合会在市场委员会、供应商委员会等

各领域的会议和交流活动，积极与全球各主要机器人生产国家的行业组织和知名企业加强沟通与交流，致力于增强中国机器人行业在国际上的影响力和话语权。

三、海外市场开拓情况

工业自动化进程加快和产业转型升级的推进大大促进了机器人行业的发展。机器换人趋势日益明显，海外市场的需求更大。目前，欧美国家对机器人的需求增长较快。其中，运输和物流业作为劳动力密集型行业，对机器人技术的需求最大。预计到2030年，北美将有70%左右的运输物流业务被机器人替代。

从细分领域看，目前，世界工业机器人市场主要由我国、日本、美国、韩国和德国5国主导。服务机器人最大的市场是美国，其次是亚太地区和欧洲地区，2022年，服务机器人全球市场需求达到300亿美元，其中美国市场需求达到120亿美元，而且以医疗机器人为主；随着电子商务市场增长的推动，2018—2022年，物流机器人市场需求翻了近4倍，欧洲是全球最大的物流机器人市场，目前亚洲正在努力升级制造业基础设施，物流机器人在亚洲地区的需求不断扩大；农业机器人在全球的需求不断增加，首先，欧美农业自动化程度较高，对挤奶机器人的需求量大，其次，亚洲和非洲国家农业机器人产业的增长也可能由于自动挤奶机器人的需求剧增所带动。

从相关分析数据看，目前，我国家用服务机器人出口表现不俗，如清洁类机器人和娱乐用机器人，在全球的销量持续增长，部分专用服务机器人已处于全球领先的位置。

经过十余年的发展，上海擎朗智能科技有限公司（简称"擎朗智能"）的机器人已先后进入美国、德国、加拿大、意大利、韩国、新加坡、日本、英国、西班牙、法国、澳大利亚、巴西等多个国家和地区。未来，擎朗智能将肩负普及商用机器人重任，与软银机器人一同不断实现产品更新、技术更迭，让商用服务机器人扎根于各行各业，助力全球服务型企业实现智能化、数字化转型目标。近年来，由于东南亚地区的机器人技术突飞猛进，马来西亚的餐饮业门店纷纷引入智能机器人，以便于提供无接触式配送服务。从2022年1月开始，马来西亚正式引入擎朗智能服务机器人，目的是更科技、更智慧和更高效的马来西亚服务业。

机器人企业出海，首先必须注重产品质量，了解当地法律法规要求，在产品专利、认证标准上做好相应的准备。其次，必须抓住细分领域市场需求的特点，建立本地化的服务团队，满足适应当地的个性化需求，适应在出海过程中随时可能出现的变化。

四、2022北京世界机器人大会

2022年8月18—21日，2022世界机器人大会（简称"大会"）在北京召开。大会以"共创共享 共商共赢"为主题，聚焦产业链供应链协同发展，围绕"机器人+"应用行动，为全球机器人产业搭建了一个产品展示、技术创新、生态培育的高端合作交流平台。大会共设三大主题峰会，46场专题论坛、国际双多边会议及配套活动，图灵奖得主、两

院院士、知名专家和行业精英等300多位嘉宾聚焦学术前沿和产业发展，分享洞察与远见。

大会规划了国之力量、智能制造、智慧建筑、智慧农业、智慧矿山、核心零部件、工业互联网、智慧医疗、智慧物流、智慧商业、智慧无人机、智慧应急与安全等主题专区，着力展示机器人与千行百业深入融合的先进解决方案和典型案例，并展现机器人助推传统行业向智能化、数字化转型升级的重要作用。活动共有130多家企业参展，带来超过500件展品，其中，30余款新品在大会期间全球首发。大会更加贴近产业发展实际，创新推出"机器人＋应用场景"的展览模式，汇集各类场景下的前沿机器人产品，着力展示机器人与千行百业深入融合的先进解决方案和典型案例。

大会亮点颇多。人形机器人方面：爱因斯坦仿生机器人迎宾互动；北京理工大学智能机器人高精尖创新中心展示会奔跑的双足机器人和会跳跃的四足机器人；苏州绿的谐波传动科技股份有限公司展示自主研发的可用于人形机器人关节的一体化关节模组及谐波减速器。工业机器人方面：安川首钢机器人有限公司首次展示新能源电池盒机器人智慧生产线；三一机器人科技有限公司展示智能叉车、智慧AGV及机器人系统集成；艾利特机器人有限公司（简称"艾利特"）展示机械臂力感知遥操作系统（通过机械臂实现远程操作）。服务及特种机器人方面：艾利特展示煎饼果子机器人；杭州申昊科技股份有限公司展示变电站智能巡检机器人；美团科技有限公司展示智能配送站，提供配送末端场景自动化解决方案；北京和华瑞博科技有限公司展示自主研发的关节手术机器人。

五、关于推进机器人行业国际合作的建议

我国机器人产业无论从技术水平还是产业规模来看，与国外先进水平都存在着一定差距，在不断扩大对外交流与合作的基础上，要提高我国机器人产业的国际化水平，促进我国机器人产业的高质量发展。结合全球经济发展形势、供应链冲击、地缘风险等因素演变，进行综合判断，特提出以下几点建议：

1. 坚定信心，积极应对各种不确定因素

在中美博弈常态化大趋势下，我国应树立信心，积极应对，提前布局。未来，中美在高科技领域的博弈焦点有可能涉及智慧机器人、增材制造、控制系统和工业软件等领域。如果出现"硬脱钩"和遭到极限管制，建议从供应链断链应急层面，多方解决关键零配件备件问题；对各种控制软件及时升级；稳住和引进大批工匠和运维人才。

2. 充分利用RCEP红利，扩大区域贸易合作

持续加大对外贸企业的RCEP宣传培训，指导企业全面掌握并运用协定规则。外贸企业应加快适应RCEP新环境和新规则，掌握成员国对原产地规则及其关税减让的规定，适度增加区域内原材料的使用比重，评估调整合规成本后再确认实施。企业通过加强RCEP区域内价值链分工，推动开展技术和业务交流，促进区域产品链深度融合。

3. 重视ESG系统建设，提升产业国际竞争力

ESG是综合关注企业环境、社会、公司治理绩效而非传统财务绩效的投资理念和企业评价标准。ESG议题涵盖企业运营各方面，要求完善上述各大议题下的合规管理制度，以ESG建设为契机将ESG理念贯彻企业整体治理，在防范经营风险的同时形成、夯实自身的核心竞争力。ESG作为可持续发展的典范，符合企业发展的内在要求以及"走出去"的外部需要。ESG关注企业的多元绩效，注重推动企业更有质量、更可持续的发展，有利于国企提升竞争力、风险防范能力。

4. 不断提高机器人行业的技术标准国际化水平

《"十四五"智能制造发展规划》提出要构建适应智能制造发展的标准体系，推动数字孪生、数据字典、人机协作、智慧供应链、系统可靠性、信息安全与功能安全一体化等基础共性和关键技术标准制修订。国际标准化是这项工作重要的组成部分，我国应充分整合国际国内优势资源，与金砖国家和"一带一路"沿线国家等建立智能制造标准化合作机制，开展智能制造技术研究、标准研制、示范应用、检测认证、人才培养等多层次合作。

〔撰稿人：中国机械工业联合会高立红〕

中国
机器人
工业
年鉴
2023

统 计 资 料

公布我国工业机器人产量及产品进出口数据

综述篇

大事记

产业篇

地区篇

园区篇

标准检测认证篇

产教融合篇

企业篇

应用篇

人物篇

政策篇

国际篇

统计资料

附录

综述篇

大事记

产业篇

地区篇

园区篇

标准检测认证篇

产教融合篇

企业篇

应用篇

人物篇

政策篇

国际篇

统计资料

附录

中国
机器人
工业
年鉴
2023

统计资料

2022 年中国工业机器人月度产量情况

月份	累计销量 （套）	同比增长 （%）	当月销量 （套）	同比增减 （%）
1—2	76 381	29.6		
3	102 496	10.2	44 322	16.6
4	125 439	-1.4	32 535	-8.4
5	166 091	-9.4	36 616	-13.7
6	202 436	-11.2	46 144	2.5
7	238 041	-11.5	38 183	-8.8
8	277 536	-10.5	41 261	-1.1
9	322 544	-7.1	43 009	15.1
10	362 568	-3.2	39 030	14.4
11	402 638	-2.6	40 113	0.3
12	443 055	-4.8	40 457	-9.5

注：数据来源于国家统计局月度统计快报。

2015—2022 年中国工业机器人年度产量完成情况

年份	工业机器人产量 （万台 / 套）	同比增速 （%）
2015	3.3	21.7
2016	7.24	30.4
2017		
2018	14.8	6.4
2019	17.7	-3.1
2020	21.1	20.7
2021	36.6	67.9
2022	44.3	21.0

注：1. 数据来源于国家统计局年度统计公报。

2. 2017 年国家统计局年度统计公报未公布工业机器人年产量，故表中该年度数据缺失。

3. 年度统计公报数据与月度统计快报数据存在差异由统计口径不同导致。

2022 年中国服务机器人月度产量情况

月份	累计销量 （套）	同比增长 （%）	当月销量 （套）	同比增减 （%）
1—2	1 079 696	-2.0		
3	1 785 543	-10.9	694 150	-23.7
4	2 265 142	-20.3	482 336	-43.0
5	2 793 997	-23.2	529 558	-33.2
6	3 277 196	-28.3	476 557	-48.1
7	3 748 735	-28.9	467 654	-33.5
8	4 176 153	-29.5	426 813	-37.4
9	4 877 858	-26.4	679 899	-3.8
10	5 427 892	-27.0	534 035	-30.1
11	5 967 043	-28.8	538 496	-38.0
12	6 458 014	-30.3	490 992	-46.5

注：数据来源于国家统计局月度统计快报。

2022 年工业机器人产品进口情况 -1

月份	多功能工业机器人		工业机器人 *		喷涂机器人		电弧焊接机器人	
	数量 （台）	金额 （万美元）	数量 （台）	金额 （万美元）	数量 （台）	金额 （万美元）	数量 （台）	金额 （万美元）
1—2	15 686	188.4	2 019	12.9	133	8.8	16	1.8
1—3	23 986	285.7	3 004	19.4	179	11.6	19	1.9
1—4	32 369	397.2	3 665	24.9	252	16	27	3.6
1—5	40 371	493.6	4 221	29.3	406	28.8	35	3.8
1—6	52 045	629.9	4 882	40.2	551	39.8	35	3.8
1—7	61 800	754.7	5 382	46.3	584	45.7	39	4.2
1—8	70 832	871.5	6 023	51.1	646	53.2	48	4.6
1—9	78 500	975.9	6 502	56.0	857	68.4	49	4.7
1—10	87 275	1 091.1	6 945	60.8	968	76.3	100	7.1
1—11	95 941	1 211.6	7 489	64.2	1 131	88.0	104	7.5

（续）

月份	多功能工业机器人		工业机器人 *		喷涂机器人		电弧焊接机器人	
	数量 （台）	金额 （万美元）	数量 （台）	金额 （万美元）	数量 （台）	金额 （万美元）	数量 （台）	金额 （万美元）
1—12	104 611	1 338.5	7 943	67.5	1 212	93.2	115	8.9

注：1. 数据来源于海关总署。

2. 根据 2022 年中国海关总署最新的税则号标准，2021 年及以前的"搬运机器人（税则号：84289040）"修改为"工业机器人（税则号：84287000）"，文中用"工业机器人 *"表示。

2022 年工业机器人产品进口情况 -2

月份	集成电路工厂专用自动搬运机器人		激光焊接机器人		电阻焊接机器人		未列名工业机器人	
	数量 （台）	金额 （万美元）	数量 （台）	金额 （万美元）	数量 （台）	金额 （万美元）	数量 （台）	金额 （万美元）
1—2	858	81.6	1	1.9	4	0.5	169	5.7
1—3	1 403	114.1	2	2.1	4	0.5	269	9.8
1—4	1 878	152.7	5	3.9	4	0.5	370	12.1
1—5	2 453	210.5	16	4.4	4	0.5	453	15.0
1—6	3 264	249.8	19	5.8	6	0.5	520	24.2
1—7	3 889	284.9	22	7.4	7	0.9	596	25.9
1—8	4 580	313.3	23	7.5	9	1.0	698	27.6
1—9	5 091	344.8	25	10.9	10	1.4	767	30.1
1—10	5 466	371.2	27	11.0	11	1.8	809	31.4
1—11	6 072	395.8	28	11.0	12	2.2	876	34.1
1—12	6 967	441.7	29	11.0	12	2.2	983	36.5

注：数据来源于海关总署。

2022 年工业机器人产品出口情况 -1

月份	多功能工业机器人		工业机器人 *		喷涂机器人		电弧焊接机器人	
	数量 （台）	金额 （万美元）	数量 （台）	金额 （万美元）	数量 （台）	金额 （万美元）	数量 （台）	金额 （万美元）
1—2	5 300	43.5	1 010	10.1	89	2.3	76	2.6

（续）

月份	多功能工业机器人		工业机器人 *		喷涂机器人		电弧焊接机器人	
	数量（台）	金额（万美元）	数量（台）	金额（万美元）	数量（台）	金额（万美元）	数量（台）	金额（万美元）
1—3	9 475	65.2	1 173	13.2	239	3	136	4.8
1—4	13 656	86.2	1 492	16.7	861	4.2	197	6.1
1—5	18 423	108.7	5 255	28.2	926	5.3	258	6.8
1—6	24 298	137.9	7 762	38.9	2 171	7.3	320	8.8
1—7	41 923	171.6	12 758	53.8	20 129	10.7	33 763	14.9
1—8	55 095	199.1	15 232	63	21 649	13.7	34 994	17.3
1—9	59 084	227.8	18 894	80.4	21 693	15.9	35 073	19.7
1—10	65 164	272.4	21 481	95.1	21 751	17.9	35 147	22.9
1—11	68 347	294.1	25 333	104.7	25 955	21.4	35 268	24.6
1—12	72 988	316.7	28 374	117.3	30 399	24.4	39 597	30.6

注：1. 数据来源于海关总署。

　　2. 根据 2022 年中国海关总署最新的税则号标准，2021 年及以前的"搬运机器人（税则号：84289040）"修改为"工业机器人（税则号：84287000）"，文中用"工业机器人 *"表示。

2022 年工业机器人产品出口情况 –2

月份	集成电路工厂专用自动搬运机器人		激光焊接机器人		电阻焊接机器人		未列名工业机器人	
	数量（台）	金额（万美元）	数量（台）	金额（万美元）	数量（台）	金额（万美元）	数量（台）	金额（万美元）
1—2	23	1.7	24	0.2	23	0.6	3 253	19.1
1—3	56	3.9	29	1	24	0.6	3 741	23.6
1—4	62	4.6	44	5	25	0.6	5 159	29
1—5	82	5.1	64	5.8	25	0.6	12 164	35.3
1—6	113	6	72	5.9	529	0.7	13 698	40.5
1—7	1 857	6.7	21 880	8.9	30 311	4	46 259	50.5
1—8	1 880	7.3	24 374	10.1	32 637	4.9	71 163	60.9
1—9	1 903	7.8	24 387	11.1	32 642	4.9	72 025	67.8
1—10	2 022	8.2	24 410	13	32 816	5.8	74 733	74.9
1—11	4 208	9.2	24 430	13.1	38 895	7	79 161	88.7
1—12	7 370	10.6	26 960	14.6	42 363	7.6	85 715	91

注：数据来源于海关总署。

中国
机器人
工业
年鉴
2023

附
录

公布机器人相关行业组织、中国机器人产业联盟成员单位名录，对中国机器人工业主要行业组织进行简要介绍

综述篇

大事记

产业篇

地区篇

园区篇

标准检测认证篇

产教融合篇

企业篇

应用篇

人物篇

政策篇

国际篇

统计资料

附录

机器人相关行业组织名录

中国机器人产业联盟会员单位名录

中国工业机器人主要行业组织简介

中国
机器人
工业
年鉴
2023

附

录

机器人相关行业组织名录

单位名称：中国机械工业联合会机器人分会（中国机器人产业联盟）
地　　址：北京市东城区东四西大街 46 号
邮　　编：100711
电　　话：010-85677807
传　　真：010-85153208
网　　址：http://cria.mei.net.cn/
E-mail：CRIA@cmif.org.cn

单位名称：北京智能机器人产业技术创新联盟
地　　址：北京市海淀区北三环中路 31 号生产力大楼 B 座 3 层 305 室
邮　　编：100088
电　　话：010-82003642
传　　真：010-82003203
E-mail：zhouhuibjpc@126.com

单位名称：天津市机器人产业协会
地　　址：天津市西青区天津理工大学机械工程学院 403 室
邮　　编：300382
电　　话：17720078219
E-mail：tjapip@163.com

单位名称：天津市智能制造产业技术创新战略联盟
地　　址：天津市河西区体院北环湖中道 9 号
邮　　编：300060
电　　话：022-23015618
网　　址：http://www.tabletdriller.com/
E-mail：automanager@188.com

单位名称：江苏省机器人专业委员会
地　　址：江苏省南京市中山北路 49 号机械大厦 29 层
邮　　编：210008
电　　话：025-86630029
传　　真：025-86630029
网　　址：http://www.jssjxgyw.com/

单位名称：浙江省机器人产业发展协会
地　　址：浙江省杭州市余杭区科创大道之江实验室南湖总部
邮　　编：311121

电　　话：0571-58005075
传　　真：0571-58005074
网　　址：http://www.zria.org.cn/
E-mail：zria@zria.org.cn

单位名称：湖北省机器人产业创新战略联盟
地　　址：湖北省武汉市东湖新技术开发区流芳园横路 16 号奋进智能产业园
邮　　编：430212
电　　话：13018008462
传　　真：027-86699359
E-mail：1041697458@qq.com

单位名称：广东省机器人协会
地　　址：广东省广州市黄埔区开泰大道 38 号 5 层西侧
邮　　编：510535
电　　话：020-39344209
传　　真：020-39387677
网　　址：http://www.gdsjqr.com/
E-mail：gdsjqr@126.com

单位名称：深圳市机器人协会
地　　址：广东省深圳市南山区西丽深圳大学城学苑大道 1068 号
邮　　编：518055
电　　话：0755-86392542
传　　真：0755-86392299
网　　址：http://www.szrobot.org.cn/
E-mail：szrobot@siat.ac.cn

单位名称：广州工业机器人制造和应用产业联盟
地　　址：广东省广州市黄埔区新瑞路 2 号主楼 2 层
邮　　编：510000
电　　话：020-32385332
传　　真：020-82496513
网　　址：http://www.gzrobots.com/
E-mail：gzrobots@126.com

单位名称：重庆市机器人与智能装备产业联合会
地　　址：中国（重庆）自由贸易试验区两江互联网产业园二期 6 号楼 4 层

邮　　编：401332
电　　话：023-65326065
网　　址：http://www.ccria.org/
E-mail：ccria@ccria.org

单位名称：成都市机器人产业技术创新联盟
地　　址：四川省成都市体育场路 2 号西星大厦
邮　　编：610015
电　　话：028-86740619
传　　真：028-86740619
E-mail：357684082@qq.com

单位名称：青岛市机器人产业协会
地　　址：青岛国家高新技术产业开发区新悦路 67 号
邮　　编：266114
电　　话：18605322273
网　　址：http://qdria.com/
E-mail：qdjqrxh@163.com

单位名称：东莞市机器人产业协会
地　　址：东莞松山湖高新技术产业开发区研发五路 1 号

林润智谷 5 栋 306 室
邮　　编：523808
电　　话：0769—22231985
传　　真：0769—22231985
网　　址：http://www.dgria.cn/
E-mail：dg_robotic@163.com

单位名称：苏州市机器人产业协会
地　　址：江苏省苏州市吴中区吴中大道 1368 号吴中机
　　　　　器人产业园 3 幢综合楼 1213 室
邮　　编：215128
电　　话：0512-65839131
E-mail：szrobot2019@163com

单位名称：济南市机器人与高端装备产业协会
地　　址：山东省济南市经十路舜泰广场 10 号楼 3 层
邮　　编：250101
电　　话：0531-88257086
网　　址：http://www.jnsjqrcyxh.com/
E-mail：gdzbxh@163.com

中国机器人产业联盟会员单位名录

理事长单位

单位名称：沈阳新松机器人自动化股份有限公司
地　　址：辽宁省沈阳市浑南区全运路 33 号
电　　话：4008008666

网　　址：https://www.siasun.com/
E-mail：market@siasun.com

执行理事长单位

单位名称：中国机械工业联合会
地　　址：北京市东城区东四西大街 46 号
电　　话：010-65173303

网　　址：https://www.cmif.org.cn/
E-mail：renshi@cmif.org.cn

副理事长单位

单位名称：库卡机器人（上海）有限公司
地　　址：上海市松江区小昆山镇昆港公路 889 号
电　　话：021-57072663
网　　址：https://www.kuka.com/
E－m a i l：eva.shi@kuka.com

单位名称：上海 ABB 工程有限公司
地　　址：上海市浦东新区康新公路 4528 号
电　　话：021-61056666
网　　址：https://www.abb.com/
E－m a i l：contact.center@cn.abb.com

单位名称：埃夫特智能装备股份有限公司
地　　址：安徽省芜湖市鸠江经济开发区万春东路 96 号
电　　话：4000528877
网　　址：https://www.efort.com.cn/
传　　真：0553-5635270

单位名称：安川电机（中国）有限公司
地　　址：上海市黄浦区湖滨路 222 号领展企业广场一座
　　　　　22 层
电　　话：4008213680
网　　址：https://yaskawa.com.cn/
E－m a i l：customer@yaskawa.com.cn

单位名称：固高科技股份有限公司
地　　址：广东省深圳市南山区科技园南区高新南七道深
　　　　　港产学研基地西座 2 层 W211 室
电　　话：0755-26970839
网　　址：http://www.googoltech.com.cn/
E－m a i l：googol@googoltech.com

单位名称：广州瑞松智能科技股份有限公司
地　　址：广东省广州市黄埔区瑞祥路 188 号
电　　话：020-66309188
网　　址：http://www.risongtc.com/
E－m a i l：marketing@risongtc.com

单位名称：广州数控设备有限公司
地　　址：广东省广州市萝岗区观达路 22 号
电　　话：4000512028
网　　址：https://www.gsk.com.cn/
E－m a i l：gsk001@126.com

单位名称：国机智能科技有限公司
地　　址：广东省广州市科学城新瑞路 2 号
电　　话：020-32389823
网　　址：http://www.sinomach-it.com/
E－m a i l：gmeri@gmeri.com

单位名称：哈尔滨博实自动化股份有限公司
地　　址：黑龙江省哈尔滨市开发区迎宾路集中区东湖街
　　　　　9 号
电　　话：0451-87617799
网　　址：http://www.boshi.cn/
E－m a i l：bsggyx@boshi.cn

单位名称：严格集团股份有限公司
地　　址：黑龙江省哈尔滨经济技术开发区哈平路集中区
　　　　　大连北路与兴凯路交口
电　　话：0451-51051503
网　　址：http://www.hrgrobotics.com/
E－m a i l：hrg@hitrobotgroup.com

单位名称：湖南中南智能装备有限公司
地　　址：湖南省长沙市雨花区振华路机器人聚集区智庭
　　　　　园 2 栋
电　　话：0731-85666090
网　　址：http://www.zeqp.net
E－m a i l：market@zeqp.net

单位名称：江苏汇博机器人技术股份有限公司
地　　址：江苏省苏州市方洲路 128 号
电　　话：4001141377
网　　址：https://www.huiborobot.com/
E－m a i l：market@huiborobot.com

单位名称：南京埃斯顿机器人工程有限公司
地　　址：江苏省南京市江宁经济开发区燕湖路 178 号
电　　话：4000253336
网　　址：http://www.estun.com

单位名称：南京熊猫电子装备有限公司
地　　址：江苏省南京市栖霞区经天路 7 号 B211 室
电　　话：025-84236736
网　　址：http://www.panda-fa.com/

单位名称：欧德神思软件系统（北京）有限公司
地　　址：北京市朝阳区光华路 8 号和乔大厦 B 座 7 层
　　　　　7116 室
电　　话：010-85888936
E-mail：info@codesys.cn

单位名称：青岛曼尼科智能科技有限公司
地　　址：山东省青岛市黄岛区云台山路 1000 号质检院
　　　　　C 区
电　　话：0531-83156123
网　　址：http://www.haier.net/cn/
E-mail：robotics@haier.com

单位名称：三菱电机自动化（中国）有限公司
地　　址：上海市长宁区虹桥路 1386 号三菱电机自动化
　　　　　中心
电　　话：021-23223030
网　　址：https://www.mitsubishielectric-fa.cn/

单位名称：上海发那科机器人有限公司
地　　址：上海市宝山区富联路 1500 号
电　　话：021-50327700
网　　址：https://www.shanghai-fanuc.com.cn/

单位名称：上海新时达机器人有限公司
地　　址：上海市嘉定区思义路 1560 号
电　　话：4009200275
网　　址：http://www.steprobots.com/
E-mail：info@xinshida.com

单位名称：苏州汇川技术有限公司
地　　址：江苏省苏州市吴中区越溪友翔路 16 号
电　　话：0512-66376666
网　　址：http://www.inovance.cn/
E-mail：guozhaokai@inovance.com

单位名称：唐山开元电器集团有限公司
地　　址：河北省唐山市高新技术产业开发区高新西道
　　　　　168 号

电　　话：0315-6710177
网　　址：http://www.kaiyuan-group.com/

单位名称：威腾斯坦（杭州）实业有限公司
地　　址：浙江省杭州市天目山西路 355 号
电　　话：0571-88695852
网　　址：https://www.wittenstein.cn/
E-mail：info@wittenstein.cn

单位名称：西安航天精密机电研究所
地　　址：陕西省西安市长安区航天西路 108 号
电　　话：029-85618898
网　　址：http://www.casc16.com/
E-mail：casc16@163.com

单位名称：中国科学院深圳先进技术研究院
地　　址：广东省深圳市南山区西丽大学城学苑大道
　　　　　1068 号
电　　话：0755-86392288
网　　址：http://www.siat.ac.cn/
E-mail：info@siat.ac.cn

单位名称：杭州凯尔达焊接机器人股份有限公司
地　　址：浙江省杭州市萧山区萧山经济技术开发区长鸣
　　　　　路 778 号
电　　话：0571-82765555
网　　址：http://www.robotweld.cn/

单位名称：上海电器科学研究所（集团）有限公司
地　　址：上海市普陀区武宁路 505 号
电　　话：021-62574990
网　　址：http://www.seari.com.cn/

单位名称：秦川机床工具集团股份公司
地　　址：陕西省宝鸡市渭滨区姜谭路 22 号
电　　话：0917-3670665
网　　址：https://www.qinchuan.com/
E-mail：qinchuan@qinchuan.com

理 事 单 位

单位名称：爱普生（中国）有限公司
地　　址：北京市朝阳区建国路 81 号华贸中心 1 号楼 4 层
电　　话：010-85221199
网　　址：http://www.epson.com.cn/robots/
E-mail：li.yun@ecc.epson.com.cn

单位名称：安徽巨一科技股份有限公司
地　　址：安徽省合肥市包河区繁华大道 5821 号
电　　话：0551-62249983
网　　址：https://www.jee-cn.com/
E-mail：zongcaiban@jee-cn.com

单位名称：配天机器人技术有限公司
地　　址：北京市海淀区东北旺西路 8 号院 10 号楼三区
配天技术（软件园三区）
电　　话：010-57809555
网　　址：http://robot.peitian.com/

单位名称：安徽省微云机器人有限公司
地　　址：安徽省芜湖市鸠江经济开发区电子产业园 F 座
6 层
电　　话：0553-5880388
E - m a i l：hr@weiyun.ai

单位名称：遨博（北京）智能科技股份有限公司
地　　址：北京市海淀区农科院西路 6 号海青大厦 10 层
电　　话：010-88595859
网　　址：http://www.aubo-robotics.cn/
E - m a i l：info@aubo-robotics.cn

单位名称：宝鸡中集高科置业有限责任公司
地　　址：陕西省宝鸡市陈仓区西虢大道 27 号
电　　话：0917-6268886

单位名称：北京航空航天大学
地　　址：北京市海淀区学院路 37 号
电　　话：010-82317114
网　　址：https://www.buaa.edu.cn/

单位名称：北京和利时控制技术有限公司
地　　址：北京经济技术开发区地盛中路 2 号院
电　　话：010-58981000
网　　址：http://www.hollysys.com/

单位名称：北京机械工业自动化研究所有限公司
地　　址：北京市西城区德胜门外教场口一号
电　　话：010-82285665
网　　址：http://www.riamb.ac.cn/
E - m a i l：mkt@riamb.ac.cn

单位名称：北京进化者机器人科技有限公司
地　　址：北京市海淀区黑泉路 8 号 1 幢康健宝盛广场 D
座 6 层
电　　话：4000089868
网　　址：http://www.efrobot.com/
E - m a i l：weixin@ren001.com

单位名称：北京精密机电控制设备研究所
地　　址：北京市丰台区南大红门路 1 号
电　　话：010-88520124
E - m a i l：www-2001@163.com

单位名称：北京康力优蓝机器人科技有限公司
地　　址：北京市海淀区清河永泰园甲 1 号建金商厦
607 室
电　　话：010-62702988
网　　址：http://www.uurobot.com/
E - m a i l：cong.liu@uurobot.cn

单位名称：北京石油化工学院
地　　址：北京市大兴区清源北路 19 号
电　　话：010-81292242、13651116489
网　　址：http://www.bipt.edu.cn/
E - m a i l：wangdianjun@bipt.edu.cn

单位名称：北京天智航医疗科技股份有限公司
地　　址：北京市海淀区永泰庄 1 号中关村东升国际创业
园 7 号楼 2 层
电　　话：010-82156660
网　　址：http://cn.tinavi.com/
E - m a i l：wangbaohui@tinavi.com

单位名称：北京新松融通机器人科技有限公司
地　　址：北京市丰台区丰台科技园汉威广场四区三号楼
2 层
电　　话：010-83686110
E - m a i l：wanghaichao@siasunrt.com

单位名称：北京梆梆安全科技有限公司
地　　址：北京市海淀区学院路 30 号科大天工大厦 A 座
20 层 1—3 室
电　　话：4008881881
网　　址：http://www.bangcle.com/
E - m a i l：service@bangcle.com

单位名称：北京中技克美谐波传动股份有限公司
地　　址：北京市顺义区天竺空港工业区 B 区裕华路甲
21 号
电　　话：010-80492902
网　　址：http://www.ctkmhd.com/
E - m a i l：service@ctkmhd.com

单位名称：大连机床集团有限责任公司
地　　址：辽宁省大连市开发区双 D 港辽河东路 100 号
电　　话：0411-87549888
网　　址：http://www.dmtg.com/
E - m a i l：dmtjszx8@163.com

单位名称：电装（中国）投资有限公司
地　　址：北京市朝阳区东三环北路 5 号 1 幢 518 室
电　　话：010-65908337

网　　址：http://www.denso.com.cn/

E - m a i l：nianjian@cn.denso.com

单位名称：东莞市尔必地机器人有限公司

地　　址：广东省东莞市塘厦镇林村社区博建街 4 号

电　　话：0769-82960238

网　　址：http://www.lbdrobot.com/

E - m a i l：qingmaorong@lbdrobot.com

单位名称：东莞市李群自动化技术有限公司

地　　址：广东省东莞市松山湖高新技术产业开发区新竹路 4 号总部壹号 17 栋 A 座

电　　话：0769-27231381

网　　址：http://www.qkmtech.com/

E - m a i l：business@qkmtech.com

单位名称：菲尼克斯（中国）投资有限公司

地　　址：江苏省南京市江宁区经济技术开发区菲尼克斯路 36 号

电　　话：025-52121888

网　　址：http://www.phoenixcontact.com/

单位名称：福迪威西特传感工业控制（天津）有限公司

地　　址：天津市经济技术开发区微电子工业区微五路 28 号

电　　话：022-23900700

网　　址：https://www.kollmorgen.cn/

E - m a i l：mirror.chen@kollmorgen.com

单位名称：广东博智林机器人有限公司

地　　址：广东省佛山市顺德区北滘镇碧桂园社区泮浦路 1 号 A1 栋 2 楼 A2-05 室

电　　话：4009882007

网　　址：https://www.bzlrobot.com/

E - m a i l：bzlbranding@countrygarden.com.cn

单位名称：广东产品质量监督检验研究院

地　　址：广东省广州市黄埔区科学大道 10 号

电　　话：020-89232806

网　　址：https://gqi.org.cn/

E - m a i l：gqi@gqi.org.cn

单位名称：广东嘉腾机器人自动化有限公司

地　　址：广东省佛山市顺德区杏坛镇德进路 2 号

电　　话：4008301028

网　　址：http://jtrobots.com/

E - m a i l：marketing@jtrobots.com

单位名称：广东科捷龙机器人有限公司

地　　址：广东省中山市石岐区民营科技园民盈路 8 号

电　　话：0760-88780533

网　　址：http://www.kjlrobot.com/

E - m a i l：karelrobot@kjlrobot.com

单位名称：广东省机械工程学会

地　　址：广东省广州市天河北路 663 号华南理工大学 29 号楼 311 室

电　　话：13660733192

网　　址：https://www.gdmes.org/

E - m a i l：merobot@scut.edu.cn

单位名称：广东拓斯达科技股份有限公司

地　　址：广东省东莞市大岭山镇大塘朗创新路 2 号

电　　话：0769-83050999

网　　址：http://www.topstarltd.com/

E - m a i l：fwu@topstarltd.com

单位名称：广东鑫泰科技集团有限公司

地　　址：广东省广州市番禺区钟村街谢村村谢石公路狮江工业区

电　　话：020-62257588

E - m a i l：407171927@qq.com

单位名称：广州市昊志机电股份有限公司

地　　址：广东省广州市经济技术开发区永和经济区江东街 6 号

电　　话：020-62257588

网　　址：http://www.haozhihs.com/

E - m a i l：wuzhixuan@haozhihs.com

单位名称：国工信（沧州）机器人有限公司

地　　址：河北省沧州市运河区高新技术产业开发区运河园区内渤海路南侧车间 4 层

电　　话：18024083045

E - m a i l：ZJCAO@Nll.cn

单位名称：国机智能技术研究院有限公司

地　　址：北京市朝阳区北沙滩 1 号院 37 号

电　　话：010-82890817

网　　址：https://www.sinomiti.com/

E - m a i l：admin@sinomiti.com

单位名称：海安经济技术开发区管理委员会

地　　址：江苏省海安市迎宾路 199 号

单位名称：哈尔滨工业大学科学与工业技术研究院

地　　址：黑龙江省哈尔滨市南岗区一匡街 2 号哈工大科学园 C1 栋

电　　话：0451-86414422

网　　址：http://robot.hit.edu.cn/
E-mail：liujiao406@126.com

单位名称：哈默纳科（上海）商贸有限公司
地　　址：中国（上海）自由贸易试验区泰谷路 88 号 5
　　　　　层 501 室
电　　话：021-62375656
网　　址：http://www.harmonicdrive.net.cn/
E-mail：yiwen.xu@hds.co.jp

单位名称：海航量子智能（深圳）投资有限公司
地　　址：广东省深圳市南山区南山街道科园路 1001 号
　　　　　深圳湾创业投资大厦 3901 室
电　　话：15986830650
E-mail：wfei@hnair.com

单位名称：杭州得润宝油脂股份有限公司
地　　址：浙江省杭州市临安区青山湖街道天柱街 80 号
电　　话：4008262380
网　　址：http://www.derunbao.com/
E-mail：market@derunbao.com

单位名称：杭州高博智能机器有限公司
地　　址：浙江省杭州市经济技术开发区 6 号大街 452 号
　　　　　2 幢 22 层 B 区
电　　话：0571-85046811
网　　址：http://www.golbint.com/
E-mail：jhw@golbint.com

单位名称：杭州晟泉智能控制有限公司
地　　址：浙江省杭州市滨江区长河街道江虹路 768 号 5
　　　　　号楼 416 室
电　　话：0571-56265245
网　　址：http://www.hzsqsmart.com/
E-mail：hzsq9999@126.com

单位名称：杭州娃哈哈集团有限公司研究院
地　　址：浙江省杭州市清泰街 160 号
电　　话：0571-86032866
网　　址：https://www.wahaha.com.cn/
E-mail：whh@wahaha.com.cn

单位名称：杭州新剑机电传动股份有限公司
地　　址：浙江省临安市昌化工业园区（昌化镇双塔村）
电　　话：0571-63666610
网　　址：http://www.seenpin.com/
E-mail：ceo@seenpin.com

单位名称：合肥泰禾智能科技集团股份有限公司

地　　址：安徽省合肥市经济技术开发区桃花工业园玉兰
　　　　　大道与方兴大道交叉口
电　　话：0551-68588881
网　　址：http://www.chinataiho.com/
E-mail：thsorter@chinataiho.com

单位名称：河南森源电气股份有限公司
地　　址：河南省长葛市魏武路南段西侧
电　　话：0374-6108328
网　　址：http://www.hnsyec.com/
E-mail：hnsyzqb@163.com

单位名称：湖北泓润智能系统有限公司
地　　址：湖北省荆门市东宝区工业园泉水大道与新台东
　　　　　路交汇处
电　　话：0724-6505330
网　　址：http://www.hongrunrobot.com/
E-mail：hbhr@chl.com.cn

单位名称：湖北荣屹昊机器人科技有限公司
地　　址：湖北省武汉市东湖高新技术开发区茅店山中路
　　　　　5 号东湖网谷 A 栋 403 室
电　　话：15527772770
网　　址：https://www.ryhrobot.com/
E-mail：howie08@163.com

单位名称：华夏幸福（北京）股权投资管理有限公司
地　　址：北京市朝阳区东三环北路霞光里 18 号，佳程
　　　　　广场 A 座 22 层
电　　话：18810955065
E-mail：cuijindan@cfldcn.com

单位名称：华育昌（肇庆）智能科技研究有限公司
地　　址：广东省肇庆市鼎湖区桂城站前大道创客商务中
　　　　　心 C 单元 8 室
电　　话：010-64958045
E-mail：zhrq2005@aliyun.com

单位名称：黄石市科威自控有限公司
地　　址：湖北省武汉市东湖开发区光谷大道 303 号
电　　话：027-65523899
网　　址：http://www.kwzk.com/
E-mail：kwplc@163.com

单位名称：机科发展科技股份有限公司
地　　址：北京市海淀区首体南路 2 号
电　　话：13720000536
网　　址：http://www.mtd.com.cn/
E-mail：zhangsheng@mtd.com.cn

单位名称：机械工业仪器仪表综合技术经济研究所
地　　址：北京市西城区广安门外大街甲 397 号
电　　话：010-63261819
网　　址：http://www.itei.cn/

单位名称：江苏北人智能制造科技股份有限公司
地　　址：江苏省苏州工业园区淞北路 18 号江苏北人智
　　　　　能制造科技股份有限公司
电　　话：15365376089
网　　址：https://www.br-robot.com/
E－mail：jing.guo@beiren-tech.com

单位名称：江苏德罗智能科技有限公司
地　　址：江苏省盐城市射阳经济开发区阳光大道 168 号
　　　　　科技大厦 17 楼
电　　话：0515-89211188
网　　址：http://www.idero.cn/
E－mail：yuliuyu@idero.cn

单位名称：江苏金猫机器人科技有限公司
地　　址：江苏省邳州市炮车街道墩集村滨湖大道 018 号
电　　话：0516-69869997
E－mail：372370130@qq.com

单位名称：江苏锦明工业机器人自动化有限公司
地　　址：江苏省江阴市南闸街道观山村东盟工业园区观
　　　　　山路 2 号
电　　话：0510-86838993
网　　址：http://www.jinmingglass.com/
E－mail：hx@jm-robot.com

单位名称：江阴纳尔捷机器人有限公司
地　　址：江苏省江阴市徐霞客镇峭璜路 9 号
电　　话：0510-86578168
E－mail：475838767@qq.com

单位名称：金子电线电讯（苏州）有限公司
地　　址：江苏省苏州市吴中区甪直镇吴淞路 11 号（苏
　　　　　州医疗营业部）
电　　话：0512-6504-6135
网　　址：http://www.kaneko-cord.cn/
E－mail：knkcw@126.com

单位名称：巨轮智能装备股份有限公司
地　　址：广东省揭东经济开发区龙港路中段
电　　话：0663-3269366
网　　址：http://www.greatoo.com/
E－mail：greatoo@greatoo.com

单位名称：快克智能装备股份有限公司
地　　址：江苏省常州市武进高新技术产业开发区凤翔路
　　　　　11 号
电　　话：4007897899
网　　址：https://www.quick-global.com/
E－mail：info@quick-global.com

单位名称：昆山华恒焊接股份有限公司
地　　址：江苏省昆山市博士路 1588 号
电　　话：0512-57328118
网　　址：http://www.huahengweld.com/
E－mail：info@huahengweld.com

单位名称：莱恩精机（深圳）有限公司
地　　址：广东省深圳市龙岗区宝龙社区宝荷大道 76 号
　　　　　智慧家园 B 座 406 单元
电　　话：0755-28968867
E－mail：len_ron@163.com

单位名称：雷虎机器人工业有限责任公司
地　　址：浙江省余姚市经济开发区滨海新城兴滨路 28 号
电　　话：15910601997
E－mail：yangchen@zzinv.com

单位名称：伦茨（上海）传动系统有限公司
地　　址：中国（上海）自由贸易试验区临港新片区临港
　　　　　新城江山路 2989 号
电　　话：021-38280200
网　　址：http://www.lenze.com/
E－mail：lenze@lenze.cn

单位名称：ATI 工业自动化
地　　址：北京市朝阳区望京 SOHO 塔 2C 座 809 室
电　　话：010-84798766
网　　址：http://www.ati-ia.com/
E－mail：china@ati-ia.com

单位名称：不二越（中国）有限公司
地　　址：上海市青浦区诸光路 1988 号国家会展中心 A
　　　　　座 5 层
电　　话：021-69152200
网　　址：https://www.nachi.com.cn/
E－mail：shuangshuang.zhao.fa@nachi.com

单位名称：南京市计量监督检测院
地　　址：江苏省南京市栖霞区马群大道 10 号三宝科技园
电　　话：025-85410283
网　　址：http://www.njsjly.com/

单位名称：南通诺博特机器人制造有限公司
地　　址：江苏省海门市滨江街道珠海路 111 号
电　　话：0513-82292198
网　　址：http://www.norbote.com/
E－m a i l：nbt@norbote.com

单位名称：南通振康焊接机电有限公司
地　　址：江苏省南通市海门区正余镇工业园区
电　　话：0513-82674767
网　　址：https://www.zhenkang.com/
E－m a i l：ntzk@zhenkang.com

单位名称：宁波海天驱动有限公司
地　　址：浙江省宁波市北仑区小港小浃江中路 518 号
电　　话：0574-86181693
网　　址：https://www.haitiandrive.com/

单位名称：宁波中大力德智能传动股份有限公司
地　　址：浙江省宁波市慈溪市新兴产业园区新兴一路
　　　　　185 号
电　　话：4009002896
网　　址：https://www.zd-motor.com/
E－m a i l：china@zd-motor.com

单位名称：宁国市裕华电器有限公司
地　　址：安徽省宁国市振宁路 31 号
电　　话：0563-4183767
网　　址：http://www.ngyh.com/
E－m a i l：czy@ngyh.com

单位名称：欧地希机电（上海）有限公司
地　　址：上海市长宁区福泉北路 388 号东方国信商务广
　　　　　场 B 座 6 层
电　　话：021-58828633
网　　址：http://www.otc-china.com/
E－m a i l：mao@otcsh.com.cn

单位名称：青岛宝佳智能装备股份有限公司
地　　址：山东省青岛市高新区新悦路 67 号
电　　话：4001676768
网　　址：https://www.qdbaojia.com/
E－m a i l：sale@qdbaojia.com

单位名称：青岛科捷机器人有限公司
地　　址：山东省青岛市高新区锦荣路 321 号科捷机器人
　　　　　产业园
电　　话：0532-84854183
网　　址：http://www.kingerobot.com/
E－m a i l：Market@kingerobot.com

单位名称：青岛诺力达智能科技有限公司
地　　址：山东省青岛市高新区广贤路 81 号
电　　话：0532-68683600
网　　址：http://www.nuolida.com/
E－m a i l：hr@nuolida.com

单位名称：青岛欧开智能系统有限公司
地　　址：山东省青岛市胶州经济技术开发区长江路 208 号
电　　话：0532-58966816
网　　址：https://www.oakechina.com/
E－m a i l：sales.as@oakechina.com

单位名称：清能德创电气技术（北京）有限公司
地　　址：北京市丰台区海鹰路 6 号院 3 号楼
电　　话：010-83682922
网　　址：http://www.tsino-dynatron.com/
E－m a i l：marketing@tsino-dynatron.com

单位名称：三一集团有限公司
地　　址：湖南省长沙市经济技术开发区三一路三一工业
　　　　　城三一行政中心 3 层
电　　话：0731-84031888
网　　址：https://www.sanygroup.com/
E－m a i l：hudl7@sany.com.cn

单位名称：厦门荷银集团
地　　址：福建省厦门火炬高技术产业开发区软件园科讯
　　　　　楼 1F-A 及裙楼 1 层
电　　话：0592-5118061
网　　址：https://www.jafbank.com/
E－m a i l：851741822@qq.com

单位名称：厦门至慧机器人有限公司
地　　址：福建省厦门市翔安区马巷镇后许路 200 号 -2
　　　　　铭佳科技园
电　　话：13950120038
网　　址：https://www.smtrobot.com/
E－m a i l：howard.huo@smtrobot.com

单位名称：科曼智能科技有限公司
地　　址：山东省烟台市魏山路 59 号
电　　话：0535-6371286
网　　址：https://www.comarvel.com/
E－m a i l：15615089270@163.com

单位名称：陕西诺贝特自动化科技有限公司
地　　址：陕西省西安市高新区上林苑三路 16 号
电　　话：029-88450091
网　　址：http://www.obotr.com/

E-mail: obot@obotr.com

单位名称：上海电气集团股份有限公司中央研究院
地　　址：上海市黄浦区蒙自路 360 号
电　　话：021-26027700
网　　址：http://www.shanghai-electric.com/cn/
E-mail: g-030-001@shanghai-electric.com

单位名称：上海高威科电气技术有限公司
地　　址：上海市闸北区市北工业园区江场三路 173 号 6 层
电　　话：021-66300101
网　　址：http://www.go-well.cn/
E-mail: gowell001@163.com

单位名称：上海工程技术大学
地　　址：上海市松江区龙腾路 333 号
电　　话：19878672187
网　　址：https://www.sues.edu.cn/
E-mail: xqh_2019@yeah.net

单位名称：上海国缆检测股份有限公司
地　　址：上海市宝山区真陈路 888 号
电　　话：021-65493333
网　　址：http://www.ticw.com.cn/
E-mail: ewec@ticw.com.cn

单位名称：上海荷福人工智能科技（集团）有限公司上海
　　　　　荷福人工智能集团公司
地　　址：上海市长宁区威宁路 369 号
电　　话：021-63907288
网　　址：https://www.hefujituan.com/
E-mail: shhfjt@sina.cn

单位名称：上海迦凤汽车零部件有限公司
地　　址：上海市嘉定区汇发路 515 号
电　　话：18621748160
网　　址：http://www.jaof.com/
E-mail: shiner.xu@jaf-harness.com

单位名称：上海交通大学
地　　址：上海市闵行区东川路 800 号
电　　话：021-54740000
网　　址：https://www.sjtu.edu.cn/
E-mail: xjsheng@sjtu.edu.cn

单位名称：上海科姆特自动化控制技术有限公司
地　　址：上海市黄浦区打浦路 15 号中港汇黄浦 2701、
　　　　　2702 室
电　　话：021-63900088

网　　址：https://www.shkmt.com.cn/
E-mail: information@shkmt.com.cn

单位名称：上海纳博特斯克传动设备有限公司
地　　址：中国（上海）自由贸易试验区福山路 388 号 17
　　　　　层 1706 室
电　　话：021-33632200
网　　址：http://www.nabtesco-motion.cn/
E-mail: public@nabtesco-motion.cn

单位名称：上海沃迪智能装备股份有限公司
地　　址：上海市金山区亭卫公路 5899 号
电　　话：021-37901188
网　　址：http://www.triowin.com/
E-mail: info@triowin.com

单位名称：上海禹昌信息科技有限公司
地　　址：上海市闵行区元江路 5500 号第 1 幢 5827 室
电　　话：13524363451
E-mail: shenlala@innovatech.net.cn

单位名称：上汽通用汽车有限公司
地　　址：中国（上海）自由贸易试验区申江路 1500 号
电　　话：021-28902890
网　　址：http://www.saic-gm.com/
E-mail: lan_pan@saic-gm.com

单位名称：深圳认知者机器人科技有限公司
地　　址：广东省深圳市前海深港合作区前湾一路 1 号 A
　　　　　栋 201 室
电　　话：13594393736
E-mail: 2016247621@qq.com

单位名称：深圳市安泽智能机器人有限公司
地　　址：广东省深圳市南山区中山园路 1001 号，TCL
　　　　　国际 E 城 F2 栋 6 层
电　　话：0755-86638383
E-mail: linshan@anzer.com.cn

单位名称：深圳市博科系统科技有限公司
地　　址：广东省深圳市南山区西丽百旺信高科技工业园
　　　　　二区 5 栋 4 层
电　　话：0755-82805236
E-mail: bkxitong@163.com

单位名称：深圳市鼎泰智能装备股份有限公司
地　　址：广东省深圳市宝安区燕罗街道广田路 90 号新
　　　　　中泰物流园 A 区办公楼 3 层办公室
电　　话：0755-27269884

网　　址：http://www.dingtai-cnc.com/
E-mail：dingtaisale@163.com

单位名称：深圳市福士工业科技有限公司
地　　址：广东省深圳市龙岗区坪地街道坪西社区东兴路 2 号
电　　话：0755-33287799
网　　址：https://www.fujisan.com.cn/
E-mail：Market@contmp.com

单位名称：深圳市佳士科技股份有限公司
地　　址：广东省深圳市坪山新区青兰一路 3 号
电　　话：0755-29651666
网　　址：http://www.jasic.com.cn/
E-mail：jasicmarket@jasic.com.cn

单位名称：深圳市金大精密制造有限公司
地　　址：广东省深圳市宝安区沙井街道壆岗工业区环镇路 12 号 C 栋
电　　话：18680474857
网　　址：http://www.kimdaipm.com/
E-mail：hazel.hu@kimdaipm.com

单位名称：深圳市智流形机器人技术有限公司
地　　址：广东省深圳市宝安区华丰国际机器人产业园二期 B 栋 4 层
电　　话：075527208296
网　　址：http://www.imanifoldtech.com/
E-mail：tu.zhuoying@imanifold.cn

单位名称：沈阳金刚工业自动化有限公司
地　　址：辽宁省沈阳经济技术开发区中德大街 1 号
电　　话：18609835003
E-mail：Kingkong-robot@vip.163.com

单位名称：沈阳远大智能高科机器人有限公司
地　　址：辽宁省沈阳经济技术开发区开发大路 27 号 9 号
电　　话：024-25163002
E-mail：cnyd.caohui@163.com

单位名称：山东时代新纪元机器人有限公司
地　　址：山东省济南市长清区时代路 219 号
电　　话：4006172316
网　　址：http://www.timecnbot.com/
E-mail：3264286482@qq.com

单位名称：史陶比尔（杭州）精密机械电子有限公司
地　　址：浙江省杭州市经济技术开发区围垦街123号（翔龙路口）

电　　话：0571-86912161
网　　址：https://www.staubli.com.cn/
E-mail：yh.wu@staubli.com

单位名称：四川成焊宝玛焊接装备工程有限公司
地　　址：四川省成都市成华区龙潭工业园成致路 15 号
电　　话：028-84216033
网　　址：http://www.cbwee.com/
E-mail：market@cbwee.com

单位名称：四川国软科技集团有限公司
地　　址：四川省成都市金凤凰大道 666 号中铁轨道交通高科技产业园 66 号楼
电　　话：028-87625889
网　　址：http://grsofter.com/
E-mail：scgr123@163.com

单位名称：四川嘉逸聚信自动化技术有限公司
地　　址：四川省广安市邻水县鼎屏镇渝邻大道 123 号
电　　话：15892395570
网　　址：http://www.grandroyalgroup.com/
E-mail：1872571742@qq.com

单位名称：苏州工业园区工业技术学校
地　　址：江苏省苏州工业园区独墅湖科教创新区松涛街 208 号
电　　话：0512-69178088
网　　址：http://www.sipits.cn/
E-mail：lyj@sipits.cn

单位名称：苏州科宝光电科技有限公司
地　　址：江苏省常熟市唐市镇常昆工业园南新路 7 号
电　　话：13773073283
E-mail：acc@cableplus-sz.com

单位名称：苏州罗伯特木牛流马物流技术有限公司
地　　址：江苏省苏州市苏州工业园区金田路 2 号东景工业坊 20 栋
电　　话：0512-62798247
网　　址：http://www.i-cow.cn/
E-mail：info@i-cow.com

单位名称：苏州绿的谐波传动科技股份有限公司
地　　址：江苏省苏州市吴中区木渎镇尧峰西路 68 号
电　　话：0512-66566009
网　　址：http://www.leaderdrive.com/
E-mail：sales@leaderdrive.com

单位名称：苏州双金实业有限公司
地　　址：江苏省苏州国家高新技术产业开发区嵩山路
　　　　　478 号（石林路与嵩山路交界处）
电　　话：0512-65354503
网　　址：http://www.szshuangjin.com/
E－m a i l：1611834089@qq.com

单位名称：苏州天准科技股份有限公司
地　　址：江苏省苏州高新区浔阳江路 70 号
电　　话：0512-62396413
网　　址：http://www.tztek.com/
E－m a i l：angela.zou@tztek.com

单位名称：唐山市拓又达科技有限公司
地　　址：河北省唐山市高新技术产业开发区庆丰道 122 号
电　　话：0315-5772226
网　　址：http://www.toyoda-net.com/
E－m a i l：info@toyoda-net.com

单位名称：天津工业自动化仪表研究所有限公司
地　　址：天津市河西区体院北环湖中道 9 号
电　　话：022-23015683
网　　址：https://www.tabletdriller.com/
E－m a i l：automanager@188.com

单位名称：天津晟华晔机器人有限公司
地　　址：天津市北辰区联东 U 谷北方耀谷 1—3 号
电　　话：022-65672500
网　　址：https://www.tjshyrobot.com/
E－m a i l：tjshysales@163.com

单位名称：天津犀灵智联机器人技术有限公司
地　　址：天津市经济技术开发区第四大街 80 号天大科
　　　　　技园 B4 栋 2 层
电　　话：022-25321390
E－m a i l：chenggang@lxgeek.com

单位名称：网之易信息技术（北京）有限公司
地　　址：北京市海淀区西北旺东路 10 号院中关村软件
　　　　　园二期西区 7 号 网易北京研发中心
电　　话：010-82558163
E－m a i l：bjlouxiao@corp.netease.com

单位名称：潍坊天颐机器人联合研究院有限公司
地　　址：山东省潍坊市潍城区长松路以西、胶济铁路以
　　　　　南 潍坊天颐智能制造产业园
电　　话：18206381008
E－m a i l：1739379431@qq.com

单位名称：无锡鑫宏业线缆科技股份有限公司
地　　址：江苏省无锡市锡山经济技术开发区合心路 17 号
电　　话：0510-68780888
网　　址：http://www.xhycable.com/
E－m a i l：sales@xhycable.com

单位名称：武汉奋进智能机器有限公司
地　　址：湖北省武汉市东湖新技术开发区流芳园横路 16
　　　　　号奋进智能产业园
电　　话：027-87611055
网　　址：http://www.fenjin.cn/
E－m a i l：robot@fenjin.cn

单位名称：武汉工控工业技术研究院有限公司
地　　址：湖北省武汉市江岸区江大路 26 号 1—4 层
电　　话：027-62437787
E－m a i l：8020538@qq.com

单位名称：武进国家高新技术产业开发区
地　　址：江苏省常州市武进区海湖路特 1 号
电　　话：0519-86220177

单位名称：西门子（中国）有限公司
地　　址：北京市朝阳区望京中环南路七号
电　　话：15210660246
网　　址：https://www.siemens.com/cn
E－m a i l：lw-leiwang@siemens.com

单位名称：现代重工（中国）投资有限公司
地　　址：中国（上海）自由贸易试验区浦明路 898 号海
　　　　　航大厦 8 楼 A 单元
电　　话：021-20332000
网　　址：http://www.hhichina.com/
E－m a i l：chenpeiling@hhichina.com

单位名称：新昌县海纳人和轴承有限公司
地　　址：浙江省绍兴市新昌县羽林街道羽林路 39 号
电　　话：0575-86160908
E－m a i l：hyrrf@163.com

单位名称：新乡经开东发发展有限公司
地　　址：河南省新乡市新长北线 1 号
电　　话：0373-3686302
网　　址：http://www.xxjkq.gov.cn/
E－m a i l：xxjkgdzb@163.com

单位名称：雄克精密机械贸易（上海）有限公司
地　　址：上海市闵行区春东路 420 号 1 号楼 1 楼和 2 楼
　　　　　西区

电　　话：021-54420007
网　　址：http://www.cn.schunk.com/
E－mail：info@schunk.cn.com

单位名称：研扬科技（苏州）有限公司
地　　址：江苏省苏州市苏州工业园区星汉街 5 号腾飞新
　　　　　苏工业坊 B 幢 2 层
电　　话：0512-67625700
网　　址：http://www.aaeon.com/
E－mail：lucyfang@aaeon.com.cn

单位名称：亿嘉和科技股份有限公司
地　　址：江苏省南京市雨花台区安德门大街 57 号 5 幢 1
　　　　　层—3 层、8 层—12 层
电　　话：025-8168166
网　　址：http://www.yijiahe.com/
E－mail：yijiahe@yijiahe.com

单位名称：长安徕斯（重庆）机器人智能装备有限公司
地　　址：重庆市北碚区水土高新园云汉大道 69 号
电　　话：023-63171666
E－mail：liuwei@cr-robotics.com

单位名称：长春禹衡光学有限公司
地　　址：吉林省长春市高新开发区飞跃东路 333 号
电　　话：0431-85543737
E－mail：s-mao@yu-heng.cn

单位名称：长沙雨花经济开发区管理委员会
地　　址：湖南省长沙市雨花区万家丽南路二段 18 号
电　　话：0731-85079666
网　　址：https://www.hnhky.gov.cn/
E－mail：mowei@vip.163.com

单位名称：浙江瓴达科技有限公司
地　　址：浙江省杭州市滨江区长河街道南环路 1568 号
　　　　　寰诺大厦 9 楼
电　　话：0571-28801808
网　　址：http://www.buddharobot.com/

单位名称：浙江钱江机器人有限公司
地　　址：浙江省温岭市东部新区产业聚集区第五街 2 号
电　　话：4001008551
网　　址：http://www.qj-robot.com/
E－mail：sales@qj-robot.com

单位名称：浙江瑞宏自动化科技有限公司
地　　址：浙江省嘉兴经济技术开发区曙光路 228 号
电　　话：0573-83992508

网　　址：http://www.everrobot.com/
E－mail：gdqevermore@163.com

单位名称：浙江万丰科技开发股份有限公司
地　　址：浙江省绍兴市嵊州市三江街道官河南路 999 号
电　　话：0575-86939566
网　　址：https://www.wfauto.com.cn/
E－mail：jinlan.lv@wfjyjt.com

单位名称：浙江万马集团特种电子电缆有限公司
地　　址：浙江省杭州市临安区太湖源镇金岫村
电　　话：0571-63786395
网　　址：http://www.wanmacable.com/
E－mail：john.wang@wanmagroup.com

单位名称：智通机器人系统有限公司
地　　址：天津市武清区京滨工业园 B1 楼
电　　话：13463636906
网　　址：http://www.inter-smart.com/
E－mail：qilizhe@inter-smart.com

单位名称：中兵容和（北京）科技有限公司
地　　址：北京市海淀区复兴路 20 号 44 号楼 428 室
电　　话：010-52970869
网　　址：http://www.sdkbj.cn/
E－mail：sdk@sdkbj.cn

单位名称：中国电器科学研究院股份有限公司
地　　址：广东省广州市新港西路 204 号 2 号楼 2104 室
电　　话：020-89050888
网　　址：https://www.cei1958.com/
E－mail：cei@cei1958.com

单位名称：上海微电机研究所（中国电子科技集团公司第
　　　　　二十一研究所）
地　　址：上海市徐汇区虹漕路 30 号
电　　话：021-64367300
网　　址：http://www.sh-motor.com/
E－mail：zhang_dongning@163.com

单位名称：中国机械进出口（集团）有限公司
地　　址：北京市西城区阜成门外大街一号
电　　话：010-68991695
E－mail：duanxiao@cmc.genertec.com.cn

单位名称：中国科学院沈阳自动化研究所
地　　址：辽宁省沈阳市沈河区南塔街 114 号
电　　话：024-23970039
网　　址：http://www.sia.cn/

E‐m a i l：chenliyong@sia.cn

单位名称：中国石化润滑油有限公司北京研究院
地　　址：北京市海淀区安宁庄西路 6 号 44 幢
电　　话：010-82817994
E‐m a i l：mengzy.lube@sinopec.com

单位名称：中国移动通信有限公司研究院
地　　址：北京市西城区宣武门西大街 32 号中国移动创
　　　　　新大厦
网　　址：https://www.gtigroup.org/
E‐m a i l：Huangyuhong@chinamobile.com

单位名称：中建材凯盛机器人（上海）有限公司
地　　址：上海市松江区泗泾镇泗博路 66 号
电　　话：021-51987988
网　　址：http://www.shemt.com/
E‐m a i l：service@shemt.com

单位名称：中信重工开诚智能装备有限公司
地　　址：河北省唐山市高新技术产业开发区学院北路
　　　　　1686 号
电　　话：4000135666
网　　址：http://www.ekaicheng.com/
E‐m a i l：service@ekaicheng.com

单位名称：重庆凯瑞机器人技术有限公司
地　　址：重庆市北碚区云汉大道 101 号
电　　话：023-68315886
网　　址：http://www.crri.com.cn/
E‐m a i l：dexinrobot@163.com

单位名称：重庆工程学院
地　　址：重庆市双桥经济开发区龙水湖西湖大道 76 号
电　　话：023-62846626
网　　址：http://www.cqie.edu.cn/

单位名称：重庆机器人有限公司
地　　址：重庆市江北区港桥支路 5 号港城科创园 2 幢 3 层
电　　话：023-63076830
E‐m a i l：cra@cqrobotics.com

单位名称：重庆市永川工业园区凤凰湖管理委员会机关工
　　　　　会委员会
地　　址：重庆市永川区凤凰湖工业园凤凰大道 777 号
电　　话：023-49588667

单位名称：北京微链道爱科技有限公司
地　　址：北京市大兴区经济开发区盛坊路 2 号 C 座 1 层

电　　话：4006990222
网　　址：https://www.welinkirt.com/
E‐m a i l：sale@welinkirt.com

单位名称：珠海飞马传动机械有限公司
地　　址：珠海市南屏科技工业园屏北一路 16 号
电　　话：0756-8933269
网　　址：http://www.zhsima.com/
E‐m a i l：technical@zhsima.com

单位名称：珠海格力智能装备有限公司
地　　址：广东省珠海市九州大道 2323 号
电　　话：0756-3195318
网　　址：https://www.gree-ie.com/
E‐m a i l：gree_aem@cn.gree.com

单位名称：淄博纽氏达特行星减速机有限公司
地　　址：山东省淄博市高新区尊贤路 5888 号
电　　话：0533-6288333
网　　址：http:/www.newstart.cn/

单位名称：江苏哈工联合精密传动有限公司
地　　址：江苏省扬州市邗江区科技园路 8 号 10 栋（江
　　　　　阳工业园）
电　　话：0514-87309777
E‐m a i l：wangjianhglhjm@hitrobotgroup.com

单位名称：聚和（天津）智能制造有限公司
地　　址：天津市宝坻区九园工业园北环路 6 号
电　　话：18602289056
E‐m a i l：644797043@qq.com

单位名称：3M 中国有限公司
地　　址：上海市徐汇区田林路 222 号
电　　话：021-62753535
网　　址：https://www.3m.com.cn/
E‐m a i l：jrzhu@mmm.com

单位名称：深圳市优必选科技股份有限公司
地　　址：广东省深圳市南山区学苑大道 1001 号南山智
　　　　　园 C1 栋 16 层、22 层
电　　话：0755-83474428
网　　址：https://www.ubtrobot.com/
E‐m a i l：avery.lu@ubtrobot.com

单位名称：上海羿弓精密科技有限公司
地　　址：上海市徐汇区龙兰路 277 号东航滨江中心 T1
　　　　　栋 7 层
电　　话：021-50701029

网　　址：http://www.wingbow.com.cn/
E－m a i l：info@wingbow.com.cn

单位名称：广州市精谷智能科技有限公司
地　　址：广东省广州市番禺区石楼镇市莲路石楼路段 6
　　　　　号 1 号楼 1 层
电　　话：020-84656848
网　　址：http://www.accuglen.com/
E－m a i l：accuglen@accuglen.com

单位名称：江西奥基德信精密制造有限公司
地　　址：江苏省苏州市相城区太平街道蠡太路 88 号
电　　话：13379072061
E－m a i l：oggirobot@126.com

单位名称：湖北斯微特传动有限公司
地　　址：湖北省武汉市东湖新技术开发区金融港一路 7
　　　　　号光谷智慧园 1 号楼 602 室
电　　话：027-61721407
网　　址：https://www.swtdrive.com/
E－m a i l：aiq727@163.com

单位名称：烟台艾迪艾创机器人科技有限公司
地　　址：中国（山东）自由贸易试验区烟台片区福州路
　　　　　2 号
电　　话：18663883597
E－m a i l：lifan@cceddie.com

单位名称：苏州赛腾精密电子股份有限公司
地　　址：江苏省苏州市吴中经济开发区东吴南路 4 号
电　　话：0512-65627778
网　　址：https://www.secote.com/
E－m a i l：even_guo@secote.com

单位名称：山东德晟机器人股份有限公司
地　　址：山东省济南市天桥区新材料产业园区新工艺示
　　　　　范园 7 号厂房
电　　话：0531-88076027
网　　址：http://www.sddsrobot.com/
E－m a i l：desheng@sddsrobot.com

单位名称：成都卡诺普机器人技术股份有限公司
地　　址：四川省成都市成华区华月路 188 号
电　　话：028-84203568
网　　址：http://www.crprobot.com/
E－m a i l：info@crp-robot.ru

单位名称：创泽智能机器人集团股份有限公司
地　　址：山东省日照市经济开发区太原路 71 号

电　　话：4006935088
网　　址：http://www.chuangze.cn/

单位名称：江苏泰隆减速机股份有限公司
地　　址：江苏省泰兴市文昌东路 188 号
电　　话：4000004728
网　　址：http://www.tailong.com/
E－m a i l：87662416@163.com

单位名称：杭州景业智能科技股份有限公司
地　　址：浙江省杭州市滨江区信诚路 857 号悦江商业中
　　　　　心 35 层
电　　话：0571-86655912
网　　址：http://www.boomy.cn/
E－m a i l：service@boomy.cn

单位名称：武汉职业技术学院
地　　址：湖北省武汉市洪山区关山大道 463 号
电　　话：027-87766615
网　　址：https://www.wtc.edu.cn/
E－m a i l：263204083@qq.com

单位名称：特斯联科技集团有限公司
地　　址：北京市朝阳区新源南路 8 号启皓北京西塔 11 层
电　　话：010-85240200
网　　址：http://www.tslsmart.com/
E－m a i l：communication@tslsmart.com

单位名称：福斯润滑油（中国）有限公司
地　　址：上海市嘉定区南翔高科技园区嘉绣路 888 号
电　　话：021-39122000
网　　址：https://www.fuchs.com.cn/
E－m a i l：zeng.qinglong@fuchs.com.cn

单位名称：吉林省机器人协会
地　　址：吉林省长春市绿园区西新工业集中区集智路
　　　　　888 号
电　　话：0431-82003278
E－m a i l：lin.ding@snl-rob.com

单位名称：松诺盟科技有限公司
地　　址：湖南省浏阳市经济技术开发区湘台路 18 号长
　　　　　沙 E 中心 A5 栋
电　　话：4000021378
网　　址：https://www.chnsnm.com/
E－m a i l：business@chnsnm.com

单位名称：中国联合网络通信有限公司智能城市研究院
地　　址：北京市海淀区主语国际 3 号楼

电　　话：010-66258152

网　　址：http://www.chinaunicom.com.cn/

E－mail：duzy17@chinaunicom.cn

单位名称：智昌科技集团股份有限公司

地　　址：浙江省宁波市余姚市安山路

电　　话：4001040788

网　　址：https://www.emergen.cn/

E－mail：xuyy@emergen.cn

单位名称：中汽研汽车检验中心（常州）有限公司

地　　址：江苏省常州市武进高新区海湖路 97 号

电　　话：0519-86227287

网　　址：https://www.catarc.ac.cn/

E－mail：zhangzhipeng@catarc.ac.cn

单位名称：安徽工布智造工业科技有限公司

地　　址：安徽省巢湖市旗麓路 2 号安徽居巢经济开发区
　　　　　中科先进制造创新产业园

电　　话：18751076880

E－mail：18751076880@163.com

单位名称：佛山职业技术学院

地　　址：广东省佛山市三水区乐平镇职教路 3 号

电　　话：18928599175

网　　址：https://www.fspt.net/

E－mail：20698641@qq.com

单位名称：中国信息通信研究院

地　　址：北京市海淀区花园北路 52 号

电　　话：18809319878

网　　址：https://www.caict.ac.cn/

E－mail：zhangjingya@caict.ac.cn

单位名称：七腾机器人有限公司

地　　址：重庆市两江新区互联网产业园二期 7 号楼

电　　话：4008765700

网　　址：https://www.sevnce.com/

E－mail：sr@sevnce.com

单位名称：北京华航唯实机器人科技股份有限公司

地　　址：北京市海淀区农科院西路 6 号海青大厦 8 层

电　　话：010-89755166

网　　址：https://www.chlrob.com/

E－mail：sales@chlrob.com

单位名称：江苏国茂减速机股份有限公司

地　　址：江苏省常州市武进区湖塘镇龙潜路 98 号

电　　话：18806111171

网　　址：https://www.czgmjsj.com/

E－mail：donglei.wang@guomaoreducer.com

单位名称：宁波友谊铜业有限公司

地　　址：浙江省宁波慈溪市逍林镇逍林大道 268 号

电　　话：0574-63509999

网　　址：https://www.nbfriendship.com/

E－mail：sales808@nbfriendship.com

单位名称：奥创动力传动（深圳）有限公司

地　　址：广东省深圳市宝安区沙井镇环镇路 18 号

电　　话：4008860365

网　　址：https://www.altraptchina.com/

E－mail：neil.li@regalrexnord.com

单位名称：华为技术有限公司

地　　址：广东省深圳市龙岗区坂田华为基地

电　　话：0755-28780808

网　　址：https://www.huawei.com/

E－mail：changxinmiao@huawei.com

单位名称：烟台南山学院

地　　址：山东省龙口市东海旅游度假区大学路 12 号

电　　话：0535-8590701

网　　址：https://www.nanshan.edu.cn/

E－mail：316937605@qq.com

单位名称：哈尔滨国铁科技集团股份有限公司

地　　址：黑龙江省哈尔滨市松北区橙泽路 2599 号

电　　话：0451-86426813

网　　址：https://www.cr-tc.cn/

E－mail：sunxiaofei@htkrail.com

单位名称：青岛工发智能科技有限公司

地　　址：山东省青岛市城阳区城阳街道祥阳路 106 号 4
　　　　　号楼 2 层西侧

电　　话：13583261949

E－mail：zyx@zyxmcu.com

单位名称：盐城市金洲机械制造有限公司

地　　址：江苏省盐城市盐都区张庄工业园区建业路 9 号

电　　话：0515-81897808

网　　址：https://www.jinzhouzz.com/

E－mail：Tim_wang@jinzhouzz.com

单位名称：深圳优艾智合机器人科技有限公司

地　　址：广东省深圳市龙岗区吉华街道甘坑社区甘李二
　　　　　路 9 号金苹果创新园厂房 C101 室

电　　话：18948163921

网　　址：https://www.youibot.com/

E-mail：amber@youibot.com

单位名称：北京史河科技有限公司

地　　址：北京市房山区窦店镇弘安路 87 号中关村前沿
技术研究院 3 号楼 2 层

电　　话：4000150909

网　　址：https://www.robotplusplus.com/

E-mail：sales@robotplusplus.cn

单位名称：杭州云深处科技有限公司

地　　址：浙江省杭州市西湖区紫金梦想广场 3 幢

电　　话：4000559095

网　　址：https://www.deeprobotics.cn/

E-mail：support@deeprobotics.cn

单位名称：天翼数字生活科技有限公司

地　　址：上海市浦东新区世纪大道 211 号

电　　话：18918588917

网　　址：http://dlife.cn/

E-mail：xulongjie.sh@chinatelecom.cn

单位名称：大连瑞翔机电设备有限公司

地　　址：辽宁省大连市沙河口区锦云南园 9 号 1 单元 1
层 1 室

电　　话：0411-83664819

E-mail：liebao2013@sina.com

单位名称：杜尔涂装系统工程（上海）有限公司

地　　址：上海市青浦区白鹤镇鹤泰路 198 号

电　　话：021-39791000

网　　址：https://www.durr.com.cn/

E-mail：general@durr.com.cn

单位名称：上海非夕机器人科技有限公司

地　　址：上海市闵行区紫星路 588 号 1 号楼

电　　话：4008888105

网　　址：https://www.flexiv.cn/cn/

E-mail：business@flexiv.com

单位名称：广东省机器人协会

地　　址：广州市黄埔区开泰大道 38 号 5 层西侧

电　　话：020-39344209

网　　址：https://www.gdsjqr.com/

E-mail：gdsjqr@126.com

单位名称：武汉职业技术学院

地　　址：湖北省武汉市洪山区关山大道 463 号

电　　话：027-87766615

网　　址：https://www.wtc.edu.cn/

E-mail：263204083@qq.com

单位名称：九众九机器人有限公司

地　　址：江苏省无锡市滨湖区胡埭工业园银杏路 6 号

电　　话：13382215818

网　　址：http://www.jzjrt.com/

E-mail：jzj@jzjrobot.com

单位名称：珞石（山东）机器人集团有限公司

地　　址：山东省邹城市中心店镇中心机电产业园恒丰路
888 号

电　　话：4000108700

网　　址：https://www.rokae.com/

E-mail：sales@rokae.com

单位名称：联通物联网有限责任公司

地　　址：江苏省南京市秦淮区凤游寺路 52 号门西产业
园 17 栋

电　　话：15651803528

E-mail：yinx36@chinaunicom.cn

单位名称：北京博清科技有限公司

地　　址：北京经济技术开发区荣华中路 19 号院 1 号楼 B
座 19 层 1908

电　　话：010-87227628

网　　址：https://www.botsing.net/

E-mail：bqmarketing@botsing.net

单位名称：南通跃通数控设备股份有限公司

地　　址：江苏省海安市城东镇通榆南路 77 号

电　　话：4007801199

网　　址：https://www.yuetong.com.cn/

E-mail：bangongshi1@yuetong.com.cn

单位名称：东莞拓高传动机械有限公司

地　　址：广东省东莞市中堂镇北王西路 239 号华迅科技
园 2 栋

电　　话：0769-85889341

网　　址：https://www.tocomotion.com/

E-mail：ceo@toco.tw

单位名称：苏州博思特装配自动化科技有限公司

地　　址：江苏省苏州吴中经济开发区天鹅荡路 2011 号
8 幢

电　　话：0512-68288508

网　　址：http://www.besttechgroup.com/

E-mail：sales@besttechgroup.com

单位名称：安徽永牧机械集团有限公司
地　　址：安徽省蚌埠市固镇县磨盘张乡铜陵现代产业园
　　　　　十号路与八号路交叉口
电　　话：13930148011

单位名称：北京益和木文化发展有限公司
地　　址：北京市海淀区清河中街 68 号华润五彩城购物
　　　　　中心二期 L464B 室
电　　话：0512-68288508
网　　址：https://www.YIHEMU.com.cn/
E－mail：gaozhiwei@yihemu.com.cn

单位名称：北京得超科技有限公司
地　　址：北京市朝阳区霄云路 40 号国航世纪大厦 3 层
电　　话：13366612003
E－mail：gaozhiwei@yihemu.com.cn

单位名称：工业和信息化部计算机与微电子发展研究中心
　　　　　（中国软件评测中心）
地　　址：北京市海淀区紫竹院路 66 号赛迪大厦
电　　话：010-88558457
网　　址：http://www.cstc.org.cn/
E－mail：wangyu@cstc.org.cn

单位名称：广东利迅达机器人系统股份有限公司
地　　址：广东省佛山市顺德区陈村镇广隆工业区兴隆十
　　　　　路 6—7 号
电　　话：13924810267
E－mail：wendy.luo@lxdrobotics.com

单位名称：江苏省海安市市场监督管理局
地　　址：江苏省海安市长江中路 128 号市场监督管理局
电　　话：18012280619
网　　址：http://www.haiankfq.gov.cn/
E－mail：645546461@qq.com

单位名称：机械工业哈尔滨焊接技术培训中心
地　　址：黑龙江省哈尔滨市香坊区进乡街 7 号
电　　话：0451-82689382
网　　址：http://www.wtiharbin.com/
E－mail：liudawei@wtiharbin.com

单位名称：机械工业苏州高级技工学校
地　　址：中国（山东）自由贸易试验区烟台片区开发区
　　　　　长江路 77 号内 802 号
电　　话：0512-66558308
网　　址：http://www.szjg.cn/
E－mail：13706216461@139.com

单位名称：山东师范大学历山学院
地　　址：山东省青州市云门山南路 9888 号
电　　话：18905367072
网　　址：http://www.lishanu.edu.cn/
E－mail：lee_8117@126.com

单位名称：长春融成智能设备制造股份有限公司
地　　址：吉林省长春市北湖科技开发区中盛路 3088 号
电　　话：18843153320
网　　址：http://www.bfgz.net/
E－mail：87315357@qq.com

单位名称：重庆欧偌智能控制系统有限公司
地　　址：重庆市两江新区大竹林街道高新园木星科技发
　　　　　展中心（木星）2-2 区 1 层 3-2 号
电　　话：15123008624
网　　址：https://www.oraw.cn/
E－mail：740032553@qq.com

单位名称：洛阳机器人及智能装备产业协会
地　　址：河南省洛阳市工业和信息化局装备科 105 室
电　　话：18638483907
E－mail：15137906233@163.com

单位名称：浙江如川谐波传动科技有限公司
地　　址：浙江省台州市玉环市坎门永清路 62 号
电　　话：13656864247
网　　址：http://www.rddriver.com/
E－mail：153881415@qq.com

单位名称：临沂临工智能信息科技有限公司
地　　址：山东省临沂市经济技术开发区华夏路与昆明路
　　　　　交汇
电　　话：18306558267
网　　址：http://www.lgmgim.cn/
E－mail：shuangsheng.luo@lgmgim.cn

单位名称：苏州市机器人产业协会
地　　址：江苏省苏州市吴中区吴中大道 1368 号吴中机
　　　　　器人产业园 3 幢综合楼 12 层 1203 室
电　　话：0512-65839131
网　　址：https://www.robotsz.org.cn/
E－mail：10269093@qq.com

单位名称：北京东方昊为工业装备有限公司
地　　址：北京市顺义区马坡镇姚店村幸福西街 6 号
电　　话：010-84720281
网　　址：https://www.dfhw.cn/
E－mail：llp@dfhw.cn

单位名称：苏州瑞得恩光能科技有限公司
地　　址：江苏省苏州市吴中区胥口镇子胥路 636 号
电　　话：0512-66572916
网　　址：http://www.radiantpv.com/
E‑mail：sales@radiantpv.com

单位名称：上海亿为科技有限公司
地　　址：上海市浦东新区世博大道 1859 号
电　　话：4006000607
网　　址：http://www.yw‑auto.cn/
E‑mail：sunmeng@yw‑auto.cn

单位名称：北京旭阳数字科技有限公司
地　　址：北京市丰台区旭阳科技大厦 1 号楼 8 层
电　　话：13931594451
网　　址：https://www.risuncloud.com/
E‑mail：zhaoc@risun.com

单位名称：北京捷杰西科技股份有限公司
地　　址：北京经济技术开发区荣华南路 15 号院 5 号楼
　　　　　11 层 1101 室
电　　话：010-67866409
网　　址：https://www.jjcpe.com/
E‑mail：xinrui.cui@jjcpe.com

单位名称：奥比中光科技集团股份有限公司
地　　址：上海市浦东新区世博大道 1859 号
电　　话：0755-86329228
网　　址：http://www.orbbec.com.cn/
E‑mail：business@orbbec.com

单位名称：北京炎凌嘉业机电设备有限公司
地　　址：北京市通州区潞苑南大街甲 560 号 B 区 204-
　　　　　A1 室
电　　话：13488759160
网　　址：http://www.yljy‑auto.com/
E‑mail：liu_zhy@yljy‑auto.com

单位名称：苏州穿山甲机器人股份有限公司
地　　址：江苏省苏州工业园区苏州国际科技园 123 单元
电　　话：0512-57476881
网　　址：http://www.csjbot.com/
E‑mail：xuan.yu@csjbot.com

单位名称：河北香河经济开发区管理委员会
地　　址：河北省廊坊市香河县康宁路 64-4 号
电　　话：4006000607
E‑mail：xhkfqjzj@163.com

单位名称：东莞市腾飞五金模具有限公司
地　　址：广东省东莞市长安镇锦厦河南工业区东南朗路
　　　　　10 号
电　　话：0769-82926211
网　　址：https://www.nailitspring.com/
E‑mail：Sales@nailitspring.com

单位名称：上海赛威德机器人有限公司
地　　址：上海市闵行区剑川路飞马旅 H 栋 202
电　　话：021-62211209
网　　址：https://www.saiwider.com/
E‑mail：info@saiwider.com

单位名称：冀凯河北机电科技有限公司
地　　址：河北省石家庄高新技术产业开发区湘江道 418 号
电　　话：0311-85326666
网　　址：https://www.jikaitech.com/
E‑mail：jk@jikaitech.com

单位名称：苏州方石科技有限公司
地　　址：江苏省苏州市相城区高铁新城青龙港路 286 号
　　　　　长三角国际研发社区启动区 11 栋 2 层
电　　话：17366019900
网　　址：https://www.fangshitech.com/
E‑mail：sales@fangshitech.com

成　员　单　位

单位名称：埃莫运动控制技术（上海）有限公司
地　　址：上海市徐汇区桂平路 391 号 2 号楼 1706 室
电　　话：021-61210395
网　　址：https://www.elmomc.cn/
E‑mail：irisw@elmomc.com

单位名称：安徽鸿森智能装备股份有限公司

地　　址：安徽省滁州市苏滁现代工业坊 14 号标准厂房
电　　话：0550-3959555
网　　址：http://hongsenzhineng.cnpowder.com.cn/
E‑mail：sclon@ihongs.com

单位名称：安徽纪兴源科技股份有限公司
地　　址：安徽省淮南市经济技术开发区田东路 88 号

电　　话：0554-3315607
网　　址：https://www.jxuv.com/
E－m a i l：info@jxyie.com

单位名称：安徽南斗星仿真机器人科技有限公司
地　　址：安徽省芜湖市繁昌县经济开发区
电　　话：18555031218
E－m a i l：857979584@qq.com

单位名称：安徽三众智能装备有限公司
地　　址：安徽省合肥市高新区玉兰大道 3 号中航工业园
　　　　　综合服务楼 4 层
电　　话：0551-62555588
E－m a i l：zll@tse-cn.com

单位名称：安徽协同轴承股份有限公司
地　　址：安徽省黄山市歙县经济技术开发区紫金路 5 号
电　　话：0559-6527100
网　　址：https://www.co-cb.com/
E－m a i l：xietong@co-cb.com

单位名称：奥林特电缆科技股份有限公司
地　　址：江苏省仪征市经济开发区沿江大道科研 2 路 2 号
电　　话：0514-83635988
网　　址：https://www.onitl.com/
E－m a i l：office@onitl.com

单位名称：北京博创兴盛科技有限公司
地　　址：北京市海淀区知春路 56 号中国天利大厦 5 层
电　　话：010-82131388
E－m a i l：464304376@qq.com

单位名称：北京大呈机器人科技有限公司
地　　址：北京经济技术开发区荣昌东街 6 号亦创机器人
　　　　　创新园 7 层
电　　话：010-87164394
网　　址：https://www.unimate.vip/
E－m a i l：7762950752@qq.com

单位名称：北京恩易通达技术发展有限公司
地　　址：北京市海淀区西小口路 66 号中关村东升科技
　　　　　园－北领地 C-7 号楼 2 层 209 室
电　　话：010-82687355
网　　址：https://www.nenetsystem.com/
E－m a i l：info@nenetsystem.com

单位名称：北京钢铁侠科技有限公司
地　　址：北京市丰台区汉威国际广场 4 区 8 号楼 3 层
电　　话：010-56221717

网　　址：https://www.artrobot.com/
E－m a i l：bd@artrobot.com

单位名称：中机恒通环境科技有限公司
地　　址：北京市海淀区玲珑路中关村互联网文化创意产
　　　　　业园 20 号楼 2 层
电　　话：13811881089
E－m a i l：qsht15@163.com

单位名称：北京华见机器人技术有限公司
地　　址：北京市朝阳门外大街昆泰写字楼 4 层
电　　话：18224458973
E－m a i l：yuqin.cai@veniibot.com

单位名称：北京华章图文信息有限公司
地　　址：北京市西城区百万庄 22 号
电　　话：010-88379863
网　　址：https://www.hzbook.com/
E－m a i l：hzwy@hzbook.com

单位名称：北京惠众智通机器人科技股份有限公司
地　　址：北京经济技术开发区凉水河二街 8 号院 15 号
　　　　　楼 601 室
电　　话：010-53582800
E－m a i l：xuwz@pr-casic.com

单位名称：北京诺信泰伺服科技有限公司
地　　址：北京市通州区环科中路 17 号 11B
电　　话：010-56298855
网　　址：https://www.nortiontech.com/
E－m a i l：motec885@163.com

单位名称：北京石头世纪科技股份有限公司
地　　址：北京市海淀区黑泉路康健宝盛广场 C 座 6003 室
电　　话：13810150939
网　　址：https://www.roborock.com/
E－m a i l：tianliping@roborock.com

单位名称：北京新联铁集团股份有限公司
地　　址：北京市海淀区高梁桥斜街 59 号院 2 号楼
　　　　　305-18
电　　话：010-62142100
网　　址：https://www.sheenline.com/
E－m a i l：bjxlt@shenzhou-gaotie.com

单位名称：北京宣爱智能模拟技术股份有限公司
地　　址：北京市海淀区上地信息产业基地三街 1 号楼 23
　　　　　层 2304 室
电　　话：010-62964508

E-mail：diaohongyan@bjxa.com

单位名称：北京研华兴业电子科技有限公司
地　　址：北京市海淀区上地信息产业基地上地六街七号
电　　话：010-62984346
网　　址：https://www.advantech.com.cn/
E-mail：che.hui@advantech.com.cn

单位名称：北京翼辉信息技术有限公司
地　　址：北京市海淀区高里掌路一号院中关村翠湖科技
　　　　　园 12 号楼
电　　话：010-56082456
网　　址：https://www.acoinfo.com/
E-mail：acoinfo@acoinfo.com

单位名称：北京云迹科技有限公司
地　　址：北京市海淀区中关村大街 1 号海龙大厦 5 层
电　　话：4001681151
网　　址：https://www.yunjichina.com.cn/
E-mail：bd@yunji.ai

单位名称：北京智同精密传动科技有限责任公司
地　　址：北京市通州区经海五路 1 号院北工大科技园 28
　　　　　号及 29 号楼 11 层
电　　话：010-87227704
网　　址：https://www.chietom.com/
E-mail：info@chietom.com

单位名称：北京中航诚达科技有限公司
地　　址：北京市丰台区刘庄子 119 号 14 号楼 221 室
电　　话：13911439071
E-mail：12345678910@139.com

单位名称：北京中兴北斗应用技术股份有限公司
地　　址：北京市海淀区清河小营（雄师机械厂）2 幢
　　　　　032 室
电　　话：010-56351492
E-mail：714163943@qq.com

单位名称：不莱梅贝克（上海）工业自动化技术有限公司
地　　址：上海市嘉定区南翔镇银翔路 515 号 508 室
电　　话：021-64345701
网　　址：https://www.blumenbecker.com/
E-mail：Binyan.Chang@blumenbecker.com

单位名称：常州光洋轴承股份有限公司
地　　址：江苏省常州市新北区汉江路 52 号
电　　话：0519-86808888
E-mail：Liming.zou@nrb.com.cn

单位名称：常州吉泽智能科技有限公司
地　　址：江苏省常州市新北区创业西路 22 号
电　　话：18921075775
网　　址：http://www.jizekeji.com/
E-mail：603134394@qq.com

单位名称：常州铭赛机器人科技股份有限公司
地　　址：江苏省常州市常武中路 18 号科教城铭赛科技
　　　　　大厦
电　　话：4000519665
网　　址：https://www.mingseal.com/
E-mail：market@mingseal.com

单位名称：辰星（天津）自动化设备有限公司
地　　址：天津市滨海新区南海路 156 号泰达智能无人装
　　　　　备产业园 29 号
电　　话：4006537789
网　　址：https://www.tjchenxing.com/
E-mail：zhangxiaonan@tjchenxing.com

单位名称：成都四威科技股份有限公司
地　　址：四川省成都市高新区（西区）新航路 18 号
电　　话：028-87877000
网　　址：https://www.cdc.com.cn/
E-mail：cdc@cdc.com.cn

单位名称：成都市机器人产业技术创新联盟
地　　址：四川省成都市青羊区体育场路 2 号西星大厦 7—
　　　　　8 楼
电　　话：028-86740676
E-mail：357684082@qq.com

单位名称：成都一家大能机器人技术有限公司
地　　址：中国（四川）自由贸易试验区成都高新区天府
　　　　　大道中段 1388 号 1 栋 9 层 969 号
电　　话：18384257907
E-mail：xuebing.liao@veniibot.com

单位名称：楚天科技股份有限公司
地　　址：湖南省长沙市国家级宁乡经济开发区楚天科技
　　　　　工业园
电　　话：0731-87938288
网　　址：http://truking.com/
E-mail：truking@truking.com

单位名称：大金氟化工（中国）有限公司上海分公司
地　　址：上海市静安区南京西路 1468 号中欣大厦 303 室
电　　话：021-22139700
网　　址：https://www.daikinchem.com.cn/

单位名称：大连德昌线缆有限公司
地　　址：辽宁省大连经济技术开发区淮河中三路 3 号
电　　话：0411-87310018
网　　址：https://www.techtroncable.com/
E-mail：luquan@techtroncable.com

单位名称：大连光洋科技集团有限公司
地　　址：辽宁省大连经济技术开发区天府街 1-2-2 号
　　　　　1 层
电　　话：0411-82179333
网　　址：http://www.dlgona.com/
E-mail：1310101842@qq.com

单位名称：大连佳林设备制造有限公司
地　　址：辽宁省大连市金普新区拥政街道夏金线 67 号
电　　话：0411-87677491
网　　址：https://www.dljialin.com/
E-mail：ybl@dljialin.com

单位名称：大族环球科技股份有限公司
地　　址：北京经济技术开发区凉水河二街 8 号
电　　话：010-67897699
网　　址：https://www.enterprisebay.cn/
E-mail：yangguangyu@hanslaser.com

单位名称：莱茵检测认证服务（中国）有限公司
地　　址：北京经济技术开发区荣华南路 15 号院 4 号楼 3
　　　　　层 301 室、12 层 1203 室
电　　话：010-85242222
网　　址：https://www.tuv.com/greater-china/cn/

单位名称：德凯质量认证（上海）有限公司
地　　址：上海市静安区江场三路 250 号 3 层 301 室
电　　话：021-60567666
网　　址：https://www.dekra.com/
E-mail：lillian.chen@dekra.com

单位名称：德州走四方高级技工学校
地　　址：山东省德州市经济开发区尚德六路 1088 号（尚
　　　　　德六路与崇德五大道交叉口东行）德州走四方
　　　　　高级技工学校
电　　话：0534-2648515
网　　址：https://www.dzzsfjgxx.com/

单位名称：东莞富强电子有限公司
地　　址：广东省东莞市东坑镇东坑科技路 136 号 1 号楼
　　　　　101 室
电　　话：0769-83882225
E-mail：quincy88@foxlink.com

单位名称：广东安拓普聚合物科技有限公司
地　　址：广东省东莞市同沙科技园广汇工业区 2 号楼 B2
　　　　　区、D 区、E2 区
电　　话：0769-38802055
网　　址：https://www.atpchem.com/
E-mail：info@atpchem.com

单位名称：东莞市机器人产业协会
地　　址：广东省东莞市松山湖研发五路 1 号林润智谷 5
　　　　　号楼 306 室
电　　话：0769-22231985
网　　址：https://www.dgria.cn/
E-mail：dg_robotic@163.com

单位名称：沃德检测（广东）有限公司
地　　址：广东省东莞市松山湖园区工业北路 6 号 6 栋
　　　　　102 室、201 室
电　　话：0769-22891258
网　　址：https://www.worldtest.cn/
E-mail：service.vip@worldtest.cn

单位名称：恩斯克投资有限公司
地　　址：江苏省昆山市花桥镇恩斯克路 8 号
电　　话：0512-57963000
网　　址：https://www.nsk.com.cn/
E-mail：zhu-qiu@nsk.com

单位名称：福建帝傲数码科技有限公司
地　　址：福建省福州市鼓楼区铜盘路软件大道 89 号福
　　　　　州软件园 D 区 39 号楼 A 栋
电　　话：13599036502
E-mail：zhongpai.li@fjdiao.cn

单位名称：冈本工机（常州）有限公司
地　　址：江苏省常州市钟楼开发区星港路 65-9 号
电　　话：0519-83903053
网　　址：https://www.okamoto-kouki.com.cn/
E-mail：huang@okamoto-china.com

单位名称：歌尔股份有限公司
地　　址：山东省潍坊市高新技术产业开发区东方路 268 号
电　　话：0536-3055688
网　　址：https://www.goertek.com/
E-mail：ir@goertek.com

单位名称：工启机器人 (深圳) 有限公司
地　　址：广东省深圳市龙岗区南湾街道丹竹头社区恋珠
　　　　　东一巷 9 号 B 栋 501 室
电　　话：13480363399

E‐mail：534481881@qq.com

单位名称：工业和信息化部电子第五研究所（中国赛宝实验室）
地　　址：广东省广州市天河区东莞庄路 110 号
电　　话：4008004412
网　　址：http://www.ceprei-cal.com/

单位名称：广东艾可里宁机器人智能装备有限公司
地　　址：广东省广州市番禺区石碁镇大龙街新桥村段市莲路 240 号百众创意园 2 栋 501 室
电　　话：18027356522
E‐mail：fuxiaorui@iclean.cc

单位名称：广东加华美认证有限公司上海分公司
地　　址：上海市徐汇区宜山路 889 号 4 号楼 1 楼 C 单元
电　　话：021-33688282
网　　址：https://www.csagroup.org/
E‐mail：csa.sh@csagroup.org

单位名称：广东科杰技术股份有限公司
地　　址：广东省江门市蓬江区永盛路 61 号
电　　话：0750-3500201
网　　址：https://www.kejiegroup.com/
E‐mail：info@kejiegroup.com

单位名称：广东天机智能系统有限公司
地　　址：广东省东莞市松山湖园区工业西三路 6 号 3 栋
电　　话：0769-22892095
网　　址：https://www.tianjizn.com/
E‐mail：sales@tianjizn.com

单位名称：广东天机机器人有限公司
地　　址：广东省东莞市松山湖园区工业西三路 6 号 3 栋 402 室
电　　话：0769-22892095
E‐mail：kuanghu@tianjizn.com

单位名称：广东威灵电机制造有限公司
地　　址：广东省佛山市顺德区北滘镇北滘工业园兴业路 27 号威灵电机
电　　话：0757-22605940
E‐mail：jianyu.wu@welling.com.cn

单位名称：中车戚墅堰机车车辆工艺研究所有限公司
地　　址：江苏省常州市武进区五一路 258 号
电　　话：0519-89808888
E‐mail：zjb@csrqsyri.com.cn

单位名称：广濑（中国）企业管理有限公司
地　　址：上海市静安区共和路 209 号 嘉里不夜城企业中心二座 18 层
电　　话：021-63913355
网　　址：https://www.hirose.com/
E‐mail：toni_cao@hirose-gl.com

单位名称：广西智拓科技有限公司
地　　址：广西壮族自治区柳州市柳北区杨柳路 7 号沙塘工业园北部生态新区办公楼 6 层 611 室
电　　话：13707724760
E‐mail：zt-robot@liugong.com

单位名称：广州达意隆包装机械股份有限公司
地　　址：广东省广州市黄埔区云埔一路 23 号
电　　话：020-62956888
网　　址：https://www.tech-long.com/
E‐mail：xie@tech-long.com

单位名称：广州工业机器人制造和应用产业联盟
地　　址：广东省广州市黄埔区科学城新瑞路 2 号 209 室
电　　话：020-32385332
网　　址：https://www.gzrobots.com/
E‐mail：gzrobots@126.com

单位名称：广州广电计量检测股份有限公司
地　　址：广东省广州市天河区黄埔大道西平云路 163 号
电　　话：4006020999
网　　址：https://www.grgtest.com/
E‐mail：grgtest@grgtest.com

单位名称：广州明珞装备股份有限公司
地　　址：广东省广州市黄埔区开源大道 11 号 C3 栋 2F 室
电　　话：020-66356688
网　　址：https://www.minotech.cn/
E‐mail：marketing@minotech.cn

单位名称：广州市西克传感器有限公司
地　　址：广东省广州市天河区珠江西路 15 号 18 层 01-05、08 单元
电　　话：020-28823600
网　　址：https://www.sickcn.com/
E‐mail：info@sick.com

单位名称：广州市万世德智能装备科技有限公司
地　　址：广东省广州市花都区新华镇华兴工业区
电　　话：020-66809333
网　　址：https://www.vanta.cn/
E‐mail：lyq@vanta.cn

单位名称：广州致远电子有限公司
地　　址：广东省广州市天河区思成路 43 号 ZLG 立功科
　　　　　技大厦
电　　话：020-28015657
网　　址：https://www.zlg.cn/
E－mail：info@zlg.cn

单位名称：国人机器人（天津）有限公司
地　　址：天津市宝坻区口东工业园区广仓道 19A 号
电　　话：022-22567896
E－mail：635746544@qq.com

单位名称：汉高股份有限公司
地　　址：上海市浦东新区祝桥镇果园公路 189 号
电　　话：021-28915698
网　　址：http://www.henkel.cn/index.htm/
E－mail：xinshi.wang@henkel.com

单位名称：杭州安脉盛智能技术有限公司
地　　址：浙江省杭州市滨江区阡陌路 482 号智慧 e 谷 B
　　　　　座 16-18 层
电　　话：0571-81990800
网　　址：https://www.aimsphm.com/
E－mail：marketing@aimsphm.com

单位名称：杭州非白三维科技有限公司
地　　址：浙江省杭州市余杭区文一西路 1818-2 号 8 号
　　　　　楼 502 室
电　　话：0571-28956099
网　　址：https://www.blackboxcv.cn/
E－mail：yunxuan@blackboxcv.com

单位名称：杭州匠龙机器人科技有限公司
地　　址：浙江省杭州市钱塘新区临江街道经六路 2977 号
电　　话：0571-87979839
E－mail：gansong6666@163.com

单位名称：杭州原动科技有限公司
地　　址：浙江省杭州市经济技术开发区 6 号大街 452 号
　　　　　2 号楼 C1913—1914 室
电　　话：0571-87656267
E－mail：Annie0171@163.com

单位名称：航天新长征大道科技有限公司
地　　址：辽宁省大连市甘井子区信达街 31 号航天大厦
　　　　　1602 室
电　　话：010-50952530
E－mail：zhuj@htdadao.net

单位名称：合肥磐石智能科技股份有限公司
地　　址：安徽省合肥市肥西经开区云湖路与集贤路交口
　　　　　西南侧
电　　话：0551-68899913
网　　址：https://www.hfpanshikj.com/
E－mail：xufl@hfpanshikj.com

单位名称：合肥赛摩雄鹰自动化工程科技有限公司
地　　址：安徽省合肥市经开区桃花工业园玉兰大道与文
　　　　　山路交叉口
电　　话：0551-63846888
网　　址：https://www.hfxykj.com/
E－mail：hfxykj@163.com

单位名称：河南龙昌机械制造有限公司
地　　址：河南省焦作市修武县东周大道周庄段路西
电　　话：0371-89910659
网　　址：https://www.lcmj.com/
E－mail：lcmj@lcmj.com

单位名称：郑州市轩明职业培训学校有限公司
地　　址：河南省郑州市黄河路 124 号河南广播电视大学
　　　　　（郑州信息科技职业学院）老校区
电　　话：4009968020
网　　址：http://www.xuanmingedu.com.cn/
E－mail：hnxmpxxy@126.com

单位名称：湖南镭目科技有限公司
地　　址：湖南省长沙经济技术开发区泉塘街道枫树路
　　　　　349 号
电　　话：0731-88702159
网　　址：https://www.ramon.com.cn/
E－mail：hncw@ramon.com.cn

单位名称：长高电新科技股份公司
地　　址：湖南省长沙市望城经济技术开发区金星北路三
　　　　　段 393 号
电　　话：0731-88585095
网　　址：https://www.changgaogroup.com/
E－mail：309355442@qq.com

单位名称：华测检测认证集团股份有限公司
地　　址：广东省深圳市宝安区新安街道兴东社区华测检
　　　　　测大楼
电　　话：0755-33683666
网　　址：https://www.cti-cert.com/
E－mail：info@cti-cert.com

单位名称：华夏芯（北京）通用处理器技术有限公司

地　　址：北京市海淀区苏州街 3 号大恒科技大厦北座
　　　　　705 室
电　　话：010-82449456
网　　址：https://www.hxgpt.com/
E－mail：info@hxgpt.com

单位名称：济南大学
地　　址：山东省济南市南辛庄西路 336 号济南大学机械
　　　　　工程学院
电　　话：0531-89736314
网　　址：https://www.ujn.edu.cn/
E－mail：me_liyj@ujn.edu.cn

单位名称：嘉兴市工业领域生产性服务业促进中心
地　　址：浙江省嘉兴市凌公塘路百盛花园 4-1601 室
电　　话：13857383255
E－mail：26257642@qq.com

单位名称：江苏丰尚智能科技有限公司
地　　址：江苏省扬州高新技术产业开发区华声路 1 号
电　　话：0514-85828888
网　　址：https://www.famsungroup.com/
E－mail：100514666@qq.com

单位名称：江苏亨通线缆科技有限公司
地　　址：江苏省苏州市吴江区七都镇亨通大道 88 号
电　　话：0512-63802613
网　　址：https://www.htgd.com.cn/
E－mail：htxl@htgd.com.cn

单位名称：江苏华途数控科技有限公司
地　　址：江苏省句容经济开发区福地西路 98 号联东 U
　　　　　谷 9 号楼 9-2
电　　话：0511-80770565
网　　址：http://www.hauto-mpg.com/
E－mail：3078136717@qq.com

单位名称：江苏三棱智慧物联发展股份有限公司
地　　址：江苏省南京市江宁区秣周东路 12 号
电　　话：025-87159600
网　　址：https://www.slicity.com/
E－mail：markets@slicity.com

单位名称：泰兴市产品质量综合检验检测中心（泰兴市食
　　　　　品安全检验检测中心、江苏省减速机产品质量
　　　　　监督检验中心）
地　　址：江苏省泰兴市泰兴镇阳江路中段
电　　话：0523-82363302
E－mail：jsrtc2009@163.com

单位名称：江苏中科智能科学技术应用研究院
地　　址：江苏省常州市常州科教城三一路智能苑
电　　话：0519-86339802
网　　址：https://www.arist.ac.cn/
E－mail：arist@arist.ac.cn

单位名称：江苏准信自动化科技股份有限公司
地　　址：江苏省南通市高新区金桥西路 270 号
电　　话：0513-82590100
网　　址：https://www.zunsion.com/
E－mail：sales@zunsion.com

单位名称：江西合力泰科技有限公司
地　　址：江西省吉安市泰和县工业园区
电　　话：0796-8979666
网　　址：https://www.holitech.net/
E－mail：bangongshi@holitech.net

单位名称：杰克科技股份有限公司
地　　址：浙江省台州市椒江区三甲东海大道东段 1008 号
电　　话：0576-88177757
网　　址：https://www.chinajack.com/
E－mail：IR@chinajack.com

单位名称：京瓷（中国）商贸有限公司
地　　址：天津市经济技术开发区翠园别墅 3 号
电　　话：022-28459388
网　　址：https://www.kyocera.com.cn/
E－mail：jing_lan@kyocera.com.cn

单位名称：康力电梯股份有限公司
地　　址：江苏省苏州市吴江汾湖高新技术产业开发区康
　　　　　力大道 888 号
电　　话：4001882367
网　　址：https://www.canny-elevator.com/
E－mail：sales@canny-elevator.com

单位名称：柯马（上海）工程有限公司
地　　址：上海市松江区泗泾工业园区九干路 1353 号
电　　话：021-57073133
网　　址：https://www.comau.com/
E－mail：jing.li@comau.com

单位名称：科沃斯商用机器人有限公司
地　　址：江苏省苏州市吴中区友翔路 18 号
电　　话：4008078999
网　　址：https://www.ecovacs-c.com/
E－mail：crbu@ecovacs.com

单位名称：昆山西诺巴精密模具有限公司
地　　址：江苏省昆山市周市镇长江北路 928 号 10 号厂房
电　　话：18915750709
网　　址：https://www.china-okamoto.com/
E－mail：kavin@china-aloi.com

单位名称：昆山信昌电线电缆有限公司
地　　址：江苏省昆山市花桥镇新生路 528 号
电　　话：0512-57699517
E－mail：tong_chen@hwatek.com

单位名称：凌云光技术股份有限公司
地　　址：北京市海淀区翠湖南环路 13 号院 7 号楼知识理性大厦
电　　话：4008291996
网　　址：https://www.lusterinc.com/
E－mail：marketing@lusterinc.com

单位名称：鲁班嫡系机器人（深圳）有限公司
地　　址：广东省深圳市龙岗区横岗街道六约金塘工业区勤富路 28 号 A 栋 5 层
电　　话：0755-28319521
E－mail：huang_qian@robotics-robotics.com

单位名称：洛阳维斯格轴承有限公司
地　　址：中国（河南）自由贸易试验区洛阳片区高新区金鑫路 2 号
电　　话：0379-63082859
E－mail：sales@lyvsg.com

单位名称：洛阳沃德福机器人科技有限公司
地　　址：河南省洛阳市西工区红山工业园区纬六路 6 号
电　　话：0379-64911371
E－mail：779114980@qq.com

单位名称：马鞍山雨山经济开发区
地　　址：安徽省马鞍山市雨山区九华西路 1500 号
电　　话：0555-7117755
E－mail：949784913@qq.com

单位名称：南京固华智能科技有限公司
地　　址：江苏省南京市六合区雄州街道西陈村陈吕路 16 号
电　　话：025-57500569
E－mail：lisa.chen@njguhua.com

单位名称：南京理工大学
地　　址：江苏省南京市玄武区孝陵卫街道孝陵卫街 200 号
电　　话：025-84303051

网　　址：https://www.njust.edu.cn/

单位名称：南通慧幸智能科技有限公司
地　　址：江苏省南通市永兴大道 388 号 6 幢
电　　话：0513-89089121
网　　址：https://www.wissing.cc/
E－mail：sharon@wissing.cn

单位名称：宁波容合电线有限公司
地　　址：浙江省宁波市余姚市泗门镇易津新能源产业园 4 栋
电　　话：0574-62178899
网　　址：https://www.rohecable.com/
E－mail：sales@rohecable.com

单位名称：宁波伟立机器人科技股份有限公司
地　　址：浙江省余姚市朗霞街道巷桥路 48 号
电　　话：4001021323
网　　址：https://www.welllih.com/
E－mail：sales@welllih.com

单位名称：宁乡经济技术开发区
地　　址：湖南省长沙市宁乡县金洲大道创业大楼 1214
电　　话：0734-88981799
E－mail：srh58@163.com

单位名称：欧姆龙自动化（中国）有限公司
地　　址：上海市浦东新区银城中路 200 号中银大厦 2211 室
电　　话：021-60230333
网　　址：https://www.fa.omron.com.cn/
E－mail：wyyao@gc.omron.com

单位名称：齐鲁工业大学
地　　址：山东省济南市长清区大学路 3501 号
电　　话：0531-89631131
网　　址：https://www.qlu.edu.cn/
E－mail：sonntag@126.com

单位名称：秦皇岛丰泰自动化设备制造有限公司
地　　址：河北省秦皇岛市经济技术开发区巫山路 7 号
电　　话：0335-8569188
E－mail：fengtai@fengtaigs.com

单位名称：青岛北洋天青数联智能股份有限公司
地　　址：山东省青岛市高新区凤锦路 77 号
电　　话：0532-87012167
网　　址：https://www.qdbytq.com/
E－mail：bytq@qdbytq.com

单位名称：山东省青岛国家高新技术产业开发区管理委员
　　　　　会高端智能制造事业部
地　　址：山东省青岛市高新区智力岛路 1 号创业大厦
电　　话：18562860520
网　　址：https://www.qdhitech.gov.cn/
E－mail：znzzyxcl@163.com

单位名称：人本股份有限公司
地　　址：浙江省温州市经济技术开发区滨海五道 515 号
电　　话：0577-86556100
网　　址：https://www.cugroup.com/
E－mail：service@cugroup.com

单位名称：日静减速机制造（常州）有限公司
地　　址：江苏省武进高新技术产业开发区凤栖路 28 号
电　　话：0519-81663637
E－mail：zhengken@nissei-gtr.co.jp

单位名称：瑞博泰克数字科技（苏州）有限公司
地　　址：江苏省昆山市千灯镇玉溪路 38 号
电　　话：18018182088
网　　址：https://www.robotec-co.com/
E－mail：jenny_zhang@funwick.com

单位名称：瑞孚化工（上海）有限公司
地　　址：中国（上海）自由贸易试验区加太路 39 号 1
　　　　　幢楼六层 66 室
电　　话：021-63598216
E－mail：info.cn@shrieve.com

单位名称：睿翱工业自动化贸易（上海）有限公司
地　　址：中国（上海）自由贸易试验区新金桥路 1088
　　　　　号 2608—2609 室
电　　话：021-61005018
网　　址：https://www.reer.it/
E－mail：lzhang@reerchina.com

单位名称：厦门星原融资租赁有限公司
地　　址：福建省厦门市思明区环岛东路 1699 号建发国
　　　　　际大厦 21 层
电　　话：0592-2263484
网　　址：https://www.xmlease.com/
E－mail：public@xmlease.com

单位名称：山东布洛尔智能科技有限公司
地　　址：山东省济南市章丘区明水经济技术开发区城东
　　　　　工业园丰年大道 666 号
电　　话：0531-83322088

E－mail：2339434823@qq.com

单位名称：山东国兴智能科技股份有限公司
地　　址：山东省烟台市开发区香港路 18 号
电　　话：0535-6958705
网　　址：https://www.sdgxzn.com/
E－mail：zyy6621@163.com

单位名称：山东帅克机械制造股份有限公司
地　　址：山东省潍坊市坊子区兴国路以东双羊街以南
电　　话：0536-7523366
E－mail：shkjx@163.com

单位名称：山东泰开机器人有限公司
地　　址：山东省泰安市经济开发区
电　　话：0538-5088201
网　　址：https://www.tk-robot.cn/
E－mail：tkrobot@163.com

单位名称：山东中煤工矿物资集团有限公司
地　　址：山东省济宁市高新区开源路北 11 号
电　　话：0537-2395689
网　　址：http://www.zhongmeigk.com/
E－mail：zhongmeigk@163.com

单位名称：陕西渭河工模具有限公司
地　　址：陕西省蔡家坡经济技术开发区
电　　话：0917-8583501
网　　址：https://www.weihetools.com.cn/
E－mail：weihe702bgs@163.com

单位名称：上海宾通智能科技有限公司
地　　址：上海市闵行区剑川路 888 号 16 号楼
电　　话：4006667610
网　　址：https://www.bitorobotics.com/
E－mail：market@bitorobotics.ltd

单位名称：上海波创电气有限公司
地　　址：上海市浦东新区金桥路 1295 号聚鑫金桥园 2
　　　　　号楼 6 层
电　　话：021-50312147
网　　址：https://www.botrong.com/
E－mail：info@botrong.com

单位名称：上海枫丹柏合投资管理有限公司
地　　址：上海市北京西路 1399 号信达大厦 21 楼 E1 室
电　　话：021-62893186
网　　址：https://www.fontainburg.com/
E－mail：Enquiry@fontainburg.com

单位名称：上海华虹集成电路有限责任公司
地　　址：上海市浦东新区中科路 1867 号 A 座 6 层
电　　话：021-38804880
网　　址：https://www.shhic.com/
E－m a i l：zhangcan@shhic.com

单位名称：节卡机器人股份有限公司
地　　址：上海市闵行区剑川路 610 号 33—35 号楼
电　　话：4000062665
网　　址：https://www.jaka.com/
E－m a i l：marketing@jaka.com

单位名称：上海力克精密机械有限公司
地　　址：上海市金山区张堰镇振凯路 288 号 D 区
电　　话：021-57220903

单位名称：上海洛倍智能科技有限公司
地　　址：上海市普陀区武宁路 505 号 3 号楼 4 楼（上海
　　　　　电器科学研究院内）
电　　话：021-69981678
网　　址：https://www.robabc.com/
E－m a i l：liangyanan@zhangmi.cn

单位名称：上海三竹机电设备有限公司
地　　址：上海市松江区小昆山镇崇南公路 435 弄 90 号
　　　　　房 K 座
电　　话：13817502151
网　　址：https://www.sunchu.com.cn/
E－m a i l：info@sunchu.com.cn

单位名称：上海天祥质量技术服务有限公司
地　　址：中国（上海）自由贸易试验区张杨路 707 号二
　　　　　层西区
电　　话：021-53397600
网　　址：https://www.intertek.com/
E－m a i l：jim.mai@intertek.com

单位名称：上海英格尔认证有限公司
地　　址：上海市徐汇区中山西路 2368 号 801 室
电　　话：021-51114700
网　　址：https://www.icasiso.com/
E－m a i l：songshuhua@icasiso.com

单位名称：深圳果力智能科技有限公司
地　　址：广东省深圳市南山区学苑大道 1001 号南山智
　　　　　园 A5 栋 15 层
电　　话：0755-26918115
网　　址：https://www.glitech.com/
E－m a i l：contact@glitech.com

单位名称：深圳华南数控系统有限公司
地　　址：广东省深圳市科技中一路创业印章大厦
电　　话：0755-8252651
E－m a i l：nikeyang@huanancnc.com

单位名称：深圳诺铂智造技术有限公司
地　　址：广东省深圳市宝安区福海街道展城社区建安路
　　　　　23 号正昌达科技园 A 栋 3 楼
电　　话：4006680502
网　　址：https://www.nobleai.cn/
E－m a i l：service@nobleai.cn

单位名称：深圳市北测检测技术有限公司
地　　址：广东省深圳市宝安区西乡奋达科技创意园 C、D、
　　　　　E 栋
电　　话：0755-23218191
网　　址：https://www.ntek.org.cn/
E－m a i l：ntek@ntek.org.cn

单位名称：深圳市华科天信科技有限公司
地　　址：广东省深圳市坪山区坑梓梓横西路 49 号
电　　话：0755-86323375
网　　址：https://www.szhtt.com.cn/
E－m a i l：sales@szhtt.com.cn

单位名称：苏州佳顺智能机器人股份有限公司
地　　址：江苏省苏州市常熟市古里镇淼泉工业园区 1 幢
电　　话：4007006846
网　　址：https://www.casun.cn/
E－m a i l：vip@casun99.com

单位名称：深圳市踢踢电子有限公司
地　　址：广东省深圳市宝安区石岩街道石龙社区汇龙达
　　　　　工业园 C 栋四楼
电　　话：0755-82501271
网　　址：http://www.ttmotor.com.cn/

单位名称：深圳市正德智控股份有限公司
地　　址：广东省深圳市龙岗区坪地街道康明路 8 号正德
　　　　　科技园
电　　话：0755-8471226
网　　址：https://www.maintexpt.com/
E－m a i l：sd01@maintexpt.com

单位名称：深圳威洛博机器人有限公司
地　　址：广东省深圳市光明新区凤凰街道南太云创谷 D
　　　　　栋 1702 室
电　　话：0755-33953121
网　　址：https://www.w-robot.com/

E-mail：2851613790@qq.com

单位名称：史丹利百得精密制造（深圳）有限公司
地　　址：广东省深圳市宝安区石岩水田社区捷和工业城
网　　址：http://www.stanleyblackanddecker.com/
E-mail：caroline.tao@sbdinc.com

单位名称：四川阿泰因机器人智能装备有限公司
地　　址：四川省成都市高新区天府三街199号太平洋保险金融大厦D区15层
电　　话：028-85033296
网　　址：https://www.artigent.cn/
E-mail：zongjingban@artigent.cn

单位名称：四川福德机器人股份有限公司
地　　址：四川省绵阳市高新区火炬西街南段10号
电　　话：0816-2120023
网　　址：https://www.fdrobot.com/
E-mail：wujian@fdrobot.com

单位名称：四川省机械研究设计院（集团）有限公司
地　　址：四川省成都市锦江区墨香路18号
电　　话：028-85925000
网　　址：https://www.ccjys.com/
E-mail：sccjys@126.com

单位名称：苏州UL美华认证有限公司
地　　址：江苏省苏州市苏州工业园区澄湾路2号
电　　话：0512-68086400
E-mail：eric.lu@ul.com

单位名称：博众精工科技股份有限公司
地　　址：江苏省苏州市吴江经济技术开发区湖心西路666号
电　　话：0512-63414949
网　　址：https://www.bozhon.com/
E-mail：boozhong@bozhon.com

单位名称：苏州工业园区东茂工业设备有限公司
地　　址：江苏省苏州市苏州工业园区东环路1408号1幢1605室
电　　话：18915587680、0512-67240129
网　　址：https://www.dongmao-drive.com/
E-mail：info@arcsecondrobo.com

单位名称：苏州巨佳电子科技有限公司
地　　址：江苏省苏州市苏州工业园区星湖街218号生物纳米园A4楼520室
电　　话：0512-62861566

网　　址：https://www.gfocustech.com/
E-mail：contact@gfocustech.com

单位名称：苏州朗高电机有限公司
地　　址：江苏省苏州市吴中区胥口镇繁丰路608号
电　　话：0512-66931568
网　　址：https://www.lego-motors.com/
E-mail：yaotang@leog-motors.com

单位名称：新代科技（苏州）有限公司
地　　址：江苏省苏州市苏州工业园区春辉路9号新时代科技园B栋
电　　话：0512-69008860
网　　址：https://www.syntecclub.com.tw/
E-mail：service@syntecclub.com.cn

单位名称：太阳电线（苏州）有限公司
地　　址：江苏省苏州市苏州工业园区唯新路93号
电　　话：0512-62891228
网　　址：https://www.taiyocablecn.com/
E-mail：aiping.chen@cn.tcapgroup.com

单位名称：太原市申海机械设备股份有限公司
地　　址：山西省太原市新建北路188号鑫磊大厦1119室
电　　话：0351-5245650
网　　址：https://www.tyshenhai.com/
E-mail：luo32888@126.com

单位名称：唐山英莱科技有限公司
地　　址：河北省唐山市高新技术产业开发区大庆道南侧卫国路西侧（唐山科技中心）21层
电　　话：0315-5915695
网　　址：https://www.intelligentlaser.cn/
E-mail：support@intelligengtlaser.cn

单位名称：唐山智能电子有限公司
地　　址：河北省唐山市开平区现代装备制造工业区电瓷道7号
电　　话：0315-3175636
网　　址：https://www.tszn.com/
E-mail：3253187102@qq.com

单位名称：天津彼洋机器人系统工程有限公司
地　　址：天津市海河科技园津南区双桥河镇欣欣中路2号
电　　话：022-58015712
网　　址：https://www.beyond-automation.com/
E-mail：by_auto@163.com

单位名称：天津海之星水下机器人有限公司
地　　址：天津市滨海高新区塘沽海洋科技园海缘路 199
　　　　　号海洋科技商务园东 4—8 号楼 7 层
电　　话：022-66877807
网　　址：https://www.oceaneerstar.cn/
E－m a i l：ostar@sina.cn

单位名称：深之蓝海洋科技股份有限公司
地　　址：天津市经济技术开发区睦宁路 45 号泰达高科
　　　　　技工业园 7 号楼
电　　话：4008062688
网　　址：https://www.deepinfar.com/
E－m a i l：info@deepinfar.com

单位名称：天津市机器人产业协会
地　　址：天津市西青区宾水西道 391 号天津理工大学机
　　　　　械工程学院 403 室
电　　话：17720078219
E－m a i l：tjapip@163.com

单位名称：天津远为创业投资合伙企业（有限合伙）
地　　址：天津市滨海高新区华苑产业区开华道 20 号南
　　　　　开科技大厦主楼 306-4 室
电　　话：13801968566
E-mail：joanzhaocpa@163.com

单位名称：魏德米勒电联接（上海）有限公司
地　　址：上海市静安区裕通路 100 号宝矿洲际商务中
　　　　　心 25 层
电　　话：021-22195008
网　　址：https://www.weidmueller.com.cn/
E－m a i l：Julie.fang@weidmueller.com.cn

单位名称：浙江珂斯顿机器人科技有限公司
地　　址：浙江省瑞安市经济开发区开发区大道 2699 号
电　　话：13958836805
网　　址：https://www.ksats.com/
E－m a i l：csh@yaacoo.com

单位名称：无锡信捷电气股份有限公司
地　　址：江苏省无锡市滨湖区建筑西路 816 号
电　　话：0510-85134136
网　　址：https://www.xinje.com/
E－m a i l：xinje@xinje.com

单位名称：芜湖哈特机器人产业技术研究院有限公司
地　　址：安徽省芜湖市鸠江经济开发区电子产业园 E 座 1 层
电　　话：0553-5621999
网　　址：https://www.hitrobot.cn/

E－m a i l：hit-hr@hitrobot.com.cn

单位名称：芜湖赛宝机器人产业技术研究院有限公司
地　　址：中国（安徽）自由贸易试验区芜湖片区神舟
　　　　　路 17 号
电　　话：0553-5775202
E－m a i l：2462481917@qq.com

单位名称：武汉华中数控股份有限公司
地　　址：湖北省武汉东湖高新技术开发区庙山小区华中
　　　　　科技大学科技园
电　　话：027-87180025
网　　址：https://www.huazhongcnc.com/
E－m a i l：market@hzncc.com

单位名称：武汉金石兴机器人自动化工程有限公司
地　　址：湖北省武汉东湖高新技术开发区东一产业园高
　　　　　新四路 25 号 1 栋 1—4 层 301—306 室
电　　话：18627190301
网　　址：https://www.jqrxy.com/
E－m a i l：272076816@qq.com

单位名称：武汉市精华减速机制造有限公司
地　　址：湖北省武汉市江汉区西北湖路特 1 号，世纪华
　　　　　庭 D301 室
电　　话：027-85356087
E－m a i l：aiq727@wh-jinghua.com

单位名称：西安星球通智能装备技术有限公司
地　　址：陕西省西安市高新区科技路 8 号
电　　话：029-81884819
E－m a i l：xqt@xqtai.com

单位名称：襄阳市招商局
地　　址：湖北省襄阳市樊城区七里河路 2 号
电　　话：0710-3718215
网　　址：http://www.xfip.gov.cn/
E－m a i l：xfzsbgs@163.com

单位名称：新亚电子股份有限公司
地　　址：浙江省乐清市北白象镇温州大桥工业园区长江
　　　　　路 2 号
电　　话：0577-62866889
网　　址：https://www.xinya-cn.com/
E－m a i l：xinya@xinya-cn.com

单位名称：研祥智能科技股份有限公司
地　　址：广东省深圳市南山区高新中四道 31 号研祥科
　　　　　技大厦 18 楼

电　　话：0731-82891225
网　　址：https://www.evoc.cn/
E－mail：gnzhan@evoc.cn

单位名称：扬州鸿睿电缆科技有限公司
地　　址：江苏省扬州市北郊菱塘工业集中区
电　　话：0514-85856488
网　　址：https://www.hrrobotcable.com/
E－mail：info@hrrobotcable.com

单位名称：一飞智控（天津）科技有限公司
地　　址：天津市经济技术开发区南海路156号通厂24号
电　　话：13821658818
网　　址：https://www.efyi.show/
E－mail：marketing@efy-tech.com

单位名称：元启工业技术有限公司
地　　址：青岛高新技术产业开发区盘谷创客空间
电　　话：0532-88036767
网　　址：https://www.yuanqitec.com/
E－mail：robot@yuanqitec.com

单位名称：八环科技集团股份有限公司
地　　址：浙江省台州市路桥区峰江街道园区北路39号
电　　话：0576-82415676
网　　址：https://www.bahuan.com/
E－mail：bahuan@bahuan.com

单位名称：恒丰泰精密机械股份有限公司
地　　址：浙江省温州市经济技术开发区滨海一道1489号
电　　话：0577-86111989
网　　址：https://www.cnhtr.com/
E－mail：manager@cnhtr.com

单位名称：浙江卡迪夫电缆有限公司
地　　址：浙江省平湖市新仓镇金沙路599号
电　　话：17757392582
E－mail：yxx@cardiffcable.cn

单位名称：浙江来福谐波传动股份有限公司
地　　址：浙江省嵊州市甘霖镇工业园区
电　　话：0575-83272888
网　　址：http://www.zjlaifual.com/
E－mail：sales@laifual.com

单位名称：浙江联宜电机有限公司
地　　址：浙江省东阳市横店影视城工业大道196号
电　　话：0579-86622113
网　　址：https://www.linix.com.cn/

E－mail：001@linix.com.cn

单位名称：浙江环动机器人关节科技有限公司
地　　址：浙江省玉环市玉城街道机电工业园区
电　　话：0576-87239826
网　　址：https://www.finemotion.com.cn/
E－mail：aipingwu@gearsnet.com

单位名称：浙江硕实机械有限公司
地　　址：浙江省绍兴市柯桥区滨海工业区思源路876号
电　　话：0575-81198007
网　　址：https://www.zjshuoshi.com/
E－mail：zjss_lqf@163.com

单位名称：浙江兆龙互连科技股份有限公司
地　　址：浙江省湖州市德清县新市镇士林工业区
电　　话：4008877125
网　　址：https://www.zhaolong.com.cn/
E－mail：info@zhaolong.com.cn

单位名称：镇江经济技术开发区
地　　址：江苏省镇江市镇江大港金港大道98号
电　　话：0511-83375206
E－mail：zolo.chen@126.com

单位名称：中国表面工程协会
地　　址：北京市西城区黄寺大街23号北广大厦1203室
电　　话：010-82231831-8008
网　　址：https://www.csea1991.org/
E－mail：csea@csea1991.org

单位名称：中国船舶重工集团公司第七一六研究所（江苏杰瑞科技集团有限责任公司）
地　　址：江苏省连云港市圣湖路18号
电　　话：0518-85981716
网　　址：https://www.jari.cn/

单位名称：中国大恒（集团）有限公司北京图像视觉技术分公司
地　　址：北京市海淀区苏州街3号大恒科技大厦北座12层
电　　话：010-82828878
网　　址：https://www.daheng-image.com/
E－mail：sales@daheng-imaging.com

单位名称：中国航空综合技术研究所
地　　址：北京市朝阳区京顺路7号
电　　话：010-84142067
E－mail：fzqzswbj@163.com

单位名称：中国科学院电工研究所
地　　址：北京市海淀区中关村北二条 6 号
电　　话：010-82547001
网　　址：https://www.iee.ac.cn/
E-mail：office@mail.iee.ac.cn

单位名称：中国石化润滑油有限公司润滑脂分公司
地　　址：天津市滨海新区汉沽化工街 5 号
电　　话：022-67905486
E-mail：liuych.lube@sinopec.com

单位名称：中航光电科技股份有限公司
地　　址：中国（河南）自由贸易试验区洛阳片区周山
　　　　　路 10 号
电　　话：0379-64323017
网　　址：https://www.jonhon.cn/
E-mail：jonhon@jonhon.cn

单位名称：中新融创资本管理有限公司
地　　址：北京市东城区建国门内大街 8 号中粮广场 A
　　　　　座 2 层
电　　话：010-85003355
网　　址：https://www.zxrc.com.cn/
E-mail：zxrc@zxrc.com.cn

单位名称：重庆贝烁科技有限公司
地　　址：重庆市九龙坡区科园三路 1 号南方星空 21-6 室
电　　话：023-86122950
E-mail：b-source@163.com

单位名称：重庆帝勒金驰通用机械股份有限公司
地　　址：重庆市巴南区花溪康超路 1 号 1 幢
电　　话：023-89090620
E-mail：d_weigen@163.com

单位名称：重庆海浦洛自动化科技有限公司
地　　址：重庆市北碚区云顶路 182 号
电　　话：023-63221216
网　　址：https://www.hyprogroup.com/
E-mail：liuy@hyprogroup.com

单位名称：重庆两江机器人融资租赁有限公司
地　　址：重庆市北碚区水土高新园云汉大道 117 号两江
　　　　　国际云计算中心 F 栋北 4 层
电　　话：023-63171575
E-mail：hongjiangwan@126.com

单位名称：重庆门罗机器人科技有限公司
地　　址：重庆市渝北区黄山大道中段 55 号附 2 号麒麟
　　　　　D 座 13—2 室

电　　话：13608347045
E-mail：yxy@lx167.com

单位名称：重庆市巴南区经济园区开发建设管理委员会
地　　址：重庆市巴南区界石镇富成路 88 号
电　　话：023-66215613
网　　址：http://www.bnjjyq.com/
E-mail：liaojunjie@bnjjyq.com

单位名称：珠海市钧兴机电有限公司
地　　址：广东省珠海市斗门区乾务镇珠峰大道南 6 号
电　　话：0756-3971888
网　　址：https://www.khgears.com/
E-mail：marketing@khgears.com

单位名称：住友重机械减速机（中国）有限公司
地　　址：上海市松江区书崖路 301 号 2 栋
电　　话：021-57748866
网　　址：http://www.smcyclo.com.cn/
E-mail：xianglin.yuan@shi-g.com

单位名称：北京万创兴达科技有限公司
地　　址：北京市石景山区金融街长安中心 26 号院 4 号
　　　　　楼 801 室
电　　话：17710764775
E-mail：Dujianwei@autrone.com

单位名称：上海海美投资控股有限公司
地　　址：上海市静安区大田路 129 号嘉发大厦 A 栋 31
　　　　　楼 A—B 座
电　　话：021-52160140
网　　址：http://www.haimeigroup.com/
E-mail：invest@haimeigroup.com

单位名称：北京慧闻科技（集团）有限公司
地　　址：北京市朝阳区西大望路 17 号阿尔萨园区
电　　话：40099668777
网　　址：https://www.ibenrobot.com/
E-mail：sales@ibenrobot.cn

单位名称：宝视纳视觉技术（北京）有限公司
地　　址：北京市海淀区永泰庄北路 1 号 东升国际科学园
　　　　　5 号楼 2 层
电　　话：010-62952828
网　　址：https://www.baslerweb.com/cn/
E-mail：sales.china@baslerweb.cn

单位名称：重庆杰者服饰工贸有限公司
地　　址：重庆市九龙坡区金科五金机电城 C 区
电　　话：023-68492802

网　　址：http://www.cnziwei.com/
E-mail：1375536495@qq.com

单位名称：乐金电子（中国）有限公司
地　　址：北京市朝阳区西大望路 1 号 1 号楼 11 层 1201 室
电　　话：010-65631016
网　　址：https://www.lg.com/

单位名称：唐山松下产业机器有限公司
地　　址：河北省唐山市高新技术产业开发区庆南道 9 号
电　　话：4006125816
网　　址：https://www.tsmi.com.cn/
E-mail：sales@tsmi.cn

单位名称：菲洛博迪机器人技术有限公司（FERROBOTICS）
地　　址：广东省佛山顺德大良新城区水悦城邦 1 栋 1517 室
电　　话：13924810267
网　　址：https://www.ferrobotics.com/
E-mail：office@ferrobotics.at

单位名称：湖南乐迈思智能科技有限公司
地　　址：湖南省长沙市望城区白箬铺镇金峙村金峰片付家坡组 142 号
电　　话：15973161765
E-mail：215889898@qq.com

单位名称：海宁哈工现代机器人有限公司
地　　址：浙江省海宁市海宁经济开发区高新路 51 号
电　　话：0573-87222601
网　　址：https://www.hgxd.cn/
E-mail：hgxd@hgxd.cn

单位名称：佛山市诺迪精密模具有限公司
地　　址：广东省佛山市顺德区伦教常教旧广珠路 (A)S12 号
电　　话：0757-27723988
网　　址：https://www.fsnuodi.com/
E-mail：Sales7@fsnuodi.com

单位名称：江苏航鼎智能装备有限公司
地　　址：江苏省南京市江宁区吉印大道 1888 号
电　　话：0255-2115993
网　　址：https://www.aero-apex.com/
E-mail：daijialong@aero-apex.com

单位名称：广东省机器人创新中心有限公司
地　　址：广东省广州市黄埔区开泰大道 38 号 2 层、5 层西侧
电　　话：020-89859483
网　　址：https://www.gric.org.cn/

E-mail：info@gric.org.cn

单位名称：通标标准技术服务（上海）有限公司
地　　址：上海市徐汇区宜山路 889 号
电　　话：021-61402666
网　　址：https://www.sgsgroup.com.cn/
E-mail：Lola.Xu@sgs.com

单位名称：北京仁合智德新能源技术有限公司
地　　址：北京市顺义区南法信镇金关北二街 3 号院 1 号楼 303 室
电　　话：13011002751
网　　址：https://www.rhbjzd.com/
E-mail：renhezhide@163.com

单位名称：甘肃电气装备集团工业机器人有限公司
地　　址：甘肃省天水市秦州区甘肃省天水市秦州区长开路 6 号
电　　话：0938-8371058
E-mail：287988994@qq.com

单位名称：梧桐树资本管理有限公司
地　　址：北京市朝阳区建外大街齐家园外交公寓 7-3-203 室
电　　话：010-85323874
网　　址：http://www.ptpcapital.cn/
E-mail：bp@ptpcapital.com

单位名称：成都瑞迪智驱科技股份有限公司
地　　址：四川省成都市双流区西航港大道中四段 909 号
电　　话：4000907210
网　　址：https://www.reachgroup.cn/
E-mail：info@reachmachinery.com

单位名称：上海马桥人工智能创新试验区建设发展有限公司
地　　址：上海市闵行区元江路 5500 号第 1 幢
电　　话：021-54292703
E-mail：mqrgzn@shmh.gov.cn

单位名称：沈阳埃克斯邦科技有限公司
地　　址：辽宁省沈阳市和平区南京南街 1 甲号
电　　话：13080764310
网　　址：https://www.xbangs.com/
E-mail：296091958@qq.com

单位名称：深圳市如本科技有限公司
地　　址：广东省深圳市南山区南头街道关口二路智恒产业园 27 栋 1 层
电　　话：4000419900

网　　址：http://rvbust.com/
E－ｍａｉｌ：sales@rvbust.com

单位名称：深圳市大族机器人有限公司
地　　址：广东省深圳市宝安区大族激光全球智能制造产
　　　　　业基地 3 栋 6 层
电　　话：4008529898
网　　址：https://www.hansrobot.com/
E－ｍａｉｌ：hansrobot@hanslaser.com

单位名称：宁波兴茂电子科技有限公司
地　　址：浙江省宁波市北仑区黄山西路 189 号 P5 栋
电　　话：0574-86800681
网　　址：https://www.nbtse.com/
E－ｍａｉｌ：TSE_Sales@nbtse.com

单位名称：云鲸智能科技（东莞）有限公司
地　　址：广东省东莞市松山湖园区兴业路 4 号 10 栋 B
　　　　　区 5 层
电　　话：0769-22893169
网　　址：https://www.narwal.com/
E－ｍａｉｌ：yichuan.xu@narwal.com

单位名称：北京光普森科技有限公司
地　　址：北京市丰台区郭公庄北京方向 B 座 6 层
电　　话：010-51260087
网　　址：https://www.gpthink.com/
E－ｍａｉｌ：Jenny@gpthink.com

单位名称：宝时得科技 (中国) 有限公司
地　　址：江苏省苏州工业园区东旺路 18 号
电　　话：0512-65152888
网　　址：https://www.positecgroup.com/
E－ｍａｉｌ：email@positecgroup.com

单位名称：成都菁蓉联创科技有限公司
地　　址：中国（四川）自由贸易试验区成都市高新区天
　　　　　华一路 99 号 6 栋 6 层
电　　话：028-85111241
网　　址：http://dilikj.com/
E－ｍａｉｌ：jrlc@cdjrlc.com

单位名称：中车戚墅堰机车车辆工艺研究所有限公司
地　　址：江苏省常州市五一路 258 号
电　　话：0519-89808888
网　　址：https://www.crrcgc.cc/
E－ｍａｉｌ：zjb@csrqsyri.com.cn

单位名称：江苏中科院智能科学技术应用研究院

地　　址：江苏省常州市常州科教城三一路
电　　话：0519-86339805
E－ｍａｉｌ：wpl_1982@163.com

单位名称：南通滨海园区管委会
地　　址：江苏省南通市南通滨海园区通州湾商务大厦
电　　话：18862906000
网　　址：http://www.ntbh.gov.cn/
E－ｍａｉｌ：Scy115@126.com

单位名称：南通慧幸智能科技有限公司
地　　址：江苏省南通市崇川路 58 号 3 号楼 402 室
电　　话：18001437750
E－ｍａｉｌ：807297336@qq.com

单位名称：宁波容合电线有限公司
地　　址：浙江省宁波市余姚市泗门镇易津新能源产业园
　　　　　4 栋
电　　话：0574-62178899
网　　址：http://www.rohecable.com/
E－ｍａｉｌ：sales@rohecable.com

单位名称：山东新一代信息产业技术研究院有限公司
地　　址：山东省济南市高新区港兴三路北段未来创业广
　　　　　场 3 号楼 11—12 层
电　　话：17801023613
E－ｍａｉｌ：zhangdandan02@inspur.com

单位名称：锐渥芙（香港）有限公司
地　　址：上海市浦东新区拱极路 2381 弄东城花苑二村
　　　　　53 号 302 室
电　　话：13918327262
网　　址：http://revovle-capital.com/
E－ｍａｉｌ：Dante@revovle-capital.com

单位名称：WEPALL LTD.
地　　址：香港特别行政区新界沙田香港科学园第三期
　　　　　16W 大楼 2 层 233 室
电　　话：0852-67354505
网　　址：https://wepall.com/zh-hans/
E－ｍａｉｌ：asia@wepall.com

单位名称：深圳市大族机器人有限公司
地　　址：广东省深圳市宝安区大族激光全球智能制造产
　　　　　业基地 3 栋 6 层
电　　话：4008529898
网　　址：https://www.hansrobot.com/
E－ｍａｉｌ：hansrobot@hanslaser.com

单位名称：沈阳中科超硬磨具磨削研究所
地　　址：辽宁省沈阳市浑南区世纪路 25 号
电　　话：13700020587
E-mail：zkmj-hxg@163.com

单位名称：南德认证检测（中国）有限公司北京分公司
地　　址：北京市朝阳区望京中环南路 7 号 M 楼
电　　话：010-64550065
网　　址：https://www.tuvsud.cn/zh-cn/
E-mail：hongmei.sun@tuvsud.com

单位名称：麦格雷博电子（深圳）有限公司
地　　址：广东省深圳市龙华新区大浪街道华宁路 117 号
　　　　　（中安科技中心）A 栋 11 楼、B 栋 1 楼
电　　话：0755-26584313
网　　址：http://www.szmglb.com/
E-mail：sale@szmglb.com

单位名称：上海恒生聚源数据服务有限公司
地　　址：中国（上海）自由贸易试验区峨山路 91 弄 61
　　　　　号 7 楼西单元
电　　话：021-60897810
网　　址：http://www.gildata.com/
E-mail：caosy@gildata.com

单位名称：浙江海德曼智能装备股份有限公司
地　　址：浙江省玉环市大麦屿街道北山头
电　　话：13967624592
网　　址：https://www.headman.cn/
E-mail：sxb@headman.cn

单位名称：北京中安吉泰科技有限公司
地　　址：北京市海淀区上地创业路 8 号群英科技园 3 号
　　　　　楼 3 层 301 室
电　　话：18612336815
网　　址：http://www.3h-technology.com/
E-mail：puhong@3h-tech.cn

单位名称：跨维 (深圳) 智能数字科技有限公司
地　　址：广东省深圳市南山区软件产业基地 4B 栋 05 层
　　　　　12 号房
电　　话：0755-86727102
网　　址：http://www.3h-technology.com/
E-mail：www.dexforce.com

单位名称：凯联资本
地　　址：北京市朝阳区望京街道望京 SOHO T3 39 层
电　　话：15120035655
网　　址：https://www.capitallink.cn/
E-mail：jingjing.zhang@capitallink.cn

单位名称：四川城市职业学院
地　　址：四川省成都市龙泉驿区洪河大道中路 351 号
电　　话：13032873887
网　　址：https://www.scuvc.edu.cn/
E-mail：2141867223@qq.com

单位名称：宁夏巨能机器人股份有限公司
地　　址：宁夏壮族自治区银川（国家级）经济技术开发区
电　　话：0951-5195400
网　　址：https://www.jnrs.com.cn/
E-mail：mahui@jnrs.com.cn

中国工业机器人主要行业组织简介

中国机械工业联合会机器人分会（中国机器人产业联盟）

　　中国机器人产业联盟（China Robotics Industry Alliance，CRIA）是由中国机械工业联合会牵头发起，联合积极投身于机器人事业、从事机器人研发生产、应用服务、教育培训等企事业单位、大专院校、科研机构、用户单位及相关机构自愿组成的非营利行业组织。联盟成立于 2013 年 4 月，秘书处设在中国机械工业联合会，2021 年 6 月中国机械工业联合会成立机器人分会（CMIF Robotics Branch Association，CMIF-RA），与联盟一体化合署办公，目前已有会员 520 余家。

　　联盟的宗旨是以国家产业政策为指导，以市场为导向，以企业为主体，搭建政、产、学、研、用平台，提升行业和企业的研究开发、生产制造、集成应用和维修服务水平，

完善我国机器人产业链，提升机器人在各个领域的应用水平，促进我国机器人产业的健康发展，助力我国经济高质量发展。

联盟的主要任务是贯彻落实国家的产业政策，深入研究产业发展态势，为政府部门制订政策措施、指导行业发展做好参谋助手；推进产业链及产学研用合作，促进协同创新、协同发展，加快产业链技术进步；开展行业自律，营造良好的产业发展生态；了解反映企业诉求，发挥桥梁纽带作用；大力推动机器人技术与产品在各领域的普及应用，助力制造业和服务业智能化发展；搭建机器人产业信息交流、技术交流、应用推广、教育培训、展览展示、国际合作等平台，促进跨领域交流合作，共同推动我国机器人产业发展。

联 系 人：牟金平
联系电话：010-85677807
电子邮箱：CRIA@cmif.org.cn
地　　址：北京市东城区东四西大街 46 号
邮　　编：100711

北京智能机器人产业技术创新联盟

2014 年 9 月 25 日，北京智能机器人产业技术创新联盟在北京市科学技术委员会指导下，由机科发展科技股份有限公司、中国科学院自动化研究所、北京机械工业自动化研究所、清华大学、北京航空航天大学、北京理工大学等北京地区智能机器人领域骨干企业、高校科研院所发起，是具有独立社会团体法人资格的创新型产学研相结合的合作组织。联盟秘书处设在北京生产力促进中心。

联盟以产业技术创新需求为基础，突破产业发展的关键技术，搭建共性技术平台，引导和推动产业链构建，凝聚和培育创新人才，进行技术成果推广和产业化应用；研究区域内智能机器人行业状况，针对影响行业发展的问题和需求制定发展战略；营造取长补短、合作共赢、协同进步的发展环境；为成员构建一个国内外信息交流、技术合作、资源共享的服务平台；组织成员进行技术标准、基础技术和共性技术的研究开发；在成员中推广设计理念、制定技术标准、进行新技术的应用及具有典型意义和广泛影响的示范工程，打造北京智能机器人的联盟品牌。通过对智能机器人领域基础和共性技术的协作创新，推动自主知识产权成果转化，提升行业自主创新能力，提升行业市场竞争力，推动北京地区智能机器人领域全产业链创新发展，推动技术成果辐射全国。

联 系 人：李 丽
联系电话：13810908340
传　　真：010-82003293
电子邮箱：lilibjpc@126.com
地　　址：北京市海淀区北三环中路 31 号生产力大楼 B 座 3 层 305 室
邮　　编：100088

天津市机器人产业协会

天津市机器人产业协会是经天津市科学技术局批准，于 2015 年 10 月 10 日在天津市民政局登记成立的非营利性的专业性社团组织。天津市机器人产业协会目前拥有单位会员 121 家，协会会员主要由天津市内高校、科研院所、事业单位、机器人企业以及机器人产业服务机构组成，现任会长单位为天津新松机器人自动化有限公司。协会产业布局涉及机器人本体、机器人零部件以及机器人集成等领域。协会分别设有理事会、专家委员会，下设秘书处，由秘书长、兼职以及专职人员 14 人组成，通过前期调研建立天津市机器人产业协会公共服务平台为天津市机器人产业提升提供优质的服务，让会员单位在产学研合作、上下游企业对接、资源信息共享等方面获得了的帮助。

协会也是政府和企业之间沟通的桥梁，近年来协会参与天津市工信局机器人与智能制造政策的定制与咨询，天津市科技局智能制造专项的组织，行业十四五规划编制等工作。

联 系 人：孙向征
联系电话：17720078219
电子邮箱：tjapip@163.com
地　　址：天津市西青区天津理工大学机械工程学院403
邮　　编：300382

天津市智能制造产业技术创新战略联盟

天津市智能制造产业技术创新战略联盟于 2013 年 5 月 7 日成立,是由从事智能制造产业研究开发、生产制造、应用服务的企事业单位、大专院校、科研机构及其他相关机构自愿组成的非营利性社会团体。

联盟设有理事会、专家委员会,聘请中国科学院姚建铨院士担任专家委员会主任。

联盟坚持以国家相关政策为指导,以市场为导向,以企业为主题,通过"产、学、研、用"相结合的方式,整合及协调产业资源,提升联盟内智能制造企业的研发、生产制造、维修服务水平,促进智能制造产业链快速健康发展。收集、统计产业信息,掌握智能制造产业发展情况,研究存在的问题,并向政府有关部门提出政策建议,搭建

企业与政府间的沟通桥梁;促进联盟成员间的资源共享,组织重大共性技术的研究,促进智能制造产业链上下游的密切合作;加快天津市智能制造产业相关标准的制定和修订工作;搭建天津市智能制造产业信息交流、教育培训、展览展示等平台。

联　系　人:陈　颖
联系电话:13682011967
电子邮箱:10136047@qq.com
传　　　真:022-23015625
地　　　址:天津市河西区环湖中道 9 号
邮　　　编:300060

江苏省机器人专业委员会

江苏省机器人专业委员会是面向江苏省境内从事机器人研发、生产、服务等活动的产业链企业以及相关单位自愿组成的行业非盈利性社团组织,专业委员会接受省工信厅的业务指导,受江苏省机械行业专委会的领导和监督管理。

江苏省机器人专业委员会以服务会员企业、促进会员发展、维护会员合法权益为宗旨,按照市场化途径运作,实现会员自我管理、自我完善、权利平等、资源共享。通过整合、集聚国内外创新资源,构建产业链合作体系,加

快突破核心技术,联合培养人才,壮大骨干企业集群,提升专委会成员在机器人相关领域的研究、开发、制造和服务水平,促进行业协调、持续和健康发展。

联　系　人:王　琼
联系电话:025-58328539
电子邮箱:wangqiong@estun.com
地　　　址:南京市中山北路 49 号机械大厦
邮　　　编:210000

浙江省机器人产业发展协会

浙江省机器人产业发展协会(ZRIA)成立于 2015 年 9 月,会员涵盖了浙江省 11 个地区、200 多家机器人相关科研机构与企业,是唯一一家由浙江省民政厅认定的省级机器人行业协会。协会会长单位为之江实验室,ZRIA 秘书处工作由之江实验室智能机器人研究中心承担,ZRIA 充分发挥之江实验室平台优势,整合机器人全产业链资源,

致力于促进浙江省机器人产业技术交流与产业发展。

联　系　人:潘静涵
联系电话:0571-58005075
地　　　址:浙江省杭州市余杭区科创大道之江实验室南湖总部
邮　　　编:311121

湖北省机器人产业创新战略联盟

湖北省机器人产业创新战略联盟是由积极投身机器人事业,从事机器人产品研发、生产制造、应用服务的企事业、院校、科研机构及相关机构自愿组成的非营利性社会团体。

联盟成立于 2015 年 9 月 31 日,目前已有成员单位 80 多家,秘书处设立在武汉奋进智能产业园,所在地即联盟所在地。

联盟的宗旨是以产业政策为指导,践行社会主义核心

价值观，遵纪守法，以市场需求为牵引，以创新驱动发展为主线，以合作共赢为目标，有效整合及协调政、产、学、研、用资源，充分发挥各自优势，通过对机器人核心技术的研究及自主创新，形成具有自主知识产权的产业标准、专利技术，加快创新成果转化，带动重大应用示范，提升机器人技术在各个领域的应用水平，完善湖北机器人产业链，促进湖北机器人产业的持续健康发展。同时，通过协同合作，降低风险和成本，提高竞争实力，实现共赢共荣。

联盟的主要任务是贯彻落实产业政策，促进联盟成员在技术、市场、知识产权等领域的合作交流，开展行业自律，避免重复建设，搭建机器人产业信息交流、应用推广、

技术创新、教育培训、合作服务平台，促进资源有效利用；推动湖北机器人产业与其他产业的合作，加速机器人技术与产品的推广应用。

联 系 人：魏绍炎

联系电话：13018008462

传　　真：027-86699359

电子邮箱：1041697458@qq.com

地　　址：武汉市东湖新技术开发区流芳园横路 16 号奋进智能产业园

邮　　编：430212

广东省机器人协会

广东省机器人协会于 2015 年 5 月 16 日成立，是广东省人工智能与机器人领域的第一公共服务平台，由华南理工大学、广东工业大学、广东省科学院、广州瑞松智能科技股份有限公司、巨轮（广州）机器人与智能制造有限公司、广州数控设备有限公司、广州视源电子科技股份有限公司、珠海格力智能装备有限公司、科大讯飞股份有限公司等省内从事人工智能与机器人相关理论研究、设备设计、制造、应用的大专院校、科研机构和生产、销售的企事业单位以及从事相同性质经济活动的经济组织等自愿发起组建的全省性、专业性、非营利性并具有独立法人资格的社会团体。

发展目标是打造政（政府）、产（企业）、学（学校）、

研（科研机构）、贸（商贸）、融（金融）、媒（媒体）"七位一体"的生态发展平台。

愿景：智造美好生活 引领未来世界

使命：汇聚产业力量 成就世界级产业集群

价值观：服务 共享 共成长

联 系 人：任玉桐

联系电话：020-39344209

传　　真：020-39387677

电子邮箱：gdsjqr@126.com

地　　址：广州市黄埔区开泰大道 38 号 5 楼西侧

深圳市机器人协会

深圳市机器人协会（SRA）由中科院深圳先进技术研究院于 2009 年 9 月发起成立，是国内最早成立的机器人行业协会。协会由在深圳市从事机器人行业的企业、研发机构及产业链上下游相关单位自愿组成的非营利行业性社团法人。深圳市机器人协会伴随着深圳机器人产业的发展和机器人企业的壮大而成长，会员包括工业机器人、服务机器人、教育机器人、特种机器人等领域的企业超过 700 家，会员产值近 1 500 亿元，是机器人领域会员数量和产值规模最大的地方性协会。协会依托中科院深圳先进技术研究院的科研资源，下设人工智能专家委员会和青年专家委员

会，常年为政府、企业和第三方机构提供技术支持、产业对接等咨询服务。

联 系 人：周　军

联系电话：0755-86392542

传　　真：0755-86392299

电子邮箱：xb.yang@siat.ac.cn

地　　址：深圳市南山区西丽深圳大学城学苑大道 1068 号

邮　　编：518055

广州工业机器人制造和应用产业联盟

广州工业机器人制造和应用产业联盟是在广州市工业和信息化局的指导下，于 2013 年由广汽集团、广州数控、

广州机械院、广州智能装备、中国电器院等 12 家单位共同发起成立的广州首家在民政局注册的联盟类社会团体。

联盟集"产、学、研、用、金"为一体,现有会员单位178家,会员主要覆盖广州地区及珠三角地区机器人的整个产业链,包括上游关键零部件,中游机器人本体、只能专用设备和系统集成,下游机器人应用企业,科研院所、高等院校、金融机构、行业服务机构等。

联盟的主要任务是建设合作平台,通促进会员单位之间多方面的合作,如联合申报项目、科技奖、成果转化、共建实验室、开展技术攻关、申请知识产权、制定标准、培养人才等,推广工业机器人普及应用。调研广州地区机器人及智能装备产业情况,向政府有关部门反映工业机器人及智能装备制造和应用产业的发展状况、存在的困难和

问题。通过规范和约束行业有序发展,依法维护行业内及各联盟成员的合法权益。在行业内形成示范带动作用。

联盟下设专家委员会,聘请蔡鹤皋院士担任专家委员会主任,目前已有专家近342位。至今已为政府部门和联盟内企业开展了多项评审、咨询及论证等服务。

联 系 人:陈文燕(秘书)
联系电话:020-32385332
传　　真:020-82496513
电子邮箱:gzrobots@126.com
地　　址:广州市黄埔区新瑞路2号主楼2楼
邮　　编:510000

重庆市机器人与智能装备产业联合会

重庆市机器人与智能装备产业联合会(简称"联合会")前身是重庆市机器人与智能装备产业联盟,由重庆市经济与信息化委员会于2013年5月发起成立,是全国第一家省级机器人行业协会组织。中国科学院重庆绿色智能技术研究院、重庆长安工业(集团)有限责任公司、重庆大江美利信压铸有限责任公司任联合会轮值会长单位。2016年4月28日,联合会正式在重庆市民政局完成正式备案注册。

联合会致力于将通过整合机器人与智能装备产业领域的优质资源,为政府、产业园区、科研机构和产业内企业提供产业发展、政策研究、市场调研、供需对接、规划咨询、产业延伸、招商引资、人才培养、项目申报、成果转换、

科技孵化、国际交流、宣传推广、商务合作、企业融资及教育培训等集"孵、产、学、研、用及金融"为一体的全产业链服务,从而促进机器人与智能装备产业在重庆地区的快速发展。

联 系 人:寇　双
联系电话:18996224365、023-65326065
传　　真:023-65326065
电子邮箱:ccria@ccria.org
地　　址:重庆市自贸区两江互联网产业园二期6号楼4层
邮　　编:401332

成都市机器人产业技术创新联盟

成都市机器人产业技术创新联盟(Chengdu Robot Industry Technology Innovation Alliance,简称CRITIA)成立于2014年8月,是由成都市科学技术局授牌,由牵头单位成都市科学技术推广中心(原成都科学技术服务中心)、成都自动化研究会汇同成都地区从事机器人产业研究开发、生产制造、应用服务的众多产学研机构联合发起成立的产业技术创新联盟,秘书处设在成都市科学技术推广中心。

CRITIA已有会员单位70余家。CRITIA致力于探究机器人产业前沿技术,对接市场需求,聚集产业链技术创新

要素,打造机器人产业生态圈,加快将成都建成国内重要的机器人研发基地。CRITIA汇集了成都最优秀的产业资源,充分发挥产学研金介用的创新服务链机制,围绕标准研制与推广、区域合作、成果对接、项目咨询、新技术新产品推广、国际化、人才、培训等多方面开展服务。

联 系 人:陈老师
联系电话:028-86740619、18227686788
电子邮箱:357684082@qq.com
地　　址:成都市体育场路2号西星大厦
邮　　编:610015

青岛市机器人产业协会

青岛市机器人产业协会成立于2020年9月28日,是在青岛市工信局指导下,由青岛宝佳自动化设备有限公司、

青岛海尔机器人有限公司、青岛新松机器人自动化有限公司、青岛星华智能装备有限公司、青岛科捷机器人有限公

司、青岛丰光精密机械股份有限公司等 6 家机器人相关企业共同发起成立,集聚了青岛市机器人上下游企业 80 余家。

青岛市机器人产业协会是青岛机器人行业的自律性行业组织,其宗旨是:在青岛市工业和信息化局的直接领导下,以合作发展为宗旨,以培育挖掘市场需求为纽带,以优势互补、资源整合为手段,积极有效整合产、学、研、用、政、金各方力量,充分发挥政府引导、市场主导、技术支撑、企业主体、金融杠杆的多方叠加效应。努力推进青岛市机

器人产业的集聚和深化发展,使青岛市成为全国机器人产业与技术的重要基地,并立足青岛、面向山东、走向全国。

联 系 人:管 宁
联系电话:18605322273
电子邮箱:qdjqrxh@163.com
地 址:青岛市高新区新悦路 67 号
邮 编:266113

东莞市机器人产业协会

东莞市机器人产业协会(简称"协会")成立于 2014 年 10 月,由东莞市三十多家从事机器人及其相关研究机构、企业单位和专业人士发起,是一个自主自愿组成的地方性、专业性机器人产业的非营利性社会团体。

协会成立初期,会员企业主要来自于松山湖高新技术产业开发区及周边镇区。经过 5 年多的经营发展,已有 180 余家行业知名企业加入协会,会员企业遍及珠江三角洲地区,包括固高科技、长盈精密、李群自动化、大族粤铭激光、艾尔发自动化等拥有自主知识产权的企业。会员

当中既有从事编码器、控制器等机器人核心零部件研发的创新型企业;又有致力于系统集成的应用型企业;也有从事机器人批发销售代理等市场对接型企业,贯穿机器人产业链上下游。

联系电话:0769-22231985
地 址:广东省东莞市松山湖高新技术产业开发区研发五路 1 号林润智谷 5 栋 306 室
邮 编:523808

苏州市机器人产业协会

苏州市机器人产业协会于 2019 年 11 月揭牌成立,是经苏州市民政局批准注册,受苏州市工信局等职能部门业务指导,由苏州市从事机器人产业的研发、制造、销售、检测、认证及教育、咨询和培训的单位,自愿组成的社会团体法人组织。截至 2022 年,协会共有成员单位 134 家,其中上市公司 7 家,专精特新企业 11 家,独角兽企业 2 家。

自成立以来,协会秉承"服务企业,赋能产业"的理念,积极宣传贯彻国家有关行业政策和法律法规,广泛开展行

业交流活动,组织科技攻关,编制产业发展报告,推动产业链上下游的资源链接与协同创新,为苏州市机器人产业创新集群高质量发展发挥重要支撑作用。

联 系 人:薛 芮
联系电话:13472870305
地 址:江苏省苏州市吴中区吴中大道 1368 号吴中机器人产业园 3 幢综合楼 1213 室
邮 编:215128

济南市机器人与高端装备产业协会

济南市机器人与高端装备产业协会是 2019 年 1 月为迎接工业和信息化部、人力资源和社会保障部等五部委举办的第三届全国工业机器人大赛成立的,2020 年扩展为济南市机器人与高端装备产业协会,2021 年 1 月组建中国(国际)机器人与高端装备产业联盟,目前已成为国内机器人与高端装备产业社团组织,是中国机械工业科技进步奖推荐资格单位。

协会成员包括德国 CODESYS、德国 SEW 传动,西门子软件(上海)公司,法国蓝格赛(中国)公司,美国罗

克韦尔(中国)、法国达索美 AD1 自动化公司、卡内基培训公司等 25 家外资企业,涵盖京、津、沪、粤、苏、浙、晋、冀、黑、吉、辽、川、皖、豫、鲁等 18 个省(直辖市)的 280 多家机器人与高端装备成员单位。

联 系 人:岳双荣
联系电话:0531-88257086
地 址:济南市经十路舜泰广场 10 号楼三层
邮 编:250101

中关村智友研究院

中关村智友研究院（简称"研究院"）是 2018 年 8 月经北京市中关村管委会、中关村科学城管委会批准，由中关村创新合伙人、北航机器人研究所名誉所长王田苗教授牵头，联合海淀园创业服务中心、北航天汇孵化器和雅瑞资本等机构共同发起设立的中关村民办非企业法人单位。

研究院作为高科技智库和早期硬科技创投服务平台，以科学家为核心开展高科技成果转化、硬科技项目孵化以及早期投资（科学家基金），深度聚焦医疗科技、高端制造、智能服务、新能源汽车及芯片等赛道，为硬科技"卡脖子"和中国新时代科技转型升级提供强有力的支撑，是"十三五"国家科技创新规划下发展成的创新型科技孵化平台。

研究院始终坚持打造高质量创新创业生态，汇聚科学家、硕博科创精英，同时链接高校院所、投资机构、上市公司、产业园区及产业赋能平台，深度链接科创产业链上下游资源，打造"科学家资源＋科创生态，项目孵化＋基金加持"的完整生态链路，并建立"科学家智库＋项目孵化加速＋产业研究＋市场活动"的多维立体服务架构。

截至目前，王田苗教授及研究院已累计孵化投资早期创新创业团队 60 余家。其中三家企业已经上市：九号机器人、天智航与埃夫特。另有专精特新中小企业 20 余家，国家级高新技术企业 30 余家。

联 系 人：英语霏
联系电话：18610027022
电子邮箱：helen@zgc-ir.com
地　　址：北京市海淀区知春路 7 号北航致真大厦 A
　　　　　座 901
邮　　编：100191

协同、创新、发展、共赢

2023年1月19日，国家十七个部门联合印发《"机器人+"应用行动实施方案》。方案提出"机器人+"十大应用行业，强调加强跨行业多部门协同，实现"机器人+"应用行动"一盘棋"整体推进。

"机器人+"产业协同推进方阵旨在统筹供给侧和需求侧创新资源和产业资源，共同开展从机器人技术创新、产品研制、场景应用到模式推广的系统推进工作，促进产用良性循环，全面提升机器人和各行业高质量发展水平。

1　2023 年 3 月 24 日
"机器人＋矿山"产业协同推进方阵成立

2　2023 年 5 月 9 日
中国"机器人＋五金"产业协同推进方阵成立

3　2023 年 12 月 5 日
中国"机器人＋教育"产业协同推进方阵成立

联系电话：010-85677807　E-mail：cria@cmif.org.cn

 中国机械工业联合会

科技创新
加快实现机械

- 推进行业自主创新能力提升
- 推进行业高端化智能化绿色化发展
- 实现行业科技成果工程化产业化

机械融妒

 中国机械工业联合会  中国汽车工业协会 China Association of Automobile Manufacturers  中国铸造协会 CHINA FOUNDRY ASSOCIATION 中国机床工具工业协会 中国

 中国重型机械工业协会 China Heavy Machinery Industry Association 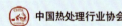 中国热处理行业协会 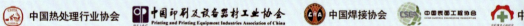 中国印刷及设备器材工业协会 Printing and Printing Equipment Industries Association of China 中国焊接协会 CWA 中国表面工程协会 CSEG 中

 机械工业仪器仪表综合技术经济研究所 ITEI  中国汽车工程学会 China Society of Automotive Engineers CCOEA 中国文办协会 CHOMA 中机质协 中国机电工业

 MM 现代制造 AI汽车制造业 PT 现代塑料 流程工业 电气时代 电气应用 财务管理 项目管理技术 PROJECT MANAGEMENT TECHNOLOGY 进出口经

 CHINESE JOURNAL OF MECHANICAL ENGINEERING 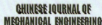 电工工程学报 Chinese Journal of Electrical Engineering 中国科技奖励 PharmaTEC 制药业 现代食品工程 Food·TEC 实验与分析 LABOR PRAXIS 北京卓众 Beijing Premi

 车主之友 A&S 汽车与驾驶维修 AUTO DRIVING & SERVICE FM 锻造与冲压 FAB 钣金与制作 FSF 中国锻压网 China Forge and Metalform Net 机械

 CHPN 中国液压气动网 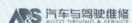 CPEIA 石油石化装备通讯  Print Today 制造业自动化 中国电镀 China Plating 中国表面处理网 www.zgbmcl.com

 WMEM 世界制造技术与装备市场 仪器仪表标准化与计量 中国测控信息网 CCMA CCMA 简讯 中国试器试表 设备管理与维修 机床杂志社 材料保护 Materials Protection 电器工业

表面工程与再制造 Surface Engineering & Remanufacturing 汽车人 AUTO CIRCLE 谐慧领航网 www.ccmalh.com 制冷与空调 中国制冷与空调网 www.chinarefac.com 中国机械 MACHINE CHINA 汽车导购 C